探索发现百科全书
恐龙王国

DISCOVERY AND EXPLORATION

黄春凯★编

黑龙江科学技术出版社
HEILONGJIANG SCIENCE AND TECHNOLOGY PRESS

前 言
Foreword

2亿年前的一个清晨，太阳照常升起，温和澄澈的阳光唤醒了这个历经劫难才暂获平静的星球——地球；而此刻的地球不过是一片莽莽的原野，广袤而寂静。然而这寂静很快被一声来自浅水湖边的悠远的鸣叫声所打破——紧随其后的是更多的此起彼伏的鸣叫声——不消说，地球上最为庞大的家族——恐龙家族苏醒了。

不管愿意不愿意，恐龙家族的一天已经开始了。那个被后人奉为"丛林法则"的潜在规律如同幽灵一般躲在暗处指引着恐龙家族的一切活动。除了没有行动能力的新生儿，所有的恐龙都要出动了——寻觅食物——只不过有的恐龙是"螳螂"，它们只需够取眼前的鲜嫩树叶就可以填饱肚子；而有的恐龙则是"黄雀"，它们嗜血如命，躲在远处伺机侵袭明处的"螳螂"。于是，这种"螳螂捕蝉，黄雀在后"的生存大戏每天都在泛古大陆上上演着，似乎是永不落幕的。地球也正因如此而处于一种喧哗与躁动之中。

然而地球的生命总是处于一种难以解说的轮回与交替之中。正如5亿多年前的寒武纪生命大爆发，正如2.5亿年前的二叠纪末期生物大灭绝事件……大约在6500万年前，恐龙家族也不可避免地陷入了这种可怕的轮回之中。一次神秘事件过后，庞大得不可一世的恐龙家族在顷刻之间便消失殆尽，被永远地淹没于历史的尘土之中……

然而造物主也有温情仁慈的一面，它给好奇的人类留下了无数的线索暗示恐龙的存在，不信，你瞧瞧地下的恐龙化石，以及天空的飞鸟和水中的鳄鱼……所有的线索都在激励和指引着勇敢而智慧的人类去探索，去追寻……

看到这里，你是不是也急切地想知道关于恐龙的一切呢？

本册《探索发现百科全书·恐龙王国》即是满足你全部好奇心和求知欲的宝库：这里既有科学权威的百科知识，又有天马行空般的奇思妙想，还有妙趣横生的童话故事——为您再现一个真实有趣的恐龙家族。

现在，就请开始你的恐龙王国大冒险吧！

目录
Contents

三叠纪

始盗龙 ………………………………………………… 6

板 龙 ………………………………………………… 10

槽齿龙 ………………………………………………… 14

腔骨龙 ………………………………………………… 18

理理恩龙 ……………………………………………… 22

侏罗纪

大椎龙 ………………………………………………… 26

腿 龙 ………………………………………………… 30

双脊龙 ………………………………………………… 34

冰脊龙 ………………………………………………… 38

蜀 龙 ………………………………………………… 42

迷惑龙 ………………………………………………… 46

马门溪龙 ……………………………………………… 50

腕 龙 ………………………………………………… 54

角鼻龙 ………………………………………………… 58

嗜鸟龙 ………………………………………………… 62

梁 龙 ………………………………………………… 66

剑 龙 ………………………………………………… 70

异特龙 ……………………………………… 74

美颌龙 ……………………………………… 78

白垩纪

鹦鹉嘴龙 …………………………………… 82

禽 龙 ……………………………………… 86

牛 龙 ……………………………………… 90

恐爪龙 ……………………………………… 94

棘 龙 ……………………………………… 98

鲨齿龙 ……………………………………… 102

南方巨兽龙 ………………………………… 106

霸王龙 ……………………………………… 110

肿头龙 ……………………………………… 114

戟 龙 ……………………………………… 118

镰刀龙 ……………………………………… 122

三角龙 ……………………………………… 126

慈母龙 ……………………………………… 130

窃蛋龙 ……………………………………… 134

鸭嘴龙 ……………………………………… 138

伤齿龙 ……………………………………… 142

伶盗龙 ……………………………………… 146

翼 龙 ……………………………………… 150

蛇颈龙 ……………………………………… 156

始盗龙

在遥远的三叠纪中期，也就是距今约 2 亿 2000 万年的时候，地球上出现了一种全新的爬行动物——始盗龙，这也是人类目前所知的最早的恐龙。1993 年，第一个始盗龙化石出土了，出土地位于南美洲阿根廷，那是一片名为"月谷"的荒莽之处。

始盗龙化石

偶然的发现

始盗龙化石的发现是极为偶然的一件事。当时的古生物学家正在阿根廷伊斯巨拉斯托盆地进行考古发掘。有人在路边发现一个十分完整的头骨化石。这引起了古生物学家们的兴趣，他们便继续发掘，直至一具完整的恐龙骨骼出现在眼前。这便是始盗龙化石的出土过程。

进化的赢家

三叠纪中期，地球处于干旱时期，水域面积锐减使得不少水生物种要适应陆地生活。这样，它们的后肢力量增强，逐渐适应了陆地行走。而始盗龙便是一种进化成熟的动物。

后腿强劲有力

善于奔跑的始盗龙

它们能用后腿竖直站立，并能以后脚的脚趾着地奔跑

前肢短小，方便捕食

灵活的前肢

始盗龙以有力的后肢支撑身体，那么，短小的前肢便得到解放，可以专心捕食。始盗龙的每只手上有五根手指，但只有最长的三根手指上有锋利的爪，这应该是它们最有力的捕猎工具，而那两个没有爪的手指，则不能发挥捕猎的作用。

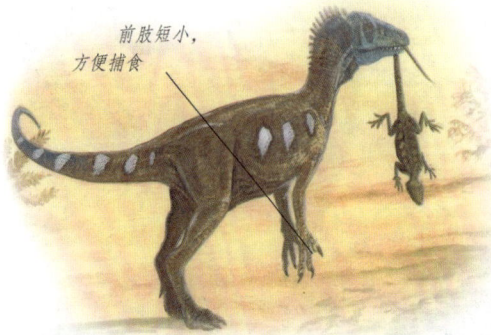

前肢只是后肢长度的一半，而每只手都有五指。其中最长的三根手指都有爪，被推测是用来捕捉猎物的

凶猛的始盗龙

凶猛的"小不点"

跟同时代的其他动物相比，始盗龙算是个"小不点"了——体长只有 1 米左右，就像今天的狗那样大；体重大约有 10 千克，但它们却是非常凶猛的掠食者，号称"黎明掠夺者"。

陆地疾行者

据古生物学家推测，始盗龙体形极为矫健，奔跑速度极快，这主要是为了捕猎一些小型的动物。所以，不仅小型的爬行动物，而且早期的哺乳动物，甚至我们的祖先，都可能是始盗龙的"盘中餐"。

同时有着肉食性及植食性的牙齿，叶状齿类似原蜥脚下目的牙齿

始盗龙头部化石

奔跑的始盗龙

肉食为主

当捕捉到猎物时，始盗龙便会用指爪及牙齿共同发力，以便撕咬猎物。不过科学家发现，始盗龙长着两副牙齿——肉食性和植食性的牙齿，所以，在没肉可吃的时候，它们也会以树叶充饥。

高度警惕的始盗龙

恐龙是怎样进化的？它们的祖先是谁？

奇思妙想 *More*

恐龙的进化经历了漫长的历程，其时长可以千万年为单位。在三叠纪早期，地球还由一种被称为似哺乳动物的物种统治着。与此同时，地球上还生存着一种体形如蜥蜴般大小的动物，名为杨氏鳄。它被公认为是恐龙的远古祖先。杨氏鳄体形娇小，走起路来摇摇晃晃的，只能捕些小虫子为食。后来，这一物种进化出两个分支：一种是今天的蜥蜴，它们继续保持着祖先吃虫子的习性；而另一种则是半水生的早期的初龙。初龙的外形与今天的鳄鱼极为相像，身披铠甲，头骨上有坑洼，身后还拖着粗大壮实的尾巴；它们喜欢吃肉，被认为是恐龙的直系祖先。

为了在水中更快地捕食，初龙的形体开始进化，后肢变得更长，也更粗壮有力，渐渐地，它们的腿便移到了身体的下方。后来，气候变得愈加干旱。初龙们不得不迁居陆地，为了适应陆地生活，它们又学会了用两条后腿行走，在奔跑的过程中，它们粗壮的尾巴成了身体的"平衡器"——这样一来，它们的步伐变大了，速度也加快了——这是初龙进化史上的关键一步。

在与陆地环境不断地适应与磨合的过程中，初龙们的身体结构不断进化，也不断完善，这时候，真正的恐龙便出现了。它们甚至开始挑战似哺乳动物的统治权威了。

恐龙的直接祖先是一种叫作派克鳄的物种。派克鳄属于初龙家族，体形很小，长度不足1米，有着长短不一的四肢，身后还拖着一条长尾巴，远远看去，与恐龙的外形极像。它们还不习惯双腿走路，但遇到危险时，也会用两条后腿奔跑。这样的方式和速度便于它们捕食猎物。时间长了，它们便进化为真正的恐龙。

9

护蛋危机

暴风骤雨终于结束了，阳光再次洒向地面，也洒向了始盗龙一家。

最先感受到阳光的是始盗龙妈妈，它把怜爱的目光投向两个刚出生的孩子，温柔地对丈夫说："孩子们平安度过了它们人生的第一场风雨，真是幸运！"始盗龙爸爸微笑着，但目光却投向了自己身下的深坑，原来那还藏着几个尚未孵化的蛋。没有意外的话，它们很快就要破壳而出了。"这些小家伙的凶险之旅才刚刚开始呢！"始盗龙爸爸心想。

不过眼下，它和妻子最重要的任务是出去找吃的，只有吃的才能让孩子们快速成长起来。出发前，始盗龙父亲叮嘱两兄弟，千万别让那些坏家伙抢走洞里的蛋。

爸爸妈妈出门了，两个小始盗龙也勇敢地承担起守卫的任务：身体较弱的弟弟负责用身体挡住埋蛋的深坑，而哥哥则负责在附近站岗放哨。

太阳西斜时，捕猎者也开始出动了，比如可恶的奇尼瓜齿兽。这些像狼獾一样的家伙虽然斗不过成年的始盗龙，但它们却喜欢偷始盗龙的蛋。

始盗龙哥哥眼尖，早就看到从远处葡匐而来的三只奇尼瓜齿兽。它立即向弟弟发出低沉的嘶鸣，随即便上前去堵住它们。收到"暗号"的弟弟打了一个激灵，它立即开动脑筋：怎么办呢？我要出去帮助哥哥打败这些坏蛋吗？可我不能让弟弟妹妹们暴露出来呀！想到这些，始盗龙弟弟急坏了。而那三个偷蛋的家伙离哥哥越来越近了。

始盗龙弟弟来回扭动，使得不少的尘土落向深坑，它灵机一动：把这些蛋埋起来，我不就能出去帮助哥哥了吗？它快速地掘土，埋好了蛋。

兄弟俩开始并肩面对生活的凶险了。虽然它们的牙齿还不够锋利，指爪也不够结实有力，但它们毫不退缩，大声地嘶鸣着想要吓退敌人。奇尼瓜齿兽也被兄弟俩的气势所震撼，但却不愿意放弃。

偷蛋者无所顾忌，却踟蹰不前；而守卫者略显稚嫩，但也勇敢无畏。双方就这样僵持着，谁也不敢贸然发动攻击。

就在此时，始盗龙夫妇的嘶鸣声从远处传了过来……这下，那三个卑鄙的家伙吓得立即四散逃走了……

危机解除了。可对于稚嫩的始盗龙兄弟来说，它们的凶险之旅才刚刚开始呢！

板 龙

板龙四肢骨骼粗大、有力，它的尺寸有一辆公共汽车那样长

板龙家族是恐龙王国中一个古老的分支，它们活跃于 2 亿 1000 万年前的三叠纪晚期。最早出土的板龙化石是一块外形平坦的骨骼，板龙便由此而得名。板龙体格健硕，是地球上最早出现的一批植食性巨型恐龙。

三叠纪巨龙

灵活的脖子使它过于头重脚轻

板龙身形巨大，体长可达 6~8 米，身高可达 3.6 米，体重约 5000 千克。板龙正是凭借如此庞大的身形成为三叠纪时期当之无愧的巨型恐龙。

有很长的尾巴

后肢主要用于行走

形态特征

板龙有着极小的头部和锐利的牙齿、粗长的颈部以及健壮有力的四肢，但在日常行走及觅食时，它们善用两个后肢。两只短小的前肢上生有尖爪，用以自卫和掠取植物。

头骨狭小

板龙的头骨虽然狭小，但它的头颅骨却是异常坚固的。它的头颅骨上生有四对洞孔：鼻孔、眶前孔、眼眶以及下颞孔。另外，板龙的口鼻很长，占据了头部很大的比例。板龙的眼睛分布在头骨两侧，有利于它的觅食和防御行为。

板龙正在河床吞石头

爱吞胃石

板龙的牙齿碎且小，不能把食物咀嚼得很细。因此，为帮助消化，板龙会吞食一些石块，以碾磨植物，便于更好地吸收植物的营养。

植食性恐龙

板龙口中生有许多小叶状牙齿。从它较低的颌部关节位置判断，板龙是一种植食性恐龙。因为体形高大，所以一些高大的植被，如针叶树与苏铁便成为它们的日常口粮。

觅食姿态

板龙在觅食时，要靠两只强有力的后肢撑住身体，站起来，并用弯曲的拇指掠取高大树木上的小枝叶，然后送入口中。一个成年的板龙直立起来的话，能够轻易够到高大树木的树梢。

板龙进食

群体行动

板龙化石被发现时，同一地域曾出土了十分完整的板龙化石群。这说明，板龙是喜欢群体行动的一个物种。为了满足自己的食欲，板龙要不断迁徙，去寻找更多的食物。

集体觅食

11

吉登恩·曼特尔是英国一名 32 岁的乡村医生，同时他也是一个热衷化石收藏的化石迷。工作之余，曼特尔收集了不少古生物化石，甚至还在家中建起了一座小型的地质博物馆。

随着收藏范围的扩大，他的名气也越来越大。1822 年，他从妻子那里获赠了几个形状奇怪的大牙齿化石。当时，他并不知道这些化石是什么，但他喜欢钻研，希望知道这些化石所属的物种来源。他带着化石向当时著名的古生物学家居维叶（法国）和巴克兰（英国）请教。然而这两位学问渊博的古生物学家也没能说出个所以然来，他们只能粗略地推断，这可能是一种大鱼或是犀牛的牙齿化石。但曼特尔并不认可这种推断。为了获得更准确的答案，他不断奔波着，跑了无数的博物馆。

功夫不负有心人。1825 年的一天，曼特尔走进了一家博物馆。在那里，他发现了一种生活在中美洲的蜥蜴的骨骼。当他把手中的牙齿化石跟蜥蜴的牙齿一对比时，竟发现了它们是十分相像的。只不过自己手上的化石要更大一些。曼特尔恍然大悟！

同年，曼特尔发表了他的研究结果。他断定，那些巨大的牙齿化石，应该是一种尚未被发现的生物，只是它们早已灭绝。曼特尔将这种古生物命名为"鬣蜥的牙齿"——也就是中国人口中的"禽龙"。

因此，曼特尔被誉为最早发现恐龙的人。若是没有他的执着，或许我们要更晚一些才能发现恐龙。

可怕的加餐

雷利是一只刚出生没多久的小板龙。虽然只是一个新生恐龙,但它的个子可不小,足有一棵小树苗那么高了。但这样的个子跟板龙家族的大块头长辈们比起来,根本就是小巫见大巫。

对于初生的雷利来说,它最重要的事情只有一个字——吃,跟着爸爸妈妈以及家族里的长辈们四处找吃的。哪里有高大的铁树森林,哪里就是它们的目标。雷利个子矮,根本够不到树上的美味,只能由爸爸妈妈去摘取树干上的枝叶,然后递给它吃。所以,每次在等叶子的时候,雷利便会悠闲地蹲坐在一边,静静地观察着长辈们取食的动作,一边看,还一边默默模仿学习着。没办法,谁让它是一只新生龙呢?世界上的一切对于它来说都新鲜着呢!

观察了几天后,小雷利学会了不少本事。它能分辨植物了,也能够取食较低处的树叶了。不过,这几天,它也有一个很可怕的发现,这让它困惑极了。

事情是这样的:昨天中午,妈妈吃完叶子后,本应美美地睡上一觉,可是雷利却看到妈妈一副坐立不安的样子,一直低着头四处寻找着什么。雷利不知道怎么做才能帮助妈妈,只好紧紧盯着妈妈的一举一动。过了一会儿,它看到了最不可思议的一幕:妈妈居然收集了不少的石块,还把收集来的石头吞进了嘴里,并仰着头咽了下去。雷利吓坏了,它在心里不断地发问:"妈妈为什么要吃石头?""妈妈会不会死?"一想到这,它竟难过地流下了眼泪。

雷利越想越悲伤,也越想越害怕,它立刻颤抖着跑向了妈妈,钻进妈妈的怀里,边哭边问道:"妈妈你是在干什么呀?为什么要吞石头下去?你会不会死啊?"

可是妈妈的态度却让它大吃一惊,妈妈竟然微笑着抚摸着它的小脑袋,对它说:"傻孩子!妈妈可不是在伤害自己,我这么做对身体是有好处的。"看到雷利迷惑的眼神,妈妈接着说道:"因为我们的牙齿碎小,不能把所有的叶子都嚼碎,很容易消化不良,所以,我们要吞食一些石块,让它们进入胃中,通过碾磨,帮助我们消化。"

"原来是这样啊!那我也要吞一些石块!"雷利终于破涕为笑了。学到了新知识,雷利觉得自己又长大了一些。

槽齿龙

槽齿龙是第四个被命名的恐龙

槽齿龙生活在温暖又干燥的三叠纪晚期，是当时非常活跃的一种植食性恐龙，具有进化的优势；化石出土地位于南英格兰与威尔士一带。虽然槽齿龙不是最早的蜥脚形亚目恐龙，但却是原蜥脚形亚目恐龙中的知名属种。

小型头部

颈部有长的椎弓

轻量级恐龙

槽齿龙体形瘦长，长约 2 米，小脑袋，长脖子，身后的尾巴也很长。但它的身高只有 30 厘米，体重仅有 30 千克。

二足恐龙

槽齿龙是一种二足恐龙，前掌有五个手指，后脚掌生有五个脚趾，拥有大型拇指尖爪，后肢较长，行走时主要用两只后足发力。

背椎有强化的横突

正在行走的槽齿龙

槽齿龙化石

四肢着地

槽齿龙后肢修长，前肢较短。它们可能在大部分时间都保持着四肢着地的习惯。因为身高的原因，它们只能寻觅一些长在低处的植物，偶尔也会用后腿直立起来，够取较高的植物。

植食性恐龙

　　槽齿龙的牙齿呈叶状，边缘有锯齿，且锯齿位于齿槽内——这也是它们得名的原因。槽齿龙的齿骨非常短小，下颌前端微微下弯。与近蜥龙相比，槽齿龙牙齿要多一些，可谓牙齿密布，这是它们善于咀嚼嫩叶的先天条件。

正在进食的槽齿龙

肩胛骨宽大、弯曲，稍呈板状

头部较小

脊背突出

　　槽齿龙虽然体形修长，但却有着宽大的肩胛骨。另外，从外形上看，槽齿龙的肩胛骨呈弯曲状，略平坦。

槽齿龙除头部较小外，它还有修长的颈部和后肢

后肢修长

槽齿龙前掌有五个手指，后脚掌有五个脚趾

最早被描述的三叠纪恐龙

　　最初，古生物学家并没有把槽齿龙归类为恐龙，他们认为它是一种较为低等的生物。直到 1870 年，人们才改正过去的观点；槽齿龙在 1836 年已被命名，是第四个被命名的恐龙，前三个分别是斑龙、禽龙以及林龙；槽齿龙也是最早被描述的三叠纪恐龙。

如果没有欧文，恐龙会叫什么名字？

理 查德·欧文（1804—1892）是英国著名的古生物学家，他在专业领域内成绩斐然，专注于中生代爬行动物的研究，可谓是当时的顶尖人才。而恐龙这一名称便是由他创立的。

1841年，欧文正在进行着对远古爬行动物化石的总结性研究。在不断的观察和思考过程中，他敏锐地洞察到一个特别的事实：禽龙、巨齿龙以及林龙是很特殊的一类爬行动物。它们有着庞大的体形，而其肢体和脚爪在某些方面又十分类似于大象等皮肤较厚的哺乳动物。欧文推断这几种动物有着圆柱形的腿，并且它们的腿是从躯干两侧直接朝下伸出的。这与其他的爬行动物有极大的不同。因为其他的爬行动物的四肢都是先向躯干两侧延伸一段，然后再向下伸出的。活动时，这些爬行动物的腹部紧贴地面，呈匍匐状前进。但禽龙等动物的腿很长，将肢体与地面分开了很大的一段距离，这有利于它们进行陆地活动，无论是行走、奔跑还是跳跃都十分灵活。

根据这些推断，欧文认为这些动物应该是一个从未被标识过的古生物物种，并且，它们应该有一个专有名称。于是，他创造性地将希腊词语 Dinos 和 Sauros 组合成一个新的名词，意为"恐怖的蜥蜴"。传到中国时，中国人将其翻译为"恐龙"。

欧文不仅是恐龙的命名者，还为恐龙赋予了进步生物的"美誉"，他认为恐龙是爬行生物中的王者，超越了古今一切的爬行物种。

槽齿龙爱吃"素"

槽齿龙一家的日子是越来越难熬了，已经过了几天吃了上顿没下顿的日子了。对于槽齿龙夫妇来说，因为身体强壮，饿几顿还能忍得过去。可刚出生没几天的孩子怎么办啊？在这个弱肉强食的丛林中，要想活下去，就得有一副强壮的好身体，要想有好的身体，就得抓捕更多的猎物，吃更多的肉。

想到猎物，槽齿龙爸爸的眼神更黯淡了。本来这片林子里只住着槽齿龙一家的，而林子里那些小型的像蜥蜴一样的爬行动物自然都是它们的食物。可自从腔骨龙一家搬来以后，它们的生活就大不如前了——腔骨龙也喜欢吃肉，而且捕猎的本领更高强……

一阵低沉的嘶鸣打断了槽齿龙爸爸的沉思，原来是小槽齿龙醒了。槽齿龙爸爸打起精神，对小槽齿龙说："孩子，起来吧！爸爸带你去找吃的。"

听了爸爸的话，小槽齿龙兴奋极了，它早就想去远一点的林子里玩耍了——它可不在意什么猎物。父子俩走进林子里，小槽齿龙一边走，一边四下瞧着，看什么都新鲜！槽齿龙爸爸见了，便提醒它说："孩子，捕猎的时候要专心，那些小动物最喜欢藏在石头缝或是茂密的枝叶下面。"正说着，槽齿龙爸爸忽然沉默了，它轻轻拍了拍自己的孩子，又做出"嘘"的动作，随后手指向一块大石头——原来那后面藏着一窝熟睡着的小动物。

槽齿龙爸爸让孩子留在原地，自己悄悄地走上前去，想快速出手抓住它们。距离越来越近了，它出手了，可当它的手掌落地时，却扑了个空——不知哪里冒出来的腔骨龙竟抢先一步夺走了猎物。

槽齿龙爸爸气坏了，但腔骨龙实在是太灵巧了，走路又轻又快，指爪也更有力。槽齿龙爸爸无奈地回头看看自己的孩子，仿佛在告诉它："我们还得再多忍耐一会儿了。"可小槽齿龙似乎并没有在意父亲的失败，它正忙活着自己的事呢——它居然在吃低处的嫩叶。看到爸爸正在看着自己，小槽齿龙忙忙挥舞前肢，喊道："爸爸快来尝尝吧，原来叶子这么鲜嫩多汁！"槽齿龙爸爸哭笑不得，可是肚子饿得难受，它只得伸手抓了一根树枝过来，囫囵个儿就将那树枝塞入了大嘴巴中，"嘿！味道真的不错。"

吃着吃着，槽齿龙爸爸忽然想明白了，"我们为什么不改变一下自己的习惯呢？猎物会越来越少，树叶肯定是吃不完的，只要能活下去，吃什么又有什么关系呢？"打这以后，槽齿龙吃"素"的习惯就保持下来了。

17

腔骨龙

腔骨龙

腔骨龙活跃于三叠纪晚期，又名"虚形龙"，是活跃于北美洲的一种体形轻盈的肉食性恐龙。体长不超过 3 米，臀部约有 1 米高，属二足恐龙。腔骨龙得名于其空心的四肢骨，在早期恐龙家族中具有较高的知名度。

进化的恐龙

与始盗龙相比，腔骨龙在构造上已经展现出进化的痕迹。腔骨龙的头部有很大的孔洞，孔洞间有狭窄的连接骨，这既减轻了头部的重量，又保持了头颅骨结构的完整性。

长颈部呈 S 形

头部具有大型孔洞，可帮助减轻头颅骨的重量

独特的叉骨

腔骨龙的躯体基本继承了兽脚亚目恐龙的体形特点，但又表现出一些区别：这体现在骨骼构造方面——它的肩部长有叉骨，它们是最早被发现具有这一特征的恐龙物种。

腔骨龙生活的外部环境非常干燥，为了适应严峻的生活，腔骨龙以尿酸的形式排出有毒的含氮物质，这样可以保持水分

隐藏的第四指

腔骨龙手掌上生有四指，其中三指可活动并发挥作用，第四指则隐藏在手掌的肌肉内。它的后肢脚掌生有三趾，而后趾不与地面直接接触，而是留有一定的距离。

四肢骨骼部分和现在的很多鸟类一样

腔骨龙的尾巴，主要作用是保持身体平衡

腔骨龙身长2米多，后肢细长，奔跑时很有力

维持平衡的尾巴

腔骨龙有着构造独特的细长尾巴，因为脊椎前关节突呈交错状，因而其尾巴是半僵直的，这不利于尾巴上下晃动，但在水平方向上比较灵活，能在奔跑时起到保持平衡的作用。

小个子的肉食者

腔骨龙外形小巧、轻盈，但存在着雌性与雄性的区别，即雌性外形较为纤细，而雄性则更为强壮。同时，它们也是凶狠的肉食者。腔骨龙的牙齿锋利，呈锯齿状，这是它们以肉为食的有力证据。

腔骨龙的头部具有大型孔洞，可帮助减轻头颅骨的重量

腔骨龙体形小巧、轻盈

腔骨龙集体捕猎

群体猎食者

腔骨龙体形娇小，更喜欢集体出动。这能够使它们在面对大型的植食性恐龙时，更有信心和力量。一些小型的类似蜥蜴的动物也是它们的捕猎目标。更可怕的是，它们还留存着同类相残的恶行。

飞向太空

1998年1月22日是美国发射奋进号航天飞机的日子。这个进入太空的航天器中便携带了一枚腔骨龙化石，这也是第二个被送入太空的恐龙化石。最早进入太空的恐龙是慈母龙，时间为1985年。

腔骨龙的骨骼化石

奇思妙想

曼特尔最先发现恐龙化石，也确认了恐龙这种远古爬行动物的存在。那如果他有更多的精力去搜寻，会有什么发现呢？他与后来的世界范围内的"恐龙热"的兴起有什么关系呢？

曼特尔和欧文对恐龙热的出现起到了首倡和推波助澜的巨大作用。远古生命的传奇故事激励着一大批来自世界各地的古生物学家和化石爱好者不断地寻找、发掘，又为各种类型的恐龙命名。

在这一批先驱者的努力之下，越来越多的与恐龙有关的化石开始出土，人们对恐龙的了解也越来越多。世界各地都有恐龙遗体、遗迹和遗物形成的化石。它们几乎都是"石化"了的恐龙的一部分，比如完整的或残缺不全的恐龙骨架化石。此外，人们还发现了恐龙行走或奔跑的证据——脚印化石；而恐龙蛋化石则向人们展示了它们是如何繁衍后代的；恐龙胃中的残留物以及排泄的粪便又让我们明白了它们的饮食喜好，甚至人们还发现了恐龙的皮肤化石，这一切都加深了我们对恐龙的了解，更加深了我们对恐龙的兴趣。

而如今，我们沿着曼特尔等先驱人物的足迹，在世界的各大洲都发现了恐龙的遗迹，从三叠纪恐龙到白垩纪都有且形态各异。

而我国也出土了数量众多、形态各异的恐龙化石。这些恐龙化石为我们的古生物学研究提供了重要的实物证据，激励着一代又一代的学者们继续深入地研究。

腔骨龙的末路

一只腔骨龙受伤了。它正拖着断了半截的尾巴努力地跟着自己的队伍,好使自己不被落下太远。这是一支刚刚结束一场"战斗"的腔骨龙队伍,它们习惯集体出动、一拥而上的捕猎方式(这种方式也让它们这群小个子占了不少便宜)。

就说刚才吧!这几只腔骨龙正在四处觅食,忽然,一只体形庞大的大椎龙出现在了它们的视野中——那个大家伙正在悠闲地啃树叶吃呢!为首的腔骨龙有着丰富的捕猎经验,它知道那些大家伙只是看着吓人而已,其实动作慢着呢;牙齿也不锋利——"只要我们躲过它的大尾巴,一拥而上准能将它扑倒",它这样想着,便回头示意它的小"跟班"们,那意思就好像在说:"我们趁它没有看到我们,赶紧扑上去,咬断它的脖子或是剖开它的肚子。"

大椎龙一点没注意到身后的动静,依然自顾自地咀嚼着美味。因此,当几只腔骨龙一拥而上,纷纷用爪子抓、用牙齿咬它的时候,它慌乱极了。它刚一弄清楚状况,便立即挥舞起自己的长尾巴,想用自己的"大鞭子"吓走这几个小个子。可是这些小个子太灵巧了,总能躲开它牙齿和爪子又十分尖利,它的身上已经椎龙气急败坏,连看都不看,胡乱地感觉到自己的尾巴好像缠住了一个很么多了,只是来回地甩动自己的尾巴,巴落空了,回头一看,一只腔骨龙的神的时候,为首的腔骨龙狠狠地咬向

的击打,开始流血了。大甩着尾巴。忽然,它细的东西,它也不管那只听"啪"的一声,它的尾巴竟掉了半截。就在它走了它的脖子。

腔骨龙队伍获得了胜利,它们美美的小腔骨龙却没人理睬了。为了填饱肚子,地享用了一顿。可是那只受伤它只好忍着剧痛抢食了几口。

饱餐之后,腔骨龙队伍又昂着头出发了。那只受伤的腔骨龙渐渐体力不支了,行走慢了下来,但它依然努力地想跟上前面的伙伴们。

天很快就黑了,赶了一天的路,腔骨龙们饥肠辘辘,可是这时候那些大恐龙都已经躲起来休息了,基本找不到吃的了。大伙听着肚子里的"咕噜"声,互相看着,只有那只受伤的腔骨龙在不远处呻吟着。

几只腔骨龙用目光交流了一下,接着,它们便轻轻走向了那只受伤的腔骨龙……只一会儿的工夫,它们就将自己的同伴分食一空。

理理恩龙

理理恩龙生活在约 2 亿 1500 万年前到 2 亿年前的晚三叠纪时期，属于腔骨龙大家族中的一员。1934 年，理理恩龙化石出土于德国，后来在法国等地也有理理恩龙的化石被发掘出来。理理恩龙身长约 5.15 米，最重可达 400 千克。

理理恩龙

称霸一时

在恐龙家族中，理理恩龙的体形并不算数一数二；但在它生活的那个时期及地域中，它却是显赫一时的王者。从体形来看，理理恩龙是当时最大的食肉恐龙。它们常常捕食一些小型恐龙，连板龙也不放过。

头部呈狭长的三角形，上有脆弱的两片头冠

脖子较长

前肢短小，手上还有 5 根手指，第四指和第五指已经退化缩小

尾巴较长，主要保持身体平衡

体型特征

成年理理恩龙身体最长可达 6 米，未成年理理恩龙的体长也在 3 米以上；理理恩龙的外形很像后来的双脊龙——头部呈狭长的三角形，上有脆弱的两片头冠；脖子和尾巴都是长长的，前肢却是短小而灵活的。

理理恩龙是三叠纪晚期最大的食肉恐龙，主要分布在法国、德国

理理恩龙是那个时期生活的最大的食肉恐龙

二足恐龙

理理恩龙是典型的二足恐龙，因为前肢短小，主要功能在于捕猎；所以它们主要依靠后肢的力量行走，长长的尾巴是它们天然的"平衡舵"——保证它们急速行进或是转弯时不至于摔倒在地。

正在行走的理理恩龙

早期肉食恐龙

理理恩龙的构造上带有早期肉食性恐龙的某些特性，比如它们的前掌上生有5指，前三指的指端生有锋利的指爪；第四和第五指已经退化，但功能依然强大。在此后出现的肉食性恐龙中，第四指和第五指干脆就不发育了。

不堪一击的头冠

理理恩龙的头上有一个特别之处——两片薄薄的脊冠——这只是两片单薄的骨片，所以它们是不堪一击的。要是猎物忽然攻击它们的脊冠的话，它们很有可能因剧烈的疼痛而放弃搏斗，并落荒而逃。

理理恩龙攻击板龙

正在捕食的理理恩龙

水中突袭

理理恩龙非常聪明，它们甚至懂得从水中发动突然袭击，以猎食目标。因为当植食性恐龙进入水中时，行动和反应力会变得很缓慢，甚至是迟钝的，这样它们在面对理理恩龙的突然袭击时，十分被动。而这种捕食技巧也被现代的动物所继承和发扬。

如果要辨别恐龙性别，有什么办法？

绝大多数动物都存在着性别的差异，恐龙自然也不例外，但如何区分恐龙的性别一直困扰着科学家们。

近年来，美国科学家研究出了一套区分恐龙性别的方法。而他们的灵感则来自于恐龙的现代近亲——鸟类。据科学家观测，雌鸟在产卵之前，体内会储备大量的钙质以帮助蛋壳的形成，这种储备的钙质存在于鸟类的长骨内，并以额外骨膜的形式沉积着。当雌鸟需要这些钙质时，储存在骨骼内的钙质会迅速游离到血液中。而这种现象并没有在雄鸟身上发现过。因为它是在雌激素的影响下才会出现的生理现象。

根据以上事实，科学家重新检测了保存完好的霸王龙骨架；检测结果证明，霸王龙化石的骨骼构造与雌鸟十分类似，这说明，雌恐龙也会将产卵所需的钙质储存到特定的骨骼中。这同时意味着，通过检测恐龙钙质的含量以及储备情况，可以准确地区分恐龙的性别。

而这个发现，除了能帮助我们分清恐龙的性别，也有力地证明了恐龙具有与如今的鸟类同样的繁殖方式。它们在产卵和破壳的方式上，与鸟类的相似度甚至超过了今天的鳄类动物。

最后的晚餐

三叠纪晚期的湖畔总是蕨类丛生、绿树掩映的，这是板龙觅食的天堂。每当它们饱餐一顿之后，便要悠闲地漫步到湖心处，痛痛快快地喝上一通清澈甘甜的湖水，然后它们心里盘算的便是找一棵茂密的大树，在树底下美美地睡上一觉了。

夕阳下享受美餐和痛饮几乎是每个板龙一天中最快乐的时光。你瞧，树梢上的树叶摆动着，又发出"沙沙"的声响——那是一只刚刚吃饱的板龙正向湖边走来。它要像往常那样享受最后的痛饮了。慢悠悠地迈着步子，不时地打个饱嗝——甘甜的湖水就在眼前——板龙的心情别提多愉快了！——可是身后呢？情况却不太妙——两只理理恩龙已经埋伏多时了。它们早已注意到这只板龙的日常生活规律，也知道它最为放松的时候就是到湖心喝水时。

所以，这两个家伙有足够的耐心等待着板龙享受它最后的美好时光。看着板龙慢慢走入湖心，两只理理恩龙互相使了一个眼色，便蹑手蹑脚地跟在板龙的后面——毕竟这只板龙的个头不小，突然袭击也没有十足的把握，万一提前打斗起来，板龙拼命撞击自己脆弱的脊冠，那它们就得放那可真是"偷龙不成反要蚀把米了"！

好在板龙一心要解决自己口渴的自己的身后。一到湖心，板龙便低头肚子里"咕噜咕噜"地叫了一阵，仿向前走去，那脚便踏入了沼泽之中。

可这次，还没等听到"咕噜咕噜"一跃而上，发动了攻击。其中一只理理板龙痛得"嗷嗷"叫唤，可是身子却不由肚子也被另一只板龙咬住了。板龙拼命地发力挣扎，可是全身的神经被疼痛所吞噬，根本不受自己的控制了……

弃捕猎——

问题，根本无暇顾及痛饮起来。喝了一通之后，佛还有点不过瘾，板龙再次它再次低头痛饮。

的声音传来，两只理理恩龙便恩龙一口咬住了板龙的脖子，自主，脚陷入沼泽之中，而自己的

一阵痛苦的嚎叫和挣扎之后，板龙的鲜血流尽了，湖水也红了一大片。板龙偌大的身子轰然倒塌，成了理理恩龙的大餐。而此时的它刚刚享受完自己最后的晚餐。

大椎龙

大椎龙又名"巨椎龙"，生存于气候炎热的侏罗纪早期，2亿年前到1亿8300万年前，化石出土地包括南非以及赞比亚等地。大椎龙是最早被命名的恐龙之一，其命名原因来自于它身上巨大的脊椎。

体形中等

在恐龙家族中，大椎龙体形居中，头部较小，具有较长的颈部和尾巴，前肢较短，后肢粗壮；身长为4~6米，体重可达135千克。它属于原蜥脚类恐龙，行走步态为二足行走。

大椎龙头小颈长

大椎龙椎骨较多，从颈部延伸到尾端

前肢具有锐利的拇指指爪，可用来防卫或协助进食

两条后腿强劲有力，成年的大椎龙主要是靠两条后腿站立的

尾巴较长

大椎龙复原图

大椎龙的头骨

头部小巧

大椎龙的头部小巧，长度不及股骨长度的一半，并有众多孔洞，这减轻了头骨的重量，为肌肉提供了附着之地，更能容纳较多的感觉器官。但在具体的个体中，这些头部特征也存在一定的差异性。

椎骨众多

大椎龙名副其实，修长的身体上缀满了椎骨——从颈部延伸至尾端。粗长的颈部上长有 9 节颈椎，脊背上有 13 节脊椎，另外还有 3 节荐椎和不少于 40 节的尾椎。大椎龙具有蜥臀目恐龙的特征，即耻骨朝前。

大椎龙

不对称的前掌

大椎龙的每个脚掌上都长有五趾，拇指上生有大型指爪，这有利于它们捕食和进食，也能起到抵御侵袭者的作用。但是它们的前掌是不对称的，因为前掌的第 4、5 节指十分短小，比前面三指短很多。

正在行进的大椎龙

备受争论的食性

大椎龙属于原蜥脚类恐龙，而关于原蜥脚类恐龙的食性科学家们争论已久。曾有科学家认定大椎龙为肉食性恐龙。但目前为止，这种假说已被否定，科学家们更倾向其植食性或杂食性的假设。

大椎龙的骨骼化石

鸟类气囊

许多蜥臀目恐龙的脊椎与肋骨处存在空腔，这可能是较为低级的空气流通系统，类似现代鸟类。而原蜥脚类恐龙作为蜥臀目物种则没有鸟类的肺脏，但可以确定的是，它们长有颈部和肺部气囊，这种构造与鸟类极其相似。

侏罗纪时期是恐龙演化进程中的鼎盛时期，也可以说是恐龙大暴发的时代。那个时候，恐龙已经发展成为了地球的统治者。各种各样的恐龙占据着侏罗纪时代的陆地、海洋甚至是天空。陆地上行走着身体巨大的雷龙、梁龙等恐龙，水中游弋着鱼龙，而空中则有翼龙在翱翔。

侏罗纪是介于三叠纪和白垩纪之间的一个地质时代，是中生代的第二个纪，开始于三叠纪末期的灭绝事件。侏罗纪这一名称取自于德国、法国、瑞士边界的侏罗山。超级陆块盘古大陆此时真正开始分裂，大陆板块漂移形成了大西洋，非洲开始与南美洲分裂开来，而印度板块则开始移向亚洲。

生活在陆地上的恐龙主要是植食性的原龙脚类和鸟臀目恐龙，到侏罗纪晚期时，体形更为庞大的龙脚类恐龙则成了陆地霸主。它们可以同时吃到高与低处的植物；龙脚类主要靠吞下的石头来磨碎食物。此时，大型蜥脚类恐龙有圆顶龙、迷惑龙、梁龙、腕龙等，它们喜欢吃草原上的蕨类、大型苏铁、本内苏铁目植物，有时候也吃一些松针；大型肉食性恐龙包括角鼻龙、斑龙、蛮龙、异特龙等。

大型的兽脚类恐龙以猎食植食性动物为生，小型的兽脚类恐龙，如空骨龙类和细颚龙类则以小型动物或腐肉为食。而此时鸟臀目恐龙的数量较蜥臀目恐龙少，但剑龙目与小型鸟脚目恐龙数量较多，这些中小型的植食性恐龙在整个生态系统中占据着重要的位置。

侏罗纪时期，种类繁多、数量庞大的恐龙家族统治着整个地球，白垩纪时期恐龙家族由盛转衰，因此侏罗纪时期是当之无愧的"恐龙时代"。

大椎龙交朋友

一只小大椎龙一直跟妈妈生活在一起，有一天，它莫名感到十分孤单，便跟妈妈说："妈妈，老是我一个人玩，真孤单，我想有一些朋友。"妈妈慈爱地望着它，对它说："要想交到朋友，你就得去森林里寻找，还要学会帮助别的恐龙，这样你才能交到朋友呢！"

"只要帮助别的恐龙就可以交到朋友吗？原来交朋友这么简单啊！"小大椎龙说道。

"当然啦，但你一定要小心那些头上长着可怕的脊的双脊龙，它们可不是你的朋友，它们可能会吃掉你呢！"小大椎龙虽然有些害怕，但阻挡不了它交朋友的决心。

它一个人勇敢地上路了。当它慢腾腾地走进了森林中，很快就遇到了一只体形小巧、个子矮矮的恐龙。它看上去有点吓人——身上竟披着一层铠甲——原来那是一只腿龙。虽然自己个子很高，但小大椎龙也有些害怕，它很害怕那个家伙会吃掉自己。腿龙也是头一次见到大椎龙，同样感到不知所措，便慢慢向后退去。

看到对方慢慢后退，小大椎龙忽然害怕了，便站在原地望着它。腿龙似乎感到不那么觉得自己小心过了头，便低着头吃起灌木丛里的小嫩叶。

"呀！原来它跟我一样，是吃叶子的！那我们可以交朋友了。"想到这，小大椎龙开心极了，它主动走上前去，低着头问："你叫什么名字？你也爱吃叶子吗？"

"我叫腿龙，我从小就是吃叶子长大的，可因为个子矮，只能吃低处的小嫩叶。"腿龙似乎有些委屈。

"那你想尝尝树梢上的叶子吗？"小大椎龙问道。

"当然啦！"

"我可以帮你！"说完，小大椎龙挺直了身子，昂起头，一下子就够到了树梢上的嫩叶。它拽下来一把枝叶，低头送到腿龙的脚下。

腿龙低着头去品尝，"原来高处的叶子也很甜。"

"那我以后都可以帮你够呀！我们是好朋友了吗？"小大椎龙兴奋地问道。

"当然是啦，你帮助了我，我也很想和你交朋友。"腿龙也乐呵呵地回答道。

从此以后，大椎龙有了好朋友，它们常常一同去远处的林子里觅食，玩耍。它再也不觉得孤单了。

腿龙

腿龙

腿龙又称棱背龙，是一种体形较小的恐龙，身长仅有4米，但它却有着笨重的躯体和粗壮的四肢。腿龙属鸟臀目恐龙，曾被分类于剑龙或甲龙下目，但无论怎样归类，都有科学家提出质疑，目前，人们更倾向于将其分类于甲龙下目。

腿龙最大的特征是嵌在皮肤里的骨质鳞甲构成的装甲，这些鳞甲以平行方式沿着身体排列，是它们抵御食肉恐龙的武器

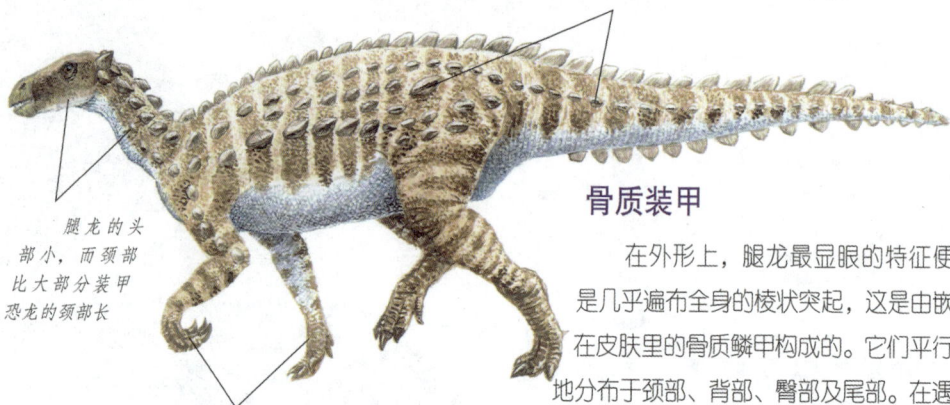

腿龙的头部小，而颈部比大部分装甲恐龙的颈部长

腿龙是四足恐龙，它有四个脚趾

骨质装甲

在外形上，腿龙最显眼的特征便是几乎遍布全身的棱状突起，这是由嵌在皮肤里的骨质鳞甲构成的。它们平行地分布于颈部、背部、臀部及尾部。在遇到敌害时，这些棱状突起会给它们提供保护。

四足恐龙

腿龙是一种四足恐龙，且其后肢较长。腿龙两只后肢的下半部骨头十分粗短，使它们能够为整个身体提供巨大的支撑力量。腿龙的四个脚掌大小相同，它们可四足行走。

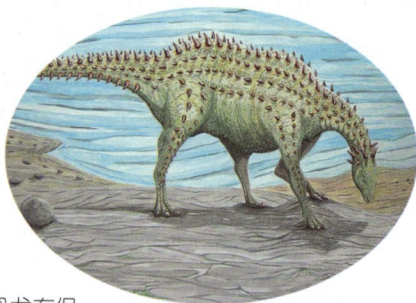

头小颈长

腿龙的头部与晚期的甲龙下目恐龙有很大的区别，它的头部状似一个狭长的三角，生得较低矮，外形上与原始的鸟臀目恐龙很像。但它的颈部却要比同类的装甲恐龙长得多。

腿龙是四足恐龙，后肢较前肢长，后肢下半部的骨头较粗短。它们以后肢支撑身体，以树叶为食

植食性恐龙

腿龙的腭部构造简单，牙齿为小叶状的颊齿，这种构造只能使其做出一些上下方向的咬合动作，非常适合咀嚼植物。据科学家推测，腿龙的进食方式为，以下颌移动促使牙齿产生刺穿和压碎的系列动作。

爱吃水果

腿龙的咀嚼能力不强，嘴前端有窄喙，因此，它们可能具有吞咽胃石以协助磨碎食物的习性，这与当今的鸟类和鳄鱼的消化方式十分相像；腿龙的食谱以生长在低处的嫩叶为主，且配以水果。

侏罗纪海岸

腿龙的知名度不高，远不及剑龙以及甲龙，但在侏罗纪时期的英格兰海岸却活跃着不少的腿龙。英格兰的查茅斯地带曾出土了腿龙的化石，而这片土地也因此得名"侏罗纪海岸"。

腿龙是植食性恐龙，它的食物以树叶和水果为主

1860年出土了最完整的腿龙化石，在英国多塞特至德文东部的一段海岸

如果没有恐龙化石，我们能发现恐龙吗？

恐龙化石是我们发现恐龙存在的直接有力证据，没有它，我们肯定不能确信恐龙真的存在过。而作为有生命的动物，有生存自然就会有死亡。恐龙死后，尸体上的肉不是被其他动物吃掉，就是慢慢腐烂消失，只剩下一具恐龙骨骼躺在湖底或其他低洼处，后被风或水带来的泥沙层层覆盖，直到完全沉入泥里。经过千万年，这些泥沙使骨头渐渐石化，矿物质填充进了骨头的空隙中，这样就使得恐龙的遗骨及其形状得以长期保存。

另一些尸骨，在沉积物变成石头后慢慢腐朽，它们的腐朽使石头里面留下空洞，雨水将矿物质及其他物质带来，把这些空洞填满，形成了和原来骨头形状一样的结块，这些结块被称为铸式化石或模式化石。

我们最熟悉的恐龙化石便是它的躯体化石，即恐龙牙齿和骨骼化石；而恐龙的遗迹，包括足迹、巢穴、粪便或觅食痕迹也有可能形成化石保存下来，这些便是所谓的生痕化石。通过生痕化石，我们会更加了解恐龙的生存环境和习性偏好等细节，通过对这些化石的研究，人们可以推断出恐龙的类型、数量、大小等情况。

恐龙的骨骼和牙齿等坚硬部分是由矿物质构成的。矿物质在地下往往会分解和重新结晶，变得更为坚硬，这便是"石化过程"。随着上面沉积物的不断增厚，遗体越埋越深，最终变成了化石。而周围的沉积物也变成了坚硬的岩石。

时光推移，沧海桑田，沉积层渐渐变成岩石层，恐龙骨骼夹杂在矿物质中。又过了几百万年，恐龙的骨头在岩石里变成了化石。

挑食的小腿龙

腿龙妈妈只有一个孩子——小腿龙，它十分宠爱这只小腿龙，总把最好吃的东西留给它。

渐渐地，小腿龙竟养成了挑食、偏食的坏毛病。它不像别的小腿龙那样，把叶子和水果搭配着吃——它只爱吃甘甜多汁的水果。它觉得叶子——就算是最新鲜的嫩叶也没什么味道，简直是难以下咽。

它对妈妈说："要是不给我采回水果，我宁愿饿肚子。"

妈妈笑着说："傻孩子，果子的数量没有叶子多，到了秋天就没有果子可吃了。那时候，连叶子都会少很多呢！"

"我不管，我要你走远一点去找果子给我吃。你要采到很多的果子，我们就可以存起来，到秋天的时候再拿出来吃。"小腿龙撒娇地对妈妈命令着。

可是在这片林子里本来就是果子少，叶子多，要是赶上饥荒，连叶子都吃不上。没过多久，林子里真的闹起了饥荒。

天越来越热，好久都不见一滴雨落下。树叶渐渐枯黄了，果子更是少之又少。所以，腿龙妈妈每天只能捡回一点点的干草，根影儿都看不见了。小腿龙气得哇哇大哭，说："一点水果都没有，让我怎么吃啊？我可咽不下去。"腿龙妈妈也没办法，妈妈也没办法啊。这还是我留给你的了。等过了这阵子，就会有果子吃的。"

小腿龙实在不想吃，可是肚子又很闭着眼往肚子里吞了。它吃得很费劲，只感到口干舌燥，实在太渴了。

为了解渴，它又跟着妈妈去了一处快要干涸的湖里喝水。那水真脏啊！浑浊不堪。可是它太渴了，只得低头一阵猛吸。

说来奇怪，打这以后，小腿龙似乎适应了这种吃法。因为，它明白，填饱肚子比什么都重要。它的偏食、挑食的毛病也改掉了。

后来，天气好转，果子又多了起来。但小腿龙已经养成了好习惯——嫩叶和水果搭配着吃。

本连果子的它哭闹着对妈妈那些枯草干巴巴的，它叹口气说道："孩子，呢，不然连这种干草都没有饿。没办法了，它只好咬咬牙，但总算吃完了。这时，小腿龙

双脊龙

双脊龙生活在侏罗纪早期的北美洲以及中国云南省禄丰县，体形修长，长约 6 米，高约 2.4 米，重达 500 千克，是一种肉食性恐龙。双脊龙的名称意指"头上有两个脊的蜥蜴"——那是一对新月形的巨大骨冠。

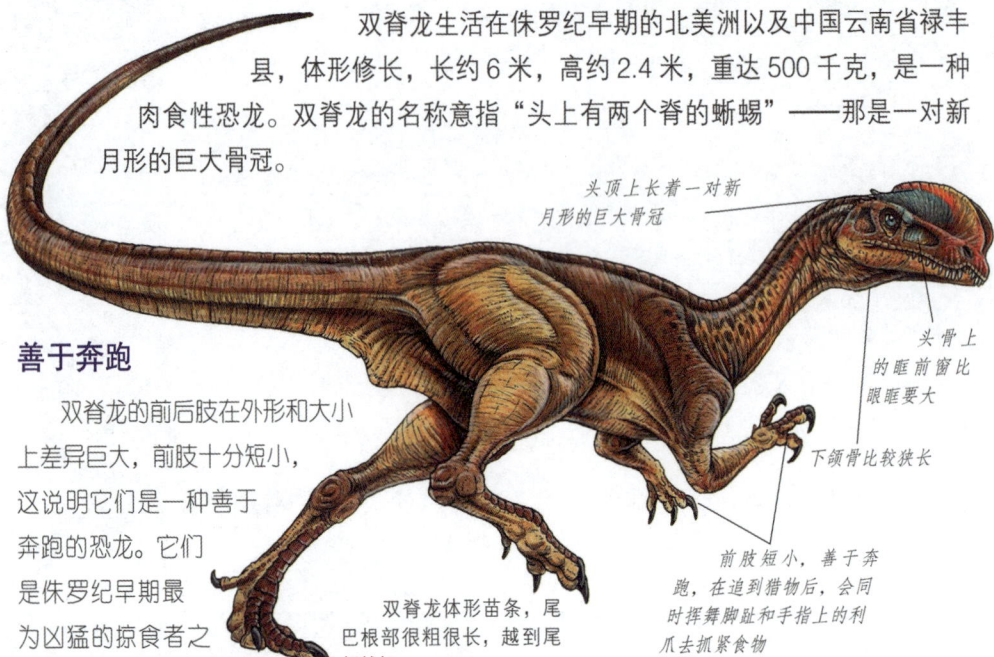

头顶上长着一对新月形的巨大骨冠

头骨上的眶前窗比眼眶要大

下颌骨比较狭长

善于奔跑

双脊龙的前后肢在外形和大小上差异巨大，前肢十分短小，这说明它们是一种善于奔跑的恐龙。它们是侏罗纪早期最为凶猛的掠食者之一，一旦成为它的捕猎目标，几乎没有猎物能够侥幸逃脱。

双脊龙体形苗条，尾巴根部很粗很长，越到尾部越细

前肢短小，善于奔跑，在追到猎物后，会同时挥舞脚趾和手指上的利爪去抓紧食物

与大型食肉恐龙相比，双脊龙的身体显得比较"苗条"，所以它行动敏捷

骨骼纤细

双脊龙虽然很重，但骨骼却是极为纤细的。它们头部的两块骨脊平行地竖生着。双脊龙的上下颌上都分布着锋利的牙齿，但上颌处的牙齿更长一些。双脊龙的后肢较长，其中很大一部分是齿骨。

突出的头冠

双脊龙头顶的头冠圆而薄，非常脆弱，似乎不能成为打斗的有力武器。那么，头冠的作用是什么呢？据考证，这可能是双脊龙在求偶季节吸引异性的炫耀工具，就像孔雀有鲜艳的羽毛一样。

它的头冠是由两片极薄的骨头构成的，非常脆弱，因而从不用来做打斗的武器

双脊龙正在捕食，它是食肉动物

急速掠食者

双脊龙行动迅捷，它们能够全力追逐植食性恐龙，甚至那些具有一定的防御能力的鸟脚类恐龙以及体形较大的大椎龙也是它们的猎食目标。进食时，它们会同时动用牙齿以及指掌上的利爪去吞咬和撕扯猎物。

双脊龙的骨冠看起来非常艳丽、醒目

关于食腐肉的猜测

双脊龙的口中藏满了利齿，这样它们在面对一些大个子的植食性恐龙时也毫不畏惧。但有些科学家认为，它们的嘴型和牙齿似乎只能咀嚼一些腐烂的动物尸体，比如大型原始蜥脚类恐龙。

致盲毒液

双脊龙的颈部的皮肤具有收缩的功能，类似褶伞蜥，其中藏有致盲的毒液。当喷出的毒液射中猎物时，会使猎物失明且瘫痪。据科学家考证，双脊龙喷射的毒液毒性不亚于眼镜蛇的毒液。

双脊龙的嘴部前端特别狭窄，颈部比较短，皮肤具有收缩功能，类似褶伞蜥，能够喷射毒液

争斗的双脊龙，它的嘴巴看起来有点像鳄鱼的嘴巴，牙齿很锋利

如果给恐龙分类，可分为几类？ More

我们常能在恐龙的介绍中看到蜥臀类和鸟臀类等字眼，还有鸟脚类、兽脚类等描述，这些到底是怎么回事呢？

恐龙源于爬行动物，但它们与爬行动物又存在着很大的区别，比如它们的站立姿势以及行走的方式。恐龙和其他的爬行动物能够得以区分，主要根据便是它的腰带（骨盆构造）与四肢的骨骼学特征。

一直以来，人们根据其髋骨（腰带）的构造，将恐龙分为两个大的族群——蜥臀类（像蜥蜴似的髋骨）与鸟臀类（像鸟类的髋骨）。

蜥臀类恐龙的腰带与现在的爬行动物十分类似，在其髋骨系统中，耻骨的方向朝前，坐骨则朝着身体的后方延伸。鸟臀类的恐龙则进化出更为复杂的腰带构造，它们的耻骨转向身躯的后方，与坐骨呈平行排列，这与现代鸟类十分相似。而鸟臀类的下颌骨中又发展出了前齿骨。

蜥臀类恐龙又分为蜥脚类和兽脚类，而蜥脚类主要分为原蜥脚类和蜥脚形类恐龙。

鸟臀类恐龙则可以细分为鸟脚类、角龙类、剑龙类、肿头龙类以及甲龙类。

即使蜥臀类恐龙和鸟臀类恐龙在组织构造上有诸多不同，但它们与其他的爬行动物相比，仍有着最近的亲缘关系。

双脊龙的秘密武器

一只小双脊龙落单了。

它本来是跟自己的哥哥们在一起准备觅食的。可是走到半路的时候，它竟走了神，犯起了困，便倒在路边睡了一觉。等它醒来时，它四下张望，不断地低鸣着，可是哪里还有哥哥们的影子呢？周围静极了，小双脊龙有些害怕了，但也只能壮着胆子独自踏上了寻觅食物和追寻哥哥们的路。

小双脊龙回忆着它们行进的路线，不断地推测着，脚下的步子一直没停。它边跑边四下瞧着——它可不想错过什么好吃的东西。正跑着，它发现前面出现了几只很小巧的恐龙。哈哈，晚餐有着落了！它欣喜不已。

然而，那几只"小家伙"可不是一般的猎物，它们也是残忍的捕猎者——它们是腔骨龙团队。腔骨龙家族向来都是集群作战捕猎的。腔骨龙团队自然也注意到了这只奔跑着的双脊龙。它们也暗自高兴呢！

双脊龙打量了一番，便加速奔跑，想要用力量的优势撞击那些小个子。可它实在低估了腔骨龙的凶残和勇气。

腔骨龙也摆好了阵势，就等机会一拥而上呢！

双脊龙出击了，只见它边跑边扬起锋利的指爪挥舞着，想要抓住那些小个子。但小个子实在灵巧又狡猾，它们总是能轻易地避开双脊龙的爪子和尾巴，然后又将它团团围住，四下攻击它。在腔骨龙团队一次又一次的围攻下，缺乏搏斗经验又饿着肚子的小双脊龙渐渐有些体力不支了，毕竟"双拳难敌四手"。

这时候，腔骨龙团队又逮住了一个机会，它们一跃而上，咬住了双脊龙。一只最大胆的竟然攀上了双脊龙的脊背，又咬住了双脊龙的下颌。只要腔骨龙一口下去，双脊龙就要没命了。

就在这生死关头，双脊龙的哥哥们出现了，它们也是回来找小双脊龙的。在生死攸关的时刻，一只反应快的双脊龙喊道："小家伙，快收紧脖子，喷毒液！"

经过这一提醒，小双脊龙才想起自己的秘密武器，它急忙照做。双脊龙的脖子一阵急速地收缩之后，只见一股黑色液体喷向了四周，那些腔骨龙竟然立即松口，还发出阵阵的哀鸣。原来，那毒液喷到腔骨龙的眼睛里了，它们什么都看不到了，自然丧失了攻击力。

这只小双脊龙终于脱离了险境。

37

冰脊龙

冰脊龙,又名冻角龙,顾名思义,它是拥有冰冻顶冠的恐龙。冰脊龙是一种大型的二足恐龙,它在外形上最重要的特征就是头部长有一个像梳子一般的奇异冠状物。冰脊龙是最早的一批坚尾龙类恐龙,但后来的研究者认为,它与双脊龙有着更近的亲缘关系。

冰脊龙是在南极发现的唯一食肉性动物

冠多是沿头颅骨纵向长出

南极恐龙

1991 年,冰脊龙化石出土于冰天雪地的南极洲,这是首具在南极洲

当时的南极

1 亿 9000 万年前的南极洲距离赤道很近,气候属于温带气候,要比今天暖和得多,还有植被覆盖,森林遍布;南极内陆地区也会有较为严寒的天气,但距离海岸较近的地方,则气温更高,这说明冰脊龙具有一定的抵御严寒的能力。

行走的冰脊龙

发现的肉食性恐龙化石,也是最早被命名的南极洲恐龙。科学家认为,冰脊龙与双脊龙应为同一个科种。它们生活在侏罗纪早期,是最早的坚尾龙类恐龙。

冰脊龙生活时的南极还相对温暖湿润

冰脊龙是一种冷血、有冠食肉恐龙

冷血动物

　　冰脊龙是一种冷血动物，二足，体长约为 6 米，体重可达 460 千克。冰脊龙的头颅骨高而窄，它的角状头冠垂直于头颅骨，长在眼睛前方，并向上竖起。冰脊龙的头冠上生有皱褶，看上去很像一柄梳子。

角状冠长在眼睛前方的位置，外观像一柄梳子

色彩鲜艳的头冠

艳丽的头冠

　　冰脊龙的头冠能显现出艳丽的色彩，也许头冠上还密布着血管或神经，这些血管一旦充血，头冠的色彩便会更加绚丽多姿。冰脊龙的头冠作用主要为求偶，很脆弱，不具有抗击打性。

冰脊龙化石上的锋利牙齿

南极洲霸主

　　冰脊龙的上下颌内长满了锋利的大牙齿，且向后方弯曲，十分适合撕咬和咀嚼肉类，它们是当时南极大陆上极为凶猛的掠食者。诸如冰河龙在内的诸多恐龙，便是它们劫掠的对象。

如果南极是荒漠，冰脊龙会有绚丽头冠吗？

冰脊龙生活在侏罗纪时期的南极地带，而那个时候，大陆的形状以及分布还没有演化成今天这个样子。这就是说，侏罗纪时期，南极地带与赤道的距离并不算远，而气候也没有如今这般寒冷。植被也非常茂盛。

冰脊龙便是生活在南极地带的唯一的兽脚类恐龙。冰脊龙的头顶长有一个薄薄的、梳子形状的头冠。因为外缘光滑，又十分轻薄，所以科学家认为，它是不能起到什么防御或是进攻作用的。它唯一的功能似乎就是求偶时用于展示。

从进化的角度考虑的话，这个头冠一定与环境有密切的关系。而冰脊龙的头冠颜色十分鲜艳，这说明它生存的环境中植被茂密，不然很难形成保护色；若是荒漠地带的话，周围环境是灰暗的，则冰脊龙不需要进化出颜色艳丽的头冠了。那样的话，它的头冠或许就跟周围的环境一样暗淡无光了。

冰脊龙的美味

当阳光透过云层、洒在侏罗纪时代的南极大陆上时，新的一天开始了。这是一片池沼纵横、植被茂密的大陆。各种生物，特别是恐龙的纵横驰骋，为这里增添了无尽的生机。

而此时，最为勤劳的冰脊龙早已醒来，开始为了一天的食物而奔波了。它长相凶狠——脑袋不大，但是满口獠牙；前肢很短，却生有利爪，后肢更为强壮有力，这一切都是它称霸南极大陆的资本。然而，它不仅勇猛，还有着狡猾的天性，仔细观察的话，你会发现它头上顶着一柄梳子一般的头冠，因为与周围树木的颜色相近，常常令其他动物忽略它的存在，而这种天然的隐蔽色也是它欺骗猎物的最好帮手。它常常躲藏在树木的后面，静静等待它的美味——冰河龙的出现。只要冰河龙稍不留神，就会忽略天敌的存在……

此刻，这只冰脊龙正在林中静静地巡逻着，一只忽然窜出来的冰河龙引起了它的注意。

冰河龙一边跑，一边还拼命地摇晃自己的长脖子——似乎要甩掉什么。冰脊龙急忙走到另一条小道上——跟冰河龙并行的路上，以便近距离看清情况。原来它被一群饥饿的大蚊子盯上了，大蚊子正围着它要吸它的血呢！

冰脊龙觉得这是个好机会，它要再跟着看看，伺机下手。

过了一会儿，那冰河龙被蚊子叮得受不了，便往沼泽区跑去，想要到那里滚一滚，沾上些泥巴，驱赶那些讨厌的蚊子。

可冰脊龙却见那只冰河龙似乎是被叮得头晕了，竟跑到一座独木桥上去了，"这可是千载难逢的好机会——那可怜的冰河龙没有退路了。"

想到这，冰脊龙立即快步追上去，它要趁冰河龙自顾不暇又没有退路的时候扑上去，给它来个措手不及。

只见它快跑几步追上冰河龙，突然一个起身，便跳了上去，后肢踩住冰河龙的背，前爪像钉子一般扎入冰河龙的腹部，血很快就流了出来，这下蚊子似乎有了新的目标——那汩汩流淌的鲜血。冰河龙被折磨得没法忍受，脚下一滑就跌入了泥沼中，痛苦地打着滚。冰脊龙也随之落入泥沼中。

滚了几下，冰脊龙身上也沾满了泥，那泥巴太臭了——蚊子都飞走了。这下，冰河龙自然就成了冰脊龙独享的美味了。

蜀 龙

蜀龙生活在侏罗纪中期，即 1 亿 7000 万年前的四川盆地一带。因四川古称"蜀"，因此，这种恐龙被命名为蜀龙。蜀龙是一种性格温和的植食性恐龙，当肉食性恐龙来袭时，它的防卫武器只是尾部的尾锤。

蜀龙身体笨重，行动缓慢

尾锤用于反击敌人

头中等大小

蜀龙体长9~14米，体重有两头大象的重量

体形中等

在恐龙王国中，原蜥脚类蜀龙的体长算得上中等大小；蜀龙身长约 10 米，重约 2500 千克，头部适中，颈部很短，脊椎骨构造较为原始、简单，牙齿呈勺状，窄长；蜀龙用四足行走，但后肢较长。

生存环境

蜀龙生活在侏罗纪中期的中国四川省，那里多为湿润且水草丰美的河谷地带，这是蜀龙得天独厚的牧场。因为蜀龙的牙齿形状不宜咀嚼硬物，食物也以低矮的多汁植物为主。

蜀龙产自四川，这里气候湿润，植物较多

椎骨遍身

蜀龙的全身遍布着各种类型且数量众多的椎骨，如 12 节颈椎骨，13 节背椎骨，4 节荐椎以及 43 节尾椎骨。蜀龙的某部分尾椎骨似人形，这与晚期出现的梁龙十分相像；尾巴末端进化出了防御性尾棒，可以击退侵袭者。

蜀龙以低矮树上的内枝内叶为食物

铲状牙齿

　　蜀龙的牙齿形似铲子，又高又细，非常结实有力，但还没有达到能撕咬肉类或是骨头的程度，因此只适合咀嚼一些植物的嫩叶。蜀龙的口腔中总计生有 4 颗前颌齿，17~19 颗颌齿以及 21 颗臼齿。

正在行走的蜀龙

群居生活

　　蜀龙属于植食性恐龙，它们体形笨重，行动迟缓，喜欢群居生活，这能有效地提高它们的集体防御能力，保护物种的生存和繁衍。蜀龙通常喜欢与鲸龙拉帮结伙地在河畔湖边等地觅食。

蜀龙的群居生活

背部的神经棘很高耸

头颅骨短而纵深

后肢明显长于前肢，四足行走

蜀龙的骨骼化石。蜀龙身长约 10 米，相当于一个成年雌象的大小

骨骼完整

　　1983 年，蜀龙被首次完整描述。目前，我国已发现 20 具蜀龙骨骼化石，其中包含几具珍贵的完整骨骼化石，这使得人们对蜀龙的骨骼构造更为清楚明晰。目前，我国四川省自贡市的自贡恐龙博物馆有较为丰富的蜀龙展品。

奇思妙想

恐龙公墓是指在同一个地方发现大量恐龙骨骼化石并集中出土的现象。恐龙公墓是自然现象，墓中多数会埋有多种恐龙。恐龙公墓，往往是因恐龙生前遭遇了突然的灭绝性灾难之后被迅速掩埋所形成的。而这样的公墓中，常常会发现大量保存完好的恐龙骨骼化石。

我国于 20 世纪 70 年代在自贡市发现了一处规模极大的恐龙公墓。在这个恐龙公墓中，科学家发现了多种恐龙，还包括其他的动物。恐龙中以蜥脚类为主，也有鸟脚类、肉食龙以及一些剑龙。其他的动物则包括鱼类、龟鳖类、蛇颈龙、翼龙以及鳄类等。这些动物的化石有完整的，也有残缺不全、零零散散的。它们毫无秩序地交错堆积在一起，可称得上是"侏罗纪动物大观园"了。

据科学家考察，这些动物并不都是同时死亡的，甚至也不是在同一个地点死亡的。在很长一段时间内，有些动物的尸体因为水流的作用，如洪水暴发，会从别的地方被"冲击"到此地。慢慢地，此地便成了一个规模庞大的恐龙公墓。

关于恐龙公墓，科学们提出的假设非常多，但不管怎样，我们可以通过恐龙公墓了解到恐龙翔实的生存状态。

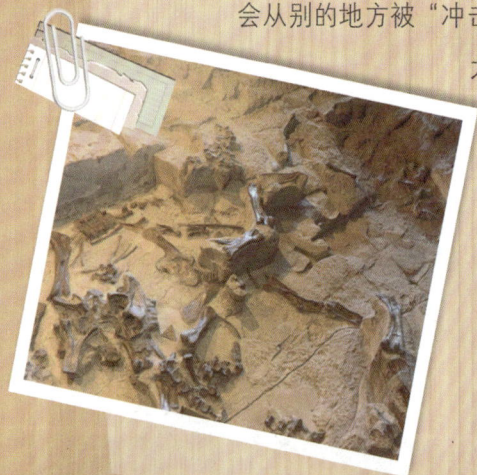

惧怕红色的蜀龙

在蜀龙家族中，流传着一个可怕的警告：千万要远离那些红色的东西，不能碰，更不能吃。

这个警告是怎么来的呢？这要从蜀龙的一个祖先说起。

蜀龙是一群生活在潮湿湖滨地带的恐龙，它们喜欢吃各种柔嫩多汁的植物，像树叶啊，藏在石头缝中的暗绿色的苔藓啊！蜀龙家族常常聚集到一起，共同觅食和休息。但有一只小蜀龙却十分"与众不同"：它老是想尝试一些新鲜事物，它觉得总是吃树叶和苔藓多没意思啊！

为了寻找新鲜的吃食，这只小蜀龙总是独自走到很远的地方，有时候是湖泊的中心，那里有鱼游过，不过鱼的味道太腥了，它不喜欢吃；有时候，它会走向密林深处，那里植被茂盛，肯定会有新发现的。

这一天，小蜀龙又像往常一般走入了树林中。它吃了一些树叶填饱了肚子，便开始寻觅起来。忽然，它在一棵粗壮的大树根下发现了一大片从来没见过的东西——红红的，摸上去湿乎乎的，很滑嫩，其实就是一丛颜色鲜艳的毒蘑菇。

但蜀龙哪里见过，它觉得这个东西好看极了，同时又好奇它的味道，它想尝尝又觉得有些舍不得。过了一会儿，它还是决心要尝一尝。只见它低下头，嘴巴张得大大的，轻轻一拔就将一大片蘑菇吸入了口中。它细细地咀嚼着，"这个红东西真是清凉爽口。"它边想着，边又吞了不少红蘑菇。终于吃饱了，它想带回去一部分给自己的同伴品尝，于是它叼着一个大红蘑菇往回走。

可是走着走着，它便觉得头昏沉沉的，四肢也开始无力起来，又过了一会，这只小蜀龙居然连路都走不稳了。它想加快步伐，回到同伴那里。可是一群中华盗龙又围了上来，它们看到蜀龙软弱无力的样子，便群起而攻之，竟将它活活咬死了。

后来，当同伴们发现这只蜀龙的时候，它已经死了，嘴边还残留着一些红色的蘑菇。它们便得出了一个结论："红色的东西是要命的，千万要远离。"

慢慢地，这也成了蜀龙家族的一个忌讳，一代一代地流传了下去。

迷惑龙

迷惑龙走路时会发出"轰隆隆"的巨大声响，所以又称雷龙。迷惑龙的体形庞大，身高可达20~30米，身长约为35米，体重近30000千克。迷惑龙是一种非常大型的恐龙，但它们性格温和，只喜欢吃草，过着群居的生活。

迷惑龙

迷惑龙身体的后半部比前半部要高，后肢和尾部可以直立起来

迷惑龙的四肢粗壮，就像四根大柱子，和现在的大象的腿很像

迷惑龙是一种大型植食性恐龙

远古"大块头"

迷惑龙是陆地上曾经存在的体形最大的生物之一，它们的臀部要比肩部高很多，当它们将身子直立起来的时候，可称得上是直插云霄了；它们喜欢成群结队地在原始森林或是平地上寻觅食物。

迷惑龙长着长颈及鞭状尾巴。与身体相比，头部相当小

笨拙的颈部

迷惑龙的颈部很长，昂起来可够到树顶，低下去可触及河床底部；然而据科学家推测，迷惑龙的颈部不能实现90°弯曲，因为这样的话，它的脑供血会被迫延缓；而一般情况下，全身血液要到达脑部的话，仅需两分钟左右。另外，迷惑龙的颈部脊骨构造也使它变得笨拙。

粗长的尾巴

迷惑龙的尾巴要比颈部更长，尾端很细，远远看去仿佛一条长达10米的鞭子。当迷惑龙成群结队地行走时，尾巴通常会悬在空中。迷惑龙的前肢指爪很大，而后肢只有前三个脚趾上进化出了趾爪。

身体后半部比肩部高

尾巴和脖子差不多长

外形肥厚的迷惑龙

低矮的头部

最初，科学家们曾推断迷惑龙的头部外形类似圆顶龙，但迷惑龙头颅骨化石的出土推翻了这一推测。从化石可见，迷惑龙的头部与马的头部相似，很长，又十分低矮；牙齿是锐利的钉状。至于它们的嘴唇，则被科学家想象为有着肥厚的外形。

迷惑龙骨骼化石

骨骼厚实

迷惑龙体形庞大，除了头部骨骼较细以外，其他的部分，如颈椎骨和四肢骨骼都很粗壮结实。这样的构造使它们的骨骼不易风化，更容易保存下来，成为化石。

吞食胃石

迷惑龙的体形巨大，但它们却是不折不扣的植食性恐龙。因为它的口腔内没有进化出能够碾磨植物纤维的臼齿，因此，它们需要吞食胃石以辅助消化。

颈椎骨和四肢骨骼都很粗壮结实

如果打碎恐龙蛋，能发现哪些秘密？

每当有恐龙蛋化石出土的消息传来，人们最关心的便是隐藏在其中的关于恐龙的基因的秘密。因为对恐龙蛋化石的研究，科学家能够发现很多关于大自然的奥秘。

第一，恐龙蛋化石中记录着关于远古时代地貌、气候、生态学等相关信息，有利于我们了解史前动物的繁殖行为。第二，恐龙蛋化石中揭示了恐龙与环境之间、恐龙与其他恐龙或是整个族群之间的特殊关系。第三，恐龙蛋中还隐藏着关于恐龙的起源、演化以及灭绝的种种奥秘，同时，它对人类社会的产生和发展也有所暗示。

曾有人切开过一枚恐龙蛋化石，但它的内部早已空空如也，显然，其中的小恐龙早已成功孵化了。虽然我们所获得的恐龙蛋化石多数都是空壳，但也有残留的未能成功孵化的恐龙蛋化石。加拿大研究者曾通过 CT 扫描和三维图像分析技术，探明恐龙蛋化石中确实携带了关于恐龙的诸多秘密。

关于恐龙的遗传物质——DNA 信息的研究，主要凭据还是骨骼，这有待于科学家们进一步研究。近年来，有科学家宣布，他们已破译了恐龙的基因片段，这也曾引起了科学界的极大热情。

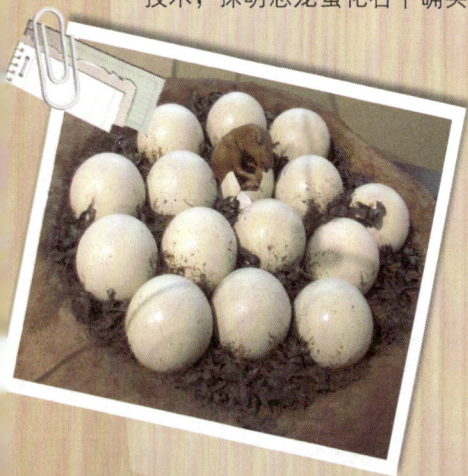

虚惊一场

森林里最近发生了一件怪事：每天都有一阵巨大的轰鸣声从远处传来，轰隆隆的声音好像打雷一般，可是天气明明很好啊，连一点儿乌云都没有。

大伙都感到奇怪极了，可谁也不知道这声音到底是从哪儿传来的。而且这声音似乎越来越近了，轰隆声让胆小的恐龙们感到害怕，它们聚集到一块，商量着该怎么办："莫不是有肉食恐龙来了？可它们的速度一向很快，性格又残忍，根本不可能等了这么多天都不出现啊？"其中一只恐龙说道。

"你说得对，肉食恐龙都是急性子，它们要来早来了。可这世界上，除了恐龙，就没有更可怕的动物了。莫非它们是一种我们从来没见过的恐龙吗？要是它们真的来了，我们该怎么办啊？"大伙似乎被这未知的声音吓住了，始终也想不出个办法，甚至有的恐龙提议，"不如，我们趁那怪物还没来的时候，赶紧跑吧，到更远的地方躲一躲。""可这是我们的家啊，我们能躲到哪里去，别的地方还有肉食恐龙在等着吃我们呢！不如，就等等看，等那些怪物来了再说。到时候我们就会有办法的。"这无谓的争论终于在一只年老恐龙的总结发言后结束了。

大伙怀着既好奇又恐惧的心情等待着那怪物的降临。

果然，一天过后，那轰隆隆的声音又响起来了，并且声音越来越大，越来越近。一只眼尖的恐龙对大伙喊道："快看，我的天啊，那是什么东西？它们的个子怎么这么高？脖子比树还要高，根本看不到脑袋。真是一群怪物！"大伙都从林子里钻出来看，它们感觉好奇，又感到害怕，便默默地观察着。

那群家伙成群结队地走着，速度很慢。它们走了一会儿，看到几棵大树，竟然停了下来，似乎是在吃树尖上的叶子。"哇！看来它们和我们一样啊，也是吃树叶的。"这下大伙可松了一口气！

一只胆大的恐龙快步走过去，仰着头问它们："你们是谁呀？你们从哪来？"大个子中的一个低着头对它说："我们是迷惑龙，从远处过来的，那边闹了饥荒，来这里找点叶子吃。""原来你们不吃肉的！那轰隆隆的声音是怎么回事呢？""那是因为我们长得太大了，脚步又沉重，所以走到哪都是地动山摇的。"

胆子大的恐龙明白了，它向同伴们解释了一切。从此以后，它们和迷惑龙成了好邻居，大伙也不再害怕并且习惯了那种"轰隆隆"的声音。

49

马门溪龙

马门溪龙化石的出土地在中国四川省宜宾市马鸣溪渡口附近，最初被命名为马鸣溪龙，但因为工作人员的口音问题，被误传为马门溪龙。马门溪龙体形硕大，是中国发现的最大的蜥脚类恐龙之一，同时也是地球上有史以来脖子最长的动物。

1952 年，人们在马鸣溪修筑公路时发现了这些恐龙的化石

外形硕大

马门溪龙属蜥脚类植食性恐龙，体长约 22 米，高可达 14 米，体重可达 20~30 吨。在外形上，马门溪龙最大的特点便是近乎体长一半的长脖子。马门溪龙的每一节颈椎都很长，数量达 19 个，这也是蜥脚类恐龙中颈椎数量最多的一种。相比而言，马门溪龙的背椎、荐椎以及尾椎的数量则相对较少。

马门溪龙的脖子很长，是由长长的、相互叠压在一起的颈椎支撑着的，比较僵硬

马门溪龙用四足行走，身后拖着又细又长的尾巴

正在行走的马门溪龙

马门溪龙

长脖子的优势让它们可以吃到别的食草恐龙无法吃到的灌木

僵硬的脖子

马门溪龙的脖子是由长长的、相互交错叠压的颈椎联结起来的，因此，它的脖子十分僵硬，转动起来也十分缓慢。但马门溪龙的脖子上却覆盖着十分强韧有力的肌肉，支撑着它们的小脑袋。马门溪龙的脊椎骨中有很多空洞，这大大减轻了它们的重量。

在蜥脚类恐龙的进化史中，马门溪龙是处于中间的过渡类型，此后，蜥脚类恐龙进入全盛时期。到侏罗纪晚期，整个蜥脚类恐龙才灭绝。

成群的马门溪龙

凶猛的天敌

在马门溪龙活跃的年代，中国四川地区还活跃着一种凶猛的肉食性恐龙——永川龙。永川龙的体长仅有10米，高4米；永川龙口中长满了锋利的牙齿，奔跑速度很快，经常出没于林间，以捕食马门溪龙为生。

马门溪龙颈部的长度是任何国家的恐龙都难以比拟的

永川龙正在捕杀马门溪龙

骨科病痛

在马门溪龙的身上，科学家发现了一个奇怪的现象：在它的颈椎、脊椎和尾椎等多处椎骨上生有瘤状物和结核。这些多余的增生物质附着在骨骼上，表明它生前曾患有骨科疾病。

马门溪龙的头骨化石

小巧的头部让马门溪龙能方便地将头探进树丛，吃到其他恐龙较少吃到的植物

在1亿4500万年前的侏罗纪时期，中国四川地区植被丰茂，密布着红木和红杉树。这是马门溪龙觅食的宝地，它们成群结队地在林间游荡，一旦发现鲜嫩的树叶，便仰起长长的脖颈，用小钉状的牙齿啃食美味

如果复原恐龙，皮肤会是什么样的？

奇思妙想

恐龙与爬行动物存在亲缘关系，因此，科学家在推测恐龙皮肤的外观时，首先要参照的就是现存的爬行动物。而蛇、蜥蜴、鳄鱼等动物的皮肤外层都有角质层，有的是鳞片状，也有角质板。这些构造能够保持体内水分含量，而不被外在的干燥环境所干扰。

那么，恐龙的皮肤是否也具备类似的构造和外观呢？

要想得到答案，最好的途径就是寻找恐龙的皮肤化石和皮肤的印模化石。通过观察，科学家得知，蜥脚类恐龙的皮肤表面上长有一层平坦光滑的角质小鳞片，与现在的蛇和蜥蜴的外表十分相像。但有些恐龙的身体表面则镶嵌着甲板，如巨龙。

肉食性恐龙性格残暴，皮肤也十分粗糙，颈部还有大片的鳞片厚皮，形成褶皱；它们的皮肤上成排地镶嵌着大型的角质鳞片。甲龙的皮肤表面包裹着一层甲板，有些部位还生有骨刺和骨钉；而角龙类的恐龙皮肤则有瘤状突起，如同缀连在一起的颗颗纽扣。"纽扣"与"纽扣"之间，还夹杂着小型鳞片。

我国曾在四川省自贡市发现了一具剑龙皮肤化石。化石显示，剑龙的皮肤由无数的六角形角质鳞片构成，以网状或是镶嵌状形式排列起来。另外，作为植食性恐龙，剑龙的皮肤很厚，是抵御肉食恐龙进攻的天然屏障。

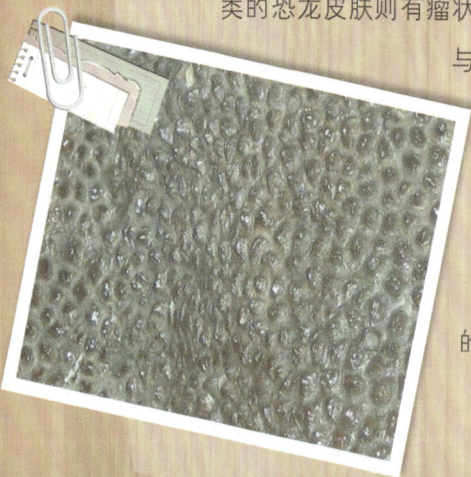

还是好朋友

在马门溪龙家族中，关系最要好的就是畅畅和端端了。它们经常在一起玩，一起觅食，累了就一起休息。它们年龄差不多大，身材也差不多，唯一的区别就是畅畅的脖子要比端端长一些。

最近总有一些成年的恐龙跟端端开玩笑："端端，你总和畅畅一起玩，怎么不见你的脖子长长呢？是不是你总偷懒，让畅畅帮你够高处的树叶啊？"端端听了，急忙辩解道："才没有呢！我每次都是自己找吃的。""那你的脖子怎么长不长呢？"这下端端感到害羞极了，红着脸，不知道说什么。

长辈们总是这样开玩笑，端端竟然有些介意了。它觉得大伙肯定更喜欢畅畅而不喜欢它了。渐渐地，它开始和畅畅暗中比较起来。

当它和畅畅一同觅食时，它总会大喊："快看，那里有鲜嫩的树叶！是我先发现的。"每到这个时候，畅畅总是憨厚地笑着，然后再跟在端端身后去品尝美味。

时间一长，端端觉得畅畅只是脖子长一些，也没什么了不起的。"每次都是我先发现好吃的，它离开我肯定会饿肚子的！"这么一想，端端竟然有些高兴，它想偷偷地跟在畅畅后面，看它找不到美味的笨样子，然后再出来笑话它一下。

端端故意让畅畅走在前面，自己则躲在树后看着它"出丑"。

可没过一会儿，端端就听到一声急切的嘶吼，它急忙跳出来，原来是一只凶猛的永川龙挡住了畅畅的去路。

端端害怕极了，它知道永川龙是自己的天敌。看到它那满口的獠牙，端端就浑身发抖，它想趁永川龙没发现自己，赶忙逃命，可是畅畅怎么办啊？它一定会被永川龙咬掉脑袋的！

端端犹豫的时候，永川龙已经发动进攻了，它一下子跳起来，张开血盆大口想要撕咬畅畅的脖子，辛亏畅畅躲避及时，才躲开了致命的袭击。但背上却被永川龙的大爪子划出了一道伤口。

看到畅畅受伤了，端端感到心疼，它不顾一切地冲了上去，拼命撞击永川龙，永川龙看到又来了一个对手，似乎自己并不占什么优势，便转身逃走了。

畅畅感激地看着端端，不知道说些什么。端端笑着说道："我们可是好朋友呢！快去洗洗伤口吧！"

腕 龙

腕龙的名称来源于它较长的前肢，意为"有武装的蜥蜴"。它是侏罗纪时期体形最为庞大的恐龙之一，也是知名度最高的恐龙之一，属蜥脚类恐龙。虽然体形巨大，但腕龙却是一个天生的植食者。

腕龙是曾经生活在陆地上的最大的动物之一，也是最闻名的恐龙之一

脑袋比较小

脖子很长，形似长颈鹿

腕龙是地球上最大的恐龙之一

腕龙的前肢比后肢更长，体形庞大

尾巴短粗

形似长颈鹿

腕龙体长 25 米，高 15 米，重 30 吨；腕龙是四足恐龙，走路时四脚着地，尾巴粗短，脑袋很小，脖子很长，抬起来能够到很高的树叶，外形很像今天的长颈鹿。不过从它很小的脑袋判断，腕龙的智商并不高。

腕龙的身体过于沉重，虽然有粗壮的四肢支撑，但它们依然不灵活，所以，它们喜欢在水边行动。在水的浮力作用下，可减轻四肢的压力，同时也能避开捕猎者的视线

怪异的头颅骨

腕龙的头很小，且形状怪异。头部后方的鼻孔被一根高而弯曲的骨柱隔开。口部长而低矮，颌部骨骼构造结实坚固，牙齿很大，形似竹片状。腕龙的脑室极小，脑容量亦很小，因此，腕龙的身体协调性会受到影响。腕龙在腰部进化出更为发达的中枢神经系统，以便执行大脑的协调指令，这也就是科学家们所说的 "第二大脑"和"恐龙有两个脑袋"的含义。

头骨与圆顶龙有些相似，但鼻梁朝前高高拱起，比较特别

腕龙用四肢行走，身体庞大，它有一个巨大、强健的心脏，不断将血液从颈部输入它的小脑袋

食量巨大

  腕龙以植物的枝叶为食。而侏罗纪时期，
地球气候温暖，适宜植物生长，这为恐龙提供了不
尽的食物来源。但腕龙的身体终生都在不停地生长发育，只要
不停进食，它们就能不停地生长。为了维持庞大的身体器官，腕龙
必须不停地移动，不停地进食。腕龙每日大约能吃1500千克的食物。

腕龙要吃大量食物，它的食量是今天庞然大物的10倍

腕龙成群迁徙

群体行动

  腕龙性格温和，喜欢成群
结队地行动。它们常常结伴觅食。
在行走的过程中，有些腕龙母亲
便会下蛋。这些恐龙蛋既没有窝，
也没有父母照顾，只能独自长大。

刚孵化出的腕龙幼崽

腕龙的骨骼化石

明星恐龙

  腕龙是知名恐龙，在电影或电视节目中出镜率很高，如最著名
的《侏罗纪公园》以及《与恐龙共舞》《与巨兽共舞》中都有腕龙
的身影。腕龙的名字还曾被天文学家拿来给一颗小行星命名。

55

如果让恐龙减肥的话，会发生什么？

对于动物而言，维持体内温度的稳定具有积极的意义。只有体温保持适度且恒定时，动物的呼吸、消化等体内活动才能顺畅。如果体温下降，这些体内的循环过程会不断减弱，甚至停顿。比如，脊椎动物中的鸟和哺乳动物都是恒温动物，它们凭借自身的循环系统，不断提高新陈代谢水平，维持着恒定的体温，保障各项生理功能顺利进行。所以，为了生存，任何动物都要想办法保持体温的恒定。

对于恐龙来说，虽然周围的环境比较温暖且恒定，但也存在昼夜温差。因此，恐龙要想生存，也得保持体温的稳定。而不断增加体重则是它们维持稳定体温的秘诀。

体形的增大，可以延长体温增长和降低的时间。据推算，一只 45 吨重的恐龙在气温为 15~20℃时，要想增加或降低 1℃体温，就得花去 3 天多的时间。因此，越大型的恐龙，其体温越不容易受外界的影响，越容易保持恒定体温。这有利于恐龙生理活动的正常进行，所以，只有不断增重，才能更好地存活。另外，体形越庞大，对敌人的震慑力越大，所以，恐龙需要保持庞大的身躯，而不能盲目地"减肥"。

腕龙的成长

夏日午后的天空碧蓝碧蓝的，太阳火辣辣地炙烤着大地。一队腕龙正缓缓地从远处走来，它们的目标是不远处那片高大的树林。可在它们行走的过程中，总能听到"啪哒""啪哒"的声音；当它们走过，身后竟出现了一颗颗的恐龙蛋——原来是队伍中的母恐龙下蛋了。可是，没有一只恐龙停下来去看看它的新生儿，它们就像什么都没发生似的，继续昂着头向前方的树林走去。

很快，一只"急性子"的小腕龙便挤破了蛋壳，钻了出来。小腕龙环顾四周，静悄悄的，远处仿佛有一队"大个子"像影子一样晃动着……

蛋壳里太热了，小腕龙只好颤巍巍地站起来，向着那群"影子"的方向走去。当它蹒跚着走到森林边上时，看到一大一小两只恐龙正在咀嚼树叶。那个大个子的恐龙正给小个子的恐龙喂食呢！而那小恐龙则一口一个"妈妈"地叫个不停。原来这是一对迷惑龙母子。小腕龙很惊讶，也大声地呼唤母迷惑龙为"妈妈"！可那只母迷惑龙听了，却笑着告诉它："我不是你的妈妈，你的妈妈在前面呢！你应该去树林深处找它们。"

小腕龙失望极了，它想赶快去找自己的妈妈，可肚子里的"咕噜"声响个不停，它得先填饱肚子。它看到嫩叶，便一口吞下去，连嚼也不嚼一下。这副吃相可把迷惑龙母子吓了一跳。

小腕龙吃饱了便迈开大步去追赶自己的父母。很快，它看到了那群大个子。它急忙高声叫道："妈妈！妈妈等我！"可那些大个子就像没听见似的，继续往前走。遇到一片淡水湖的时候，它们还停下来，"咕噜噜"地喝了好多水，然后便蹚水走了。小腕龙更着急了，可它真的不敢下水。然而，妈妈一定会越走越远的。"管不了那么多了，我要蹚水过去，我要和妈妈在一起！"小腕龙一边给自己鼓劲，一边把腿伸向了水里。原来湖水还没淹没自己的肚子！湖水温温的，似乎也没有那么可怕。想着这些，小腕龙竟然慢慢地走向了湖对岸。它高兴极了！可是当它抬头远望时，哪里还有妈妈的影子啊！它大声呼唤着"妈妈"，可回应它的只有寂静……

在寻找妈妈的日子里，小腕龙学会了好多本领，个子也越来越高。直到有一天，它身边聚集了不少像它一样寻找妈妈的"流浪儿"，它们也变成了一群大个子的队伍。它也渐渐明白，原来对于腕龙来说，成长终归是自己的事情……

角鼻龙

角鼻龙

角鼻龙，顾名思义，就是鼻子上长角的恐龙。除了鼻子，角鼻龙的双眼上部也长着类似短角的小突起。此外，就连它的头部也生有小锯齿状的棘突。角鼻龙是一种体形大、性格凶猛的肉食性恐龙。

外形特征

角鼻龙身长约6米，高近4米，体重可达700~1000千克。除了鼻子上的角，角鼻龙在外形上与其他大型恐龙没什么区别：头大，嘴大，腰粗，尾巴很长，属二足恐龙，前肢短小精悍。角鼻龙有着强韧有力的上下颌，口中密布着弯曲又锋利的牙齿，像钩子一样。

鼻子上方生有一只短角

头部生有小锯齿状棘突

背部中间有一列小型的皮内成骨

身披鳞甲

角鼻龙的背部中线上有一排小型鳞甲，这是由皮内成骨突起形成的。另外，角鼻龙的的身后还拖着一条长尾巴——几乎可达身长的一半。虽然尾巴又窄又长，但却十分灵活。

角鼻龙的骨骼化石

前肢短而强壮，前肢有四指

嘴里布满尖利而弯曲的牙齿

大型颅骨

从身体构造比例来看，角鼻龙的颅骨是非常大的。前上颌骨上生有3颗牙齿，上颌骨上生有12~15颗牙齿。角鼻龙鼻子上方的角是鼻骨隆起而成的。幼年角鼻龙的角分为两半，直到成年才会愈合成为一块完整的骨头。而角鼻龙眼睛上方的骨质棘突则是由泪骨形成的。

喜燥的"旱鸭子"

角鼻龙生活的地方水域纵横，可以说，它们要常常与水打交道。但是角鼻龙是否属于那种会游泳的恐龙呢？事实上，确实有一部分恐龙在躲避天敌时可以暂时下水。但它们并没有掌握真正的游泳技术。但据科学家推测，大部分肉食恐龙不喜欢下水，它们会选择干燥的地方休息，而角鼻龙正是其中之一。

角鼻龙是凶残的食肉恐龙

角鼻的作用

19世纪时，曾有科学家提出角鼻龙的角鼻是它赖以防身和进攻的武器。然而进入20世纪，有科学家则提出了新的观点，角鼻应是物种内炫耀的工具，如求偶时，角鼻会发挥很大的作用。

角鼻龙头部图

荧屏"常客"

角鼻龙同样是荧幕上的"常客"。早在1914年，角鼻龙的形象就已经被搬上了荧幕。随后角鼻龙又成为迪士尼动画电影《幻想曲》中的演员。在随后的几十年中，角鼻龙经常出现在各类恐龙题材的电影中，经常被设定为凶猛的打斗者形象，在经典电影《侏罗纪公园3》中也有精彩演出。

在《侏罗纪公园3》中，一只角鼻龙出现在岸边

奇思妙想

古生物学家关于恐龙肤色的假想，不过是依据现生爬行动物和生物适应性的理论来推测的。因为现生的爬行动物多数颜色单一，所以，很多人都倾向于认为恐龙的皮肤颜色应该也是单调的，比如暗绿色、棕色或是灰褐色等。但有些爬行动物比如毒蜥，就有着艳丽的颜色，由此推测，恐龙中的某些种类或许也有着瑰丽的色泽。

基于鸟类与恐龙的亲缘关系的推测，有人认为恐龙的皮肤颜色或许跟鸟类一样，是五彩缤纷的。而最有可能身披绚烂色彩的恐龙便是那些小型的有毒恐龙，这可以成为它们的天然警戒色，以提醒它们的天敌不要随意进犯。因此，不同的花纹和色彩便有了区分恐龙种群特征的意义。

还有科学家大胆地推测，恐龙或许与现在的变色龙有某些共性，比如具有保护色。当环境改变时，它们便会相应地改变皮肤的颜色，以隐藏自己。当繁殖季节来到时，它们绚丽的肤色又会帮助它们找到配偶；甚至不同的肤色还能影响到它们对光热的吸收，以实现调节体温，保持恒定的体温。

角鼻龙的跟踪计划

角鼻龙和剑龙曾生活在同一片林子中,不过它们可是不共戴天的仇敌——角鼻龙爱吃剑龙,但又有点惧怕它们尾巴上巨大的骨刺——说实话,要是没有那些"流星锤",剑龙早就被吃光了。而剑龙呢?因为没有尖牙利爪,它们只能靠尾巴上的骨刺来保护自己,因此,就算自己的体重是角鼻龙的4倍,但角鼻龙奔跑速度快,牙齿也极为锋利,所以,剑龙也得躲着点角鼻龙。

但角鼻龙也有自己的办法捕食剑龙。它们遇到剑龙时,通常会悄悄地跟踪一会儿,若是剑龙去小河边饮水的话,它们就会突然发动袭击。

因为天气干旱,林子里的很多河流都渐渐干涸了,露出了好大一片河床。河床表面的泥土被太阳烤干了,变得又干又脆,但下面还是一潭烂泥,若是腿脚陷下去,是很难拔出来的。

这天,一只角鼻龙发现了两只剑龙正在缓慢地行走着,这是一对母女,看它们行走的方向,似乎是要去前面的小河里喝水呢。角鼻龙小眼珠"咕噜噜"地转了几下,便有了主意。它把脚步放慢又放轻,在后面悄悄地跟着。过了一会儿,这对庞大的剑龙果然踩到了河床上。它们慢慢地走着,一点点地试探,但当它们就要走到河心时,不幸发生了。剑龙母女双双陷入了烂泥中。它们的体重实在太重了,越是挣扎,腿脚陷入得就越深。

无底洞似的烂泥是不透气的,很快裹住了剑龙母女的四肢,它们开始嚎叫起来,但嚎叫声似乎也越来越弱,连呼吸都变得困难了。

时机到了!角鼻龙准备出手了。因为它知道,就算剑龙的尾巴上的骨刺还露在外面,但它已经使不出力气来挥动它了。这对可怜的母女唯一能做的就是在痛苦中等待死亡的降临。

角鼻龙向那片河床狂奔过去,但因为它的体重较轻,脚趾又向着不同的方向伸展开,这有效地分散了体重的压力,所以它们不会陷入泥潭中。当它来到剑龙母女身旁时,剑龙连头都抬不起来了。

而角鼻龙呢,则不费吹灰之力得到了美味。此刻,它张大了嘴巴对准小剑龙肚子上最嫩的部位咬了上去……

嗜鸟龙

嗜鸟龙是一种小型兽脚亚目恐龙，意为"盗鸟的贼"，然而科学家尚未发现相关的证据。嗜鸟龙生活在侏罗纪时代的北美大陆上，外形小巧，体长不足2米，臀高仅有0.4米，体重约12.5千克，喜欢猎食蜥蜴或是青蛙等小动物。

正在寻找食物的嗜鸟龙

下颌骨较厚

尾巴悬在空中，主要起平衡作用

外形特点

嗜鸟龙体形娇小，颈部呈S形弯曲状。嗜鸟龙的上下颌上长有尖利的牙齿，这是它撕咬猎物的有力工具。嗜鸟龙的前后肢都很长：前肢用于抓握；后肢有力，善于奔跑。嗜鸟龙最突出的特征是身后拖着一条长长的尾巴，其长度可达身长的一半，这也是它快速奔跑时的"平衡器"。

手指内弯

嗜鸟龙有着细长又娇健的前肢，前肢共有三指，除了短而锋利的拇指外，还有两根带爪的稍长一些的指头；此外，它的第三根手指是向内弯曲的，这种构造有利于它抓紧猎物。

小型头骨

嗜鸟龙的头骨精致小巧，头顶有一个小型的头盖骨；嗜鸟龙眼眶后部骨骼构造类似某些肉食性恐龙。其口鼻部生有骨质突起；下颌骨骨质厚重坚固。颌部生有两种牙齿，前部牙齿为圆锥状，而后部则更小且弯曲，锋利且呈宽扁状。

灵巧的"小不点"

嗜鸟龙虽然体形娇小，但却是一种捕猎本领高强的肉食恐龙。凡是它周围生活着的小型动物，如哺乳动物、蜥蜴，甚至是正在孵化的恐龙蛋都可能成为它的捕猎对象。但有科学家推测，嗜鸟龙在面对一些大型恐龙时也毫不胆怯，敢于抱团围攻。

嗜鸟龙捕食

被误会的名字

嗜鸟龙的名字给人一种专吃鸟类的感觉，但这真的可能是一个误会。因为科学家们至今没有找到嗜鸟龙曾经捕猎过鸟类的证据，连这个名字的来源如今也成了谜。

头部小

嗜鸟龙的骨骼化石

嗜鸟龙的前肢较长，而且非常健壮，主要用于抓捕猎物

反应机敏

嗜鸟龙有着惊人的捕猎能力，这得益于它机敏的反应力和飞奔时的速度。只要是被它盯上的猎物，无论藏身何处，总能被它轻易捕捉到。而这种反应力也是它在逃脱大型恐龙的追逐时得天独厚的优势。

如果气温升高，恐龙体温会升高吗？

对于自然界中的很多动物来说，它们具有一种能随外界温度改变自身体温的特性，这就是所谓的变温动物。变温动物包括全部的现生爬行动物种类，如蛇、乌龟等，也就是人们常说的冷血动物。它们要想改变体温，只能通过寻找阴凉或是暖和的地方实现降低或提高自己体温的目的。但哺乳动物和鸟类则属于恒温动物，它们有一套成熟的生理功能以调节体温。那么，作为与鸟类有亲缘关系的恐龙来说，它们是如何调节体温的呢？或者说，它们是否属于冷血动物呢？有科学家给出的答案是，恐龙属于温血动物，它们的体温基本保持恒定。理由如下：

首先，鸟类是恐龙的后裔，它们属于温血动物；而从恐龙四肢直立且行动灵敏的角度来看，它们善于奔跑，那么就需要有强劲的体能来维持新陈代谢，这样的话，恐龙与行动相对迟缓的爬行动物有完全不同的生理需求，所以，它们应是温血动物。

其次，根据对恐龙骨骼的显微构造的观测，科学家发现，它们与现生的哺乳动物极其相似，骨骼上微血管密度同样大，且造骨细胞密集，故而恐龙应该是温血动物。

第三，从恐龙的地理分布角度说，恐龙生活的环境要比现在的位置更靠北，已进入北极圈的范围。而要想在长期低温的北极生存下去，就得进化出完善的调节体温的功能。因为冷血动物是无法在这种环境中存活的。

这种观点是一种大胆的假设，一度引起了科学界的大讨论，但给我们提供了一些新思路，相信在不久的将来，我们会了解到更多的信息。

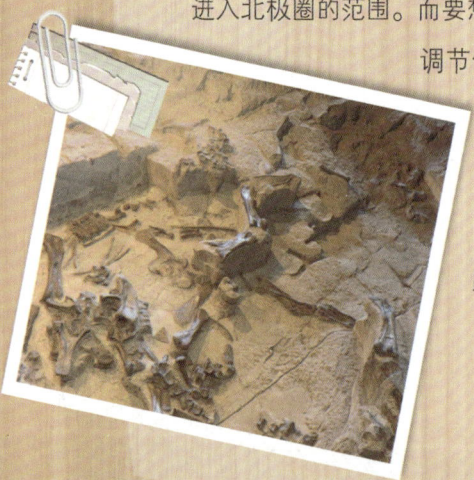

可怕的嗜鸟龙一家

嗜鸟龙一家的名声越来越差了。只要它们一家出动了，林子里的蜥蜴、青蛙可就遭殃了。它们体形小，走路又轻又快，每当它们看到蜥蜴在树上爬，它们就会慢下脚步，蹑手蹑脚地跟着，一旦瞅准机会，就会猛地扑上去。就算是最灵活、最光滑的蜥蜴，一旦被它们铁钩一样的手掌抓住，也别想逃脱。大伙都恨透它们了，可是又没办法。它们一家子性格霸道凶残，看谁不顺眼，就要吃掉谁。大伙只能忍气吞声。

后来，林子里搬来了剑龙一家。剑龙的体形可比嗜鸟龙大多了，背上长着奇怪的板子，尾巴上有尖刺，这样子可是够吓人的了。看它们每天在林子里走来走去的，蜥蜴家族忽然有了办法，它们觉得剑龙那么庞大，肯定能收拾得了嗜鸟龙一家。于是它们想了一个"借刀杀人"的办法——它们决心偷走剑龙的蛋，然后放在嗜鸟龙家门前，等剑龙去找的时候，不就可以替它们报仇了吗？

蜥蜴家族在树上蹲了好久，终于发现剑龙生蛋了。等剑龙出去觅食的工夫，几只蜥蜴便推着剑龙蛋来到了嗜鸟龙家门口，蛋放好了，它们急忙藏到附近一棵树的枝叶间。它们等着看好戏呢！

过了一会儿，嗜鸟龙一家走出来了，它们看到那巨大的恐龙蛋，兴奋极了，立即撬开蛋壳，将蛋液吸食一空。过了一会儿，丢了蛋的剑龙来找了，它闻着味道就走到了嗜鸟龙家门前。

蜥蜴们暗中得意，以为计谋就要得逞了。可奇怪的是，那小不点的嗜鸟龙一点不害怕，它们全家出动，面对体形庞大的剑龙竟然……动，立即摆好了战斗的姿势。不等剑龙说话，嗜鸟龙一家竟然齐齐地冲了上去，它们从四面八方对剑龙发动攻击。它们……可剑龙只是挥动着尾巴，想要赶走……然而，嗜鸟龙一家太灵活了，剑龙根本占不到一点便宜。过了一会儿，嗜鸟龙越打越猛，剑龙反倒有些害怕了，只得寻个空当儿的机会逃走了。

看到剑龙逃跑了，那几只蜥蜴吓得不敢发出一点声音，也急急地逃命去了。

梁 龙

梁 龙

梁龙生活在侏罗纪时代的北美洲西部地区。梁龙的外形极具特点，体长达 30 米，重约 10 吨。脖子很长，脑袋却很小，并且鼻孔的位置比眼睛还高。梁龙是植食性恐龙，但因为体形巨大，足以震慑同时代的异特龙及角鼻龙等猎食者。

最长的恐龙

梁龙身体巨长，这与它超长的颈部和尾巴密不可分，梁龙的脖子长达 7.5 米，尾巴的长度可达 14 米。梁龙的躯干很短，并且很瘦，所以，相对来说，梁龙的体重并不算重——连迷惑龙和腕龙都比它重很多。

头部较小

长长的脖子，方便梁龙吃到树顶的叶子

颈部强壮、轻巧、柔软又可弯曲，便于头部伸进树丛中取食

小头恐龙

梁龙体形庞大，但头部却小得出奇；它的牙齿不多，全部都长在嘴的前部，而且又细又小，颌部的其他位置则是空的，这注定了它只能以植物的小嫩叶为主食。梁龙的鼻孔很高，长在头顶上。

四肢强壮

梁龙的四肢强壮有力，如同四条柱子一般撑住身体。梁龙的后肢较长，所以，它的臀部略高于肩部，侧面看上去前低后高。梁龙前肢内侧的脚趾上生有巨大而弯曲的爪，这是它御敌的有力武器。

后肢上可能生有脚掌垫，这可以很好地缓解腿部的承重压力

梁龙生活于侏罗纪末期的北美洲西部，是行动迟缓的植食性恐龙

超长的尾巴

　　梁龙的身体很长，全靠一连串的脊椎骨联结而成。脖子由 15 块脊椎骨组成，胸部和背部由 10 块脊椎骨组成，而最长的尾巴则由近 70 块的脊椎骨连接在一起。这么长的尾巴既是梁龙鞭打敌人的武器，也能够帮助躯体站立起来，分担一部分重量。

由于背部骨骼较轻，使得它的体重不大，只有十几吨重

双梁构造

　　梁龙的尾部中段上生有一种特殊的骨骼构造，即"双梁"，这是指每节尾椎都有两根人字骨延伸构造。当梁龙的尾巴下压到地面以帮助身体撑起时，"双梁"便起到了保护尾部血管的作用。

尾巴较长，如果有敌人来袭，它会用自己的尾巴鞭打敌人，保护自己

特殊的交流方式

　　梁龙种族内部有一种特殊的交流方式——声音。声音非常特别，传播和感受的方式也与众不同——因为这种声音是靠触觉来感知的。当声音通过地面传播出去，其他的梁龙便会通过脚底的振动来接收和破译信息，而这种"声音"竟也能传播到很远的地方。

交流中的梁龙

如果恐龙生出超大型的蛋会怎样？

奇思妙想

恐龙是一种体形巨大的动物，但相对于它们的体形来说，它们的蛋却十分小。然而因为爬行动物一生都在成长，所以即使恐龙蛋很小，它们孵化出的恐龙也能长出"大个子"。

从进化等角度来说，恐龙是不能生出超大型的蛋的。这是因为：第一，恐龙蛋的形体越大，那么其内部的蛋清和蛋黄的重量也会越大，蛋壳就会因承受不了而破碎掉；第二，如果蛋壳也相应变厚的话，那么新生的小恐龙是没有力气挤破蛋壳的；第三，恐龙蛋越大，目标也变大，那么，它面临的被偷食的风险也越大；第四，恐龙蛋的形体变大，那么一次孕育出的恐龙蛋数量就自然会减少，但存活比例是确定的，所以，它们要增加蛋的数量以增加恐龙家族的存活率。

因此，恐龙生的蛋一般不会太大。当然，较大的恐龙生的蛋相对大一些。

根据现有的恐龙蛋化石来看，恐龙蛋的形状多样，如长条形、圆柱形、椭圆形、圆形、扁圆形、橄榄形等多种；而且蛋壳坚硬，早期的恐龙蛋多数圆润光滑，后期的恐龙蛋还有的蛋壳表面粗糙不平，甚至生有条纹或是小疙瘩。

梁龙的暗号

最近，异特龙一伙可真是倒霉透顶了。

几天前，异特龙一伙得到消息，一个梁龙家族就要迁徙到它们领地附近了。想想梁龙的大个子，简直是一身的美味啊！异特龙一伙摩拳擦掌，准备大干一番。它们准备了好几天，连埋伏地点以及攻击的策略都想好了，就等梁龙家族出现了。可是到了梁龙出现那天，它们却一无所获。

那天天刚亮，异特龙一伙就早早醒来，因为它们已经听到梁龙走路所发出的巨响越来越近了。它们急忙躲到河边的密林中，打算等梁龙出现时打个伏击。

过了一会儿，第一只领头的大个子梁龙现身了。紧接着，远处又露出了好多只梁龙的长脖子——看来这是个庞大的家族。异特龙一伙高兴极了。

看着梁龙一个个地走向河边低头饮水，异特龙首领认为时机到了，便低吼了一声，这是发起冲锋的信号。几只异特龙立即狂奔着扑向梁龙。

忽然窜出的异特龙气势逼人，吓坏了正在饮水的几只梁龙，它们竟一下子跳入了水中，迈开大步走向了河中央的深水区。狂奔在水边的异特龙猛地停住了，它们没想到梁龙还有这一招，可它们不敢下水。异特龙一伙气急了，只得掉转方向，去攻击后来的梁龙。可那些梁龙竟然做出了一种奇怪的反应——边跑边跺起脚来。异特龙可不管这些，它们继续追击，梁龙越来越少。可当它们追

到另一条河边时，惊奇地发现所有的梁龙竟然都已经躲入河水中了。

这下，异特龙一伙一无所获，算是白费力气了。让它们纳闷的是，后面的梁龙是怎么得到消息躲起来的呢？

过了好久，异特龙一伙才反应过来，原来梁龙跺脚的行为正是给不远处的梁龙传递暗号呢。那些梁龙通过脚底的震动，得知前面的同伙遭遇袭击了，于是，便早早躲入了水中。

可是，对于异特龙一伙来说，它们即使想明白，也来不及了——梁龙家族早就渡河逃跑了。

剑 龙

剑龙外形健硕，体重可达 4 吨，食性为植食性，其名称得自于背上那一排高大的骨质板。另外，剑龙的尾巴上进化出了一种强有力的御敌武器——四根锋利的尖刺。剑龙过着逐草而居的游牧生活。

剑龙是恐龙家族中最笨的，它的身体和非洲大象差不多，脑袋却很小

小头恐龙

剑龙的脑袋很小，大脑仅有一个核桃般大小，所以智商不高。剑龙嘴的最前端长着像鸟一样的尖喙，喙上没有牙齿，牙齿分布在嘴的两侧，十分细小。

剑龙长着像鸟一样的尖喙，嘴里没有牙齿，但嘴里的两侧有些小牙

背上有一排巨大的骨质板

带有四根尖刺的尾巴可防御掠食者的攻击

正在行走的剑龙

锋利的骨板

剑龙背上那一排三角形骨质板以及尾巴上的四根尖刺是它最显著的特征：那骨质板其实是 17 块板状骨头；它尾巴的尖端还有长刺，这些刺足有 1 米长。科学家曾经认为剑龙的骨质板是平铺在背部的，但后来确定这些骨质板是竖立着长在皮肤上的，而与内部的骨架没有连接。骨质板有调节体温的重要作用。

剑龙的骨骼化石

后肢强壮

剑龙是四足恐龙，前腿生有 5 个脚趾，但后腿只有 3 个脚趾；剑龙的前腿稍短，后腿更长也更强壮，承担了大部分的身体重量。因此，剑龙总是一副前低后高的姿态，头部抬起不会超过 1 米。

正在进食的剑龙

植食性恐龙

　　剑龙的牙齿十分细小，缺乏平面，使得牙齿之间无法紧合，而剑龙的下颌也没法水平移动，所以，剑龙是无法碾磨植物的。这影响了它们对于食物的偏好，它们只能吃一些低矮的苔藓或是蕨类植物。为了减轻肠胃消化食物的负担，剑龙也有吞食胃石的习惯。

背板也是极佳的防御武器

剑龙完全是用四足行走的，前肢短，后肢较长

迟缓的"慢性子"

　　剑龙的前后肢长短不一，这是由其骨骼构造所造成的。这样的构造预示着它们没法提高自己的行进速度，因为前肢与后肢不能协调一致。据科学家推算，成年剑龙最快的速度不会超过 7 千米 / 小时。

剑龙行动缓慢

御敌策略

　　剑龙体形不大，智商很低，行动又迟缓，这一切都注定它是"丛林法则"中的弱者。那么，剑龙有哪些御敌策略呢？当凶猛的肉食性恐龙发动袭击时，剑龙会调转方向，使骨质板朝向敌人，以吓退对方。若对方依然不放弃攻击的话，剑龙还会挥舞尾巴，用尾巴上的尖刺抽打敌人。

如果恐龙得了癌症，病因是什么呢？

奇思妙想

很久以前，人们就开始探讨恐龙会不会得癌症的问题。为了得到确切的答案，美国俄亥俄州立大学的科学家罗斯希德和他的团队利用 X 光机对 10000 多块恐龙椎骨进行了扫描，最终在一块鸭嘴龙的骨骼内发现了"恶性肿块"，这说明恐龙也曾遭受过癌症带来的痛苦。

鸭嘴龙是一种植食性恐龙，生存于 7000 万年前的白垩纪。罗斯希德的团队在 9 个鸭嘴龙的骨骼中共发现了 29 个肿瘤；另外，在鸭嘴龙科的埃德蒙顿龙体内还发现了一些恶性肿瘤。

鸭嘴龙身上发现的肿瘤是血管瘤，是一种良性的、寄生于血管内的肿瘤。罗斯希德十分肯定地说："就算是病理学家来检测这些骨骼的话，结果也是一样的。目前不能确定的是导致鸭嘴龙罹患癌症的确切原因。然而，鸭嘴龙的寿命很长，这给肿瘤的成长提供了充足的时间。"

罗斯希德曾经推测，鸭嘴龙的饮食习惯可能导致它们罹患癌症。因为鸭嘴龙爱吃针叶树木，而那其中含有多种可诱发癌症的化学物质，大量进食此种树叶，自然增加了患癌的风险。

剑龙之死

经过一场雨的清洗，森林里的空气都变得清新了，雨滴聚集在大叶子上，又一滴一滴地滚落在地面上。一只高大的剑龙正漫步在森林中，它悠闲地咀嚼着刚刚发出新芽的蕨类植被。

不过，它的一切行动都在一只巨齿龙的监视之下。那只体形庞大的巨齿龙正蹲在茂密的灌木丛后面，盯着专心咀嚼的剑龙呢！

雨后的森林中充满了泥土和植被的气味，这气味甚至掩盖了巨齿龙身上所独有的属于肉食性恐龙的味道，这让剑龙更加专心地咀嚼嫩叶。巨齿龙悄悄地绕到剑龙的侧面，它要出其不意地发动攻击，而目标就是剑龙身上最薄弱的腹部。

剑龙正大口咬下一片蕨叶，忽然，巨齿龙冲了上来，它张着血盆大口向剑龙的腹部咬去，一个猛的甩头，剑龙的腹部就被撕下了一块肉。剑龙吓呆了，厉声地嚎叫着。它好不容易才转过身来，甩动起自己的尾巴，希望用自己的骨刺将巨齿龙击碎。然而，剑龙反应太慢了，巨齿龙早就退出了老远的距离。

看到剑龙惊慌发怒的样子，巨齿龙得意极了，它又躲入了灌木丛后面。那剑龙又气又疼，浑身颤抖着，看样子恐惧极了。过了一会疼痛感还是没有消失，它抖不接下气地喘了起来。这它又绕到剑龙的另一边，是剑龙的大腿。剑龙的大而这次，巨齿龙居然跑都龙倒地。

剑龙的腹部和大腿同时剑龙实在撑不住了，一个跟

这时候，巨齿龙也休息好了，

儿，剑龙身上的得更厉害了，开始上气时候，巨齿龙再次发动攻击，猛地扑上去。这回，它袭击的腿被撕裂了，它疼得蹲在了地上。不跑了，它要慢慢休息，顺便等着剑

流血，地上已经积攒了一大摊血。最后，头栽倒在地，再也起不来了。它悠闲地走过来，准备品尝它的"大餐"。

异特龙

异特龙又名跃龙，生活在侏罗纪晚期的非洲、欧洲、大洋洲以及北美和中国。异特龙是凶猛的掠食性恐龙，处于当地环境中食物链顶层，又有"残暴异特龙"之称。异特龙属蜥臀目恐龙，体重中等，以二足行走。

凶猛的异特龙

眼睛上方拥有角冠

近1米长的大脑袋的头颅骨是中空的，可减轻头部重量

异特龙的前肢比较发达，三个指头上都有弯曲的利爪，能像鸟爪一样做出类似抓握的动作，有利于捕食

牙齿多而向里弯曲，猎物被它咬住很难逃脱

外形特征

异特龙属于兽脚亚目恐龙，有较大型的头颅骨、粗壮的脖子、短小的前肢以及长长的尾巴。异特龙的身长可达 8.5 米，体重达 2.3 吨左右。从体形上比较而言，异特龙要小于暴龙，但却比暴龙粗大，在猎食方面更具优势。

不断更新的牙齿

异特龙的每块前上颌骨上都有 5 颗牙齿，每块上颌骨上则生有 14~17 颗牙齿；每块齿骨上的牙齿平均数量为 16 颗。这些牙齿的形状从中间向两边依次变化，越向两边，牙齿越短、越狭窄，弯曲程度也越深。异特龙的锯齿状牙齿很不牢固，但是更新速度很快。

功能各异的角冠

异特龙的眼睛上方生有一对突出的角冠，这是从泪骨延伸出来的骨质突起；角冠的大小与体形的大小成正比；从角冠向下延伸至鼻骨处，有一对突出的小型棱脊。据科学家推测，这些角冠可能包裹在角质层之下，并且功能各异。这些角冠可能具有遮光、展示的作用或者种族内部的打斗示威作用。

骨骼构造

异特龙全身椎骨众多：9 节颈椎、14 节背椎、5 节荐椎，尾椎数量则随个体大小而成正比例增减。异特龙颈椎与前部背椎之间有中空区域，这与现代鸟类的构造很相似，因此，科学家推测，异特龙具有与鸟类相似的气囊系统。异特龙的肋骨很长，包裹着桶状的胸腔。

巨大的"眼眶孔"，说明它们生前长着一对大眼睛

异特龙化石

恐怖异特龙

异特龙灵活有力的前肢是它捕食猎物的得力武器，只要靠近它身边的猎物，都会成为它的"掌"中之物。猎物只要被异特龙的爪子抓到，便会出现一道道血痕；异特龙的尾巴也是它捕猎时强有力的辅助工具。异特龙还会使用伏击的方式围攻大型猎物。

聪明的异特龙

科学家的研究已经证实，对于恐龙来说，并非个体越大，智商就越高，比如，重达数十吨的马门溪龙，大脑的重量仅为 500 克；而剑龙的大脑重量更小，不足 100 克，它们是十足的低智商者。但异特龙则不然，它们体形庞大，大脑也相当发达，它们可以称得上是侏罗纪时期恐龙王国的"智多星"——它们拥有多种捕食猎物的计谋。

异特龙是一种大型肉食性恐龙，擅长团队合作捕猎

奇思妙想

在已经发现的恐龙化石出土地中，常常有很多化石同时出土的现象，这说明某些种类的恐龙有群体生活的习性，那么，对于群居的恐龙来说，它们之间是否有等级之分呢？

美国古生物学家曾经对多处角龙墓地进行研究。这些墓地中都保存了大量的角龙化石，其中有幼年角龙的，也有成年角龙的。研究它们可发现，处于不同年龄段的角龙，头部的装饰也有所不同。幼年时的角龙，头上并未出现什么装饰；但随着身体的发育，它们开始出现复杂的装饰。这意味着，角龙年龄越大，它们头顶的装饰就越复杂，比如角和棘刺的样式是多种多样的，所具有的力量也是各不相同的。

当繁殖的季节来临时，雄性角龙之间为争夺雌性配偶会爆发多场角斗，而角就是它们的武器。

显而易见的是，成年角龙的优势是十分明显的，在群体中也更容易成为头领。这样一来，它们的角就成了它们地位的象征。时间长了，角龙只需要看一眼对方的角，便能识别和判断出对方在群体中的地位，并主动服从头领的命令。就这样，角龙群体中便自然形成了等级之分。

事实上，对于在"丛林法则"支配下的恐龙家族来说，等级之分是一种能够保护它们的体系。单个恐龙在群体的范围内互相依靠，便多了一分存活下去的希望。而头领则是最为勇猛的恐龙，承担着保护老弱病残的义务。

狂妄的异特龙

侏罗纪晚期的北美大陆是一片旱季雨季交替的泛滥平原，河边生长着松柏、苏铁和树蕨组成的树林。

大名鼎鼎的梁龙、腕龙、迷惑龙等巨型蜥脚类恐龙，以及多种中小型植食和肉食恐龙，与异特龙分享着同一片栖息地。但异特龙是当之无愧的王者。它们凶猛残暴，凭借粗大的体格、满口的獠牙，以及急速掠杀的习性征服了北美大陆众多恐龙。但在 1.5 亿年前的晚侏罗纪时期，除了体形上的优势，异特龙还有更为优越的智商——它们可谓是恐龙王国的"智多星"，只要被它们盯上，猎物基本无路可逃。这渐渐地成了异特龙狂妄自负的资本——仿佛世间的一切都是上天赐予它们的食物。

这一天，两只骄傲的异特龙正在散步，忽然，它们看到三只极为高大壮实的圆顶龙。看样子，它们是一家三口，正要去河边喝水呢！异特龙自然不会放过这送到嘴边的美食。但它们心里明白，这种结伴而行的圆顶龙具有极强的反击能力，它们的大粗腿能轻易踩死一只恐龙，若是被它们的长尾巴鞭打一下的话，也会当即毙命的。所以，它们得等待机会，来个出其不意。两只异特龙决定分头行动，一只负责在后面跟踪，另一只则绕到圆顶龙的侧面，伺机从侧面攻击。

很快，雄性圆顶龙最先踏上了表面又干又硬的河床。但这河床对于体重巨大的圆顶龙来说实在不堪一击，很快就被踩碎了，圆顶龙也自然陷入了泥沼中。它的两个前掌被烂泥裹住，根本动弹不得。后面的两只圆顶龙见状，便不敢向前了。它们在等待雄性圆顶龙能够自救成功。

但这时候，后面的异特龙突然进攻了。它把前爪伸向圆顶龙的臀部，顿时就撕下了一块肉。圆顶龙痛极了，使劲挥动尾巴。而此时，另一只异特龙也从侧面发动了攻击，用爪子撕扯着圆顶龙的腹部。雌性圆顶龙为了保护自己的孩子，立即带着孩子向后退去。

雄性圆顶龙被两只异特龙攻击，气得发疯，但前肢陷入泥沼，它行动十分不便，只能不断挥动尾巴击打敌人。

两只异特龙以为圆顶龙肯定是必死无疑了，竟然跳到它前面，想咬断它的脖子。但这只圆顶龙忽然甩动脖子，将一只扑上来的异特龙撞飞了好远；另一只异特龙也被连带着摔倒在圆顶龙的前肢下。忽然，圆顶龙不知从哪生出一股巨大的力量，竟抬起了前肢，当它前肢落下的时候，正好踩在倒下的异特龙身上，异特龙被踩碎了。这下，圆顶龙竟找到了支撑点，它又快速地后退，竟逃出了深渊。

那只被撞飞的异特龙看到同伴惨死，吓坏了，急忙灰溜溜地逃跑了。

美颌龙

美颌龙又名细颈龙，意为"拥有美丽下颌的恐龙"，是肉食性兽脚亚目恐龙。与其他恐龙相比，美颌龙是恐龙家族中的"小个子"，体形只有母鸡般大小，但它却是一种肉食性恐龙，科学家曾在出土的美颌龙化石体内发现了小型的蜥蜴化石。

美颌龙体形小巧

脖子修长、灵活

美颌龙是目前发现的最小的一种恐龙，身体只有母鸡般大小

最小的恐龙

美颌龙是已知的最小的恐龙，与始祖鸟存在亲缘关系，体长约为1米，体重仅有3千克，最小的不足1千克。美颌龙属于二足恐龙，前肢小巧，善于捕猎；后肢较长，身后拖着长尾巴，这是它行走时的"平衡器"。

前肢短

后肢长

头颅窄长

美颌龙的头颅骨十分精细，形状窄长，鼻端呈尖锥形。美颌龙的头颅骨上生有5对孔洞，最大的一对是眼窝。美颌龙的下颌修长，但没有下颌孔。美颌龙的牙齿小却十分锋利，能够撕咬那些小型的脊椎动物及其他动物。美颌龙的一部分牙齿具有锯齿状边缘，并且大幅度向内弯曲。

奔跑健将

美颌龙眼睛很大，目光敏锐，奔跑速度极快，并能随时加速，即使擅长爬行的蜥蜴也躲不过美颌龙的追捕。捕到猎物时，它可以将其整只吞下。

美颌龙捕猎

善于爬树

美颌龙体形虽然小巧，但对付那些小蜥蜴和昆虫是绰绰有余的。它们有着极强的征服欲望，又练就了一身爬树的绝活，即使猎物爬上树梢，它们也能毫不犹豫地跟上去，所以，它们依然是成功的掠食者。

残忍的捕猎者

美颌龙是十分残忍的肉食者，当它们遇到猎物时，毫无怜悯之心；饿的时候，行为更加凶残：穷追不舍、围追堵截，各种狡猾无耻的手段都会被它们用上——目的只有一个，捉住猎物，因此美颌龙又有侏罗纪"小恶棍"之称。

头颅骨窄长，鼻端呈锥形

头颅骨有5对窝孔，最大的是眼窝，窝孔之间为纤细的骨质支架

双足细小

美颌龙化石

集体觅食，美颌龙注重团队合作，常常集体觅食

临海而居

侏罗纪晚期的欧洲大陆还是一片气候干热的群岛，散落在古地中海的边缘地带。而美颌龙化石的发现地都是海滩与珊瑚礁之间的礁湖，这里也是始祖鸟、喙嘴龙以及翼手龙的化石发现地。另外，在美颌龙的同期化石中，也有海洋动物化石出土，这说明美颌龙喜欢临海而居。

恐龙行走时，是直立的步态，这相对于爬行动物来说是巨大的飞跃。因为直立的步态能够保证恐龙在快速行进时呼吸顺畅；同时，直立步态也能减轻四肢弯曲时所承受的体重的压力，有助于恐龙发育出巨大的身形。这些促使恐龙成为地球上最为活跃的动物种类。

然而恐龙家族中存在着二足行走和四足行走，以及肉食性恐龙和植食性恐龙的区别，它们行走姿势不同，食性不同，走路的速度也不太一样。一般来说，采用四足行走的多为植食性恐龙，二足行走的多为肉食性恐龙。

通常来说，肉食性恐龙的速度要快于植食性恐龙。肉食性恐龙因为掠食的关系，多数具有很强的爆发力，堪称"短跑能手"，时速可超过 40 千米；而肉食性恐龙中二足行走的虚骨龙类，占据着更多的优势，如骨头轻、腿短，跑起来十分轻捷，姿态也十分优美，是恐龙家族中有名的"飞毛腿"，时速可超 80 千米。

而那些四足行走的蜥脚类恐龙，则要慢很多，它们的时速仅为 7 千米。剑龙和甲龙也是四足恐龙，但它们的腿脚要快于蜥脚类恐龙，时速最快可达 8 千米。

蛮龙称霸

体格强壮的蛮龙一直倚仗着自己的力量和獠牙利爪自诩"林中霸王"。所有的小动物以及那些性格温和的植食性恐龙都得躲着它走，因为只要它心情不好就要大开杀戒了。甚至那些同样食肉的恐龙也不敢当面和蛮龙硬碰硬。

不过，最近林子中搬来了美颌龙一家，它们好像并不在意蛮龙的霸主地位。它们的个头小极了，在恐龙家族中几乎再也找不出比它们还小的恐龙了，但若要比起速度和凶狠程度的话，这些美颌龙可一点也不逊色于那些"大家伙"。

每次遇到蛮龙，美颌龙一家都是一副自如的样子，甚至连蛮龙相中的猎物，美颌龙也敢抢夺——还不是仗着它们跑得快嘛！时间长了，林子里所有的动物都知道美颌龙不怕蛮龙了。蛮龙气不过，便向美颌龙一家发出挑战，它要比试一下到底谁更厉害，比试的内容是看谁捕猎速度快。没想到美颌龙一家居然答应了。但它们提出一个条件，要捉蜥蜴。蛮龙感到好笑，觉得这有什么难的，便一口答应下来。

比试那天，森林里聚集了不少来看热闹的恐龙。美颌龙和蛮龙也很快到场：蛮龙一副胜券在握的样子，十分不屑；而美颌龙则是双目圆睁，不放过任何一个猎物。

忽然，美颌龙爸爸一个箭步蹿了出去，大伙都惊呆了，不知道发生了什么，不知谁说了一句："树底下爬出一只蜥蜴！"大伙才反应过来，心里纷纷赞叹："美颌龙眼睛真是尖，反应速度也快！"看到美颌龙蹿了出去，蛮龙才反应过来，急忙跟上。蛮龙的速度也很快，但美颌龙实在灵巧，很快就跑到了树根下，但那时受惊的蜥蜴早已爬到枝叶叠压的树梢里去了。

这可给围在树下的美颌龙和蛮龙出了一个难题。蛮龙脾气暴躁，只有一身蛮力，它气得直撞树，想把蜥蜴撞下来；可那蜥蜴抓得稳稳的，才不在乎呢！

看着蛮龙使出自己的本事却没有收获，美颌龙便开始出招了。它不慌不忙地向后退了几步，"噌噌噌"几下就蹿上了树。站在远处的恐龙个个张大了嘴巴，它们没想到不起眼的美颌龙居然还藏着这么一手。

一阵"哗啦哗啦"的响声过后，美颌龙从树上退了下来，手里握着刚才那只蜥蜴。这下，连蛮龙都服气了。打那以后，它再也不提称王称霸的事儿了。

鹦鹉嘴龙

鹦鹉嘴龙这一名称的希腊文意为"鹦鹉蜥蜴"，是活跃在白垩纪时期的亚洲的一种恐龙。在外形上，鹦鹉嘴龙最大的特点是长着一张类似鹦鹉的带钩的嘴。科学家曾认为，大部分的角龙类恐龙可能是鹦鹉嘴龙的后裔。

鹦鹉嘴龙是一种小型植食性恐龙

颈部粗短

尾巴与下背部有鬃毛状的结构

嘴巴类似鹦鹉嘴

外鼻孔很小

中国鹦鹉嘴龙

前肢较后肢短小

体形特征

鹦鹉嘴龙体形小巧，体长在1~1.5米之间。鹦鹉嘴龙属二足、植食性恐龙。鹦鹉嘴龙头上那突起又强壮的喙状嘴是它最明显的外形特征；有些品种的鹦鹉嘴龙的尾巴与下背部还生有鬃毛状的结构，其作用可能仅限于展示。

鹦鹉嘴龙的前肢比后肢短小，前肢生有四块腕骨，第四指早已退化，缺乏第五指

头部特征

鹦鹉嘴龙的额骨很高，且向外延伸；外鼻孔很小，前额骨位于鼻骨以下；口腔内上颌和下颌上各有7~9颗牙齿；牙齿为三叶状，外缘光滑，齿根长，牙冠位置较低。

头颅外形类似现代鹦鹉，呈短宽而高状，弯曲的吻部外缘被角质喙所包裹

鹦鹉嘴龙在希腊文意为"鹦鹉蜥蜴"

前肢活动有限

鹦鹉嘴龙的前肢比后肢短小，无法直接接触地面，活动范围有限，做不出挖掘以及将植物送进口中的动作。因此，前肢只能够取很近的东西，碰触自身器官的范围也很有限，最远能够到自己的膝盖。

植食性的鹦鹉嘴龙是白垩纪时期大部分食肉动物的"盘中餐"

吞食胃石

鹦鹉嘴龙的牙齿很锋利，适于切割坚硬的植物，但鹦鹉嘴龙的口中缺乏能够碾磨植物的牙齿，所以，鹦鹉嘴龙需要吞食胃石来帮助胃部消化。科学家曾在鹦鹉嘴龙的腹部发现大量的胃石，有的竟超过了50颗。这些胃石储存在砂囊中，类似现代的鸟类。

亲缘关系

科学家曾在一处鹦鹉嘴龙化石出土地发现大量鹦鹉嘴龙化石，其中有成年鹦鹉嘴龙和若干未成年鹦鹉嘴龙。其中的成年鹦鹉嘴龙被若干未成年鹦鹉嘴龙所包围。这显示这个鹦鹉嘴龙家族被掩埋时还活着，而它们之间存在着亲代抚养关系。事实上，未成年鹦鹉嘴龙必须要在洞穴中长至成熟才可以离开洞穴。

鹦鹉嘴龙化石

中国鹦鹉嘴龙

英国科学家认为生活在1.33亿年~1.2亿年前中国东北地区森林里的鹦鹉嘴龙，是一种可以改变体色的恐龙，其脸庞颜色鲜艳，喙与鹦鹉相似，腿部布满网状纹路且表面有黑点，它们在遇到危险时，会让身体下部颜色变浅、上部的颜色变深来保护自己。

如果要确定恐龙食性，有什么办法？

对于恐龙的食性的鉴别是帮助我们认识该种恐龙必不可少的一个环节。科学家在鉴别恐龙食性时，最直接的依据便是恐龙的牙齿和趾骨化石，那种如同匕首一般的利齿，以及弯钩状的利爪自然不是用来吃草的。

一般来说，肉食性恐龙的头部很大，嘴也大，能容纳更多的大而弯曲的利齿，比如霸王龙的牙齿就锋利如剑，边缘又生有锯齿，最长的牙齿甚至可以达到20厘米。

植食性的恐龙牙齿一般较为平直，不生锯齿，更适于咀嚼。而植食性恐龙之所以能进化出这样的牙齿，也是受到它们的食物的影响。比如，蜥脚类恐龙的牙齿有勺状和钉状的，这是因为它们以苏铁类和蕨类食物为主食，它们首先得用牙齿咬断此类植物的茎叶，才能咀嚼并吞咽下去。对于鸭嘴龙类恐龙来说，它们主要以石松类植物为食。这种植物质地坚硬，鸭嘴龙为适应此种情况，口腔的上下左右都生有密密麻麻的牙齿，这样便于它们咀嚼坚硬的植物。

此外，还有些生理特征有助于科学家鉴定恐龙的食性，比如，头骨和腭骨的形体较大，脖子粗短，二足行走的一般为肉食性恐龙；而植食性恐龙一般具有头小、脖子长的特点，善用四足行走。

从数量上说，植食性恐龙是要多于肉食性恐龙的，这是生物界保持平衡的规律。

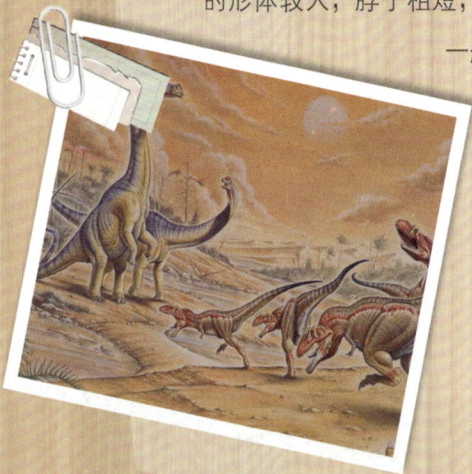

父母之爱

最近一些日子里，住在湖泊附近的鹦鹉嘴龙一家越来越热闹了，原来是鹦鹉嘴龙妈妈又孵化出了不少的幼崽。这真是一个庞大的家族，算上鹦鹉嘴龙父母，全家一共有30只恐龙。日子虽然过得热闹，但对于鹦鹉嘴龙父母来说，它们的担子却更重了。

虽说湖泊附近水草丰美，但一大家子每天要吃的东西可不少。于是，鹦鹉嘴龙夫妇便分工合作，鹦鹉嘴龙妈妈只负责在家抚育孩子，而鹦鹉嘴龙爸爸则要出门去采摘嫩叶，来喂养自己的孩子。

这一天，鹦鹉嘴龙爸爸跟往常一样，早早地出门去找吃的。为了找到更多的嫩叶，它得走到更远的地方才行。而鹦鹉嘴龙妈妈呢，则负责给孩子们分配食物，吃完饭，就带着小鹦鹉嘴龙出门去辨认各种植物。

它们这一大家子刚走出不远，鹦鹉嘴龙妈妈忽然感到脚下传来一阵晃动，好几个孩子都被晃倒了，它急忙扶起孩子。可这时候有几个小鹦鹉嘴龙却对着天空"哇哇大叫"起来——接着，便是一阵地动山摇，天空顿时变得黑暗了——原来是火山爆发了，喷出的火山灰将整个天空全部遮蔽起来。

鹦鹉嘴龙妈妈急忙大喊道："快跟着妈妈，我们到那边的山洞里避一避。"说完，它们一家用最快的速度跑到了山脚下的一个洞穴

里。刚进入洞穴，鹦鹉嘴龙妈妈便清点了自己的孩子，幸好一个都没落下，可孩子们又哇哇乱叫起来，原来它们在担心自己的爸爸。

鹦鹉嘴龙妈妈也很担心自己的丈夫，但保护孩子才是第一位的。它让小鹦鹉嘴龙们往山洞里躲，自己则卧在山洞口，想要挡住汹涌落下的火山灰。

黑暗中一个身影向山洞跑来——真的是鹦鹉嘴龙爸爸，它手上还捧着好大一把水草。鹦鹉嘴龙妈妈见了高兴极了，它急忙拉过自己的丈夫。鹦鹉嘴龙爸爸把水草推进了洞中，让孩子们先吃，自己则和鹦鹉嘴龙妈妈一同堵住洞口。

然而，火山灰越落越多，温度也越来越高，这一家子最终还是被火山灰埋葬了。但鹦鹉嘴龙父母的慈爱只会更加清晰。

禽　龙

活跃于白垩纪早期，希腊名称意为"鬣蜥的牙齿"，属于大型鸟脚类恐龙，植食性动物。禽龙身长约 10 米，高 4~5 米。前手拇指有一尖爪，可能是它进食及抵抗掠食者的工具。

禽龙

咀嚼食物时，禽龙会将食物置于两颊咀嚼

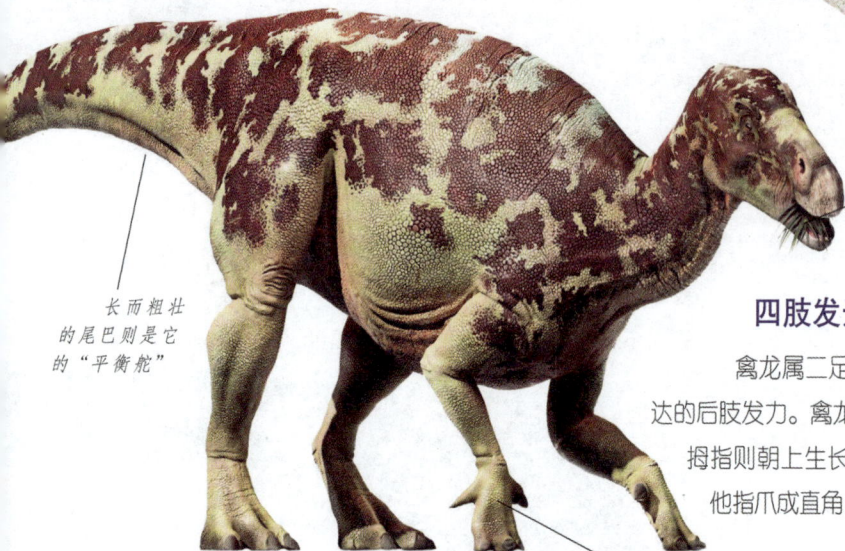

长而粗壮的尾巴则是它的"平衡舵"

四肢发达

禽龙属二足恐龙，行走时主要靠发达的后肢发力。禽龙前肢也很发达，而它的拇指则朝上生长，坚硬且锋利，且与其他指爪成直角；小指修长敏捷。

前掌粗壮且不易弯曲，拇指朝上生长

鬣蜥的牙齿

禽龙的牙齿与鬣蜥的牙齿相似，但外形更大。与鸭嘴龙科的恐龙不同的是，禽龙一次只能生出一副替换的牙齿。上颌骨左右两侧各生有 29 颗牙齿，齿骨左右两侧各有 25 颗牙齿。禽龙下颌的牙齿较宽，所以，下颌牙齿数量较少。

行走时，禽龙以四肢着地，步伐缓慢

在摘取蕨类和针叶植物时，禽龙喜欢用后肢站立，用前肢够取

行走姿势

禽龙栖息地位于今天的欧洲和美洲大陆的林地中。植被丛生的深林，潮湿温暖的沼泽地带是它们栖居和觅食的好地方。

近身武器

　　禽龙的拇指上长着刺一样的尖爪，如同匕首一般，这是它对付袭击者的有力武器。进食时，尖爪还可以轻易地掰开水果或是种子；当禽龙内部发生打斗时，尖爪也会派上用场。

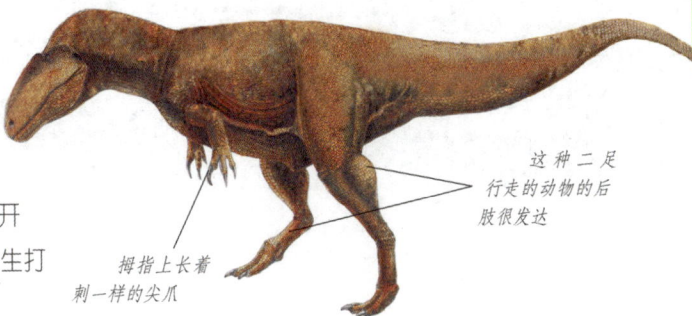

这种二足行走的动物的后股很发达

拇指上长着刺一样的尖爪

它们只喜欢吃一些植物的枝叶

禽龙是植食性恐龙

性格温和

　　禽龙外形健硕，但它却是一个脾气温和的大个子，它们只喜欢吃一些植物的枝叶，很少与其他恐龙发生争斗。但若遇到凶残的敌人来袭时，它们也会挥舞着匕首一般锋利的指爪抵御敌人进攻。但这种情况在忍无可忍时才会发生。

集群而居

　　禽龙化石出土时，曾出现聚集现象，这说明禽龙喜欢群居生活，它们也曾结群行走和觅食。有科学家推测，它们喜欢临水而居，当受到敌人攻击时，它们可以快速地潜入水中躲避侵袭。

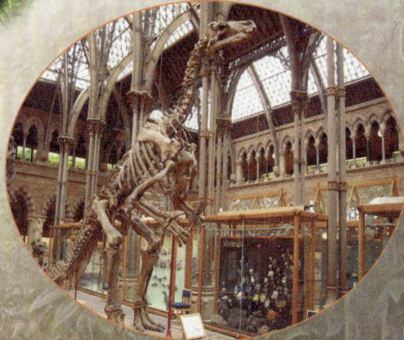

禽龙的骨骼化石

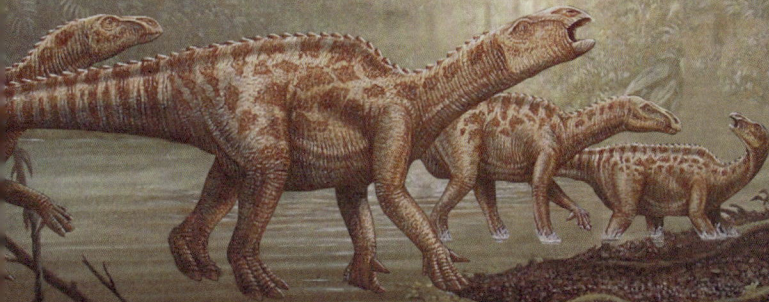

对于任何生物来说，营养都是促进成长发育的关键物质，而营养就包含在食物中。对于体形庞大的恐龙来说，食物更是不可或缺的。要是赶上荒年，它们不仅会营养不良，而且那些老弱病残者几乎都会被饿死。换句话说，因为有充足的食物，恐龙才有可能成长为体格健硕的"大块头"。

据科学家考证，白垩纪时期的地球，二氧化碳的浓度为现在的5倍；而氧气的含量则比现在高出1.5倍。这种环境极大地提高了植物光合作用的速率——速度约为今天的3倍，因此，白垩纪时期的植物有着惊人的生长速度。植物的富足，为大型植食性恐龙的繁衍提供了有利的条件，而这些大型的植食性恐龙又是肉食性恐龙的美味，所以，无论是植食性恐龙还是肉食性恐龙，都能成长为大个子。

从对现有的恐龙化石的研究成果来看，白垩纪中期的植食性恐龙体重超过1吨的比比皆是，它们长期游荡在北美大陆上，数量多达1万只以上。与此同时，体重超过100吨的肉食性恐龙和植食性恐龙也屡见不鲜。阿根廷龙便是大型恐龙的代表，它也是目前已知的最大的动物之一。

仓惶逃窜的禽龙

又到了禽龙家族集体迁徙的日子了，它们要迁往南方更温暖的地带，听说那里气候湿润，树木葱郁。然而，不知道是谁将禽龙家族倾巢出动向外迁徙的消息传给了它们的天敌霸王龙。

霸王龙家族听了这个消息，气得张牙舞爪，它们才不允许禽龙离开这片林子呢——禽龙可是霸王龙的美味啊！因此，霸王龙家族立即派出几只较为强壮的成员去追捕它们。

那时候，禽龙家族还不知道呢！只见它们慢条斯理地走着，要是看到了好吃的，还要停下来享用一番。

霸王龙跑动的声音实在太大，惊动了一只走在最后面的禽龙。它回头一看——居然有好几只霸王龙追着它们。那只禽龙急忙大喊道："快跑，霸王龙追来了！"这消息一传十，十传百，所有的禽龙都知道了。它们吓得面面相觑，腿脚发抖，根本不知该往哪走。

这时候，经验丰富的老禽龙急忙指挥大家："快跑，只要见到水，就钻进去，霸王龙不敢下水！"听到这个命令，所有的禽龙都一股脑地向前跑去，希望能快点跑到水边。

然而，霸王龙的速度非常快，它们很快就扑倒并咬死了几只腿脚慢的禽龙。但它们并没有停下来，依然追击着。看到有同伴倒下，家族大乱，但只能一窝蜂地往前奔。

禽 龙

不知道谁喊了一句："那有湖，快进去！"所有的禽龙立即不管不顾地冲进了水里。可是它们越走越觉得奇怪：那脚刚踏进湖中，想要再迈一步却根本拔不出来——原来它们陷入了一片沼泽中——只要腿脚踩进去，就别想挪动一下。它们现在是进退两难了。

霸王龙追到了湖边，便停了下来，它们最害怕水了。霸王龙冲着湖水嘶吼了一阵子，始终不敢下水，便决定回头抢食死掉的禽龙。

沼泽里的禽龙虽然逃脱了霸王龙的魔爪，可它们却再也出不来了。

牛 龙

牛龙的活跃期从侏罗纪延续到白垩纪，是一种大型恐龙，身长可达 10 米，因为头部很像现代的牛，眼睛上方又生有一对"牛角"，故名为"牛龙"，但它们却是残暴凶猛的，喜食肉类，故又名"食肉牛龙"。

这对尖角长在眼睛的上方，形状像翼

尾巴可以使它的头向前伸，可以捕获挣扎的猎物

前腿细且短，后腿粗壮有力，这种结构利于奔跑

上下颌长着像剔肉刀一样的牙齿

牛龙的身长足足有两辆汽车那样长

白垩纪猎豹

牛龙的体重在 2000 千克以上，臀高达 3 米，似乎并不灵活；但牛龙脑袋高、小腿细长，尾巴细且短，这是非常适合奔跑的体形。据科学家的描述，牛龙是奔跑健将，奔跑速度极快，可达 17 米／秒，甚至有"白垩纪猎豹"之称。

头部尖角

与其他兽脚类的头部形态相比，牛龙也生有骨质冠饰，只不过它的两个角长在额头上，这与现代的牛角位置相似。有科学家推测，牛龙的头部具有极强的抗冲击性，这使得它在高速追捕猎物时，不惧猎物的冲击；但也有科学家认为，牛龙的角只能适应水平方向的撞击，而其"用武之地"仅限于种族内部的打斗行为中。

咬合力强

　　牛龙的头部小而短宽，颌部布满了很多小锯齿状的牙齿；多且锋利的牙齿是牛龙撕咬猎物的有力武器。这种牙齿甚至能将坚硬的骨头咬碎。牛龙的口鼻部很短，因此它具有极快的咬合速度，也能使出更大的咬合力。为了保护自己的骨骼，牛龙进化出联结上下颌的颌部关节，这可以减轻咬合时的力量对自身骨骼的冲击。

口鼻部很短，因此具有极快的咬合速度

头部小而短宽，颌部布满了很多小锯齿状的牙齿

牛龙头部化石

平衡器官

　　牛龙的尾巴矫健且有韧性，在高速奔跑或是捕猎过程中，这条尾巴是极好的"平衡器官"。甚至可以说，若是没有这条重要的尾巴，牛龙绝不会有如此强大的战斗力。而它超强的战斗力则决定了它的生存能力。

牛龙的头骨十分坚硬，颈部包裹着强壮有力的肌肉，荐椎数量多，可承受巨大的冲击，股骨也十分有力，这一切都是它们奔跑时的优势所在

以大型恐龙为食

　　牛龙有着与暴龙类似的短小的前爪，这是它捕猎时的抓捕工具。因为食量很大，牛龙的捕猎对象都是一些大型的恐龙，比如雷龙、剑龙等肥硕的恐龙。在抓捕猎物时，牛龙反应迅速，在高速奔跑中急速扑向猎物，往往趁猎物来不及反抗时便咬断对方的脖子。

如果给恐龙测智商，得数会是多少？

过去，人们对恐龙存在一些误解，认为恐龙是毫无智商可言的蠢物。但近年来，科学家已经掌握了一套为恐龙测量智商的办法，也为人们提供了一份可靠的恐龙智商报告。结果表明，恐龙一点也不傻，是当时地球上最为聪明的、活跃的动物家族。

经过测算，科学家得出一个结论，恐龙大脑的增长速度约为身体增长速度的 2/3，这意味着，恐龙大脑的大小随身体大小的 2/3 次方而变动。因而，体形大的动物与体形小的动物相比，只要有相对较小的大脑就可以拥有与体形小的动物同样的智商。

而对恐龙智商的最为直观的表现形式就是测算它的"脑量商"，具体方法为：先根据恐龙骨架的大小计算出它的体重，再根据脑量大小随身体大小的 2/3 次方变动的规律，得出脑量的数值，然后再计算出恐龙的"脑量商"。

显然，脑量商的数值越大，恐龙就越聪明。其具体结果为，蜥脚类恐龙的脑量商为 0.2~0.35，甲龙为 0.52，剑龙为 0.56，而角龙则在 0.7~0.9。通常，肉食性恐龙的脑量商要优于植食性恐龙，而小型肉食性恐龙的智商又高于大型肉食性恐龙，比如恐爪龙的脑量商已超过 5，甚至达到 5.6，这要比某些人还高。

为了方便比较，我们可以选取几个现生动物智商为例：人的脑量商均数为 6.5，（低者可低于 5，而高者如爱因斯坦可超过 10），羚羊的数值为 0.68，与人类智商最接近的宽吻海豚的脑量商数可达 5 左右。

强盗的下场

黄昏时分，夕阳的余晖洒在大地上，一切都陷入静谧之中。只有那只正喘着粗气休息的牛龙，似乎还在提示我们，刚才的决斗是如何险恶。

瞧吧！牛龙的旁边卧着一只奄奄一息的大型禽龙呢。看来这就是牛龙的晚餐了。不过这只牛龙准备待会儿再享用它的美味——毕竟它也费了不少劲呢。

不远处，一只重爪龙正在闲逛。忽然，它闻到了血腥味和鲜肉的味道。它急忙循着味走了过来。"哇！真是一顿大餐啊！"看着倒在地上的禽龙，重爪龙暗暗感叹道，还有点垂涎三尺。不过，它也注意到了蹲在旁边的牛龙，它当然明白——这是牛龙的猎物。可它被这鲜美的禽龙肉馋得直流口水，它可不想白白走开——"要是能分上一点肉该多好啊！"重爪龙心里念叨着。这么想着，它竟不自觉地绕着禽龙转起了圈。

牛龙当然看到了重爪龙，也明白它的意思，但这近在嘴边的猎物岂能让别人坐享其成。它警惕地站了起来，目光凶狠地盯着重爪龙，似乎在警告它："你最好离我这远一点！"

重爪龙也不甘心，便要起了无赖着牛龙大声嘶吼，仿佛要将它吓跑。一套。重爪龙只好先下手为强——头，向着牛龙顶撞过来。牛龙体格闪身便躲过了，还反口咬住了重爪死了，它没想到牛龙的牙齿居然被它咬碎了一般。随后，牛龙一个远。

的手段，向可牛龙根本不吃这主动发起攻击，它低着大，但却十分灵活，一个龙的后背。"啊！"重爪龙疼么坚硬，自己的骨头好像都要甩头又将重爪龙重重地投出了好

重爪龙被摔得疼死了，缓了好半天才站起来。它不敢再小瞧牛龙了，只想转身逃走。可没走几步，它就感到后背袭来一阵狂风，紧接着，自己的屁股就挨了重重的一击——牛龙狂奔过来，用自己的头顶住了重爪龙的屁股。这下，重爪龙软软地瘫倒在地上，再也起不来了。

重爪龙一点便宜没占到，反而给牛龙的大餐又增加了一道"美味"！

恐爪龙

恐爪龙属于驰龙科,活跃于白垩纪时代。恐爪龙体形小巧,身长约为 3.4 米,臀高不足 1 米,体重可达 73 千克。恐爪龙的名称含义为"恐怖的爪子",这是因为它后肢的第二趾上长着如镰刀一般锋利的趾爪。

恐爪龙是一种肉食性恐龙

高速奔跑或突然转向时,凭借尾椎及人字骨来维持平衡

颌部强壮

恐爪龙上颌部似拱形,口鼻部较狭窄,颧骨很宽。恐爪龙的颅骨及下颌都有孔洞,帮助其减轻头部重量;另外,恐爪龙有一对非常大的眶前孔,根据它的大小和位置推断,恐爪龙的眼睛主要是看向两侧的。恐爪龙的颌部十分坚硬,上面大约长着 60 根弯曲又锋利的牙齿。

手掌宽大,长有三根手指,且中间的手指最长

奔跑的恐爪龙

恐怖的趾爪

恐爪龙后肢的第二趾上进化出长达 13 厘米的锋利趾爪,好像在趾头上装了一把镰刀一般可怕。这是恐爪龙捕猎的"利刃"。

尾巴像棍棒一样坚硬

恐爪龙围攻猎物

栖息地

科学家根据对恐爪龙化石出土地的地质考察得知,白垩纪时期的美国蒙大拿州地带属于泛滥平原或是沼泽的地质环境,这说明恐爪龙对此种环境更具适应性。而在同一地质环境中,还生存着星牙龙、伤龙以及孔牙龙等若干种类的恐龙。

单腿站立的恐爪龙

"团伙"猎食

捕猎的恐爪龙

恐爪龙虽然体形不大，但却是十足的肉食者。为了弥补体形上的不足，它们习惯于拉帮结伙地团体出动，若干只恐爪龙一起扑向猎物——通常是腱龙。而在捕猎时，恐爪龙的前肢负责抓取，而后肢的锋利趾爪则负责将猎物"大卸八块"。这种恐怖的猎食方式让很多小型恐龙对其"唯恐避之不及"。

温血的恐龙

毋庸置疑，恐龙与远古爬行动物有着极深的亲缘关系，而爬行动物都是冷血动物，那么恐龙也是冷血动物吗？据科学家对恐爪龙的研究发现，答案似乎并不是那么肯定的。

因为，在美国科学家奥斯特伦姆的报告中，他提出了恐龙可能是温血动物的新观点。

四肢和尾巴覆盖着羽毛

恐爪龙捕杀猎物时，一只脚着地，另一只脚举起镰刀般的爪子，加上前肢利爪的配合，很容易将猎物开膛破肚，一下子置于死地

后肢第二趾上有非常大、呈镰刀状的趾爪，在行走时第二趾可能会缩起

同类相食

凶残的恐爪龙

恐爪龙是凶残的肉食者，家族中有着弱肉强食的潜规则，甚至在分享猎物时，也要由身强力壮者优先食用猎物；若有分赃不均的感觉出现时，它们也会发生争抢和打斗；若是有弱小的同类被其他恐龙所伤害，它们甚至还会一拥而上，将自己的同类大口吞下。

如果恐爪龙和霸王龙对决，谁会输？

奇思妙想

霸王龙体形巨大，具有超强的攻击力，也是当之无愧的恐龙霸王；在霸王龙面前，恐爪龙是不值一提的"小不点"——身长仅有 4 米，站起来不足 1 米高；远远看去，活像一匹矮种马。从体重上来比较的话，霸王龙可达 7 吨，而恐爪龙的体重仅有 73 千克，二者实在无法相提并论。

然而，恐爪龙这个"小不点"有着超强的生存智慧，它们不但不惧怕霸王龙，反而常常拉帮结伙地捕猎蠢笨的霸王龙。

行动迅捷、身手矫健、弹跳力强、牙尖爪利，是恐爪龙制胜的条件。它们常常隐藏于丛林之中，伺机而动。当步履沉重的霸王龙出现时，恐爪龙会瞅准时机，一拥而上。它们基本不会出动牙齿和前爪，只用镰刀似的后腿大爪直接进攻。恐爪龙身上有两只大爪，分别长在两只后脚的内侧。当它们在行进过程中，它们会有意将其离开地面保护起来。当它们使出这个秘密武器时，总是单腿站立，或是腾空跃起，以最大限度地发挥其杀伤力。

除了挥舞大爪，还要保持动作的敏捷。在围攻霸王龙时，恐爪龙讲究的是"稳、准、狠"，刺戳、放血都快速至极，根本不给霸王龙反击的时间——只有乖乖认输的份儿。由此可见，恐爪龙才是白垩纪时代最凶狠残暴的恐龙。

喋血黄昏

又到了"大个子"腱龙家族迁徙的日子了，它们像从前那样把整个家族分成三个队伍：为首的队伍包括腱龙家族的首领以及最强壮的腱龙，它们是家族中的向导；中间的队伍是一些成年的腱龙以及刚刚步入成年的腱龙；走在最后面，速度也最慢的则是家族中的"老弱病残"，它们只能以自己的速度缓慢行进着。

腱龙家族井然有序，沉默地行进着。然而它们的一举一动早已处于掠食者严密的监控中。这个可怕的掠食者并不是一个，而是一群，它们是由10来只恐爪龙组成的这一带臭名昭著的"猎食团伙"。它们体形不大，但凭借着尖牙利爪以及灵活的反应称霸一方。最可怕的是，它们有勇有谋，常常暗中观察猎物，等待时机，然后拉帮结伙地打"伏击"战。

这次，它们盯上了腱龙家族最后面的小队伍。它们知道那是几只不堪一击的家伙。天色渐渐暗了，前面的队伍也渐渐走远了。时机成熟了，因为黄昏光线暗淡，腱龙的视力不如白天；而恐爪龙却有着敏锐的夜视能力。所以，它们一直在等待着。

很快，太阳落山了，为首的恐爪龙发出了一个冲锋的手势，猎食团伙出动了。

它们就像一匹匹饿狼般冲进了腱龙队伍。那些呆头呆脑的腱龙被吓蒙了，情急中，只得四下逃窜。这时候，一只腿脚慢的年老腱龙落单了。它不幸地陷入了十几只恐爪龙的包围圈中。

恐爪龙像训练有素的猎鹰一般，从四面八方冲了上来：几只灵巧胆大的恐爪龙一跃而上，跳到了腱龙的背上，它们用前爪紧紧抓住腱龙的皮肤，又用后肢镰刀一般的指爪割划腱龙的皮肤。很快，腱龙的皮肤开始流血了。为了自保，腱龙只能不断地跳跃，企图将那些恐爪龙甩下去；同时，为了阻挡恐爪龙新一轮的进攻，它使劲地挥舞着粗壮的大尾巴，击打那些小"恶棍"。

天越来越黑了，搏斗还在继续着，腱龙退守到一块岩石下，以摆脱自己四面受敌的劣势。它拼命地用自己的身体和尾巴撞击那些小不点，想凭体重的优势压碎它们。但几只狡猾的恐爪龙竟然从岩石后面爬上去，避开了腱龙的视线。它们瞅准机会，猛地扑到腱龙的脖颈处，张大口咬断了腱龙脖子处的血管……

腱龙倒下了，斗争也停止了。而最美味的内脏自然被"猎食团伙"的老大所独享。大自然弱肉强食的法则就是如此残酷。

棘 龙

棘龙的名称含义为"有棘的蜥蜴"，属于兽脚类肉食性恐龙中最大的一个种类之一。棘龙体形庞大，体长12~21米，脊背上的"帆板"高约1.65米，臀高可达2.7~4.8米，重达4~26吨。棘龙的主要活跃地带为北非。

棘龙是恐龙王国的霸主之一，它是目前已知的最大型肉食性恐龙

棘龙的帆状物是由非常高大的神经棘所构成

脑袋比较大

一口锋利的牙齿

前臂比后腿要小一些

外形特征

棘龙的身长与暴龙相仿，但体重更重一些。棘龙有着长而扁的头颅骨，口鼻部是弯曲的。背部高耸着一块像"帆板"一样的骨质凸起。从这个相对脆弱的"帆板"判断的话，棘龙在与大型恐龙打斗时是没有优势的，因为"帆板"可能会被撞断。

颀长的头颅骨

棘龙的头颅骨外形颀长，可以称得上是肉食性恐龙中的"长脸怪龙"，其头颅骨可达1.75米。棘龙的口鼻部长满了圆锥状的牙齿，并且牙齿的外缘比较光滑。棘龙眼睛的前方有一个小型的凸起物。

棘龙的骨骼化石

背部"帆板"

棘龙背上长有高耸的扁状"帆板"，这是由脊椎骨脊突延长而成的，长度在2米左右。这些长棘之间由皮肤连结包裹着，高低不平的脊突形成了一个帆状物。对于这块"帆板"的功能，科学家们提出了若干种假设，如调节体温或是性别展示，甚至是威慑敌人。

四足行走

过去，人们曾以为棘龙是二足行走的动物，但根据最新的科研成果显示，棘龙是有可能以四足行走的。这是因为棘龙的近亲重爪龙便是拥有四足行走能力的。而棘龙则至少具备使用四足姿态蹲伏的条件。

凶猛的棘龙

棘龙还是捕鱼高手，它的前肢和爪子可以帮助自己捕猎

捕食的棘龙

棘龙化石骨架

擅长捕鱼

棘龙颀长的口腔中长有刀子一般锋利的牙齿，这使它们能够很容易地将猎物的脖子咬断。在两只健壮有力的前肢和锐利指爪的协助下，它们的捕猎能力会得到极致的发挥。因为具有半水生的习性，棘龙还是捕鱼的高手呢！

栖息环境

棘龙化石出土地遍布现在的北非地带，如白垩纪时期埃及地区的海岸与滩涂等地质环境中。而同样的生态环境中，还生存着其他种类的大型掠食者，如鲨齿龙、潮汐龙、埃及龙及腔鳄等动物。科学家认为，棘龙属于半水生动物，更喜欢水中环境。此种习惯也有助于避免与大型掠食者发生争夺猎物的矛盾。

如果棘龙"中暑"了怎么办？

奇思妙想

恐龙是地球上有史以来体形最为庞大的物种，这是它们生存的优势，但过于庞大的体形以及天文数字般的体重也会给它们带来一些不便，至少它们不会是行动敏捷的"疾行者"；因为它们运动得越多越快，体能的消耗就会越大，而对食物的需求也会越多；不断地寻找食物也是一个消耗体能的过程：如果跑得太多太快，体内所聚集的热量也会更多，甚至可以达到烧毁内脏的程度，就像人类的"中暑"一样。这个时候，它们就必须停下来歇歇脚，散散体热。因此，当感到体内过热时，那些大型恐龙便会采用快慢交替的方式运动，这样它们的体内就好像装着一个"变速器"似的，随时调节一下运动的速度。但这种方式未必能够持久，因此，恐龙又会进化出一些更为先进的办法，比如棘龙的"帆板"就是它们避暑的最佳工具。

棘龙的"帆板"就是冒出体外的背脊骨，在皮肤的包裹下形成的。当棘龙感觉体温过高时，它们就会将帆板侧对着太阳，散去体内多余的热量，保持体内的温度平衡。

不仅如此，"帆板"还有吸收热量的作用：天冷时，棘龙便将"帆板"面向阳光，以吸收热量，提高身体的温度。

自大的角鲨

天气晴朗，暖风轻拂过水面，一只刚刚饱餐过的棘龙正靠着一块大礁石休息。它微微眯着眼睛，目光懒散，似睡非睡。

它心里暗暗地琢磨着：后背上的"帆板"真碍事儿，不然我一定能结结实实地靠在大礁石上睡一觉——至少要睡到太阳落山——躲过正午灼热的阳光也好呀。

就在棘龙即将陷入沉睡的时候，背后的水面竟传来一阵动荡，还伴随着"哗啦、哗啦"的声响……但棘龙真的困了，它想当然地认为是那些上了岁数的老海龟要上岸了——它才懒得理那些"慢性子"呢！

可这声音竟然越来越大，水波也越来越大了。睡不成了，棘龙决心回头看看，水里到底发生了什么。

棘龙昂起头，那嘴巴自然也朝上撅了起来。原来是两只角鲨（没想到角鲨竟是如此古老的生物吧！）——看它们无所畏惧的样子，一定是为了追逐猎物而来。棘龙眯缝着眼睛看那两只长长的角鲨，只见那俩家伙炫耀似的挺直了自己坚硬的背鳍一路向前，张大着嘴巴，露出锯子一般锋利的獠牙。它们的嘴巴伸向哪里，哪里的鱼类就像被施了魔法一样，乖乖地游进它们的口中。很快，这两只角鲨吃饱了。它们不再快速地摆动尾鳍，而是慢慢地游弋停靠在浅滩上。

它们美滋滋地四下张望着，仿佛想看看有没有谁目睹它们的英勇事迹。其中一只角鲨忽然注意到棘龙了，因为棘龙那张大长嘴实在过于突出了。它小心翼翼地观察了一会儿，便哈哈大笑起来，它对着同伴大声喊道："快看礁石后面，那有个丑八怪，哈哈哈！"另一只角鲨急忙抬头看，"哈哈哈，你看它的皮肤好脏呀，麻麻的；还有那背上长的什么东西，一点不像我们这么光滑，上面都是什么呀，真是丑死了。"

这两个无知自大的角鲨，仗着自己有同伴，竟丝毫不把礁石后面的棘龙放在眼里。它们只见到了棘龙的脑袋和蹲伏着的身躯，便不知天高地厚起来，它们不停地吹嘘自己的本领，还说自己的背鳍那么坚硬，谁都不敢将它们吞下，就算吞下了，也得被扎上，还得吐出来。但它们全然没有注意到，站起来的棘龙是多么的庞大。

过了一会儿，棘龙实在被这俩家伙吵得不行，站起来，一脚踩死了一个，又用前肢将它们一个一个地抓起来吞进了腹中。真是不作死不会死啊！

鲨齿龙

鲨齿龙的名称含义为"像噬人鲨的蜥蜴",从这个解释,我们便能推测出,鲨齿龙是一种凶猛残暴的肉食性恐龙。鲨齿龙有着健硕的体形,它是目前发现的最大的食肉恐龙之一,同时也是最大的兽脚亚目恐龙之一。

正在行走的鲨齿龙

头颅骨较长

鲨齿龙属于凶猛的肉食性恐龙,有着像鳄鱼一样的大嘴,上下颌上的牙齿如锯齿一般排列着,有的牙齿长度可达 26 厘米;古生物学家曾经认为鲨齿龙拥有兽脚亚目恐龙中最长的头颅骨,但这种推断随后又被推翻;也有人认为撒哈拉鲨齿龙的头颅骨的长度约为 1.6 米。

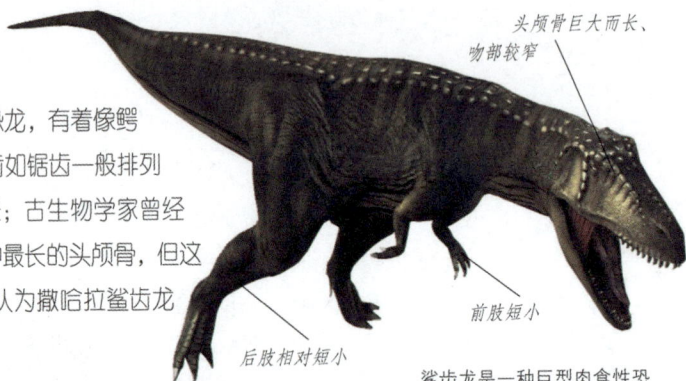

头颅骨巨大而长、吻部较窄

前肢短小

后肢相对短小

鲨齿龙是一种巨型肉食性恐龙,长相凶残、性格残暴

体形特征

鲨齿龙长到成年时,体长最长可达到 14.6 米,体重为 6~12 吨。这种体形超过了同时代的很多恐龙。在外形上,鲨齿龙比较突出的特点是长着类似鲨鱼的极其锋利的牙齿、如牛眼般巨大的眶前孔、躯干瘦。

呈香蕉形的脑袋

像鸟喙一样的大嘴

牙齿像现在的鲨鱼一样,牙齿较薄并呈三角形

大脑不发达

鲨齿龙有很大的脑袋,头骨也比一般的恐龙大很多;但与同等重量级别的霸王龙相比,鲨齿龙的大脑不足霸王龙大脑的一半大小。另外,鲨齿龙科的撒哈拉鲨齿龙的颅腔及内耳构造与鳄鱼十分相像。大脑与脑部比例与爬行动物相似。

野蛮捕猎

　　鲨齿龙性格残暴，喜食肉类。每当猎物出现时，它们便会毫不犹豫地发动进攻，利用自己庞大的身躯优势，以粗壮有力的后肢发力，猛然撞向猎物；与此同时，它挥舞着灵活的前肢抓取猎物，再张开自己的大嘴巴，用力撕咬；很快，猎物便会被蚕食一空。

鲨齿龙正在捕猎

头骨虽然大，但它的大脑只有霸王龙的大脑一半那么大

世界第四重

　　从体长上来比较的话，鲨齿龙要比南方巨兽龙和棘龙逊色一些，只能算是世界第三长的肉食性恐龙，但要比马普龙和霸王龙长很多。从体重上比较的话，鲨齿龙则要排在第4名的位置，棘龙、最大的南方巨兽龙以及最大的霸王龙分别占据了兽脚类恐龙体重的前三甲位置。

伺机而动的鲨齿龙

鲨齿龙头骨化石

珍贵的化石

　　20世纪30年代初，古生物学家曾发现了一些十分珍贵的鲨齿龙牙齿化石，但不幸的是，在第二次世界大战期间，纳粹空军肆意发动空袭，这些化石没能幸免于难。直到半个世纪后，美国科学家才在撒哈拉大沙漠中偶然发掘出鲨齿龙头骨化石，可谓十分珍贵。

如果得到恐龙基因，恐龙能复活吗？

20世纪末，我国科学家曾成功获得了恐龙基因片段，这个消息引起了人们极大的关注，人们纷纷推测，恐龙这种神秘的动物可能就要复活了！

然而，要让恐龙"再生"并非那么容易。任何一种生物的基因数都是成千上万的，我们要想复活恐龙，至少要明白它的基因组成规律。而我们对于人类自身的基因密码尚未完全破译，要去推测已经灭绝数千万年的远古生物的基因更是难上加难了。

即便我们真的掌握了恐龙的全部基因，"再造"恐龙也绝非易事。因为基因要想转变为每一个具体的器官，如鼻子、眼睛等，还要具备极为复杂的发育条件。而这个过程还未被人类所掌握，所以，恐龙复活不过是一个美好的科学幻想而已。

但即便是这样，对于恐龙基因片段的研究依然有十分积极的意义。

在科学技术并不发达的过去，人们对于古生物的研究主要限于形态方面，比如通过骨骼化石来推断生物生前的体形、大小。但引入了基因的概念后，科学家便能从生命起源的角度探究古生物。例如，当我们获得了恐龙皮肤的基因，便能知道恐龙的肤色；通过恐龙大脑的基因，我们可以测算出恐龙大脑的形状。这有利于我们探究恐龙这种生物的起源与进化的奥秘，甚至，我们能发现恐龙灭绝的端倪。

牛龙之死

残暴的鲨齿龙在林子里有着牢不可破的霸主地位。但有两只牛龙很不服气，它们觉得自己同样有力气，体格也强壮，怎么能臣服于那个丑陋的笨家伙呢？于是，它们决心向鲨齿龙发起挑战。但它们约定要一个一个地单挑，因为它们也有自己的私心——谁赢了，谁就是这一片的新霸主了，毕竟，一山不容二虎啊！

当它们来到鲨齿龙面前时，凶恶的鲨齿龙正自顾自地大口地吃着自己的早餐——根本没正眼瞧牛龙。鲨齿龙明白自己的地位，它连棘龙都不放在眼里，还会怕这两个家伙？

牛龙感觉到自己被无视了，气得大吼起来。鲨齿龙嚼完了最后一口肉，抬起头来，以更大的声音吼了一声。它发怒了——"你们两个居然敢打扰我吃早餐。说吧，你们是来干什么的？"鲨齿龙气鼓鼓地问道。

牛龙也不退缩，大声回应说："你老了，我们要当这林子的霸主。"鲨齿龙听了这话，冷笑着说："那你们就来吧，只要能把我打败，霸主的位子就是你们的了！"

它本以为两只牛龙会一起进攻，没想到它们居然只有一个先冲了上来。那牛龙爆发出巨大的力量，冲着鲨齿龙的脖子咬来。鲨齿毫不畏惧地用头抵挡牛龙的进攻。两只撞在一起了，只见鲨齿龙脖子一仰，竟接着它张开大口，露出了锋利的獠牙，咬去。

鲨齿龙和牛龙的交锋，使大地都被惊动了，连一只棘龙也被吓了一跳，在树后观看。

几个回合下来，那只牛龙便力不从心了，节节败退，鲨齿龙瞅准了时间用头奋力朝牛龙顶去，鲜血从牛龙身体里喷涌而出，接着牛龙轰然倒地而亡。打红了眼的鲨齿龙越战越勇，它咆哮着向另一只牛龙狂奔而去。剩下的牛龙感到了逼近的死亡气息，想转身逃走。但已没有退路，它只好硬着头皮迎战鲨齿龙，然而，鲨齿龙速度太快了，它竟然一头撞飞了那只不知好歹的牛龙。牛龙落在地上时，身体发出"咔嚓咔嚓"的声音——看来它的肋骨已经断了不少，内脏应该也被震得脱落了。倒地的牛龙挣扎了几下，便咽了气。

龙厚重的恐龙头把牛龙推到了一边，向牛龙最薄弱的脖子处发生了摇晃，附近的恐龙都它连水都不喝了，静静地躲

这一场搏斗被棘龙看在眼里，它摇着头叹着气说道："真是两只愚蠢的牛龙。要是它们齐心协力的话，或许还有获胜的机会呢！"

经过这场搏斗，鲨齿龙的林中霸主地位更稳固了。

南方巨兽龙

白垩纪末期，那时候，地球的环境经历了翻天覆地的变化，一切都是欣欣向荣的气派，植物更加茂盛，与如今的环境更为接近了。南方巨兽龙便是在这种环境中生存的一种体形巨大的肉食性恐龙。

南方巨兽龙捕猎

南美洲王者

南方巨兽龙活跃在白垩纪时期的南美洲阿根廷地区，体长可达 16.3 米，体重最大可达 14.2 吨。它是南美洲最大的肉食性恐龙，体形超过最大的霸王龙、鲨齿龙等。南方巨兽龙拥有超强的咬合力和极快的撕咬速度，牙齿锋利，无坚不摧；在咬合力上，它仅次于霸王龙，是恐龙王国的亚军。

牙齿比较薄，如锐利的餐刀一样，适合切割

前肢短小且灵活，前掌上生有三根锋利的指爪

后肢强壮有力

南方巨兽龙是侏罗纪最著名的掠食恐龙异特龙的后裔

进化的赢家

南方巨兽龙曾是地球上的掠食强者，然而它们的猎物也不是平庸之辈，那是一种最庞大的植食性恐龙。为了捕捉到更强大的猎物，南方巨兽龙必须让自己变得更为强大。它们进化出坚硬的骨骼和极富韧性的肌肉群以使自己变得更为强大，长长的尾巴是它们高速奔跑时的"平衡舵"。一旦抓住猎物，它们便会毫不犹豫地快速撕咬，以便速战速决。

南方巨兽龙骨骼

外部特征

南方巨兽龙与鲨齿龙存在亲缘关系。作为肉食性恐龙中的体重王者，南方巨兽龙有着厚重的头部。南方巨兽龙习惯以后肢行走，同时，依靠长长的尾巴保持平衡。

陆地动物里咬合力仅次于霸王龙，是咬力第二大的陆地动物

超强的咬合力

南方巨兽龙的牙齿虽然薄，但却十分锋利，非常适合切割肉类。据古生物学家的考察推断，当植食性恐龙遭遇南方巨兽龙的攻击时，只要稍不留神，就会被它咬中；当它的血盆大口合上时，猎物便会顷刻毙命。

南方巨兽龙的头骨

聪明的大"块头"

过去，古生物学家一致认为体形巨大的暴龙是很笨的恐龙，因此，与暴龙处于同一个重量级的南方巨兽龙自然也不会很聪明。但最新的证据表明，南方巨兽龙并不笨，它们的头脑中甚至进化出了群居的先进理念。它们还懂得互相切磋以提升捕猎的技能和效率。

南方巨兽龙

奇思妙想

在恐龙家族中有一种叫作似鸵龙的恐龙，它们被称为"鸵鸟的模仿者"。这种活跃于白垩纪晚期北美大陆的恐龙有着与现代鸵鸟类似的奔跑速度，时速为 50~80 千米。更令人惊奇的是，它们可以维持这个速度奔跑半小时以上，因此，即使是与短跑能手美颌龙比赛，似鸵龙也能凭借良好的耐力获胜，这绝对是恐龙家族中的"长跑冠军"。

根据化石推断，它们的体长约为 4.3 米，高约 3 米，体重可达 150 千克；头部较大，嘴部发育为角质喙状；颅骨结构轻巧且有大型孔洞；眼眶很大，说明它们生有一双大眼，且视力良好；颈部长而灵活，这种外形使它们具有极高的灵活性、敏锐的感知力和反应速度。

似鸵龙的前肢很长，爪子锋利；后肢骨骼轻盈强健，并且小腿骨比股骨长。身后拖着一条粗长的尾巴，很不灵活，但这是它们高速奔跑时天然的平衡器官。脚掌狭窄，具有极强的抓地能力，不易滑倒。

综上所述，良好的视野、轻巧的身躯，极强的平衡能力、利于奔跑的下肢构造，这一切都是一名"长跑健将"所应具备的素质。

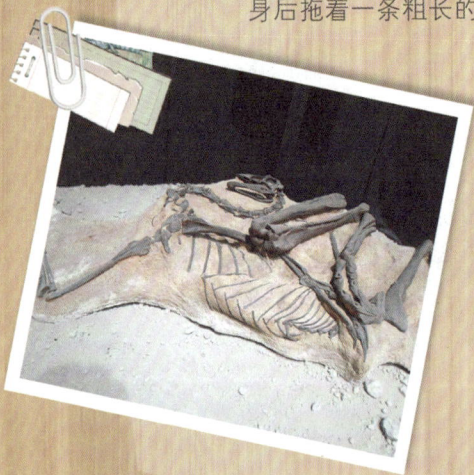

掠食王者出击

落日的余晖洒在湖面上，湖面上泛起道道金光；鱼儿们竞相跃出水面，想要呼吸一下新鲜的空气。

不过，湖边早就有一只重爪龙守候着了。它手掌上伸出的钩子好像是专门为捕鱼而生的——这不，才一会儿的工夫，它的手上就已经攥着两条大鱼了。重爪龙的心情好极了，它后退几步，准备蹲下来静静地享用自己的"晚餐"。

晚餐还没开始，重爪龙就听到后面传来了一阵地动山摇的晃动声，它回头一看，原来是一只体形十分庞大的南方巨兽龙正向它走来。看那副大摇大摆的样子，就知道南方巨兽龙在这一带的地位了——"看来，它是要抢我的鱼啊！"重爪龙小声嘀咕着。

"个子大就了不起吗？我今天就要挑战你！"重爪龙也不知哪来的勇气，竟然一跃而起，气鼓鼓地甩掉两条大鱼，摆出了一副战斗的姿态。

南方巨兽龙也没有料到眼前这个家伙站起来居然有这么高，但它向来称王称霸惯了，还没吃过败仗呢！南方巨兽龙决心跟重爪龙斗一斗。

距离近了，南方巨兽龙张着大口嚎叫着向重爪龙咬去；重爪龙却也不后退，只是稍一躲闪，同时伸出了自己锋利的大爪子。"啪"的一声，那爪子便抽到了南方巨兽龙的脸上。南方巨兽龙被打了一个趔趄，差点摔倒，脸上鲜血直流。

这下，南方巨兽龙见识到重爪龙的实力了，它不敢轻敌。南方巨兽龙站起来，又后退几步，然后一路低头猛地顶住重爪龙的肚子，这一下，重爪龙被顶出好远——直到重爪龙的后背被顶到了一棵大树上，实在不能前进了，南方巨兽龙才停下。

可重爪龙依然不服输，它张牙舞爪地反抗着，但是根本伤不到眼前的大家伙了。南方巨兽龙歇了一下，不知是打够了，还是发怒了，一口咬断了重爪龙的脖子。

这下，重爪龙不再反抗了。它成了南方巨兽龙的晚餐，而那两条鱼，则变成了饭前的小菜，被南方巨兽龙一口吞掉了。

霸王龙

霸王龙生存于白垩纪末期的北美洲，它是最晚出现的恐龙之一，但却是最著名的食肉恐龙。体形粗壮，为肉食性动物之最，具有超强的咬合能力。霸王龙体长为 11.5~14.6 米，体重最重可达 8 吨，高可达 6 米。

尾巴可以帮助身体保持平衡

下颌强壮有力，口中布满长达 30 厘米的獠牙，露出部分则有 15 厘米

前肢短小，没什么杀伤力

生活环境

霸王龙活跃的时代，已是开花植物所主宰的时代，并且现代的各科植物早已陆续出现。从现今出土的叶片化石来看，其中 90% 属于阔叶植物。因此，霸王龙的生活环境并没有想象中那般奇特多姿。

后肢粗壮有力，脚掌生有锋利趾爪

残暴的蜥蜴之王

霸王龙有着"残暴的蜥蜴之王"的称号，体格健硕，光是头骨便可达 1.5 米长；霸王龙牙齿边缘呈锯齿状，便于撕咬动物。

雌强雄弱

通过对出土的霸王龙化石的观察，科学家发现，霸王龙体格分为健壮型和纤细型两种形态。经过大量的考察，科学家总结出一个重要规律，这是性别差异所导致的。健壮型属于雌性霸王龙，纤细型则为雄性霸王龙。由此可见，在霸王龙家族中，存在着雌强雄弱的性别规律。

咬合力超强

　　霸王龙的头颅骨轮廓决定了其上颌宽下颌窄的外形特点，这会导致它在咬合时不能使出上下相等的力量，因而具备了咬断骨骼的能力。另外，霸王龙的圆锥状牙齿使其更易压碎骨头。这暗示着，霸王龙有着与众不同的猎食方式。

头长而窄，两颊肌肉发达

奔跑健将

　　霸王龙善于奔跑，据古生物学家推算，霸王龙在年幼时便能达到 72 千米 / 时的速度；到了成年以后，它们更能跑出 18~39 千米 / 时的速度。这意味着，只要是被霸王龙盯上的猎物，基本就没有逃脱的可能了。

捕猎的霸王龙

霸王龙的骨骼化石

恐龙之王的"克星"

　　霸王龙虽然强大有力，是食物链顶端的王者，但它也有"克星"；更奇怪的是，它的克星竟然是不足 4 米的恐爪龙。这是因为，恐爪龙的爪子实在尖锐，连霸王龙也经不起它的抓挠撕扯。

如果时间充足，霸王龙如何享用三角龙？

奇思妙想

在食肉恐龙的世界中，存在着一个基本的规律：它们会选择那些体形不超过自己的猎物为食。但霸王龙的最大咬合力可达到12万牛顿左右。凭借着强大的咬合力，霸王龙向来是所向无敌的。

而霸王龙最喜欢的猎物便是体格巨大的三角龙。三角龙喜食枝叶，属植食性恐龙。当这两种恐龙遭遇时，一场恶战便在所难免。而结果自然在霸王龙的掌控之中。当三角龙战败倒地时，霸王龙的美餐之旅便开始了。这时候的霸王龙会立即放松下来，调整姿势，张开血盆大口紧紧咬住三角龙盔甲的边缘。接着，它会向后退步，用力拉扯三角龙的头部，以便拽下它的脸部肌肉；接着，霸王龙又使劲撕扯三角龙的头部，以享用最美味营养的颈部肌肉。而科学家也曾证实，霸王龙十分喜欢撕扯三角龙的面部肌肉。

当最具活力的面部和颈部肌肉被吞食一空后，霸王龙的指爪便会伸向三角龙的腹部，开膛破肚后，它会最先掏出鲜嫩的肝脏，这是富含铁元素的大块器官，既营养又美味。

这时，若是它仍然没有吃饱，它又会吞食三角龙的腹部肌肉，直到心满意足为止。

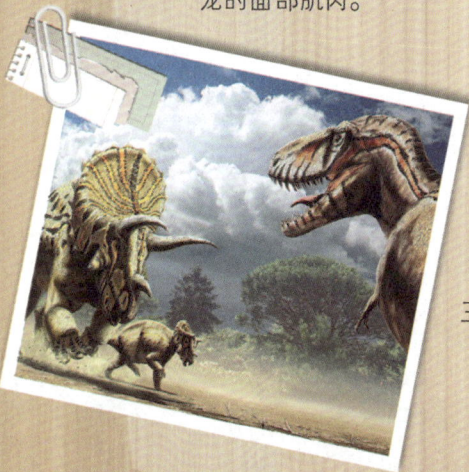

112

贪婪的矮暴龙

霸王龙和矮暴龙两家既是亲戚又是邻居，相处得很好。

一天，霸王龙妈妈要出门捕猎，只留两只未成年的小霸王龙在家等着。霸王龙妈妈担心有其他食肉恐龙来猎食自己的孩子，还特意来到矮暴龙家里打招呼，希望矮暴龙妈妈能够帮忙照看一下自己的孩子。

矮暴龙妈妈一口答应下来，让霸王龙妈妈放心地出门捕猎去。可霸王龙妈妈走了之后，矮暴龙妈妈竟动起了歪心思："既然霸王龙家里只剩两只未成年的小家伙，不如趁此机会杀掉它们，再夺取它们的领地。这样自己家的地盘不就更大了吗？"想到这，它便出门，向着霸王龙家走去。

没走多久，它就闻到了一股刺鼻的味道。它知道这是霸王龙妈妈留下的气味，用以警告其他恐龙的。但它却径直走到了霸王龙一家的地盘上。或许是它满心的杀气已经无法掩饰了，机灵的小霸王龙立即感受到矮暴龙"来者不善"。

兄弟俩立即警觉起来，它们有些恐惧，来回地走着，它们学着妈妈的样子，不断嘶吼着，向对方展示自己的獠牙，希望吓跑敌人。此时，它们多么希望妈妈能够听到自己的嘶吼声。可妈妈早已走远了。它们只能独自迎战了。

矮暴龙知道自己的计划败露了，虽然对手是未成年的孩子，但是它们的实力也不容小觑。矮暴龙决心利用自己体形以及耐力上的优势拖垮两个"晚辈"，它不停地绕着圈，做出随时要进攻的动作，两只小霸王龙不得不背靠背，四下绕圈地应付着。就这样绕了几圈，体力消耗了不少，矮暴龙决心发起进攻了。它猛地扑上去，两个小家伙只能仓促应战，可它们毕竟还小，经验不足，而且体力上还不是成年矮暴龙的对手，很快兄弟俩就相继负伤了。

但在搏斗的过程中，小霸王龙保护领地的心情更迫切了，它们拼命地抵抗着，直到听到妈妈的吼叫声。妈妈回来了！

霸王龙妈妈看到自己的孩子受伤了，毫不犹豫地扑向了矮暴龙。矮暴龙自然不是霸王龙妈妈的对手，只听一声脆响，它的脖子在霸王龙妈妈的利齿下生生断裂。两只小霸王龙看着矮暴龙的尸体，双眼发出了贪婪的光……

肿头龙

肿头龙生存于白垩纪晚期的北半球，各个主要大陆上都有分布；其外形上最大的特征是头顶肿大，好像生着一个巨瘤。肿头龙体长约为 5 米，重约 1.5 吨，属于二足恐龙，是鸟脚类恐龙的一种。它们最喜欢的生存环境是内陆平原和沙漠。

恐龙中的丑八怪——"肿头龙"

脑袋厚厚的，周围是成行成列的小瘤和小棘，很像肿瘤

颈部粗短，弯曲成 S 形或是 U 形

嘴呈尖角状，牙齿很小

前肢短小

后腿粗壮有力，主要用于行走

尾巴由肌腱固定，比较坚硬

头颅特征

根据现有的肿头龙头骨化石判断，肿头龙颅顶厚度可达 25 厘米，能很好地保护大脑。颅顶后方生有骨质瘤块，口鼻部生有向上的短骨质角——这是一种钝化的骨质凸起。肿头龙的头颅骨上有大型的、朝向前方的圆眼窝，这说明它们的视力很好。

推测体形

古生物学家尚未发现完整的肿头龙骨骼化石，因而对于其体形的判断仅从其他厚头龙下目恐龙推测而来。肿头龙身长约为 5 米，颈部短粗，前肢短小、后肢粗长，体形较为庞大，尾巴由骨化肌腱支撑，故而灵活性较差。

如果威吓无效，肿头龙会弯下头部，用铁头功撞击对手

肿头龙的骨骼化石

集群而居

肿头龙是一种胆子很小，又没有什么有力的抵御武器的恐龙，所以它们喜欢集群而居，过着群体性生活。它们的优势在于敏锐的嗅觉和视觉，每当有捕猎者出现时，它们会迅速逃离。

肿头龙的头部骨骼看上去像是戴了一顶高高的安全帽一样

肿头龙是颅顶最大的恐龙

厚度可达 25 厘米，是人类头盖骨厚度的 50 倍，可安全地保护其脑部

御敌方式

肿头龙的头骨很厚，而且部分孔洞是闭合的，形成了一个厚实的锤子，这似乎是它们唯一拿得出手的防御武器。当肉食动物紧追不舍时，它们也会掉头冲上去，以头骨顶撞捕猎者。

御敌的肿头龙

准备进攻的肿头龙

肿头龙的食谱

对于肿头龙的饮食喜好，科学家尚无定论。但从它们小而锐利的牙齿推断，它们不善于咀嚼坚韧的植物，所以，它们的食谱上可能包括的食物有：植物种子、果实，以及柔软的嫩叶，也许一些小昆虫也能成为它们的"盘中餐"。

如果肿头龙家族选头领，会怎样选？

奇思妙想

我们都知道，头盖骨是保护人类大脑的重要屏障，它的厚度大约有1厘米。但肿头龙的头盖骨的厚度竟然可以达到25厘米。然而它们的大脑似乎只有鸡蛋般大小，为什么需要这么厚的头盖骨来保护呢？

这是因为，它们的头盖骨不仅是保护大脑的屏障，更是保障它们生存的至关重要的铠甲。肿头龙是群居恐龙，在一个群体中，必然会有领头者支配它们的群体生活，保护家族的安危，又享有任意挑选雌性肿头龙繁殖交配的权利。所以，任何一个身强力壮的雄性肿头龙都希望自己能够担当这个举足轻重的角色。而当选头领的前提便是取得决斗的胜利。

肿头龙决斗的武器就是它们厚重的头盖骨。当决斗开始时，两只肿头龙会头对头站立，它们气势汹汹地嘶吼着，快速助跑以增加各自的力量，以自己的头盖骨撞击对方的头盖骨。它们一次又一次地向对方发起冲击，直到有一方败下阵来，获胜者自然成为团队的头领。

这种聚力相斗的方式在一代又一代的肿头龙群体中流传着，甚至也遗留到现今的动物种群中。比如，山羊群中就已然保留着此种方式来选出团队中的头领。

不自量力的肿头龙

荒漠上生存着一个古老而庞大的肿头龙家族，它们已经在这片荒漠上生存很久了。这个肿头龙家族的首领是一只上了年纪的肿头龙，大伙都十分尊敬它。因为它总能公平处事，还有本事，总能在危机时刻带领大伙躲避其他恐龙的侵袭，所以，它在族群中的威信一直很高。

不过，最近的形势似乎有些变化——肿头龙家族中冒出了一批年轻力壮的肿头龙，它们自恃身强体壮，竟然干起了拉帮结伙欺负同族的勾当。大伙都恨极了它们，便把它们的恶行报告给老头领。

可那帮家伙还真是嚣张——见了老头领，也不认错，还狂妄地挑衅说："你这个老家伙，早该把位置让给我们了！"大伙听了这话都气坏了，它们都希望老头领灭一灭它们的嚣张气焰。不过老头领却不慌不忙地说道："没错，头领的位置早晚要让给年轻一辈，但你们要选出一个代表，跟我比试；谁能胜过我，我马上让出头领的位置。你们谁敢来比试？"

听了这话，那几个挑事的肿头龙立马跃跃欲试。一番商量过后，它们派出了最为强壮有力的代表出来应战。

决斗就在一块空地上进行。那个年轻的肿头龙果然很强壮——连那头盖骨似乎也更为厚实。它从容地站到了年轻挑战者的对面。可老头领丝毫不惧怕，冷不丁发出一阵怒吼，吓了大伙一跳——看来，这是一场恶战。

年轻的肿头龙沉不住气，立即伸出自己的大脑门，向着老头领奔来。可无论它怎样用力，它总是撞不到老头领——老头领总有办法灵巧地躲过它的攻击。几次冲锋之后，年轻的肿头龙并没有占到便宜，开始泄气了，连冲锋都有气无力的了。

久经沙场的老头领觉得时机成熟了，便冷不丁发起了攻击，它对准挑战者的头骨，用力地撞上去，只是一下子，就将有气无力的挑战者撞倒了。年轻的挑战者被老头领的"稳、准、狠"的气势吓得连反击的勇气都没有了。

看到老头领获胜了，围观的恐龙发出了阵阵的欢呼声。老头领又回头看着那几个年轻的肿头龙，示意它们也可以来挑战，可那几个家伙都低着头，看也不敢看它。

这以后的好长一段时间，再也没有肿头龙敢挑战老头领的威严了。

117

戟 龙

戟龙是植食性恐龙

戟龙，是生存于白垩纪晚期的一种植食性恐龙；又名刺盾角龙，希腊名称意指"有尖刺的蜥蜴"，其得名原因为头上的数个尖角。戟龙的头盾延伸出 6 个长角，两颊上也长有小角，鼻部延伸出一个长达 60 厘米的尖角。

外形特征

戟龙体形较为庞大，身长约为 5.5 米，高约 1.8 米，体重可达 3 吨。戟龙身体笨重，四肢短小，尾巴也不长。戟龙有着喙状嘴；从平滑的颊齿判断，它们喜食草类。戟龙喜欢群居生活，也有与其他植食性恐龙共栖的习性，逐水草而居。

带刺的颈盾不仅可以遮挡保护自己，也减轻了头部的重量，使头部运动灵活

戟龙最主要的特征，就是颈盾边缘长着一圈剑一样的骨棘

头上尖角

戟龙的头颅巨大，鼻孔也十分粗大，鼻部高耸着一个尖角；头盾上长有 4~6 个尖角，尖角的数量因物种而有所不同。头盾上有 4 个跟鼻部等长的尖角，头盾下缘则分布着较短小的尖角。戟龙头盾上有大型窝窗，眼睛上方有稍稍凸起的眉角。

戟龙头上的尖角可以御敌

姿势假设

过去，人们对于戟龙四肢的姿势曾有过两种主要的假设，一种是，前肢直立于身体之下；另一种则认为，戟龙的前肢是往身体两侧伸展的；而最新的观点认为，戟龙可能采取蹲伏姿势行进。

戟龙的尾巴相当短

觅食方式

　　戟龙属于植食性恐龙，然而因为颈部短粗，它们的头部不能大幅度抬起，因而它们可能主要以低矮处的植被为食。但它们也可能利用头角或是身体的力量，将茂密的大树撞倒，以获取高处的食物。

戟龙在干旱时期聚集到水坑旁

悠闲的戟龙

牙齿更新

　　戟龙的牙齿排列成齿系，并具有随时更新换代的特性，具体方式为，当上方的牙齿老化时，下方自然生长出年轻的牙齿来取代掉了的老化牙齿。而这一过程将一直持续到它们死亡为止。

戟龙的骨骼化石

防御方式

　　戟龙性格温和，但也具有极强的防御和进攻能力。它那满是尖角的头盾既是吓跑敌人的"匕首"，又是进攻时的"长矛"。当有敌人出现时，即使是陆地王者霸王龙，戟龙也丝毫不会退缩。

群居的戟龙

如果没有恐龙，会有现代鸟类吗？

奇思妙想

关于鸟类起源于恐龙的假说，科学界已经流传了很久，也争论了很久，然而随着越来越多的化石的出土，人们也越来越信服一种观点：鸟类起源于恐龙。

事实上，最早提出鸟类起源于恐龙学说的科学家是赫胥黎，不过他的学说一经发表，就遭到了不少人的反对。但他的观点得到了后来的学者奥斯特姆的支持。1973 年，奥斯特姆发表了一系列文章，以令人信服的证据和分析论证了鸟类起源于兽脚类恐龙的观点。奥斯特姆通过观察发现，鸟类与虚骨龙类在身体骨骼上具有极高的相似性。后来，又有科学家从头骨特征上找到了支持兽脚类恐龙起源假说的新证据。这样，奥斯特姆的支持者日益增多。

到了 20 世纪 60 年代，古生物学界盛行的分支系统学分类学派的某些观点又再次印证了鸟类起源于兽脚类恐龙的假说。鸟类是恐龙的后裔也就得到了进一步的流传。

到 20 世纪 90 年代，中国出土了一只带毛的恐龙化石，这就是被命名为中华龙鸟的恐龙，它是第一件皮肤印迹上有羽毛状衍生物的兽脚类恐龙标本。古生物学家认为，这种羽毛状的衍生物是真正羽毛形成的前奏，它的发现给鸟类起源于兽脚类恐龙的理论提供了更有力的事实证据。接着，中国古生物学家又在同一地区发现了更多有说服力的化石标本，如北票龙和千禧中国鸟龙等。这样一来，鸟类起源于兽脚类恐龙的说法就更令人信服了。

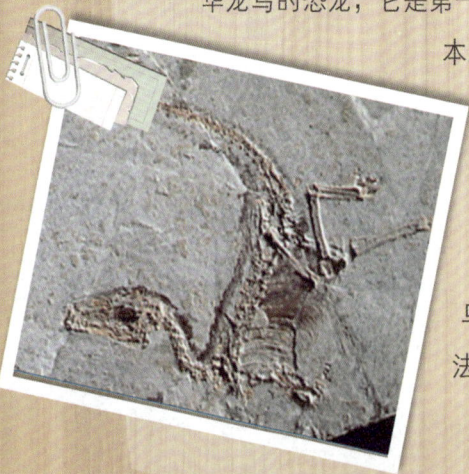

幸运的戟龙

丛林中，一只年轻的戟龙正跟在长辈的后面觅食。这是它第一次来到这片茂密的丛林中，它感觉兴奋极了。它专心地品尝着每一种能够够到的叶子；过了一会儿，它甚至学起了长辈的样子——用头顶撞一棵很粗的大树——它想尝尝树梢上的叶子是什么味道的。不过它还是太年轻了，那粗壮的大树连晃也没晃一下。

它连着试了几次，都没成功，便有些沮丧。"还是看看爸爸是怎么用力的吧！"这样琢磨着，戟龙便抬头寻找爸爸的身影——可是四周静悄悄的，"大伙都跑哪去啦？一定是我刚才太专心了。"戟龙只好加快脚步追赶同伴们。

可它不知道的是，一只躲在草丛后面的驰龙已经潜伏好久了。驰龙看出这是一只年轻的戟龙，力量还不够大，现在又正在焦急地寻找同伴，便认为自己的机会来了。忽然，它一跃而出，向戟龙扑了过去。戟龙被突然蹿出的驰龙吓坏了，一时间竟不知该怎么办。

两只恐龙对视了一下，戟龙忽然想到自己头上的尖角，便低下头晃晃自己的尖角，好像是在警告驰龙："我可不怕你！"但驰龙早已判断出它的实力了，它根本不在意戟龙的来回踱步，想找好角度，避开戟龙的尖角，然后攻击它的颈部——只要咬住了脖子，它可就没命了。

驰龙狡猾极了，它左右晃动，但又不是真的出招。几个回合下来，年轻的戟龙有些烦躁了，它大声嘶吼，想通知同伴来救它。就在戟龙摇头晃脑地左顾右盼时，驰龙出招了，它亮出了巨齿，向戟龙扑过来。

一声哀嚎过后，战斗结束了——倒地的居然是驰龙，戟龙看着眼前的一幕，只觉腿脚发软，但当它反应过来后，急忙转身逃走了。

原来，戟龙命悬一线的时候，一只霸王龙从旁边蹿出，一口咬住了驰龙。它是来找驰龙报仇的，因为可恶的驰龙刚偷走了霸王龙的蛋。

可是这样的幸运不是每次都有的！

镰刀龙

镰刀龙生活在白垩纪时期的蒙古高原地带，是一种植食性恐龙。它最显著的标志就是前肢上长有极长的指爪，其长度可达75厘米。这是它们觅食和防御的有力武器。镰刀龙体态臃肿，身上也可能覆盖着羽毛，但它们不具备飞行的能力。

在镰刀龙超科中，镰刀龙属于体形庞大的恐龙

嘴部宽广

体形庞大，体长可达10米

尾巴不灵活，因为它们的尾骨上长有骨棒的支撑物

小镰刀龙

镰刀龙身高为6米，重达6~7吨

前臂可达2.5米，而钩爪的长度可达75厘米，这几乎与镰刀等长

发现历史

镰刀龙的第一个化石的出土地位于外蒙古，那时候，人们曾把它误认为是乌龟类爬行动物的化石，但随着越来越多的肋骨、前肢及后肢等化石的出土，人们最终将其组合成一种新的恐龙骨骼，这便是镰刀龙骨骼化石。

二足行走

曾有科学家提出，镰刀龙的前后肢长度相近，故而行走方式类似大猩猩；但这种观点不被认可，更多的科学家相信，镰刀龙是二足行走的恐龙，因为它们的前肢不具有承重性，长指爪又很碍事。

前爪的结构不适合支撑体重，爪也比较碍事。因此，很多学者认为镰刀龙的行走方式是二足行走

植食性恐龙

关于镰刀龙的食性一直是古生物学家争论不休的问题。一种主流的观点认为，镰刀龙以草类为食，而它们的大型指爪会将掠取的食物塞入口中；另一种假设认为，镰刀龙喜食白蚁，指爪则用于挖开白蚁窝。但从它们的嘴形和牙齿形状判断，它们应该是植食性动物。

镰刀龙长着最长的爪子，但它是植食性恐龙

镰刀龙向同伴展示它的长爪子

指爪功能

镰刀龙的指爪除了帮助进食以外，还应兼具抵御袭击的作用：当敌人出现时，它们会展示锋利的指爪，起到吓退敌人的作用；另外，物种内的决斗也会让它们使出指爪，而物种内的打斗则主要因求偶或是争夺领地而起。

镰刀龙的长爪子主要用于自卫或者争夺配偶

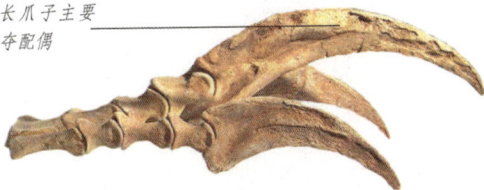
镰刀龙的爪子化石

生存环境

镰刀龙生活在白垩纪时期的戈壁滩和荒漠地带，但当时的蒙古高原并不是现在的模样，那时候气候湿润，到处覆盖着繁茂的植被，沟渠纵横，水草丰美。

镰刀龙遇险

奇思妙想

恐龙曾是远古地球的主宰者，它们是一个十分庞大的族群，进化出了多种多样的恐龙种类。而它们也是各怀绝技的。

身体最高的恐龙——迷惑龙，身长可超 30 米，身高有 6 层楼那么高。不过它们是温和的植食性恐龙。

尾巴最长的恐龙——梁龙。梁龙是地球上有史以来最长的动物，它们头尾很长，躯干很短，因此体重相对较轻。梁龙全长可超过 26 米，尾巴如鞭子一样拖在身后，这也是它抵御侵害的武器。

脖子最长的恐龙——马门溪龙。马门溪龙身体长度为 20 多米，其中一半的长度被脖子所占据。它们站在地面上的话，可以轻易将头探入 3 层楼的房间内。

最小的恐龙——细颚龙，只有一只鸡那样大，有些种类的体长仅有 70 厘米。

最丑陋的恐龙——肿头龙。肿头龙的头顶长着一个厚厚的凸起，周围还长着一些小瘤和小棘，很像肿瘤，它的鼻子上也布满瘤状凸起、棘状刺。

大脑占全身重量最小的恐龙——腕龙。腕龙体重可达 30~50 吨，是最大型的恐龙之一。它们的外形类似今天的长颈鹿，但它们的头非常小，大脑仅占体重的万分之一。

中国最大的恐龙——马门溪龙。马门溪龙化石出土于中国四川省，体长约 25 米，体重约为 27 吨。

中国发现恐龙化石最多的省份——四川省。马门溪龙、蜀龙、峨嵋龙、永川龙、华阳龙、沱江龙等恐龙化石都出土于四川省。另外，内蒙古、新疆、山东、广东等地也是恐龙化石出土较多的地区。

森林一幕

太阳偏西了，炙热的阳光终于退去。在林中躲避一天的镰刀龙肚子也饿了，它慢悠悠地从树荫下站出来，来到丛林中觅食。你看它挥动镰刀一般的大爪子四处搅动树枝，专挑柔嫩的枝叶下手。"嚯！"镰刀龙吓了一跳——原来它的眼前钻出了一只长相丑陋恐怖的冥河龙。

这只冥河龙躲藏已久，它本想趁着天气凉爽的时候离开这，到别处去找点吃的。没想到这个家伙闯了进来——冥河龙便改变了主意。它本想趁镰刀龙专心咀嚼的时候扑过去的，没想到，它竟然先发现了自己。两只恐龙对视的一瞬间，镰刀龙吓了一跳，但它马上意识到这个脑袋上长刺的怪物会对自己造成威胁。它立刻摆出恶狠狠的表情，同时更用力地挥舞它那巨大的爪子，然后趁着冥河龙的目光被爪子吸引的时候，慢慢向后退去。

冥河龙当然知道镰刀龙的动作代表什么。它也不想浪费时间，便大吼一声——只见它身子稍向后退，粗壮的后腿猛然发力，向前一跃，整个身体便跟着蹿了出来。冥河龙大张着嘴巴，伸出了前肢想要将镰刀龙牢牢地抓在手中。但镰刀龙反应迅速，伸出了锋利的爪子刺向冥河龙的手掌。冥河龙的掌心被划破了——但这只是皮外伤，并不碍事。

冥河龙晃了晃头，再次集中力量向镰刀龙发起进攻，而镰刀龙则是一边抵挡一边后退。这一次，冥河龙卯足了劲，向镰刀龙扑过去。它本想跳上镰刀龙的背，用力地压垮它。可当它腾空跃起的时候，肚皮却暴露于镰刀龙的爪下，这可给了镰刀龙绝好的机会。只听"哎呦"一声嚎叫，一股血喷了出来——受伤的是冥河龙，它的肚皮被镰刀龙划破了。

受伤的冥河龙顿时失去了力气，它重重地落在了地上。又是"噗"的一声，它的腹部喷出了更多的血，甚至溅到了镰刀龙的身上。冥河龙躺在地上无助地"哼哼"着，没有了还手之力。

但镰刀龙不知它的底细，也不敢继续攻击。况且，镰刀龙对肉类本来就不感兴趣。所以，它只是对着冥河龙嘶吼了几声，便趁着冥河龙倒地不起的时候钻入了林子中。

森林里重新恢复了平静。

三角龙

三角龙生存于白垩纪晚期的北美洲，它与霸王龙相邻而居，经常发生打斗，但经常处于劣势地位；同时，三角龙属于角龙科，与它同属一科的恐龙还有原角龙以及牛角龙等。三角龙是最晚出现的植食性恐龙之一，最突出的外形特征是头上长有三只十分突出的尖角。

正在行走的三角龙

头上生有三只尖角，一只位于口鼻部上方，另两只位于两眼上方，长度约为 1 米

头颅的骨质头盾很短，但十分坚硬

外形奇特

三角龙体形庞大，体长为 6~7 米，高 2.4~2.8 米，体重可达 6000 千克。它们有着陆地动物中最大型的头颅，头盾的长度超过 1.5 米。

脚趾形状为短蹄状，前脚掌有 5 根脚趾，而后脚掌只有 4 根脚趾

姿势推测

三角龙外形结实，四肢强壮。行走时保持直立姿势，肘部略微弯曲。当它们处于抵抗或是进食状态时，它们可能会采取伸展的姿态。

植食性恐龙

三角龙喜食草类，因为头部不能抬高，所以，它们主要以低矮处的植被为食；当它们面对较高处的植被时，它们也可以采取撞倒的方式获取食物。三角龙的喙状嘴长且狭窄，非常适合抓取、撕扯植物。

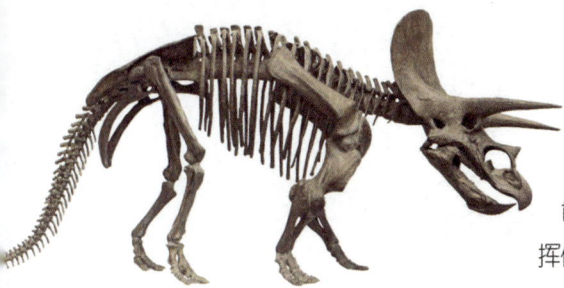

三角龙的骨骼化石

不断更新的牙齿

三角龙的牙齿呈齿系状排列，每列牙齿数量可达 36~40 颗，上下颌两侧各有 3~5 列牙齿群，牙齿总数最大可达 800 颗。不过，它们并不能同时发挥作用，因为牙齿是不断地更新的。这种牙齿特性说明，三角龙可能以大块的富含纤维素的植物为主食。

角的功能

关于三角龙头上的角的功能，科学家提出了多种假设，如装饰物或是防御工具等。比较可信的一种假设是防御功能。三角龙的角是实心骨质角，坚硬结实，具有很强的杀伤力；当它们遭遇威胁时，它们能以 24 千米 / 时的高速向敌人发起进攻。

正在进食的三角龙

三角龙的角很厉害，连暴龙、霸王龙也不敢轻易捕食它们

性格温和

虽然三角龙外形奇特恐怖，且具有强大的攻击力，但它们性格非常温和，从不轻易发脾气。但当它们处于求偶期或是遭遇食肉恐龙的袭击时，它们也会变得十分暴躁，极具攻击性。

如果拔掉三角龙的长角，它会怎样？

对于一只三角龙来说，三只坚硬的长角是它反击霸王龙欺凌的最有力的武器，如果失去了，它会变得不堪一击。

事实上，对于绝大多数角龙类家族的恐龙来说，无论是原角龙、秀角龙还是后来的三角龙、戟龙等等，它们在不断躲避和反击天敌的过程中，不断修正基因，进而进化出越来越粗、越来越长、越来越多的尖角。因为头上高耸的尖角是它们防卫的有力武器。因为头骨上的一些骨骼过大，遮住了颈部，继续向身体后方扩展延伸，甚至越过肩膀，这样，它们的头部就得到延长，形成了宽大的颈盾。

这种大型的头颅以及高耸的尖角，便是角龙类恐龙威慑和反击敌人的资本及利器。但就角龙群体内部来说，个体之间也会发生一些摩擦和不愉快，也会有偶尔的打斗现象。有时，它们也会因为一些"大事"而展开角力，比如繁殖期争夺配偶，保卫和抢夺头领地位。不过这种群体内部的打斗都是理性而有分寸的，只是点到为止，不会触及性命。而失败者也会乖乖地"认输"，默默退出争斗。

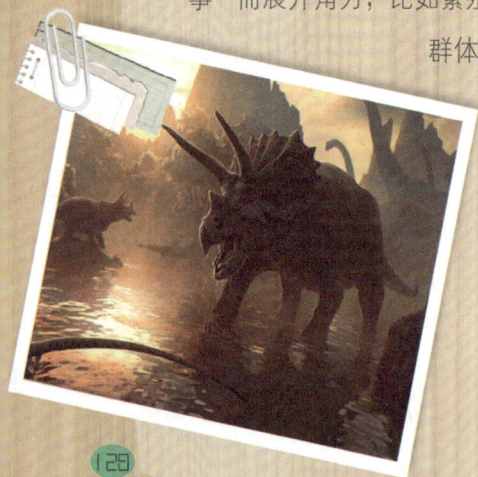

三角龙大战霸王龙

阳光普照大地，寂静的原野上忽然扬起了一股灰尘，原来是两只三角龙狂奔过来了。这是一对三角龙父子。它们跑得实在太累了，速度渐渐慢下来。三角龙爸爸机警地张望着，四周静悄悄的，它示意儿子小三角龙停下来休息一会儿。原来它们刚从几只霸王龙的围攻中逃脱出来。

它们大口地喘着气，鼻子里发出"哼哼"的气声——好像刮风一样。可是过了一会儿，三角龙爸爸却感到了一阵异常，它总觉得那几只霸王龙不会轻易放过它们，也许已经跟到附近了呢！

果然，小三角龙悄悄推了推父亲，用角指着远处的林子，那里的树叶竟发出了"唰啦唰啦"的响声——可是一点风都没有啊！三角龙爸爸明白了，它们被霸王龙跟踪了。

这对父子顾不得休息了，急忙背对背地靠着，缩紧了全身的肌肉，摆出一副战斗的姿态。霸王龙眼神极好，看到三角龙父子的样子，知道自己暴露了，便咆哮着跑了过来。

它先要冲破三角龙父子的防御，便向着它们中间扑上去，果然，两只三角龙分开又集中力量对付三角龙爸爸——因为它放在眼里。

面对霸王龙庞大的身躯和锋利的畏惧，它"气哼哼"地低着头，用角阵猛扎。然而霸王龙力气十足，总是脆弱的颈盾，它想一口撕开三角龙的丰富，总能巧妙躲开霸王龙的正面攻击。

两只大恐龙的搏斗持续了好久，战场爸爸似乎陷入了下风，总是在躲避霸王龙，而没有主动出击，以防为主了。而此时的它们已经到了原野的边缘——悬崖边上了。

了。霸王龙根本没把小三角龙獠牙，三角龙爸爸丝毫不对准霸王龙的肚子，便是一用它坚硬的大头去拱三角龙脖子。不过，三角龙爸爸经验范围也越推越远。渐渐地，三角龙

"嗷呜"霸王龙突然发出了一阵嚎叫——剧痛来自它的尾巴，原来是小三角龙死命地咬住了它的尾巴……霸王龙急忙去甩动尾巴，想把小三角龙甩掉。霸王龙狠狠地甩了几下尾巴，小三角龙被甩出了很远。等霸王龙回过神来，却发现三角龙爸爸正仰着尖角向自己袭来——而它根本躲不过了。这一下扎得太厉害了，霸王龙整个身子冲了出去，一直到了悬崖边上。因为它身子太重，竟踩碎了脚下的石块——庞大的霸王龙就这样如同一片飘零的落叶跌入了深谷。

三角龙父子探头看了看悬崖下，嘴角露出了一丝胜利的微笑，扭头离开了……

慈母龙

慈母龙的英文名称含义为"好妈妈蜥蜴"。这是因为慈母龙化石被发现时还连着几只小恐龙骨架一同出土。于是，科研人员便将其命名为"慈母龙"。慈母龙的脸形很像鸭子，是最后存活的恐龙种类，灭绝于白垩纪晚期。

慈母龙把小恐龙生在自己的窝里，并亲自照看自己的孩子

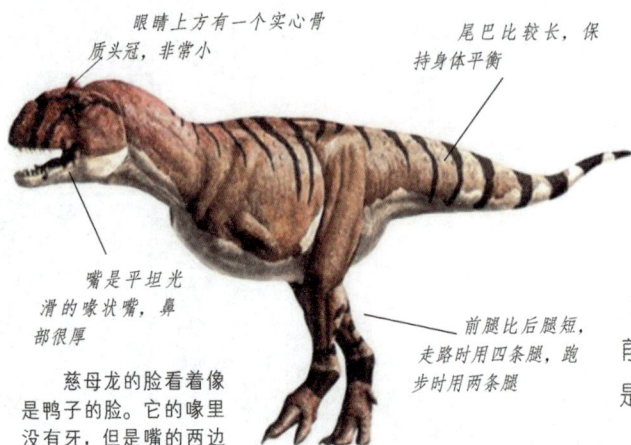

眼睛上方有一个实心骨质头冠，非常小

尾巴比较长，保持身体平衡

嘴是平坦光滑的喙状嘴，鼻部很厚

前腿比后腿短，走路时用四条腿，跑步时用两条腿

慈母龙的脸看着像是鸭子的脸。它的喙里没有牙，但是嘴的两边有牙

外形特征

慈母龙体形较大，身长为6~9米，体重可达 2000 千克。慈母龙头顶生有冠饰，位于眼睛前方，形状为小巧的尖状。这可能是它们求偶时与同类竞争的武器。

植食性恐龙

慈母龙喜食草类，行走方式为二足或四足。它们除了强劲有力的尾巴之外，就没有别的能够反抗肉食者的武器了。因此，它们过着群居的生活。慈母龙的群体极为庞大，数量可达上万之多。

慈母龙是植食性恐龙，同时还是最有爱心的"妈妈"

产前准备

慈母龙是很聪明的恐龙，它们在产蛋之前，会选择一处泥土松软的地方，先用后腿刨出一个圆坑，有一张桌子那么大；接着，它们要寻找一些柔软的大片叶子，铺在坑底；然后再蹲坐在上面，将蛋产在窝里。雌性慈母龙每次能产蛋 18~40 枚。

慈母龙蛋

精心抚育

　　慈母龙在产蛋后，可能会在慈母龙父亲的协助下共同守护自己的孩子，以防止其他恐龙偷食。为了提高蛋的成活率，慈母龙母亲会小心地卧在蛋上，以提高蛋坑的温度。当它们外出觅食时，还会请别的恐龙来帮忙照看。小恐龙出世后，它们的母亲则会一直喂养它们，直到长大。

小恐龙每天
吃掉的食物较多，
慈母龙就要不辞
辛苦地找食物

辛苦觅食

　　新生的慈母龙幼崽喜欢鲜嫩的水果和植物种子，并且它们的食量很大，每天都要吃掉几百千克的新鲜植物。为了喂养自己的孩子，成年慈母龙要不停地奔波，寻找食物。它们真是非常慈爱的恐龙。

慈母龙的骨骼化石

慈母龙的群居生活

迁徙习性

　　慈母龙生活在北美内陆地区，它们集群而居，为了寻觅食物，它们常常到处迁徙。它们在群体外出时，也十分注意保护自己的后代，常常是成年恐龙走在队伍的外侧，小恐龙则在长辈的保护下悠闲地走在队伍内侧，就像今天的象群外出那样。

如果温度升高，新生恐龙的性别会变吗？

对于哺乳动物来说，胎儿的性别是由父母的性染色体所决定的，但是对于恐龙来说，"新生儿"的性别极有可能是由受到孵化时的温度所决定的。这是科学家在观察研究了现生爬行动物性别与温度之间的关系后得出的推论。

以鳄鱼为例，它们孵化时的温度是至关重要的：

当孵化温度小于等于 30℃时，鳄鱼"新生儿"的性别为雌性；

当孵化温度大于等于 34℃时，鳄鱼"新生儿"的性别为雄性；

当孵化温度为 32℃时，鳄鱼"新生儿"的性别不定，雌雄比例为 5:1；

当孵化温度低于 26℃或高于 36℃时，鳄鱼卵会全部死亡。

此外，鳄鱼还具有选择巢址的考量，很有科学意识。它们会选择筑巢于阴凉的背风地带；只有少数鳄鱼产妇会筑巢于阳光直射的山坡。显然，筑巢于阴凉地带，可以孵化出更多的雌性鳄鱼，这利于鳄鱼家族的繁衍。

然而，性别由温度决定，对动物来说风险很大；气温稍有变动，便会带来灭顶之灾。

恐龙"幼崽"的性别也可能受温度的影响，这是有据可考的。我们现在所发掘出的恐龙蛋化石，多数属于白垩纪晚期，且都是未能成功孵化的。为什么会这样呢？原因有二：

1. 白垩纪晚期气温较低，新生的恐龙"幼崽"多数为雌性，雄性屈指可数，性别失调，影响了恐龙的繁衍。

2. 天气恶劣，导致恐龙蛋成批死亡。

慈母龙妈妈

慈母龙妹妹和妈妈闹了别扭，已经几天没说话了。因为它总觉得妈妈偏心。

就说昨天中午吧，明明大家都很饿，都蹲在窝里等着妈妈带回来的食物填饱肚子呢。可当妈妈拖着好大一捧浆果枝回来的时候，最先问的却是哥哥，还把看起来最新鲜、最饱满的浆果枝放在哥哥的面前。等轮到慈母龙妹妹的时候，却是很小的一捧，果子也是瘪瘪的，嚼起来又酸又涩。

"哥哥的果子肯定是香甜又水灵的！"想到这，慈母龙妹妹便向哥哥那边看了一眼，看哥哥那享受的样子，它觉得自己猜得准没错。想着想着，它竟流出了眼泪。可妈妈呢？却是一副全然不知情的样子，竟趴在哥哥那边睡着了。

慈母龙妹妹决定离家出走。它觉得只有这样才能引起妈妈的注意。尽管自己的腿脚还不够硬实，但它依然拖着蹒跚的步伐离开了。

慈母龙妹妹一路走一路欣赏着森林里的美景，到处都是新鲜事儿！过了一会儿，它居然走到了自己姑妈家附近。它想打个招呼，却发现姑妈正忙活着呢！根本没看到它。于是它坐在一旁休息，想等姑妈忙完了再去问好。

它看到姑妈的肚子圆滚滚的，似乎是要生产了。姑妈正用后腿使劲地刨土，它得在产蛋前刨出一个大坑；坑刨好了，它又小心翼翼地将早已准备好的大叶子铺在坑底；做好了这一切，它才坐在坑上，等待着小生命的降临。

不一会儿的工夫，姑妈就生出了所有的蛋。它顾不得休息，因为等小慈母龙钻出蛋壳的时候，它们就得要吃的。所以，姑妈急忙请邻居过来帮忙照看自己的孩子。它得赶紧去森林里采集浆果。

等它急匆匆地走过来时，才发现慈母龙妹妹。它吓坏了，急忙问道："孩子，你这是怎么了？你怎么自己出来了？"小慈母龙便对姑妈讲出了自己的委屈。

姑妈听了，便安慰它说："天下哪有不爱自己孩子的妈妈呢！森林里太危险了！你快回去，你妈妈本来就很辛苦，现在肯定着急地到处找你呢！"

正说着，森林那边就传来了慈母龙妈妈的呼唤声。慈母龙妹妹想到刚才看到的一幕，认识到自己的错误了，它急忙走过去，扑到妈妈的怀里，对妈妈说："妈妈，我爱你！"

窃蛋龙

窃蛋龙体形较小，头部较短，还有一个高耸的骨质头冠

窃蛋龙大小如鸵鸟，长有尖爪、长尾，推测其运动能力很强，行动敏捷，可以像袋鼠一样用坚韧的尾

窃蛋龙，是活跃于白垩纪晚期的一种小型恐龙，身长1.8~2.5米，体重约33千克，仅有鸵鸟般大小。窃蛋龙指爪锋利，尾巴较长，能够保持运动中的平衡，因而科学家推测其具有迅捷的行动力。

锐利的尖角

窃蛋龙体形小巧，头部很短，头顶高耸着一个骨质头冠；窃蛋龙的嘴巴细窄，没有牙齿，喙部两个锐利的骨质尖角起到了牙齿的作用；它们的喙强壮有力，能够轻易地"咬"断骨头。

短头比较像鸟类的头

坚韧的长尾巴像袋鼠一样，可以保持身体的平衡，跑起来速度很快

窃蛋龙的喙强而有力，可以敲碎骨头，和现在鹦鹉的喙差不多

四肢健壮

窃蛋龙虽然小巧，但前肢强壮，掌上生有三根手指，每根手指末端是弯曲而尖利的爪子；第一指十分短小且灵活，能将猎物紧紧握在掌中。窃蛋龙后肢长，十分健壮，奔跑速度极快。

前肢很强壮，每个掌上还长着三个手指，上面都有尖锐弯曲的爪子，能把猎物紧紧抓住

窃蛋龙把植物的叶子覆盖在巢穴上，让植物在腐烂的过程中产生孵化所需要的热量，进行自然孵化

自然孵化

窃蛋龙具有群居的习性，生产时，成年窃蛋龙会事先用泥土筑成一个圆锥形的巢穴；巢穴最深处可达1米，直径超过2米；且有多个类似的巢穴相连，其间距为7~9米。窃蛋龙埋好蛋后，便找来叶子盖住巢穴，利用植物腐烂所散发出的热量为巢穴增温，以达到自然孵化的目的。

窃蛋龙的巢穴中心深1米，直径2米，每个巢穴相距 7~9 米远

身披羽毛

窃蛋龙与鸟类有着极高的相似性，胸腔拥有类似鸟类的骨骼构造；而根据科学家对窃蛋龙近亲天青石龙的研究，发现天青石龙具有尾综骨，这是鸟类固定尾巴羽毛的有力支撑。在原始窃蛋龙的身上，科学家也曾发现过羽毛的压痕；这说明，窃蛋龙极有可能身披羽毛。

杂食性恐龙

窃蛋龙平时喜欢吃植物的果实，但当植物果实减少时，它们也会吞食一些小型的软体动物，比如淡水蚌、蛤蜊等生物。因此，科学家推测窃蛋龙不是单纯的植食性恐龙，而应属于杂食性恐龙。

鲜艳的冠饰

嘴里没有牙齿

运动能力强，行动敏捷，喜欢吃植物的果实，也会吞食小型软体动物

以讹传讹

人们最初发现窃蛋龙化石时，还发现了一窝恐龙蛋和一只原角龙化石，由此，人们认为窃蛋龙在偷食原角龙的蛋，所以，它得名"窃蛋龙"；但事实上，它正在保护自己的蛋，而原角龙只是路过而已。然而，因为国际动物命名法规，一旦认定的名字是不可以轻易改变的，因此，它只能永远地背负"罪名"了。

窃蛋龙照顾小恐龙

它的骨骼和不能飞行的大型鸟类很相似

如果天冷了，恐龙会冬眠吗？

More

奇思妙想

对于鸟类和哺乳动物来说，因为体内具有完善的体温调节机制，既能产生热量来温暖自己，又能通过汗液蒸发和呼出热气来降低过高的体温，所以，它们能够保持相对恒定的体温，而不受外界环境变化的影响。

但对于现生的爬行动物来说，当严寒天气来临时，它们就得钻入洞穴中，进入冬眠的状态。这是冷血动物的共性。因为它们并没有进化出一套适合自己的体温调节机制，所以当环境温度发生变化，它们的正常生活就会受到影响。只有处于适宜的温度之下，它们才会有适宜的体温，才能进行一系列的生存活动。

那么，对于"爬行动物之王"的恐龙来说是否也有冬眠的习性呢？

答案是没有。首先，恐龙是体形十分庞大的动物，动辄几米，几十米长；体重以吨计，这样庞大的体形要想钻入地下洞穴过冬，实在难以想象。若是以另一种形式"过冬"的话，比如一动不动地躺在地面上，造成"尸"横遍野的恐怖景象，更是引人发笑的场面。

而根据古代气候资料记载，在恐龙活跃的中生代，地球处于温暖期，气温较高，并且一年内的气温稳定，昼夜温差也很小，就连南北两极地带也十分温暖，植被茂密。在平坦的大陆腹地，更是一片水域丰沛、生机盎然的气息。地球被各种绿色植物所覆盖，这为恐龙提供了充足的食物来源，因此，它们不需要冬眠。

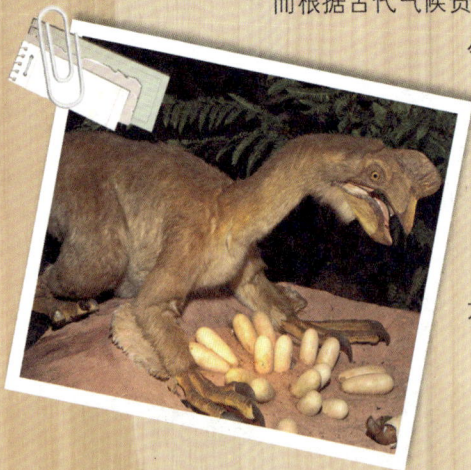

被冤枉的窃蛋龙

窃蛋龙妈妈今天真是倒霉，差点失去自己的孩子。

原来，窃蛋龙妈妈刚产出了一窝恐龙蛋，为了让自己的孩子在温暖的窝中早点出世，它正小心地给它们铺盖大叶子呢！可不知道从哪冒出了一只原角龙，上来就抓住了窃蛋龙妈妈，还嚷嚷着："你这个偷蛋的贼，今天我终于抓到你了！"窃蛋龙妈妈感到大惑不解，它甩开原角龙，慌忙呵斥道："你要干什么，不要吵到我的孩子，它们就要钻出来了。"可原角龙却不依不饶地嚷嚷道："我们原角龙家族最近丢了好多蛋，大伙都说你这个新来的最可疑，今天被我抓到现行，你还不承认吗？"

窃蛋龙妈妈听了气不打一处来，它拉着原角龙走远了几步说道："我们刚刚搬家过来，你们丢了蛋，就怀疑我。你拿出证据来？""还要什么证据，蛋就是证据。一定是你趁原角龙妈妈不在，想要用叶子盖住它的蛋窝，然后再据为己有。"窃蛋龙简直要气疯了，它摇头带踩脚地否认。过了一会儿，窃蛋龙决心好好给这个不了解自己的原角龙讲解一下自己族群的习惯。它平息了怒气，对原角龙说："我们窃蛋龙家族就是这样的，出来以后，要在上面盖上叶子，为的是暖和了，我的孩子才能快速、安稳地不是什么偷蛋的贼。"可原角龙根本去首领那里评理。窃蛋龙没办法，只

习惯，蛋产保暖，只有蛋窝里钻出蛋壳。所以，我听不进去，非拉着窃蛋龙好跟着它走。

龙又是一番争吵，谁也不能意了。这时候，一只刚刚生产们等那窝恐龙蛋孵化出来，看伙纷纷同意。

到了原角龙首领那里，这两只恐说服谁。就连原角龙首领也拿不定过的原角龙母亲出来说话了："不如我看它长得像谁，不就知道答案了吗？"大

于是，大伙便一同来到了窃蛋龙的蛋窝附近守着。过了一会儿，有一只急性子的小恐龙顶破蛋壳探出了头。大伙急忙上去查看，看看它的头顶——没有尖角——只是一个小鼓包；尾巴细长，体形也不大——长得真像窃蛋龙。

这下，大伙都知道错了，误会解除。它们急忙向窃蛋龙妈妈道歉，承认自己冤枉了窃蛋龙。窃蛋龙妈妈也原谅了它们。后来，这两个家族还成了好朋友。

鸭嘴龙

鸭嘴龙活跃于 1 亿年前的白垩纪后期的亚洲及北美洲等地，是较为大型的鸟龙类恐龙，属植食性恐龙。鸭嘴龙体形庞大，体长可超 15 米。近年来，考古学家还发现了体长超过 22 米的鸭嘴龙。

鸭嘴龙最吸引人的就是那张很像鸭子的嘴巴

尾巴粗长，尾椎较多

眼睛类似马、牛的眼睛，视力好

外形特征

鸭嘴龙头上有艳丽的冠饰，吻部由于前上颌骨和前齿骨的延伸和横向扩展，构成像极了鸭嘴的宽阔吻端，因此得名鸭嘴龙。鸭嘴龙的前肢短小，生有 4 趾，而后肢仅有 3 趾，但粗壮有力，尾巴粗长有力。

嘴向前延伸，边缘扁平

前肢短小，生有 4 趾，力量弱

后肢仅有 3 趾，但粗壮有力

栉龙鸭嘴龙

鸭嘴龙的骨骼化石

前肢的作用

鸭嘴龙前肢的作用主要是掠取树叶并塞入口中；后肢的第一趾退化严重，几乎不可见，仅有第三趾较长；第五趾完全消失，后足为鸟脚状。

两大族群

鸭嘴龙可分为两大族群：一是头骨构造正常的平头类；另一类则是头顶生有奇异形状的棘或棒形突起，且鼻骨或额骨异形的栉龙类。

觅食的鸭嘴龙

生活环境

　　鸭嘴龙活跃的年代已经是白垩纪的晚期，当时的地球处于极为动荡的时代。陆地面积不断扩大，水域纵横；开花植物开始茂盛起来，早期的裸子植物只剩苏铁、松柏、银杏等物种存活下来。这为喜食植物的鸭嘴龙提供了繁衍的生机和良好环境。

牙齿很多，关节系统和咬合肌肉发达，坚韧的植物纤维都能咬碎

后肢粗壮，习惯两足行走

平头鸭嘴龙

生活习性

　　鸭嘴龙属二足恐龙，前足趾间有蹼，适于水中行走；它们行动迟缓，几乎没有防身利器，因此，为了躲避肉食性恐龙的袭击，它们多数时间会选择在沼泽地、湖泊中行动及觅食。而它们的食物则以柔软的植物或是藻类以及小型软体动物为主。

群居生活

　　鸭嘴龙是大型植食性恐龙，为了自身安全，它们喜欢集群而居，而它们的群体数量十分庞大，包含多个品种的恐龙，比如鸭嘴龙和副龙栉龙等；古生物学家曾推测，鸭嘴龙的一个群体或许有一两万之多。

如果霸王龙偷袭，鸭嘴龙该怎么办？

对于绝大多数鸭嘴龙来说，其外形上最显著的特征便是头顶上高耸的骨质顶饰，有管状、钢盔状或是球状等等，不一而足。这种独特的顶饰是从鼻骨延伸出来，向外凸起而形成的。顶饰多数为中空的，空腔与鼻孔相连，也就是鼻腔通道的一部分。这延长的鼻腔无异于增加了嗅觉细胞的数量，这样，鸭嘴龙便具有了极其灵敏的嗅觉。

鸭嘴龙是植食性恐龙，可谓"手无寸铁"的恐龙——全身上下都没有进化出什么有效的防身利器，因此，它们天生就是霸王龙的攻击对象。然而面对天敌的进攻，它们也有自己的一套法宝——极其灵敏的嗅觉。这是它们躲避猎食者霸王龙的唯一条件。

鸭嘴龙喜欢集群生活，它们多选择水草丰美的湖畔地带栖居。它们悠闲地觅食休息，但又随时警觉着，特别是当有霸王龙出现时，他们很早就能通过嗅觉嗅出霸王龙的独特气息。这时候，鸭嘴龙中的成年头领便会突然发出低吼，这声音会立即传遍四方，附近的鸭嘴龙一听到这种独特的信号，会立即紧张起来，以最快的速度跳进湖水中。

果然，不久之后，一只霸王龙就大摇大摆地出现了，但它不敢下水，只能对着湖面哇哇乱叫。

鸭嘴龙寻亲

一只粗心的平头鸭嘴龙妈妈生下了一个蛋。可在家族迁徙的时候，它却忘了自己的孩子，匆匆忙忙地跟着队伍出发了。

午间温热的阳光照射到这个蛋上，加速了它的孵化。很快，一只同样平头的小鸭嘴龙破壳而出了。它伸长着脖子，四下里打量着，到处都是明晃晃的，安静极了。它不知道自己该干什么，只是觉得肚子"咕噜、咕噜"地叫着。

看到不远处的叶子，它便想过去尝尝。它好不容易才把周围的蛋壳撞开，腿脚颤巍巍地迈了出来。走了几步，它才适应自己走路的姿势。很快，它来到了矮丛林中，伸出扁扁的嘴，捋了好多嫩叶吃。

等它吃饱了，才发现附近还有一只大恐龙。那大恐龙对它说："嗨，小鸭嘴龙，你怎么没跟着妈妈一起走呢？""妈妈？我没见过我的妈妈呀，你能告诉我它长什么样吗？我要去找它。""哦，你的妈妈长着一张扁扁的嘴，跟你一样的，它们刚从这往前面走去了。"

小鸭嘴龙听了，急切地想见到自己的妈妈，留下一句"再见"就跑开了。它一边走一边到处张望，生怕自己错过了妈妈。走了好半天，它终于看到前面浩浩荡荡的一支队伍，正在缓慢地向前走着。它暗暗鼓励自己："那里面一定有我的妈妈，我得再快一点才行。"

它卖力地奔跑着，终于赶上了那支队伍。它一边喘着大气，一边观察着，原来它们也长着扁扁的嘴巴，"这里面肯定有我的妈妈！"它大喊道，"妈妈，妈妈你在哪？"可是它喊了好几声，也没人回答它。它急坏了，嗓子都要喊哑了。

它见没人理它，就拍拍旁边一只高大的恐龙，问它："你看到我的妈妈了吗？我听人说，我妈就在这里面呢！"那只高大的恐龙回头看看它，上下打量一番后，对它说："孩子，我们的嘴巴虽然长得一样，但是你看看你的头，是平的；我们的头又长又凸出，你的妈妈在前面那个队伍里呢！"

小鸭嘴龙左右瞧瞧，又拍拍自己的头顶，它明白了。道了一声谢后，小鸭嘴龙顾不得休息，大步地向前追去。

当小鸭嘴龙追上了前面的队伍，它才发现，这些大个子真的跟自己长得一模一样。而它的妈妈也听到了它的呼唤声，它终于找到了自己的妈妈。

伤齿龙

伤齿龙活跃的年代处于白垩纪晚期，其名称含义为"老旧而破碎的牙齿"。最初，人们曾误以为伤齿龙是一种蜥蜴，后来，人们又误会它是长相蠢笨的恐龙。但当人们复原了伤齿龙的骨骼全貌后，发现它是最聪明的恐龙，因为它的大脑比例很大，感官十分灵敏。

伤齿龙的头部很大，修长的体形像一只大鸟

头部较大，智商高

牙齿呈三角形，都具有锯齿边缘

体形小巧

伤齿龙体形不大，体长约为2米，高1米，体重仅有60千克；伤齿龙四肢修长，是运动健将。长长的手臂，可以向后折起；手部指关节灵活，动作丰富；伤齿龙的第二根脚趾上生有一根长长的能够缩起的锐利趾爪，奔跑时，它们会抬起这根趾爪，以提高行进速度。

硬挺的尾巴可以使伤齿龙在奔跑时保持平衡

伤齿龙的前肢可以做出抓握动作

伤齿龙的头部相对于它的身体而言，非常大，所以是一种相当聪明的恐龙

最聪明的恐龙

伤齿龙的眼睛很大，位置靠前，似乎拥有超强的夜视能力，它们的捕猎对象可能包含夜间行动的哺乳动物。它们的头颅骨很轻，头颅占身体很大的比例，是恐龙中脑袋最大的一种，因此，伤齿龙称得上最聪明的恐龙。

杂食性恐龙

最初，人们将伤齿龙当作肉食性恐龙，以小型动物为食；但随着研究的深入，人们发现它有类似鬣蜥的嘴以及善于研磨的牙齿，这些都是植食性或是杂食性动物所共有的构造。因此，伤齿龙应是一种以质地较软的食物为食的恐龙，它们的牙齿还没有坚硬到可以咬碎骨骼的程度。

做扑食状的伤齿龙

生存环境

伤齿龙的化石出土地位于今天美国的蒙大拿州以及阿拉斯加州一带，这说明伤齿龙经常活跃于气候寒冷的地带，而其他出土化石也证明了，在北部高寒地带，伤齿龙数量众多，它们更能适应当地的严寒。

孵蛋高招

伤齿龙智商很高，它们甚至有更高超的孵蛋技巧。它们在产蛋前，就会用爪子在地上刨出一个坑，然后将蛋产在坑中，并用沙土掩盖，这样做的目的是防止其他不怀好意的恐龙的盗食和踩踏。

孵蛋的伤齿龙

黄昏捕猎

黄昏时分常常是伤齿龙捕猎的最佳时机，因为它有很强的夜视能力，不受光线暗淡的影响；但对于其他小动物来说，暗淡的光线会令它们寸步难行，失去了白天的灵活性——这便为伤齿龙提供了可乘之机。

伤齿龙的群居生活

如果恐龙继续进化会有 "恐龙人" 吗?

6500 万年前的一场灭顶之灾毁灭了恐龙家族。然而科学家更为好奇的是,如果恐龙躲过那场灾难,是否能逐步进化成更为高级的智慧生物——"恐龙人"?

过去,很多科学家把恐龙看作是十分蠢笨、毫无智力可言的生物,它们唯一的结局似乎就是等待灭绝——不是毁于突发性灾难,便是被冻死于漫长的冰河期。然而,近年的科学发现证明,人类对恐龙抱有太多偏见。

比如,地球两极地区恐龙化石的出土,让我们相信恐龙对气候的改变具有很好的适应能力。通过对恐龙骨骼化石的研究,科学家得知,恐龙更接近哺乳动物和鸟类,它们可能属于温血动物,因而具备了调节体温的能力以适应气候的变化。所以,没有那场灭顶之灾的话,它们能生存得更久,甚至熬过寒冷的冰河期。

而在恐龙家族中,最有可能进化成"恐龙人"的族群则是伤齿龙部落。它们是当时最高级也最具智慧的恐龙。它们甚至有着狐狸一般的狡黠:个子不大,直立行走,过着群居的生活;另外,它们视力极好,甚至能够运用智慧解决一些简单的问题。

因此,有科学家相信,正如人类的进化需要漫长的年代一样,如果条件适宜的话,恐龙也极有可能进化为更高等的生物。

然而,这种观点也受到了另一些科学家的质疑和嘲讽,他们更倾向于恐龙会沿着自己的轨迹进化,而不一定非要进化为跟人类似的生物。

伤齿龙的复仇

伤齿龙就要当妈妈了，它选好了一块沙土地，那里土质松软，适合刨坑做窝。它卖力地用后腿刨地，很快就刨出了一个不大不小的坑，它稳稳地蹲坐在上面。不一会儿，就产出了几枚恐龙蛋。

它满意地望着自己的"成果"。忽然，它好像想到了什么似的，急忙把刚才刨出去的沙土又推了回去——原来它是怕冷风冻坏了自己的孩子，也为了防止别的恐龙误踩了自己的孩子。它小心翼翼地轻推着，生怕力气太大压坏了自己的孩子。

可就在它四下里跑来跑去的时候，一只大个子恐龙走过来，原来是一只头上长着奇怪的骨冠的副栉龙。

副栉龙第一次看到伤齿龙，它觉得伤齿龙可真难看，个子小小的，一脸的蠢笨样子。又看到它很不灵活地四下绕圈，更觉得它好笑。副栉龙便大笑着问："你这个蠢家伙，笨手笨脚的干什么呢？"伤齿龙看了它一眼，冷冷地说："我要用沙土埋住这个坑，免得我的孩子冻着。"听到这，副栉龙笑得更大声了，"哈哈！你们的孩子以后也会跟你一样子也一样难看吗？看我们副栉龙多么漂亮，有着好看的骨冠呢！"伤齿龙知道这是一只骄傲自大的副栉龙，而自己个子小不是它的对手，便不再理会它。

可副栉龙还以为伤齿龙怕它了，反而更加放肆起来，它走过去，用力把伤齿龙撞到一边，还故意踩碎了伤齿龙的蛋。随后便大摇大摆地走开了。

伤齿龙看到自己的孩子还没出世就没命了，恨得直咬牙。它发誓一定要为孩子报仇。可它个子太小，根本不是副栉龙的对手。它便找来几个同伴，跟大伙一起商量怎么教训一下可恶的副栉龙。

其中一个年老的伤齿龙给大家出了一个主意："副栉龙只是白天威风，到了晚上，它们的眼神不好，就不是我们的对手了。我们可以等到晚上袭击它们。"大伙纷纷表示同意。

很快，伤齿龙团伙就找到了副栉龙的家，它们躲在林子里，只等夜晚的到来。天一黑，副栉龙果然不动了，只能靠着大树休息。

这时候，伤齿龙团伙出动了，它们个个目光敏锐，灵巧有力。一阵嘶鸣声响起，伤齿龙团伙四面出击，很快就将毫无反击能力的副栉龙咬死了。

伶盗龙

伶盗龙，又名迅猛龙、速龙，是知名度很高的一种恐龙。伶盗龙的名称含义为"敏捷的盗贼"，属蜥臀目兽脚亚目驰龙科恐龙，生存于白垩纪晚期的蒙古高原地带。伶盗龙是亚洲发现最早的驰龙类恐龙，它的发现地位于蒙古共和国境内的戈壁滩上。

伶盗龙有史前"杀手"之称

"小个子"恐龙

在恐龙家族中，伶盗龙属于小巧型的，成年伶盗龙的体长约为 2 米，臀高仅为半米，体重不足 150 千克。伶盗龙的头颅骨很长，约为 25 厘米，口鼻部向上翘起，形成一个上凹下凸的布局。伶盗龙的口腔内稀松地分布着 26~28 颗锯齿状牙齿。

伶盗龙是一种两足恐龙

牙齿锋利

手掌宽大，上面长着三根锋利且弯曲自如的指爪

腕部骨骼构造精巧，使得它可以做出十分复杂的弯曲及抓握动作

作扑食状的伶盗龙

捕猎的法宝

伶盗龙的牙齿锋利，是非常活跃的捕食者；从它们的头身比例来看，头部厚重，这说明它们有着机敏的性格，即使遇到行动迅速的猎物，也能快速出击。尖牙利爪和疾速奔跑是伶盗龙捕猎的两大法宝。

三根指爪中，中间的最长，两边的稍短

尾巴坚挺

　　伶盗龙的尾巴十分坚挺，几乎不可弯曲，这是由它的尾部构造决定的。伶盗龙尾椎上生有一个前关节突，再加上肌腱已经骨化，导致它们不能做出弯曲的动作。不过，它们可以在横向上随意地转动；这保证了它们在奔跑时不会失去平衡，同时也可以实现快速转向。

伶盗龙常在干旱的沙丘地带捕食

奇怪的步伐

　　行走的姿势很特别，它们的后肢上生有四趾，但它们只用第三、四趾行走；第一根脚趾是小型的上爪；第二根脚趾则可以向上收起、悬空，上面还长有长达 6.5 厘米的锋利趾爪，这也是它们进攻的强有力的武器。

尾巴坚挺，几乎不可弯曲

正在奔跑的伶盗龙

口腔内分布着 26~28 颗锯齿状牙齿

有羽毛的恐龙

　　据古生物学家的考证，伶盗龙的祖先是一种身披羽毛、具有飞行能力的恐龙。但伶盗龙是否有羽毛，则一直处于论证之中。在 2007 年的一份研究中，古生物学家发表了他们的最新观点，伶盗龙也是一种有羽毛的恐龙。因为科学家在伶盗龙的前臂化石上发现了羽茎瘤。

前肢趾部也有利爪，能灵活抓握

伶盗龙骨骼化石

如果让恐龙追赶运动员，会赢吗？

恐龙是一种看似笨重的动物，与灵巧且训练有素的人类运动员相比，谁的速度会更快一些呢？

要回答这个问题，我们得先想办法测算出恐龙奔跑的速度到底有多快。前不久，英国古生物学家利用电脑模拟技术计算出了几种恐龙的奔跑速度。他们选取的样本包括美颌龙、伶盗龙、霸王龙、异特龙等恐龙。他们的计算过程是这样的：

科学家根据每种恐龙解剖体的组织构造为其计算出其最有效率的行走姿态，然后又利用几天的时间详细地推断出每种恐龙最适宜的生物力学模式；接着，他们开始用计算机模拟出恐龙从蹒跚学步到熟练快跑时所采用的姿态和速度。在此过程中，科学家选取一名体重71千克的男性运动员作为人类样本，他的速度被设定为28.4千米/时；同时，科学家选取一只重65千克的鸵鸟和一只27千克的鸸鹋的奔跑速度为辅助参考数据，最终计算出了几种恐龙的奔跑速度。

结果表明，二足的美颌龙的奔跑速度最快；而霸王龙虽然最笨重、速度最慢，但它拥有长腿的优势，所以步伐也更大，让它去追运动员的话，也是毫不逊色的。

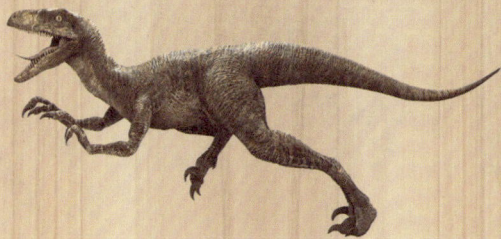

"懒汉"的下场

伶盗龙家族一直流传着一句古训："好汉吃鲜肉，懒汉吃烂肉！"这句古训是怎么来的呢？其实这其中有一个故事。

在恐龙家族中，伶盗龙似乎是一个不起眼的存在。它们体形小巧，跟同胞们庞大的身躯比起来，真是弱不禁风。然而，伶盗龙很聪明，一点也不比那些大块头们弱，它们有好多办法来捕食猎物。

一次，伶盗龙家族的首领得到了消息：一只原角龙在附近安家了，而它刚刚产了蛋，正全心守护自己的蛋呢！这时候，它们身体很弱，心思又都在自己的孩子身上，正是一个偷袭的好机会。伶盗龙首领和家族中的成员商议过后，便宣布：明天一早若是下雨，就集体出动，袭击那只原角龙。大伙纷纷点头同意。

第二天一早，天刚蒙蒙亮的时候，伶盗龙首领便睁开眼："下雨了！赶紧出发！"它一下子蹦起来，摇醒了身边的同伴们。大伙知道下雨了，也赶忙清醒了过来。可是有几只伶盗龙却怎么也推不醒，它们连眼睛都不想睁开，只是嘟囔着说："你们去吧！这种天气只适合睡大觉！再说我还不饿呢！你们快走，别吵我！"

伶盗龙首领感到无奈，为了不错失机会，它便带着那些勤快的同伴出发了。它们静悄悄地走着，连一丁点声音都不敢发出。离原角龙的巢穴越来越近了，它们连大气都不敢喘了。可是一声惊雷响起，惊醒了原角龙。它警觉地四下望了望，很快发现自己被一群伶盗龙包围了。

它只想保护自己的孩子，便决定主动出击。它发狂一般地冲了上去，想要用角顶死那些小强盗。然而，它的块头再大，吼声再吓人，也挡不住四下进攻的袭击者。很快，它被割破了肚子，连内脏都露出来了。它慢慢地倒下，眼睁睁地看着伶盗龙蜂拥而上。

一个早上的厮杀终于结束了，起个大早的伶盗龙终于吃饱喝足了。太阳出来了，它们也感到困倦了，便扬长而去——地上只剩半具没被吃了的尸体了！

等它们回去睡觉的时候，那些"懒家伙"终于睡醒了，它们感到饥饿，但又不好意思张口问剩肉的事。又过了好久，那几个懒汉实在饿得受不了，便悄悄溜出去，想找点剩肉吃。可当它们走到那的时候，原角龙的尸体已经开始腐烂了。没办法，肚子饿，它们只好大口吃掉了腐烂的剩肉。

好汉吃鲜肉，懒汉吃烂肉，挺公平的。

翼　龙

翼龙，又名翼手龙，希腊名称含义为"有翼蜥蜴"，这说明翼龙不是恐龙，它是恐龙的近亲。翼龙是第一种能飞上天的脊椎动物，起源于侏罗纪晚期，曾称霸于白垩纪晚期的天空。翼龙家族曾进化出近百个分支品种。

翼龙是最早飞上天空的爬行动物

外形特征

翼龙家族的各个分支体形有大小之别，大者如同一架飞机般大小，而小者则与一般鸟类相当；最大的翼龙翼展可达 12 米。翼龙有着发达的肌肉，又长又细的后腿；休息时，习惯将后肢悬挂于树干上。头颅骨轻巧结实，嘴是细长的，眼睛很大。

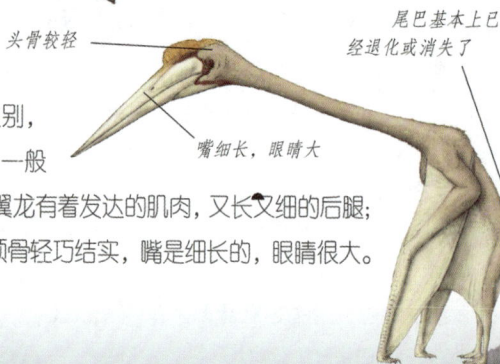

头骨较轻

尾巴基本上已经退化或消失了

嘴细长，眼睛大

翼龙并不像鸟类那样翱翔于天空，只能在它的生活环境附近滑翔

身体结实，后腿长而细

擅长飞行

翼龙是第一种能够在天空翱翔的脊椎动物，这是因为它们具有特殊的生理构造，它们的翼是从身体侧面到第四节翼指骨之间的皮肤膜衍生出来的。前面 3 个指骨细长且弯曲如钩。翼龙的翼膜是为飞翔而生的，但极为脆弱，远没有鸟类的翼那么强韧灵活。

巨大的尖嘴，牙齿有 10 厘米长

骨骼构造

翼龙的前肢退化严重，只有第 4 指进化为粗长的飞行翼指。翼指由四节翼指骨组成，指尖没有爪，它们与前肢连接在一起，作为飞行翼的前缘；翼龙的腕部进化出一个独特的构造，这便是前伸于肩部的翅骨，它是翼膜强有力的支撑。前三个手指生在翼膜外侧，第五指已退化不见。

由皮膜形成翼面

体温恒定

翼龙身上被羽毛覆盖，具有较高的新陈代谢水平，帮助它们维持恒定的体温。同时，它们具有更为先进的神经系统以及完善的循环和呼吸系统，这一切都是它们适应飞行而演化出来的生理功能，这也使它们与爬行动物家族有了迥异的区别。

最大的翼龙是风神翼龙，展开双翼有11~15米长，相当于一架飞机大小

视力良好

翼龙的脑子大，具有良好的视觉神经系统，视力发达。它们每日盘旋于水域上空，能够发现水中的游鱼和小虾等小型动物。它们在捕猎时，行动迅捷，可谓百发百中。

翼龙的骨骼化石

卵生繁殖

翼龙以卵生的方式繁殖，类似今天的鸟类。它们会把卵产在水边的沙地上，似乎还掌握了孵卵和抚育幼崽的技巧。在这一过程中，雌性翼龙发挥了巨大的作用。在性别的差异上，雄性的骨盆小，头骨有脊；而雌性骨盆大，头骨无脊。

翼龙在海面飞翔

翼龙在海边、湖边的岩石或树林中滑翔，有时也在水面上盘旋

栖息环境

翼龙喜欢在海边、湖边的岩石或是树林中觅食或进行其他活动。它们虽然长有翅膀，但并没有长距离地翱翔于蓝天的能力，只能在湖面上盘旋。它们比鸟类早7000万年适应了空中的生活。在不断飞翔的过程中，它们进化出了很多类似鸟类的骨骼特征。

翼龙可以从天空中发现飞行的昆虫以及水中游动的鱼、虾等小型水生动物，并能迅速出击，准确地捕食它们

第一个翼龙胚胎化石

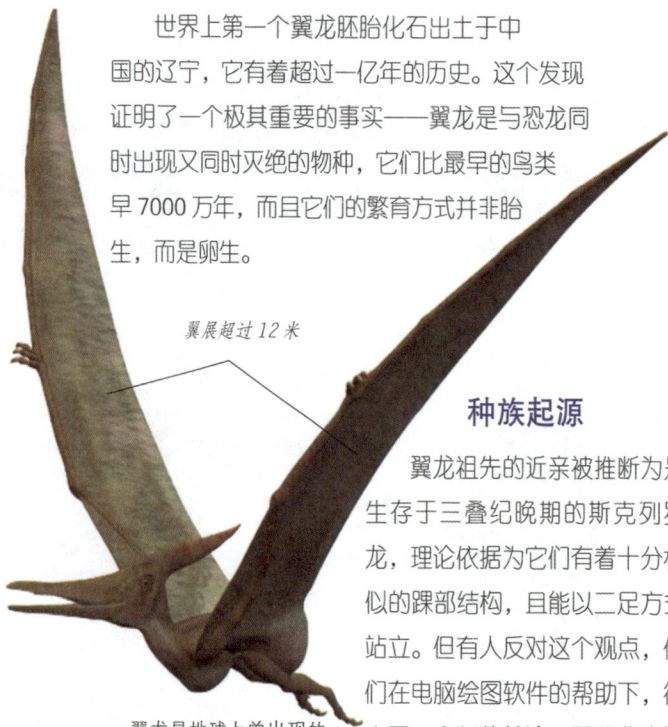

世界上第一个翼龙胚胎化石出土于中国的辽宁，它有着超过一亿年的历史。这个发现证明了一个极其重要的事实——翼龙是与恐龙同时出现又同时灭绝的物种，它们比最早的鸟类早7000万年，而且它们的繁育方式并非胎生，而是卵生。

翼展超过12米

翼龙胚胎化石

翼龙是地球上曾出现的最大型飞行生物

种族起源

翼龙祖先的近亲被推断为是生存于三叠纪晚期的斯克列罗龙，理论依据为它们有着十分相似的踝部结构，且能以二足方式站立。但有人反对这个观点，他们在电脑绘图软件的帮助下，得出了一个新的结论，即翼龙类与原蜥形目存在亲缘关系。

翼龙的个体大小和形态差异很大，大的展翼有12米，如披羽蛇翼龙，其宽度相当于一架F-16战斗机，而小的却形如麻雀

鼎盛时期

　　侏罗纪和白垩纪时期是翼龙家族最为繁盛的阶段。翼龙目源于爬虫类的古龙亚纲，与恐龙和鳄类属于同一个纲目之下，而鸟类则是古龙类的后裔。到三叠纪时期，古龙类衍生出二足步态，前肢自由地作为其他方式的应用。翼龙类的前肢则进化为两翼。

翼龙常生活在湖泊、浅海的上空

灭绝假想

　　在过去，人们曾将翼龙灭绝的原因归结为鸟类的出现和竞争。在白垩纪晚期，天空里翱翔的翼龙多为大型翼龙，早已不见小型翼龙的身影——它们的生态地位被鸟类的始祖所替代。然而从出土的化石记录来看，并没有小型翼龙的记录，这也可能是由于它们的骨架脆弱难以保存所导致的，与鸟类的竞争并无关系。

膜从胸部延展到极长的第四根手指上，以其他指骨支撑着膜

最新猜想

　　关于翼龙的灭绝，新的观点认为翼龙在进化的过程中适应了依靠海洋的生活模式，所以，当白垩纪灭绝事件发生时，翼龙与海洋生物一同灭绝。但也有相反观点认为，白垩纪晚期，翼龙的种族依然庞大，分支众多，只是在数量上与早期相比有所衰减。

如果没有气候剧变，恐龙会灭绝吗？

恐龙的突然灭绝可以称得上是地球历史上一个最不可思议的谜题。关于恐龙灭绝的观点和假说很多，最为流行的一种观点便是大陆板块运动引起气候剧变而导致恐龙灭绝。

从侏罗纪开始，远古大陆进入了逐渐解体并缓慢漂移的阶段，到白垩纪时，这一过程开始加速，地球进入狂躁期，地壳隆起上升形成山脉，引起了气候的改变。

当大陆最初解体时，洋底抬升，新生的海洋漫溢于世界各地，这导致了全球气温均一，而这样的环境是有利于恐龙的生存和繁殖的。但到白垩纪末期，海洋面积缩减，气候也随之发生剧变。两极地区进入寒冷时期，恐龙的体温自然也随之降低。虽然它们凭借厚重的脂肪所储存的热量能够熬过寒冷的几个月，但当气温开始回升时，它们却不能让身体迅速升温，新陈代谢降低，失去了往日的活力。反复几次后，恐龙的死亡率逐渐升高。

气候的变化引起了天气的剧变，风暴随时到来，寒冷的天气导致了大量植物和海洋生物的死亡，随之而来的是以它们为食的动物的死亡，以及大型肉食性恐龙的最终覆灭。

但这只是关于恐龙灭绝的一个假设，另一个影响较大的观点是小行星撞击地球导致"核冬天"的到来——致命的射线、灼热的气浪、漫天的尘埃，这些导致了氧气稀薄、植物枯萎、气候寒冷。几个月后，地球爆发了可怕的生物大灭绝事件。

然而不管是哪种假设，恐龙灭绝的事实是无法改变的，我们能做的只是继续寻找恐龙灭绝的最可靠的原因。

小翼龙学飞翔

一只新生的小翼龙正仰着头出神地望向天空，嘴里还不时地发出赞叹的声音。原来让它羡慕赞叹的正是一群在天空自在翱翔的成年翼龙——只见它们目视前方，张扬着翅膀，悠闲地翱翔着。它们忽高忽低，仿佛天空就是它们的舞台一般。

一只成年翼龙注意到小翼龙羡慕的神色，便扑棱着翅膀缓缓地降落在小翼龙的身旁。它问小翼龙："你一直在看着我们，你也想学习飞翔吗？"小翼龙红着脸点头道："我当然想学了，可是我不敢。""没关系的，我从前也像你一样，要想学会飞翔就得多多练习，不要害怕失败。"小翼龙听了，受到了鼓舞，便害羞地问："你可以教教我吗？"

"好啊！我有一个秘诀，能快速学会飞翔呢！"小翼龙十分好奇，急忙向前辈请教。可前辈只是说了一句"跟我来吧"便飞走了。小翼龙不明白前辈葫芦里卖的什么药，只好跟跟跄跄地蹦蹦跳跳着跟着。小翼龙怕错过前辈的路线，一路仰头看着，直到前辈落在一块高大的礁石上停了下来。小翼龙费了好大的劲才爬上去——等小翼龙停住脚的时候，才发现那礁石好高呀！小翼龙吓得不敢往下看。可是前辈却站在礁石边上，半只脚都悬空啦！它回头叫小翼龙往前走，像它这样站着。小翼龙根本不敢迈步，前辈叫了几次，它才慢腾腾地走到礁石边上，前辈叫它再往前一点，说马上就要传授它秘诀了。在秘诀的刺激下，小翼龙才壮着胆子站到礁石边上，它根本就不敢睁眼。

"快睁开眼，看我的！"说完，成年翼龙便向前迈步，整个身子都跌落下去了，只见它迅速收起后脚，又张开翅膀，就那样稳稳地飞了起来。成年翼龙在空中盘旋几圈，飞到小翼龙的头顶，对它喊道："怎么样，我这个办法灵不灵？你也试试！"小翼龙点点头，又摇摇头："可是我不敢，我怕摔下去！"

"如果你不迈出这一步，你永远都只能在地上羡慕我们了！"说完，翼龙前辈竟飞走了。小翼龙看着前辈的身影，愣住了，它还是不敢。

这时候，海边刮起了一阵大风，将瘦弱无力的小翼龙吹得站不稳了，摇晃之中，它的身体扑空了。情急之下，它急忙收起后腿，又张开双臂，扑棱几下，它竟然平稳落地了。

小翼龙愣住了，它回想刚才的过程，似乎飞翔也没那么可怕。想到这儿，它又一次跳到了礁石边上，这一次，它勇敢地飞了下去……

蛇颈龙

蛇颈龙是生活在海洋中的爬行动物，它们的祖先是陆生生物，后来才适应了海中生活。蛇颈龙化石几乎广遍全球；蛇颈龙生存时间极长，跨越三叠纪到白垩纪晚期数千万年的时间。它们喜欢干净的水域，以鱼类为主食。

身体宽扁，颈长似蛇，可以做很大的弯曲

海洋霸主

蛇颈龙体形硕大，身长最长可达 18 米，体形宽扁，尾巴较短；颈部很长，名称也由此而来。它们与鱼龙一起，称霸海洋数千万年。

身体灵活，四肢已经退化为适于划水的肉质鳍脚，是游泳健将

腭部生有长长的尖齿，常在鱼群中肆意穿梭，捕食鱼类

尾巴较短

蛇颈龙脖子极长，活像一条蛇，鳍脚像四支很大的船桨，使身体进退自如，转动灵活

两个分支

根据不同的颈长，科学家将蛇颈龙划分为两大族群：长颈型蛇颈龙和短颈型蛇颈龙。长颈型蛇颈龙生活在海中，鳍脚巨大且灵活；颈部极长，且伸缩自如，能远距离攫取食物。短颈型蛇颈龙又被称为上龙类。它们的颈部很短，体形健硕，嘴很长，头也很大。同样生有大型鳍脚。

捕食中的蛇颈龙

蛇颈龙头骨

海底觅食

古生物学家曾在瑞士的远古海底沉积层中发现一处奇怪的"痕迹"，一个明显的凹槽。这极有可能是蛇颈龙活动过的痕迹。这便证明蛇颈龙具有海底觅食的习性。而这个凹槽则是它们捕猎海底软体生物时留下的。

蛇颈龙既能在水中往来自如，又能爬上岸休息

在侏罗纪和白垩纪
海洋中，蛇颈龙一直是
海洋霸主

喜食肉类

蛇颈龙的牙齿细长而单薄，从结构上看，它们是一种喜食肉类的生物，但并没有撕咬猎物的力量，所以更适合以软体动物为主食。它们的食物主要以鱼类为主，甚至还包括蛤蜊、螃蟹以及其他的海底贝类。

吞食胃石

科学家曾在蛇颈龙胃部化石中发现了多达 135 颗的光滑石头。科学家推测，它们的作用是帮助蛇颈龙消化。

蛇颈龙的骨骼化石

胎生动物

古生物学家经过研究发现，蛇颈龙具有与多数爬行动物完全不同的繁殖方式——它们并非卵生，而是胎生。研究人员曾在一具完整的蛇颈龙化石的腹中取出了蛇颈龙幼崽，其性别为雌性。这说明蛇颈龙是将幼崽直接生出体外的。

蛇颈龙长颈伸缩自如，
可以攫取较远处的食物

蛇颈龙正在游弋捕食

如果没有意外，恐龙会活多久？

奇思妙想

对于一只动物来说，寿命长短会受到其生长模式的影响。非限定生长的动物寿命要长于限定生长的动物。假如我们将现生动物的非限定生长模式套用在恐龙身上的话，可以得出某些种类的恐龙从孵化到成年所需的时间分别如下：

原角龙需要 26~38 年；中型蜥脚类恐龙需要 82~118 年；而那些巨型蜥脚类恐龙如腕龙等则需要上百年的时间才能发育成熟。如果成年后的恐龙再能活上同样长的时间的话，腕龙的寿命可达到 300 岁。

另外，动物的新陈代谢水平也是决定动物生长快慢的重要因素。一般来说，热血的脊椎动物要比冷血动物生长得更快；但是生长速度快则意味着寿命短，长得慢的寿命才长。

那么，恐龙是热血动物还是冷血动物呢？它又有着怎样的新陈代谢水平呢？这个答案至关重要。古生物学家倾向于多数恐龙属于热血动物（即温血动物）。如果这是真的，那么，我们可以用现生的脊椎动物的生长模式来推算恐龙的寿命。它的寿命可以达到几十或一百多岁。

事实上，对于远古恐龙寿命的估算，我们还不能给出十分确切的答案。曾经有古生物学家在观察了某些恐龙的生长环境及骨骼情况之后得出结论：那些恐龙死亡时的年龄约为 120 岁。那么，人们便据此推断说，恐龙的寿命可能要超过这个数字，甚至达到 200 岁。

躲过一劫的蛇颈龙

近来，蛇颈龙家族流传着一种可怕的说法：自己家族的水域里居然来了一群"强盗"——一群走投无路的恐怖沧龙。

听说，它们原来的领地闹起了"饥荒"——大鱼都被凶猛的沧龙吃光了——所以，当它们听说这里生活着蛇颈龙家族的时候，便成群结队地杀来了。

所有的蛇颈龙父母都告诫自己的孩子们："千万不要到太远的地方玩耍，也不要到太深的海底；因为那些歹毒的沧龙最擅长的就是埋伏作战，然后再来个突然袭击；一旦被它们盯上，就惨了！"大家伙都吓坏了，只能在熟悉的水域中捕食和玩耍。

可不知怎么，有一只小蛇颈龙竟然在觅食的时候迷路了。本来，它看到了一群小鱼，便打算跟踪它们，等它们游累了自己就冲上去，一口吞掉它们。

小蛇颈龙在跟踪鱼群的时候，没有留神距离的问题，它竟越走越远了。等它吃饱喝足的时候，才发现自己已经游出了很远的距离，而这片水域的光线暗淡，到处散落着一些巨型的礁石。它想起了妈妈的告诫，急忙掉头往回返。

可它没游出多远，就看到一块礁石后面露出了几条粗长的大尾巴。"难道我已经陷入沧龙的包围中了？"小蛇颈龙想起了妈妈的话，它似乎预料到狡猾的沧龙马上就要发动攻击了。蛇颈龙强迫自己镇定下来，立即想办法逃走——可自己除了游泳速度快，也没有别的优势了。

"那也要快点跑，只要我的速度够快，它们一定追不上我的！"想到这，蛇颈龙暗中发力，鳍脚划动的速度快极了，一下就蹿出了十几米远。沧龙似乎也感受到了蛇颈龙的焦急，它们也不躲藏了，迅速追了出来。

可蛇颈龙实在灵活，它拼命划动鳍脚，速度很快；为了消耗沧龙的力量，它不停地左右摇摆，灵活地在礁石间绕来绕去。有好几次，沧龙都要追上蛇颈龙了，可一个转弯，又被它逃掉了。

追了一会儿，沧龙便感觉体力不够了，它们并不善于长距离地游泳。这时候，一群鱼游过来了，分散了沧龙的注意力，"捉不到蛇颈龙，吃点新鲜的鱼肉也不错。"它们的速度与鱼群比起来，还是有优势的。这么一想，沧龙便专心地追逐鱼群去了。

这下，蛇颈龙总算是躲过了一劫，它一刻也不敢停，急急忙忙游回了父母的身边。

图书在版编目（ＣＩＰ）数据

恐龙王国 / 黄春凯编. -- 哈尔滨 : 黑龙江科学
技术出版社, 2019.4
　　（探索发现百科全书）
　　ISBN 978-7-5388-9911-5

　　Ⅰ. ①恐… Ⅱ. ①黄… Ⅲ. ①恐龙 – 少儿读物 Ⅳ.
①　　Q915.864-49

中国版本图书馆 CIP 数据核字(2018)第 281205 号

探索发现百科全书·恐龙王国
TANSUO FAXIAN BAIKE QUANSHU·KONGLONG WANGGUO

作　　者	黄春凯
项目总监	薛方闻
策划编辑	薛方闻
责任编辑	侯文妍　张云艳
封面设计	萨木文化
出　　版	黑龙江科学技术出版社
	地址：哈尔滨市南岗区公安街 70-2 号　邮编：150001
	电话：（0451）53642106　传真：（0451）53642143
	网址：www.lkcbs.cn
发　　行	全国新华书店
印　　刷	北京天恒嘉业印刷有限公司
开　　本	787 mm×1092 mm　1/16
印　　张	10
字　　数	200 千字
版　　次	2019 年 4 月第 1 版
印　　次	2019 年 4 月第 1 次印刷
书　　号	ISBN 978-7-5388-9911-5
定　　价	128.00 元（全 4 册）

探索发现百科全书

人与自然

DISCOVERY AND EXPLORATION

翟利沙 ★ 编

黑龙江科学技术出版社
HEILONGJIANG SCIENCE AND TECHNOLOGY PRESS

前言
Foreword

　　北极地区曙光初现，饥肠辘辘的动物们走出自己的安乐窝，踏上觅食之路，有的动物走出去满载而归，有的动物走出去却再也回不来。生存是每个动物必须经受的考验。

　　当北极熊在皑皑白雪和浮冰之上一展"熊"风的时候，海豹却忙着躲避天敌的追杀，还要防范人类欺负自己眼神不好而诱骗自己上当。当海豹怀念极夜的日子时，企鹅却在极夜中忍受寒冷的煎熬，它们熬过黑暗之后，仍旧会面临求偶和筑巢之战。当大象和长颈鹿等这些庞然大物在草原同敌人斗智斗勇时，蜜蜂和蚂蚁这些身材迷你的成员却在隐秘王国里大显身手。当啄木鸟们在空中上演"鸠占鹊巢"的粮仓之战时，座头鲸和虎鲸却在海洋中用生命实践"调虎离山计"……

　　生存的斗争，从来不仅仅发生在动物界，植物界亦然。为了争夺阳光和空间，它们或是努力长成参天大树，或是努力伸展枝蔓，更有甚者，某些植物居然抱着"同归于尽"的心态，燃烧自己取得生长空间；为了更好繁殖后代，它们竞相盛开五颜六色的花朵，更有甚者，一些植物居然巧施"美人计"骗取动物为其传粉；为了传播种子，它们各显神通，有的御风而行，有的顺水而流，有的会爆炸，有的会喷射……

　　无论是动物还是植物，生存之于它们本来就非易事。然而，它们还要面临自然的考验。它们在地球这个幸运而又复杂的星球上共存，既受地球环境影响，同时也改变着地球。人类，作为其中特殊而重要的元素，应该扮演何种角色，承担何种责任呢？人与自然应该朝着什么方向发展呢？让我们通过阅读《探索发现百科全书·人与自然》一书来寻找答案吧。

　　本册《探索发现百科全书·人与自然》严谨和活泼兼具，"美感"和"营养"并重。版式新颖，图片精美，既保留了百科书的端正大方，又有杂志视觉化美感；体例科学，条目精当，可谓"营养丰富"；语言通俗易懂，利于"消化吸收"。本书结合传统百科优点，创意设计出"百科空间、奇思妙想、故事时间"三大板块，寓教于乐，其乐无穷。

　　愿每一位读者通过阅读本书，成为不一样的自己。

目录
Contents

动物篇

熊科动物 …………………………………… 6

长颈鹿 ……………………………………… 10

大　象 ……………………………………… 14

海　豚 ……………………………………… 18

袋　鼠 ……………………………………… 22

猫科动物 …………………………………… 26

鲸　鱼 ……………………………………… 32

犬科动物 …………………………………… 36

企　鹅 ……………………………………… 40

鸵　鸟 ……………………………………… 44

啄木鸟 ……………………………………… 48

蚂　蚁 ……………………………………… 52

蜜　蜂 ……………………………………… 56

甲　虫 ……………………………………… 60

鳄　鱼 ……………………………………… 64

蛇 ………………………………………… 68

蜥　蜴 ……………………………………… 72

奇异动物 …………………………………… 76

人类与动物 ……………………………………… 80

植物篇

神奇的种子 ……………………………………… 84

万能的根 ………………………………………… 88

多彩的叶子 ……………………………………… 92

缤纷的花 ………………………………………… 96

裸子植物 ………………………………………… 100

被子植物 ………………………………………… 104

藻类、蕨类和其他 ……………………………… 108

奇异植物 ………………………………………… 112

人类与植物 ……………………………………… 116

地球篇

地球结构 ………………………………………… 120

地球的运动 ……………………………………… 124

七大洲与四大洋 ………………………………… 128

高山、盆地与峡谷 ……………………………… 132

森林、湿地与沙漠 ……………………………… 136

特殊地貌 ………………………………………… 140

极端天气 ………………………………………… 144

自然灾害 ………………………………………… 148

生物圈和生态系统 ……………………………… 152

环境破坏与保护 ………………………………… 156

大熊猫

熊科动物

熊科动物是以肉食为主，兼草食的杂食性哺乳动物。这种大型哺乳动物的分布范围极其广泛，从寒带到热带都有它们的踪迹。当然，北半球是它们活动的主场地。这一神奇的物种中，有体重不及成年人的马来熊，也叫太阳熊；也有体型庞大，让人听之色变、闻风丧胆的北极熊，它是现存陆地上最大的食肉动物；人见人爱的大熊猫也是熊科的一员。

体型很小的马来熊
是唯一不冬眠的熊

头大又圆　　脖子短粗　　　　四肢粗壮
小眼睛视力不好
鼻子的嗅觉非常灵敏

食性

说熊科动物的食性杂，丝毫不夸张。它们既摄取苔藓、浆果和坚果，也取食青草、嫩枝丫，当然也会捕捉青蛙、螃蟹甚至鱼类。如果赶上青黄不接的时候，鸟卵和蚂蚁对它们来说也是不错的食物；如果运气好碰到小型鹿、羊，那它们就能大快朵颐一顿。

阿拉斯加棕熊用肥大的熊掌或者长满锋利牙齿的嘴巴抓鱼

冬眠

多数的熊科动物都是要冬眠的，只不过是半睡眠。到了深秋或者初冬的时候，居住在温带和寒带的熊会找一个向阳的避风山洞或者枯树洞去酣睡，依靠体内存贮的食物和脂肪来撑过整个冬天。只有被大的动静吵醒了，它们才会走出洞活动活动，然后再回到洞中继续冬眠。

冬眠的熊不进食，也不运动，新陈代谢很慢，
消耗的能量也很少

爱打架的熊们

雄性熊科动物在发情期内会为求偶而争斗。如在冰雪消融之时，北极熊们就纷纷爬出各自的洞穴寻找异性。雄性北极熊们为争夺配偶，相互大打出手。它们后腿站立，龇牙咧嘴，仿佛要用自己的尖牙利齿将对方撕碎。有时候为了征服母熊，雄性北极熊也用打架的方式让母熊"臣服"。

用后腿站立起来，露
出尖利的犬齿，是北极熊
恐吓对手的表现之一

6

头部相对较小，细细长长的，
和口鼻一起呈楔形

懒惰的健将

　　熊科动物中，北极熊是一颗耀眼的星。它们不仅嗅觉灵敏，而且奔跑速度极快，连人类的短跑冠军也望尘莫及。它们还是游泳健将，游泳速度丝毫不亚于海洋动物。但是这么优秀的健将，却懒惰得很。北极熊一生中70%的时间，都是在睡觉或者休息。真是个懒洋洋的家伙啊！

头圆

体毛黑亮而长

耳大

眼小

北极熊宽大的脚掌
下长着厚厚的有防滑功
能的长毛，即使在冰上
奔跑也不会摔倒

北极熊懒洋洋地躺在雪地上休息

胸部有一
块弯月形白斑

吻短而尖
鼻端裸露

身体粗壮

月亮熊

　　月亮熊以其胸前长有弯月形状的白毛而得名。月亮熊是黑熊的一种，它的视力很差，人们常常管它叫"黑瞎子"。月亮熊能像人类一样坐着，也能像人类一样行走，行动谨慎，性情温柔，很少攻击人类。它们爱吃蜂蜜和果子，哺乳期偶尔食肉。

足垫厚实

月亮熊栖息于山地森林，主要在白
天活动，善爬树、游泳，能直立行走

前后足各有
5趾，爪尖锐不
能伸缩

头大而圆

体形健硕，肩背隆起

错误的传说

　　人类世界有广为流传的与熊有关的故事。从古希腊寓言中衍生出"遇到熊，立刻躺倒地上装死可以逃过熊的攻击"。但这一做法很可能让你命丧于此，因为对于熊来说，腐肉也是可以接受的食物，所以这么做是很危险的。

如果北极熊生活在赤道会怎样？

奇思妙想

北极生物资源极少，北极熊为了抵挡饥饿，常常会发生同伴自相残杀的情况。

那么，如果北极熊生活在赤道，赤道地带丰富的动植物资源不就可以为它们提供充足的食物了吗？

事实上，北极冰原是北极熊赖以生存的最佳栖息地。这里是地球上最荒凉最寒冷的地区之一，冬天太阳从来不会在地平线以上出现，夏天的阳光也几乎是转瞬即逝，恶劣的自然环境使得这里的生态系统极其脆弱，但对于"北极霸主"北极熊来说这里正是它们的舞台。北极的温度经常会低于 -40℃，而北极熊的体温却能保持在 38℃ 左右，这与北极熊的体毛有很大的关系。北极熊全身长满厚厚的白毛，耳朵和脚掌也不例外，并且它们的毛质具有极其复杂的结构。严格地讲，北极熊的毛分为外层和内层。外层的毛很长，有很多油脂在上面，而且里面是空的，具有保温和排水的作用。在外层长毛的保护下，内层的体毛不会变湿，而且柔软、浓密的内层体毛会使北极熊的体温保持很高。内外体毛的双层保温，再加上厚厚的脂肪，北极的寒冷根本就不可能伤到北极熊，与此相反，它们很怕热。所以，北极熊的生理特征决定了它们只适合在低温环境下生存。赤道地带是地球上最热的地方，当然也就不适合北极熊生存了。随着全球变暖，北极大浮冰开始融化，北极熊的家园正面临着巨大的危险。

饥饿的小白

当地球的北极渐渐朝向太阳倾斜，覆盖在海面上的冰川慢慢开始消融，北极的夏天就要到来了。然而，这个季节对于北极熊来说，实属考验。北极熊要抓紧时间填饱肚子，否则拮据的日子将会很难熬。

在消融的冰川中慢慢走出一头北极熊，我们暂且管这头北极熊叫小白吧。小白在不久前刚刚失去了自己的母亲。它的母亲被一头饥饿的雄性北极熊给杀害并吃掉了。羽翼未丰的小白要独自面对这个世界，在这残酷的世界中挣扎着求生存。值得庆幸的是母亲在的时候教了它一些本领，它现在只能靠这些本领来度日了。

小白的肚子又咕咕地叫起来，它希望能在冰极世界中捕到海豹来填饱肚子。

它找到一块脆弱的冰层，低头仔细寻找着海豹的呼吸孔——它的妈妈已经教给它如何辨识这些孔。它看到了几个孔，觉得这下面可能有海豹。于是，它按照它母亲教它的方法——守株待兔——蹲坐在这几个孔的旁边，耐心地等待。它心里想着等海豹一旦把头从孔里伸出来，它就攻其不备，用尖利的爪钩将海豹拉出来，一口吞掉。可是一连守候了几小时都不见海豹的踪影。它不得不离开这里再做寻找。

这时，它闻到了海豹的味道。它循着味道向前走。果然在不远处，一只海豹妈妈把一只小海豹带到了呼吸孔的上方，自己返回海中捕食去了。小白觉得这是个机会，于是它从小海豹背后的方向蹑手蹑脚地向小海豹靠近，准备等到距离近些再发动突然袭击。可是，就在小白快要到海豹跟前的时候，小海豹发现了它，从呼吸孔一头扎进了海里，小白扑了个空。

小白肚子的叫声越来越大，不行，得换个方法。于是，它朝着那边燕鸥的栖息地蹒跚地走过去，希望能吃几个鸟蛋或者幼鸟。但是，还没等小白走近就被成年燕鸥发现了，它们飞到空中，用尖利的喙直冲小白，小白无力招架，只好落荒而逃。

饥饿的小白无功而返，只能在太阳下打个盹来安抚一下饥肠辘辘的自己。小白明天会捕到食吗？

长颈鹿

长颈鹿头上的一对角很硬

长颈鹿不停转动耳朵寻找声源，直到断定平安无事，才继续吃食

长颈鹿，顾名思义，因为脖子长而得名。长颈鹿身上长着起保护作用的豹纹，所以在拉丁语中，长颈鹿名字有"长着豹纹的骆驼"的意思。它以其"出众"的长相和儒雅的作风而成为人们喜爱的动物。作为世界上现存最高的陆生动物，长颈鹿主要生活在非洲的稀树草原一带，它们以树叶等草食为食，是地道的素食主义者。

长颈鹿的长脖子和一对大眼睛构成了监视敌人的"瞭望台"

长颈鹿走路不像其他四条腿的动物交替走，而是"一顺边"

活动的"瞭望台"

为了吃到树冠上的树叶和嫩枝，长颈鹿在物竞天择的自然淘汰机制下进化出了长长的脖子和四肢。它成了非洲草原上暴露在外的显眼目标。为了能更好地发现敌人、保护自己，长颈鹿的眼睛进化得很大，眼珠突出，能向四周旋转，视野宽广。美丽的长颈鹿俨然是一座活动的"瞭望台"。

儒雅绅士

长颈鹿是动物中的儒雅绅士。在长颈鹿群体中，它们彼此之间很和睦，很少能看到内讧、打斗，相反它们彼此照应，共同应对来自草原的敌人。如两只长颈鹿互相之间距离很近时，经常把腿轻轻碰向对方，时而还会脖颈相交，看起来很亲昵。

长颈鹿以其高挑出众的身材成为非洲的标志动物之一。

长颈鹿绕颈，互相示好

长颈鹿要叉开前腿或跪在地上才能喝到水

大长腿

长颈鹿拥有四条大长腿，可以时速50千米的速度躲避非洲狮的追捕。但长腿也给它们带来了不便，尤其是喝水的时候，由于细长的头颈不能完全弯曲，所以只能叉开两条前腿，才能勉强喝上水。但喝完水后，想要收拢两腿重新站直，却是很困难的，这时容易被动物攻击，所以长颈鹿尽量减少喝水的次数。

多样的花纹

长颈鹿的花纹主要起保护作用，有斑点和网状两种花纹。这两种花纹生长在不同种类的长颈鹿身上，又演变出许多不同的样式和风格。比如，安哥拉长颈鹿斑点大，边缘有缺口，而科尔多凡长颈鹿斑点则较小，较不规则；努比亚长颈鹿斑点呈四方形，乌干达长颈鹿斑点则是长方形；马赛长颈鹿斑点则似葡萄叶。

安哥拉长颈鹿斑点

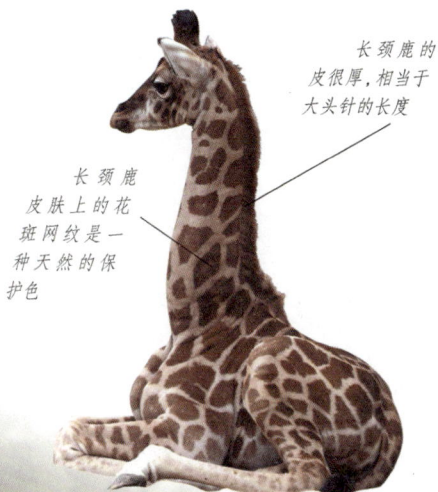

长颈鹿的皮很厚，相当于大头针的长度

长颈鹿皮肤上的花斑网纹是一种天然的保护色

特别的睡眠

长颈鹿睡眠吗？它是怎么睡眠的呢？长颈鹿当然睡眠了，只不过睡的时间非常短，为了不使自己陷入危险和被动，长颈鹿常常一个晚上只睡一两小时。它们从来不躺着睡，一是因为它们身体太大，躺下目标太明显；二是它们站起来需要一分钟，逃生能力因此降低。它们多数是脖子靠在树上假寐片刻。

牛掠鸟喜欢栖息于大型食草动物体上

小鸟来剔牙

长颈鹿有专门的"口腔医生"，那就是牛掠鸟。牛掠鸟常常在长颈鹿的嘴里寻找"剩菜"，顺带帮助长颈鹿"剔牙"。每每这时，长颈鹿就张开嘴巴进行配合，很是享受呢。除此之外，牛掠鸟还经常帮助长颈鹿梳理毛发，在它们身上的寻找"食物"——蜱和蛆。

牛掠鸟为长颈鹿剔牙

长舌头

长颈鹿舌头是蓝黑色的，据说那样的颜色或许可以保护它的舌头不被晒伤

仔细观察的话，我们会发现长颈鹿用舌头摘食树枝上的叶子时非常轻松，只要舌头轻轻一钩树叶就到了嘴里。

如果长颈鹿得了脑出血会怎样？

奇思妙想

长颈鹿真不愧是陆地上最高的动物，连刚生下来的幼仔身高也有 1.8 米左右。如此身高，我们在惊叹的同时，也在为长颈鹿担忧，它们是如何低下头来喝水呢？忽高忽低的，长颈鹿肯定会感到头昏目眩，万一长颈鹿患了脑出血怎么办？

长颈鹿的平均身高约为 5 米，当它站立时，头部比心脏高出大约 2.5 米。为了确保新鲜血液输送到大脑中，通常它的心脏泵压可达 300 毫米汞柱，这么高的血压大约相当于成年人血压的 3 倍，比一般哺乳动物的血压高出 2~3 倍。如果一般动物拥有这样高的血压，会立即得脑出血而死。但是，对于长颈鹿来说，这样的血压很正常。

长颈鹿的脖子长 2~3 米，那么要把血液输送到大脑里，必须要有一个能力超强的心脏，只有这样才能够产生足够大的压力把血液压到大脑中，从而满足大脑的需要。长颈鹿的身体正好符合这一要求，成年长颈鹿的心脏的直径就有 0.5 米以上，平均重约 11 千克。因此，当长颈鹿抬头吃树叶的时候，它强有力的心脏会用强大的压力把血液推到大脑里去。而当长颈鹿低头喝水的时候，这么高的血压会不会把长颈鹿的脑袋压得爆炸呢？看看泰然自若的长颈鹿，我们就没必要为它担心了。奥秘就在于长颈鹿脖子的血管里有很多瓣膜。当长颈鹿低头的时候，这些瓣膜会自动关闭或者半关闭，从而降低了流向头部血液的压力。此外，长颈鹿的脑袋里还长有一层海绵状的血管网，它可以自动吸收多余的血液。有了这些特殊的身体构造，长颈鹿在大幅度的活动时就不会得脑出血。

愤怒的长颈鹿

落日的余晖给非洲草原镀上了一层金黄，天边的云层也被镶上了金边。每天差不多这个时候，非洲草原就开始热闹起来，动物们来到水塘边喝水、洗澡、消暑，而往往它们的天敌也会在附近伺机而动。

一只长颈鹿妈妈带着刚出生不久的小长颈鹿也来了。喝水对于小长颈鹿来说可是一个不小的难题。腿长，脖子长，怎么才能够喝到水呢？小长颈鹿学着妈妈的样子，奋力叉开双腿，小心翼翼低下头，把嘴巴伸进了水塘里，终于喝到水了，"咕咚，咕咚"小长颈鹿一口气喝了个够。

喝饱了水，长颈鹿妈妈带着小长颈鹿朝着草原中心那棵像伞一样的树走去。可还没有走到那棵树，小长颈鹿就累得直接瘫坐在地上。长颈鹿妈妈知道对于刚出生不久的长颈鹿宝宝来说，它的体力不足以支撑到那棵树。于是，长颈鹿妈妈让小长颈鹿休息片刻，它站在那里放哨。它觉得时间差不多了，就用蹄子温柔地踢踢小长颈鹿，可是小长颈鹿撒娇似的不愿起来。

忽然，长颈鹿妈妈加大力气，使劲踢小长颈鹿，节奏紧张而急促。不明情况的小长颈鹿被迫起身，刚要站起来就跌倒了，再次努力后终于站了起来。长颈鹿妈妈带着小长颈鹿奋力向前跑。

果然，它们的敌人——一群饥饿的狮子紧跟而来。这些草原上的"肉食动物"早已算计好了时间，想不费吹灰之力将猎物拿下。体力不支的小长颈鹿被一群狮子追上了。其中一头狮子咬住了它的脖子，它倒下了。一群狮子蜂拥而上。长颈鹿妈妈看到了，想掉头回来，可狮子群中一头母狮子正朝着她走来……看着孩子的惨状，长颈鹿妈妈愤怒了：它的眼睛充满了血，朝着狮子狂奔而去，一脚将母狮子踩在脚下。它的愤怒和仇恨像火山一样爆发了，一顿狂踢之后，母狮子很快就一命呜呼了。其他狮子被愤怒的长颈鹿妈妈吓傻了，它们慢慢地撤退了。

长颈鹿妈妈看着惨死的孩子，朝着夕阳的方向哀嚎了一声，泪水从眼角滑落……

大　象

大象，是陆地上最大的哺乳动物，是丛林和草原上彻头彻尾的素食主义者。白象牙、长鼻子和大耳朵是大象一族显著的外形特征。长鼻子和大耳朵对大象而言有着非比寻常的重要意义，象牙却因它的珍贵性，给大象带来了威胁和灾难。

当然，并不是所有的大象都长有象牙。象科动物有两个种类，即非洲象和亚洲象。非洲象都有象牙，而亚洲象只有公象才有象牙。

亚洲幼象

耳朵的特殊功能

大象灵敏的听觉得益于像蒲扇一样的大耳朵。这一对大耳朵宽度近1米，有利于收集音波，所以它可以听见周围的任何风吹草动。而且大耳朵还是重要的散热"武器"和赶苍蝇的有力工具。

耳朵大如扇

灵敏的嗅觉

大象因其庞大的身躯为人类所熟知。都说"站得高，望的远"，可是大象的视力却不怎么样，但嗅觉出色。大象灵敏的嗅觉来源于它强大的鼻子，依靠嗅觉，可寻找食物及识别家庭成员。而且其长长的鼻子还是进食和搬运物品的主要工具以及进行攻击的有力武器。

终生生长的门牙

鼻孔在末端，鼻尖突起

四肢粗大

群居生活

大象过着群居的生活。它们以家族为基础结群。在一个家族中，雌性大象占有绝对领导的地位，决定着整个家族中的大事小情，诸如每天的活动场地、活动时间、迁徙路线、进食地点、休息场所等问题全部由领头的雌性大象决定。而雄性大象则将自己的主要精力放在保护家庭安全上。

素食主义者

在动物世界里，相对其它动物而言，大象是个随遇而安的物种。它们常活动于丛林、草原和河谷地带，以这些地方生长的嫩树叶、野果、野草为食。大象每天可以吃掉225千克的草，一生中最多可吃掉6 570吨草，可真是大胃王。

大象以嫩树叶、野草和野果为食，食量极大，每日食量在225千克以上

超强记忆

大象有着超强的记忆能力。有英国的科学家针对大象的记忆能力做了一个实验：锁定其中某些大象，观察它们经常与哪些大象来往；然后把与之交往的大象的声音录下来。结果发现，这些目标大象对它们熟悉大象的叫声会做出反应。即使这个大象已经死了一年多，只要播放这头大象的声音，它们仍然会做出反应，可见大象记忆之强。

大象经过训练，能够做出多种动作，给人们带来欢乐，比如作画

被割开面部取走象牙的大象和偷猎过后剩下的大象残尸

生存现状

很久以来，象牙一直被视为上好的奢侈品材料，在人类中备受追捧。大象引以为傲的洁白象牙却为它们引来了杀身之祸。加上不当的人类活动，严重破坏了大象的栖息地，使它们的生存空间受到限制和威胁。目前，象的生存状况不太乐观。

大象公墓之谜

在人类文化中，流传着这样的传说：大象在临死之前都会前往一个神秘的地方，静静地等待死神的来临。这个神秘的地方只有大象知道，人类不得而知，这个地方就是大象公墓。大象公墓真的存在吗？实际上，大象公墓到现在为止只是一个传说。目前还没有证据可以证明大象公墓真的存在。

如果大象的鼻子变短了会怎样？

奇思妙想

大象给人的印象总是拖着长鼻子，悠闲自在的散步。没有人会想到，性格温顺的大象在发威时，会毫不费力地用它的长鼻子拔起一根几百千克的大树，身小力薄的动物根本不是它的对手。即使遇上像狮子这样的猛兽，大象也会挥动着鼻子抽打敌手，并将它卷起抛入空中，摔个半死。大象的长鼻子威力这么大，假如没有了它，大象不仅会受到其它猛兽的袭击，而且还会因为喝不到水、吃不到树叶……而被自然界淘汰。

大象的长鼻子是自然进化的结果，也是它们特有的标志之一。大象是4000多种哺乳动物中鼻子最长的，它们的鼻子实际上是由上唇和鼻子合并向前延长而形成的，是由四万多条肌纤维组成的，能够灵活运动。大象的鼻子是取食、吸水的工具，也是自卫时的有力武器。成年大象的鼻子约重154千克。

大象鼻子的顶端有一个突起物，它集中了大量的神经细胞，感觉特别灵敏；大象的鼻子如人手一样十分灵活，能随意转动和弯曲。因此，会看到动物园里的大象能用鼻子搬重物、拔钉子、解绳子，甚至连绣花针也能捡起来。更有趣的是，它们用鼻子来传递友好的信息，人类用握手表示问候，大象的鼻子互相缠绕在一起也起这样的作用。大象还很喜欢水浴，常常在河边或水塘边用长鼻子吸水冲刷身体。大象的鼻子在顺风条件下，可以闻到几十米甚至一千米以外的异常气味，还可以确认附近的动物在干什么。大象还常常把鼻子当拐杖探路和武器，碰到"敌人"时，它就用甩鼻子这一招，有时竟能打断"敌人"的几根肋骨。

可以说，大象的长鼻子如果变短了，它将寸步难行。

迷失的小象

旱季的非洲草原，大象首领的宝宝刚刚出生了。

小象出生几小时后，就颤颤巍巍地站起来了。它出生的时机并不是太好，在这个少雨的季节，植物都被吃得差不多了。所以象妈妈——这个族群的首领决定带着自己的家族迁徙。它们要到枝叶茂密的森林去，或者去乞力马扎罗山脚下也是不错的选择。

象妈妈让小象吃了几口奶就带领着族群上路了。天气炎热，路上很少能见到湿地或者沼泽。小象走了没多久就又饿了，它拱到妈妈的肚子下想要吸几口奶，可是被妈妈拒绝了。大象首领必须保证自己身体的水分，以确保自己带领大家顺利达到目的地。

小象走了一会儿就累了，它倒在路边想休息一下。此时这么躺在裸露的草原上，是一件非常危险的事情，因为食肉动物随时会出现。象妈妈看护着小象，让它休息了片刻，便用像柱子一样的前肢推推小象，示意它起来。小象极不情愿地站起来跟在队伍后面。此时的小象一刻也不能离开妈妈的视线，否则会很危险。大象妈妈吼了一声，小象快跑了两步来到了妈妈身边。

终于，前面有一个沼泽地，群象立马来了精神，纷纷跑到沼泽里喝水、洗澡、嬉戏，顺带给皮肤做"面膜"——用鼻子往身上甩泥，可以防止太阳晒伤皮肤。群象尽情享受没有食肉动物威胁的宝贵时光。

快到目的地了，已经能看到草丛和茂密的森林了。这时，首领发现了一堆象骨。根据经验判断，附近有人类。果然，另一边的树林里响起了枪声，象群一下子混乱起来。大象们跟着首领朝前跑去，那仍旧是目的地的方向。可惜小象被高高的草丛和象群踏起的尘土遮住了视线，看不清方向，再加上恐慌，它居然在草丛中朝着另一个方向狂奔。

小象看不到妈妈心里非常恐惧，加快脚步奔跑，可怜的小象越跑离妈妈越远。

暮色降临，小象将独自度过这个夜晚。它能安全挺到天亮吗？它能否躲过食肉动物的袭击吗？在自然考验下，它能生存下来吗？还会与妈妈相见吗？……

17

海 豚

海豚是海洋中的"杂技"爱好者和表演者，它们喜欢在快速游泳的时候表演特技。正是海豚这种友善长相和喜欢杂耍嬉闹的性格，人类才对海豚青睐有加。海豚科是海洋哺乳动物中种类最多的一个科，它们的家族非常庞大，就连虎鲸也归为海豚科。但是由于人类的过度捕捞和滥杀，海洋垃圾、石油污染等环境污染让海豚的生活环境急剧恶化。更为严重的是，人类的水下作业产生的噪声污染严重干扰了海豚声呐的判断，海豚"事故"时常发生。

经过训练，海豚能够学会
钻火圈、打乒乓球等很多技能

高度社会化

相对于其他海洋动物，海豚是高度社会化的动物。它们本身就喜欢拥抱和抚摸，通过这种方式，彼此之间的关系很融洽。海豚族群是个"和谐社会"，它们和谐友善，互相帮助。如果成员中有一只海豚生病了或者受伤了，那么其他海豚会主动提供帮助。如果遇到鲨鱼等天敌，它们会团结一致，对付外敌。

海豚喜欢过集体生活，时常结伴而行，
少则几头，多则几百头

特别的求偶

当雄性海豚逐渐性成熟，求偶也就成为了它们的"重要工作"。雄性海豚会一直待在雌性海豚堆儿里，整天和雌性海豚厮混在一起。一旦雄性海豚发现了自己的"意中人"，就立马展开求偶攻势。它们会日夜守在雌性海豚的身边，防止雌性海豚和别的雄性海豚交配。

体形流畅

弯如钩状的背鳍

海豚科动物游泳方式独特，整个身体
以小角度跃离水面再以小角度入水

友爱大家庭

当雌性海豚分娩的时候，其他雌性海豚会主动游过来，守护在分娩的雌性海豚旁边。如果有鲨鱼过来，它们就会团结一致，齐心协力把鲨鱼撞死。当海豚妈妈需要觅食的时候，其他的雌性海豚就成了"托儿所"里的阿姨了，它们一起照顾小海豚。

低调的智者

海豚行事低调，但是依然掩盖不住它们的"聪明"特质。有科学数据证明，海豚的确是一种聪明的动物。海豚相对于其他动物而言，大脑沟回要多得多。沟回越多，智力越高。海豚的大脑质量比人类的脑质量还大，只是相对于海豚庞大的身躯，脑袋所占的比重小了点。

善良的表演家

海豚是天生的表演家。它们擅长表演各种杂技，比如钻铁环、头顶篮球、亲吻等。它们还是天生的歌唱家，它们的声呐发出的声音有时候悦耳动听，好像是在唱歌。

集中多才艺于一身的海豚，还天生是个慈善家，它们不仅互相帮助，还会帮助人类。海豚救人的事情常常见于报道。

海豚救人

不得志的虎鲸

作为海豚科最厉害的成员，虎鲸是海洋中的顶级杀手。然而，虎鲸遇上座头鲸，常常不能如意。座头鲸似乎专门跟虎鲸作对，阻止它猎食。虎鲸在捕猎海豚时，座头鲸会呼唤自己的同伴前来相助海豚，合力将虎鲸赶走。

虎鲸PK座头鲸

奇思妙想

人类需要睡觉，动物也同样需要睡觉，而且动物的睡姿多种多样：比如猫是捂着耳朵贴地面睡，大象是站着睡，老虎是趴着睡……而海豚似乎很少有静止的姿态，它们日夜都在波涛汹涌的海洋里跳跃、游动。海豚会睡觉吗？如果海豚在水里睡着了会因无法呼吸而被淹死吗？

当人睡觉时，左右大脑同时进入了休眠状态。而海豚有特殊的睡觉方式。海豚在睡眠时，它的呼吸和神经系统有着特殊的联系。实验证明，海豚是在有意识的状态下进行睡眠的。在睡眠的时候，海豚半个大脑属于清醒状态，也就是只有一侧大脑是停止活动的，而另一侧大脑仍保持清醒状态，只是警觉度较低罢了。什么时候需要浮上海面呼吸新鲜的空气，就必须听它发出指令。海豚左右两侧大脑会自动交替工作和休息，大约间隔十分钟，两个大脑半球自动换班一次。因此，我们才会看到海豚身体一直是照常的游动姿态。由此看来，如果海豚在水里睡着了，也不会因为无法呼吸而呛到水，导致丧命的！

海豚为何有如此高超的睡觉"技能"呢？这与它发达的大脑分不开。某种程度上，大脑回沟数量越多，智力越发达，海豚的大脑拥有数量可观的回沟。而且海豚的脑体积和脑质量在动物中首屈一指，与灵长类动物非常接近，被称为"海中智叟"。它发达的大脑可以很好地控制自己大脑两边轮流休息，不至于让自己在睡觉的时候无法呼吸或者呛水而死。如果我们人类也能像海豚一样可以控制自己大脑轮流休息，那么人类的文明进程将大大加快。

幼鲸学捕食

　　一只尚不能独立的小虎鲸跟在妈妈身边，这些天它要学习的课程是如何捕食。这位虎鲸妈妈真是一位合格的老师，它没有太多的"语言"，而用亲身实践为她的孩子做示范。

　　瞧前面的海面上飞翔着几只海鸟，虎鲸妈妈立刻翻过身来，把腹部朝上。远处的海鸟看到了，以为是死了的鲸鱼呢，拍打着翅膀争先恐后地飞了过来。海鸟刚刚停在虎鲸身上，还没有张开嘴啄食，虎鲸一个翻身，张开血盆大口，将它们一口吞下。小虎鲸在一旁吃惊地看着这一幕。

　　这点儿食物根本满足不了虎鲸妈妈，它带着小虎鲸继续向前游去。前面的鱼真多呀，乌压压一片。虎鲸妈妈发出了召唤同伴的声音。不一会儿其他虎鲸就闻声赶到了。鲸群追逐鱼群，小虎鲸也加入了驱赶鱼群的行列。鱼群与虎鲸们周旋了许久，已经缺氧的虎鲸们失去了耐心，而鱼群此时也精疲力竭。虎鲸们用尽最后的力气将鱼群驱赶成了一个大球，鱼儿已经无力挣扎，任虎鲸们狼吞虎咽。小虎鲸也加入其中，美美地大餐一顿。

　　鲸群并没有散去，它们结伴而游，小虎鲸就在其中。它们不时地从水中把脑袋伸出来，喷出水柱。它们这样做，一是为了呼吸，二是为了观察周围环境和找寻猎物。

　　这时，发现前方的浮冰上有一只海豹。虎鲸们非常默契地朝着那个方向游去。它们整齐地排成一排，在海豹所在的浮冰下游过。海面上立刻出现了一个大波浪，这一阵波浪差点儿把海豹从浮冰上冲下去。海豹惊恐地用双鳍奋力朝冲来波浪的反方向滑动，终于安全地扛过了第一次波浪。游过去的虎鲸又从水中探出脑袋，看看海豹此时在浮冰上的位置。它们再次潜入水中，从相反的方向游过来。这次这个波浪要比上次大得多，有力得多。一个浪头过来，海豹没有抓稳，被冲了下去。

　　到了水下的海豹并没有束手就擒，它奋力向浮冰游去，虎鲸不紧不慢追随其后。惊恐的海豹竭尽全力爬上了浮冰，结果一只虎鲸举起巨大的尾巴一下子把浮冰打碎了。海豹忙不迭爬上最后一块相对大一点儿的浮冰，想抓住最后的一根救命稻草。虎鲸妈妈伸出脑袋，海豹的尾巴就在它的嘴边，只要它愿意，一口就能把海豹拖入水中吞掉。此时海豹已无处可逃，但早已被鱼群填饱肚子的虎鲸已没有兴趣再吞一只海豹了。虎鲸妈妈带着小虎鲸和鲸群一起离开了……

袋　鼠

袋鼠是有袋动物的典型代表。袋鼠凭借着强壮有力的后腿成为跳得最高、最远的哺乳动物。它们是澳大利亚一张闪亮的名片，主要分布在澳大利亚大陆和巴布亚新几内亚部分地区。在澳大利亚大陆，生活着各类的袋鼠。从雨林到沙漠，再到平原，随处可见袋鼠的身影，它们是这片大陆真正的主人。在这片广袤的土地上，它们在上演怎样的一幕呢？

袋鼠的尾巴粗而长，长满了肌肉。袋鼠休息时可以靠它支撑身体，跳跃时又可帮助袋鼠跳得更远

美丽传说

袋鼠的英文名字是"Kangaroo"，据说这个名字是一个叫约瑟夫·班克斯的航海旅行家给起的。他第一次航海旅行到现在的库克镇港口，在靠岸修船期间他首次看到了"袋鼠"这种动物，感觉很新奇，就问当地居民这是什么动物，当地居民说"Kangaroo"，尽管当地人的意思是"不知道"，但约瑟夫以为这就是这种动物的名字，后来这个名字便流传开来。

袋鼠以群居为主，有时可多达上百只

强烈排外

袋鼠是一种非常贴心的动物。它们常常只吃贴近地面的小草，而把长草与干草留给其他动物。然而就是这样暖心的袋鼠，居然是排外性很强的动物。它们几乎不能接受外族的成员进入自己的本家族。就算是自己本家族的成员，一旦离开本族的时间过长，这个家族就不欢迎它回归了。

战斗时，袋鼠的尾巴可以当作拐杖来支撑身体

御敌有术

袋鼠凭借自己强大的尾巴成为动物界中御敌有术的佼佼者。当袋鼠休息时，尾巴可以作为"拐杖"支撑自己的身体；奔跑时，尾巴可以作为平衡身体的平衡器；战斗时，尾巴变成了进攻和防御的有力武器。当袋鼠遇到敌人，它们常常会把尾巴支撑在地上，后腿腾空而起，朝着敌人的身体，给予重重的一击。

袋鼠的后腿强健而有力。袋鼠以跳代替跑步，最高可以跳起4米，最远可以跳出13米

田径全能天才

袋鼠被称为田径全能天才，在跳高、跳远、奔跑等方面都很优秀。人类田径比赛中的蹲踞式起跑就是受到袋鼠奔跑前姿势的启发而创立的，这被认为是"短跑技术革命"的起跑技术。

在妈妈的口袋里的小袋鼠

神奇的育儿袋

袋鼠因为身上长有育儿袋而得名。每个雌性袋鼠的前面都有一个朝前开口的袋子，这就是袋鼠妈妈的育儿袋。这个小小的育儿袋可有大大的作用。育儿袋里有乳头，小袋鼠出生后，摸索着爬到妈妈的育儿袋里吮吸乳汁，到它能独立活动为止，需要在这里度过七八个月的时光呢。

调皮的小袋鼠

小袋鼠要在妈妈的育儿袋里待上七八个月。可是这些小家伙从来都不老实。它们对袋子外面的世界充满了好奇，总想把脑袋伸出来看看外面的世界。每每这个时候，袋鼠妈妈总是无情地把它们的脑袋给按回去。小袋鼠可调皮了呢，它们常常在妈妈的育儿袋里拉屎尿尿，妈妈还要时常用嘴巴和舌头帮它们"大扫除"。

开始独立生活的小袋鼠

大赤袋鼠

若要说袋鼠类的代表种类，非"大赤袋鼠"莫属。大赤袋鼠生活在澳大利亚大陆东南部，被称为"有袋动物之王"。它们主要在夜间活动，喜欢以树、洞穴和岩石裂缝作为遮蔽物。在这些隐蔽的地方，大赤袋鼠过着群居的生活。它们敏感而胆小，长期进化之后衍生了灵敏的视觉、听觉和嗅觉，那是它们在这片广袤的土地上求得生存的法宝。

大赤袋鼠又称"红袋鼠"，雄性袋鼠的毛色是红色或红棕色的，雌性袋鼠的毛色是蓝灰色的

如果袋鼠妈妈没有育儿袋会怎样?

奇思妙想

袋鼠大多生活在澳大利亚广阔的草原或原始森林中，是一种低等的哺乳动物。它们中有的只有老鼠那么大，有的比人还要高大……虽然袋鼠的体型、习性等有很大的不同，但它们有一个共同点：后腿强键而有力，并且所有的雌性袋鼠都长有一个前开的育儿袋。育儿袋里有四个乳头，新生的小袋鼠会寻找温度和脂肪含量合适的乳头来吸吮。随着小袋鼠的成长，它会选择适合自己需要的其他三个乳头。

袋鼠是一种古老的动物，雌袋鼠体内没有胎盘，小袋鼠在妈妈的肚子里得不到足够的营养。袋鼠妈妈在"妊娠"40天左右便把小袋鼠产下了，而新生的小袋鼠根本无法独立生存。小袋鼠待在育儿袋里吸收母体的营养。育儿袋就像一个开放的子宫，它里面的乳头为小袋鼠的成长提供了丰富的营养物质，小袋鼠在育儿袋中含着乳头就相当于子宫中婴儿的脐带和母体相连。袋鼠的育儿袋有着强韧的肌肉，小袋鼠可以在里面随意地蜷缩、伸展它的身体。此外，袋鼠妈妈还会随环境的好坏来调节小袋鼠在育儿袋内的"妊娠"时间，如果遇到不好的年份，小袋鼠会在育儿袋里面待的时间长一些。一般来说，小袋鼠在七八个月后，就可以爬出育儿袋到外面去生活。由此可见，袋鼠妈妈的育儿袋是袋鼠这一物种得以延续的摇篮，也是小袋鼠赖以成长的最佳环境。如果袋鼠妈妈没有育儿袋，那么刚出生的袋鼠宝宝就无法获得营养，小袋鼠也就不能存活下去了。

袋鼠王长成记

黄昏，袋鼠妈妈拖着笨重的身子从自己的"安乐窝"中走出来觅食。不多时，正在吃草的袋鼠妈妈忽然停住了，站在那里一动不动。哦，原来是小家伙们要出生了。小家伙一个接着一个地出生了，四个孩子闭着眼睛，靠着本能在妈妈的皮毛里向上爬，它们要到属于自己的地方——育儿袋中去。

四个小家伙跌跌撞撞地爬进了妈妈的育儿袋中，争先恐后地抢着吮吸妈妈的乳头。妈妈的育儿袋中有四个乳头，两个高脂肪，两个低脂肪。不幸吃到低脂肪的最小的两个小家伙不太容易吃饱，因为它们抢不过它们的哥哥和姐姐。没过几天，最小的两个小家伙就死了。

剩下了袋鼠哥哥和袋鼠姐姐继续生活在妈妈的育儿袋中。姐姐是最先出生的，她的好奇心很重，经常窥探外面的世界，袋鼠妈妈总要把她按回去，可是依旧管不住她的好奇心。

一天，趁妈妈不注意，姐姐又探头出来，突然一个趔趄从妈妈的育儿袋中掉出来了。妈妈让她回去，可是倔强的姐姐根本不听。危险悄然而至，树上的契尾雕已经盯上它很久了。突然箭一般地冲过来，契尾雕有了美味的晚餐。就这样，四个小袋鼠最后只剩下袋鼠哥哥了。

九个月了，袋鼠哥哥从妈妈的育儿袋中出来了，它要独自面对这个世界了，因为妈妈又怀孕了，它再也不能回到妈妈的育儿袋中了。

有了姐姐的教训，袋鼠哥哥行事特别谨慎，不给自己天敌任何机会。它还跟所有的小伙伴们打斗，锻炼自己的肌肉和战斗技巧。袋鼠哥哥很快就打败了它们族群中所有袋鼠。

成年的袋鼠哥哥有了求偶的需求，可是它看上的是另一个族群的袋鼠姑娘。袋鼠是一个排外性很强的物种，无奈，袋鼠哥哥只能通过武力征服那个族群了。

依靠强有力的肌肉和高超的战斗技巧，袋鼠哥哥打败了袋鼠姑娘那个族群所有的公袋鼠，赢得了袋鼠姑娘的芳心。袋鼠哥哥也因此成为了这一带名副其实的"王"，没有谁敢招惹它，就连袋鼠们的天敌对它也忌惮三分。

猫科动物

你知道吗？小到家猫，大到老虎、狮子，它们都是猫科成员。大部分猫科动物生活在森林或者丛林中，有的喜欢群居，有的喜欢独处，习性各不相同。它们身体敏捷矫健，善于长距离奔跑，有的善于爬树。长尾巴在跳跃或爬树时可起到平衡身体的作用。它们大都喜欢吃肉，尤其像老虎、狮子和猎豹这样的大型猫科动物，个个都是顶级猎手。它们拥有匕首般的牙齿、锋利的爪子、敏锐的嗅觉、惊人的速度，加上无与伦比的力量，使它们成为地球上所有动物中最凶猛的一类动物。

身体健美

虽然多数猫科动物体形瘦削，四肢粗壮，身体柔软，但肌肉发达、结实强健，尤其是在运动时，身体的每条曲线都弯成优美的弧线。

猎豹奔跑时身体的美丽线条，尾巴就像一个灵活的舵掌握着身体的平衡

尖牙利齿

猫科动物的牙齿数量不是很多，但很锋利，有 28 到 30 枚，分为犬齿和臼齿。犬齿像利剑，又尖又长，是猎杀动物的主要武器。臼齿分为裂齿和切齿，作用分别是撕裂动物的肉和切开动物的肉。由于拥有这些特殊的牙齿，猫科动物特别适合吃肉。

犬齿

粗糙的舌上带倒钩的舌突

粗糙的舌头

没事情干的时候，猫科动物都喜欢用舌头去梳理皮毛。别以为它们的舌头很光滑，它们的舌头粗糙得很，就像粗糙的砂纸一样。老虎和狮子的舌头上还布满了带倒钩的舌突，方便它们从猎物的骨头上剥肉。

臼齿

美丽的皮毛

猫科动物遍布除南极洲以外的世界各地。它们身上皮毛密而柔软，有光泽，体色由灰色到淡红、浅黄以至棕褐色，有的还有美丽的斑点。它们在食肉类动物中是毛色绚丽的类群，而且花斑和色彩可以让它们与环境融为一体，起着保护色的作用。

猎豹的黄色毛皮上的黑色斑点是实心圆

花豹的斑点则是如花朵状的空心圆

视野宽阔

猫科动物的眼睛最大的特点就是像人眼一样，位于头部的正前方，大而突出，视野宽阔，而且可以看到彩色的物体，接近人类的双目视野。与人类不同的是，猫科动物的眼睛在不同的光线下瞳孔可以迅速变换大小，尤其是在昏暗的光线中，视力比大多数动物都要好，但在全黑的环境中它们也是无法看见物体的。

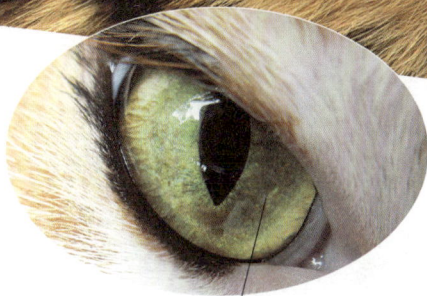

猫晶莹剔透的眼睛发亮是因为它能反射光线

老虎有敏锐的听力，对高频率音波尤其敏感，且两耳可随声波来源而转向

听力灵敏

仔细观察，你会发现大部分的猫科动物的头大而圆，但鼻子和下颌短小，引人注目的是那对竖着的大耳朵。声音传来时猫科动物通常将头转到声音来源的方向，竖起的大耳朵像雷达天线一样转动着搜索声音，它们可以听到很多人类听不到的声音。

猫科动物鼻尖上的皮一般是黑色、红色或是粉色的，通常冰凉而潮湿

如果剃除了猫科动物的胡须，不仅会影响它们的外貌，而且会削弱它们的感觉能力

待在树上守株待兔、以逸待劳的捕猎，是花豹当用的捕猎方式之一，居高临下的优势可使花豹从容不迫地等待猎物自投罗网

捕食技巧

猫科动物在漫长的进化中，进化出了很多独特的捕食技巧：有守株待兔式坐等猎物上门的，如花豹；有穷追不舍主动出击型的，比如猎豹；也有群体作战的，如狮子……花样很多。

狮子是最好的猎手之一，它们拥有谋略、耐心以及完美的团队协作能力，展现出一种所向披靡的猎杀本能

跳跃能力

猫科动物拥有强大的跳跃能力，虎的跳跃高度能达到 2.2 米到 2.4 米，比自身的体长还要多一点，而猫的跳跃高度更强，能达到自身体长的 4.5 倍。独特的身体结构和身体各个器官的配合，使大型猫科动物成为地球上最凶猛的动物。

猎豹属于主动进攻型的猎手，它的速度非常快。如果在 30 秒内猎豹捉不到羚羊，它们就会因身体过热而不得不停下来，从而丧失捕猎的机会。这大概也是猎豹为追求速度而付出的代价

囫囵吞枣

说猫科动物进食是囫囵吞枣，一点都不为过。虽然造物主赋予了它们颌部强大的力量，上下颌配合可将猎物的骨头咬碎，但是它们依靠关节相连的上下颌只能上下运动，而无法左右移动。当它们合紧颌部时，上下牙齿就相互契合在一起，像相互咬合的齿轮，只能撕裂或压碎猎物，却无法咀嚼，许多食物只能被囫囵吞下，最后靠胃液来帮助消化了。

狮子吃东西从来不咀嚼，一餐最多可吞下 43 千克的食物，不过通常吃了八九千克后就饱了

狮子的鼻子

嗅觉灵敏

所有的猫科动物都有灵敏的嗅觉。这得益于它们鼻子里大量的嗅觉神经。因此猫科动物可以在令人吃惊的距离上嗅出猎物或它们喜爱的食物。猫科动物的长胡须不是白长的，胡须末端连着很多感觉神经，可以用来探察周围的情况，如物体与物体之间的距离。

大和小

最大的猫科动物是西伯利亚虎，它是老虎中体型最大的，比非洲狮还大。最小的猫科动物是生活在印度南部和斯里兰卡的浅色斑点猫。成年雄斑点猫的平均身长为 63.5~71.2 厘米，平均体重仅为 1.36 千克。

沙丘猫是最小的猫科动物之一

西伯利亚虎，体长达 4 米，体重可达 384 千克

如果猫从树上掉下来会怎样？

墙头上、大树上经常会出现猫的矫健身影，它在如此高的地方行走，万一不小心从上面掉下来是不是会像人一样摔伤呢？

其实猫的确不怕摔。因为猫所特有的身体条件保证了它掉下来时能够安然无恙。

猫有一种极强的平衡能力。猫从高处下落的一瞬间，它的眼睛就会很快辨识出地面是否平坦。与此同时猫内耳的平衡器也会感觉到身体失去了平衡，它会及时把这一信息传递给延脑，延脑一方面把信息传达给"司令部"——大脑，另一方面向下传达给脊髓。脊髓中的脊神经则会把失衡的信息再传给四肢的肌肉，而这些肌肉会以最快的速度调整全身整体的肌肉，从而保持身体的平衡。所以，当猫从空中下落时，不管开始时怎么样，即使是背部朝下，四脚朝天，在下落过程中，猫总是能迅速地转过身来。从高处掉下来的猫的第一个动作就是及时扭转自己的身体。这样，猫在落地之前有了充分的准备，而高高地翘起的尾巴也有助于身体平衡。再加上猫的脚底长有又厚又柔软且富有弹性的肉垫，可以减缓猫身体震动。更有趣的是猫在下落时会让自己浑身的肌肉放松，这样它在触地时就可以避免关节和肌肉的损伤。除此之外，猫的肢体很发达，前肢较短，后肢较长，很适合跳跃。其发达的运动神经、柔软的身体、柔韧性很强的肌肉，使得猫的平衡能力在动物中也是首屈一指的，因此尽管攀爬跳跃时的落差很大，猫也不会有危险。

狮子王的无奈

阳光暖暖地照在非洲大草原上。在这水草丰茂、食物充足的季节，一群吃饱喝足的狮子慵懒地沐浴着阳光打盹儿。十来只母狮带着它们的孩子躺在一起，看它们那熟睡的样子，耳旁似乎传来了它们的呼噜声。不远处的老雄狮也睡得正香。忽然，睡梦中的老雄狮翻身醒了过来。它头上那对敏锐的耳朵"唰"地竖了起来，两条结实的前腿也不由自主地立了起来，一副万分戒备的状态。谁敢侵犯大名鼎鼎的狮子王的领地呢？

原来，在不远处，有两只年轻的成年狮子兄弟正慢慢地逼近。来者不善啊！老雄狮发出一声低吼，母狮们吓得一激灵，都站了起来把孩子围在中间，期许的眼神望着老雄狮。

老雄狮怒吼一声跳了起来，入侵者被吓得暂时停下了脚步。短暂的犹豫之后，入侵者们又慢慢向前挪动脚步，没有丝毫退却的意思。一场恶战即将展开。

它们渐渐地逼近了，狮群所面临的威胁越来越大。年轻的雄狮兄弟，显得咄咄逼人。这让老雄狮忍无可忍了，它愤怒地吼叫着向不远处的敌人冲了过去，巨大的冲击力将其中的一个侵略者狠狠地撞翻在地。老雄狮凭着它那略胜一筹的体型和多年的战斗经验，暂时处于上风。正当它用前爪紧紧地按住地上的小辈对其加以撕咬时，另一个入侵者抓住机会，如旋风般地从侧面冲了过来。它不得不放开地上的敌人，迎战眼前这个更有力的挑战者。趁着同伙和老雄狮交战的空当儿，地上的雄狮悄悄地站了起来，再次加入战斗。战斗越来越激烈了，两个入侵者越战越勇，老雄狮却渐渐地体力不支，显得有些寡不敌众了。

终于，老雄狮从积极的进攻转为消极的防守了。这时，两个入侵者从左右夹击，老雄狮猝不及防，被撞倒在了地上。两个入侵者跳到它的身上，狠狠地向它的致命部位咬来，它用尽全身力气撕咬开压在自己身上的两个入侵者，站了起来，仓皇地逃向了远方的草原，连和妻子、儿女告别的机会都没有。但它知道，在它的身后，那两个入侵者将会还有一番较量，最后的胜者将统领它的地盘。新的统治者会霸占它的妻子，并把它的儿子全部杀死。

老雄狮一瘸一拐地走在夕阳中，落寞的背影叙说着一个狮子王的无奈。

鲸 鱼

塞鲸

鲸鱼是鱼类吗？答案是否定的。鲸鱼因为名字中带有"鱼"的字样，常常被误认为是鱼类。其实鲸鱼是哺乳动物，它们靠肺呼吸，每隔一段时间就要浮出水面换气。根据有无牙齿，鲸鱼分为须鲸亚目和齿鲸亚目两个亚目，像蓝鲸、长须鲸、座头鲸、塞鲸、灰鲸与小须鲸等都属于须鲸亚目须鲸科。

须鲸名字由来

须鲸一词在挪威语中的意思是"有深沟的鲸"。须鲸之所以叫这个名字，与它们的体型分不开。须鲸成员大多长有喉腹褶，就是下颌到肚脐之间那些像长沟一样的褶皱。这些褶皱成为须鲸一族的鲜明特征。

须鲸的褶皱

蓝鲸的尾巴

须鲸的迁徙

须鲸亚目中的大多数成员都会做南北迁徙。寒冬时节，它们会游到温带或者热带地区去繁衍它们的后代；而到了炎热的夏季，它们则会选择到极其"凉爽"的两极去获取丰富的食物。最具代表性的须鲸中最大和最小的两个物种——蓝鲸与小须鲸——甚至会游到南极极南端的寒冷海域。但是也有例外，布氏鲸就没有明显的觅食期与繁殖季的划分，它们似乎从来不曾迁徙。

狼吞虎咽大胃王

用"狼吞虎咽"来形容须鲸科动物的摄食行为毫不夸张。须鲸没有牙齿，进食的时候只能通过"过滤"的方法来获取食物——连同海水和食物一同吞下，展开褶皱，增加口腔的容量，用嘴把剩余的水"过滤"出去，把"干货"咽到肚子里去。须鲸的食量大得惊人，它们一次就能吃下重达4吨的食物。曾经有人在一条捕获的蓝鲸腹中发现有将近3万条鸟贼。

须鲸摄食量很多

座头鲸

鲸中"歌唱家"

座头鲸在鲸鱼中以"温柔贤惠"而出名，它们性情温顺可亲，常以相互触摸来表达情感。而且它们天生有一副"好嗓子"，常常发出类似"唱歌"的声音。雄性座头鲸每年约有 6 个月时间整天都在唱歌，所以座头鲸又是天生的"歌唱家"。

海中"巨无霸"

　　没有谁敢和蓝鲸去比身材，因为它不光是鲸中的老大，也是目前地球上现存最大的动物。一头蓝鲸的体重是 2000~3000 个成人体重的总和，它的舌头就有 2000 千克重，头骨有 3000 千克重，肝脏有 1000 千克重，血管粗得足以装下一个小孩。与庞大的身躯相比，蓝鲸的心脏显得有些小——只有 500 千克。

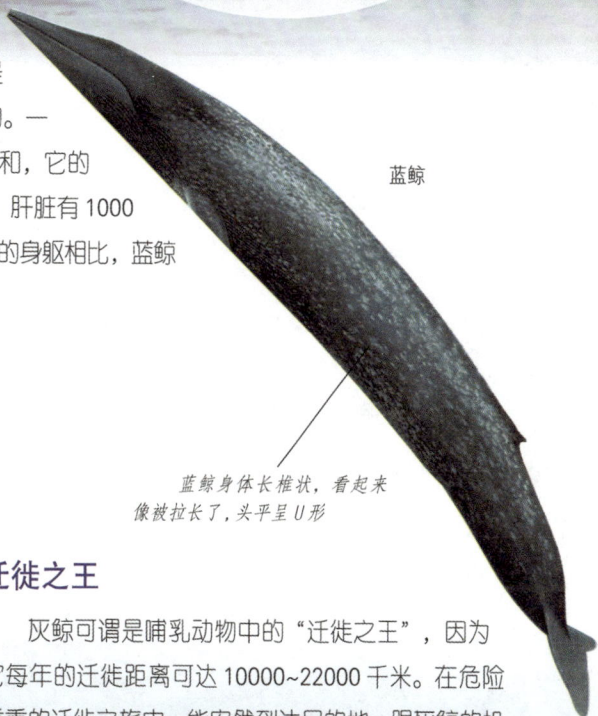

蓝鲸

灰鲸幼鲸是黑灰色的，成年后则呈褐灰色至浅灰色，全身密布浅色斑

蓝鲸身体长椎状，看起来像被拉长了，头平呈 U 形

灰鲸妈妈和宝宝

迁徙之王

　　灰鲸可谓是哺乳动物中的"迁徙之王"，因为它每年的迁徙距离可达 10000~22000 千米。在危险重重的迁徙之旅中，能安然到达目的地，跟灰鲸的机智斗敌技巧有着密不可分的关系。如遇到虎鲸的威胁和袭击，灰鲸会机智地将肚皮朝上浮在水面上，用假死的方法躲过灾难，而这一招似乎百试不爽。

灰鲸迁徙

奇思妙想

蓝鲸的心脏有 500 千克。如果给蓝鲸换上一颗与成人心脏一样大小的心脏，它们会怎么样呢？也许蓝鲸只会长到一个人那么大而不是上千个人那么大了。世界上现存最大的动物将会因这颗小心脏而不复存在。

每一种生物的身体构造都是自然进化而来的，蓝鲸有那么大的心脏也是同样的道理。蓝鲸是生活在海洋里的大型哺乳动物，因其外形像"鱼"，所以人们通常称它为"鲸鱼"。蓝鲸之所以有那么大的心脏是与其巨大的体型有直接关系的。因为脊椎动物没有可以支撑内脏的骨骼结构，所以其内脏质量是有极限的。对于蓝鲸来说，它的心脏质量基本达到脊椎动物的极限了。如果蓝鲸的心脏再大，它现有的肌肉组织强度就不能够承受了。反之如果其心脏小到人的心脏那样，蓝鲸就不需要它现有的强度巨大的肌肉组织了。换句话说就是按照蓝鲸的体型比例，根本就不会有人类那么小的心脏。

正是由于蓝鲸的生理构造，它们才能适应海水深处高压、低温、缺氧等环境。至于人类，由于生活在陆地上，没有浮力的存在，体重极限和心脏极限要比水生动物小得多，大部分陆生动物都是这样。反倒是鱼类体内除了主要骨骼外还有一些辅助支撑作用的小骨骼（鱼刺），所以在理论上，鱼类如果长了蓝鲸那么大的心脏，它们的体型要比蓝鲸大多了，不过到目前为止还没有发现比蓝鲸更大的动物。

血战虎鲸

蔚蓝的大海中，一头雌性座头鲸带着自己的鲸宝宝正从南极洲的觅食区游向大洋洲，座头鲸妈妈要在大洋洲平静而温暖的海水中抚育鲸宝宝。鲸宝宝趴在母亲的背上，惬意地由母亲带着自己游向前方。一切看起来平静而温馨。然而杀机已经悄悄向它们逼来，但它们母子却全然不知。

被称为杀人鲸的虎鲸从它们母子迁徙一开始就已经盯上它们了，并悄悄地尾随在它们身后。虎鲸以幼鲸为食，高智商的虎鲸成为了海洋中战无不胜的捕猎能手。而这次，座头鲸宝宝能否逃过虎鲸的虎口？它们母子的命运实在令人堪忧。

5条虎鲸以每小时50千米的速度追赶着前方的座头鲸母子。这种速度是什么概念？相当于座头鲸母子速度的两倍啊。

海洋似乎也为这场即将到来的腥风血雨推波助澜，刚刚还平静的海面此时海风骤起，波浪滔天。虎鲸在惊涛骇浪中全速前进。果然，虎鲸是追上了座头鲸母子。

尽管虎鲸与座头鲸相比有数量上的优势，但是它们仍然忌惮于座头鲸身后宽尾巴和体侧长鳍的巨大杀伤力。虎鲸并不敢明目张胆地"劫持"鲸宝宝，于是它们悄无声息地接近座头鲸母子。鲸宝宝躲在座头鲸妈妈的背上，这让虎鲸很难接近。

于是狡黠的虎鲸将座头鲸母子包围起来，它们围着座头鲸妈妈环游，边游边制造波浪，试图将鲸宝宝从妈妈的背上冲下来。如果再过一个月，鲸宝宝应对这种波浪绝对不在话下，然而此时的鲸宝宝还无法承受这般波浪的袭击。

鲸宝宝马上就要从妈妈的背上掉下来了！就在这危急的时刻，座头鲸爸爸和另一只雄性座头鲸及时赶到，局势迅速扭转。两只雄性座头鲸用长鳍驱赶虎鲸，宽大的尾巴在海洋中掀起巨大的波浪，它们成功地干扰了虎鲸的视线和声呐判断。一不小心，虎鲸很可能被座头鲸的长尾和长鳍伤到，甚至杀死。于是虎鲸闻风而逃。

为了确保鲸宝宝的安全，两头雄性座头鲸要把虎鲸驱逐得更远。然而，万万没想到，远离的雄性座头鲸却给了虎鲸机会，它们摆脱了雄性座头鲸的追击，原路返回。虎鲸终于拆散了座头鲸母子，并将鲸宝宝"劫"到海底，生生将鲸宝宝溺死。

就这样，一场座头鲸与虎鲸的血战，最终还是以虎鲸的胜利而告终！

犬科动物

作为地球上分布较为广泛的陆生肉食动物，犬科动物与人类有着密切的联系。人类熟知的狗、狼、豺、狐等都属于犬科。狗的忠诚、狼的凶狠、狐的狡猾、豺的合作……构成了特征鲜明的犬科。

狼在捕食时非常有耐心，有时候为了等待猎物，它能够几小时蹲在一个地方一动不动

犬科动物胸部狭窄，背部与腿强健有力，所以它们的机动能力很强

严峻的考验

北极狼居住在荒凉的苔原、冰原地带，那里贫瘠荒芜，且一年中有五个月可能在黑暗中度过，这就意味着这五个月很难捕捉到猎物，这对它们而言是严峻的考验。

北极狼又称白狼，有着一层厚厚的体毛，牙齿非常尖利，这有助于它们捕杀猎物

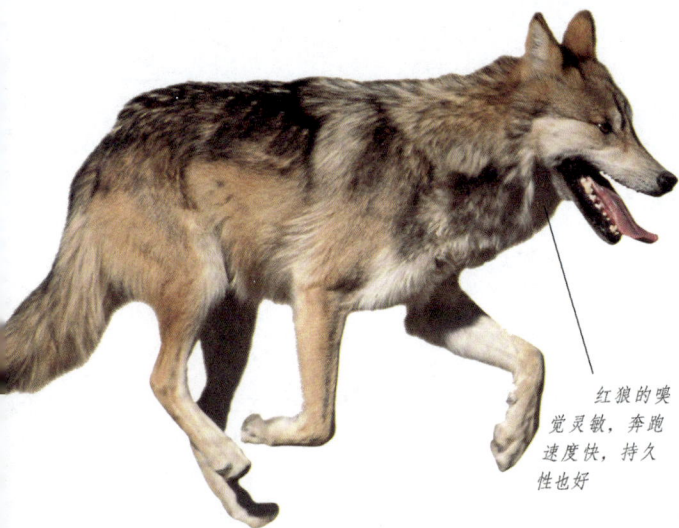

气味定"江山"

红狼是通过气味来划定各自的"江山"的。然后它们通过触觉和听觉信号、外交身体语言等，将自己的"势力范围"等信息传递给对方或者它的同类。

红狼的嗅觉灵敏，奔跑速度快，持久性也好

杀过行为

狐狸常常有"杀过"行为。何为"杀过"？当狐狸进入一个装着10只鸡的鸡舍，它会将鸡全部杀死，但是只叼走一只鸡。

狐狸有很厚的皮毛，常生活在森林、草原、半沙漠地带

白狐冬季全身体毛为白色，
仅鼻尖部分为黑色

白狐

破圈套

白狐尤擅破圈套。当白狐发现猎人要设圈套时，它会悄悄尾随在猎人身后偷窥，等猎人离开，白狐就在圈套附近留下特殊的气味，警告同类有圈套。猎人遇上白狐，等于白耽误工夫。

狗吃草

狗是我们人类最亲密和忠实的朋友，它们有时候会吃草，这是为什么呢？原来狗的肠胃结构很特殊，胃和大肠较短，容易消化肉食。但是进食的时候，难免会将树叶等杂物吃进胃里，狗的胃很难消化这类食物，所以以吃草来清胃助消化。

狗吃草可以助消化

豺全身赤棕色，体型比狼小而比赤狐大，身体长95~105厘米

内讧

豺是群居性动物，彼此之间合作度很高。它们尤其在善于围捕猎物时，集体主义的优越性体现得最为明显。但是它们也常常发生内讧，尤其是在分食的时候。发生内讧时，它们彼此毫不客气，会大打出手，常常鲜血淋漓，场面惨不忍睹。

如果狗朝你摇尾巴，你该怎么办？

奇思妙想

如果狗朝你摇尾巴，你该做何回应呢？毋庸置疑，只有读懂狗的"尾巴语言"，才能做出正确的回应。

狗摇尾巴是它们表达自己情感和想法的一种手段，是狗特有的"语言"。狗摇尾巴有不同的含义。尽管狗有很多种类，但是摇尾巴对于所有的狗而言，表达的意义大同小异。那么狗摇尾巴到底是什么意思呢？

其实，狗摇尾巴不是一成不变的。它们有时候把自己的尾巴摇向左边，有时候把自己的尾巴摇向右边。当然，狗尾巴摇向不同的方向是有不同含义的。当狗把尾巴摇向它的右边，表明狗此时很开心、很快乐；相反，当狗把自己的尾巴摇向它的左边，表明狗此时很悲伤，或者焦虑不安；当狗受到惊吓时，可能也会把尾巴摇向它的的左边。尾巴成了狗表达情绪的最佳"语言"。

所以，我们可以根据狗"尾巴语言"的含义，做出相应的回应，增进我们与狗之间的感情。比如，当狗的尾巴向上翘起时，表现狗现在很高兴，我们可以拍拍狗狗的脑袋；当狗垂下尾巴时，它此时的情绪也会像垂下的尾巴那般低落，我们可以给狗一个温柔的拥抱，借以安慰失落的狗狗；当狗的尾巴静止不动时，表明狗此时有些焦虑，此时我们尽量不要去呵斥或者指责狗了，或许它已经认识到自己的问题了；当狗狗快速摇动它的尾巴时，表明狗狗此时很欢喜、很友好，当狗夹起尾巴时，表明它此时很害怕，戒备心很强，随时防御，此时千万不要大意接近狗哦，否则很容易遭到狗的攻击。

正确回应狗的"尾巴语言"，既能及时安慰狗的情绪，又能切实保障自己的安全。

小狼成长记

冬天的格陵兰岛白雪皑皑，千里冰封。那里，几只狼在向一只狼行礼。很显然，这只狼是它们的首领。在狼的世界里，等级森严，绝对的权威不容挑战。

狼王正守着它刚出生不久的孩子们。在这不毛之地，此时的小狼崽们无处藏身，正处在十分危险的时期，狼王必须寸步不离。刚出生的小狼恬静无邪，呆萌呆萌的，根本让人无法把此时的它们与成年狼的凶狠联系起来。

但是，狼王的权威却受到了同族一只不起眼的小狼的挑战。这只刚成年的小狼居然在狼王的眼皮底下与它的妻子眉目传情，这对狼王而言是绝对不能容忍的。狼王发出嘶吼，健硕的身躯猛地冲向小狼，小狼被撞到在地，脖子被咬出一道口子，血泪泪地往外流，其他的狼也围拢过来，势单力薄的小狼只好落荒而逃。

这只小狼成了格陵兰岛上流浪的狼，只能独自舔舐自己的伤口。离开大家族的日子很不好过，饿肚子是常事。又是一天没有进食了，小狼紧紧盯着白雪覆盖的地面，期望有所收获，抚慰饥肠辘辘的肚子。运气还不错，它发现一只小老鼠在雪洞口蠢蠢欲动。小狼耐着性子，等待最佳时机，可是小老鼠只是伸出头朝外打探了一番，又缩回洞里了。等待落空，小狼又开始四处觅食。忽然，它被一阵诱人的味道吸引住了——啊，那儿有一只鹿的尸体。可是，鹿的尸体被先到的狼群包围了，它根本没有近身的机会。但它不甘心，也挤了进去，却被狼群群起而攻之，它又一次败下阵来，落荒而逃。

春天来了，小狼朝着地热泉的方向觅食。一只野牛落入它的视野。这只野牛沿着薄冰走的时候不小心掉下去了，这是个机会，可是野牛们守着，小狼根本没法下手，它只好咽了咽口水走开了……

谁也不知道小狼是怎么挨到夏天的，但它确实没有饿死。此时的小狼竟然成长为一只壮硕的成年狼，而且已经和另一只被驱逐的雌狼成为夫妻。但它从未忘记复仇。它带着妻子回到自己的部落，同老狼王进行了一场殊死搏斗。

这次小狼雪耻了，不仅打败了老狼王，还把它赶出狼群。其他的狼归顺了小狼——小狼成了新的狼王。

企 鹅

眼睛上方有明显白斑

嘴细长，嘴角呈红色

眼角处有一个红色的三角形

鳍状肢便于划水

巴布亚企鹅

有不会飞的鸟吗？当然，企鹅就是。作为地球上古老的游禽，在南极大陆被冰雪覆盖之前，企鹅就"定居"南极大陆了。这个南极的主人，能在 –60℃ 的严寒中生存。它们在陆地上行走时摇摇晃晃，像憨态可掬的绅士，可到了水里立即变成灵活敏捷的游泳健将。

企鹅跳水的本领可与世界跳水冠军相媲美

为海洋而生

企鹅全身的构造表明企鹅就是为海洋而生的。它的双眼有适应海洋高盐度的盐腺，而眼睛平坦的眼角膜可以清楚地在水底看东西，而且必要的时候双眼会变成"望远镜"。坚硬的骨骼匹配如桨般的短翼，是水底"飞行"的顶级配置。

跳水的企鹅

羽毛浓密，有极强的抗寒能力

特殊的外衣

企鹅作为鸟类的一员却与大多数鸟类的"外衣"有所不同。企鹅的羽毛像鳞片一样重叠密实地排列在身上。这种紧密的羽毛密度是同体型鸟类的四到五倍。正是这种密度，所以即使在南极温度低到 –60℃ 的时候，企鹅也安然无恙。

南极企鹅在冰面上滑行

抗冻的脚

企鹅能够"赤脚"站在 –60℃ 的南极冰面上，难道它们不感觉冻脚吗？企鹅的脚不会冻坏或生冻疮吗？当然不会。企鹅腿部的动脉能够根据脚部的温度调节血液循环节奏，从而让脚的温度适宜，不至于被冻坏。

脚蹼

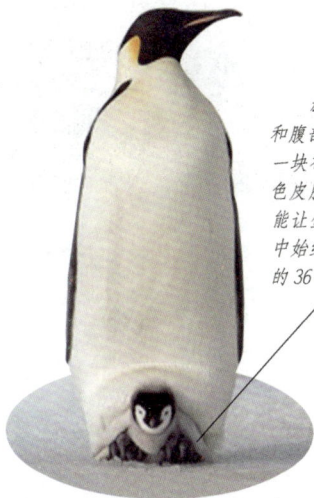

雄帝企鹅双腿和腹部下方之间有一块布满血管的紫色皮肤的育儿袋，能让蛋在低温环境中始终保持在舒适的36℃

初生企鹅是在雄企鹅的身边度过的

称职的爸爸

雌帝企鹅产下卵之后就会到海洋觅食，历时64天左右才能返回。这个时期的孵化全部由企鹅爸爸负责。雄帝企鹅将企鹅卵放到自己的脚上，并和其他雄帝企鹅靠在一起给未出生的小企鹅取暖。它们靠体内储存的脂肪挨过整个冬天，等到雌帝企鹅回来，小企鹅已经出生了。

眼睛上方和耳朵两侧金黄色的翎毛——就像迷人的发饰

跳崖企鹅

攀岩能手

企鹅中的"攀岩能手"当属跳岩企鹅。这种身体娇小的企鹅一步居然可以跳跃30厘米高，"跳岩企鹅"也因此而得名。不过这个体态玲珑的小企鹅可不是好惹的，它们可是出了名的暴脾气呢！如果有谁胆敢觊觎它们的孩子，它们会毫不客气地用尖利的喙把它们赶走。

争夺小企鹅

母爱爆棚

企鹅这个群体是一个母爱过强的物种。当它们不幸失去了自己的孩子时，它们就会盯上落单的小企鹅，想要它作为自己的孩子，照顾它。有时候如果没有落单的企鹅，它们甚至会大打出手，公然"抢劫"别人家的孩子来抚养。

小帝企鹅身上的浅灰白色绒羽可御寒防风，但不防水，长大后，防水的翎羽才会替换掉绒羽

滥竽充数

南极洲冰冷的大陆上，为了骗取食物，小帝企鹅们常常干"滥竽充数"的事情。小帝企鹅们常常聚集在一起，一旦有雄企鹅捕食回来，就会有许多小企鹅奔过来，假装是它的孩子来骗取食物。企鹅爸爸还得认真核验，才能保证自己孩子的食物不被骗走。

小企鹅经常聚集在一起，骗取食物

如果企鹅不会在水里"飞翔"会怎样？

奇思妙想

企鹅是一种不会飞的海鸟，靠在海里捕获海洋生物为生，主要是南极磷虾。企鹅体形看起来有点笨拙，走起路来左摇右晃，像站不稳似的。在南极恶劣的自然环境中，可爱的企鹅，既不会在空中飞，又不善于在地上跑，如果连游泳的本领也没有，它们只能会被饿死，地球上就很难看到它们的身影了，企鹅也就成了灭绝的物种之一。

然而，这样的事情发生的概率有多大？事实上，企鹅的游泳本领在鸟中是数一数二的。它们游泳时的速度十分惊人，有人计算过，一只成年企鹅游泳的时速为 20～30 千米，比航行在海洋中的万吨巨轮还要快。可以说企鹅不是在水下游泳，而是在"水下飞行"。企鹅跳水的本领更是一绝，可与奥运会上的跳水冠军相媲美。它们的跳跃技术绝对不亚于动物界中著名的海豚跳跃。在快速游动时，为了减少阻力，企鹅能跳出水面 2 米多高，并且还可以从冰山或冰块上飞跃而起跳入水中，很难想象笨拙的企鹅在水中的姿势是如此的优美。企鹅是水鸟中游泳的佼佼者，连一些鱼类也望尘莫及。为什么企鹅有如此高超的游泳技术呢？大多数水鸟在水中游动是靠长有蹼的双脚，而企鹅却不是这样，虽然它们的脚也长有蹼，却只是起控制方向的作用。企鹅的骨骼较重，而且骨内不充气，尤其是在胸骨中有发达的龙骨突起，使得它们在水中游泳时体形呈鱼状，再加上具有像鱼鳍一样的两翼，在水中可谓是"振翅飞翔"。因此，企鹅的游泳本领无须质疑。

企鹅群里有小偷

夏日的马尔维纳斯群岛热闹非凡。这是一个求偶的季节。在海上漂泊了数月的跳岩企鹅此时纷纷登岸。已有配偶的雄企鹅大多数找到了自己去年的巢穴，等待着自己伴侣的归来。而尚未配对的跳岩企鹅，则要费尽心思装饰自己的巢穴，好吸引自己的"意中人"到来。

在这不算大的小岛上，密密麻麻站满了跳岩企鹅。要在这有限的空隙中找到大小合适、形状圆润的石子和干草还真不是一件容易的事。

看这只跳岩企鹅，耳朵两侧金黄色的翎毛分外惹眼，我们暂且叫它小黄吧。小黄是只乖巧勤奋的企鹅，可是它现在还是"单身汉"。为了在今年夏天成功摆脱单身，小黄使尽浑身解数去找石子。

功夫不负有心"企鹅"，小黄终于找到了适合筑巢的石头，它用嘴巴一块一块地叼到自己选好的筑巢地，开始"一砖一瓦"地建造起来。并不是所有的单身企鹅都像小黄一样踏实肯干，凭借自己的努力争取幸福，有些企鹅总想不劳而获。比如，这只站在小黄身后的企鹅，它盯上小黄好长时间了。趁小黄去别处找寻石头的工夫，它悄悄溜进小黄的巢穴，偷走了它刚叼来的石头。

就这样，小黄往自己的巢穴叼石头，这只"小偷"从小黄的巢穴往自己的巢穴叼石头。起初，小黄没有发现，后来小黄才察觉到蹊跷——自己一趟趟往回运，石头不多反倒少了呢。小黄假装去运石头，实则并没有走远，而是躲起来想看个究竟。果然，"小偷"出现了，被小黄抓了个现行。小黄用自己锋利的喙给对方好一顿啄，对方没有讨到好果子吃，溜之大吉了。

小黄这边刚消停，那边几只企鹅又打成一团了。原来，有一对夫妇刚生的小企鹅被秃鹫叼走了，它们很是伤心和绝望，为了安抚自己受伤的心，它们决定去偷邻居家的孩子——一个刚出生的小企鹅。谁知道，刚偷过来，失独企鹅妈妈还没有好好疼爱小企鹅就被发现了，结果孩子又被它的父母夺回去了。

可是跳岩企鹅是个极富耐性的企鹅，丢子企鹅妈妈并没有就此罢休，反而联合企鹅爸爸直接明抢去了。企鹅妈妈把孩子死守在自己的肚子下，企鹅爸爸同丢子夫妇扭打在一起。父爱的力量让企鹅爸爸战胜了丢子夫妇俩。丢子夫妇悻悻地离开了。

企鹅群里小偷还真是多啊！

鸵 鸟

鸵鸟的视觉和听觉都非常灵敏，它们时常高昂着脖子，保持高度警觉

鸵鸟，世界上现存最大的鸟，像企鹅一样，也是一种不会飞的鸟。鸵鸟身材高挑，脖子几乎占到了身高的一半，剩下的主要被一双长腿占据。这种不会飞的鸟进化出一双善于奔跑的腿，依靠速度在非洲求得生存，甚至占有一席之地，成为非洲的一张名片。传说鸵鸟害怕的时候会把脑袋埋进沙土里，这是真的吗？

雄鸵鸟的翼和尾有白色的羽毛，其余的羽毛多为黑色，裸露的头颈部和后肢呈鲜艳的肉色

大眼萌鸟

眼睛特写

鸵鸟的眼球是陆地脊椎动物中较大的，这是因为鸵鸟不会飞，为了自保，需要超强的视力，因而眼球进化得很大。眼睛周围长满了长长的浓密的睫毛。一双大眼中褐色的眼球加上浓密纤长的睫毛，自带美颜效果，真是一只大眼萌鸟。

鸵鸟没有牙齿，但可以吞下石子、沙子等来助消化

无"齿"大胃王

鸵鸟没有牙齿，但是胃口却好得很。鸵鸟既吃植物的茎、叶、果，也吃灌木，还吃昆虫、软体动物等。食性这么杂，没有牙齿，鸵鸟是如何消化的呢？原来鸵鸟会吞下大量石子、沙子等来助消化。有时候鸵鸟也会吞下许多"不明物"，如钉子、硬币、瓶盖等杂物。

鸵鸟虽然有羽毛，但它们是不会觉得热的

耐热抗旱

在非洲干旱的草原上，鸵鸟常年穿着厚厚的"羽绒服"，难道不热吗？原来鸵鸟自身拥有发达的气囊和良好的循环系统，这可是调节体温的利器。所以尽管有时候气温达到56℃，但是鸵鸟依然能在烈日底下自在地觅食。如果干旱缺水，鸵鸟几个月不喝水也安然无恙。

一夫多妻

　　驼鸟的世界中，通常是一夫多妻制 —— 一只雄鸟会配 3~5 只雌鸟。驼鸟交配一周后就产卵了，接下来是轮流孵化的日子。雌鸟在白天孵化，而艳丽的雄鸟为了自保通常在夜晚孵化。孵化的时候还经常沿地面伸展颈部，借此伪装来保护自己的下一代。

驼鸟不会飞，只能奔跑，奔跑的速度非常快

小驼鸟

互通合作

　　在非洲草原上，成群的驼鸟时而抬头张望，时而低头觅食。但是如果仔细观察，我们就会发现驼鸟的这种动作不是随机的。虽然每一只驼鸟抬头低头的间隔时间不同，但是在整个群体中总有一些驼鸟在同伴低头觅食的时候是抬头放哨的。这种合作方式确保它们远离威胁和伤害，一旦有敌情，它们会撒腿就跑。要追上时速达 50 千米的驼鸟，也不是一件容易的事情。

受惊钻沙子

　　相传驼鸟受到惊吓以后会把头埋进沙土里，而事实上并不是这样。驼鸟把头贴在地面上，有时是为了听到远处的声音即侦察敌情，有时是为了让它的长脖子得到休息。而当它把头伸进草丛里则可能是正在觅食。驼鸟如果真的把头伸到沙土里，它们在很短的时间内就会窒息而亡。

驼鸟头伸进草丛里觅食

如果鸵鸟在危险中飞起来会怎样？ *More*

奇思妙想

广袤无垠的非洲大草原上，一头非洲狮正追逐着一只受了惊的鸵鸟。眼看着就要追上了，只见鸵鸟迅速把身子缩成一团，头、颈平贴在地面上，并把头钻进沙土里，以为自己什么也看不见，就平安无事了。这只是一则寓言故事的场景描写，跟掩耳盗铃的寓意相似。其实，这是对鸵鸟防卫行为的误解。

但是，如果鸵鸟在危险中可以飞起来的话，它们就不会这么委屈了。鸵鸟为什么飞不起来呢？原因之一就是它的体重。鸵鸟是目前世界上体型最大的鸟类。最大的雄鸵鸟体重约160千克，身高可达2.75米左右，体长也在2米左右。当然，鸵鸟飞不起来的主要原因还是与鸵鸟飞翔器官功能退化有关。一般鸟类的飞翔器官，主要是由翅膀和羽毛等组成的，其中羽毛有助于飞翔，长在翅膀上的是飞羽，长在尾部的是尾羽。羽毛是由众多细长的羽枝构成的，而各羽枝上面又长着成排浓密的羽小枝。羽小枝上有钩，可以把所有的羽枝钩结起来，形成可以飞翔的羽片。这样鸟类便可在空中扇动着翅膀、自由自在地飞翔了。而尾羽在飞翔中起着控制方向的作用。此外，尾脂腺的作用也不可小视，它分泌出来的油脂可以使鸟的羽毛不变形，有助于鸟类正常飞翔？

再来看看鸵鸟，它的双翅已退化。翅膀中没有飞羽，尾巴上也没有长尾羽。而且鸵鸟的胸骨小而扁平，没有龙骨突起。所以我们看到鸵鸟很用力地扇动着自己的翅膀却怎么也飞不起来。

46

艰难求生的小鸵鸟

小鸵鸟的艰难求生之路，从它们还是一颗卵的时候就开始了。它们的爸爸妈妈在求偶的季节认识，鸵鸟爸爸曼妙的舞姿赢得了鸵鸟妈妈的青睐，于是顺理成章，鸵鸟爸爸和鸵鸟妈妈就要繁衍下一代了。

孵化过程，是尚未出世的小鸵鸟们面临的第一道生死考验。白天，鸵鸟妈妈在烈日下稳坐不动，专心孵化，鸵鸟爸爸去觅食；而到了晚上，换做鸵鸟爸爸孵化。晚上的沙漠，与白天的炙热形成鲜明的对比，气温急剧下降。鸵鸟爸爸靠白天储存在体内的食物和热量维持晚上的孵化。孵化的日子每天都是如此，45天后，小鸵鸟们就出生了。

刚出生的小鸵鸟们此时面临他们人生的第二次考验——肉食动物的偷袭。还好鸵鸟妈妈比较机警。它时不时用它的比大脑还大的眼睛四处打探，扫清方圆5千米以内可能存在的危险和障碍。有时候，豺会悄悄地过来，希望侥幸得手，但是鸵鸟妈妈可不是好惹的，它会奋力直追，豺会吓得一溜烟逃走。当成群的乌鸦赶来啄食小鸵鸟们时，鸵鸟妈妈知道应该离开这里了。尽管有些小鸵鸟还没有孵化出来，但是为了这些已出生的大多数孩子，它们不得不放弃这里。

迁徙，对于小鸵鸟们来说是第三次考验。干旱的草原上，炙热的阳光快要把小鸵鸟们烤焦了。鸵鸟妈妈可以利用身上的羽毛调节体温，可是小鸵鸟们就不行了。小鸵鸟们都躲在妈妈尾巴后面那点可怜的阴影里，可是鸵鸟妈妈需要不时运动，所以小鸵鸟们需要跟在妈妈后面跑，追逐着妈妈尾巴后面的那点阴影。

缺水是对小鸵鸟们的又一重严峻考验。在迁徙的过程中，许多小鸵鸟忍受不了炙热和干渴而死去，只有耐力好的小鸵鸟才能存活下来。

终于，到达了有水的湖畔。可是这儿也是肉食动物出没的地方。在鸵鸟妈妈谨慎地看护下，小鸵鸟们赶紧咕咚咕咚地喝饱水。

在接下来时间里，鸵鸟妈妈要教会小鸵鸟们如何在这片领域艰难求生，直到它们成年。

嘴强直如凿

尾呈平尾状或楔状

啄木鸟

啄木鸟以森林益鸟著称，是森林害虫的天敌，被人类冠以"森林医生"的称号。它们逐食而居，或居于山间，或迁于平原，但其一生都与树木相伴。它们穷其一生为森林除害，其奉献精神令人类钦佩。它们平日"沉默寡言"，但是它们"不鸣则已，一鸣惊人"。它们的鸣叫又有怎样的含义？它们捕虫又施展了什么妙计？它们又是怎么"虎口脱险"，求得生存的呢？

舌头长在鼻孔里

大千世界，无奇不有。啄木鸟的舌头居然是长在鼻孔里的。它的舌头细长且富弹性，舌头从下颚穿出，绕经后脑，在脑前部进入右鼻孔。所以啄木鸟只靠左鼻孔呼吸。这种结构能让啄木鸟的舌头深入树洞，方便捕虫。

啄木鸟的舌头细长

啄木鸟正在啄树

金刚喙

啄木鸟整日用喙"笃笃笃"地敲击树干，它的喙不疼吗？实际上，啄木鸟的喙非常坚硬。它们通常先用喙在树干上敲击、试探，看树干内是否有虫。一旦确定有害虫，啄木鸟就用坚硬的喙在树干上快速啄出一个洞，伸出长长的舌头把害虫捉出来吃掉。

别有含义的叫声

平日里，啄木鸟"沉默寡言"，在森林里埋头苦干，寻找害虫。但当春日来临，雄啄木鸟就按捺不住了。它们大声鸣叫，为了让它们的声音传得更远，它们甚至用喙敲击空洞的树干，或者用喙啄金属材质的东西。那是它们在向其他啄木鸟宣誓自己的领地主权。等到它们发情的时候，雄啄木鸟会以鸣叫声来向自己的"暗恋对象"示爱。

正在示爱的啄木鸟

很少远行

啄木鸟为留鸟，很少迁徙。不过它们逐食而居，大多时候蓁树觅虫，偶有地上觅食者栖息于横枝。春夏季节，多在山林间活动；等到秋冬来临，它们就会转移到附近平原或山丘的丛林间休息。

大斑啄木鸟背羽主要为黑色，额、颊和耳羽白色，肩和翅上各有一块大的白斑

捕虫有术

啄木鸟的舌头和喙诚然很厉害，可是还是有它的喙和舌头不能企及的地方，这时候啄木鸟就会动用它的"捕虫妙计"——它探得害虫的位置后，在害虫附近用喙重重敲击，不断变换地方，这时候害虫就会惊慌失措，乱了方寸一通乱窜。这就给了啄木鸟机会，它或是让害虫自投罗网，或是奋力一击将害虫一网打尽。

嘴强硬而直，呈凿形

头较大

脚稍短，具3或4趾

身披黑白相间的亮丽羽毛，翼有白色斑点

大斑啄木鸟正在吃害虫

象牙啄木鸟

象牙啄木鸟以体型最大、形态最优美著称。它的嘴巴比一般的啄木鸟要长，而且更白，好像一根洁白的象牙，它因此得名"象牙啄木鸟"。它披着黑白相间的羽毛外衣，头顶闪亮而优雅的冠，是啄木鸟中不可多得的"大美人"，只可惜现在濒临灭绝。

尾呈平尾或楔状

环保医生

森林如果遭遇害虫，损失严重。可是森林环境自成体系，如果用农药，很容易破坏森林的生态环境。但是有了啄木鸟，情况就大大改变了。啄木鸟的舌头有成排的须钩和黏液，不仅能钩取树中的害虫，还能把害虫的幼虫处理掉，在处理虫灾方面能真正做到"斩草除根"。

如果啄木鸟得了脑震荡会怎样？

清晨，寂静的林间发出"笃，笃……"的声音，"森林医生"——啄木鸟又开始一天的辛勤工作了。据科学家研究，啄木鸟一天可啄木 500~600 次，它们敲击的速度可达每秒 555 米，而它们头部摆动的速度就更为惊人了，约每秒 580 米，比子弹的速度快多了。人如果不停地快速点头，没点几下就会头晕眼花，那啄木鸟啄木的速度这么快，它会不会得脑震荡呢？如果啄木鸟得了脑震荡，就不能像往常那样为树木捉虫子了，就不再是名副其实的"森林医生"了。然而在树林里，依然可以听到它们清脆的啄木声。啄木鸟并没有得脑震荡，也不可能得脑震荡。啄木鸟具有特殊的身体构造，虽然啄木鸟的大脑比较小，但是相对而言表面积比较大，可以分散施加给它的压力。因此它不像人的大脑那样容易患脑震荡。

啄木鸟的头部很特殊，头颅非常坚硬，骨质似海绵一样松软，可以减弱振动；颅壳内有一层十分坚韧的外脑膜，在外脑膜与脑髓间有狭窄的空隙，几乎没有脑脊液，它可以减弱振动波传动。而人脑却正好相反，空隙里充满了脑脊液，所以人类不经意间的磕碰，就会引起强烈的脑震荡症状。

而啄木鸟头部这样精密的组织却是很好的防震装置，再加上啄木鸟的下颌把强有力的肌肉与头骨连在一起，在强烈的撞击开始前这块肌肉会快速收缩，也起到了缓冲撞击的作用。下颌底部的软骨也可以缓冲撞击。这样撞击的冲击力会绕开大脑。传到头骨的底部和后部。还有，啄木鸟在啄木时，敲打的路径是一条直线，从而避免因为晃动而导致脑震荡。

奇思妙想

夺巢之战

秋风飒爽的九月，北美的森林呈现出五彩缤纷的画卷景像。树木的叶子已然发生了变化，有的变成了红色，有的变成了黄色，有的还尚未退去绿色……在别的树叶开始凋零的季节，橡树呈现出的却是一副生机勃勃的样子——橡果成熟了。

橡果啄木鸟如期而至。先绕着森林飞了几圈后，这只橡果啄木鸟选定了森林中心的一棵枯树的树干作为自己的安家之所。这棵枯树在橡果啄木鸟看来简直是绝佳住所，因为这附近有一棵橡树，对它采集橡果来说方便得很。

它招呼来了家人，勤奋的橡果啄木鸟丝毫不敢怠慢。它用坚硬的喙"笃笃笃"地敲啄着树干，一个规则的圆洞眨眼间出现了。它找来了干草铺在了洞里面，建成了一个舒服的安乐窝。

这棵枯树不仅是它们的安家之所，更是它们的"粮仓"。它们在枯树干上啄出好多个大小不一的洞，这些小洞是安放橡果用的。因为是白天，况且新安的家还没有收集橡果，所以不用安排专门的家人看护"粮仓"。于是举家出动去采集橡果。

无巧不成书。就在橡果啄木鸟倾巢出动采集橡果的时候，一只欧洲椋鸟飞经此地，一眼就相中了这棵枯树。碰巧的是，还有一个现成的窝在那里等着它。于是，它兴高采烈地钻了进去——它对这个窝很是满意。

正在椋鸟在窝里舒服地休息的时候，忽然听得树干外"笃笃笃"的敲击声。椋鸟一下子恼火了，谁在扰它休息？于是，它从洞中伸出脑袋看：原来是橡果啄木鸟正用喙把采来的橡果往之前打好的洞里塞呢！橡果啄木鸟一看有"入侵者"霸占了自己的家，立马"怒发冲冠"。它放弃了手头的工作，决定夺回自己的巢。双方都觉得对方侵犯了自己的领地，简直不可饶恕。它们用喙互相追啄，甚至想用爪子挠对方。

几个回合之后，橡果啄木鸟用它的"金刚喙"打败了入侵者椋鸟，夺回了本就属于自己的巢。

蚂　蚁

它们被称为自然界的大力士，能举起超过自身体重 400 倍的东西，能拖运超出自身体重 1700 倍的东西；它们被称为自然界的建筑师，鬼斧神工地建造庞大舒适的豪宅；它们随遇而安，生命力极强，是自然界中抗击灾害最强的生物。它们的踪迹几乎遍布地球，它们是世界上数量最大的昆虫。它们就是蚂蚁。

蚂蚁是个大力士，能够举起超过自身体重 400 倍的东西

等级森严

在蚂蚁的世界里，体型最大的蚁后是它们最尊贵的王后，是整个家族的荣耀和希望。它担当着繁殖后代和统管家庭的职责。雄蚁的职责是繁衍后代，生命往往昙花一现。工蚁是建筑师，负责建造和扩大巢穴，是粮库总管，负责觅食。兵蚁是蚁巢的锦衣卫，负责防卫。

蚁后

身怀绝技

蚂蚁个个身怀绝技，靠本领吃饭。就拿工蚁来说吧，它们是天生的建筑家。不用图纸就能依地形建造出庞大复杂的巢穴，里面有功能各异的分室，道路纵横交错，四通八达。整个巢穴安全舒适，冬暖夏凉，是宜居的场所。

正在食用植物果实汁液的蚂蚁

工蚁

食性复杂

蚂蚁食性比较复杂。有趣的是，蚂蚁居然根据食性不同而分为高等蚂蚁和低等蚂蚁。

通常在蚂蚁中，肉食性或者多食性——杂食偏肉食和肉食偏杂食的蚂蚁被视为低等级蚂蚁，如切叶蚁、刺结蚁、斜结蚁等；而纯粹的植食性蚂蚁则被视为高等级蚂蚁，如拟黑多刺蚁等。

多样的蚁巢

大多数种类的蚂蚁挖土筑巢，也有栖息在树枝等处的孔洞中的

　　蚂蚁的巢穴可以说是花样繁多，所用建材和建筑地点各有差异。对于大多数蚂蚁而言，它们更愿意把家安置在地下洞穴中，并用叶片等遮住洞口，既安全又隐蔽。当然，也有的蚂蚁善于在树上或者岩石间用收集来的植物叶片等做成悬挂的巢，如拟黑多刺蚁。更有大胆的蚂蚁，喜欢和别的蚂蚁做邻居，它们把巢建在别的蚂蚁巢中或者旁边，互相照应，比如一种白蚁就会把自己的巢穴修筑在另一种白蚁的巢穴里。

气味交流

蚂蚁交流

　　气味是蚂蚁重要的通讯手段，它们依靠分泌物的气味来互通有无。传递的消息不同，所留的气味就会不同。假如一只外出的蚂蚁找到了食物，它就会在回去的路上留下自己的分泌物，别的蚂蚁就能沿着它留下的气味去寻找食物。而如果一只在外觅食的蚂蚁惨遭杀害，临死前它会释放强烈的警示气味，以告诫同伴。

同生共赢

　　蚂蚁是一种善于团队合作的物种，它们不仅种族内合作，而且还会跨物种合作，比如它们和蚜虫、蚁蟋同生共赢。蚂蚁做蚜虫的"贴身保镖"，蚜虫用分泌的含蜜物质回报蚂蚁。蚁蟋也能分泌含蜜物质，蚂蚁晚上就将它们移到自己的巢里，白天再放到进食区。

蚂蚁和蚜虫

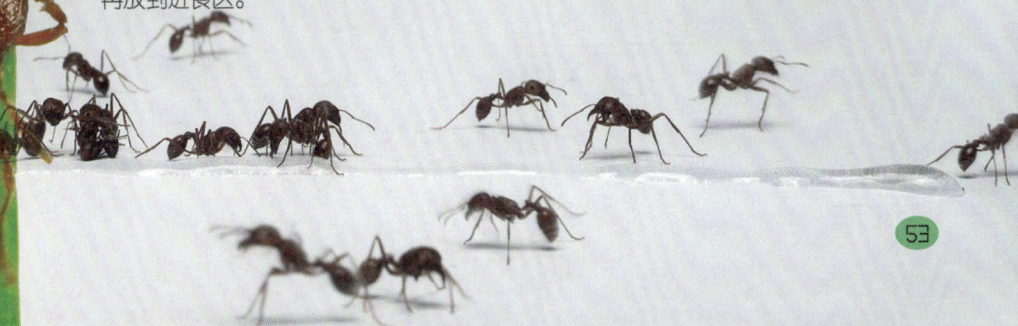

奇思妙想

闲暇之余，蹲在地上仔细观察蚂蚁的生活，常常会看到这样的场景：当蚂蚁们看到一大块美食时，总会叫同伴来一起分享，于是成群结队的蚂蚁在齐心协力搬一块面包或是别的美味。一只走在最后面的蚂蚁独自搬了一小粒面包，原来它想悄悄溜走。可出乎意料的是，这只小蚂蚁竟然失足从比它身体高几十倍的花盆边沿掉了下去。结果蚂蚁安然无恙，一骨碌翻起身来，摇晃着脑袋继续它的旅行……

难道蚂蚁从高处掉下来不会摔伤？如果是人从楼上掉下来，摔不死也会摔得骨折。可是为什么蚂蚁从高处落下来却一点事儿都没有？甚至连点儿伤都不带，难道蚂蚁会所谓的轻功？

从物理学讲，任何在空气中运动的物体都会受到空气阻力影响，空气阻力越大，则物体下落的速度就越慢。因为蚂蚁的身子太小了，而且也很轻，几乎称不出它的重量，一阵微风都可以将蚂蚁吹得飘起来，所以蚂蚁受到的空气阻力相对较大。此外，它们身上有许多绒毛，落地的时候它们的腿不停地上下摆动，调节自己的身体姿态，这样蚂蚁下落的速度也就减慢了，也就是说它们在空中停留的时间变长了。因此蚂蚁受到地面的撞击力极小，不会遭受任何伤害。即使是在没风的时候，蚂蚁也不是垂直落下的。这是因为六只脚急剧地运动，就增加了空气阻力影响，所以蚂蚁从再高的地方摔下来都不会受伤。

兵败白蚁丘

东非的一片热带山林中，一支不速之客的队伍到来了，它们给这个山林带来了翻天覆地的变化，尽管它们悄无声息。这支神秘的队伍就是非洲行军蚁，它们数量庞大。

现在，这支迁移大军正从森林的东面而来，它们已经启动了今天的觅食模式。一条刚想透气的蚯蚓挡住了它们的去路。这对于它们来说无异于"天降美食"。一群行军蚁蜂拥而上，眨眼的工夫已经将蚯蚓肢解，并运回它们现在暂时的巢穴。

半天的工夫，这支浩浩荡荡的大军已经快要把这片山林的地面扫荡干净了。现在它们必须爬到树上去。潮湿的森林里，行军蚁爬树如履平地。它们遇到了一只休息的鼻涕虫。它们依然使出了"仗势欺人"这一招，一群行军蚁蜂拥爬上鼻涕虫的身上，结果被鼻涕虫身体分泌的黏液粘住了，无法脱身。正在它们奋力抽身的时候，鼻涕虫下面的工蚁运来了土粒撒在了鼻涕虫身上，土粒吸收了黏液，行军蚁开始大展身手。三下五除二，行军蚁将鼻涕虫切割成小块运回暂时的巢穴。

战无不胜的行军蚁继续向森林西南挺进。但是，得意洋洋的行军蚁们绝对不会想到今天它们要兵败白蚁丘。

当行军蚁兵团到达高耸的白蚁巢穴前时，个个摩拳擦掌。这里两万多只白蚁对于行军蚁兵团来说可是一顿丰盛的大餐啊。在美食的诱惑下，行军蚁朝着白蚁的巢穴挺进。行军蚁和白蚁之间的恶战即将展开。

几个行军蚁先锋到白蚁巢穴通道探风，白蚁"卫兵"出来迎战，被行军蚁先锋果断撂倒。被打败的白蚁"呼唤"出更多的白蚁来对抗来势汹汹的行军蚁，结果在通往巢穴内部的通道里，行军蚁和白蚁开始了一场恶战。它们一对一决战，白蚁誓死保卫家园，最终行军蚁败给了白蚁，它们被迫撤退了。这在行军蚁的猎食史上是罕见的败绩，也是耻辱的一笔。

体表黄褐色或黑褐色，生有密毛

头和胸几乎同样宽

膝状触角

后足为携粉足

腿

嚼吸式口器

蜜蜂

人们常用"蜜蜂"来比喻勤劳的人。事实上，蜜蜂的确是一种勤劳的生物。蜜蜂穷其一生都在辛勤劳作。蜜蜂是花儿的媒婆，它们在花朵上飞来飞去的过程中完成了传递花粉的使命。爱因斯坦曾说过："如果蜜蜂从地球上消失了，那人类只能再活 4 年，没有蜜蜂，就没有授粉，就没有植物，就没有动物，就没有人类。"蜜蜂对地球生物的重要性不言而喻。

授粉和采蜜两不误

一举两得

蜜蜂在采集花粉的同时，后腿上的毛所携带的其他花粉也会掉落，这样就等于在给花授粉。因此，蜜蜂采蜜一举两得，既可以通过采蜜酿造蜂蜜和蜂蜡，又可以充当传粉者，给花授粉，而且后者比前者意义更深远。

工蜂承担着传授花粉的工作，是最勤劳的

蜂王负责繁衍后代

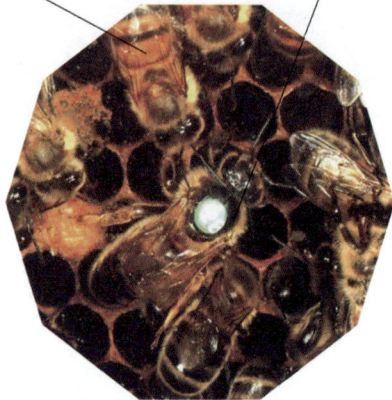

母系氏族

蜜蜂的世界还是母系氏族社会。在蜜蜂的世界里，蜂王有着至高无上的权力，它依靠强大的生殖能力繁衍后代，并统管整个家族。雄蜂通常寿命不长，与蜂王交配后就一命呜呼了。工蜂负责整个蜂巢具体而细微的大事小情，如筑巢、储存食物、喂养幼蜂等。

择偶交配

蜂王的择偶是通过婚飞来决定的。蜂王飞出蜂巢，雄蜂们紧跟其后，飞得最快的那个才能获胜，从而和蜂王交配。交配后的雄蜂就一命呜呼了。而没有与蜂王交配的雄蜂们，则待在蜂巢里，只吃喝不工作，被嫌弃地看成"懒汉"。刚开始工蜂们还能忍受，可是时间长了，工蜂们就会把它们驱逐出蜂巢。

六角形的蜂巢，排列的整整齐齐

天才设计师

蜂巢是由许多个六角形蜂穴排列而成的。巢房刚好一半相互错开，相互组合六角形的边，交叉的点是内侧六角形的中心，这样的结构极其稳固。而且这些蜂巢组成底盘的菱形的所有钝角都是109°28′，所有的锐角都是70°32′。世界上顶级数学家曾用数学方法证明，如果要消耗最少的材料，制成最大的菱形容器正是这个角度。蜜蜂真是天才设计师兼最伟大的数学家。

蜜蜂的筑巢本领强大，筑巢地点、结构复杂多样

蜜蜂舞

当采蜜的工蜂归来时，它们会在蜂群中跳别样的舞蹈，原来这是它们在向同伴们传递蜜源的信息呢。它们振动着腹部，按照8字盘旋跳舞。如果蜜源较远，它们就会放慢舞蹈频率和降缓转弯。如果蜜源丰富，它们就会拉长跳舞时间，示意需要更多的工蜂。

蜜蜂跳舞

智慧御寒

春夏季节采蜜，对于蜜蜂来说是一种享受。但是冬天就不怎么好过了。作为变温动物，蜜蜂受周围环境影响实在太大了。为了保持合适的体温，它们靠拢在一起，逐渐结成球团，温暖彼此。靠自己的智慧，蜜蜂们用此方法安然度过一个又一个冬天。

蜜蜂们靠拢在一起，温暖彼此

巢间关系

一个巢穴的蜜蜂关系很是融洽和谐，但是如果外巢蜜蜂错入本巢，事情可就不好说了。如果是工蜂误入本群，本群的工蜂会毫不客气地将其杀死。如果是雄蜂，工蜂还帮助它进入本群，为自己的家族壮大做贡献。但如果是为了偷蜜，第一个守卫蜂就不会放过它。

蜂蜜是很好的营养滋补品，受到人们的喜爱

如果没有蜜蜂会怎样？

奇思妙想

春暖花开，蜜蜂的身影又开始在田野、果园、林间的那些绚丽多姿的花朵中来回穿梭了。蜜蜂的无私奉献，不仅为人类提供了甘甜的蜂蜜，同时也为农作物的授粉立下了汗马功劳。然而近年来蜜蜂在悄无声息地从我们身边减少了。据报道，由于蜜蜂的减少，美国多种农作物的收成受到严重威胁。如果蜜蜂从地球上消失了，人类会怎么样？爱因斯坦曾说过："如果蜜蜂从地球上消失了，那人类只能再活4年，没有蜜蜂，就没有授粉，就没有植物，就没有动物，就没有人类。"

蜜蜂真的那么重要吗？答案是肯定的。蜜蜂原产于亚洲和欧洲，后来传到了美洲。传授花粉是自然界赋予蜜蜂的一种特殊本领，其他昆虫是不能与它相比的。

蜜蜂不仅会酿蜜，更重要的是蜜蜂能够为农作物等植物授粉，可使农作物的产量和品质大幅度提高。据研究，一只蜜蜂一次能给瓜类带来48000粒花粉，而一只蚂蚁只能带330粒花粉，所以蜜蜂绝对是传授花粉的主力军。通过蜜蜂授粉的农作物增产效益大约是蜂产品收入的11倍，所以，人们又把蜜蜂称为"农业之翼"。蜜蜂能为100多种农作物、林木、牧草等传授花粉，而且增产效果都很明显。试验证明，经蜜蜂授粉的油菜可增产26%~30%，油菜籽的含油率可达44.8%，果树可增产40%~50%，而且水果色泽鲜艳，味道可口，个儿大。蜜蜂是自然界中不可缺少的物种，它们对人类的贡献很大。

蜂巢保卫战

在喜马拉雅山脚下的一片森林里，隐隐约约传出"嗡嗡嗡"的响声，那是大蜜蜂们在蜂巢发出的声音。干燥少雨的旱季即将来临，大蜜蜂抓紧最后的几日储存食物，以便在迁徙的路上能够填饱肚子。

采蜜回来的工蜂忙不迭地喂养幼蜂和尚在蜂蜡里的幼虫。为迁徙做准备，蜂王此时已经不产卵了。工蜂必须把现在仅有的幼蜂和幼虫照顾好，它们是蜂群的未来。然而，此时，它们的天敌正对它们的蜂巢虎视眈眈。

一只大黄蜂朝着这边飞来，它是大蜜蜂的天敌之一。蜂群立即拉响了警报。大蜜蜂们的腹部迅速向上掀起，并释放一种性激素，刺激其他大蜜蜂也掀起腹部，从而形成振动波。这种振动波对大黄蜂有震慑作用，大黄蜂被击退了。

然而这样的战术对站在树枝尖的蓝喉蜂虎却无济于事。这只蓝喉蜂虎已经仰望大蜜蜂的蜂巢好久了。但是蓝喉蜂虎的目标并不是大蜜蜂的蜂巢，而是趴在蜂巢上的大蜜蜂们。蓝喉蜂虎朝着蜂巢直撞过去，目的就是为了激怒大蜜蜂们，可大蜜蜂们反应甚微，于是蓝喉蜂虎决定第二次进攻。果然，大蜜蜂们愤怒了，它们朝着蓝喉蜂虎而来。这正好中了蓝喉蜂虎的计。蓝喉蜂虎站在那里，只需张开嘴，就可以吃掉送上门来的大蜜蜂。蓝喉蜂虎饱餐一顿，扑闪着翅膀离开了。还好，大蜜蜂的巢安然无恙，它们只是损失了一些大蜜蜂而已。但是，下面出场的这个角色可是釜底抽薪，直奔它们的蜂巢而来的。

蜂鹰，既不捕食小鸟，也不捕食其他的小哺乳动物，专门以大蜜蜂的蜂巢为食。蜂鹰扑扇着翅膀飞来，停在了蜂巢所在的树干的上面。百密一疏，谨慎的大蜜蜂居然没有防范天敌会从上面攻击。蜂鹰站在树干上，大口大口地吞噬着蜂巢。偶尔有大蜜蜂跟着被咬的蜂巢飞上来，结果蜂鹰连同大蜜蜂一同吃掉。幼虫、幼蜂和大蜜蜂都是蜂鹰的美食。直到蜂鹰吃饱了，大蜜蜂们也没发现自己的蜂巢已经被毁了将近一半。

蜂鹰扑扑翅膀飞走了，大蜜蜂的蜂巢从树上掉落下来，掉到地上，被一窝野猪疯抢了。大蜜蜂们小心翼翼守护的蜂巢就这样被破坏掉了，而它们不得不提前开始迁徙之路。

甲　虫

甲虫是鞘翅目昆虫总称。由于鞘翅目昆虫前翅角质化，所以才被统称为甲虫。甲虫家族庞大，它们占据了2/5的昆虫物种，代表了1/5地球生命数量。它们随遇而安，分布广泛，占据海、陆、空各领域。粪便、尸体、落叶、土壤、巢穴……到处可见它们的踪迹，它们甚至寄生在别的昆虫体内和大的哺乳动物体外。它们靠着杂食性，叙写了昆虫的生命传奇。

铜绿丽金龟子

传粉"媒人"

甲虫是地球上出现最早的传粉"媒人"。它们被较强气味的花吸引，通过采食花粉或者采食花蜜给植物传粉。例如，木兰、百合、杜果等单生大花和绣线菊等聚集小花，都是甲虫的目标。甲虫的嗅觉着实比视觉灵敏，有果实香味或类似发酵腐烂的臭味的植物都能吸引甲虫。

花朵上的甲虫

在蚂蚁巢穴里白吃白喝的蚁巢甲虫

蹭吃蹭喝的甲虫

有一种甲虫，在蚁巢里蹭吃蹭喝，还有全天候的蚂蚁"保安"为它站岗放哨。即使有些蚂蚁被它攻击甚至被它吃掉，其他蚂蚁也不会攻击它。原来，这种甲虫通晓多种"语言"，能够模仿蚂蚁的交流方式并同它们交流。这种甲虫就是蚁巢甲虫。

从背面看，前胸背板和鞘翅基部常紧密相连，通常宽度相近。头常嵌入前胸中，有时完全被前胸背板盖住

下颚须末节呈斧状

瓢虫足及触角较短

可爱可恨

体型微小，身上长有七个圆点的七星瓢虫是农民的好朋友，它们喜欢吃蚜虫等害虫。但是到了冬天的时候，它们就让人们"讨厌"了。冬天的时候，它会聚集在一起，尤其喜欢在温暖的房屋里。尽管它们不传染病毒，可是对于建筑物来说，它们聚众产卵也是不小的威胁。

前胸背板和鞘翅背面光滑，常有或稀或密的细小短毛

瓢虫体形呈短卵形或圆形，身体背面强烈拱起，腹部扁平

短跑冠军

　　澳大利亚虎甲虫以时速9千米的优异成绩成为世界上奔跑最快的昆虫之一。取得如此佳绩，与它们的身体构造分不开。虎甲虫突出的眼睛和细长的腿部，使它们能够快速奔跑。但遗憾的是，它们虽跑得快，但是视力却跟不上，只有将速度降下来才能看清楚周围的一切。

虎甲虫

象鼻虫除了口吻长外，拐角着生于吻基部也是它的特色之一

象鼻虫

小身材，大鼻子

　　有一种昆虫，体型特别小，但是长着一个长长的"鼻子"——"鼻子"的长度几乎占到了身体的一半，因此人们管它们叫"象鼻虫"。其实，象鼻虫长长的"鼻子"是它们的口吻，那是它们用来咀嚼食物的口器。

象鼻虫体长在0.1厘米到10厘米

好斗的甲虫

　　扁扁黑黑的锹形虫像个铁锹，它们拥有标志性的大颚，显得非常勇猛。这既是它们的挖木头、觅食的工具；也是对抗天敌，争夺实物、地盘或者异性的武器。如果两只锹形幼虫相遇，它们会以大颚互相撕咬，直到一方被咬死。

屎壳郎推粪球时是如何看路的？

奇思妙想

科学家曾为"谁是地球上最彪悍的动物"展开对比研究，结果发现屎壳郎居然排第一。如果按照动物自身的体重和它所负荷的重量比例来计算，屎壳郎是世界上最强的昆虫。经过科学实验证明，屎壳郎可以拖动比其自身重量重1140倍的物体。

而且，我们也常常亲眼看到或者在影视资料上看到，一个屎壳郎推着一个巨大的粪球向前滚动。可是，聪明的读者，你有没有想过，显而易见，如此大的粪球已经阻挡了屎壳郎的视线，那么，屎壳郎在推粪球的时候是怎么看路的呢？它怎么能够在视线被挡的情况下准确地将粪球推到自己的地盘呢？

最近科学家发现，屎壳郎推粪球的时候居然是靠天象来导航的。而且，昼行性屎壳郎——在白天推粪球的屎壳郎与夜行性屎壳郎所依赖的天象是不同的，而且它们体内的导航系统也有所差异。

屎壳郎在遇到其他动物的粪便时，会把粪便分割成小块，然后把小块的粪便滚成粪球。之后，它们会爬上粪球，跳一会儿舞。这种舞蹈是用来帮助它们定位的，然后它们会朝着特定的方向滚动粪球。

在白天滚动粪球的屎壳郎，依靠光线明亮的太阳来寻找方向。而夜晚滚动粪球的屎壳郎，则没有那么容易了。夜晚没有太阳，月光微弱，而且满天星辰，势必会对屎壳郎的定位产生干扰作用。所以夜晚推粪球的屎壳郎不靠月光定位，而是靠大气层中分布的偏振光来定位和导航。这种偏振光是由日光和月光相互作用产生的。人类是看不到这种偏振光的，但是屎壳郎却可以。

重振雄风

"加油！打它！""快，把它掀翻！""好……好……好……唉！""我赢了，哈哈！你果然厉害！"一桌四个人围着中间的器物，情绪很是激动。原来他们四个在赌哪个独角仙会赢。除了一个人高兴地手舞足蹈外，另外三个气急败坏，又是拍桌子，又是摔凳子的。原来"常胜将军"独角仙大王今天败了！

这个独角仙大王来自附近森林，被逗虫的人捉来，卖给了这个"角斗场"。

独角仙大王，凭着自己的耐力和强盛的战斗力，打败了这个"角斗场"中大大小小的挑战者，成为了这里战无不胜的"常胜将军"。然而今天，捉虫的人捉到了更强大的独角仙，以高价卖给了一个"斗虫者"。"斗虫者"就用它来挑战独角仙大王，没想到后来的独角仙一鸣惊人。

败下阵来的独角仙大王让它的主人和投注于它的人惨败，它被主人抛弃了。情绪低落的独角仙大王在人类的脚下爬行，它要回到它熟悉的环境——森林。

城市对它而言是个危险的地方。匆匆的行人急骤的步伐，随时会让它粉身碎骨。夜晚的霓虹灯，对于独角仙大王而言，简直是场灾难。它无法看清回去的路，趋光性让它像没头苍蝇一样乱撞。独角仙大王只能飞到高空，这样才能降低人类对它的干扰和影响。终于，跌跌撞撞独角仙大王回到了它熟悉的那片森林。

现在它要做的第一件事，就是填饱饥肠辘辘的肚子。它找到一棵高大的果树，它用铲状的上唇划破树皮，毛刷状的舌头舔舐刚刚渗透出来的树汁，尽情地享用着果树的汁液。

就在独角仙大王快要填饱肚子的时候，它发现了树下草丛中一只美丽的雌性独角仙。它被这只异性吸引了，犹豫片刻后，它飞到了雌性独角仙的附近，刚打算接近雌性独角仙，一只更大的雄性独角仙出现了。毫无疑问，独角仙大王想要"抱得美人归"，必须再战一次。

独角仙大王上下晃动它的额角，对方也不示弱，收缩腹部发出"叽叽"的示威声。它们都向对方奔去，努力将自己的颈角插入对手的身体下方，只有这样才有机会将对方掀翻。几轮下来，它们有些体力不支。独角仙大王用尽最后一丝力气将对手高高举起，掀翻在地。

独角仙大王终于重振雄风，赢得了胜利，理所当然地带走了它的"美人"。

鳄　鱼

鳄鱼

鳄鱼虽被称为"鱼"，但它并不是鱼类，而是卵生爬行动物。鳄鱼，作为迄今为止地球上最古老的物种之一，保留了早期恐龙类爬行动物的许多特征，因而鳄鱼也被称为"活化石"。鳄鱼是肉食性动物，因其性情暴戾凶猛，再加上一副长嘴和长脸的长相，而被世人誉为"世上之王"。

呼吸系统

鳄鱼有着双重呼吸系统。有科学家发现，美国短吻鳄吸气时，空气从鼻孔进入第二支气管，从第二支气管流经第三支气管，然后进入第一支气管，最后呼出体外。这一特别的呼吸系统使它与鸟类的呼吸方式更接近，这样的呼吸系统更能增强呼吸效能。

鳄鱼鼻子

露出尖牙的鳄鱼

鳄鱼爪子

鳄鱼主要栖息在河湾和海湾交叉口处

特有习性

鳄鱼是脊椎类爬行动物，从温带到亚热带广有分布，主要栖息于湖泊、沼泽、浅滩等。成年的鳄鱼多数时间是在水下度过的，有时候会把眼睛和鼻子露在水面外。鳄鱼看起来比较笨重，可是它们的听觉和视觉非常灵敏，但凡有点儿动静，它们就会立刻沉入水中，静待观察。下午会浮出水面晒太阳，夜间活动频繁。

繁衍孵化

鳄鱼眼睛

孵化出壳的小鳄鱼

交配后的雌鳄鱼在产卵之前，会先到岸上建造自己的"产房"。它用树叶、干草等柔软的东西铺在自己的巢内，然后安静地待产。产卵两三天前，雌鳄鱼常常流泪，大概是疼痛所致。产下卵后，雌鳄鱼会用树叶和干草将卵盖住，一是为了掩护鳄鱼卵，再者可以保温。雌鳄鱼利用太阳的光照和杂草的热量来孵化卵。这一时期，雌鳄鱼会非常敏感，不允许任何动物接近它的巢。

扬子鳄

扬子鳄

作为中国特有，史上最小的鳄鱼，扬子鳄弥足珍贵。它们喜欢安静，白天常常栖息于自己的洞穴中，偶有活动，晚上非常活跃。白天的时候，扬子鳄常常半闭着眼睛，懒洋洋地晒太阳。似乎进入半睡眠状态的扬子鳄其实时时保持警惕，一旦发现有危险或者有食物时，立马进入攻击状态，这一转变常常只需要几秒钟。

河口鳄

河口鳄是最危险的鳄鱼，同时也是现存最大的爬行动物。河口鳄以长得快著称，当它们长到 4 米长的时候，就变身为最厉害的掠食者了。河口鳄非常注重自己的领地权，吃饱喝足的日子，河口鳄常常出去寻找领地。只要被河口鳄看中的领地，即使已经有鳄鱼占领，它也会想方设法驱走原主，自己独占此地。

河口鳄

近视远视

鳄鱼在水中是不折不扣的远视眼患者，所以鳄鱼会长时间潜伏在远处的水底等待猎物的出现。但不能疏忽的是，陆地上的鳄鱼却是"千里眼"，它们对近处物体看得很模糊。

鳄鱼眼睛

如果鳄鱼不流眼泪会怎样？

奇思妙想

鳄鱼身披盔甲，张着血盆大口，形象狰狞丑陋，而且生性残暴，同类间也常常为争夺猎物而相互撕咬，血腥凶残的场面令人生畏。即便如此，人类发现这种凶残的动物也有"慈悲"的一面。鳄鱼在贪婪吞吃食物的同时，会默默地流下"悲伤"的眼泪。难道鳄鱼具有同情心？它们流泪的真正原因是什么？

事实上，鳄鱼凶残的本性决定了它们是不会有同情心的。但是它们却一定会流眼泪。鳄鱼流眼泪是一种自然的生理现象，是鳄鱼在排泄体内多余的盐分。肾脏是动物的排泄器官。但是由于鳄鱼肾脏的发育不完善，无法将体内多余的尿素和盐类完全排出体外，所以要借助其他腺体来排泄。而在鳄鱼的生理结构中，盐腺就充当了排出含盐液体的辅助腺体。盐腺是由一根中央导管和它辐射出的几千根细管构成的。由于血管与血管交错在一起，所以它们可以把鳄鱼血液中的多余盐分分离出来，然后再由中央导管排出体外。因此盐腺是鳄鱼的天然"海水淡化器"。当然海洋中的很多动物都有这样类似功能的"海水淡化器"。鳄鱼的盐腺恰好在眼睛的下面。当它捕食时，自身的新陈代谢速度就会加快，积累在体内的盐溶液就会增多。因此，盐腺的排泄量越多，鳄鱼吞食猎物时流的"眼泪"也就越多。鳄鱼流泪是一种自然的生理特征，是无法避免的。

乐园之渡

7月份的非洲草原，已然进入了旱季。太阳火辣辣地炙烤着大地，这片广袤的草原已经被动物们吃成不毛之地了。迁徙对于牛羚和斑马来说势在必行，它们结伴上路了。

太阳似乎越来越热，迁徙大军此时口渴难耐，迫切希望找到水源。终于，牛羚和斑马到达了马拉河。此刻，马拉河的水对它们而言极具诱惑，牛羚群蠢蠢欲动。有经验的牛羚和斑马都不敢轻举妄动，它们知道贸然喝水可能会付出沉重的代价。在队伍最前面的小牛羚们却跃跃欲试，因为它们实在是太渴了。

终于，禁不住诱惑的小牛羚小心地从岸上走下来，希望侥幸可以喝到水。小牛羚试探着喝了几口水，发现没有危险，便张开大嘴"咕咚……咕咚……咕咚"喝起水来。后面年长的牛羚也按捺不住了，它们也想下来畅饮一番。

就在这时，喝得痛快的小牛羚居然"忘我"地往水里走去。忽然，水里伸出一张血盆大口，朝着小牛羚咬去。还好，小牛羚反应比较快，张嘴的鳄鱼扑了个空。

岸边上的斑马等得着急了，它们喝饱水，它们要先过河。斑马们纷纷可没有耐心等待牛羚从岸边走向河里。而此时，鳄鱼也开始集结。成年斑马对于鳄鱼来说不容易扳倒，但于是对付小斑马就很容易得手。于是，小斑马就成为了鳄鱼们"下嘴"的目标。

小斑马若有爸爸妈妈保护，还可侥幸安全渡河。一旦落单，小斑马可就危险了。一只落单的小斑马奋力想要赶上爸爸妈妈，可是鳄鱼没有给它机会。就在马上要跟上爸爸妈妈的时候，鳄鱼在它后面咬住了它的后腿。如果只是一条鳄鱼，也许小斑马还有逃生的机会。可是这时候又有两条鳄鱼朝这边游来，小斑马凶多吉少。在鳄鱼的围攻下，小斑马挣扎几下便倒下了。它被众多鳄鱼按在水里不能起身，最终溺水而亡。鳄鱼们残暴地把它分食了。

许多小牛羚和小斑马惨遭鳄鱼毒手，血染马拉河。后面的牛羚和斑马在它们的血水和尸骨中渡过马拉河，到达了牛羚和斑马向往的"乐园"——另一片水草丰美的草原，它们将在那里舒服地度过旱季。

67

蛇

珊瑚蛇

蛇是四肢退化的爬行动物，虽然细长柔软，但却是脊椎动物。蛇种类繁多，可达 3000 种，足迹几乎遍布世界，尤以热带见多。它们或是半树栖，或是半水栖，或是水栖。世界上所有的蛇都是肉食动物，它们只分有毒蛇和没毒蛇。人人常常谈蛇色变，但蛇在整个生态系统中有着重要的作用。一旦蛇被过度捕杀，整个生态系统就会遭到破坏。

冬眠习性

每年冬天，蛇都会钻到洞中去冬眠。冬眠期间不吃不喝，一动不动。等到冬天过去，天气转暖，蛇就苏醒了，开始出去觅食。此时的蛇常常一边觅食一边慢慢蜕皮。蜕皮后，蛇的活动量增大，食欲变强，体力逐渐恢复。

正在脱皮的蛇

分叉的舌头

分叉的舌头

蛇的舌头就像是人的左右耳一样，蛇利用舌尖分叉，来判断气味来源的方向，从而决定它要前进的方向。科学实验证明，如果剪去蛇的舌尖分叉，它就会失去跟踪气味痕迹的能力。

蟒蛇吞下了一只鳄鱼

大嘴王

蛇的吞食技巧很独特。蛇的咽部和相应的肌肉系统都有很大的扩张和收缩能力，能随着食物的大小而变化。蛇在吞食时先将口张得很大，然后把猎物的头部衔进口里，用牙齿紧紧地卡住猎物的躯体，然后慢慢吞下猎物。这样的吞食方式使蛇很容易吞食比自己大好几倍的动物。

嘴巴可以根据猎物的大小而变化

拥有剧毒的竹叶青

消化系统

多数食肉性的蛇，消化液的消化能力特别强，能溶解动物的肢体。毒蛇的毒液就是它的消化液，就如同人的胆汁一样也是一种消化液。蛇在吞食物的同时就开始消化了，而且还会把骨头吐出来。

头部为椭圆形

眼镜蛇科中的太攀蛇的毒液是其他种类眼镜蛇的 50 倍

太攀蛇

眼镜蛇

眼镜蛇

眼镜蛇是一种大型毒蛇，它的头部为椭圆形，外表为黄褐色或深灰黑色。当它兴奋或发怒时，便会昂起头，同时颈部扩张呈扁平状，这时背部会呈现一对美丽的黑白斑，看起来像是眼镜状花纹，由此而得名眼镜蛇。

食蛋蛇

生活在非洲和印度的游蛇中有一类是食蛋蛇。由于它的肌肉组织很特殊，适于食蛋，故得此名。这类蛇的咽部上方有6～8个纵排尖锐锯齿，当它把蛋吞进咽部时，随着吞咽动作的进行，蛋的硬壳就会被锯破。然后借助颈部肌肉的张力，把蛋壳挤压破碎。而蛋黄、蛋白则被挤送到胃里，至于消化不了的蛋壳碎片和卵膜，则会被压成一个球状的物体从嘴里吐出。

食蛋蛇

如果蛇不长舌头会怎样？

人的舌头是用来品尝味道和帮助人说话的器官，可有些动物的舌头会有更奇特的作用。如果在草丛里遇见一条正移动的蛇时，可以发现它的头总是仰起的，紫黑色的舌头从嘴里向外不停地伸缩。看着蛇那条开了叉的舌头在空中弹动一定会让人胆战心惊。有人认为这就是蛇的有毒器官，甚至传说蟒蛇的舌头可以把人或其他动物从很远的地方吸到肚子里去。但事实上蛇的舌头既没有毒，也没有那么大的威力。

蛇的舌头不仅是异常敏锐的"手"——用来准确地触摸它碰到的每一件陌生物体，而且还是一种高级的嗅觉探测器官。蛇的舌头和人的舌头不一样，人的舌头可以用来辨别味道，例如辨酸、甜、苦、辣、咸等。蛇的舌头却不能品尝各种味道，而是"闻味"，也就是探试物体、分辨味道。蛇也有嗅觉，不过它的嗅觉不算灵敏。蛇的嗅觉器官长在口腔里边，伸不出来。因此它闻味时，必须靠舌头帮助。精巧的叉形舌尖从空中、地面和水里抓住细小的颗粒，把附着的少量物质送回到口中，将叉形舌尖缩回上颚的两个小孔里，小孔里布满了敏感的感觉细胞。这样，蛇才对周围环境有了准确的嗅觉和感觉。所以我们平时见到蛇把舌头伸出来，其实它们是在闻味，寻找食物和判断它所处的环境条件。

如果它发现有鸟、青蛙、老鼠、野兔等一些小动物，就会立即扑过去，把口张得很大，把猎物囫囵吞下去。蛇的舌头还是很好的听觉器官，可以用来探听周围的动静，来帮助它不甚发达的视觉。由此看来，舌头是蛇最得力的帮手，如果没有了舌头，它们将如同瞎子一般无法辨别方向，无法了解自己周围的环境，蛇将寸步难行，失去生存的能力。

雨林之王的生活

清晨，雨林之王——眼镜王蛇"唰唰"地在地上的落叶中穿行，尽管声音很小，依然被其他动物注意到了。树上正在玩耍的猴子，听到这个声音停止了打闹；正在地面吃草的鹿，赶紧为它让路；大象看到它立马躲得远远的。大家都知道眼镜王蛇可不是好惹的。

但此时的眼镜王蛇完全没有心思理会这些，它必须尽快找到水源，补充水分，好完成蜕皮工作。终于，它爬到了水边，脑袋伸进水里，咕咚咕咚喝了起来。

它喝饱了水，找了一个洞钻进去，静等蜕皮。分泌物让它的眼睛几近失明。任何动静都会让它感到不安和焦躁。一只路过的乌龟差点让它大发雷霆，所幸，乌龟爬过去了。一段时间过后，它身上的皮开始爆了。于是它故意在树杈和树叶多的地方慢慢爬行，好让树枝、树杈等把又紧又痒的旧皮刮掉。

终于，它完成蜕皮，焕然一新。为了蜕皮，禁食十天的它饿坏了。它出洞第一件事就是去寻找吃的。它爬上一棵树，在树叶的遮蔽下等待自己的猎物。

它看到一只腾蛇从树叶后面钻出鸟窝而去。腾蛇张开嘴巴，虚张声势，一口吞下窝里的小鸟。可是犀鸟妈妈嘴下去，叼起来，撕碎后喂给尚在窝来，直奔树干上的犀想要吓跑犀鸟妈妈，好根本不怕，它朝着腾蛇一里的小犀鸟。

忽然，大树下传来"沙沙"声，眼镜王蛇要等的大猎物。眼镜王蛇慢慢锦蛇闻到了老鼠的味道，朝着一只正在吃东一条锦蛇向这边爬来。这正是爬下树，尾随它而去。而这条西的老鼠奔去。眼镜王蛇紧随其后。

最后，老鼠因为受到惊吓逃跑了，锦蛇不仅没有吃到食物，自己反倒要成为眼镜王蛇的食物了，一场恶战即将展开。

锦蛇自然害怕眼镜王蛇，但它仍旧要抵抗。锦蛇放低头，吐着舌头，一副恐吓的样子。但是这对眼镜王蛇丝毫不起作用。它朝着锦蛇一口咬下去，并放出了自己的毒液。锦蛇奋力反击，但是大势已去。片刻，它体内的眼镜王蛇的毒液开始发作，全身瘫痪无力。眼镜王蛇美美地饱餐一顿，而后回洞中休息去了。

蜥 蜴

壁虎身体通常为暗
黄灰色，带灰、褐、浊
白斑，但也有例外

蜥蜴，以其和蛇相似的长相和密切的亲
缘关系，而又被称为"四脚蛇"和"蛇舅母"。
蜥蜴是爬行动物中种类最多的族群，有记
录的品种就达 4700 种之多。这个庞大的
家族主要活动于热带和亚热带，温带和
寒带也有分布。为了适应环境的差异，它们的栖息环
境也是丰富多变，湖泊、沙漠、沼泽地、树林都是它们的栖息地。

壁虎

生活习性

蜥蜴的足迹几乎遍布全球，这个庞大的家族为了适应不
同的环境而进化出不同的生活习性。热带及亚热带的蜥蜴终
年可以活动，但有时候夏季过热，天气干燥加上食物短缺，
它们就会停止活动，进入夏眠状态。而温带及寒带的蜥蜴因为
冬天太冷，作为变温动物，用冬眠来帮自己度过冬天。蜥蜴这个
庞大的家族活动不仅有地域性、季节性，还有昼夜性，有的在白天
活动，有的则是晚上活动。

变色龙

断掉的尾巴

截尾求生

壁虎常常在遇到危险的情况下，选择截断自
己的尾巴自保。截掉的尾巴还能跳动，成功吸引天敌的
注意力，从而为自己逃跑拖延时间。壁虎断掉尾巴还可再
生，只不过再生的尾巴只是一根连续的骨棱而已。

断尾壁虎

大音希声

蜥蜴的绝大多数品种都不发声，除了壁虎类。壁
虎能发出嘹亮的叫声。有许多像壁虎一样不轻易发声
的动物，只有他们求偶的时候才发声，但是壁虎发声
不是为了求偶，而是对自己领地一种警示。当有入侵
者侵犯了它的领地时，它会发出警告的叫声。

壁虎的叫声有微弱的滴答
声、唧唧声至尖锐的咯咯声、
犬吠声，依种类不同而不一样

用舌捕食

变色龙有着不可思议的舌头，它的舌很长，可以伸到几乎和身体等长的距离。其舌端膨大，富有黏液，当昆虫距它还有三四十厘米时，它的舌头能迅速弹射出去，准确地以舌端粘住昆虫，卷送口中美餐一顿。

变色龙进食

变色龙靠舌头捕捉昆虫。它的舌头从弹射到收回只需要 1/16 秒的时间。

沙里遁——沙蜥

背部大多呈现黄褐色或灰褐色并饰有深色斑纹

沙蜥生活在沙漠中，沙子就是它的生命保障。一旦发现有危险，沙蜥会迅速遁入沙中。当中午灼热的太阳炙烤着大地时，沙蜥也会把自己埋入沙中，这样可以避免被烧伤。当它们把自己埋入沙中的时候，它们眼睑边的鳞片可以保护它们的眼睛不进沙子。而指、趾一侧的鳞片可以减少它们接触炙热沙漠的面积。

侏儒壁虎身长约 1.5 厘米，而且还是把尾巴算在内的情况下，是世界上最小的爬行动物之一

沙蜥

水上漂——侏儒壁虎

顾名思义，侏儒壁虎的个头很小。侏儒壁虎生活在巴西，经常受到雨水的困扰。对于瘦小的侏儒壁虎来说，一个小水坑就好似一个大湖泊。在多雨的巴西，为了生存，侏儒壁虎进化出了防水的皮肤和水上漂的本领。

侏儒壁虎

如果变色龙在镜子中看到自己会怎样？

奇思妙想

变色龙能随着周围环境的改变而改变肤色，变色龙因此而得名。变色龙改变体色一来是为了适应周围环境保护自己，二来体色的改变可以作为变色龙重要的信息交流工具。举例来说，变色龙体色多数情况下是绿色，但是当他们感到紧张不安时，它们的体色就会出现深色的斑点；而它们在睡觉的时候，体色就转为黄绿色；发情期的雌性变色龙身体上会出现黄褐色的板块，怀孕的雌性变色龙又会变为黑灰色……如果变色龙在镜子中看到了自己，又会怎样呢？它会变色吗？会变成什么颜色呢？

若要揭开这一问题的答案，首先需要了解变色龙变色的秘密。变色龙之所以能够变色得益于变色龙的真皮细胞的表面的红细胞。这层红细胞内层有一层排列着的晶体，通过改变这些晶体排列的结构，从而实现改变颜色。当变色龙在放松状态下时，晶体排列紧密，体色呈现绿色；紧张状态下，晶体排列松散，会呈现红色、黄色等。

所以，当雄性变色龙在镜子中看到自己时，立马变得紧张起来。因为在它眼中看到一个可能与自己争夺"地盘"和"配偶"等资源的雄性变色龙时，它的情绪会异常激动，而身体的颜色也随之改变，由放松时的绿色变为紧张不安的黄色、橙色甚至于红色。它们在奋力传递信号，以其恫吓镜子中的"雄性变色龙"，让其知难而退。

相对于雄性变色龙而言，雌性变色龙在镜子中看到自己时变化就不那么鲜明了。雌性变色龙在镜子中看到自己时，变化不一，有的变色，有的不变色，即使变色的雌性变色龙身体所变的颜色也不相同。相对于雄性，雌性变色龙的变化更细微，更复杂。

险象丛生

科隆群岛上热闹非凡。此时，又到了海鬣蜥们交配的季节。两头雄海鬣蜥为了赢得与旁边雌海鬣蜥交配的权利而决斗。它们撕咬在一起，打得不可开交。这反倒给了在一旁看热闹的体型较小的海鬣蜥一个机会。它趁两个"巨头"在打架，混乱之际，它偷偷地爬到雌海鬣蜥身上，准备和她繁衍下一代。

不巧，较小的海鬣蜥还没有得逞，刚刚取胜的雄海鬣蜥就走过来了。它咬住雌海鬣蜥的头，把它带到了岛上一处偏僻的地方，开始繁衍下一代。

不久，雌海鬣蜥就怀孕了，她要登岛产卵。可是这个时候，岛上的火山喷发了。炙热的岩浆席卷全岛，一直流向大海。绝大多数海鬣蜥要么被烫死，要么被滚烫的海水活活煮死。岛上的海鬣蜥所剩无几，海鬣蜥妈妈侥幸存活。

海鬣蜥妈妈冒险登岸，在沙滩上挖洞、产卵，然后飞速奔回大海。但老鹰们早在岩石上盯上了它。一只老鹰俯冲过去，一下子摁住了海鬣蜥妈妈的脑袋，想要带它飞起来，可是海鬣蜥妈妈苦苦挣扎，没让老鹰得逞。

海鬣蜥妈妈挣扎着，努力把老鹰拖向大海。可是鹰也不甘示弱。它们势均力敌，僵持着。海鬣蜥妈妈用尽全身的力气，把老鹰拖往水里，就在快要成功的时候，气急败坏的老鹰一下子就把海鬣蜥妈妈给啄死了。老鹰飞走了，任由海水冲击着海鬣蜥妈妈的尸体。

一段时间之后，小海鬣蜥出生了，它必须到海里才安全。但在它去海里的路上埋伏了无数个"杀手"——蛇。许多刚出生的小海鬣蜥都已经葬身于蛇腹。小海鬣蜥飞速地跑向大海。岩石缝中窜出的许多条蛇，拼命地追着小海鬣蜥。在蛇快要追上它的时候，小海鬣蜥来了一个急转弯。如此这般，几个急转弯之后，小海鬣蜥终于甩掉了蛇，安全地进入了大海。小海鬣蜥暂时活下来了，但还有许多危险在等待它去面对。

奇异动物

大千世界，无奇不有。在神奇的大自然中，存在千奇百怪的动物。它们或是外形奇特，或是习性古怪……为了生存，它们演变出各种各样的形体；为了生存，它们进化出各式各样的本领。或奇或特的动物，带给我们不一样的视觉感受和情感冲击。

鹦嘴鱼经常成群结队巡游珊瑚礁区，吞食珊瑚枝

捕食珊瑚的鹦嘴鱼

水滴鱼没有鱼鳔，靠鳃呼吸

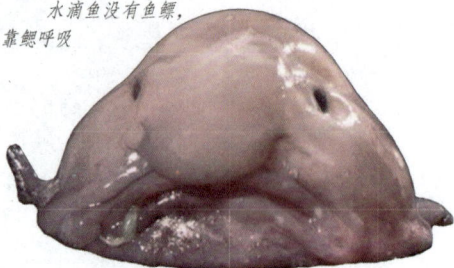

全世界最忧伤的鱼

在澳大利亚的塔斯马尼亚 1200 米深的海底中，生活着全世界最忧伤的鱼。它们天生一副哭脸，表情甚是忧伤。它们就是非常罕见的水滴鱼。水滴鱼的身体呈蝌蚪状，由凝胶物质构成，所以看起来滑溜溜的。

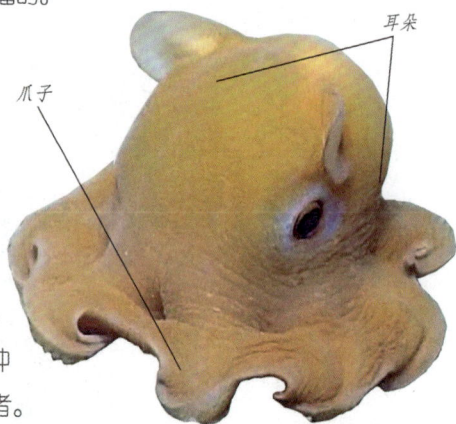

由于它们游动比较慢，所以很难逃脱深海捕捞，因此现在的生存状况并不乐观

耳朵

爪子

海里的"小飞象"

迪士尼动画里的"小飞象"怎么会跑到海里呢？原来在大西洋海底的中部山脊海域生活这种类似大象的"章鱼"，它们有两只超级大的"耳朵"，很像"小飞象"，于是科学家给这个物种起名字叫小飞象章鱼。但实际上它并不是真正的章鱼，而是一种软体动物。它们身体有许多发光器官，借以吓唬来犯者。

不丑的"丑角虾"

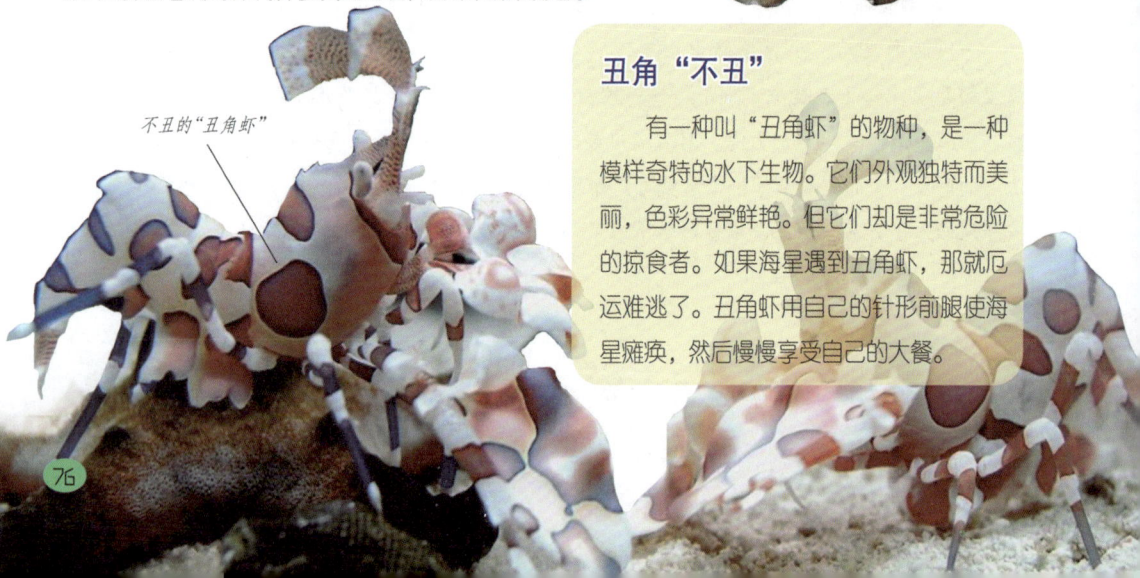

丑角"不丑"

有一种叫"丑角虾"的物种，是一种模样奇特的水下生物。它们外观独特而美丽，色彩异常鲜艳。但它们却是非常危险的掠食者。如果海星遇到丑角虾，那就厄运难逃了。丑角虾用自己的针形前腿使海星瘫痪，然后慢慢享受自己的大餐。

最卑鄙的蜘蛛

黑脚蚂蚁蜘蛛被称为"最卑鄙的蜘蛛"。这种蜘蛛长着蜘蛛的脑袋、蚂蚁的身体，将自己伪装成蚂蚁的样子一次又一次躲过了掠食者。黑脚蚂蚁蜘蛛喜欢群居，通常一张网上往往住着 10~50 只不等的黑脚蚂蚁蜘蛛，这也能有效躲避捕食者。但是对别的动物而言，黑脚蚂蚁蜘蛛是极其危险的，因为它们有较强的毒性和攻击性。

黑脚蚂蚁蜘蛛

苍蝇有 1 对膜质翅膀，翅膀上有 6 条不分支的纵脉和 1 条腋脉

复眼

带"雷达"的飞行高手

苍蝇被誉为带着"雷达"飞行的高手。苍蝇依靠 360° 无死角的复眼、感知空气变化的体毛而成为飞行高手，通常危险还没有到来，它们已经做好了应对策略，计算出了最佳逃跑路线。

毛状爪

箭蟹有 8 条长腿，2 条前腿的末端，长着 2 个很小的螯

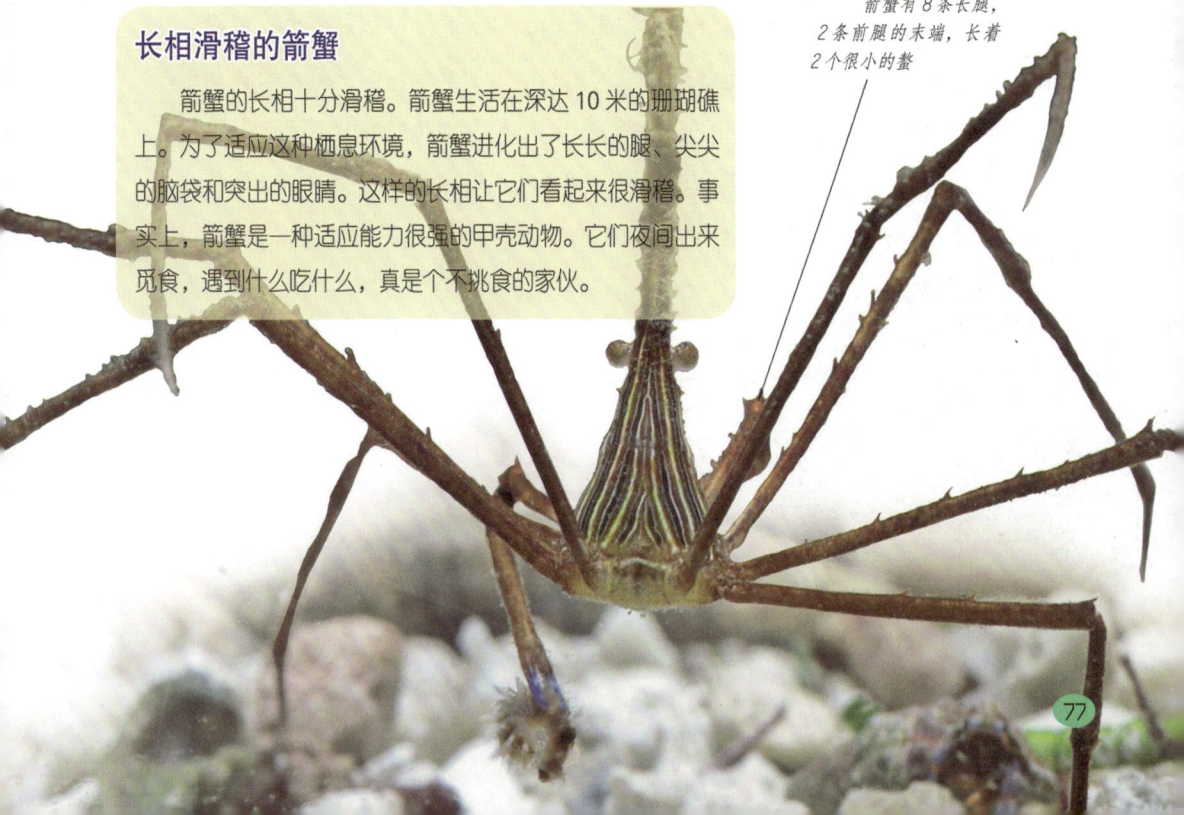

长相滑稽的箭蟹

箭蟹的长相十分滑稽。箭蟹生活在深达 10 米的珊瑚礁上。为了适应这种栖息环境，箭蟹进化出了长长的腿、尖尖的脑袋和突出的眼睛。这样的长相让它们看起来很滑稽。事实上，箭蟹是一种适应能力很强的甲壳动物。它们夜间出来觅食，遇到什么吃什么，真是个不挑食的家伙。

如果双色虾伸直身体会怎样？

More

奇思妙想

双色虾十分罕见，每 5000 万只龙虾中才有一只双色虾。双色虾实质上是基因突变的龙虾。双色虾和其他虾有一样是相同的，那就是总是弯着腰弓着身子，就像人在打盹时候的样子。这是为什么呢？难道虾是天生这样，还是因为它在海水里感觉到冷，才蜷缩着身子。假如虾伸直了身子该多好，它们也不至于总不能挺直腰板生活，我们在吃虾的时候也不会因为不方便而划伤嘴巴了。

虾属于甲壳类节肢动物，它的头部有附肢 5 对，胸中有附肢 8 对，有 5 对步足。虾在水底爬行时主要靠的就是 5 对步足。

"大鱼吃小鱼，小鱼吃虾米"是用来形容动物界中弱肉强食的现象。这虽然是动物生存的自然规律，但也说明了虾在食物链中排在最底层。由于虾是水中最弱小的动物之一，所以，许多鱼和体型庞大的动物就会以虾为食。虾常常会遭到这些敌害的侵袭。一旦虾遇到危险的时候，便会弯起腰，紧接着再用尾巴和附肢拼命地划水，然后猛地向远方弹跳。由于虾在弹跳时方向不固定，所以，令侵袭它的敌人不知所措，无从下手。只有这样，虾才能化险为夷。虾就是利用这种不定式的弹跳动作来逃命的，是它本能的防身术。

活蹦乱跳的鲜虾是这样的，那么我们在餐桌上见到的虾为什么也是弯着身子呢？虽然生虾的躯体可以通过人为拉直，但是由于虾的身体里主要包含有肌蛋白，在加热超过 50℃ 的情况下，这种蛋白质就会变性，导致虾身体内部的物理结构和化学反应都会发生变化，虾身体就会自动收缩，这样虾看起来也就弯曲了。

蜘蛛的天罗地网

天气晴朗，树林里传出啁啾的鸟叫声，一片祥和。一条河流从远方流淌过来，赋予这片青葱的树林以灵气。蜻蜓们时而飞翔，时而点水。然而，和谐的画面背后却暗藏杀机。一只达尔文树皮蜘蛛立在枝头，它要布置自己的天罗地网，在这勃勃生机之地，觅得自己食物。

蜻蜓成为了树皮蜘蛛的首个目标。想要抓捕那些在水中央点水的蜻蜓，势必要在河中央拉一张网。如何在一条宽25米的河流中央结网呢？这河可是"和尚的脑袋"——光秃秃的啊，连棵树都没有。换作别的蜘蛛，也许会犯难，但它可是树皮蜘蛛，这对它来说小菜一碟。

只见树皮蜘蛛立在枝头，气沉丹田，霎时间一缕银丝喷射而出。在阳光的照耀下，银丝越发透亮。树皮蜘蛛要喷射一条长25米的蛛丝，横跨整个河流，然后把网挂在这根丝下面。

先不说蜘蛛吐丝如何高明，且是一口气吐25米长，蜘蛛的"肺活量"也让人类望尘莫及。这么长的蛛丝是怎么藏在它弱小的身体中的呢？树皮蜘蛛还是武林高手啊。

转眼的工夫，一条蛛丝已经横亘在这条河的上面。这真是"一丝飞架南北，天堑变通途"。这根蛛丝变成了缆绳，树皮蜘蛛沿着这根"缆绳"要到河中央去布置陷阱。忽然"缆绳"发生剧烈的震颤，原来一只同类从彼岸爬来，来者不善。它是要不劳而获啊！于是，树皮蜘蛛果断一口咬断了自己的丝。这一招果然奏效，达到了自己的目的——"不战而屈人之兵"，彼岸那只蜘蛛只好悻悻而退了。

树皮蜘蛛可以全力结网了。半天的工夫，它织出了一张直径达2米的网。既然天罗地网已布置好，剩下的就是"守株待兔"了。果然不多时，一只蜻蜓撞上了网，被粘住了。蜘蛛爬过去，还没有食用，另一只蜻蜓也撞了上来。树皮蜘蛛只好先"打包"，用自己的蛛丝织成"保鲜膜"，牢牢将两只蜻蜓裹住，留着以后吃。接着就坐等其他不速之客上门了。

这只树皮蜘蛛此后很长一段时间里，可"衣食无忧"了！

人类与动物

人类与动物共生于这个地球。从进化的历史看，人类是高级动物，没有原始动物就没有人类。人类与动物，既有区别，又有联系。人类的生活离不开动物，人类无论出于自保，还是为整个生态平衡考虑，都应该与动物和谐共处，爱护动物，保护动物。

是动物非动物

人类是高级动物，但与动物又有许多不同。语言和思维将人类和动物区分开来，主观能动性是人类和动物的本质区别。制造和使用工具，是动物和人类之间显而易见的区别。类人猿可以直立，也可以使用某些自然的工具，但是不会制造工具，所以类人猿不属于人类。

人类的进化

动物——人类的衣食父母

动物是人类的衣食父母，动物为人类的生存提供了丰富的物质资源。被誉为"骑在羊背上的国家"的澳大利亚，羊对于他们来说具有重要的意义。而"沙漠之舟"骆驼，对阿拉伯人的意义也非同一般，骆驼是阿拉伯国家重要的衣食来源。

鹿茸

"沙漠之舟"骆驼

动物——人类的保健医生

很多动物能够治疗人类的疾病。例如，梅花鹿的鹿茸，那是药中上品；人们利用蝎子"以毒攻毒"，达到排毒的效果；蜈蚣，在止惊和抗惊厥方面有奇效。长期以来，动物为人类健康献出无私贡献，成为人类的朋友。

动物——人类的启蒙老师

　　动物给人类以启发，人类观察动物，把动物的某些特点应用于自己的生产和生活。这无疑推动了人类科技进步和文明发展。例如，人类根据蝙蝠的超声波定位发明了雷达；根据水母和墨鱼的反冲力发明了火箭；根据鱼类和海豚的特点，发明了潜艇；根据变色龙的特点，发明了军队的伪装术。

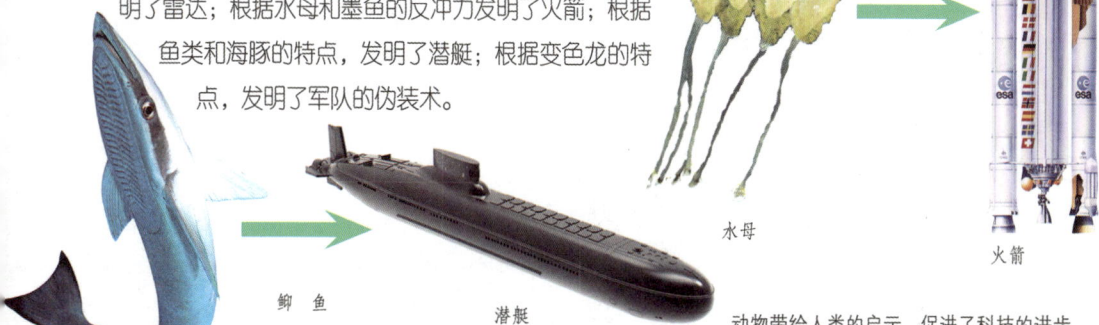

水母

火箭

鲫 鱼　　　　潜 艇

动物带给人类的启示，促进了科技的进步

动物、植物和人类

　　植物为动物提供食物和栖息地，动物是植物的传粉媒介，互惠互利，维系生态平衡，人类从中受益。动物吞食植物的果实，间接为植物传播种子。达尔文说，没有植物就没有动物，没有动物就没有人类，它们是有机联系的整体。

　　动植物和人类是地球生物圈内的主要组成部分，也是生态系统平衡的重要因素，彼此依存又彼此影响

人类——动物的守护神

　　由于人类的乱杀滥捕，越来越多的动物生存状况不容乐观，甚至濒临灭绝。人类应该做动物的守护神。在保护动物和维系生态平衡方面，人类有所反思，并做出相应措施补救。比如，人类建立自然保护区保护动物；出台法律法规，禁止乱杀滥捕，尤其是捕鲸杀鲸方面；禁止保护动物皮毛买卖。没有买卖就没有伤害，人类保护动物就等于在保护自己。

如果动物也说人类的语言会怎样？

奇思妙想

人类的语言是人类区别于其他动物的特征之一，但为什么狼孩不会说话呢？是因为他和狼在一起的时间长了，错过了学习语言的最佳时期吗？那么，假如让刚出生的小动物一直和人生活在一起，到一定年龄时，它们是不是会像人类一样说话呢？如果动物也会说话，该有多好啊！它们就可以直接告诉人们什么时候地震，什么时候发洪水，什么时候有暴风雪……很多无辜的人就不会白白送了性命。

动物根本就不会像人那样说话，因为在人脑的左半球有许多专门化的区域，如在颞叶中有能对语音进行分析综合的区域，而在额叶前区后部则有能把口头语分节音改变成复杂的顺序性的区域，等等，这些都是其他动物所不具有的。

虽然动物不能像人一样说话，但它们一样能够用它们独特的方式进行交流。声音是动物常见的交流方式，生活在海洋深处的鲸会发出一种频率很低的声音，确保群体间的联系。一只刚刚独立生活的小鸟会站在树枝上不停地鸣叫，来告诉同伴它有了"领地"，希望同伴可以认可；在繁殖季节，许多昆虫则发出简单呼唤的声音；进食时的猫在受到干扰时会发出低声的呼呼声；狗则会通过"汪汪"的吠叫声来警告入侵者；等等。除此之外，动物的交流方式还有很多，如蜜蜂通过舞蹈来向同伴传递信息，色彩鲜艳的箭毒蛙是在警告敌人，萤火虫以一闪一闪的发光来告诉同伴它的位置等。蚂蚁更有趣，当一只蚂蚁在找到食物且自己无法独自搬运回家时，它会快速回到自己的巢通知同伴。而在回家的路上蚂蚁会留外激素以便于认路，回巢后蚂蚁会分泌适当比例的外激素告知同伴去几只合适……

最痛是别离

一对年轻的夫妇，带领四个矫健的抬夫，抬着一个笼子，步履蹒跚地走在婆罗洲的雨林中。年轻夫妇是阿丽和她的丈夫，他们一脸凝重，内心五味杂陈。把笼子里的红毛猩猩阿费放归丛林，无疑他们是开心的。但是，他们此时也是担心的，雨林是一个复杂的环境，没有他们在身边照顾阿费，不知道阿费能否经受住自然的考验。此时的他们充满了不舍，这个如孩子一般的阿费，他们照顾了两年。如今要分别了，两年的点点滴滴浮现在眼前……

阿丽和丈夫在婆罗洲的动物救助站工作，阿费是他们照顾的第十四个红毛猩猩孤儿。阿费的妈妈被人类杀害了，它所在的森林遭到了人类的砍伐。年幼的阿费被工作站的阿丽捡到，带回救助站抚养。

阿丽像照顾婴儿一样照顾阿费。阿丽每天都会给阿费洗澡，顽皮的阿费居然抓住身上的肥皂沫吃个不停。晚上，阿丽会给阿费穿上纸尿裤，把它抱在怀里睡。阿丽还给阿费讲故事，或者哼催眠曲。而阿费在阿丽的臂弯里睡得特别香。

阿丽和丈夫还用自己学到的知识模拟红毛猩猩生长的不同阶段，对它进行训练。阿丽和丈夫在救助站内用绳子、木棍和轮胎为阿费建立攀爬和学步训练台，阿费就在那里学会了走路和攀爬。

阿丽的丈夫更是宠爱阿费。他可以允许阿费进入自己的厨房，像扫荡一样弄得乒乒乓乓。阿费淘气地把菜板、菜刀、筷子，以及挂在墙上的其他东西统统扔到地上，甚至把脑袋伸进阿丽厨房的面布袋里，沾一脸白面粉。阿丽和丈夫一点儿也不会责怪阿费。

任性不坐大巴的阿费，常由阿丽夫妇用摩托车载着去野外训练；阿费生病了，阿丽夫妇像照顾孩子一样彻夜不眠地照顾它。

如今，阿费已经长大了，能够独立了，这就意味着它要回归丛林了。阿丽和丈夫给它做了全面检查，确保万无一失后才送它回森林。

今天，阿丽和丈夫就要和阿费分离了。阿费从笼子里钻出来，阿丽抱着它，摸着它的头说："走吧，孩子。"

阿费恋恋不舍地攀上树藤，时不时回头看看阿丽。阿丽满眼泪水，但脸上依旧堆满笑容……

神奇的种子

花序

蒲公英

种子是种子植物"繁衍后代"的繁殖体，它是胚珠经过传粉受精而成的。多数种子由种皮、胚和胚乳三部分组成，有的种子只有种皮和胚两部分。种子为了完成自己"传宗接代"的神圣使命，想尽各种办法，使出浑身解数，借助各种力量，让自己"飞"到远处去。

小种子大本领

种子大小不一，但是各有各的本领。大种子靠体积取胜，种子内丰富的胚乳为种子发芽提供充足的营养，使种子极易发芽，例如椰子。然而小种子也有大本领，有的小种子虽然没有胚乳或者胚乳不够丰富，但是它们有自己的绝招——靠数量取胜。虽然只有少数种子能够萌芽，但庞大的种子基数仍旧保证它们有大量的后代。

胚乳

种皮

椰子

果皮

种子

果肉

种皮

胚乳

苹果的果实和种子的剖面图

花样种皮

种子的种皮简直是花样百出，尤其是被子植物的种皮，结构多种多样。例如，桃子和杏的种子种皮特别薄，结构也相对简单；玉米、水稻等的种子，果皮与种皮在一起，等种子成熟的时候，种皮紧紧贴在果皮的内层；石榴的种子则被透明的像胶一样的果肉包在里面，虽有种皮，却几乎看不到。

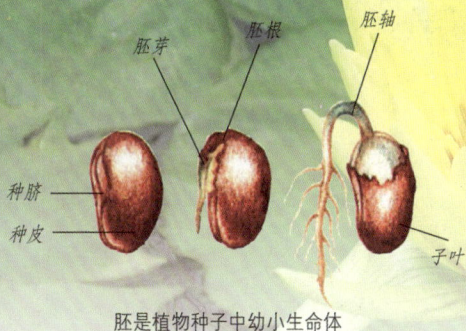

胚芽　　胚根　　　胚轴

种脐

种皮

子叶

胚是植物种子中幼小生命体

孕育之胚

胚是未来，胚是希望。胚由受精卵发育而来，孕育着新生命。胚是由胚芽、胚轴、子叶和胚根四部分组成，它们各有分工。胚是未来新的植物体，在适宜条件下，胚芽长成植物的茎和叶，胚根长成植物的根，胚轴长成连接植物的根和茎的部分，子叶为种子的发育提供营养。

种子寿命

不同种子的寿命不同，从一周到数百年乃至上千年不等。为什么有的种子寿命短，而有的种子寿命就长呢？原来这与遗传特性和种子是否健壮有关。寿命短的种子如巴西橡胶树的种子，仅仅存活一周，而莲的种子则很长寿，动辄数百年，甚至上千年。

古莲子

种子休眠

种子会睡觉吗？当然。只不过种子的睡眠不同于人的睡眠。凡成熟的种子，即使在适宜的环境下也不立即发芽，需等待一段时日之后才能发芽，这就是种子的休眠。种子的休眠时间长短不一，短的仅仅数周，长的则需要数年。

刚发芽的种子，幼根向下伸向泥土，渐渐长成一棵嫩绿的幼苗，去接受阳光的洗礼

种子传播

为了更好地繁衍后代，种子必须到更远的地方去。虽然种子没有"脚"，但是它们凭各自的本领和智慧能够传播到很远的地方，在那里"开枝展叶"。比如，有的种子靠风力传播，有的种子靠鸟类旅行，有的种子靠哺乳动物繁衍，有的种子靠昆虫远足。

蒲公英的种子主要是靠风力传播的

如果种子被带到太空，还会发芽成长吗？

More

通常情况下，种子在地球的土壤中生根、发芽、开花、结果。如果把种子带到太空中还会发芽成长吗？答案是肯定的，但是这需要攻克一些难题。

尽管卫星发射为种子达到太空提供了"交通工具"，空间站为种子生长提供了"地盘"，但种子若要在太空中扎下根，还必须攻克另一个难题——如何在失重的太空环境中生长。

从理论上说，太空失重的环境，一天24小时的充沛阳光——植物生长的条件比地球上优越得多。科学家们期望，空间站能结晶出红枣一样大小的麦粒，西瓜般大的茄子和辣椒。但最初的实验结果实在糟透了。1975年苏联"礼炮－4"号宇宙飞船上，宇航员播下小麦种子。很快，种子就发芽了，而且仅仅15天，就长到30厘米长，虽然是没有方向目标地散乱生长，但终究是一个可喜现象。可是在这以后，情况越来越不妙，小麦不仅没有抽穗结实，反而枝叶渐渐枯黄。原来，地球上的植物，因为有重力的作用，植物体内的生长激素总是汇集在茎的弯曲部位。而这种生长激素，恰恰是控制植物生长的重要物质，只有当它聚集在适当位置时，才能有效地控制植物的生长方向。一旦植物失重情况就不同了，生长激素无法汇集

到茎弯曲部，使幼茎找不到正确的生长方向，只能杂乱无章地向四下伸展，这样要不了多久，植物就会自行死亡。后来科学家们采用了一种电刺激方法，终于解决失重给植物带来的问题。这样使植物真正能够在失重环境下生长了。种子能在太空生根发芽，意义重大。不仅宇航员有可能吃到新鲜的蔬菜瓜果，还可使飞船内有取之不尽的新鲜氧气，为长距离的星际载人飞行创造条件。

蒲公英旅行记

在森林和草原的交界，一场大雨刚刚过去。草原边缘的蒲公英成熟了，蒲公英宝宝即将展开一场神奇的旅行。

一棵蒲公英宝宝率先启程了，白色的独立降落伞带着它出发了。它穿过草原，向着森林的方向飞去。

蒲公英宝宝看到一头从森林里捡滑桃树的果子吃的犀牛迎面跑来，它急匆匆地在草原上排下了一堆便便。滑桃的种子就这样被犀牛带到了草原上，一场雨过后，滑桃树种子就会在犀牛粪便上生根、发芽。嗯，用不了多久，这片草原上就会生长出一棵滑桃树。蒲公英宝宝想着。

"嗷嗷——"一头大象排完便便后，舒服地吼叫着。蒲公英看着大象的粪便，忍不住摇摇头：这头大象大概是把相思树的豆荚吃太多了吧，全是相思树的种子，不过这样也好！省得相思树的种子被甲虫蛆给蚕食了。希望这些种子宝宝在大象粪便中能茁壮成长起来。

蒲公英宝宝继续向前飞着，头顶上传来"呜呜"的声音，原来是乘坐"直升机"的大枫树的种子。大枫树的种子堪称艺术品，量和带它飞翔的翼的长度比例几近完机设计也难以望其项背。大枫树的种度优势，种子起飞点高，飞行距离长，

蒲公英宝宝飞到森林里。森林里只有缝隙里漏下几缕阳光，它不喜欢

正当它要离开时，它身旁的喷瓜开来，种子喷射而出。喷瓜喷出的种子涨满的种子已经不堪任何压力，喷瓜的种子出，直接飞到了水里。蒲公英宝宝被吓了一跳。

种子的重美，连人类的飞子占有得天独厚的高这些是蒲公英不能比的。植物稠密，阳光被大树遮挡，这里阴暗的环境。

突然掉落，似一颗小炸弹爆炸弹在"邻居"凤仙花上，凤仙花引爆了凤仙花。凤仙花种子爆炸而

这时，蒲公英宝宝又被头上的动静所吸引，原来树顶上，一只鸟正在啄食成熟的浆果。鲜红色的浆果，任谁看到都会垂涎欲滴。蒲公英宝宝看着这里一笑，这只鸟也是一个种子的传播者，等它吃饱后，又会把种子带到远方。

蒲公英宝宝飞出了森林，飞呀飞，飞到了一处植被稀疏的土地上。这里才是它的目的地，它要在这里安家落户。这里将变成蒲公英的海洋。

万能的根

根是植物的"灵魂"所在。通常，植物的根有直根系和须根系，偶有不定根和假根。根常常位于地表之下，但功能很强大。它不仅负责吸收土壤里面的水分和溶解其中的无机盐，而且还具有固定植物的作用，更能贮存和合成有机物质。根是真正的"地下英雄"。

上通下达的皮层

皮层是联系根和植物其他部位的"媒人"。皮层最里面有一排紧密排列的细胞，可以调节皮层与维管组织间的物质流动。皮层将根吸收来的水分和溶于水的矿物质输送到维管柱，继而这些营养成分被转运到其他部位。皮层也可以储存叶子向下传送来的物质。

吸水的树根

中流砥柱直根系

直根系是植物的"中流砥柱"，而且主次分明。直根系由主根和次生根组成，主根粗壮发达，次生根纤细冗杂。直根系往往扎根很深，在土壤里伸展范围也比较广阔。大多数的裸子植物都是直根系，比如雪松。除此之外，大豆、番茄、南瓜等都是直根系。

大豆的根

胡须似的须根系

须根系主要由种子根和不定根组成，尤以不定根为主。须根系的得名，源于整个根系呈絮状，好似胡须一样。须根系的种子根由胚根生长形成，在幼苗期负责吸收水分和支撑植物，在不定根形成后就枯竭而死，接下来的时间主要是不定根在起作用。

水稻是单子叶禾本科植物，它属于须根系

水稻的根

柳 树

叶子上的根

　　叶子上能长根吗？当然，不仅叶子上能长根，植物的茎上也可以长根。这些根就是植物的不定根。当植物气管受损或者受到病原微生物等外界因素的刺激后，往往容易生出不定根。不定根的生长，给了植物"第二次生命"，对植物而言意义非凡。

海带

以假乱真

　　植物能长出假根吗？答案是肯定的。只不过不像其他的"仿造品"那般真假难辨，假根一眼就能被认出来。真根大多是由胚根发育而来，而假根多数为单细胞结构，看起来很简单。比如，地钱、蕨的原叶体、伞藻和海带等都生假根。

铁线蕨

地 钱

地下英雄

　　根是真正的"地下英雄"。它们在不见天日的土壤里，孜孜不倦地工作，默默奉献。根不仅能够将植物的地上部分牢牢地固定住，更为整个植物提供能量和"食物"。根能吸收水分和无机盐，合成转化有机化合物，并把这些能量贮藏在薄壁组织中。

如果植物没有根会怎样？

奇思妙想

我们都知道根是植物的生命线，如果植物没有了根会怎么样？

一种情况是植物因缺少养分而死亡。众所周知，当种子萌发时，胚根发育成幼根突破种皮，沿地面垂直向下生长为主根。当主根生长到一定程度时，从其内部生出许多支根，称侧根。除了主根和侧根外，在茎、叶或老根上生出的根，叫不定根。反复多次分支，形成整个植物的根系。这个根系，对大多数植物而言，是生命，是希望，是存在。

根系被称为植物的"水泵"，它们截获土壤中的水分，为植物提供水分和无机盐；更是通过自己四通八达的"触手"，牢牢抓紧土地，稳稳地固定植物，帮助植物抗击自然界中的狂风暴雨。同时，根系依靠自己的薄壁组织为植物贮存能量，然后通过自己的合成能力将其转化为植物生长的必要能量和物质，之后通过根的维管组织传输到茎和叶等部位。可以说，这些植物没有根，就没有生命。

另一种情况是对植物没有太大影响。植物王国中有一些植物本来就是没有根的，比如苔藓植物、藻类等。就拿苔藓来说，虽然它们也有根的结构，但这只是一个"假根"。因为它只起到了固定的作用，并不会像真正的根一样从土壤中吸收水分养料。还有藻类，它们中的一些本身就生活在水中，身体细胞可以直接从水中或者空气中吸收水分。这些植物即使在生长过程中失去了根，也不会受到太大的影响。

90

根的轮回竞争

一场风暴把这片森林夷为平地，一棵生长了两百年的橡树被连根拔起。平日里阴郁的森林一下子豁然开朗起来，阳光普照。春天来了，温暖的阳光唤醒了沉睡在泥土中的种子，现在，它们终于有机会在这片土地上扎根了。

为了获得生长空间，柳叶菜和顶花展开竞争。它们争相把根扎得深一些，再深一些，从土壤中汲取营养，因为它们都知道快些长才能获得更多的阳光和养料。最终柳叶菜取得了胜利，赢得了空间。

几年之后，原本是小苗的白桦树生长起来，柳叶菜的根在这片土壤里消失了。白桦树统治了这片森林。然而这并不是最终的胜利，地下生长的幼苗才是真正的赢家。这密密麻麻的树林中，只有具备粗壮根的植物才能成长起来，细小的白桦树的根根本无法在这片土地上深扎，橡树的根遍布这片土地，橡树取代白桦树成为森林的统治者。土地之下，根的竞争暂时告一段落。

然而，地表之上的竞争远没有结束，尤其是有根植物和无根植物的竞争，正在激烈地上演着。

这片土地常年被树木的阴影覆盖，树底下的植物要想获得更多的阳光必须努力向上生长。新生的无根植物以其他植物为梯子，攀爬向上。也有某些哺乳动物或者鸟类将一些种子留在了次生树干或者树枝上，植物便在那里开始生长。

一棵无花果幼苗在树的枝干上悄然生长，它的根随着树干向下生长，有些自由悬垂但仍在生长。终于，它的根垂到地面，并扎进土里。现在有了根的供给，养料和水使得无花果生长迅速。根迅速变粗，缠绕着大树生长。无花果树紧紧缠绕着这棵树攀爬到了顶端。这棵树被遮在了无花果树之下，无法生长。无花果的根吸收了大部分的养料，而供给无花果攀爬的树因营养缺乏会最终死去。失去支撑的无花果又将倒向另一棵大树，攀附着大树而生，如此重复。有的大树禁不住倾斜的无花果树的攀附，树干倒了下去。

倒下去的树干，又生长出新的树苗，它们又会拉开下一轮根的竞争。

多彩的叶子

大自然中的叶子五彩缤纷，形态各异。俗语说"好花还需绿叶配"。事实上，对于植物而言，叶子可不仅仅是一个"配角"。对于植物本身来说，叶子是进行光合作用、制造养料、进行气体交换和水分蒸腾的重要器官。

叶柄　叶片　叶脉

叶子结构图

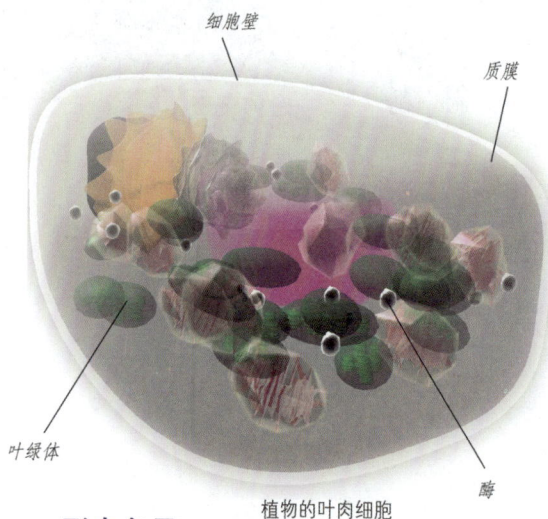

细胞壁　质膜　叶绿体　酶

植物的叶肉细胞

基本组成

从宏观上看，叶子主要由叶片、叶柄、托叶三部分组成。三部分缺一不可，否则即被视为不完全叶。其中叶片当然起主要作用，但叶柄和托叶也不可小觑。叶柄连接叶片和茎，托叶保护叶片。微观上看，叶片由表皮、叶肉、叶脉三个部分组成，三部分各司其职，使植物健康生存。

形态各异

"世界上没有两片一模一样的叶子。"的确如此，植物叶子形态各异。有的呈倒宽卵形，比如玉兰的叶子；有的呈圆形，比如莲叶；有的呈椭圆形，如大叶黄杨；有的呈披针形，如柳叶；有的呈线形，如沿阶草叶。

松树叶

柳叶

莲叶

捕蝇草

千奇百怪

不同种类的植物，受外界环境的影响，很容易发生变态。有的叶片完全退化，而叶柄则扩大为叶片，比如柴胡；有的叶片形成掌状或瓶状，表面有消化液，遇虫则闭合，如捕蝇草或茅膏菜；有的整个叶片变态为棘刺状，如豪猪刺。

五彩缤纷

大自然中，植物的叶子五彩缤纷，绿色、黄色、红色、褐色……植物叶子的颜色主要是由绿色的叶绿素和黄色的类胡萝卜素的比例以及对光的选择性吸收决定的。当叶子中叶绿素含量最多时，叶子往往呈绿色。含类胡萝卜素多时，叶子容易呈红色。

槭树叶子

古人云："一叶而知秋。"大多数的叶子到了秋天都会变黄，而枫树、槭树等树叶到了秋天就会变红。原本绿色的树叶因为叶绿素消失，而胡萝卜素和叶黄素没有消退，所以呈现黄色。

基质　被膜

基粒

基质类囊体

基粒类囊体　　淀粉粒

叶绿体

能量站

叶绿体是植物进行光合作用的细胞器，被誉为植物的"养料坊"和"能量站"，主要含有叶绿素、胡萝卜素和叶黄素，其中以叶绿素含量最多。叶绿素是叶片进行光合作用的"主力军"，能够将光能转化为化学能，为植物提供养料。

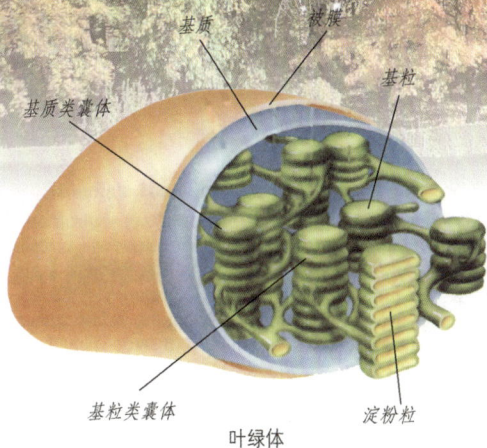

小叶片大作用

树叶虽小，作用却大。对植物本身而言，树叶不可或缺。叶子是植物进行光合作用和蒸腾作用的主要器官，是植物维系生命的重要部分。对于人类而言，叶子的意义更是非同一般：叶子能够净化空气、减少污染，能够减弱噪声；为人类提供食物、饮料、药材，部分植物的叶子具有预报天气和地震的作用。

太阳光

氧气

二氧化碳

叶子进行光合作用示意图

如果植物不落叶会怎样?

人们也许会为树叶的飘落而惋惜，但落叶恰恰是树木自我保护、准备安全过冬的一种本领。越冬休眠树木自身也需要养分，为了调节自己的体内平衡，唯有脱尽全身的树叶来尽量减少水分的蒸腾、养分的损耗，储蓄能量等到条件适宜再重新萌发。可是有些松树在冬天还穿着一身绿衣服，其实就是它那小小的叶子立下的功劳。这些松树叶子的面积小，水分的消耗也就相应地大大减少。这些松树叶子细胞中的液体浓缩还能抵抗寒冷，所以，这些松树到了冬天就不会落叶。因此落叶的植物一般都为阔叶植物。

生物学家从形态解剖学角度研究发现，落叶跟紧靠叶柄基部的特殊结构——离层有关。在显微镜下可以观察到离层的薄壁细胞比周围的细胞要小，在叶片衰老过程中，离层及其邻近细胞中的果胶酶和纤维素酶活性增加，结果使整个细胞溶解，形成了一个自然的断裂面。但叶柄中的维管束细胞不溶解，因此衰老死亡的叶子还附着在枝条上。不过这些维管束非常纤细，秋风一吹，它便抵挡不住，断了筋骨，整个叶片便摇摇晃晃地坠向地面。另外，落叶还跟树木中含有的脱落酸有很多关系。脱落酸是一种植物激素，一到秋天，树叶中的脱落酸就会慢慢累积起来，累积到一定程度，这种物质会使树叶和树枝的连接部分干枯萎缩，最终使树叶落下来，那时树叶不想离开树枝都不行了。

叶子求生

茂盛的森林上空，乌云集结，一场大雨倾盆而来。雨水顺着树木的枝叶滴落下来，叶脉成了叶子排水的"主管道"，雨滴的重量自然压低了叶子的尖端，雨水顺着中心叶脉流下来。地上一旁的不知名的植物，浑身叶子毛茸茸的，浓密的毛丝保护叶子上的气孔不被这雨水堵塞。

雨停了，此时无声的森林中，百万昆虫正在贪婪地蚕食着雨后鲜嫩的叶子。不时有叶子向外发出危险的信号，大约是它被咬伤后向同伴传递信息，提醒大家保护好自己。听到这些叶子的警告，其他叶子警惕起来。有的叶子竖起了两侧空心的毛刺，有的叶子立起有毒针刺，有的叶子依靠颜色伪装……

一只漂亮的花蝴蝶落在了眼前的西番莲上，它要在西番莲的叶子上产卵。这样，卵孵化出的幼虫一出生便有"饭"吃。它找到了一片隐蔽的叶子，小心翼翼地站在叶子尖端，腹部有节奏地收缩，一颗黄色如米粒大小的卵"驻扎"在西番莲的叶子上了。等到这颗卵孵化，幼虫很快会把这棵西番莲叶子吃光，因为它的食量实在是太大了。

番莲的叶

又有几只蝴蝶飞过来了，想要在西番莲的叶子上找一张合适的"产床"。但是蝴蝶们看到西番莲的叶子上有规律地分布着好多颗"卵"，它们徘徊了一会儿就飞走了。卵多了对幼虫成长不利，所以后来的蝴蝶都飞走了。但是西番莲叶子上怎么凭空多了这么多"卵"呢？

原来西番莲为了保护自己，不让蝴蝶在它的叶子上产卵，在叶子上进化出了貌似蝴蝶"卵"的黄色颗粒。西番莲叶子的"骗术"如此高明，居然把蝴蝶给骗了。

西番莲旁边的这棵含羞草也在进行叶子保卫战。一只食草的草蜢爬上了含羞草，它顺着枝干直奔含羞草的叶子而去，这可是一顿大餐。在草蜢肚子底下的含羞草叶子突然收缩闭合，大餐就这样没了。而且叶柄下垂，草蜢一个没抓牢掉了下去。不甘心的草蜢再次过来，还是失败了。失去耐心的草蜢只好放弃含羞草，到别处觅食去了。含羞草保护住了自己的叶子。

这样的叶子生存战每时每刻都在森林里进行着。

缤纷的花

花是种子植物繁衍后代的重要器官，始于传粉，继而受精，最终形成种子，从而完成使命。为了完成使命，花儿们使出浑身解数，或利用自然的力量，或利用生物的力量，进行传粉受精。也由此产生了五彩缤纷、形态各异的花，才有了百花争艳的美丽植物世界。

香石竹

花的组成

一朵完整的花常常由花萼、花瓣、花托和产生生殖细胞的花蕊组成。花萼是花最外轮的变态叶，主要保护幼花；花瓣是第二轮的变态叶，主要保护雄蕊和雌蕊；雄蕊和雌蕊是繁衍后代的重要器官，多数植物的花，只有一个雌蕊。

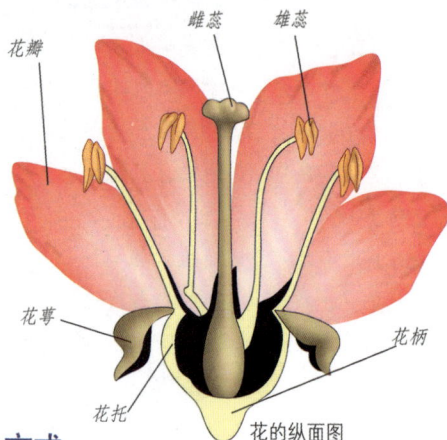

花瓣　雌蕊　雄蕊

花萼　　　　　　花柄

花托　　花的纵面图

传粉方式

植物的传粉方式有两种：自花传粉和异花传粉。植物成熟的花粉粒传到同一朵花的柱头上，并能正常地受精结实的过程称自花传粉，例如水稻、小麦、棉花和桃等；如果一株植物的花粉传送到另一株植物的花的胚珠或柱头上，称为异花传粉。这是自然界更为普遍的现象。油菜、向日葵、苹果树等是异花传粉的植物。

蜜蜂传播花粉

各显神通

植物无法随意移动，有些种子植物为了受精，只好"绞尽脑汁"，使出浑身解数吸引动物前来"帮忙"。有的花朵为了吸引鸟和蜜蜂等，进化出了斑斓的色彩；有的花朵香味诱人，吸引采蜜者前来；更有甚者，主动迎合"特殊味道癖好"者，比如有些花朵（例如大王花、巨花魔芋、泡泡树等）为了吸引喜食腐肉的昆虫授粉，会散发出类似腐臭的味道。

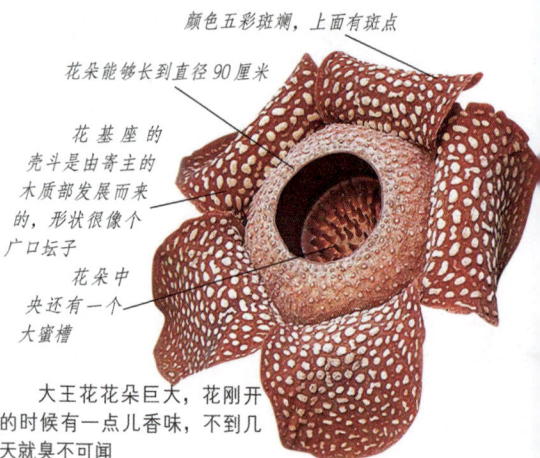

颜色五彩斑斓，上面有斑点

花朵能够长到直径90厘米

花基座的壳斗是由寄主的木质部发展而来的，形状很像个广口坛子

花朵中央还有一个大蜜槽

大王花花朵巨大，花刚开的时候有一点儿香味，不到几天就臭不可闻

兜兰

马蹄莲

以貌得名

  有很多花是根据其长相而命名的。比如马蹄莲，因其花梗比叶丛高，花苞硕大，形状宛若一个马蹄，故得名马蹄莲；蝴蝶兰，因其花瓣形态像展翅高飞的蝴蝶，故得名蝴蝶兰；兜兰，花朵形态非常奇特，花唇部位呈现出一个口袋的形状，就像身前装有一个小兜，因而得名兜兰，还有人形象地称其为"拖鞋兰"。

长相奇特的花

  世界之大，无奇不有。植物界就有许多长相奇特的花。比如，猴面小龙兰，长相酷似猴脸；嘴唇花，因其形状酷似性感诱人的嘴唇而得名；泰国鹦鹉花，长相酷似鹦鹉，极其罕见；澳大利亚飞鸭兰，长相酷似起飞的小鸭子。

嘴唇花

香根鸢尾

飞鸭兰

国花市花

  一个国家常常选用一种或几种花作为自己国家的象征，我们称之为国花；同理，市花亦然。比如，菊花和樱花都是日本的国花，香根鸢尾是法国的国花，郁金香是荷兰的国花；紫荆花是香港特别行政区区花，莲花是澳门特别行政区区花，月季、菊花和玉兰都是北京市市花。

樱花

中国国花——牡丹

如果花都是黑色的会怎样？

奇思妙想

花里面含有花青素。当花青素和植物中的铜、铁、钴等不同的金属元素结合后，就像经过了调色板调色一样，会使花瓣显示出不同的颜色来。那么这个"小画家"能不能调出黑色呢？答案是否定的。能调出成千上万种颜色的"小画家"，却唯独调不出黑色，所以，我们见不到黑色的花。

你或许要问：不是有黑郁金香、墨菊吗？它们不都是黑色的花吗？其实，这些看似黑颜色的花，都是深紫色的。不过，即便这样，它们也很稀少，也不是经常能被人看见。

万一有一个"小画家"调出了黑色，那么这朵黑色的花会面临什么样的命运呢？很不幸，这朵黑色的花根本不能存活很长时间，因为它很快就会被太阳烤焦。这是因为太阳光是由红、橙、黄、绿、青、蓝、紫等不同颜色的光组成的，这些光波长不一样，含的热量也不一样。我们之所以能看见东西，是因为不同的东西能够反射不同波长的光，而不是因为它能发出什么颜色的光。比如红花之所以是红色的，是因为它的花瓣能够反射太阳光中红色部分的光，所以我们就会觉得它是红色，同样的，黄花反射的是黄光，蓝花反射的是蓝光。不过，由于红光和黄光中含热量比较多，所以大部分花儿都是红色和黄色的，这样就能够避免被过多的热量烧坏。那么白花呢？白花能反射白光，看起来就是白色的。那么黑色的花呢？可怜的黑花什么颜色的光都不能反射，所以七种颜色都一点不落地照射在它的花瓣上，带来的热量也最多，足以把黑色花烧得奄奄一息了。

花儿王国"骗子"多

地中海沿岸的草丛中，角蜂眉兰随风摇曳着自己"曼妙的身姿"，角蜂眉兰用蓝色来吸引雄胡蜂的注意，圆滚滚、毛茸茸的唇瓣远看上去好像雌胡蜂丰满性感的腹部。如果这些还不足以引起胡蜂的兴趣，那么角蜂眉兰还有它的杀手锏——角蜂眉兰能够释放跟雌胡蜂一样的气味。这独门"绝招"让多少雄胡蜂无力招架。

这不，一只雄胡蜂被吸引过来了。雄胡蜂落在角蜂眉兰的花瓣上，左右摆动自己的腹部。大概这只性急的雄胡蜂迫不及待地要和这只"雌胡蜂"交配了。可是，摸索了半天，似乎无从下手。这时，雄胡蜂也察觉到了什么，拍拍翅膀离开了。可是此时的雄胡蜂下半身已经粘满了花粉，等它再次上当受骗的时候，就会把花粉运输到别处，实现传粉。

这次角蜂眉兰还没有结束自己的"魅惑陷阱"。它释放着令雄胡蜂无法抗拒的气味，静候"意中人"的到来。

果然，又一只雄胡蜂飞来了，寻着"雌胡蜂"的味道准确找到草丛中的这枝角蜂眉兰。还没等它站稳，另一只更大的雄胡蜂也闻香而来。这家伙一来，不分青红皂白，就和这只先到的雄胡蜂打起来。大的雄胡蜂要为自己的"爱情"而战。两只雄胡蜂为了一只"雌胡蜂"展开决斗。打斗很是激烈，两只雄胡蜂为了赢得最终的"交配"权，都使尽浑身力气要打败对手。可惜，它们越打越激烈，越打越远，只剩下角蜂眉兰悻悻地站在那里。哎，"魅力"太大也不好，角蜂眉兰什么也没捞着，这就是所谓的"过犹不及"吧。

其实，花儿王国里的"骗子"可不止角蜂眉兰一个。有的明明可以靠"本事"吃饭，却要用样子来行骗，比如眼镜蛇瓶子草，它可以用蜜腺引诱昆虫，然后用机关困住它们，最后靠消化液把昆虫"吃"掉；有的明明可以靠"颜值"来吸引昆虫或者其他动物传粉，却非要耍"行骗"的手段，比如泰坦魔芋，3米高的花朵模拟死去动物尸体腐烂的味道，来吸引食腐性昆虫来为它传粉；有的既没有"颜值"又没有"本事"的植物，只要保命，装成什么都无所谓，比如生石花，常常变成丑陋的石头，以此躲过被吃掉的危险。

北美洲的道格拉斯冷杉树冠呈尖塔形

裸子植物

裸子植物被称为"植物界的活化石"。裸子植物是地球上最早用种子进行有性繁殖的植物，是原始的种子植物。它们的种子外面没有果皮包裹，因此而得名。裸子植物分布范围较广，在北半球中，大的森林中80%的植物是裸子植物，落叶松、冷杉、云杉等都是其代表。

裸子植物

名称来源

裸子植物是种子植物中比较低级的一类。裸子植物的胚珠外面没有子房壁包裹，因而没有果皮，所以种子裸露在外。裸子植物的英文名字来自希腊语，而希腊语的本意即为"裸露的种子"。

松子

新鲜的松果

球果

球果是裸子植物种子的一种形态，其外围没有子房壁包裹，也不形成果实，所以这一类的植物都被称为裸子植物。根据球果表面所覆盖的鳞片疏密程度，球果分为紧密型聚合果和松散型聚合果。紧密型聚合果以木兰、鹅掌楸为代表，松散型聚合果以金叶含笑、黄心夜合为代表。

银杉

植物熊猫

银杉是中国特有的树木，被称为"植物熊猫"。它历经冰川时期繁衍至今，是非常珍贵的树种。银杉的生长需要足够的阳光，但因其生长速度慢而容易被其他树木遮住阳光，所以银杉数量相对较少，弥足珍贵，为国家一级保护植物。

亚洲树王

红桧树素有"亚洲树王"之称,主要生活在海拔一千多米至两千米的山地,为台湾特有树木。红桧树一直被视为"神树",这是因为红桧树不仅树形高大,更是一种长寿树,动辄数千年。红桧树现为二级保护植物。

红桧树

红杉

"世界爷"

红杉,又称海岸红杉、常青红杉、加利福尼亚红杉,是世界上最高大的树种,寿命非常长,有"世界爷"之称。红杉的树皮很厚,而且具有强大的保护功能。红杉的树皮能散发出一种香气来驱散白蚁,保护树皮不被蛀蚀。

银杏

变色的银杏

银杏作为裸子植物的一员,继承了其"活化石"的特点。银杏从三叠纪时期繁衍至今,成为地球上最古老的树种之一。银杏自身能抵御病虫害,被称为无公害树木。银杏的树皮会"变色",幼树的树皮呈浅灰色,而长成大树后,树皮则变为灰褐色。

如果冬天不给松树裹稻草会怎么样？

More

奇思妙想

松树是一种适应性非常强的植物，它们能在各种土壤上生存。松树的叶子是典型的针形，短小而坚韧。很多种松树就算在寒冷的冬天也不会掉叶子。除了个别的松树——例如热带地区的南亚松对热量有比较高的要求外，其他的大多数松树都比较耐寒。

可是到了寒冬，北方公园里的松树的部分树干都被裹上了厚厚的一层稻草，好像一个个都被穿上了"厚棉裤"，臃肿而笨拙。既然松树不怕冷，那为什么还要给松树裹上厚厚的稻草呢？如果不给松树裹上厚厚的稻草又会怎么样呢？

原来人们给松树的部分树干裹上稻草，是为了给松树除虫。从外表上看，松树的确挺拔健康，但是事实上松树上却暗藏着各种各样的害虫，威胁着松树的健康成长，尤其是一种叫松毛虫的害虫。松毛虫会在夏天的时候把卵产在松叶上，一只雌虫就可以产下几百枚卵。等这些卵孵化出来，它们就会疯狂蚕食松叶，能让松树在很短时间内就"面容枯黄"，甚至"生命垂危"。

经过人们的细心观察，人们发现了松毛虫的一个生活规律：松毛虫在暖和的季节，主要在松枝上活动，但是到了冬天，它们就会藏到暖和的地方，来度过这个寒冷的冬天。

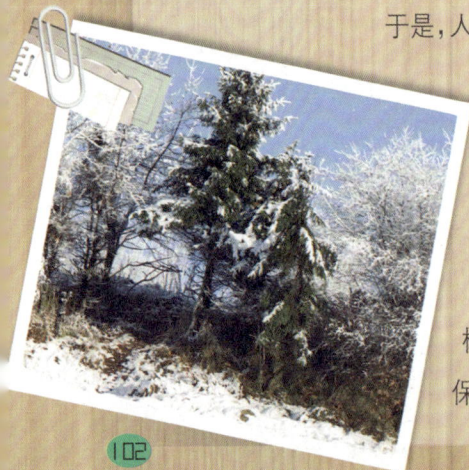

于是，人们想到了"请君入瓮，瓮中捉鳖"这一招。到了冬天，人们就在松树的部分树干上绑上厚厚的稻草，引诱松毛虫钻进稻草中。等到春天即将来临，松毛虫还没有开始行动前，把稻草从松树上取下来，一把火烧掉。这样，危害松树的害虫就被"一锅端"了。如果冬天不给松树裹稻草，就很难将松树上的害虫"绳之以法"，松树的健康也很难得到保障。

与"菌"共生

真菌在森林里很孤独，它们因为特殊的外貌而遭受歧视，大家都不愿意接受它们，更没有谁愿意跟它们做朋友。

孤独的真菌真的希望找到一个朋友，然后将自己的真心交付于它，可惜这个愿望一直没有实现，直到真菌遇到了云杉。云杉从不"以貌取人"，它和真菌一见如故。

遇到云杉之前，真菌把自己藏身于土壤中或者发霉的动植物组织里，制造消化液，吸收消化的东西产生营养，然后伸出更多的丝，好搜寻其他腐烂组织。捕捉活的生物来获得氮，在动植物尸体上生长，真菌所做的这一切都是为了将来为朋友"厚积薄发"。

云杉被真菌这种精神感动，决定要和真菌做朋友，用自己伟岸的身躯为真菌遮风挡雨。憨厚的真菌自然不会这么自私，只为自己找庇护所，它们在索取之前必定要奉献。何况，云杉不嫌弃自己，对自己有"知遇之恩"，真菌恨不能"以身相许"。

真菌的细丝密密麻麻地缠绕在云杉的根部，帮助云杉的根吸收更多的水分和矿物质。这一吸就是几十年，真菌伴随着云杉的树苗一起成长，不离不弃。

云杉"中年"时，更需要营养和水分。云杉汲取水分和营养，这些水分和营养顶端的叶子，借助阳光和二氧化碳制营养。

年迈的云杉受伤了，真菌帮助云杉"侵入"，形成细丝状的网络，消化树病变的树心被消化干净，云杉就变成了杉依旧可以长得很好，这是因为真菌只食树真菌是不会吸食的。

真菌就竭尽所能帮从云杉的根经树干流向作食物。云杉得到充足的

"疗伤"。真菌从树皮的伤口的内部被严重"侵蚀"的部分，空心树。虽然树干中空，但是云干坏掉的部分，活着的有益部分，

云杉改变了的结构反倒成就了云杉"无坚不摧"的品性。当大风暴来临，许多"年轻力壮"的树都被连根拔起，云杉中空的树干有较强的力量抵御外力的冲击，反倒帮助年迈的云杉度过了此劫。

云杉也懂得"知恩图报"。等到真菌需要繁衍下一代的时候，云杉将自己所制造的部分糖分经由树干传回到地面反馈给真菌，使得真菌在两三天之内就可以长出地面，快速繁衍下一代。

它们就这样生生世世在一起，相濡以沫，不离不弃。

花生于枝顶，族生，花径在15厘米左右

芍药

被子植物

与裸子植物不同，被子植物的种子是被果皮包裹着的。而且，被子植物能开出真正的花，这些花是被子植物繁衍后代的重要器官。因此，被子植物被看作结构完善的高级植物。被子植物数量多，分布广。全球有20多万种被子植物，是植物界的"半边天"。它们具有很好的适应性，是大自然中的"佼佼者"。

最早的被子植物

世界上最早的被子植物沉睡了1.64亿年后，在中国内蒙古宁城道虎沟被发现。这是一颗侏罗纪时期的植物化石，虽然这是一棵不到4厘米高的草本植物，但是根、茎、叶却保存完好。中国的这一发现，震惊了世界，在植物研究史上具有重要意义。

侏罗纪草化石

侏罗纪草复原图

世界上最早的被子植物

单子叶与双子叶

人们根据种子子叶的数目而将被子植物分为单子叶植物和双子叶植物。种子具有一片子叶的植物为单子叶植物，种子具有两片子叶的植物为双子叶植物。玉米、小麦、水稻等都是单子叶植物；菜豆、花生、蚕豆、大豆等都是双子叶植物。

双子叶植物——花生

单子叶植物——玉米

世界第一朵花

最早的被子植物在中国

辽宁古果是迄今为止发现的世界上最早的被子植物，它们生活在中生代时期的我国的辽宁西部，距今 1 亿 4500 万年。辽宁古果化石保存完好，植物形态清晰可见。辽宁古果化石的发现比以往发现的被子植物早了 1500 万年。

辽宁古果化石

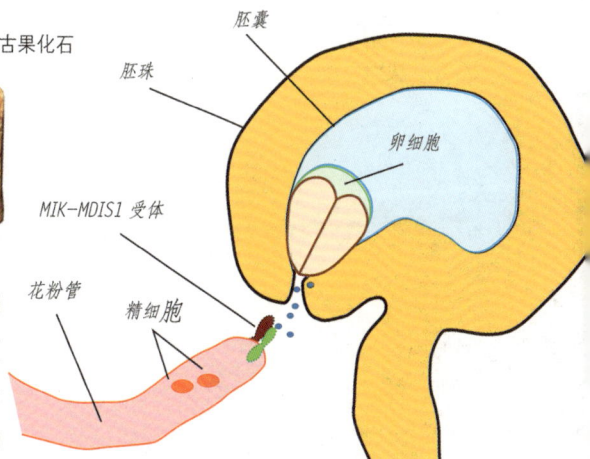
植物雌雄识别机制

胚囊
胚珠
卵细胞
MIK-MDIS1 受体
花粉管
精细胞

植物雌雄识别机制

植物是如何识别同类花粉而拒绝异类花粉的呢？中国科学院揭开了这一植物生殖的谜团。植物科学家首次分离到了花粉管识别雌性吸引信号的受体蛋白复合体，并揭示了信号识别和激活的分子机制。这对杂交领域研究有着重大意义。

板栗

餐桌上的被子植物

被子植物与人类生活的关系尤为密切，粮食中的玉米，蔬菜中萝卜、白菜、土豆、冬瓜、番茄、辣椒、南瓜、黄瓜，水果中的苹果、橘子、香蕉、板栗、樱桃等，中药中的连翘等，都是被子植物。没有了被子植物，人类几乎无法存活。

番茄

樱桃

奇思
妙想

莲藕藏身于淤泥里。人们通常认为莲藕就是荷花的根，其实，荷花真正的根是莲藕关节处的长须，而莲藕只是荷花的地下茎。那么莲藕和它身体里的孔对于荷花的生长来说，有什么特殊的作用呢？如果莲藕没长那么多孔会怎么样呢？

植物为了适应周围的环境，它们的大小、形状、结构等都处在不断的进化中，莲藕和它的孔也是荷花为了适应水中的生存环境而进化成的。作为荷花的地下茎，莲藕生活在水底的淤泥中，它的首要任务就是储存养分。生活在水底的莲藕，是很难获得空气的，因为淤泥里的空气少之又少，所以莲藕就让自己的身体里形成了很多个空腔，也就是我们切开莲藕时所看到的一个个小孔。这些空腔和水面上叶柄的气孔相连接，荷花的叶柄也是空心的，水上部分吸入的空气可以通过叶柄运送给水底的莲藕。莲藕体内的气孔，就可以将这些空气储存，并且将其传给根部，保证根部的正常生长。可见这些小孔是莲藕的空气通道。在荷花的生长过程中，如果将荷叶折断，或者把莲藕的气孔堵上，荷花根部就会因为缺少了空气的补给而坏死，荷花不久就会枯萎。

空间大战

森林里，高大的树木使劲向上生长，贪婪地吸收着阳光，地面被它们霸道的阴影笼罩，只在稀疏的枝叶或树缝处漏下几缕阳光。然而，这几缕阳光滋养了一种生物——草，草直接威胁着森林树木的生存。树木和草之间为了争夺空间而展开了大战，它们之间的战争已经持续了几千万年。它们之间的"恩怨情仇"要追溯到草刚刚现身的时候。

草刚诞生的时候，靠着森林里零星的阳光生存。好不容易长起来一点，就会被食草动物吃掉了。这样的环境，草是永远长不起来的，不能与占统治地位的森林比肩，更别提争夺空间了。

然而，历史就是这么富有戏剧性，草的机会来了。

5000万年前，地球上火山喷发，大陆分离了，高山出现。3000万年前，因为山体的不断攀升，石灰岩吸收了大量的二氧化碳，植物赖以生存的二氧化碳量越来越少。大气层的骤变，给植物生存带来了危机。

为了适应改变的气候，草叶进化出了类似涡旋增压器一样的细胞——维管束，这样可以促进草叶更多地吸收二氧化碳，更快地进行光合作用，从而生长得更快。尽管空气中二氧化碳只有之前的1/6，但是草却比其他植物更有优势。

当时森林依旧统治着世界，世界上到处都是高大的树木，但是弱势的草却使用了毁灭性的新武器。

800万年前，气候和现在完全不同。地球被笼罩在酷热干燥的气候下，动物和高大的植物都干渴难耐。但是，这却是草等待已久的机会。

干枯的草极易燃烧，只要零星之火就可以燎原。一个闪电，点燃了整个森林。大部分树木和动物都被烧死了，但是草却重生了。

这是草赢得的一场漂亮翻身仗。被烧之后，地下的草根安然无恙。一段时间之后，新的草芽破土而出。草统治了大片土地。

也许这对于草来说，还没有取得完全的胜利。虽然战胜了树木，但是还有食草动物威胁着它们。于是，它们又进化出了一样新武器——草边长出锯齿状的小刺，用来保护自己。所以600万年前，草的繁盛导致了许多动物的灭亡。

道高一尺魔高一丈。草进化出了小刺保护自己，但是新的食草动物诞生了。

草在与树木、动物争夺生存空间的战争过程中，也改变了世界。

藻类、蕨类和其他

长毛砂藓

藻类植物是一种比较简单的植物，它们主要依靠光合作用产生能量。大多数的藻类植物都生活在水中。虽然藻类植物没有高等植物的根、茎、叶等，但是其与高等植物有密切关系。蕨类植物是高等植物中比较低级的植物，不依靠种子繁殖，而是通过孢子进行繁衍的。食用菌类是真核生物，不像植物那样可以进行光合作用，自行生产养料。

多彩的藻类

藻类体内除了含有叶绿素、类胡萝卜素和叶黄素外，它们的细胞内还含有诸如藻蓝素、藻红素和藻褐素等其他色素，因而藻类会呈现绿色、黄色、蓝色、红色和褐色等，藻类也因此划分为蓝藻门、红藻门、绿藻门、黄藻门和褐藻门。

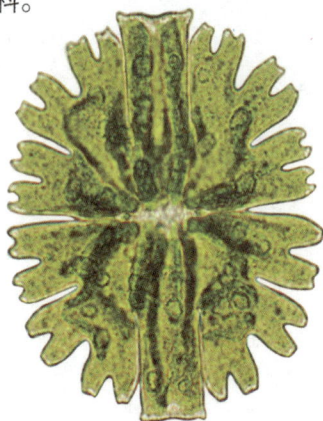

蓝藻显微图

实用的蕨类

蕨类植物虽然是高等植物中比较低等的一种，可是它们很实用，尤其是在药用方面。比如，松叶蕨，一种原始的多年生陆生草本植物，对于活血化瘀、祛风除湿有很好的疗效；石松，通经活络、消肿止痛的名贵中药材；木贼，明目、散热、止血的良药。

蕨类植物

亲切的食用菌类

食用菌类与人类的生活，尤其是饮食生活有着密切的联系。它们或是人类不可多得的"灵丹妙药"，比如灵芝、马勃菌；或是人类餐桌上或珍惜或大众的菜品，如金针菇、茶树菇、平菇、香菇、杨树菇、黄金菇、长根菇和白灵菇等。

平菇的生长对湿度要求较高

平菇

香菇中部往往有深色鳞片，边缘常有污白色毛状或絮状物

香菇

榆树、杨树、槐树等阔叶树腐
木上经常可以见到木耳的身影

黑色瑰宝

黑木耳作为珍贵的食用菌，可以食用，可以药用，是不可多得的山珍。黑木耳味道鲜美，久食不腻，被中国老百姓奉为"餐桌宝"。黑木耳有"素中之荤"的美称，也被誉为"中餐中的黑色瑰宝"。

木 耳

独特地衣

地衣是藻类植物和真菌建立共生关系后形成的一种新的独特的植物。地衣主要包括壳状地衣和叶状地衣。壳状地衣菌丝长到了基质内部，不太容易与基质分离；而叶状地衣则比较疏松，很容易与基质分离。

叶状地衣

泥炭藓可以作为肥料

苔藓植物

苔藓植物身材非常"娇小"，身高通常不会超过5厘米，只有极少数品种能够达到30厘米。虽然苔藓植物个头上比较"袖珍"，但是它们的分布范围极其广泛，几乎在世界各地都有它们的踪迹。苔藓植物生命力极强，而且对人类有着很高的经济价值。

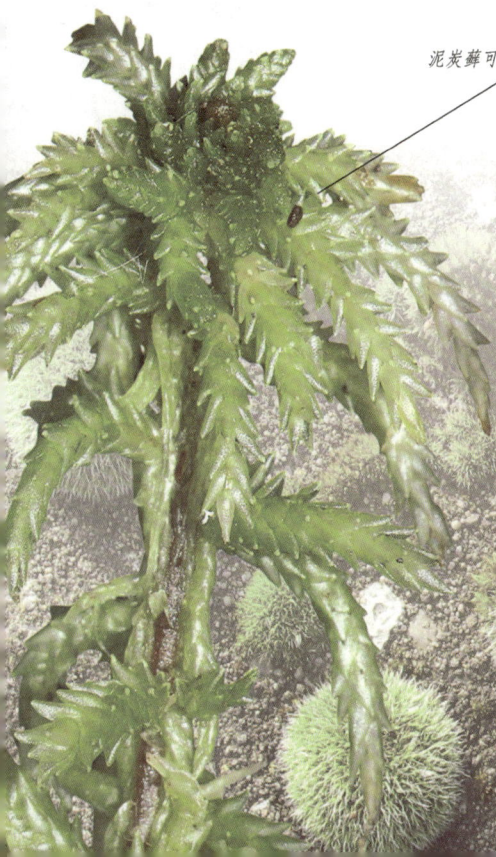

如果误食了有毒菌类会怎样？ *More*

奇思妙想

菌类与人类的生活密切相关，尤其在人类的饮食中，占有一席之地。可是，由于食用菌类和有毒菌类宏观特征并没有明显的区别，人们误食有毒菌类的事件常有发生。根据误食有毒菌类之后的症状，菌类中毒有胃肠炎型、神经精神型、溶血型、肝脏损害型、呼吸与循环衰竭型和光过敏型六种类型的表现。

最为常见的菌类中毒类型是胃肠炎型中毒。中毒者常在误食有毒菌类后 10 分钟到 6 小时发病，常伴有恶心、呕吐、腹痛、腹泻、头痛和乏力等症状。但严重的中毒者也可出现吐血、脱水、昏迷等症状。胃肠炎型中毒常常发作比较快，但是持续时间比较短，鲜有死亡。

神经精神型毒菌中毒，常常伴有大汗、发热、流泪、发冷、呼吸急促、视力减弱等症状，严重者也可出现抽搐、昏迷等症状。这类中毒常常由有致幻作用的毒菌引起，因而中毒者常常出现神经兴奋或者精神抑郁等症状。有的中毒者表现极度愉快，有的中毒者则喜怒无常，数小时之后方可恢复正常。

溶血型中毒潜伏期比较长，常在中毒 6~12 小时发作。溶血型中毒患者，因毒素破坏红血球而出现溶血症状。

肝脏损害型是毒菌中毒死亡的主要类型，白毒伞是主要的"罪魁祸首"。白毒伞的毒素对人的肝、肾、血管内壁等组织造成极重损伤，最终致使中毒者身亡。

一旦出现中毒症状，中毒者可以采取物理催吐或者药物催吐的方法将部分毒素排出体内。中毒严重者需到医院洗胃，还要采取灌肠、输液和利尿等措施。

110

美丽的忧伤

听！哪里传来的哭泣声？

寻觅，寻觅……原来这忧伤的悲泣声来自山脚下的一片竹林。因高温潮湿的缘故，竹林里云雾氤氲，颇有几分仙境的味道。然而这么美丽的地方，也依然有让人悲伤的事情发生。

一棵小蘑菇在哭泣，确切来说，它应该算是一颗竹荪，只是少了竹荪引以为傲的标志性的"裙子"。这颗小蘑菇正在因此事伤心呢。

"可怜的小竹荪，我劝你省省力气别哭了，即使你把眼泪哭干也长不出新'裙子'了。"小竹笋附近的一颗竹荪冷漠地嘲讽道。这颗冷漠的竹荪长得可真"标致"：它有一头浓密的秀发（深绿色的菌帽），雪白圆润的身体（圆柱状的菌柄），最惹眼的还是它漂亮的一袭长裙——细致洁白的网状裙从菌柄顶端向下铺展开来。竹荪历来被人类称为"雪裙仙子""菌中皇后"，这颗冷漠的竹荪可以称得上是"仙子中的仙子""皇后之中的皇后"。正是因为它无可挑剔的外形，它才变得如此傲慢无礼。

小蘑菇听到这些话，哭得更伤心了。

"你可别说你是竹荪，我可不想跟你一类。"冷漠的竹荪越发地尖酸刻薄起来。

"这样说话太过分了！"一旁的一颗年长的竹荪实在听不下去了，挺身而出，为小竹荪打抱不平。"小竹荪，别伤心了，没有裙子一样可以活得很好。"老竹荪安慰小竹荪道。

"哼，自欺欺人。"一旁冷漠的美丽竹荪不屑地瞥了一眼老竹荪和小竹荪，冷笑道。

老竹荪刚想说些什么，忽然有两个人走了过来。

"大哥，这片林子的竹荪真不少呀，你看这边还有好多呢。"一个年轻人径直朝这边走来，边走边喊他身后的哥哥过来。

"是啊，正是因为竹荪太多，竹林茂密，许多竹荪因为氧气不足或者腐殖质营养不足出现了畸形。你看，这颗小竹荪就是。"哥哥指着没有裙子的小竹荪讲解道。

"是啊，可怜的小竹荪。"年轻的弟弟居然对小竹荪报以同情。

"你看，这颗竹荪多漂亮，我们把它采回去，把它做成菜肯定好吃！"美丽的竹荪就这样结束了自己的生命。

一旁看着的小竹荪忽然觉得年长竹荪说的没错："没有裙子一样可以活得很好！"

111

奇异植物

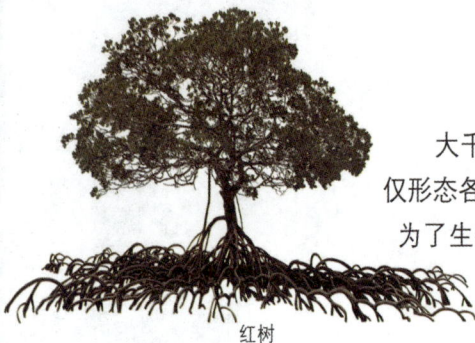

红树

大千世界，无奇不有。植物界自然也是这样。各类植物不仅形态各异，颜色不同，而且生长方式和繁衍方式也迥然不同。为了生存，它们各显神通。有的植物"吃肉"，有的植物居然是"胎生"，有的植物流血流汗，有的植物天生剧毒……它们用各自奇特的方式存活，并丰富植物界的内涵。

"胎生"红树

对于大多数植物而言，它们的种子一旦成熟，就离开母体，独立发芽，直到长成成熟的个体。但是令人惊讶的是，红树居然是"胎生"。红树的果实成熟后，种子直接在母树的枝条上发芽，然后长成幼苗。之后脱离母体落在海滩上，独立生长。它们巩固着岸边的泥沙，被人们亲切地称为"海岸卫士"。

胎生苗由种子在母体上发育而来

红树的种子

叶子的表层有一层蜡质，这样既可以防止水分过度蒸发，也能抵制浓度过高的海水渗透到其内部去

寄生的"大块头"

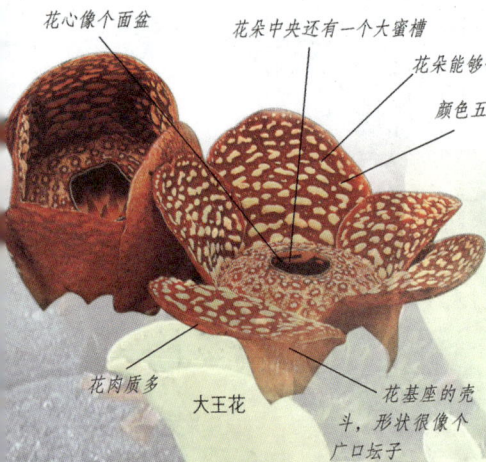

花心像个面盆

花朵中央还有一个大蜜槽

花朵能够长到直径90厘米

颜色五彩斑斓，上面有斑点

花肉质多

大王花

花基座的壳斗，形状很像个广口坛子

大王花被誉为"世界第一大花"，但是大王花虽大，却不能自力更生、自食其力。它自己不能进行光合作用，自身制造的养料微不足道，远远不够养活自己。于是，它从其他植物那里吸取养料来养活自己，是典型的"寄生植物"。它靠释放腐烂臭味来吸引昆虫传粉。

"吃肉"植物

在植物界，有这样一群植物：它们的营养不是靠从地下汲取或者通过光合作用取得，它们主要靠"吃肉"来获取生长所需的营养。这些植物我们称之为"吃肉"植物。它们靠分泌的消化液粘住昆虫，等昆虫腐烂后慢慢消化掉。这类植物有猪笼草、毛毡草、捕蝇草等。

猪笼草真正的叶子，是叶柄末端形成的瓶状捕虫器

猪笼草看似叶子的部分事实上是叶柄

茎

猪笼草的叶柄有时候还会攀上一些枝蔓

猪笼草

蝎子草

叶茎长满
有毒的硬刺

有毒植物

植物界中，一些植物靠自身的毒性来保护自己。它们或是在茎和叶子上进化出尖锐的有毒的硬毛，如蝎子草；或是整株都有毒，比如曼陀罗和夹竹桃；或是含有剧毒，只要沾上一点点就能让人毙命，比如乌头、箭毒木。

白色曼陀罗

夹竹桃

乌木

流血植物

有一类植物受伤后，伤口会流出红色的汁液，很像人类的血液，因此人们称之为"流血的植物"。这些植物大多生活在热带丛林。血一样的浆汁成分非常复杂，但经济价值和药用价值极高。比如鸡血树、红光树、小血藤、龙血树等。

龙血树

长面包的树

猴面包树，学名波巴布树，也叫猢狲木。猴面包树是地球上十分古老的树种，主要生长在非洲、马达加斯加岛和北美，以马达加斯加岛猴面包树为最佳。猴面包树的果实呈椭球形，酷似面包，肉质肥厚，汁水酸甜，是猴子、猩猩和狒狒们的最爱，当地人也拿它来充饥。

猴面包树的直径可达15米以上，需要40个成年人手拉手才能抱住

猴面包树
的果实

猴面包树

奇思妙想

提到断肠散、鹤顶红和七步倒，没有谁不闻风丧胆。但是，倘若与今天我们的主角比起来，简直是"小巫见大巫"。我们眼下要探讨的这种植物堪称"毒中之王"，它就是箭毒木，也称"见血封喉"。

箭毒木生活在云南西双版纳和海南海康。走在西双版纳的热带雨林里，你需要时刻保持警惕。一不小心碰上箭毒木，可是致命的事情。真的有这么厉害吗？箭毒木为何能做到"见血封喉"呢？

箭毒木，看似是一种长得枝繁叶茂的普通大树，但实际上却是一个厉害的"角儿"，它在"毒"史上向来以"狠"出名。西双版纳民间有一说法，叫作"七上八下九倒地"，意思就是说，如果谁中了箭毒木的毒，那么往高处只能走七步，往低处只能走八步，但无论如何，走到第九步，都会倒地毙命。

箭毒木乳白色的汁液里含有剧毒，人或畜的伤口一旦接触到箭毒木乳白色汁液，即会立刻中毒。中毒的人或畜会出现心脏麻痹、心跳减缓、肌肉松弛、血管封闭、血液凝固的现象。中毒后 20 分钟至 2 小时内因窒息而死亡。

以前箭毒木用于狩猎或者战争。人们将箭毒木的剧毒汁液涂在箭头上，一旦人或者畜被射中，就很难生还。而且被杀死的畜，其肉没有毒，仍可食用。现在广州花巨资移植并保护该树，使该物种能够得以繁衍。

在劫难逃

夏季，湿地附近的草原上一片生机。郁郁葱葱的草地上，稀疏地长着几棵分散开来的树，给整个草原增添了几分情趣。树和草形成了和谐的画面，然而，这和谐的画面背后暗藏杀机。

一只出生不久的小苍蝇飞舞在这片草原上，它被草丛间浓郁的花蜜的香味吸引。它寻着香味飞行，飞着飞着居然飞到了一只大苍蝇的身后，想必这只大苍蝇也是被这花蜜的香味吸引来的。长辈面前，小苍蝇哪儿敢造次，只能老老实实地跟在"前辈"后面飞行。香味越来愈浓，啊，在这里。小苍蝇刚刚发现，大苍蝇已经捷足先登。姜还是老的辣！小苍蝇只好再次跟在大苍蝇后面。

没见过什么世面的小苍蝇，好奇心真的很重。它完全可以脱离大苍蝇，到别处去觅得美食。可是这只倔强的小苍蝇非得一探究竟。原来是一棵捕蝇草，可是苍蝇们并不知道啊，这是专门为它们设计的陷阱。

大苍蝇迫不及待地停在了捕蝇草上面，初来乍到，大苍蝇也不敢掉以轻心，只在叶子边缘小心翼翼地吸食"花蜜"。可是，"花蜜"真的好甜，大苍蝇吃得很开心，也很"忘我"，不知不觉慢慢向着这"手掌"似的叶子中间走去。

小苍蝇看大苍蝇吃得这么美，也经不住诱惑，慢慢停靠在捕蝇草叶子的外缘，蹑手蹑脚地品尝着大苍蝇留下的"残羹冷炙"。小苍蝇吃得也"忘我"起来。

大苍蝇在捕蝇草叶子中心来回觅食，捕蝇草一点儿反应都没有。莫不是这棵捕蝇草"睡着"了？或者这棵捕蝇草"死了"？不对，死了的捕蝇草蜜腺怎么还会分泌甜液呢？死了的捕蝇草怎么会布置陷阱呢？

原来，大苍蝇虽然在捕蝇草叶子中央，但是它走动的时候并没有碰到捕蝇草陷阱的机关——叶子中央的那三根刺。只要碰到那三根刺，捕蝇草立马会启动机关，关住苍蝇。

大苍蝇越吃越开心，几近有些得意忘形。得意忘形容易闯祸啊！大苍蝇只顾吃自己的"甜品"，不小心碰到了捕蝇草的机关，捕蝇草立马合住了双叶，大苍蝇连带小苍蝇一起被关在了里面。

可惜小苍蝇做了大苍蝇的陪葬，它今天真的不应该跟在大苍蝇身后啊！

人类与植物

目前地球上存在 35 万种植物，它们是自然界中数量最多、分布最广的生物。植物和人类共存于地球，自然与人类有着密不可分的关系。人类应该善待植物，没有植物就没有人类。

天然氧吧

温度、湿度和光是植物生存的基本条件。绿色植物利用水、无机盐和二氧化碳等物质，借助光能，进行光合作用，产生葡萄糖等有机物供植物生存；同时释放大量氧气。它们为人类的生存提供了必要条件。没有植物，人类无法存活。

新鲜的空气会使人的心情愉悦起来

衣食父母

植物是人类的衣食父母。我们穿衣用的棉、麻、丝等物质直接或者间接来自植物；我们食用的粮食、蔬菜和水果，无一不是来自植物。即使我们吃的肉、奶、蛋，也和植物有间接关系。虽然这些东西来自动物，但没有植物就没有动物，植物的贡献不言而喻。

小麦的种子是人类的主要粮食

豌豆种子可为人体提供蛋白质、维生素等多种营养成分

水果是人类生活中不可或缺的食物

人参是常见药材，用于愈后恢复、增强体力、降低血糖和控制血压等

家庭医生

许多植物，如人参、灵芝等都是珍贵的药材，在治疗人类疾病方面有特殊的疗效；而有些植物虽不是药材，但是也可以作为医疗用品，例如医用脱脂棉、纱布、绷带等都来自植物。随着医药学的发展，越来越多的植物将被应用到医疗事业中。

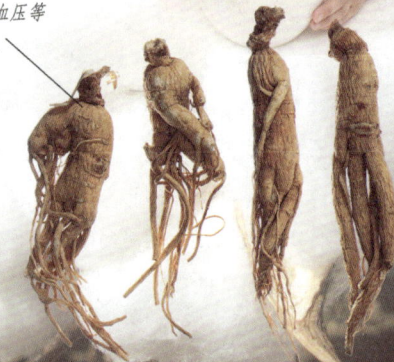

空气清新器

植物不仅能吸收空气中的二氧化碳，释放氧气，还能吸附空气中漂浮的灰尘，有的植物甚至能分泌出杀菌的物质。城市绿化带，不仅绿化了城市，更吸附灰尘，净化了空气。在沙尘暴和雾霾的大气环境下，植物还能有效减缓或降低沙尘暴和雾霾带来的灾害。

城市绿化带

气候调节器

成片的树木聚集成森林，树根联合土壤，吸纳更多的雨水，不仅能够涵养水源、保持水土，还能局部调节气候。洪水常常给人类带来灾难，而森林却能降低洪水对人类的伤害。

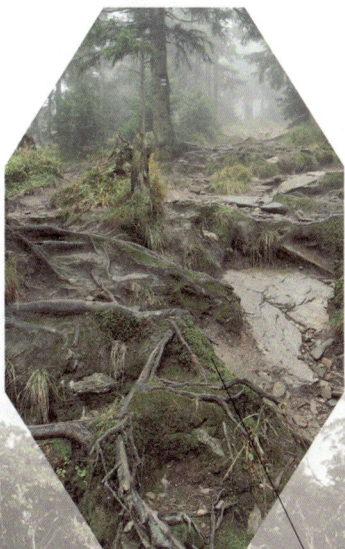

植物的根将泥土牢牢抓住，能有效防止水土流失

大片森林被人类砍伐破坏，导致自然环境严重恶化

保护植物

由于人类的乱砍滥伐，造成植被破坏，甚至土壤出现了荒漠化。破坏了植物赖以生存的环境，植物生长势必受到影响，人类也会跟着受牵连。保护植物就是保护我们人类自己，我们应该善待植物。

117

如果植物像人类一样思考会怎样？

人能思考是因为有聪明的大脑和一套复杂的感知系统。植物如果像人类一样思考的话，首先植物也要有像人类一样的大脑，那么它们的大脑会在哪里呢？是不是和根部一起埋藏在地下了？那么，它是怎么感知地面上的情况呢？就算它有大脑，能够思考问题，但是思考的结果它又怎么实施呢？当然许多人认为植物没有大脑。

科学家们在研究中发现：植物能够为自己的生长制订出计划，于是，科学家们开始研究植物"大脑"的问题。

寄生植物菟丝子，会通过自己的"大脑"来选择自己的寄主。科学家们做过这样的实验：他们把菟丝子移植到营养状况不同的树上，经过一段时间的观察发现，菟丝子在营养状况较好的大树上，会紧密地缠绕着生长；而营养状况不好的大树，却被菟丝子"拒绝"了。看来，这种小小的寄生植物还挺聪明。

植物不仅可以独立思考，同类之间似乎也存在着某种交流，金合欢树就是一个例子。当一株金合欢树遭到动物啃食的时候，它就会释放出一种气味，生活在周围的同类都可以感知到。最后，当这种动物再度光临此地的时候，金合欢树就能够一起释放单宁酸了。

关于植物运用"大脑"思考的说法，科学家们还处在研究中，没有定论。不过，植物对外界环境存在一定的感知却是显而易见的。

妙计天成

"你听，它们在喝水，我们抢不过他们的。"1.2万年前的野生麦地里，一根小麦绝望地说。

"咱没有它们根深，也没有它们叶茂啊。你看它们的枝叶，霸占了绝大部分阳光和水源。"另一根小麦望着远方叹息。

"所以我们只能在这里。也许不久之后我们就会消失在这片大地……"一只孱弱的小麦悲观地哭泣起来。

"不会的，我们还有自己的法宝没有利用起来。"沉默的小麦酋长终于说话了。只是刚说到这儿，就有人走过来了。

"嘘……"酋长旁边的小麦做了一个闭嘴的手势，大家立即沉默并低下头去。

这两个人走过去，根本就没有注意到小麦的存在。

"啊，他们看都没看我们，我们就像空气一样，不容易被察觉。"悲观的小麦更悲观了。

"酋长，您刚才说的法宝是什么啊？"酋长身边的小麦没有忘记刚才的话题。

酋长还没有解释，又有两个人走来，恰巧走过酋长身边。酋长饱满的麦粒吸个人的注意，一个人蹲下来，摘下酋长了闻，然后放进嘴里嚼了嚼。随后这出很愉快的表情。

另一个人也想尝尝，伸手去摘旁麦粒就掉到地上了；他再伸手去摘另第三棵依然是同样的结果。他摇摇头，离开了。

引了这两身上的麦粒，闻个人点点头，脸上露边的麦粒，结果一碰到麦秆，一棵，结果也掉到了地上；放弃了。两个人叹息了一声，

"我们的法宝就是我们身上的麦粒，可惜我们的麦粒太容易掉了，我们必须进化出结实的结构，麦粒才能被人类利用，人类才能被我们利用。"酋长一语道破天机。

第二年，小麦酋长率先长出了两颗麦粒，而且连接麦粒的部位基因发生了变化，变得牢固。整个麦地的麦子效仿酋长，麦粒增多一粒，而且麦粒结构变得牢固。有不解的小麦问酋长："这样的结构并不利于我们自行传播种子啊，为什么要这样呢？"酋长笑而不语。

很快，人类发现了小麦，把它们收割回去。第二年，人类主动将麦粒撒在地上。自此，每年人类都会收割小麦和种植小麦。并把小麦迁移到了最肥沃的土地上，并且有人给它们灌溉和除草。从此，小麦在人类的庇护下，代代相传，延续至今。

地球结构

地球是茫茫宇宙中一个美丽的星球。地球的内部结构呈同心状圈层结构，由地心至地表依次为地核、地幔和地壳。就好像一个鸡蛋，地核是蛋黄，地幔是蛋白，地壳是蛋壳。

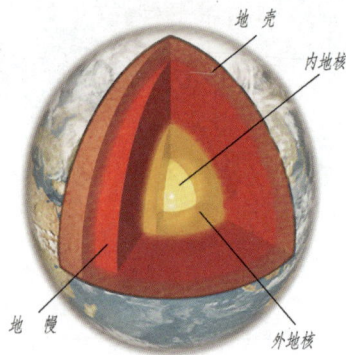

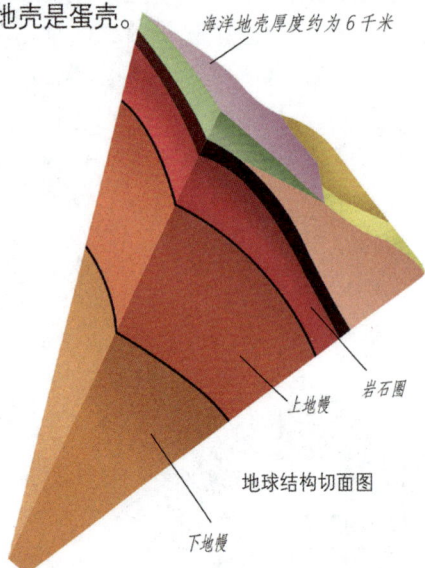

地壳

内地核

地幔

外地核

海洋地壳厚度约为6千米

岩石圈

上地幔

下地幔

地球结构切面图

"蛋壳"

如果把地球比作一个鸡蛋，蛋壳无疑是地球最外面的保护层——地壳。地壳是人类活动的主要场所，它是由许多大小不一的块体组成的。地壳的厚度并不是均匀的，有的地方比较厚，比如海拔较高的高原或者山地地区；有的地方比较薄，比如海拔较低的盆地地区。地壳的平均厚度为17米。

"蛋白"

"鸡蛋壳"下面的"蛋白"部分就是地幔。地幔分为上地幔和下地幔两层。地幔是地球内部体积最大、质量最大的一层，大约厚达2865千米，主要由富含铁和镁的物质所组成。地幔的顶部还有一个软流层，该软流层主要功能是能够减缓地震波的传播速度。

地幔是由高温的物质组成的。由于地幔内部存在密度和温度的差异，导致固态物质也可以发生流动

大陆地壳

海沟

洋中脊

俯冲作用

海洋地壳

对流

软流层

冷

热

外地核

内地核

地幔

地球结构剖面图

"蛋黄"

"鸡蛋"最里面也是最核心的部分就是"蛋黄"——地核部分。地核又可以分为外地核、过渡层和内地核三层。地核的温度和压力都很高，估计温度约为5000℃，压力值约为350吉帕。

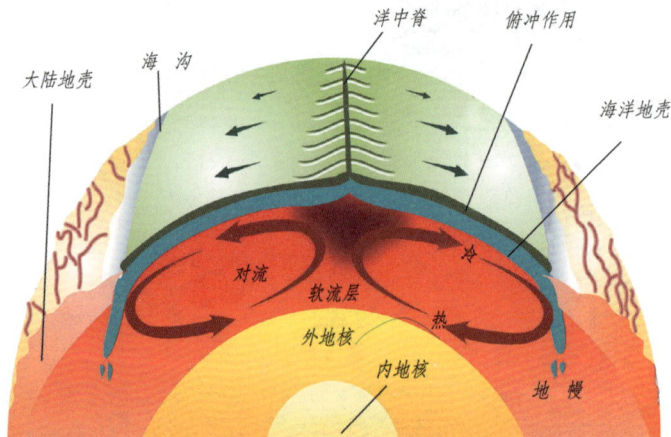

地球的外衣

像鱼儿生活在水中一样，人类生活在地球大气底层。大气层好像地球的外衣，既有保暖作用，也有保护作用。大气层厚达1000多千米，由多种气体混合而成，其中氮气以78%的比例占据第一位，其次是占比近21%的氧气，剩下的是氢、二氧化碳、水蒸气等。

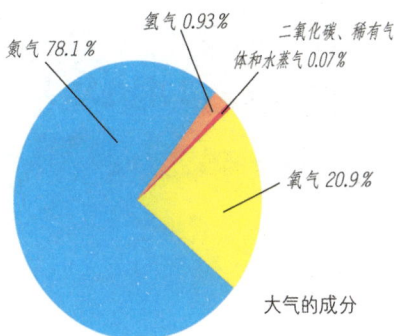

氮气 78.1%
氢气 0.93%
二氧化碳、稀有气体和水蒸气 0.07%
氧气 20.9%

大气的成分

永不停息的运动

水圈是一个永不停息的动态系统。太阳辐射和地球引力，推动着水在水圈内各组成部分之间不停运动，并且形成全球的海陆循环，连接各种水体，让它们长期存在。降水、蒸发和径流是水循环的三个主要环节，它们决定着全球的水量平衡。

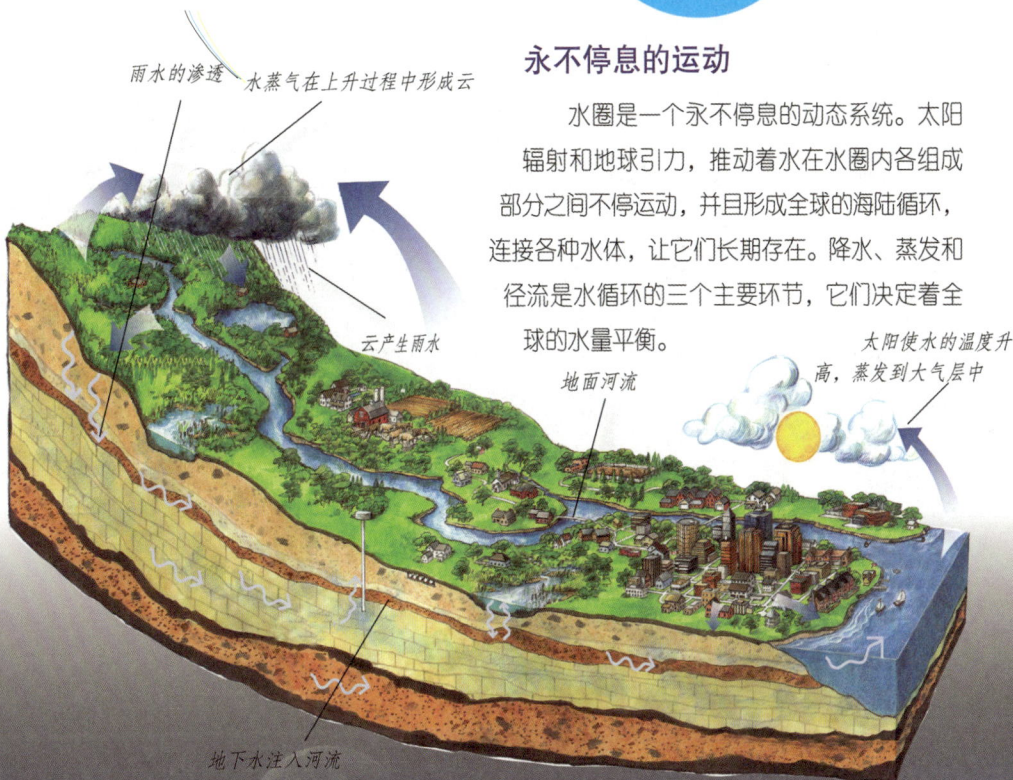

雨水的渗透
水蒸气在上升过程中形成云
云产生雨水
地面河流
太阳使水的温度升高，蒸发到大气层中
地下水注入河流

水循环示意图

生物圈
生物群落区
生态系统
生物群落
种群
个体

地球生物圈示意图

太阳系的独特圈层

现存的生物生活在岩石圈的上层部分、大气圈的下层部分和水圈的全部，构成了地球上一个独特的圈层，称为生物圈。生物圈是太阳系所有行星中仅在地球上存在的一个独特圈层。

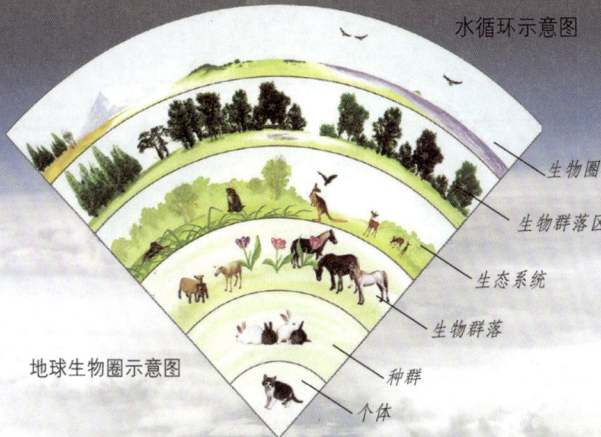

如果往穿过地心的洞里丢一颗石头会怎样？

奇思
妙想

虽然人们到现在还没有办法深入到地球的核心，但探知世界的脚步是永远不会停止的。随着科技的不断发展，一些在前人看来永远不可能实现的事情，在今天都已经实现了。现在地球上已知的最深的洞是地质学家钻出来的：俄国的地质学家曾经在俄罗斯的西伯利亚挖掘出地球上最深的洞，但其最底部距离地表也不过 12 千米。要知道，地球的直径有 12800 千米那么长，科学家们钻的这个洞，甚至还没有穿透地壳呢！

不过，人们坚信人类一定可以解决一切看似不可能完成的任务。曾经多少次，人们在科幻小说和电影中憧憬着在地心漫游，也渴望着能够切身感受那一场景。美国科幻电影《地心抢险记》就向人们展示了幻想中的地心的面貌，那里到处都是高温物质，有许多散落的矿物结核在熔岩中飘来飘去。

假使我们经过努力，克服了种种困难，终于成功地在地球上钻成了一个贯穿地心的洞，然后往这个洞里丢一块石头。石头在洞里会越掉越快，因为地球的重力会把它一直拉向地心。就在快到地心的时候，它的速度达到了最快，甚至超过了流星下落的速度。可是石头在经过地心，向洞的另一端掉落时，就会发生很有趣的事情：它的速度会不断地减慢，到另一端洞口时，它的速度会减为零。于是，在重力作用下，石头又会沿着原来的轨迹返回，等回到了我们最初的那个洞口后，它又再次向相反的另一端洞口掉去。

就这样，石头以地心为中心点，来回不停地做着往复运动。到了最后，石头的运动幅度会越来越小，最终将停留在地心的位置不动。

"易怒"的岩浆

地心的岩浆脾气不是很好，它时不时就要发怒，它一发怒，整个地球都在震颤和摇晃，给地球带来一次又一次的灾难，同时也给地球带来一次又一次的改变。岩浆发脾气的时候，不管地球上正在发生什么，正在进行着什么，只是自顾自地发怒，有时候竟也破坏了"别人"的好事。

2.5亿年前，西伯利亚大陆上，两只盾甲龙在地表稀疏的植被中觅食，却不知危险已经逼近。

史前掠食猛兽丽齿兽出现在山坡上。这个家伙已经进化出犬齿，能够轻而易举撕开动物的皮肉，被誉为"二叠纪的野狼"。现在它的目标定在了行动缓慢的盾甲龙身上。它俯身贴在山坡上，观察两只盾甲龙。然后悄悄从山坡上弓着身子走下来，蹑手蹑脚地靠近盾甲龙，趁盾甲龙不注意，猛扑过去。所幸盾甲龙身子一扭躲了过去，但是后腿被丽齿兽的獠牙刮一下。

丽齿兽再次出击，前爪伏在地上，态，弓起背，奋力一跃，这下咬到了盾脖子。疼痛的盾甲龙用尽全身力气将丽齿兽顺势着地，并没有受到伤害。鲜血。盾甲龙跟跟跄跄朝前走了几步

丽齿兽走过去，刚要低头享受美面被愤怒的岩浆撕裂，岩浆喷涌而出。己费力杀死的盾甲龙，连自己也葬身在了这次地球生物大灭绝的首批牺牲者，这次岩大灭绝。

放低姿甲龙的要害——丽齿兽甩出去老远。盾甲龙的伤口立即喷射出就倒下了。

食，突然大地剧烈震动，地可怜的丽齿兽不仅没有吃到自这岩浆中了。丽齿兽和盾甲龙成浆的爆发造成了西伯利亚动植物空前

冈瓦纳古陆另一端虽然没有火山喷发，但是这一区域的动植物也没能逃脱西伯利亚的岩浆活动带来的伤害。西伯利亚火山喷发制造的灰尘，飞越1.6万千米，到达了冈瓦纳古陆另一端。这些漂浮在空气中的灰尘引燃了森林，许多动植物被烧死。而且西伯利亚火山喷发释放的二氧化硫也影响到了那里，雨和空气中的二氧化硫结合形成了致命的酸雨，酸雨所到之处，动植物无一幸免。

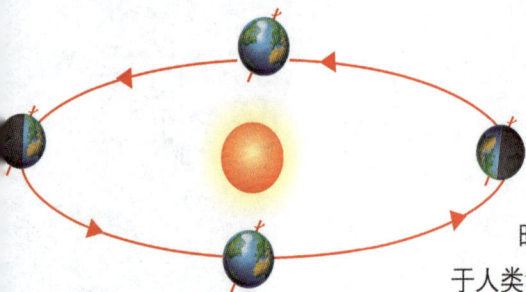
地球公转与自转示意图

地球的运动

昼夜交替、四季变换以及潮汐涨落，这些现象都是因为地球的运动。地球在绕太阳运转的同时，也在绕地轴不停地自转。地球的公转和自转对于人类和生物圈尤为重要。如果地球停止公转或者自转，将给人类和地球生物圈带来毁灭性的灾难。

地球公转

地球是太阳的卫星，由于太阳引力场和自转的作用，使得地球在椭圆形的轨道上，自西向东绕着太阳不停息地转动。地球绕太阳公转一周大约需要 365 天，正是因为地球的公转，才有了地球上的春夏秋冬四季交替。

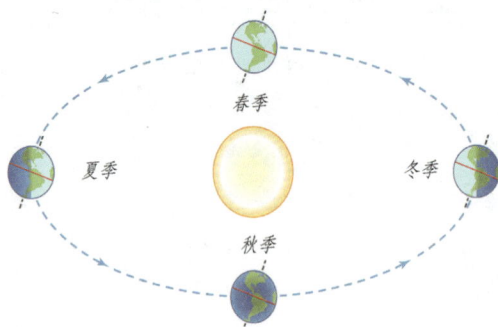
地球围绕太阳公转

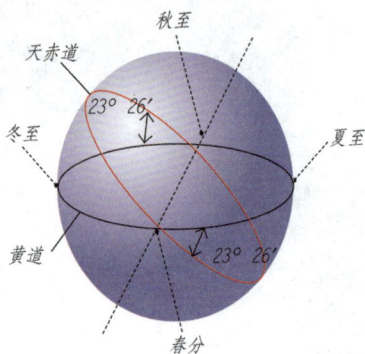
黄道面示意图

黄赤交角

地球在其公转轨道上的每一点都在相同的平面上，这个平面就是地球轨道面。天赤道在一个平面上，黄道在另外一个平面上，这两个同心的大圆所在的平面构成一个23° 26′的夹角，这个夹角叫作黄赤交角。地球仪的赤道面与桌面呈 23° 26′ 的交角，这就是黄赤交角的直观体现。

四季分明

地球的公转，让我们感受到了四季的不同。当太阳直射赤道的时候，全球昼夜平分，白天和黑夜时间一样长，那时便是春分日或者秋分日。当太阳直射南北回归线时，太阳直射的那半球便是夏至日，相对的另一个半球则是冬至日。

12 月 21、22 或 23 日，太阳直射在南回归线，这一天北半球白天最短，夜间最长

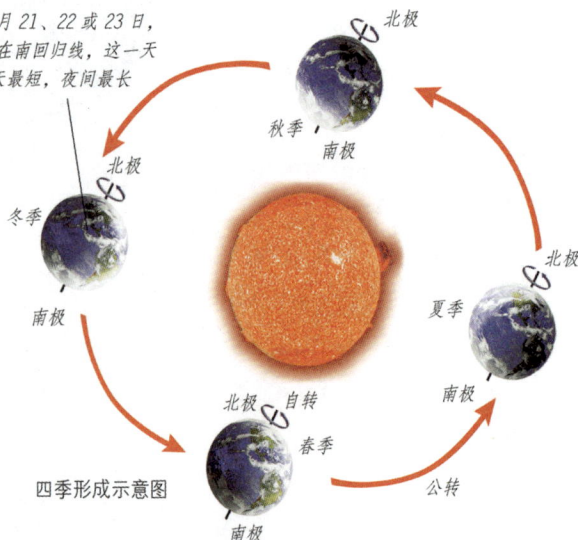
四季形成示意图

地轴

自转的方向

地球自转示意图

地球自转

地球在围绕太阳做公转的同时，自身也在不停地自转。人们设想地球中间有一根轴，叫地轴，地球以地轴为中心，也在自西向东不停地自转。一周大约需要23时56分。正是因为地球的自转，才有了白天和黑夜。

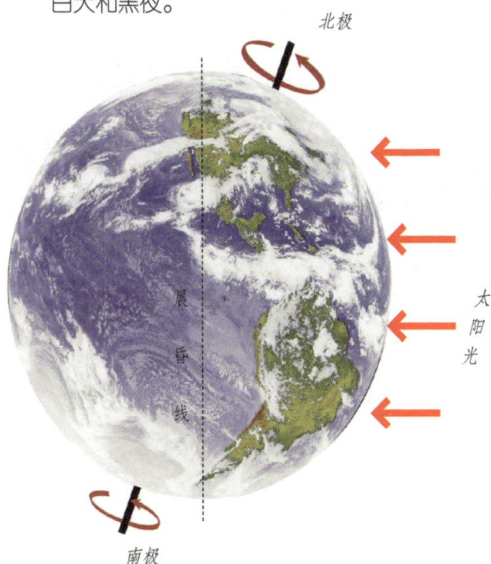

北极

太阳光

晨昏线

南极

速度不均

地球的自转不是一直匀速进行的，每年、每月、每日，都存在周期性变化。十年尺度周期变化幅度为±3毫秒，年际变化幅度为0.2~0.3毫秒，月周期和半月周期变化的幅度为±1毫秒。

地轴极移示意图

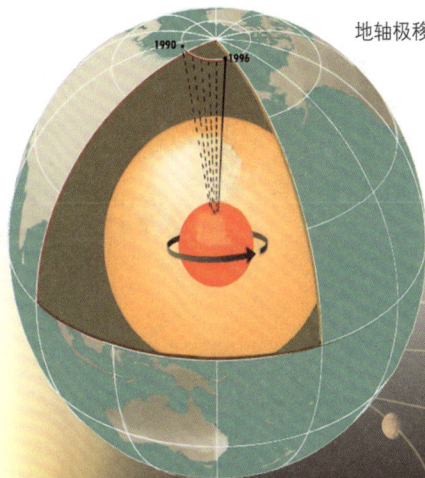

1990   1996

地轴的极移

地极移动简称为极移。一方面由于地球自转轴对于惯性的偏离，另一方面由于大气的季节性运动，导致了地球自转轴的极移。极移的幅度一般在15米以内。正是因为地球自转轴的极移，才使得地球上的纬度和经度发生变化。

如果地球突然停止自转会怎样？

奇思妙想

地球的自转，带来了白天与黑夜，人们因此在地球上划分了不同的时区。地球一直都是自西向东而转，因此每天早晨太阳从东方升起，向大地洒下金色的光辉；而到了傍晚，太阳从西方落下，留下红色的余辉。当纽约市的人们正在安睡时，地球另一端的北京，人们正在忙碌地工作着。不知你有没有想过，如果地球就在此刻停止转动，世界上会是怎样一种景象呢？

如果地球停止自转，就像急刹车一样，所有的物体都会快速飞向东边，这是由于惯性的作用造成的。因为自然界的任何物体都有一种保持原有的运动状态的性质，这就是惯性。地球的自转方向是自西向东的。即使地球停止了自转，但地上的物体仍然会继续前进，也就是飞往东边的原因。在赤道附近，物体运动的时速会达到1600千米！如果地球停止自转的时候正是白天，那我们会注意到的第一件事情就是，太阳不再在天上移动了。我们想等夜晚来临，但是再也等不到了，以后永远都会是白天！如果人们过的是无穷无尽的白天，那么太阳就会一刻也不停地照射着我们，我们很可能会被晒伤，而且我们也得在明亮的地方睡觉。而住在地球另一边的人却又得长期处在寒冷和黑暗之中，他们会因此而得病。虽然白天和黑夜不再交替，但时钟还是会嘀嘀嗒嗒地走，人们也照样可以说"现在几点钟了"，只是这样的时间没有什么实质意义了。在临近光明和黑暗的地方，会有两条很狭窄的地带，一边永远是黎明，一边永远是黄昏。这两个地带既不会太亮、太热，也不会太黑、太冷，所以就成了最好的居住之地。

夜的馈赠

100多万年前的某个夜晚，一个偶然的事件改变了我们的人类。

那时候，我们的祖先还是狩猎一族。白天，他们狩猎，野兽成为他们的"盘中餐"。夜晚，他们在野兽的威胁中度过夜晚，他们可能成为野兽的"腹中食"。古人最讨厌的事情之一大概就是过夜了。

这又是一个伸手不见五指的夜晚。一小撮人，除了腰间那点遮盖，几乎是赤身裸体地在森林中的草地上席地而睡。他们今天狩猎到很晚，夜太黑，又不记得路，不得不在这里过夜了。这样的夜晚，在森林里过夜是很危险的事情，很容易遭到野兽的攻击。就在他们刚要睡着的时候，树上的鸟突然"扑棱棱"飞走了，这一动静让刚进入迷糊状态的这几个人一下子警觉起来。他们立刻进入"备战"状态。

一个人从身边拿起下午刚刚磨尖了头的干树枝，另外几个手里紧紧握着两块石头。野兽在黑暗中视力很强，可是我们的古人什么也看不见啊。惊恐之下，他们"呜嗷"乱叫，拿石头的那几个人还不停地敲击石头，企图吓退前来进犯的野兽。野兽在向他们围拢，准备伺机而动。因为害怕，他们敲击和摩擦石头的动作很快，结果石头间蹦出了火花，他们自己也被吓了一跳。可是面对猛兽他们顾不得这些，石头间的火花居然引燃了树枝，周围一下子亮堂起来。

火光吓退了猛兽。这一夜，他们不断往燃烧的火上添加树枝，熬到天亮。他们还把"火种"带到山下，给洞里的人看看这个新奇的玩意。从此之后，火变成了它们生活的一部分。他们不仅用火来照明，还用火来吓退进犯的野兽，甚至还用火来烤野兽的肉吃。

火极大改变了人类的生活方式，这真得感谢夜的馈赠啊！

七大洲与四大洋

板块运动造就了七大洲和四大洋，历经沧海桑田，它们才成为今天的样子。七大洲、四大洋把世界分成若干区域，彼此独立又有联系。世界仍在变化，人类探索地球的脚步也从未停止。人类发现了"第八块大陆"，它在哪里，又面临什么问题？

漂移的大陆

大陆漂移

大陆漂移是指大陆彼此间和大洋盆地间的大规模水平运动，在中生代以前地球上所有的大陆是一个统一的巨大陆地，也就是泛大陆或者联合古陆，后来陆块分裂并漂移，成为了现在的模样。大陆漂移说由魏格纳于 1912 年提出，曾遭质疑，但于 20 世纪 50 年代重获新生。

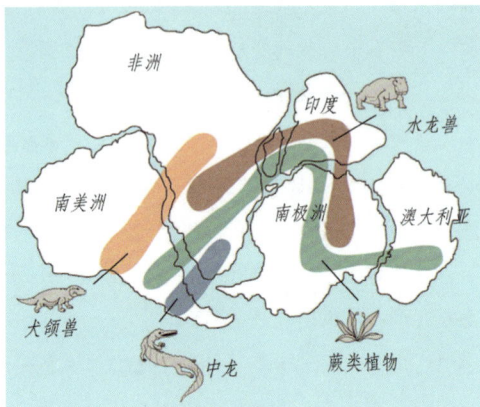

科学家在不同大陆上发现了极为相似的古生物化石，从而证实大陆曾经是连在一起的。其中水龙兽化石是最著名的大陆漂移理论证据

火山　大洋中脊　转换断层　海沟

消减带

地幔对流

在地幔中，炽热的岩石之间的对流所产生的力足以使大陆产生漂移

板块构造

板块构造理论是为了解释大陆漂移现象而发展出的一种地质学理论。该理论认为，地表层是由六大板块以及若干小板块组成岩石圈板块拼起来的。而岩石圈的板块是在地幔软流圈上漂浮运动的。

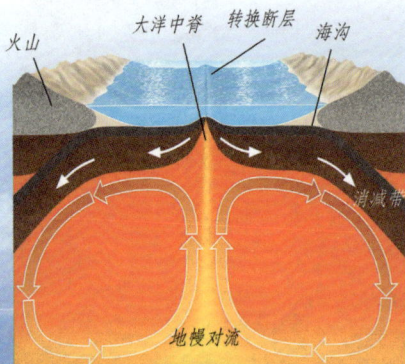

沧海桑田

地表变迁经历了一个漫长的过程，在内外力的作用下，可谓"沧海桑田"。内力是地表形态的主要塑造者，通过地壳运动、岩浆活动等改变地貌；外力起辅助作用，如重力、风力、冰川、水流等外力起到堆积、侵蚀、搬运等作用。

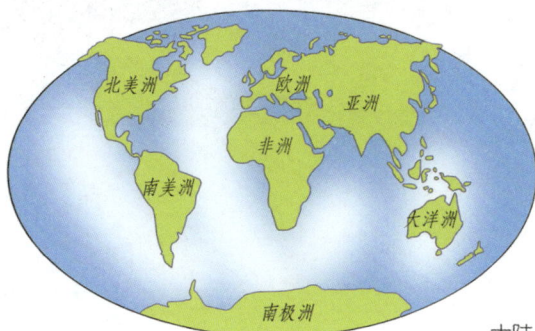
世界七大洲分布图

七大洲

所谓的七大洲，是陆地被分成的七大块，包括亚洲、欧洲、北美洲、南美洲、非洲、大洋洲和南极洲。其中，亚洲是七大洲中最大的洲；北美洲是唯一一个整体在西半球的大洲；南极洲是人类最后达到的大陆，也是平均海拔最高的洲。

四大洋

地球表面70%的面积是海洋，海洋被陆地分隔成彼此相通的四大洋，包括太平洋、大西洋、印度洋和北冰洋。其中，太平洋占海洋总面积的49.8%，大西洋占海洋总面积的26%，印度洋占海洋总面积的20%，北冰洋占海洋总面积的4.2%。

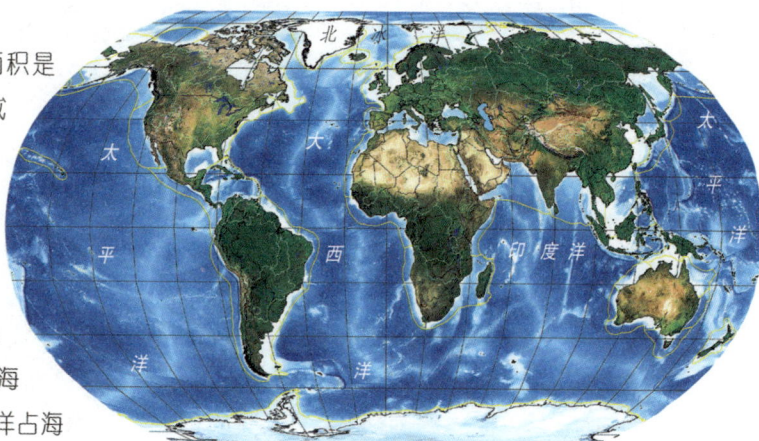
世界海洋地图

"第八块大陆"

柏拉图曾在他的著作里提到失踪的大陆亚特兰蒂斯，最近有科学家称人类发现了第八块大陆，位于美国西海岸和夏威夷之间，面积相当于两个得克萨斯州，是太平洋上一片由400万吨塑料垃圾组成的。对于其能不能被定义为"第八块大陆"目前还有争议。

亚特兰蒂斯（想象图）

如果岛屿都被海水淹没会怎样？

奇思妙想

如果有一天，世界上的岛屿都被海水淹没了，那会怎样呢？

岛屿，听起来很小，却在整个大自然环境中起到"牵一发而动全身"的作用。岛屿一旦被海水淹没，人类的生活将会产生一系列的变化。

全球共有5万多个岛屿，面积加起来，可达997万平方千米，约占全球陆地总面积1/15，大小可和中国比肩。海平面的抬升将使很多的岛屿被淹，那些岛民不得不迁移到临近的大陆国家。这样人口本就密集的大陆地区会变得更加拥挤，资源会变得更加紧张。这样的情况下，大陆上生活的人们之间竞争将更加激烈，社会稳定面临新的挑战。稀缺资源的争夺很可能引发人们不希望看到的战争，人类和平受

到威胁。一旦岛屿被海水淹没，生物的多样性将受到威胁。在某些特定岛屿上生活的特定物种就会随着岛屿的淹没而绝迹。一旦岛屿都被海水淹没，某些洋流运动势必会被改变，从而影响局部或者整个地球气候，届时，人类将面临更为严峻的气候考验，人类的生存状况也不容乐观。

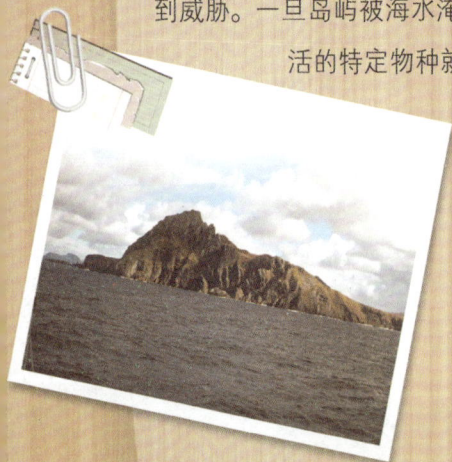

地球分家记

很久很久以前，地球还是一个年轻的母亲，它独自养育了7个男孩和4个女孩。7个男孩分别是亚洲、欧洲、北美洲、南美洲、非洲、大洋洲和南极洲，4个女孩就是北冰洋、太平洋、大西洋和印度洋。那时候，它们一家快乐地住在一起，彼此不分离，关系融洽极了。

可是这些孩子慢慢地长大了，变得叛逆，不听妈妈的话，甚至开始有了私心，它们都希望自己的地盘更大一些。它们常常会趁妈妈不注意的时候发火吵架，互相侵占对方的地盘。有的时候，它们兄妹几个吵得不可开交，常常会引发地震和火山喷发。

有一次，欧洲和亚洲两个男孩子居然结成了同盟，要对付同样结盟的北美洲和南美洲两兄弟，它们都认为自己应该拥有最大的地盘，于是便互相喊叫，发起了脾气。到后来，它们甚至动手了，互相推挤对方，想把对方推得远远的。

它们之间的争吵和推挤的景象真是吓人：大地轰隆隆地震动咆哮着，火光冲天，烟雾弥漫——原来是火山喷发了。其他的几个姐妹和弟弟们也都上来劝阻，可是那两方都在气头上，根本劝不住，它们不断地向对方示威，一定要争出个胜负。

最小的弟弟大洋洲眼看劝不住自己的哥哥们，感到失望极了，它便独自向着远处走去。而姐姐们呢，为了拉住它们，只好挤到这几个大陆的中间。

兄弟之间的战争持续了好几天，地球妈妈终于回来了。看到孩子们弄得不可开交的样子，它气愤极了，对着自己的几个孩子说道："你们既然不懂得和睦的道理，就让你们互相远离吧！直到你们反省过来的那一天，你们才能相见。"

可惜的是，直到今天，这两对联盟还没有反省好呢！只能靠着四个姐妹传递消息了。

高山、盆地与峡谷

山脉是地球的骨骼；盆地，因其中间低四周高的特殊地形而得名，盆地内资源丰富，是名副其实的"聚宝盆"；峡谷是地球美丽的伤痕，凄绝而不失惊艳。它们因内力或外力而形成，共同装饰着地球这个大家园。

盆地的 3D 模型

断层山和褶皱山

在漫长的发展过程中，大陆板块不断地碰撞对接引发强烈地震，有的被挤得断裂下沉形成断层山，有的被挤出地面形成高大的褶皱山。新山系高耸呈锯齿状，老山系因为长年累月的雨水冲刷和风暴剥蚀，显得圆滑。

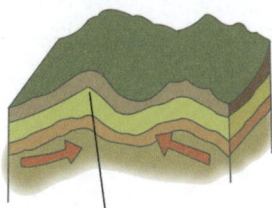

两个板块相互推挤，地壳就会弯曲变形，形成山脉
褶皱山的形成

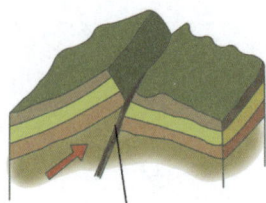

地球板块互相碰撞，使地壳出现断层或裂缝，从而形成断层山
断层山的形成

山脉之最

喜马拉雅山脉是世界上海拔最高的山脉，其主峰珠穆朗玛峰是世界第一高峰，海拔高度为 8844.43 米。"南美洲的脊梁"——安第斯山脉全长 8900 千米，宽约 300 千米，是世界上最长的山脉。阿尔卑斯山脉是欧洲最高大的山脉，同时也是欧洲自然地理最靓丽的风景线。乞力马扎罗山是赤道上的雪山。

珠穆朗玛峰

盆地的分类

盆地按成因可分为构造盆地（地壳构造运动形成的盆地）和侵蚀盆地（由冰川、流水、风和岩溶侵蚀形成的盆地）。按照盆地的位置，盆地可分为外流盆地和内流盆地。我国有许多盆地，如柴达木盆地、塔里木盆地、四川盆地等。

内流盆地内的河水都聚集在盆地中
内流盆地

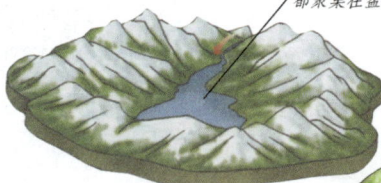

外流盆地内的河流通过出口流到外面
外流盆地

最大的盆地

地球上最大的盆地是位于东非大陆中部的刚果盆地，面积约 337 万平方千米。世界上最大的内陆盆地是中国新疆的塔里木盆地，它地处内陆，气候干燥，气温昼夜变化大。

塔里木盆地

峡谷

峡谷被称为"美丽的伤痕"，它是地球美丽的伤疤。峡谷是由峭壁所围住的山谷，由水流将高地向下切割形成的。世界上最深的峡谷是中国的雅鲁藏布江大峡谷，它长约 504.6 千米，两侧高峰与谷底相对落差达 6009 米。

美国科罗拉多大峡谷是科罗拉多河的杰作，是它的长期冲刷塑造了大峡谷奇观

东非大裂谷

地球的伤疤

东非大裂谷是世界上最大的裂谷带，长度相当于地球周长的 1/6。东非大裂谷辽阔浩荡，湖区水量丰富，土壤肥沃，植被茂盛，野生动物众多。

雅鲁藏布江峡谷两岸植被丰富，森林茂密

如果乞力马扎罗山的雪全化了会怎样？ *More*

奇思妙想

它的轮廓非常鲜明：缓缓上升的斜坡引向一个长长的、扁平的山顶，那是一个真正的巨型火山口——一个盆状的火山峰顶。在酷热的日子里，从远处望去，蓝色的山基令人赏心悦目，而白雪皑皑的山顶似乎在空中盘旋，常伸展到雪线以下的缥缈的云雾里，更增加了这种幻觉。这就是乞力马扎罗山。乞力马扎罗山在坦桑尼亚人心中无比神圣，很多部族每年都要在山脚下举行传统的祭祀活动，拜山神，求平安。在过去的几个世纪里，乞力马扎罗山一直是一座神秘而迷人的山——没有多少人相信在赤道附近居然有这样一座覆盖着白雪的山，这真的是一个十分奇特的景象。可是，如果有一天乞力马扎罗山上的雪全部融化了，会发生什么事情呢？

随着乞力马扎罗山上冰雪的消融，在山附近的河水流量也会下降。到了旱季，一些地区的河水枯竭，牲畜由于缺水而死亡。而生活在乞力马扎罗山附近的动物们也会因为水源减少而遭受到饥渴的威胁。坦桑尼亚的旱季将会增长，饥荒和干旱将频繁地发生在这块土地上。

乞力马扎罗山的主峰乌呼鲁峰海拔 5895 米，是非洲最高的山峰。距今 1000 多万年前，这里的地壳发生断裂，沿断裂线有强烈的火山活动，乞力马扎罗山便是由大量熔岩堆覆而成。其约 5000 米以上的山峰覆盖着永久冰川，最厚达 80 米，形成了赤道附近的"雪峰奇观"。近年来，因全球气候变暖和环境恶化，乞力马扎罗山顶的积雪融化，冰川退缩得非常严重。如果情况持续恶化，若干年后乞力马扎罗山上的冰盖将不复存在。那么，前面所说的那些情况都会真实地发生。

偏执的印度洋板块

地球大分家之后，事情并没有就此结束。

原本六大板块"分道扬镳"就可以相安无事，可是偏偏就有"好事者"，搅得大家不得安宁。印度洋板块与非洲板块分家后，两家你拉我扯，扯出一个"马达加斯加岛"。印度洋板块说"小岛，你跟着我吧，我们去找一块最好的地方。"

"最好的地方？我们去哪儿？"马达加斯加岛期许的语气问道。

"这个……我还没有想好。"

在它们商量不定的情况下，南极洲邀它们退隐世界一隅，印度洋板块却执意要寻找"最好的地方"。南极洲只身退到南天边，与世无争。马达加斯加岛虽然也喜欢"最好的地方"，可是看到印度洋板块比较冒进而且没有方向，便选择了保持中立，待在原地。于是，印度洋板块独自上路，开始了自己的追寻之旅。

印度洋板块慢慢漂过非洲，越过赤道。终于，它发现了"最好的地方"，这个地方正好就是亚欧板块所在的地方。但是最好的地方却被别人占领了，印度洋板块的暴脾气怎么忍得了？

"砰……砰……"印度洋板块居然用身体朝亚欧板块撞去，以期得到这块"最好的地方"。奈何亚欧板块身强力壮、块头大，几下撞击之后，岿然不动。倒是印度洋板块，不胜如此撞击，累得半瘫不说，竟不自觉地俯身冲向亚欧板块之下。印度洋板块停止攻击，稍作休息。

但是印度洋板块对这块"最好的地方"念念不忘，它决定卷土重来。"砰……砰……"印度洋板块用尽全身力气朝亚欧板块撞去。这是印度洋板块生平最愤怒的一次，整个地球都为之颤抖。这次亚欧板块负了重伤，南部边缘出现严重褶皱和断层，地表被抬升，一条巨大的山脉——喜马拉雅山脉崛起了。

结局如此，但偏执的印度洋板块并没有放弃。尽管这次元气大伤，但它还是每年都在朝亚欧板块推挤，使得喜马拉雅山脉的最高峰——珠穆朗玛峰每年都在增高，只是这种变化很小，小到我们根本察觉不出来。

森林、湿地与沙漠

茂密的森林是地球的"氧吧"和"水库"，被誉为"地球之肺"，它对生物圈和人类的生活尤为重要。湿地是地球上三大生态系统之一，被誉为"地球之肾"。沙漠被称为"金色的海洋"，陆地上三分之一的面积都掩埋在这茫茫黄沙之下。

地球之肺

森林是以树木为主组成地表生物群落的，它是地球上最大的陆地生态系统，是生物圈中重要的一部分。森林被视为地球上的基因库、蓄水库和能源库，是人类赖以生存和发展的资源和环境。按照在陆地上的分布，森林可分为针叶林、阔叶林、针阔叶混交林、落叶阔叶林、热带雨林等。

森林可以防止水土流失

热带雨林

热带雨林主要分布在赤道附近。那里土壤肥沃，雨量充沛，植物繁多，动物活跃。热带雨林里的植被有三到五层，层叠生存，生活在下层的生物拼命向上生长，形成"树上生树、叶上长草"的奇观。那里更是动物们的乐园。

热带雨林的生物群落

地球之肾

湿地凭借其自身维持、保持生物多样性，以及涵养水源、蓄洪防旱、降解污染的作用，被誉为"地球之肾"。沼泽、滩涂、低潮时水深不过6米的浅海区、河流、湖泊、水库，甚至稻田都是湿地。湿地只占地球表面的6%，却为地球上20%的物种提供了生存环境。

潘塔纳尔沼泽地

潘塔纳尔沼泽地是世界上最大的湿地。它位于巴西马托格罗索州的南部地区，面积达 2500 万公顷。沼泽地内分布着大量河流、湖泊和平原。每年潘塔纳尔沼泽地都会经历雨季和旱季，每当雨季来临，这里就变成了动物们的天堂。

潘塔纳尔沼泽地

金色海洋

世界上三分之一的陆地都被沙漠覆盖。沙漠是怎样形成的呢？岩石常年受到风吹日晒，逐渐由大块裂成小块，再由小块风化成沙砾，经过风的搬运堆积而成沙漠；在久远的年代里，河流冲积形成了很厚的疏松的沙层，再经大风的吹扬形成天然的沙漠；人类破坏植被也会形成沙漠。

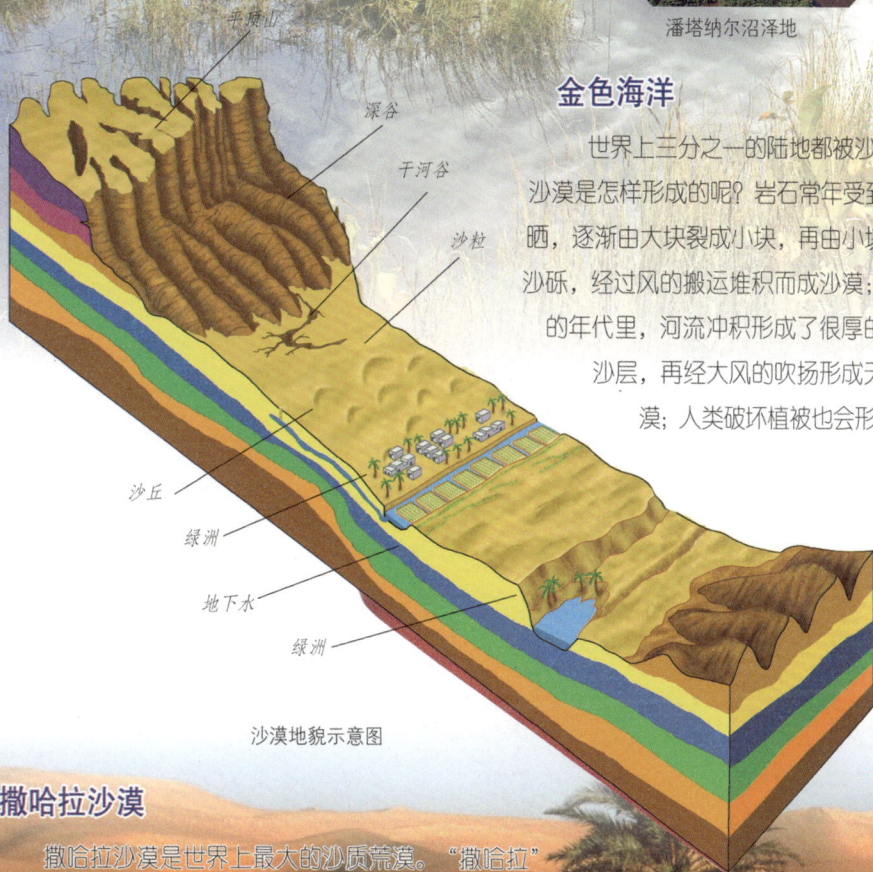

平顶山
深谷
干河谷
沙粒
沙丘
绿洲
地下水
绿洲

沙漠地貌示意图

撒哈拉沙漠

撒哈拉沙漠是世界上最大的沙质荒漠。"撒哈拉"一词在阿拉伯语中即为"大沙漠"的意思。撒哈拉大沙漠是地球上最不适合生物生存的地方。其海拔低的区域在白天炎热难耐，海拔高的地区到晚上冰冷刺骨。

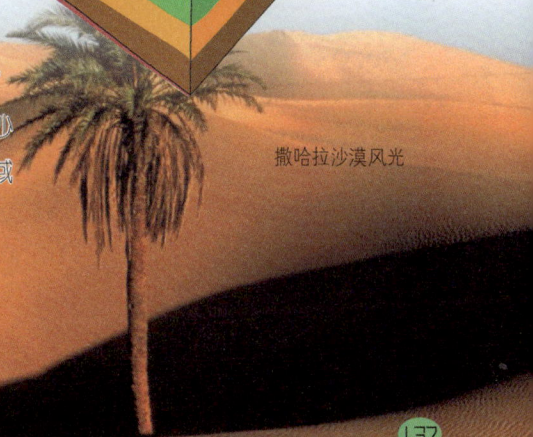

撒哈拉沙漠风光

137

如果地球上的森林都被砍伐光会怎样？

奇思妙想

从太空中看地球，蓝色的部分是海洋，而大陆部分，有的地方是黄色的，有的地方是绿色的。那一抹绿色，正是地球上茂密的森林地带。按照目前流行的说法，人类起源于非洲的丛林。然而，尽管是从大森林里走出来的，人类对于养育他的"母亲"却并不是呵护有加，而是不断地对其进行砍伐与掠夺。如果地球上的森林就这么被砍伐完了，情况会是怎样呢？

地面上如果没有植被，就像城市的水泥地面那样，那么降落到地面上的雨水将很快聚集成大水；如果这个没有覆盖物的地面变成了坡面，那么聚成大水的速度将更快，"洪水猛兽"的形成就是这个简单道理。相反，如果地面上有植被，植被下面有枯枝落叶层，枯枝落叶层下面有土壤，那么，再大的雨在变成"洪水猛兽"之前都会在这里有一定的缓冲时间。因为，暴雨的力量被山上的森林、灌木、草本植物、枯枝落叶、土壤五道"卫士"大大地吸纳了，从茂密森林里流下来的就是"涓涓溪流"而非急流或者泥石流。如果失去了上述五道"卫士"保护，洪水就会直接从裸露的、有一定坡度的岩石面上滚下，其势如猛虎下山。

人类的祖先最初就是生活在森林里的。他们靠采集野果、捕捉鸟兽为食，用树叶、兽皮做衣，在树枝上架巢做屋。森林是人类的老家，人类是从这里起源和发展起来的。直到今天，森林仍然为我们提供着生产和生活所必需的各种资料。可以说，森林就像大自然的"调度师"，它调节着自然界中空气和水的循环，影响着气候的变化，保护着土壤不受风雨的侵犯，减轻环境污染给人们带来的危害。森林与人类息息相关，是人类的亲密伙伴，是全球生态系统的重要组成部分，破坏森林就是破坏人类赖以生存的自然环境。

沙漠求生

"谁来救救我啊！"阿莱绝望的声音在撒哈拉沙漠里丝毫没有回音。

他跟旅行团走散了，希望旅行团发现他丢了后能来这儿找他。

夏日的撒哈拉沙漠的温度高达50℃以上，灼热的太阳炙烤着沙漠，阿莱感觉脚下滚烫滚烫的。"不行，我得把自己的脑袋保护起来，万一中暑就完了。"阿莱麻利地脱掉衣服，用力地把T恤撕开，像阿拉伯人一样把自己的脑袋包裹起来。

在沙漠中行走确实消耗体力，阿莱累了，躺在沙坡上想休息片刻。可是，炙热的太阳晒得他眼睛灼痛，他只好坐起来。忽然，在这沙漠中他发现了鲜活的生命——一只小骆驼蜘蛛。他发现自己的手挪到哪里，骆驼蜘蛛就跟到哪里。原来骆驼蜘蛛是在追逐他手的影子，因为沙漠中实在太热了。

身上背的小水壶里的水已经所剩无几了，阿莱轻轻抿了一口，含了一口在嘴里良久才咽下去，顿时就觉得喉咙里清爽很多。骄阳似火，找到水源迫在眉睫。

"再往前走走，也许就有绿洲了。"阿莱心里想着，靠着这个信念，阿莱又重新站起来，继续在茫茫沙漠中蹒跚而行。

或许强烈的欲望起作用了，阿莱真的看到了一处绿洲。他兴奋极了，抖擞精神，朝着"绿洲"快步走去。眼看就要走到绿洲了，绿洲却突然消失不见了。原来，这是海市蜃楼，白白高兴了一场，还消耗了不少体力。阿莱绝望地一屁股跌坐在沙地上。

"不行，我必须找到水源。"阿莱重新鼓起劲，朝着最近的沙丘走去。他要爬到沙丘顶端，那里视野开阔，或许能发现点什么。

他费尽力气爬上了沙丘顶端，向远处望去，隐隐约约看到前方有几棵矮树。"这次不会又是海市蜃楼了吧。"阿莱嘀咕着朝那边走去，水壶里的最后一滴水也被他喝光了。

他终于可以清晰地看到树了——几棵椰枣树，树的顶端挂着椰枣。阿莱欣喜不已，一扫身体的疲惫，爬到树上吃了个饱，尽管果子的味道有些苦涩。接着，他把树下散落的干树枝，用"钻木取火"的方法点燃，冒出的浓烟袅袅升起，正好被搜寻他的飞机看到了，阿莱得救了。

特殊地貌

风化与剥蚀作用

大自然鬼斧神工，利用侵蚀、搬运和堆积等作用，在自然界制作出一个个艺术品。干旱的沙漠中常见被风侵蚀的岩石，有的像擎天柱，有的像蘑菇云……这是风蚀地貌。而在极地、中低纬高山区常见冰川地貌。在我国云南、广西等地有典型的喀斯特地貌。

风蚀地貌

在我国柴达木盆地、塔里木盆地、罗布泊洼地的东端以及准噶尔盆地的西部，风力较大，由于对地面物质吹蚀，加上风沙的磨蚀作用，形成了独具特色的风蚀地貌。和田北部的风蚀蘑菇、北疆广布的风蚀城堡、塔里木盆地东南部的风蚀柱、吐鲁番西部的风蚀穴等都十分典型。

在风沙强劲的地方，下部岩性较软，经长期侵蚀，可能会形成风蚀蘑菇

风蚀蘑菇

冰川地貌

冰川地貌

冰川通过内部运动和底部滑动，借助侵蚀、搬运、堆积等力量，联合寒冻、雪蚀、雪崩、流水等各种因素共同作用，形成了冰川地区的地貌景观。冰川地貌分为现代冰川地貌和古代冰川地貌，常见于欧洲、北美洲和中国西部高原山地。

雅丹地貌

雅丹地貌是风蚀地貌的一个典型。所谓的雅丹地貌是指河湖相土状堆积物地区发育的风蚀土墩和风蚀凹地相间的地貌形态。雅丹在维吾尔语中是"险峻的土丘"的意思。这种地貌在新疆孔雀河下游雅丹地区最为典型，故而用"雅丹"来命名这一地貌。

雅丹地貌

丹霞地貌

所谓的丹霞地貌，是指由产状水平或平缓的层状铁钙质混合不均匀胶结而成的红色碎屑岩（主要是砾岩和砂岩），由于高度不同，加上差异风化、重力崩塌、流水溶蚀、风力侵蚀等作用而形成的地形。丹霞地貌形成的陡崖有城堡状、宝塔状、针状、柱状、棒状、方山状或峰林状。该地貌多见于我国西北和西南。

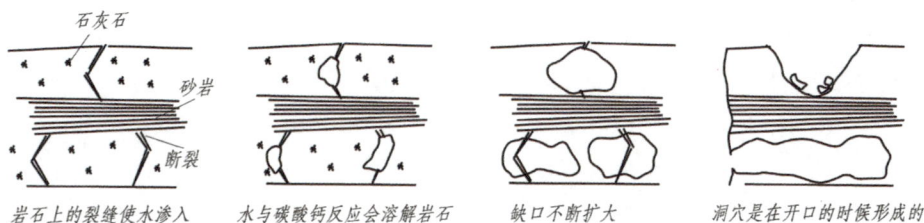

丹霞地貌

石灰石
砂岩
断裂

岩石上的裂缝使水渗入　　水与碳酸钙反应会溶解岩石　　缺口不断扩大　　洞穴是在开口的时候形成的

喀斯特地貌形成示意图

喀斯特地貌

喀斯特为音译词，意为岩溶。由喀斯特作用造成的地貌称为喀斯特地貌。喀斯特地貌是水对可溶性岩石进行化学溶蚀，辅助以流水冲蚀、潜蚀和崩塌等作用，共同产生的地貌现象。喀斯特地貌主要分布在我国云贵高原和四川西南部。我国是世界上喀斯特地貌分布最广、类型最多的国家。

喀斯特地貌

流水地貌

流水侵蚀、搬运和堆积作用所形成的地貌，统称为流水地貌。流水地貌对水利工程、农田建设和河运航道等有重大意义。

被河流冲刷过的地貌

如果地球上全是平原会怎样？

奇思妙想

地球诞生之后的漫长岁月里，地球表面经历了沧海桑田的变化，这些改变有的是来自风化，有的是来自地表水与地下水对岩石和土壤的侵蚀，有的是来自冰川对地形的改造，有的是来自海水对海岸的冲击……这些形形色色的因素，造就了今天地球表面千姿百态的面貌。有时，人们为了建造一条公路，不得不避开那些高大的山脉、宽广的河流，往往要多花费几倍的时间。如果地球上是一马平川，那将节省很多时间，增加更多供我们人类使用的耕地，但自然界也就失去了变化色彩。

我们知道，地球今天的面貌，是从它诞生开始，其内部运动与外部运动共同作用的结果。如果没有了这些作用，那么也就不会有山脉的隆起、江河湖海的形成，也就不会有雷电雨雪这些自然现象了。

我们今天能看到的高山深谷，都是年轻的（有的是还在进行中的）地壳运动的反映，而古老的高原或山脉则已被夷平了，像欧洲的海西造山带，约在 2.5 亿年前形成，但今天连丘陵都见不到了，只是地表有些起伏而已。而平原是陆地上最平坦的地域，海拔一般在 200 米以下。平原地貌宽广平坦，起伏很小，它以较小的起伏区别于丘陵，以较小的海拔高度来区别于高原。平原可以分成两类，一类是冲积平原，主要由河流冲积而成。它的特点是地面平坦，面积广大，多分布在大江、大河的中下游两岸地区。另一类是侵蚀平原，主要由海水、风、冰川等外力的不断剥蚀、切割而成。这种平原地面起伏较大。平原地区面积广大，土地肥沃，水网密布，交通发达，是经济、文化发展较好的地方。

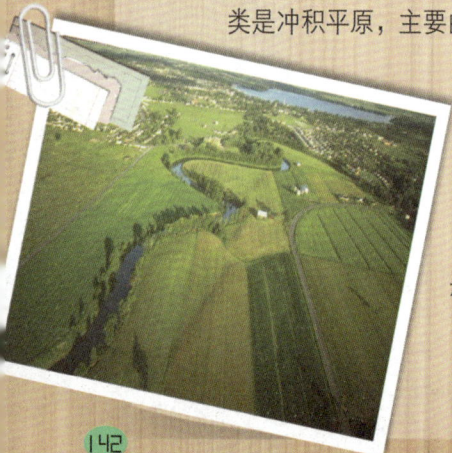

风蚀城之门

相传，塔克拉玛干沙漠埋有2000年前王莽丢失的十万两黄金，很多人都去寻宝，却很少有人生还。这个传说一直吸引着季长，他想和他的伙伴去探险。

季长团队来到沙漠时，晴空万里，沙子被太阳炙烤得滚烫滚烫的。他们抱着侥幸心理，在茫茫沙漠里像没头苍蝇一样乱撞。下午，晴朗的天突然阴沉下来，天空聚集了越来越多的云。"沙尘暴要来了，我们必须赶快离开这里。"季长这句话刚说完，一个巨大的旋风已经在沙漠的中央形成，并朝着这边移动过来。尽管他们奋力向前跑，毕竟跑不过旋风。索性，他们蹲在那里，围在一起，低头闭眼，希望可以躲过沙尘暴的袭击。

没想到沙尘暴突然消失，一座风蚀城堡出现在他们的面前。两个风蚀蘑菇般的岩石就是城堡的大门。

团队成员疑惑地你看看我，我看看你。

"莫非这是风蚀城？而这两个岩石是风蚀城之门？听别人说黄金就藏在风蚀城堡里。"季长推测道。

正在他们讨论的时候，一个戴面纱的神秘女子忽然从风蚀城之门后面走了出来："你们是来寻宝的吧？跟我来。"

"奇怪，她怎么知道我们是来寻宝的？"季长心里不禁泛起疑问来，可是也不敢问，只是乖乖地跟在神秘女子的后面。

"这里是风蚀城堡，我是城堡的主人。你们可以进去，但是里面的东西不能动，在里面的时间也不能太长。"神秘女子似乎看穿了他们的心思。

"好的。"他们开始兴奋起来。女子将季长一行人带到了风蚀城堡门前。那女子朝着大门喊："丹霞，丹霞，请开门。"门果然打开。一进城堡，他们就被金光刺得睁不开眼，黄金堆满了整个城堡。

看到明晃晃的黄金，同伴们忘记了城堡主人的叮嘱，一个个贪心大起，争相往身上装黄金，并互相攻击起来。就在他们打斗时，城堡大门开始慢慢关闭。季长见状，朝大门飞奔过去。

大门马上要关上，季长还没有跑出来。"救命……救命……"季长大叫。忽然从床上坐起，满头大汗，原来这是一个梦。

极端天气

风、雨、雷、电、霜……这些人类习以为常的气象，深刻地影响人类生活。人类接受天气的馈赠，也经受天气的考验。当极端天气出现，人类往往措手不及，无从应对。熟知极端天气，从容应对极端天气可能带来的灾害，对人类而言意义非凡。

闪电

干旱

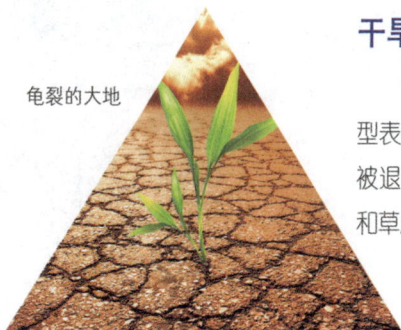
龟裂的大地

龟裂的土地、干涸的河流、枯黄的庄稼……这是干旱的典型表现。干旱是危害农牧业生产的第一灾害，它可引起草场植被退化和土地荒漠化，加速生态环境恶化，还能引发森林火灾和草原火灾等。

洪水

洪水是大自然愤怒最激烈的表现之一。暴雨、急骤融冰化雪、风暴潮等自然因素总是会不期而至，过多的水积聚在江河湖里，而江河湖有限的空间不能全部容纳迅速增加的水，水位激增，破堤而出，最终形成洪水。

被洪水淹没的小镇

酸雨对森林的腐蚀

酸雨

酸雨危害极大，这与它的成因不无关系。人类大量使用化石燃料，燃烧后产生的硫氧化物或氮氧化物，被云、雨、雪、雾等吸收，降到地面便成了酸雨。酸雨严重威胁人类健康、生态系统和建筑设施等。

龙卷风

龙卷风是最强烈的旋风之一，发生时间短、破坏大。龙卷风常常在几分钟之内就能摧毁庄稼、房屋，使交通中断，人类生命和财产受到损害。最为著名的"龙吸水"，是指龙卷风把水面的水吸入龙卷风内，形成水柱，颇为壮观。

龙卷风中心的气压比周围气压低 10%

上端与雷云雨相接

高速旋转的气旋

龙卷风

上升气流

龙卷风形成示意图

下端有的悬在半空中，有的直接延伸到地面或水面

龙卷风由快速旋转并造成直立中空管状的气流形成。龙卷风大小不一，但形状一般都呈上大下小的漏斗状

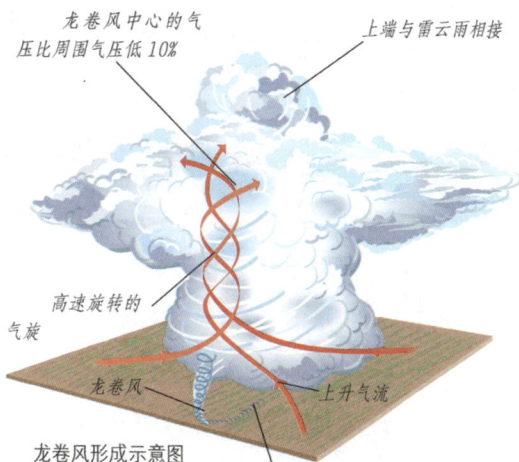

飓风和台风

产生于西北太平洋和我国南海的强烈热带气旋称为"台风"，产生于大西洋、加勒比海、北大西洋东部的强烈气旋称为飓风，在印度洋和孟加拉湾一带的则称为"热带风暴"。只是名字有区别，都是强烈的热带气旋，上岸后都会造成重大灾害。

飓风是具有巨大破坏力的自然灾害之一

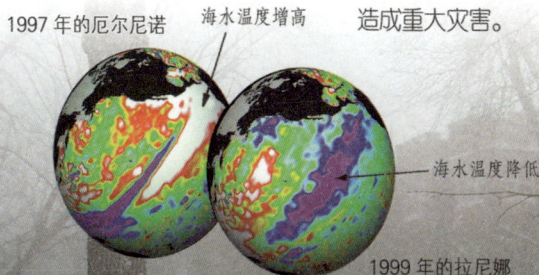

1997 年的厄尔尼诺　　海水温度增高

海水温度降低

1999 年的拉尼娜

厄尔尼诺和拉尼娜

厄尔尼诺现象，即"圣婴"，会在圣诞节来临时携着突然增强的暖流沿着厄瓜多尔海岸南下，使海水温度急剧升高，鱼群大量死亡，鸟儿纷纷离去。拉尼娜现象则正好与厄尔尼诺现象相反，是指赤道太平洋东部和中部海面温度持续异常偏冷的现象。这两种反常气象都会对人类生活和农业生产造成不良影响。

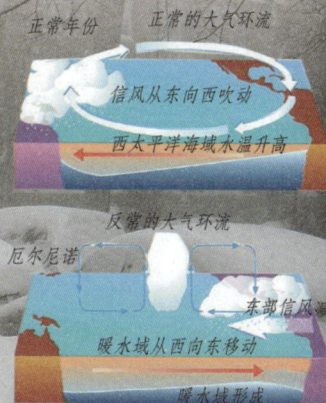

正常年份　　正常的大气环流

信风从东向西吹动

西太平洋海域水温升高

反常的大气环流

厄尔尼诺

东部信风减弱

暖水域从西向东移动

暖水域形成

厄尔尼诺现象示意图

如果人掉进龙卷风的风眼里会怎样？

奇思妙想

龙卷风力大无比，能轻易地卷起房子和大树之类的大物件，将它们"扔向"远至几千米的地方。如果人掉进龙卷风的风眼里，会怎样呢？

龙卷风的风眼与台风眼有所不同：台风眼最小的也有几千米，大的则达到几十千米。但在龙卷风中，它的风眼比台风眼小很多，直径只有几米到几百米。如果有人被卷入这个风眼，他将会看到这里原来是一个由风墙包围着的明显的无云而且非常平静的地区。而且在龙卷风的风眼里，并不是真空的，人完全可以在里面自由地呼吸。

龙卷风是一种涡旋：空气绕龙卷的轴快速旋转，受龙卷中心低气压的吸引，近地面空气从四面八方被吸入涡旋的底部，并随即变为绕轴心向上的涡流。龙卷风总是气旋性的，其中心的气压可以比周围气压低10%。龙卷风一般产生于中低纬度低层大气不稳定的地区。美国发生龙卷风最多的是中西部地区，约有54%发生在春季。5月份副热带高气压控制美国，其西缘正好停留在中西部地区，这时，东南气流把墨西哥湾的暖湿空气从南向北大量输送。空气中有了充足的水汽，又有了强烈的垂直上升气流，积雨云就会强烈产生，经常发展成龙卷风。6月份大量的暖湿空气向北移到堪萨斯州、内布拉斯加州和衣阿华州，7月份移到加拿大，此后，美国的龙卷风数量就大大减少了。除美国之外，加拿大、墨西哥、英国、意大利、澳大利亚、新西兰、日本和印度等国发生龙卷风的机会也很多。

卷入龙卷风

夏日的午后，天气异常闷热，艾米正在和小狗逗逗在花园里玩。奶奶正坐在栅栏旁的摇椅上，半眯着眼休息呢。当奶奶再次睁开眼睛的时候，天边的云已经堆得很厚了。"艾米，快，快到奶奶这边来。"奶奶朝着艾米喊道。

"怎么了，奶奶？"艾米不紧不慢地问道。

"你看天空的云越堆越厚，怕是大雨要来了。天气预报还说预防龙卷风呢。"奶奶有些不安。

"龙卷风？"艾米急忙跑过来，站在椅子上向天边望一下，看看龙卷风来没来。

"傻孩子，现在没有龙卷风呢。"奶奶摸着艾米的头，笑眯眯地说道。

说时迟，那时快。就奶奶和艾米说话的工夫，天边的云已经撑不住了。忽然，"咔嚓"一道闪电出现，紧接着雷声震动。

"大雨要来了。"奶奶这句话刚说完，就起风了。天边的云慢慢地形成了漏斗状。

"龙卷风！！！快，艾米，我们快到地下室去。"奶奶从椅子上站起来，抓起艾米的手就往屋里走。此时，龙卷风正以每小时100千米的速度朝这边移动过来，眨眼的工夫就能席卷奶奶的房子。

"哎呀，逗逗，你回来！"艾米挣脱奶奶的手，跑出去追逗逗。"危险！"奶奶喊着。

可是已经来不及了，龙卷风已经到达奶奶的院子了。艾米和逗逗都被卷入了龙卷风中心。龙卷风中心很平静，艾米抬头向上看，一道云墙将自己和逗逗包围起来，拔地而起，直冲云霄。艾米害怕极了。就在这时，随着龙卷风的移动，艾米和逗逗都被卷入了高空。艾米惊恐地喊叫着，俯视地上，她看到奶奶的房子已经被龙卷风摧毁，奶奶牢牢地抓住牛圈外深入土地的铁栅栏。紧接着，牛也被卷入高空，发出"哞哞"的惨叫声。

艾米看到左手边一棵树因为被风吹断的电线而起火，如果龙卷风经过那里，岂不是成了火球，后果不堪设想。还好龙卷风改变了方向，绕过了燃烧的树。可是龙卷风居然向着海洋的位置前进。"天啊，难道要出现"龙吸水"的情况吗？我会不会被淹死？"正在艾米害怕之时，龙卷风却使劲将她抛出，最后她和她的逗逗落在了一棵树的树顶，而龙卷风消失在海面上。

自然灾害

当大自然发怒时，火山喷发、地震、海啸、雪崩、滑坡和泥石流……人类在自然灾害面前显得脆弱不堪。人类应该爱护家园、保护环境、维护生态平衡，这才是真正的生存之道。

火山喷发

火山内高温、高压的岩浆，存在于地壳下100~150千米处。适逢地壳运动或者其他变化，岩浆便从地壳薄弱的地方喷发出来，形成圆锥形火山。喷发出的火山灰、岩石碎屑形成滚滚泥浆，滚烫的泥浆像洪水一般淹没一切。

火山的剖面图

地动山摇

地震是地壳快速释放能量的一种形式。地球上每年都会发生约550万次地震。地震带来的灾害常常是毁灭性的。地震灾害常常伴有次生灾害，如水灾、火灾、有毒气体泄漏、放射性物质扩散、海啸等。地震使人类的生命和财产安全受损。

面裂开大口子

海的咆哮

海啸是一种具有极强破坏力的海浪，由海底地震、火山爆发、水下塌陷或滑坡等产生。无论海洋有多深，都无法减缓海啸带来的伤害。滔天大浪能在海上形成强大的破坏性的"水墙"。海啸来临巨浪呼啸，以摧枯拉朽之势，越过海岸线，袭击城市或村庄，给人们带来不可估量的伤害。

海啸进入大陆架，由于深度急剧变浅，波高突然增大，可达数十米，并形成"水墙"

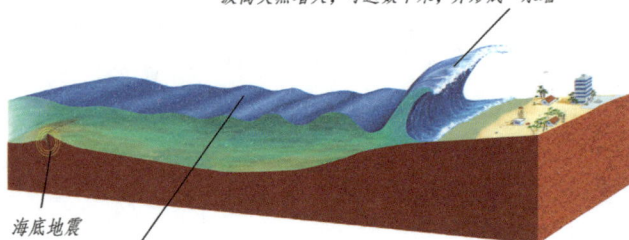

海底地震

海啸在海洋的传播速度每小时500~1000千米

雪崩

由于积雪量太大，山坡积雪内部的内聚力抗拒不了它所受到的重力拉引时，便向下滑动，引起大量雪体崩塌，这便是雪崩。雪崩时，积雪不停地从山体高处借重力作用顺着山坡向下崩塌，随着雪体的不断下降，速度会越来越快，势不可挡。

雪崩的危害

泥石流

泥石流常暴发在地形险峻的地区，由暴雪或者暴雨等自然灾害引发的山体滑坡，携带大量泥沙及石块，似洪流席卷大地。泥石流以流速快、流量大、破坏力强等特点成为不可抗拒的灾害。

高速路面被泥石流中断

2006 年 2 月 17 日，菲律宾南莱特省南部一村庄附近的山体发生严重滑坡，导致这个村庄全部被埋

土壤盐渍化

在干旱、半干旱地区，由于漫灌和只灌不排，导致地下水位上升或土壤底层地下水的盐分随毛管水上升到地表。上升到地表的水分蒸发后，盐分积累在表层土壤中。积累的盐分含量超过 0.3% 时，就形成了盐碱灾害。

土壤盐渍化

如果你遇上印尼海啸怎么办？

奇思妙想

提起海啸，人们无不为之胆颤心惊，毛骨悚然。破坏性的地震海啸，只出现在垂直断层，里氏震级大于 6.5 级的条件下才能发生。2004 年印度洋那次巨大的海啸，给沿海人们带去了灭顶之灾，近 20 万人在这场灾难中死亡或失踪。如果你遇到了这场大海啸，该如何争取生还的机会呢？

一般灾害来临之前都会有些预兆，动物往往对灾害有独特的感应力，所以在灾害发生前，动物都会出现一些异常反应：比如天气炎热鱼却在水面；清澈的井水突然变浑浊；蚂蚁往高处搬家；老鼠成群出洞，且反应缓慢、不怕人等。如果你观察到这些现象，就应事先做好准备。但是，如果你没有观察到这些异象，在面临灾害的时候，最重要的是沉着冷静，千万不能慌张。如果面临海啸，我们应该尽量牢牢抓住能够固定自己的东西，而不要到处乱跑。因为海啸发生的时间往往很短，人是跑不过海浪的。在浪头袭来的时候，要屏住一口气，尽量抓牢不要被海浪卷走，等海浪退去后，再向高处转移。万一你不幸被海浪卷入海中，需要的还是冷静，关键要确信自己一定能够活下去。同时，尽量用手向四处乱抓，最好能抓住漂浮物，但不要乱挣扎，以免浪费体力。如果找不到漂浮物，就要尽量放松，努力使自己漂浮在海面，因为海水的浮力较大，人一般都可以浮起来。如果漂浮在海上，要尽量使自己的鼻子露出水面或者改用嘴呼吸。能够漂浮在水面上后，要马上向岸边移动。海洋一望无际，该如何判断哪边靠近岸边呢？专家指出，我们应该观察漂浮物，漂浮物越密集代表离岸越近，漂浮物越稀疏说明离岸越远。

鼹鼠救生记

鼹鼠一家搬到了艾瑞克家的后院。小鼹鼠对外面的世界很是好奇，总想溜出去一探究竟。可是妈妈告诉它，外面的世界很危险。胆大的小鼹鼠居然不听妈妈的话，在某一个白天悄悄地爬出了洞，而且越走越远。令人捏把汗的是，小艾瑞克正好从屋子里跑出来，他看见了小鼹鼠。小鼹鼠屏住呼吸，怵在那里不敢动，它的命运完全掌握在小艾瑞克手中。还好，小艾瑞克并没有伤害它的意思，它见机像离弦的箭冲回自己的洞中。

一连几天，小鼹鼠都不敢出来。奇怪的是，小鼹鼠洞口居然放了很多食物。被吓破胆的小鼹鼠不敢轻举妄动，直到它躲在洞中看到小艾瑞克一连几天往自己的洞口送吃的。小鼹鼠晚上出来，看着小艾瑞克房间里昏黄的灯光，内心感觉很温暖。在小艾瑞克和小鼹鼠的心里，他们已经是好朋友了。

可是，不幸降临了。一天晚上，天气异常闷热，鼹鼠一家都感觉烦躁不安。小艾瑞克此时已经关灯睡觉了。

突然，不好的事情发生了。大地突然开始剧烈地晃动起来，鼹鼠妈妈惊叫着让小鼹鼠待在开阔地带不要动。小鼹鼠却一个箭步冲到小艾瑞克房前，从门缝钻了进去。还没等小鼹鼠弄醒小艾瑞克，房子就轰然倒塌了。幸运的是，小艾瑞克头顶被倒下的一面墙支出了一个三角区，小艾瑞克安然无恙，可是他们家的房子大部分已经坍塌了，他的亲人都遇难了。这场地震震源太浅，又离小艾瑞克家很近，所以他们的村庄几乎被夷为平地，交通要道断裂，伤亡惨重。

接下来的几天，小鼹鼠打洞钻到别人家倒塌的厨房四处觅食，见到残存的面包、罐头等食物，就把它们拉回来给小艾瑞克吃，还冒着生命危险为小艾瑞克弄水喝。小艾瑞克坚持着，等待救援。

终于，远处传出了"隆隆"的挖掘机声，小艾瑞克家后院走进了几个人，他们在大声呼喊有没有人，小艾瑞克用尽全身力气回应，小艾瑞克得救了。从此，小鼹鼠和小艾瑞克谁也离不开谁了。

生物圈和生态系统

生物圈是地球上最大的生态系统，也是人类诞生和生存的家园。生态系统是生物群落之间相互联系、相互作用形成的整体。在生态系统中，不同生物之间由于吃与被吃的关系，形成了链状结构，这便是食物链。

生物圈

生物圈的范围在大气圈的底部、水圈大部、岩石圈表面。生物圈对生长环境很"挑剔"，只有同时具备充足的阳光，可以被生物利用的大量的液态水，适合生命活动的温度，生命物质所需的各种营养元素，才能形成生物圈。

生物圈

自然的平衡

自然的平衡又称"生态平衡"，是指生物与生物之间，生物与环境之间通过相互联系和相互制约建立起来的动态平衡联系。一定时间内，在生态系统内部，生产者、消费者、分解者和非生物环境之间，保持能量与物质输入、输出动态的相对稳定状态。生态平衡是生物生长发育和繁衍后代的根本条件。

生态平衡

人造"生物圈"

美国曾投资 2 亿美元巨资在亚利桑那州的沙漠中，建造了一个"迷你地球"的"生物圈" 2 号试验场。在这个全封闭的世界中，有海洋、草原、沼泽、热带雨林和沙漠，是个自成体系的小生态系统。尽管模仿得惟妙惟肖，但仍旧以失败而告终。

生态系统

生物群落与无机环境共同构成生态系统。生态系统是一个开放的、统一的系统。生态系统包含四个基本组成部分，即无机环境、生产者、消费者、分解者。如果生态系统某个环节崩溃，后果将不堪设想。

生态系统示意图

食物链

自然界里的每个生物都有自己生命的轨迹，吃与被吃的营养关系是生物生存的常态。绿色植物是生产者，异氧生物是消费者，微生物是分解者，它们共同构成了环环相扣的链条，去掉任何环节都会破坏生态的平衡。

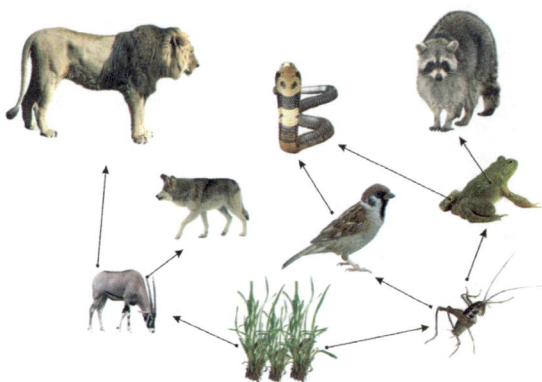

食物链的示意图

食物网

食物网的示意图

海洋的生态系统

相比于简单的直线型食物链，食物网更加错综复杂。比如说，鸟类的食物除了毛毛虫，还有飞蛾等；而以鸟类作为食物的动物也不止一种，鸟卵也是老鼠等其他动物的食物。生物与生物之间因吃与被吃结下了一张纵横交错的网。

海洋浮游动物以浮游植物为食。群游动物又被比自己高级的海洋动物捕获，成为海洋动物的美餐

鲨鱼是海洋中的顶级杀手，调节着整个海洋食物链的平衡

虎鲸在食物链的顶端，几乎没有天敌。但人类的滥采滥捕使其数量急剧减少，破坏了海洋的生态平衡

奇思妙想

草原上，当小角马被狮子吃掉，有人会同情可怜小角马，希望凶猛的狮子不再吃肉，而改吃草。从一个食肉动物转变为食草动物，那岂不是很好吗？

如果狮子不再吃肉，而开始吃草，那些食草动物，比如角马、羚羊、斑马等，就失去最大的天敌。它们就会大量地繁殖后代，没过多长时间，整个非洲大草原就会成为食草动物的天下。随着食草动物的增加，它们对食物的需求也会越来越大。这样一来，灌木和草类植物的生长期就会大大缩短，有些植物甚至还没长成，就会被食草动物吃掉。原有的生态系统就会遭到破坏，最终整个非洲草原就会因为植被的缺失而成为一片荒漠。

生态系统中贮存于有机物中的化学能，通过一系列吃与被吃的关系，把生物与生物紧密地联系起来，这种生物之间以食物营养关系彼此联系起来的序列，称为食物链。一个复杂的食物链是使生态系统保持稳定的重要条件，一般认为，食物链越复杂，生态系统抵抗外力干扰的能力就越强，食物链越简单，生态系统就越容易发生波动和毁灭。假如在一个岛屿上只生活着草、鹿和狼。在这种情况下，鹿一旦消失，狼就会饿死。如果除了鹿以外还有其他的食草动物，那么鹿一旦消失，对狼的影响就不会那么大。反过来说，如果狼首先绝灭，鹿的数量就会因失去控制而急剧增加，草就会遭到过度啃食，结果鹿和草的数量都会大大下降，甚至会同归于尽。如果除了狼以外还有另一种食肉动物存在，那么狼一旦绝灭，这种肉食动物就会增加对鹿的捕食压力而不致使鹿群发展得太大，从而就有可能防止生态系统的崩溃。

小径

非洲草原的草丛下，一条小径的尽头，象鼩妈妈正在喂小象鼩吃奶，这个刚出生的小家伙，现在还不能自己觅食呢，只能在妈妈觅食的时候跟在后面当"跟屁虫"。小象鼩吃得全神贯注，好像此时外界与它无关，但象鼩妈妈丝毫没有放松警惕。忽然，草丛中传来"沙沙"的声音，象鼩妈妈立马提高警惕。它停止了喂奶，并把小象鼩藏到草丛中，叮嘱它不要出来。象鼩妈妈朝着小径的另一头跑去，为了保住孩子，它只有挺身而出，使用"调虎离山"计。

草丛中"沙沙"声越来越近，原来是一条蜥蜴。象鼩调头朝另一条小径跑去，它要把蜥蜴带离这里。草丛中错综复杂的小径，是象鼩安身立命之地。通常情况下，象鼩妈妈借住小径能够轻而易举地甩掉敌人，只不过这次它失算了。它拼命往前跑，蜥蜴穷追不舍，蜥蜴马上就要抓住象鼩妈妈了。前方一个急转弯，象鼩妈妈能顺利进入急转弯的小径的话就可以轻而易举地甩掉蜥蜴，只可惜不知道哪个家伙居然挡住了象鼩妈妈的去路，最终象鼩妈妈被蜥蜴捕食。

小象鼩久等妈妈不回来，便从草丛中钻出来。从此之后，它要独立面对险象丛生的环境了。它还不会觅食，妈妈就死了。饿坏的小象鼩在本能的驱使下，抓住了草丛中的蚂蚱："不错，很美味。"小象鼩居然无师自通地学会了捕食。

象鼩要在草原上求得生存，小径是根本。于是，小象鼩学着妈妈的样子，用一半的时间来打理小径，小径上的障碍物都被清除掉，这样有利于它的逃生和捕食。

果不其然，蜥蜴再次来到小径，小象鼩拼命向前奔跑。就在蜥蜴快要追上小象鼩的一刻，天空中饥饿的鹰发现了蜥蜴，俯冲而下，一下子抓走了蜥蜴。蜥蜴成了鹰的腹中餐，小象鼩凭借小径躲过一劫。

象鼩虽然不吃草，可是它们一辈子都离不开草丛，离不开小径，象鼩在小径中捕食以草为生的蚂蚱，也会被以它们为食的蜥蜴和鸟吃掉。还好有小径，小象鼩躲过了一次次灾难，在草原上艰难求生。

环境破坏与保护

水污染

随着工业文明的发展和人口的剧增，导致世界三大危机：资源短缺、环境污染、生态破坏。地球只有一个，资源越用越少，保护生态环境刻不容缓。人类应该反思，悬崖勒马，及时弥补自己不当行为对环境所造成的伤害。

资源短缺

人类无休止地向自然索取，导致地球出现资源短缺的现象，尤其是不可再生资源。不可再生资源主要有石油、煤炭、天然气和其他矿产资源等。不可再生资源是在特定条件下，经过上亿年才得以形成，所以这些资源的储量会随着人类的消耗而越来越少。

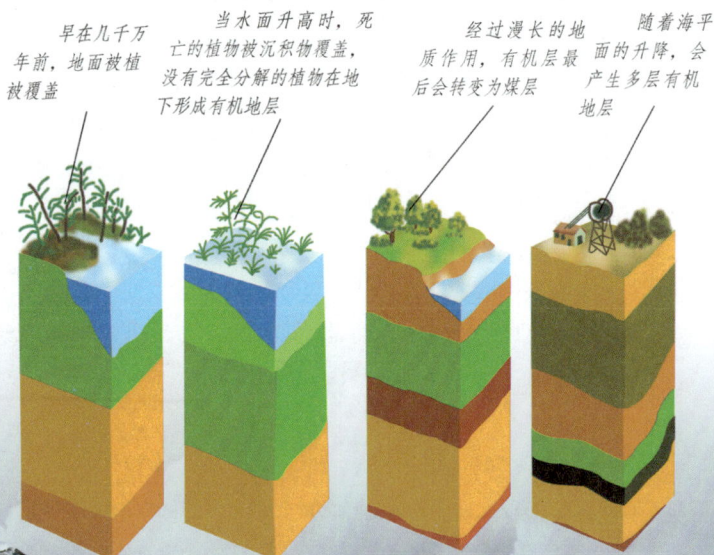

早在几千万年前，地面被植被覆盖

当水面升高时，死亡的植物被沉积物覆盖，没有完全分解的植物在地下形成有机地层

经过漫长的地质作用，有机层最后会转变为煤层

随着海平面的升降，会产生多层有机地层

煤的形成示意图

乱砍滥伐森林，会造成水土流失，动植物灭绝，这是严重的生态失衡

生态破坏

人类不合理地开发资源和发展经济，使自然环境遭到破坏，生存环境恶化。例如，过度开垦、过度伐木，造成土地荒漠化；不合理灌溉使得土壤盐碱化，乱捕滥杀使得生物多样性减少等。生态一旦破坏，需要很多年才得以恢复，有些甚至不可恢复。

环境污染

人类肆意向空中排放的废气，如汽车尾气等造成大气污染，直接威胁人类生存和发展；使用长久性农药，杀死土壤中的微生物，毒化土壤，使土质恶化；随意将工业废水排放到江河湖海，造成水污染；生活垃圾、工业垃圾和危险废物造成固体废物污染，威胁人类健康。

土地盐碱化

环境噪声监测

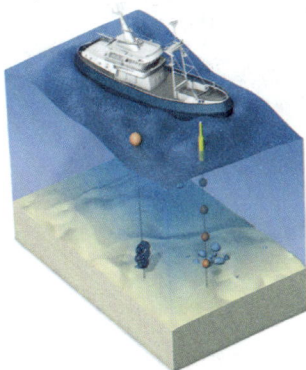

水环境监测示意图

环境监测

人类应该反思自己的行为，切实把保护环境落到实处。而环境监测是环境保护的基础工作，主要包括：大气环境监测、水环境监测、土壤环境监测、固体废弃物监测、环境生物监测、环境放射性监测和环境噪声监测等。

监管生产

加强生产环节的监管。由政府部门和公共或私人团体依据相关的环境标准向有关厂家颁发证书，或贴环保标志，证明其生产的产品及产品在使用过程和后期处理问题上都符合环保要求，同时有利于之后的资源回收再利用，减少资源浪费和环境污染。

中国环境标志

只有一个地球

每年的 4 月 22 日——世界地球日，全世界都会开展一项世界性的环境保护活动。世界地球日旨在唤起人类爱护地球、保护家园的意识，促进资源开发与环境保护的协调发展，呼吁保护环境，从我做起，从现在做起，从身边做起。

世界地球日是一项世界性的环境保护活动

如果地球污染持续加剧会怎样？

奇思妙想

如果映入你眼中的是污浊的海水、黑烟缭绕的城市，你会有什么感受呢？远在太空中的宇航员发现地球已经没有最初从太空中眺望时那么美丽了，在城市上空，大团污浊的云盖住了那里的天空；很多绿色的土地已经转变成了黄色的荒漠……地球已经处在"重病"之中！

温室效应、酸雨和臭氧层破坏就是大气污染造成的环境效应。这种环境效应具有滞后性，往往在污染发生的当时不易被察觉，然而一旦察觉就说明环境污染已经发展到相当严重的地步。当然，环境污染最直接、最容易被人感受的后果是人类生活环境质量的下降。例如城市的空气污染造成空气污浊、呼吸类疾病的发病率上升；水污染使饮用水的质量普遍下降，威胁人的身体健康。严重的污染事件不仅带来健康问题，也造成社会问题。随着污染的加剧和人们环境意识的提高，污染引起的人群纠纷和冲突逐年增加。

每一个环境污染的实例，可以说都是大自然对人类敲响的一声警钟。为了保护生态环境，保护人类自身和子孙后代的健康，必须积极防治环境污染。我们应当绿化造林，这样会有更多的植物吸收污染物，能减轻大气污染程度；也应当控制废气、废水、废物排放，保护环境。

小兔子的困惑

小兔子的妈妈死了。

小兔子想不明白，为什么到了水草丰美的草原，妈妈却死了。以前，在那么贫瘠的草原上生活妈妈带着自己都挺过来了……

那片贫瘠的草原，是小兔子出生的地方，妈妈常常带着小兔子在那里觅食。小兔子第一次吃有刺的植物，鼻子就被扎到了。它躲在草丛里，一边用前爪摸着鼻子，一边哭泣。可是兔妈妈却告诉它，有刺的植物对它们很重要，关键时候可以保护它们。

的确，有一次兔妈妈领着小兔子在吃草的时候，空中一只盘旋的鹰盯上了它们。鹰好似离弦的箭一般冲过来，兔妈妈带着小兔子马上躲进了旁边的蔷薇里，鹰干着急没有办法。

在那片草原上，小兔子学会了很多东西，也珍藏了许多好玩的记忆。可是，那片草原却因为人类的过度开垦而荒漠化了，沙子覆盖了所有的植物，那里再也不长草了。妈妈只好带着自己背井离乡，找到现在这片草原。可是小兔子怎么也没想到，这片水草丰美之地竟成了妈妈的墓地。

来这片草原之前，妈妈把最后的草都给小兔子吃了，自己饿着肚子坚持到了这地方。看到这片草原鲜嫩的绿草，兔妈妈刚吃了几口肚子就开始疼，越来越疼，最后兔妈妈躺在地上瑟瑟发抖，嘴里流出了白沫。小兔子吓坏了，蹲在妈妈身边，不知道怎么办。妈妈临终前告诉它不要吃这里的草，小兔子听妈妈的话，饿到肚子咕咕叫都没敢吃这里的草。

小兔子推推妈妈，妈妈没有反应，兔妈妈是真的死了。天空飞来一只秃鹫，看到草原上躺着的兔妈妈的尸体，便俯冲过来。小兔子慌忙躲避，情急之下，钻进了矮小灌木丛里。

小兔子藏在灌木丛里，眼睁睁看着秃鹫啄食自己的妈妈，却没有办法。它看着眼前妈妈的惨状，想起和妈妈在一起的幸福时光，眼泪像断了线的珠子一样往下掉。就在小兔子哭得伤心的时候，秃鹫突然倒地死了。小兔子不明白，秃鹫怎么也死了。

它哪里知道，人类的农药已经渗透到了土壤里，这里的草已经成为毒草，兔妈妈的肉也成为了毒肉。秃鹫吃了有毒的肉，哪有不死的道理？

图书在版编目（ＣＩＰ）数据

人与自然 / 翟利沙编. -- 哈尔滨 ：黑龙江科学技术出版社, 2019.4

　　（探索发现百科全书）

　　ISBN 978-7-5388-9911-5

Ⅰ. ①人… Ⅱ. ①翟… Ⅲ. ①自然科学 – 少儿读物
Ⅳ. ①N49

中国版本图书馆 CIP 数据核字(2018)第 280044 号

探索发现百科全书·人与自然
TANSUO FAXIAN BAIKE QUANSHU·REN YU ZIRAN

作　者	翟利沙
项目总监	薛方闻
策划编辑	薛方闻
责任编辑	侯文妍　张云艳
封面设计	萨木文化
出　版	黑龙江科学技术出版社
	地址：哈尔滨市南岗区公安街 70-2 号　邮编：150001
	电话：（0451）53642106　传真：（0451）53642143
	网址：www.lkcbs.cn
发　行	全国新华书店
印　刷	北京天恒嘉业印刷有限公司
开　本	787 mm × 1092 mm　1/16
印　张	10
字　数	200 千字
版　次	2019 年 4 月第 1 版
印　次	2019 年 4 月第 1 次印刷
书　号	ISBN 978-7-5388-9911-5
定　价	128.00 元（全 4 册）

探索发现百科全书

科技解密

DISCOVERY AND EXPLORATION

黄春凯★编

黑龙江科学技术出版社
HEILONGJIANG SCIENCE AND TECHNOLOGY PRESS

前言
Foreword

近两个世纪之前，在许多人的脑海里"科技"一词的重量完全不亚于"革命""变革"等词汇，它们似乎象征着一种"翻天覆地"的气势——因为在落后的时代里，很多人终其一生根本不知"科技"究竟为何物……

而现在就不同了，短短一百多年的发展，人们对于"科技"的认识早已有了巨大的飞跃。看看我们的周围，哪一项事物或发明不是"科技"带给人类的贡献呢？甚至我们可以毫不夸张地断言，如果不是借助着某些科技发明，我们当中的很多人根本都活不下来——在出生之前，我们得依靠药物和医疗器械来为我们脆弱的小生命保驾护航，在出生之后，我们依然依赖着这些药物和医疗器械的庇护；当我们开始成长，我们需要情感沟通，这时候，我们便拿起手机，拨通好朋友的号码，或是点开他的微信头像——而这两样发明，更使我们在交友时，突破了时空的界限……若是我们想要娱乐，那方式更是不可胜数了——想必小朋友们比大人了解的还要多呢！

不仅如此，科技越是进步，科技本身似乎越是"平易近人"。在很久之前，大多数的科技发明来自于某个天才人物的伟大构想，而随着教育和科技的普及，每个人都成了潜在的发明者。当一大群人聚集在一起工作时，往往能做出更令人惊奇的事情——无论是消灭疾病，还是登上月球——这一切都得益于 20 世纪的科技发展。而对于 21 世纪的我们来说，谁也无法预言还会有多少伟大的发明横空出世。

所以说，科技就在我们的身边，而我们离科技发明的距离并不远。让我们先从走近科学开始，了解科学，爱上科学。

本册《探索发现百科全书·科技解密》为你精选人类历史上具有里程碑意义的各项发明和发现，用准确的知识和浅显的童话故事，以深入浅出的方式演绎科学的魅力。在这里，科学不再是枯燥艰深的理论，而是化身为一个个有趣易懂的发明与创造。在知识与故事之外，我们又设置了启发思维的奇思妙想板块，用新奇的方式发散思维、加深思考。

欢迎你来遨游科学世界！细心观察，大胆思考，说不定你就是明天的科学家或是发明家呢！

目录
Contents

科技之门

物 质 ………………………………………… 6

原 子 ………………………………………… 10

金 属 ………………………………………… 14

气 体 ………………………………………… 18

电和磁 ………………………………………… 22

黄金分割 ……………………………………… 26

声 音 ………………………………………… 30

力 …………………………………………… 34

光 …………………………………………… 38

进化论 ………………………………………… 42

科技发明

蒸汽机 ………………………………………… 46

显微镜 ………………………………………… 50

电 话 ………………………………………… 54

电视机 ………………………………………… 58

照相机 ………………………………………… 62

计算机 ………………………………………… 66

激 光 ………………………………………… 70

塑　料 …………………………………………… 74

汽　车 …………………………………………… 78

飞　机 …………………………………………… 82

机器人 …………………………………………… 86

潜　艇 …………………………………………… 92

人造卫星 ………………………………………… 96

导　弹 …………………………………………… 100

太阳能 …………………………………………… 104

核　能 …………………………………………… 108

现代技术

克隆技术 ………………………………………… 112

转基因技术 ……………………………………… 116

器官移植 ………………………………………… 120

杂交水稻 ………………………………………… 124

太空育种技术 …………………………………… 128

巴氏灭菌法 ……………………………………… 132

虚拟现实技术 …………………………………… 136

可见光通信技术 ………………………………… 140

纳米材料 ………………………………………… 144

互联网 …………………………………………… 148

3D 打印 ………………………………………… 152

可穿戴设备 ……………………………………… 156

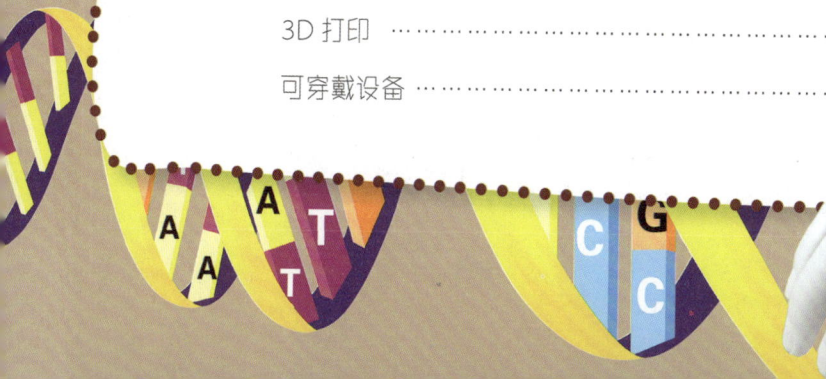

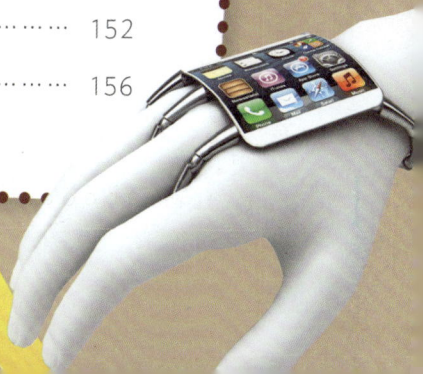

物　质

我们现存的世界是一个由物质构成的世界，无论是生活用品还是高楼大厦，甚至是自然景观以及外太空世界，都可称为物质。而从存在的形式划分的话，物质可分为固态、气态和液态三种形态。

生活中的各种用具

物质的类别

有些物质是看得见、摸得着的，也就是有形的物质；而有些物质是看得见、摸不着的，如宇宙中的星体；还有些看不见也摸不着的物质，如各种形式的电波和射线等；就连生活中常见的物质也有软硬、轻重以及嗅觉上的巨大差别。

宇宙中的星体

物质的性质

物质的性质有共性和特性之分。物质的特性是指组成该物质的成分，如铁、石膏、纸等都可称为物质；而对于铁来说，它在加热的条件下具有延展性。

铁在加热时，具有延展性。

水的三种状态分子示意图

存在形式

气态、固态和液态是物质最基本的三种存在形式。有的物质在不同的条件下，会出现不同的存在形式，即三种状态的互相转化。比如常态下的水，当温度低于0℃时，水以冰的形式存在；当温度高于100℃时，水便以蒸汽的形式存在。在三种形态的转换过程中，它们的分子运动方式也会出现变化。

气态

固态

液态

32°F
0℃

212°F
100℃

水的三种状态示意图

固态物质

固体是有固定的体积和形状，且质地坚硬的物质。固体物质内部的分子或原子排列紧密有序，分子间的引力很大。固体包含晶体和非晶体两个种类。水晶、金属、冰都属于晶体；而木头、牛奶、巧克力等物质则属于非晶体。

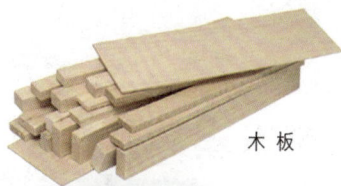

木 板

钛钢管

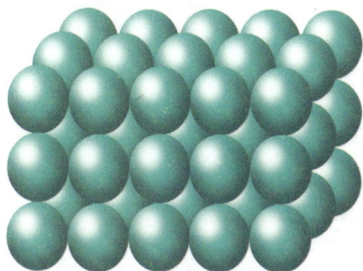

固体的分子结构

晶体的分子结构

液体

液态物质

液体是流动的，没有固定的形状，而体积在恒定的条件下，也是固定不变的。当温度升高或是压力降低时，液体会出现汽化现象，变成气体。如水加热会汽化成水蒸气。有些液体在加压或是降温的条件下会出现凝固的现象。

液体的分子结构

不管容器的容积有多大，气体分子都可以充满整个容器的空间

气态物质

与液体一样，气体也是可以流动且没有固定形状的；气体在压力增大的条件下，体积会缩小。进入到空气中的气体，没有外在的限制，会出现扩散现象，体积膨胀。气态物质的原子或分子之间排列松散，具有较高的动能。

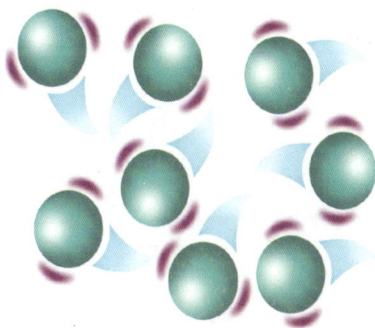

气体的分子结构

固体

奇思妙想

石墨和金刚石看上去并不像，石墨很柔软，稍稍用力就能在纸上留下痕迹；而金刚石却是世界上最坚硬的物质。现在我们把它们放在一块儿说，是因为它们是由同一种元素构成的，那就是碳。如果石墨能够像金刚石一样坚硬，那么我们的铅笔只能将白纸划破，却写不出字来了。如果金刚石像石墨一样柔软的话，那么钻探用的钻头就不能打碎坚硬的岩石了。

那么问题来了，为什么同一种元素，却能够表现出不同的硬度呢？因为，构成石墨和金刚石的碳原子排列顺序不一样。构成石墨分子的碳原子是按照层状结构排列的，层与层之间的碳原子结合力很小。当有外界力量作用时，层之间很容易就发生滑动。所以我们用铅笔写字的时候，会感到笔尖在纸上滑动。还可以做这样一个实验，来证明石墨的润滑。取一张白纸，用铅笔涂满一大块地方，再用手指在铅笔印上轻轻滑动，可以很明显地感到，这里比没有用笔芯涂过的地方要滑。抬起手指，会有一些石墨粉末沾在手指上，这也是滑动的结果。

构成金刚石的碳原子按照一种立体结构排列，彼此交错，和周围的碳原子紧密结合。这个结构非常稳定，外力很难使它发生变化。所以，金刚石的性质非常坚硬。它形成于地球深处，那里的碳原子在高温高压的环境下形成了这种坚定稳固的排列方式。正是因为稀少，所以金刚石显得尤为珍贵。在工业钻探上，金刚石常常被用来做钻头，对付那些地下异常坚硬的石块。另外，金刚石还有一个特点就是晶莹剔透，在阳光下能够反射出七色的光彩，非常好看，因此金刚石也被作为世界上最宝贵的宝石，制作成了各种各样的饰品。

"万物博览会"上的奇遇

最近，采矿队长的心情真是烦透了！本来他发现了一片天然矿石坑——这可是发财的好机会啊！——但他的采矿机上的钻头都不够硬，根本钻不开那种坚硬的岩石。他正四处寻找制作钻头的原材料呢！

有人告诉他："物质王国正在召开'万物博览会'，不如你去那里见识见识，也许能找到合适的原材料呢！"采矿队长觉得有道理，便带上一块岩石出门了。

"万物博览会"的现场还真是热闹：展品多得数不过来，每种物质都在表演自己的"绝活"——白纸正在表演书法；而铁剪刀正在表演剪花布；还有白银正在表演自己的"拉伸"魔术……看得人眼花缭乱的。

采矿队长四下看了一会儿，也没啥主意，只好找到大会主席，说明了自己的来意。大会主席急忙对大伙宣布了一个通知："大伙注意啦！采矿队长想从我们这里选出一个最优秀的钻头。谁能钻破他手上的岩石，就聘用谁——工资很高。"

大伙听了，都很感兴趣，它们围住采矿队长，纷纷要给他表演自己的绝活。

最先冲上来的是几块木头，它们觉得自己长得结实，伸手就去劈那块石头——可不动。它们红着脸下去了。

接着来了一块大黑铁，它一来，就伙都往后退一退，我手上的斧子可不有力气，急忙后退几步。只见大黑铁一斧子劈了下去，"啪！"冒出火星了！而已，再看那大斧子，锋利的韧居然地下台去了。

这时候，一个电钻蹦了上来，看它那样采矿队长也没抱什么希望，也就没太搭理它。可那小家伙竟也"大言不惭"地让大伙后退，大伙有了刚才的经验，都忍不住笑出了声。

可那电钻也不在意，左右转转，瞅准了一个相对平滑的位置，就钻了进去。"嗡！嗡！嗡！"一连串的轰鸣声过后，那坚硬的石头居然被钻成了两半。大伙都震惊极了，连采矿队长也惊得说不出话。过了一会儿，他急忙上前请教。那电钻笑着说："这也没什么，因为我的钻头是金刚石做的，专门用来对付那些坚硬的大岩石。你找我就准没错了。"

采矿队长佩服极了，当场就聘请电钻为他的采矿机安装金刚石钻头。

石头却纹丝

粗声粗气地说道："大长眼啊！"大伙都知道它给那块石头摆了摆位置，便可是石头只是破了一层"皮"出现了豁口。大黑铁也灰溜溜

子还不如大黑铁长得结实呢！采矿

原子

在化学领域中，原子是构成物质的最小的基本微粒，不能再进一步分割；但在物理领域中，原子则可以继续分割为离子；原子由原子核和绕核运动的电子共同构成，原子的直径和质量都极其微小，质量主要集中在质子和中子上。

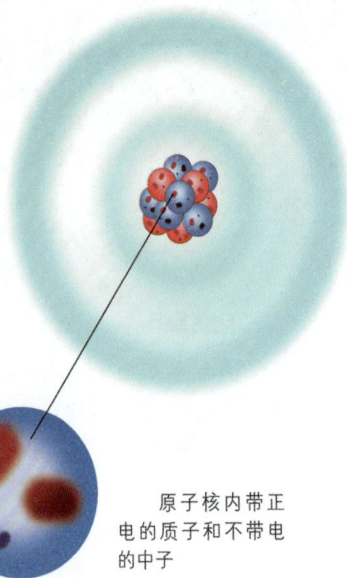

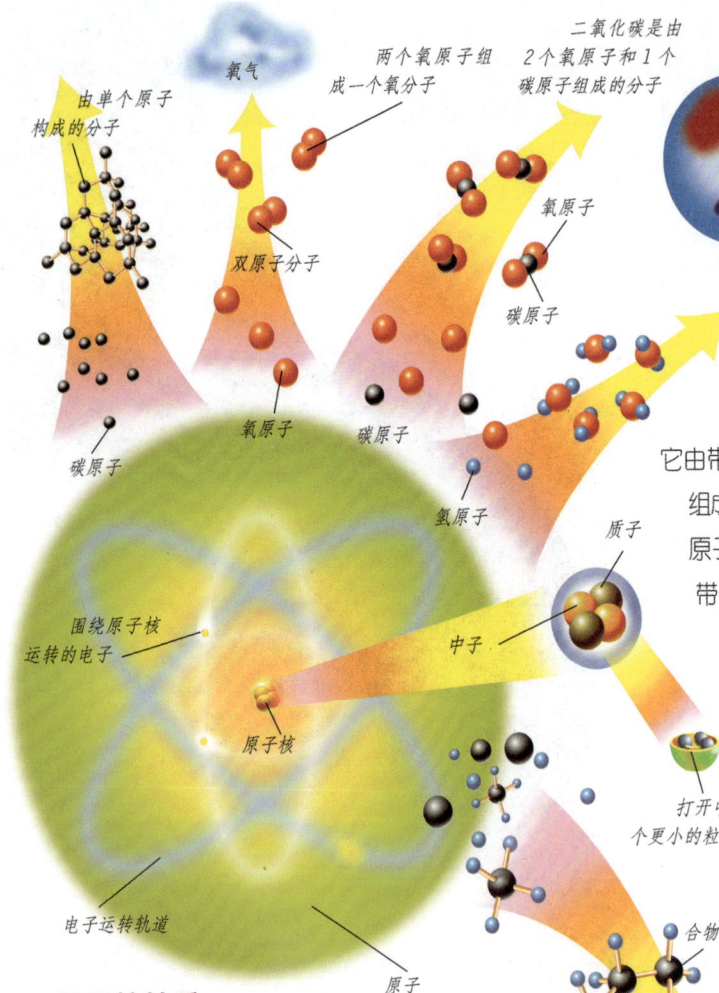

氧气

两个氧原子组成一个氧分子

二氧化碳是由2个氧原子和1个碳原子组成的分子

由单个原子构成的分子

双原子分子

氧原子

碳原子

氧原子

碳原子

碳原子

氢原子

原子核内带正电的质子和不带电的中子

原子核

原子核是原子的主要部分，它由带正电的质子和呈中性的中子组成，当质子数与电子数相同时，原子呈中性状态；否则，便处于带有正电荷或负电荷的离子状态。而质子数决定了原子的类型，即它是哪一种元素。

质子

中子

围绕原子核运转的电子

原子核

电子运转轨道

原子

打开中子，可以见到里面有3个更小的粒子，是夸克

甲烷分子是化合物分子

α 粒子辐射危害较小，β 粒子辐射要用金属片来阻挡，γ 射线则需要用厚水泥墙、钢板或者铅板阻挡。

原子核性质

某些元素的原子核能发生衰变反应，从而放射出人类无法感知的射线，这种射线只能通过专业的仪器设备才能探测到，原子核的这种特性被叫作放射性。放射性射线的种类包括 α 射线、β 射线、γ 射线三种。

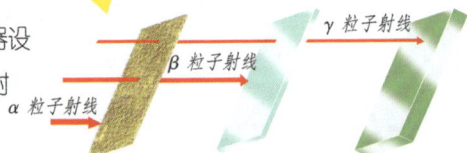

γ 粒子射线

β 粒子射线

α 粒子射线

电 子

　　研究人员通过金属电极上的通电试验，发现了阴极射线的存在；而通过在这种射线外施加电场，又发现了阴极射线的构成成分——一群带有负电子的电子流，由此，科学家发现了电子的存在。电子的质量和体积都是极其微小的，目前还没有测量的方法出现。

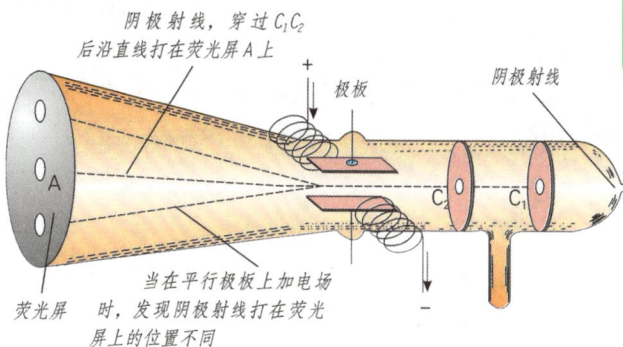

阴极射线，穿过 C_1C_2 后沿直线打在荧光屏 A 上

极板

阴极射线

当在平行极板上加电场时，发现阴极射线打在荧光屏上的位置不同

荧光屏

汤姆孙测试电子装置示意图

固体导体中电子的运动

原子或分子　6.02×10^{23}　摩尔　摩尔质量　克

阿伏伽德罗常数 = 6.022 × 10²³

　　摩尔，简称摩，是国际单位制 7 个基本单位之一，表示物质的量。

摩 尔

　　原子的质量实在太小，根本无法测量，于是科学家提出了"摩尔"的概念用来定义原子的质量。对于任意一种元素来说，一摩尔的原子数量是相同的。因此，如果一个元素的原子质量为 1u（相对原子质量单位），一摩尔该原子的质量就为 1 克。

约翰·道尔顿

　　原子论的提出者是英国化学家、物理学家约翰·道尔顿（1766—1844）。道尔顿为人类打开了原子世界的大门，为近代化学事业做出了卓越的贡献。为了纪念他，很多科学家将道尔顿作为原子量的计量单位；道尔顿是一位色盲患者，他也是色盲症的提出者，因此，色盲症又被叫作道尔顿症。

约翰·道尔顿

奇思妙想

其实在生活中，的确有些东西可以互相穿透，而不留下洞或者别的痕迹。如当一种固体穿过气体时，就会不留痕迹。此外，放射线也具有穿透物体的本领。1895 年，德国物理学家伦琴偶然中发现了 X 射线，这种射线能穿过厚达 1000 页的书本、木块和橡胶，但却不能通过铅制品。他拿了一小块铅板放在射线前以进一步确认这一点。荧光屏上显示出了铅板的影子，但同时也显示出了他妻子手部骨骼的轮廓！从此 X 射线改变了医学。1895 年，就在伦琴发现 X 射线的那一年，年轻的卢瑟福也开始了 X 射线的研究。1896 年，当法国物理学家贝可勒尔发现了放射线以后，在其老师、著名物理学家汤姆孙的建议下，卢瑟福立即转而研究放射线。他把铀装在铅罐里，罐上只留一个小孔，铀的射线只能由小孔放出来，成为一小束。他用纸张、云母、玻璃、铝箔以及各种厚度的金属板去遮挡这束射线，结果发现铀的射线并不是由同一类物质组成的。其中有一类射线只要一张纸就能完全挡住，他把它叫作"软"射线；另一类射线则穿透性极强，几十厘米厚的铝板也不能完全挡住，他把它叫作"硬"射线。正在这时候，居里夫妇发现钍、钋、镭都放射这种射线，从而把这种现象定名为放射性。后来，他在居里夫妇等人的研究的基础上发现放射线有三种：α 射线、β 射线、γ 射线。其中 α 射线的穿透能力最弱，β 射线的穿透本领较强，γ 射线的穿透本领最强。

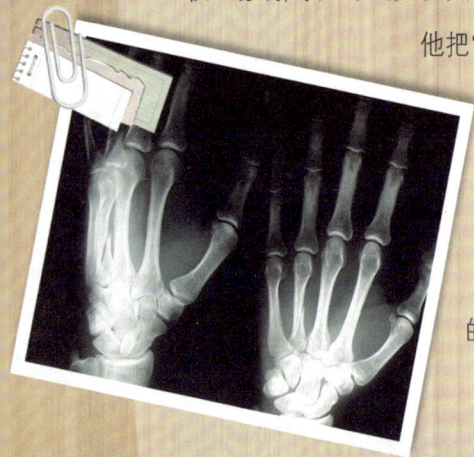

原子国危机

"大事不好！密码本不见了！"一大早原子警察局警长就接到了来自原子国市长办公室的电话。原子警长一听，吓得脸都白了，手也开始哆嗦起来。他知道那个密码本是一份表格，也是原子王国的最高机密——它记录着原子国公民的所有信息——就像基因图谱一样重要。这东西要是落入敌国密探的手里，后果不堪设想……

挂了电话，原子警长急忙带着几个侦探驱车赶往原子国的市政大厅。到了市政大厅，原子警长详细了解了情况：昨天晚上，那密码本被市长看过，但是看过之后，市长秘书亲眼看到市长将它锁进了保险柜里，然后他们就一同出去了。今早一来，秘书就发现放密码本的保险柜的门是敞开的……

警长听了这些，便要这位秘书带他去监控室调出昨晚的监控录像。原子警长带着几个手下认真地观看了昨晚的录像，发现在市长和秘书离开后，真的有三个高大的家伙进入了保险柜所在的密室。

当原子警长放大了图像之后，便大声喊道："不好，他们是邻国的密探三人组！他们现在肯定逃往边境了！快通知边境警察，将他们拦住！"

说完，原子警长又带着几个手下迅速赶往边境，当他们到达的时候，那几个大个子嫌犯已经被捕了。

"赶紧交出密码本，我知道你们是大名鼎鼎的密探三人组，专门收集原子国情报的！"警长大声呵斥道。

"密码本是我们偷的，而且就在我们身上呢，有本事你就来搜身啊！"其中一个大个子狂妄地叫嚣着。

他这样的狂妄，是因为他们根本没把微小的原子警察放在眼里，因为他们曾利用个子小、警察搜身时间长的优势，采用调虎离山之计骗过原子国警察，让真正的逃犯趁机逃走了。但这次，原子警长早有防备，他请来了一个新同事——X射线探长。这位探长大名鼎鼎，一双眼睛能透视一切，只要经他眼睛"扫"一遍，根本就藏不住任何秘密。

只见X射线探长不慌不忙地将三个人从头到脚看了一遍，便有了答案。他指着其中一个大个子说道："就是你，交出来吧！密码本在你的衬衣兜里呢！"

这下，那个自命不凡的密探，只好乖乖地交出了密码本。原子国的危机总算解除了。

金 属

金属晶体内部含有自由电子，是具有一定的光泽度、可延展、易导电、易导热的物质。自然界中的大多数金属都以化合态的形式存在，也有部分金属以游离态存在，如金、银等金属。含有金属的矿物质中大多是氧化物或硫化物。

液态的汞

司空见惯

金属在日常生活中极为常见，如金、银、铜、铁等。在常温下，除了汞（液态金属）外，金属都以固态形式存在；多数纯度高的金属都为银白（灰）色，但也有例外，如金为黄赤色，而铜则为紫红色。

黄金是已知物质中密度相对其他常见金属而言比较大的，比较柔软，容易加工

合金钢

银的化学性质稳定，活跃性低，导热、导电性能很好，不易受化学药品腐蚀，质软，富延展性

金属家族

关于金属的分类，从不同的角度出发，便会得出不同的分类，如黑色金属：铁、锰、铬；有色金属：铝、镁、钠、锆、铪、铌、钽等；放射性金属：镭、钋、铀；从密度（以4500千克／米^{3}为界）角度划分，金属还有轻金属和重金属之分。

性能突出

若想对金属加以利用和加工，必须了解金属的特性。金属材料的使用性能包括物理特性、化学特性以及力学特性。物理特性包括熔点、导电性、磁性等，而抗氧化性和耐腐蚀性则是化学特性，力学特性指金属的机械性能。

镭放出的射线能破坏细胞、杀死细菌

香薷

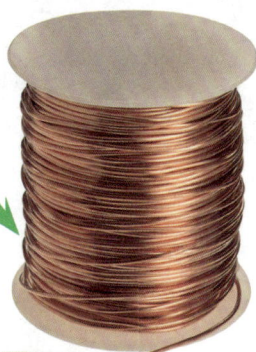
铜丝

绿色冶金

科学家发现，某些植物的体内蕴含着特定的金属，如堇菜中含锌，香薷中含铜，而烟草中则含有较多的铀，等等。还有一些植物具有积累稀有金属的特殊本领，被誉为"绿色稀有金属库"。如果能利用植物来获取特定的金属，那么益处必将十分巨大。

烟草中含有较多的铀

铀矿石

会记忆的金属

记忆金属是指金属处于某种温度条件下会保持一定的形状；当温度条件改变后，金属的形状就会发生相应的变化；但当温度还原到原来的状态时，金属的形状也会还原到当初的状态。具有"记忆"特性的金属有金－镉合金等。

用金－镉合金制作的首饰

记忆合金眼镜

钛镍合金丝做成的眼镜框具有"记忆"的特性，当镜片受热膨胀时，该种记忆合金丝能凭借自身弹性的稳定特性将镜片牢牢地夹住。这种合金制造的眼镜框具有超强的变形能力，而普通的眼镜框则不具备这种能力。

记忆合金眼镜

如果在太空中冶金会怎样？

如果有一天能在太空中冶金，会怎样呢？太空没有空气，地球引力极小，我们可以制造在地球上无法得到的特殊材料，创造自人造地球卫星和空间站后的现代新型冶金技术。在地球上，熔炼金属必须用炉子和坩埚，这样坩埚和炉子总会污染金属。而在太空中因地球引力极小，所有金属都悬浮在空中，不和炉壁或坩埚在高温下接触，不会受到外来杂质污染，因此冶炼出的材料特别纯。而在地面想用悬空方法冶炼金属几乎不可能做到。

自 1975 年以来，美国、前苏联、中国和欧共体内等有发射人造卫星能力的国家都在太空进行过冶炼，并进行了生产高纯度半导体、特殊金属和合金的试验。1975 年，美国和苏联的航天员在"联盟－阿波罗"对接飞行中，用铝和钨进行了一次太空冶炼试验，由于铝和钨都处于失重状态，比重的差别已不起作用，结果铝、钨就像水乳交融一样成为均匀的合金，没有分层。在太空中生产高纯度的单晶金属，根本不用坩埚，只要将金属放到一个磁场内，让其悬浮在空中，再用激光照射使其熔化，金属块立即就会发出耀眼的光芒并变成一个液体小球，宛如悬在空中的小太阳。当停止激光照射时，金属自行冷却形成一个比滚珠还要圆的球形单晶金属。

由于熔化时不接触其他任何容器，不受外来杂质的污染，所以纯度特别高。人们已经构想出了一幅未来太空冶炼的画面：在人类建造的太空城中，专门的冶炼工厂可以炼制出那些很难熔化的金属，提炼非常纯净的大块晶体，加工滚圆滚圆的钢珠，制造轻得能浮在水面的泡沫钢，细得用放大镜才能看得到的金属丝，薄得透明的金属膜，等等。这样就能满足太空城中自给自足的生活。

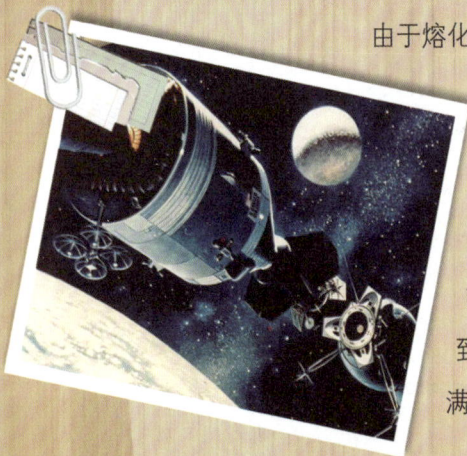

铁匠的宝贝

金店老板不知犯了什么糊涂，竟然将一块黑乎乎的铁块落在了装满金银珠宝的柜台里。他急着出门，抬脚就要走，可铁块却急坏了，它的眼睛都要被旁边的金银珠宝，特别是黄澄澄的黄金首饰给晃得睁不开了。它急忙呼喊着："喂！老板，快带我走！我睁不开眼啊！"

老板也听到了这声音，但他太着急了，连头都没回，只甩下一句："急什么？等我回来再说！"然后就大步流星地出门去了。

"哎，这我可怎么办啊？马上就天黑了，有这些家伙一闪一闪的，我还能安心睡觉吗？"黑铁边想边叹气。

黑铁的心里不好受，可那些金银珠宝更不乐意呢！尤其是离它最近的那几个金首饰，肚子里的怨气比它还多呢！

"喂！老兄，我说你是什么东西啊？怎么一身黑乎乎的，还有股子怪味？"一个金镯子忍不住问道。

"我是一块铁啊！我们黑色金属就是这个颜色的。""你们也算金属？只有我们这种出身高贵的才配叫金属呢！我打出生以来就没见过你们这么丑的东西。"

"我们当然是金属了，我还有两个兄弟也是黑色金属，一个叫锰，一个叫铬。"铁实在地回答说。

"真不知道你们能有什么用。你看我们长得多好看，黄澄澄、金灿灿的，人们看我们的眼睛都是亮的！"一条金项链插嘴道。

铁知道它跟这一群虚荣的家伙是没话可说了，便悄悄地闭上眼，准备睡觉。

第二天一大早，黑铁块就醒了，而它身边那些金银珠宝还在睡大觉呢！老板来开店门了。这次他还带了一个朋友。

他们都看到了那块黑铁，老板拿起黑铁，便自言自语起来："你说我的金店怎么可能需要一块黑铁呢？我得赶紧把它扔掉。"说完，他就要将黑铁投进垃圾桶里。

可他的朋友却急忙把黑铁抢了过去："别扔，这可是一块好铁，我可以用它做一把锁头呢！"——原来他的这个朋友是个铁锁匠。

铁锁匠将铁拿在手里掂了几下，笑着说："这对你来说是废物，对我来说却是宝贝。金子又软又贵，可不是制锁的好材料。"说完，这个锁匠就要带着黑铁回自己的铺子去。

临走前黑铁朝着那些金灿灿的家伙做了个鬼脸，说："等我改头换面回来吧！"

17

气　体

气体是一种无固定形状，但又占有一定体积，可变形、可流动的流体。它与液体的区别在于，它可以被压缩。气体的另一个特性是扩散性，体积可随意扩大。气体形态可通过其体积、温度和压强的变化而发生改变。

碳酸饮料喷出的二氧化碳气体

理想气体

在科研实践中，气体可分为实际气体和理想气体两种。理想气体是假定气体分子之间没有相互作用力，气体分子也不占据体积。当实际气体满足压力不大、分子间的间距大，气体分子本身的体积可以忽略不计，温度又不低等条件时，也可看作理想气体。

用氪和氩填充日光灯、电灯泡、光电管等，比普通灯泡的使用寿命长许多

查理定律

对于气体与温度之间的关系，可以用查理定律来解释。当压力保持恒定时，气体体积与温度成正比。这就是说，当气体受热、温度升高时，它的体积也会相应增大。

与氢气相比，氦气不容易爆炸，因此人们常用氦气来填充气球和飞艇。用氦气填充的飞艇比用氢气填充的飞艇更安全

填充氖气的 LED 灯

惰性气体

惰性气体又称稀有气体，它们在常温常压条件下，都是无色无味的单原子气体，很难与其他物质发生化学反应。天然的惰性气体包括：氦、氖、氩、氪、氙以及具有放射性的氡。稀有气体的应用范围很广，最常见的霓虹灯，其中填充的气体便是氖气。

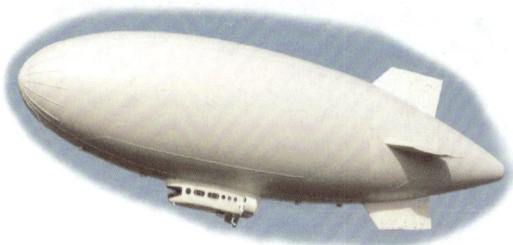

有毒气体

有一种气体能对人体产生危害，致人中毒，这便是有毒气体。常见的有毒气体有一氧化碳、二氧化硫、氯气、芥子气氰化氢。气体中毒主要危害神经、肌肉或是呼吸系统。气体中毒的反应分为头晕、恶心呕吐、昏迷、皮肤溃烂甚至休克和死亡。

灭火时，二氧化碳气体可以排除空气而包围在燃烧物体的表面或分布于较密闭的空间中，降低可燃物周围或防护空间内的氧浓度，产生窒息作用而灭火

氟 气

氟气是一种腐蚀性极强的淡黄色气体，味道十分难闻，且有剧毒。它能腐蚀多数的金属，并且是大多数金属的助燃剂。在工业上，氟可以帮助人们将铀矿中的铀−235提炼出来。氟的一种化合物叫作氟化氢，能将玻璃溶解掉，因此被用于玻璃雕刻加工行业中。著名的冷冻机"氟利昂"也是氟的化合物。

氟 气

亨利·卡文迪许

亨利·卡文迪许（1731—1810），英国著名化学家、物理学家。卡文迪许曾被评选为伦敦皇家学会会员，也是法国研究院的18名外籍会员之一。他在化学领域的贡献是发现了空气的组成，确定了水的成分，还发现了氢和硝酸。

亨利·卡文迪许

化工厂

19

如果碳酸饮料里不会冒出泡泡会怎样？

奇思妙想

在口渴的时候我们可以选择很多种饮料来解渴，有纯净水、果汁、牛奶，当然还有会冒出泡泡的碳酸饮料了。正是因为独特的口感，碳酸饮料自从它面世之日起，就一直很受欢迎。特别是冰镇的碳酸饮料，几乎是年轻人在炎热夏季的必备品，因为清爽又解渴。它与其他饮料的不同之处就在于，它能够不断地冒出很多气泡。

如果碳酸饮料里不会冒出这些气泡，那么它的受欢迎程度是否会大打折扣呢？当然会了！因为它失去了自己最大的特色，和其他的饮料没有了区别，或许只是在口味上有所差异吧。碳酸饮料是怎样具有那些气泡的呢？难道是它的配方中具有一种专门的溶液，才具有这样特殊的性质吗？

我们可以把一瓶没有开启的碳酸饮料捏在手里，可以发现它的瓶子很硬；但是瓶盖打开的时候，就可以很轻松地将瓶子按下一个坑去。这就是因为瓶子里的气体压力大于瓶子外的压力，这个数值大约是两倍。瓶子里的气体是二氧化碳，泡泡的出现，就是二氧化碳从瓶子里向外逃逸的结果。二氧化碳本身是一种能够溶于水的气体，溶于水之后表现为酸性，溶液成为碳酸。但是二氧化碳在水中并不会老老实实地待着，而是会时不时地再跑出水面。碳酸饮料的制作，就是用仪器将一定量的二氧化碳溶入到水中，并且给瓶子里加压，保持饮料中二氧化碳的饱和度。当我们猛烈摇动瓶子，会使得那些溶解在水中的二氧化碳更加不安分。所以，我们在打开瓶盖的时候，会有气泡从饮料中冒出。这些气泡还有可能直接冲出瓶口呢！

气体小学的新生"怪"

新学期开始了，气体小学的每位同学都升入了新的年级。听说五年级还来了一个新同学呢！大伙可期待了，它们本来就是一群"小淘气"——最喜欢凑热闹了！

一大早，大伙都迫不及待地飞奔到教室里。上课的铃声响起了，空气老师真的领来了新同学——一个叫氦气的家伙。大伙都鼓掌欢迎它，可是那个家伙的脸上却是一点笑容都没有。

上课的时候，大伙都兴奋极了——当然也有那些捣乱的活泼气体，它们总是不好好听课，还总打扰别的同学。

可是新来的家伙呢？总是一副面无表情的样子，盯着黑板，不知道心里在想些什么。

下课了，氢气过来叫它一起出去玩，可是那个叫氦气的家伙也不说话，只是摇头拒绝——好像它的眼里只有书本似的。见氦气不理自己，氢气立即叫上氧气，它俩勾肩搭背地跑出去了——它俩可是一对好朋友，只要凑到一起，连课都不想上了，只想着一起玩。

放学后，好多同学都结伴回家。它
路走，可是氦气总是红着脸拒绝大伙
们也想叫上氦气一
的邀请。

渐渐地，同学们都在背后说这个
子"，还有人说它"呆头呆脑的，一
氦气就成了独来独往的"怪物"。
新来的家伙是个"高傲分
点也不好玩儿"。这样一来，

班级里总有同学给老师闯祸，经
趁人不注意，上去蒙住人家的眼睛啦，
啦……这种事多得都数不过来。
常被找上门来。有的同学常常
不小心玩火点燃了人家的屋子

可是今天，一个交通警察竟然给班级里送来一面锦旗，说要感谢某个同学。大伙都觉得不可思议。

没想到，那锦旗上写的居然是氦气。原来，它在放学的路上发现十字路口的交通信号灯的黄灯不亮了——这可是十分危险的。它二话不说，立即通知了交警叔叔，还主动帮忙修理。但事后，却又悄悄地离开了。警察叔叔找了好久，才发现它。

这下，同学们才知道氦气虽然不爱说话，但却是一个乐于助人的好孩子呢！

电和磁

现代人早已懂得电和磁之间的关系，但在 19 世纪之前，人们并没有发现它们的关系，直到 1820 年，丹麦物理学家奥斯特在一次偶然的实验中，发现了通电的磁针会发生转动的现象，才揭开了电和磁之间的奥秘。

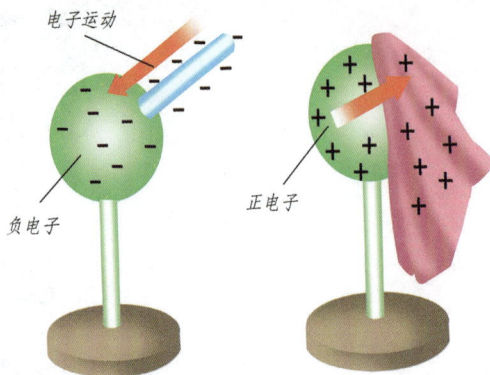

电子运动

负电子

正电子

摩擦起电示意图

电

把玻璃棒放在丝绸上经过一阵的摩擦之后，我们会发现它们二者具有了能吸引羽毛或是纸屑的能力，这是因为它们本身都带有电荷了。处于带电状态下的物体，被称为带电体。被丝绸摩擦过的玻璃棒所带的电荷为正电荷；被毛皮摩擦过的橡胶棒所带的电荷为负电荷。

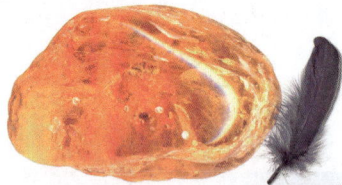

摩擦琥珀吸引羽毛

磁

人类很早就发现了"磁"这一物质。中国的四大发明之一的指南针便是利用磁石原理发明的。磁体，是具有磁性的物体，如磁铁；磁铁的两端具有极强的磁性，又称为"磁极"。磁极具有"南极"和"北极"之分。而"同极相斥、异极相吸"则是磁体的一个特性。

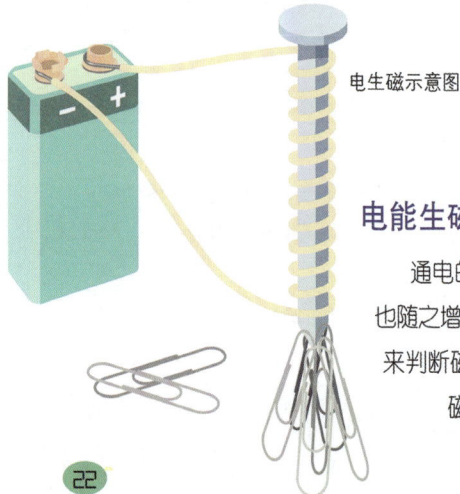

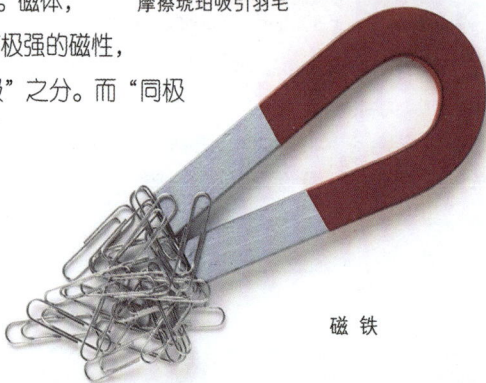

电生磁示意图

磁铁

电能生磁

通电的金属导线会有磁场随之出现，并且电流越强，磁场的磁性也随之增强。磁场围绕在金属导线周围，呈圆形。可利用"右手法则"来判断磁场的方向。我们常见的电铃便是利用电生磁的原理，促使磁场吸引铃锤击铃而发出声响的。

电磁感应

电流的磁效应告诉人们，电流可以产生磁场。那么，磁场是否能生出电流呢？答案是肯定的。法拉第的电磁感应实验便证明了人们的这个猜想。电磁感应实验证明，磁铁移动得越快，电流也就越强。

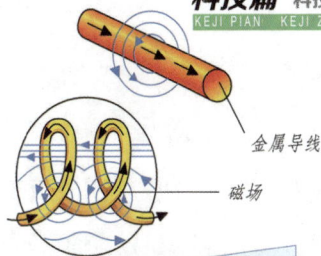

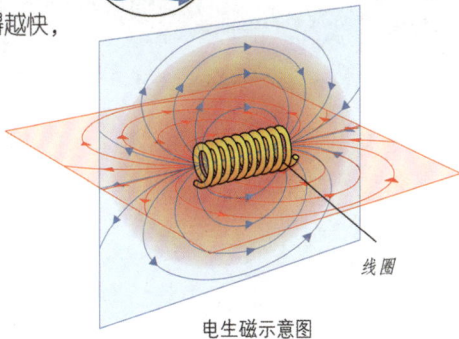

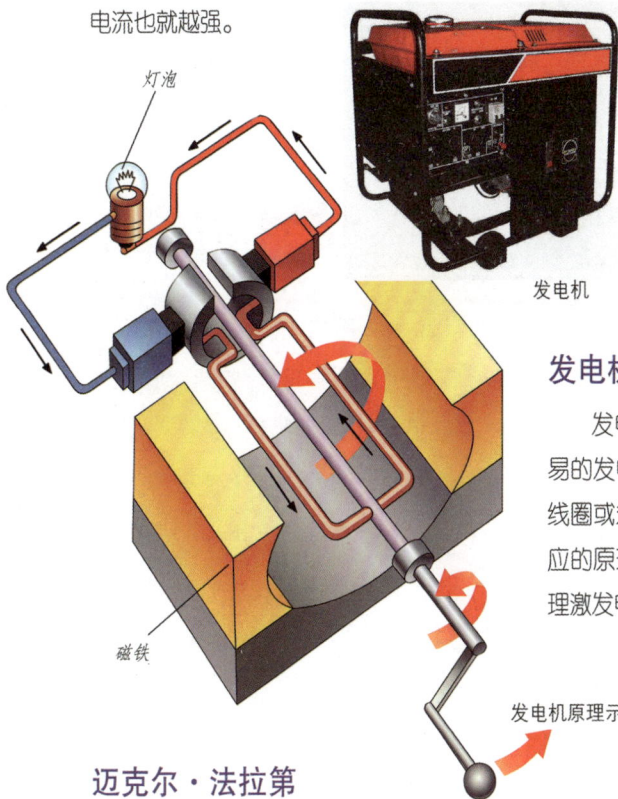

金属导线

磁场

灯泡

发电机

线圈

电生磁示意图

发电机

发电机的原理是将机械能转换为电能，而最简易的发电机则是由一个装有大量导线的电枢在励磁线圈或永久磁铁所产生的磁场中转动，利用电磁感应的原理发电。同样，电动机也是利用电磁感应原理激发电动机的轴转动的。

磁铁

发电机原理示意图

迈克尔·法拉第

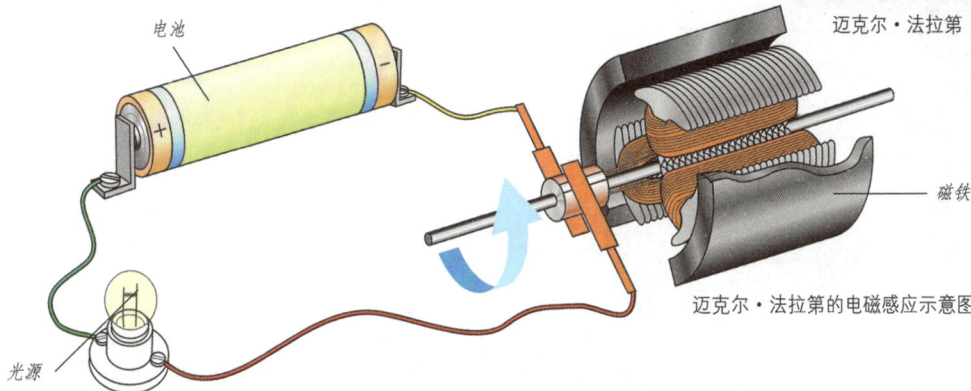

迈克尔·法拉第（1791—1867），英国物理学家、化学家。他是19世纪电磁学领域的开山者，被誉为"电学之父"。法拉第于1821年提出了著名的"磁能生电"的大胆设想，并建立了电动机的实验室模型。十年后，他发现了著名的"电磁感应"定律。

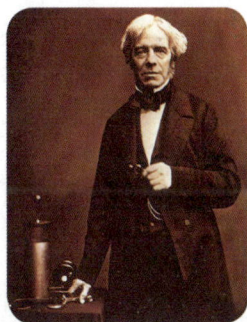

迈克尔·法拉第

电池

磁铁

光源

迈克尔·法拉第的电磁感应示意图

如果没有发电机会怎样?

没有发电机，就不会有电力的产生，人们也就不能使用电灯在夜晚照明，各种电力通信也会中断，电话机成了没用的摆设，手机也将会被丢弃。人们又将回到蒸汽机的时代，蒸汽机轮船和火车又将成为主要的交通工具，而早已被人们束之高阁的煤油灯又将成为主要的照明工具。

自从法拉第发现电磁感应定律并由麦克斯韦完成电磁理论方程之后，用机械力发电和用电来输送动力的基本原理已经形成。最初的发电机使用的都是永久磁铁，但由于受到磁场强度的限制，无法提供更大的电力。英国物理学家惠斯通采用电磁铁，于1845年制成了电磁铁发电机，但这种电磁铁依然是用外加电源来产生磁性提供电力的。1864年英国技师威尔德提出了用旋转电枢产生的电流使电磁铁产生磁性的设想，创立了自激式发电原理。把这一原理转化为实际应用的则是集科学家、发明家与商人于一身的西门子，1866年他研制成功第一台自激式直流发电机。接着在1870年比利时人格拉姆把电动机中的环形电枢应用于发电机，并将这种电机投入了商业生产。1873年德国电器工程师阿尔狄涅克又研制成功鼓状电枢自激式直流发电机，使发电效率大为提高。随着爱迪生发明了耐用而廉价的白炽灯后，电能才成为人们最普遍需要的能源之一，于是电力网也应运而生了。1882年，爱迪生研究所在纽约制成了当时世界上容量最大的一部发电机，并建立了世界上第一座直流发电厂。此后美国的大城市以及几乎所有的欧洲国家的首都，都竞相在主要街道上安装电灯，城市用电也开始由小型电厂供给，电力网就这样进入了人们的日常生活。

形影不离的好朋友

电和磁是一对形影不离的好朋友，只要有电出现的地方，你一定会发现磁的身影。你瞧，它们又结伴出门旅行了，看它俩一路说说笑笑的样子，肯定是在向对方分享自己的新发现呢！

这时候，一阵响亮的"嘟嘟嘟"的声音传到它们的耳朵中。这声音太大了，以至于它们都听不到彼此的声音了，它们决定过去看看发生了什么事。

原来那声音是从木偶爷爷家门口传出来的。小木偶快递员正一手捧着一个大包裹，一手"嘟嘟嘟"敲门呢！可是木偶爷爷年龄大了，耳朵也不好使，总是听不见敲门的声音。这可把小木偶快递员急坏了——它还有好多包裹要送呢！

没办法，小木偶只好大喊了起来："木偶爷爷，你快来开门啊！有你的包裹哪！"可小木偶的嗓子喊冒了烟，木偶爷爷还是没听见。

"小木偶真可怜呀！我们进屋帮它叫一下爷爷吧！"说到这，电和磁就飘到了木偶爷爷的家中——原来木偶爷爷睡着了！

它们轻轻拍醒了老爷爷，告诉他快递员来了，快去开门。老爷爷醒了过来，这才取回了包裹。

"可这也不是办法啊。以后我们不在的时候怎么办呢？"电忧虑起来。

"是啊，要是有个铃铛就好了，门外一按，屋里的老爷爷就能听到，那该多好。"磁默默地说道。

"哎呀！我有办法！只是得叫你的朋友铁帮个忙。"电忽然兴奋起来。

"叫它那个铁疙瘩能干什么啊？"

"你忘了吗？我们是形影不离的，但是铁遇到磁也是互相吸引的啊，我们三个放在一块，组成一个电铃：电源接通时，生出了磁，磁又能激发铃锤敲击铃铛啊，在木偶爷爷的大门上安装一个电铃，屋里再安装一个扩音设备，只要铃声响起，木偶爷爷肯定能听见啊！这不就方便多了吗？"电兴奋地解释道。

"真不错！咱们这就去叫一块铁来，一起干！"磁也兴奋极了。

这三个小伙伴说干就干，很快一个电铃就安装在木偶爷爷的家门口了。打这以后，谁来敲门都方便多了，再也不用喊破嗓子了。

黄金分割

将一条线段分为两个部分，若其中一部分与全长的比值等于另一部分与这部分的比值，而这个比值的近似值为 0.618 的话，便称为黄金分割。应用黄金分割比例设计出的造型符合人类的美学规范，富于活力。

理论渊源

黄金分割的理论渊源最早可追溯到公元前 5 世纪古希腊的毕达哥拉斯学派，但其最终的确立者是公元前 4 世纪的古希腊数学家欧多克索斯。文艺复兴前后，黄金分割律传入欧洲，被誉为"金法"，甚至是"各种算法中最宝贵的算法"。

欧多克索斯

把肚脐定为 C 点，头顶为 A，脚底为 B。AC/CB=CB/AB=0.618。人体中的黄金分割点在肚脐处，人的上下比例就匀称优美

黄金分割三角形

将一个正五边形的对角线全部连接起来，得出的所有三角形，都属于黄金分割三角形。而黄金分割三角形的一个特性便是所有的三角形都可以用五个与其本身全等的三角形来生成与其本身相似的三角形。

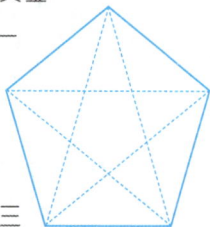

乐 器

美学应用

黄金分割律具有极强的活力，它能使作品富于比例性、艺术性、和谐性，具有极高的美学价值。据测算，一些名画、雕塑以及摄影作品，其主题一般出现在画面的 0.618 的位置上。在乐器的设计上，黄金分割律也能发挥良好的作用。

《蒙娜丽莎》

黄金矩形

一个矩形的短边与长边的比值为 0.618 的话，这个矩形便被称为黄金矩形。黄金矩形的画面更具美感，令人赏心悦目。如希腊的帕提侬神庙即是符合黄金分割律的设计典范，而世界名画《蒙娜丽莎》中主角的脸形也暗合黄金矩形的比例。

帕提侬神庙

植物上也有黄金比例

生活中的黄金分割律

如果你留心观察周围的话，你会发现，黄金分割律是随处可见的。比如，人类的肚脐便位于人体的黄金分割点上，而人的膝盖是肚脐到脚跟的黄金分割点。而大多数的门窗的宽长之比也是 0.618。甚至在植物的身上也能见到黄金分割律的影子。

最舒适的温度

在医学领域，同样存在着 0.618 这个神秘的数值，它能解释人为什么在环境温度为 22~24℃ 时感觉最为舒适。通常情况下，人体温度为 37℃，这个数值乘以 0.618 的结果为 22.8℃，而这一温度可使人体的新陈代谢、生理节奏和生理功能处于最佳的循环状态中。

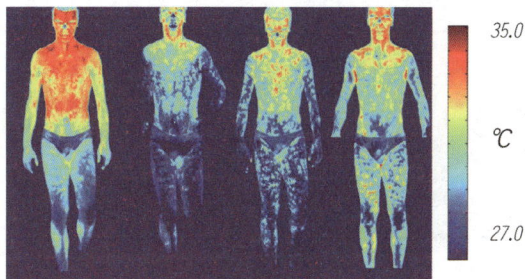

人体的温度也蕴含着黄金分割律

如果没有数字会怎样？

奇思妙想

阿拉伯数字在我们的生活中司空见惯，简单的十个符号贯穿了我们生活的方方面面。不要认为它们是如此简单的符号，当有一天它们真的消失了，我们的生活就会陷入一片混乱。伸出双手，我们拥有 10 个手指，0、1、2、3、4、5、6、7、8、9，小时候，它们就是我们最初的"计算器"。我们使用十进制进行数字的累加，普洛克拉斯说："哪里有数，哪里就有美。"但如果没有了这些数字，也许我们还会回到原始的使用算筹或结绳记事的时代。

原始社会，人们靠打猎、捕鱼、摘野果维持生存，"有"或"没有"食品是至关重要的事情；对"有"的概念进一步发展产生了"多"与"少"的概念。多与少是相对的，无法表示具体的量。后来随着物品数量和种类的增多，现有的方法就表现出了极大的局限性。要么就是不能很好地记录数据；即使记录好了，经过很长的时间之后，搞不好人们也忘记了计数的方法。于是对物体量的具体表达产生了数的概念，并开始用手指、石块、贝壳等作为计数的工具。随着社会经验的不断丰富，在日常生活和生产实践中又逐渐产生了计数意识和计数系统，人类摸索过多种计数方法，有开始的结绳计数，用石块计数，语言点数，进一步用符号，逐步发展到今天我们所用的数字，但每一次进步都经历了漫长的岁月。

名师的奥秘

一个小伙子有着极高的绘画天分，周围人都称赞他画什么像什么。小伙子也为此沾沾自喜。

一天，小伙子又在向乡邻们展示自己的画作。大伙自然又是一番称赞。不过，一个路人看了，却说："你只是画得像而已，我劝你找个师傅指点一下。"小伙子听了，表面很不服气，但他心里也认为这个路人说得对。

没过几天，小伙子真的拜入了一位名师的门下。因为他天分很高又很聪明，所以一经名师指点，竟也取得了不小的进步。每次考试，小伙子都会得到老师的夸奖和同学们的美慕，小伙子便开始飘飘然起来。他觉得自己已经学成了，根本不用像那些初学者那样整天琢磨那些技巧什么的。

他觉得自己学业有成了，请师傅准许自己毕业。师傅劝他再学一年，因为他还有好多东西没有学会。可小伙子却拿出了一幅临摹画给师傅看。这幅画正是他师傅的成名作。小伙子对师傅说："您的成名作都被我临摹得这么像，外人根本分不清的。"师傅见小伙子一副志得意满的样子，便摇摇头，只好准许了。

小伙子一回家，便迫不及待地给乡邻们展示他的临摹作品。大伙看了，赞不绝口，都认为他已经得到了名师的真传。

小伙子高兴极了，一连在家画了好多幅画，他想把这些画卖给画廊赚点钱。可是画廊老板看了以后，只留下他临摹的那幅画。老板说："你只有这幅画还可以，其他都算不得艺术品。"小伙子的信心受到了极大的打击，萎靡不振地带着自己的画回了家。

回到家后，小伙子百思不得其解，只好红着脸去向师傅请教。师傅看了他的作品就明白了。他把小伙子带到自己的画室中，对他说："你若是能悟出画中的奥秘，你离成功就不远了。"说完，他就离开了，只留下一头雾水的小伙子。

小伙子左看看右看看，一直转了一上午也没发现什么秘密。没办法，他只好坐在画的旁边休息。当黄昏的阳光透过玻璃照在画上那一刻，小伙子忽然明白了，师傅的奥秘就是画面的各部分比例非常精确非常协调，无可挑剔。

他兴奋地跑到师傅那求证，师傅听了，满意地点点头。这次，小伙子终于静下心来，钻研绘画的技巧。经过师傅的点拨，他终于成了小有名气的画家。

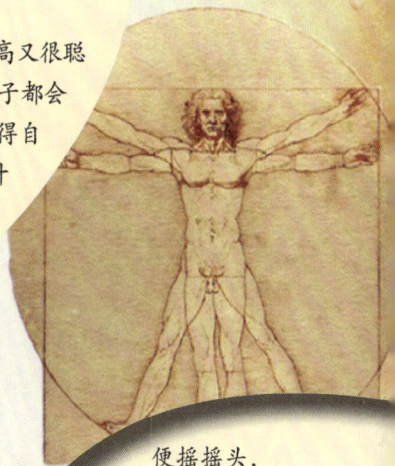

声 音

声音是由物体振动所产生的，并以声波的形式向外传播。但光有声波还不够，声波要通过介质传递到人的耳朵中；当声波进入耳朵后，耳膜会发生振动，将声波传递给听觉神经，被大脑加工之后，才是我们所听到的声音。

当声音碰到耳膜时，它就会振动

耳膜的振动被锤骨、砧骨和镫骨传递到耳蜗里

外耳负责收集声音并送进耳膜

耳蜗里的神经末梢又将振动收集起来，并将信息送入大脑

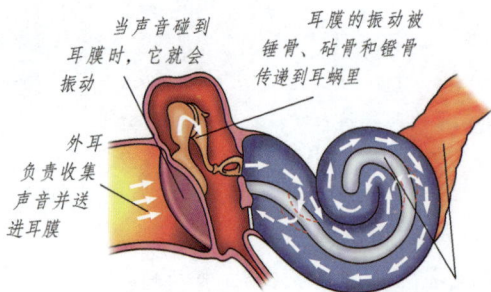

耳朵接收声音示意图

声 波

声波是声音的传播形式，本质上属于机械波，由物体振动产生。声波传播的范围被称为声场。声波在不同的介质中传播时，波的传播方向是不同的，在气体和液体中，声波以纵波的方式传播；在固体中，声波中则含有横波的方式。

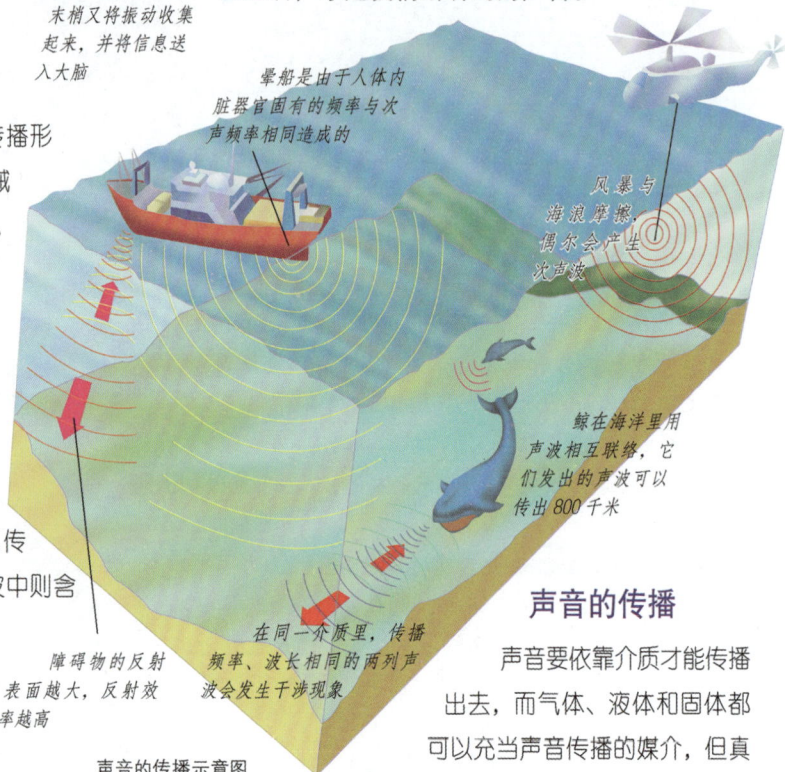

晕船是由于人体内脏器官固有的频率与次声频率相同造成的

风暴与海浪摩擦偶尔会产生次声波

鲸在海洋里用声波相互联络，它们发出的声波可以传出 800 千米

障碍物的反射表面越大，反射效率越高

在同一介质里，传播频率、波长相同的两列声波会发生干涉现象

声音的传播示意图

英国人玻意耳证实声音无法在真空中传播的装置

声音的传播

声音要依靠介质才能传播出去，而气体、液体和固体都可以充当声音传播的媒介，但真空是不能传递声音的。声音的传播速度与介质有关：固体中声波的传播速度最快，液体中第二，气体中速度最慢。介质的温度也会影响到声音的传播速度。

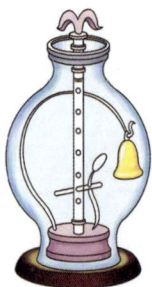

声音的特性

声音的特性包含音调、响度以及音色。音调是指声音的高低，由物体的振动快慢决定；响度是指声音的强弱，与物体的振幅有关；音色则是指不同发声体发出的声音，是声音中最有特色的部分。

放开嗓子大声歌唱是指声音的响度

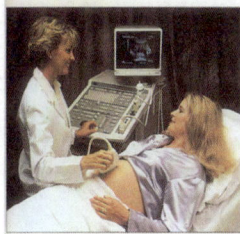

医生为一名
孕妇做 B 超检查

超声波

超声波并不能被人耳所接收到，因为它的频率超过了人所能听到的最大频率。超声波的频率大，因而能量也大，还具有极好的定向性和穿透性。因而，人们利用超声波探测器探测某物体的位置和形状。

超声的传播速度快，成像速度快，因而能够实时地观察心脏的运动功能、胎心搏动，以及胃肠蠕动等

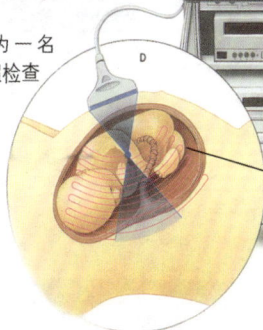

回　声

声波在传播的过程中遇到一些较大型的反射面后被反射回来的现象，就是回声。但这种回声是能够被人与原声区分开的。比如在空旷的山林中大声呼喊，很快就能听到回声。

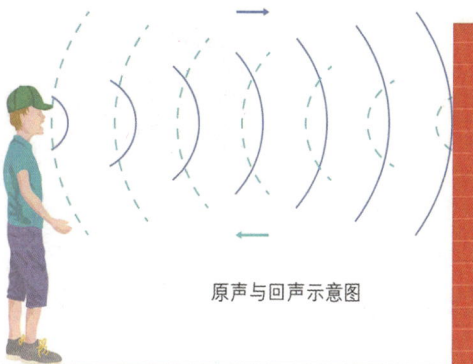

原声与回声示意图

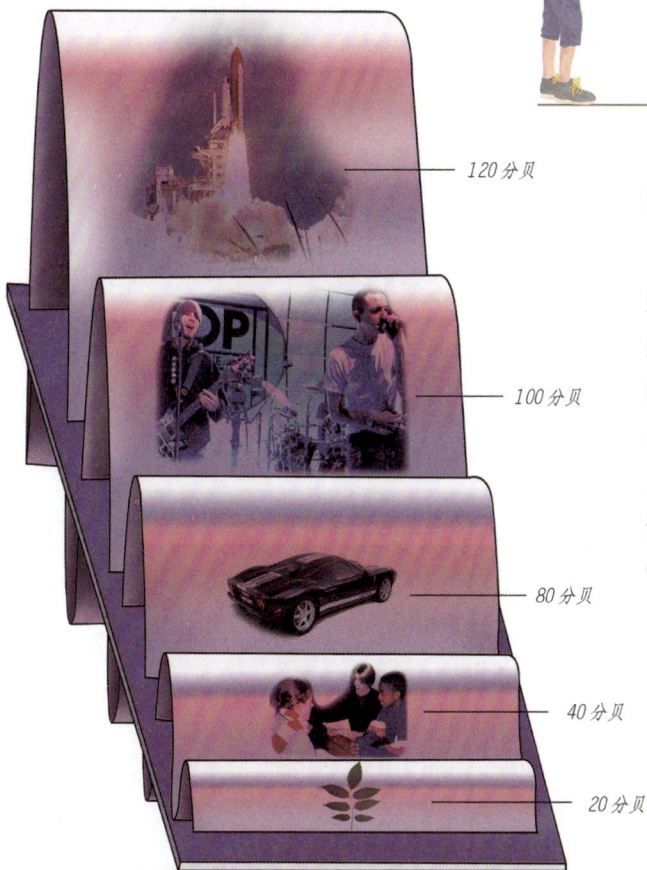

120 分贝

100 分贝

80 分贝

40 分贝

20 分贝

噪　声

噪声包括两种：一种是无规则、杂乱无章的声音；另一种是给环境带来污染的那种声音。噪声会危害人的身心健康，人们要懂得躲避和防范。分贝是衡量声音大小的单位，为保证工作和学习，噪声应低于 70 分贝；长期生活在 90 分贝以上的噪声环境中，听力会受到严重损害。

人们用分贝来表示声波强度，人所能听到的最小声音确定为 0 分贝

奇思妙想

声音要是有形状、有颜色的，我们眼睛就可以看到它。好听的声音也会具有好看的形状和颜色，嘈杂的声音可能也会是一团乱的图形……这时候可能会有人笑了，声音怎么会看得到？声音是用耳朵来听的，如果声音能够看得到，那么还要耳朵做什么？这样说似乎也有些偏颇，我们可以一起看看声音的形状。

声音是以声波的形式传播的，画在纸上，它的形状就好像是一条波浪线。不同的声音，"波浪线"也是不同的。在人们所能够听到的声音里，有一部分听上去非常的和谐悦耳，叫作"乐音"。乐音的声波形状是有规律的"波浪线"，所以听上去会有一定的音调。还有一种声音，已经成为日常生活的一种污染物了，那就是"噪声"。噪声的声波形状就是毫无规则可言的波浪线，因此它总会让人感到烦躁。

这些波浪线有一个科学点的名字就叫作"波"。波也有自己的种类，按照波动形式的不同，分别为机械波和电磁波。机械波在我们身边有很多具体的例子，像是我们抖动一根绳子，绳子随之做着弯曲的运动，那么此时的绳子上就传播着机械波；我们向平静的水面扔一颗石子，水面上就会荡漾起一圈圈的水波，这也是机械波的一种形式。包括我们现在所说的声波，也属于机械波。电磁波是另一个样子，它是由电磁场产生的。像传送广播电视信号的无线电波、光波等，都属于电磁波。

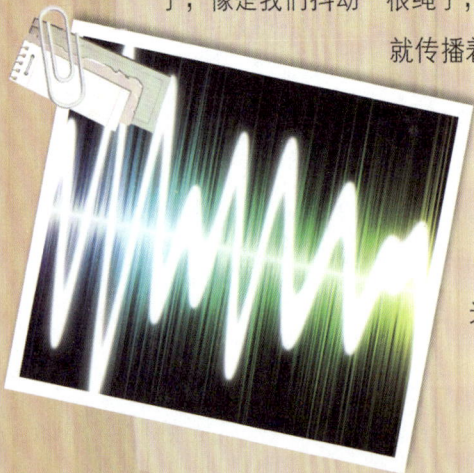

声波家族辩论会

"哎！真没办法，次声波和噪声那俩家伙又被投诉了！"

发出抱怨的正是可听声波，它没办法，只好把家族里的超声波、次声波，还有不成器的噪声给叫回来，商量一下怎么办。

可听声波通知这几个兄弟的时候，它们都忙着呢！超声波正在大洋底进行监视作业，次声波和噪声在尘土飞扬的建筑工地里忙个不停，可听声波跟它们扯着嗓子喊了半天，它们才明白自己又被投诉了。

夜深了，这几个兄弟终于凑到一块开会了。超声波一见到自己这两个不成器的弟弟就气不打一处来，它用一贯傲慢的态度对可听声波抱怨道："我说二弟，它们两个惹祸，你叫我回来干什么啊？你不知道我的工作有多重要，我每天都忙得没空吃饭，还让我来管它们两个，我有这两个兄弟我都觉得丢人呢！"

可听声波只好赔笑安慰道："大哥确实很不容易，可它们毕竟是我们的兄弟，还得想想办法啊！"噪声急忙辩解道："我在工地里，哪里脏，哪里累，我们都是急脾气，工地里的机器都是人高马大的，我不大声，它们怎么能听我指挥呢？"

"嗨呦呦，你还真是个急脾气，……它们俩整天混不管不顾的，我又……天天吵得人心烦意乱，你还有功啦！看我们的小弟弟多稳当，其实它闯的祸也不少呢。"超声波趾高气昂地教训两个小弟弟。"听说，你有次把人家电影院的墙壁都震塌了，惹得你们老板还得给人家重新垒墙壁才算了事。""那你怎么不说我的优点呢？我还能帮助人类预测火山爆发和地震这类的大灾难呢。别把我们说得一无是处的！"次声波微弱但却有力地反驳着。

可听声波知道如果再纵容下去，它们又要吵起来了，只好把话题拉回来——"咳咳！我们还是想想办法吧！大哥，你见多识广，你给它俩出个主意吧！毕竟，工地里的活也不能停工啊！"

"我听说有种减震器，安装到打桩机上，能降低噪声。你们赶紧买来，安装一下试试。"超声波大哥不耐烦地说道，说完，它赶忙赶回去上班了。

不久之后，这俩小兄弟真的安装了减震器，还贴上了噪声警示。这下好了，大伙也理解了它们，也不来声波家族投诉了。

力

物质间相互作用便会产生力，从而引发机械运动状态的变化。而力学是一门基础学科，是研究物质机械运动规律的学科，涉及力、运动和介质（固体、液体、气体等），又称经典力学。

车与地面之间存在摩擦力

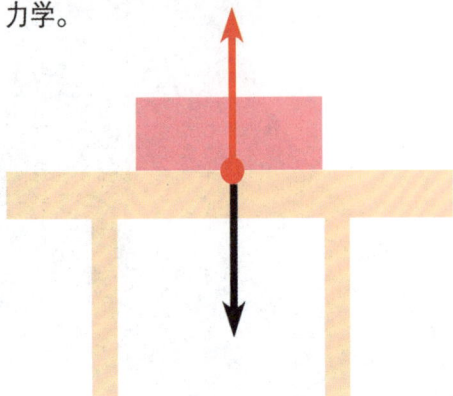

方块对桌子有向下的作用力，桌子对方块有向上的支撑力

力学的发展

古代劳动者在劳动的过程中逐渐积累了一些关于力的知识和省力的技巧。到古希腊阿基米德出现时，他提出了"平衡理论"的基础；到16世纪，力学成为一门独立的、成体系的学科；到17世纪末，牛顿提出力学的三条基本定律，建立了经典力学。

艾萨克·牛顿

艾萨克·牛顿（1643—1727），英国著名物理学家、天文学家和数学家。牛顿对物理学的贡献卓著，在吸收伽利略、开普勒等前人成果的基础上，提出了著名的万有引力定律和物体运动三定律，由此创建了经典力学理论框架。

万有引力

关于牛顿受到苹果落地的启发而发现万有引力的故事，想必是人人皆知的了。那么什么是万有引力呢？万有引力是指任意两个物体之间都存在力的关系和作用，而这个力的大小则与物体的质量及物体间的距离有关。

在失重时，航天员最先感觉到的是身体是飘浮的

摩擦力

摩擦力是指两个互相滑行或是将要滑行的物体之间所存在的运动阻力。所有物体的表面都存在着摩擦力，这种摩擦力既是物体运动的阻力，也能成为物体运动的动力。比如，自行车上安装的链条和齿轮间的摩擦力便是驱动自行车前进的动力。

自行车与地面产生摩擦力

作用力

负载

力臂

支点

杠杆示意图

链条和齿轮间的摩擦力能使自行车前进

杠 杆

智慧的古人早已发现了利用杠杆能够省力的秘密。杠杆由一个固定的支点和一根以支点为轴能够旋转的棒组成。在确定支点的位置之后，当我们向杠杆的一端施加力时，杠杆的另一端就会同时产生一个或大或小的力。跷跷板、独轮车、剪刀等物品中都有杠杆作用的影子。

剪刀属于省力杠杆

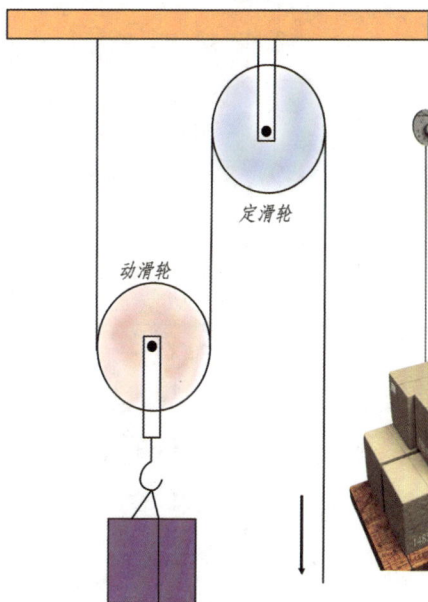

定滑轮

动滑轮

滑轮承载重量

滑 轮

滑轮是杠杆的变形。滑轮通常是在一个有沟槽的轮子上安装绳索，以方便人工操作。利用滑轮，可以轻松地抬起很重的物品，也可改变施力点和方向，方便人们进行作业。滑轮分为定滑轮和动滑轮两种，各有不同的应用领域。

滑轮示意图

如果没有摩擦会怎样？

摩擦常常会造成不必要的损耗，工厂中的工人师傅需要时常给机器添加润滑油，从而保证机器能够正常运转。我们不小心摔一跤，身体和粗糙的地面发生摩擦会磨破我们的衣服和皮肤……这些都是摩擦带给我们的种种不便。如果这种力能够消失，那么工厂里的机器就能够一直正常运转，不会发生损耗和摩擦造成的故障。我们摔跤之后，衣服和皮肤也不会破了。

人们以为摩擦力是一种障碍，但事实上，一旦失去了摩擦，既站不稳，也无法行走，真是寸步难行。比如在冰上步行，由于冰滑，走不多远就累得满头大汗。道路比冰还滑，那时人们只有伏倒在地上才会觉得好受些；没有摩擦力，螺钉就不能旋紧，钉在墙上的钉子就会自动松开而落下来。没有摩擦力，家里的桌子、椅子都要散开来，并且会在地上滑过来，滑过去，根本无法使用；没有摩擦力，行驶的汽车永远都不会停下来；一座座高大的建筑物会慢慢"滑倒"……世界是一团糟。

还好，摩擦力时时刻刻存在于我们身边。虽然在有些地方，它会造成一定的阻碍和损害，但是大多数情况下，它对我们还是有利的。在古代，人们为了生存发明了钻木取火。钻木取火的原理其实是利用摩擦生热，当物体克服摩擦力时就会产生热量，当木头的温度逐渐升高，达到其着火点时，木头就会燃烧起来。

大力家族办法多

从前有个镇子叫大力镇，因为这个镇子里最风光、最有势力的就是大力家族。大力家族可是个名符其实的大家族，哥兄弟好几个，摩擦力、引力、重力……个顶个的身体强壮、力大如牛。它们知道自己力气大，总欺负镇子里的老百姓。

有时候，看到大伙都在卖力气干活呢，大力家族的几个游手好闲的兄弟就趁机使坏了。一个小伙子正在费力地推地上的箱子，摩擦力看了，笑嘻嘻地过去挡路，这下，箱子更不好推了。看着小伙子满头大汗的样子，摩擦力哈哈大笑。

有人家在盖房子，大石块可真沉啊，全靠大家合伙出力，几个人在下面举着，几个人在上面拉绳子，"嗨呦！嗨呦！"真是太沉了，工人的腰都直不起来了。可是引力和重力还有其他几个兄弟，非但不帮忙，还坐在石头上，各自使劲，喊着口号笑话老百姓。老百姓听了，真是气死了，可是他们也没办法——谁敢惹它们这一家子！

没过几天，镇子里来了一个有经验的工匠。大伙听说他经验丰富又十分聪明，便向他诉苦，希望他能帮忙想个办法。

工匠听了人们的遭遇，十分同情，便答应他们会想个办法制服大力家族。

第二天，大伙还忙活着盖房子的事，那几个游手好闲的兄弟还像往日一样地捣乱，可奇怪的是，大伙竟然没有咒骂它们。一个工匠更是奇怪，居然拿出一个像轮子一样的东西，又把一根粗大的绳索绕过轮子，最后，那个工匠指挥大伙将轮子固定在一个高高的支架上。随后，那工匠又拉了拉垂到地面的两根绳子……

大力家族的几个兄弟看得呆呆的，不知道这个生面孔在搞什么花样。但是它们看到下面的工人们正把一块大石头拴在绳索的一端，它们管不了那么多了——急忙去捣乱，压着石头，让大伙白出汗。

可是这回，大伙一点都没流汗。

那个工匠叫来几个人，要它们观看他的表演：只见他捡起另一端的绳索，稍加用力，那石头竟然被吊起来了，而大力家族的兄弟们可坐不住了，它们怎么使劲也比不过工匠的力气，没一会儿的工夫，它们就滑到了地上，个个摔得屁股痛。

打这以后，它们可算长记性了，只要看到那个轮子被支起来，它们就躲得远远的，再也不敢上去捣乱了。

光

光的折射

光对于人类来说意义重大，没有光，我们将处于黑暗之中，更不要提认识世界了。光是一种能量传播方式，它沿直线传播，并且不需要任何介质就能传播。但有介质的参与，会影响到光的路线，产生反射和折射的现象。

霓虹灯

光源的分类

光源可以分为三类：第一类是热效应产生的光，如太阳发光、蜡烛燃烧发光；第二类是原子发光，如霓虹灯通电后发出的光芒；第三类则是同步加速器发光，比如原子炉发的光，但这种光只存在于特定的领域和空间内。

同步加速器

烛光

光的特性

任何一种光都具有以下三种特性：1. 明暗度：它代表了光的强弱——当光源的能量和距离发生改变时，明暗也会随之改变；2. 方向：光源唯一的条件下，方向也只有一个；但光源很多的时候，人很难分辨；3. 色彩：光的色彩并不固定，受到光源和它所穿越的物质的双重影响。

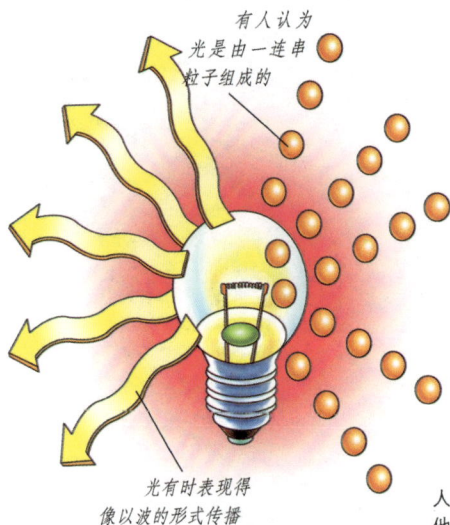
有人认为光是由一连串粒子组成的

光有时表现得像以波的形式传播

光 速

光既是波也是粒子

几个世纪之前，人们误以为光速是无限大的，也是无法测量的。但伽利略以及他的后辈学人则对此提出质疑，到1676年的时候，丹麦天文学家罗默首先测量出光的速度。目前，国际计量大会公认的光速值约为 3×10^8 米/秒，这也是基本的物理常量之一。

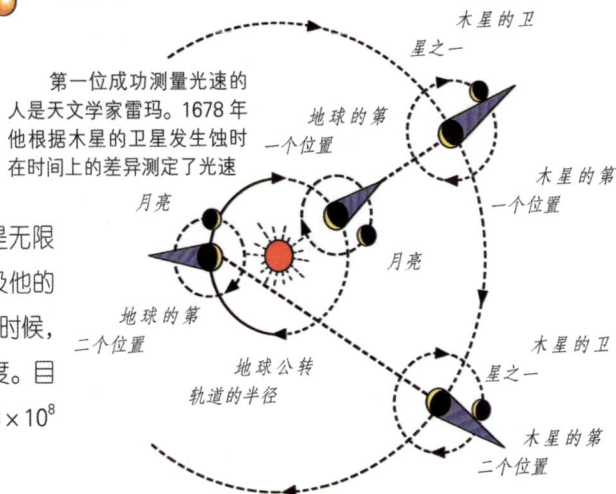
第一位成功测量光速的人是天文学家雷玛。1678年他根据木星的卫星发生蚀时在时间上的差异测定了光速

木星的卫星之一
地球的第一个位置
木星的第一个位置
月亮
地球的第二个位置
地球公转轨道的半径
月亮
木星的卫星之一
木星的第二个位置

光的颜色

　　光是有颜色的，这个结论早在 1666 年就被牛顿所证实。在那次棱镜实验中，牛顿让阳光照射到一块三棱镜上。这时候，他发现三棱镜所透射出来的光是一条由赤、橙、黄、绿、青、蓝、紫七种颜色所组成的光带，这就是光谱。这其中颜色混在一起，看起来是白色的。

牛顿正在做棱镜实验

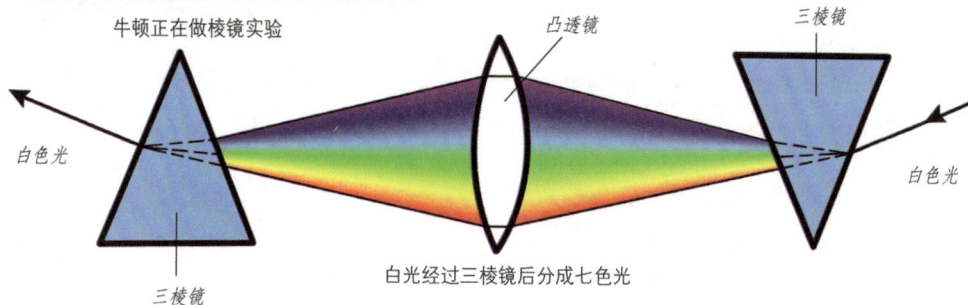

凸透镜

三棱镜

白色光

白色光

三棱镜

白光经过三棱镜后分成七色光

影 子

　　在均匀介质中，光是沿直线传播的，因而，不透明的物体被光线照射的话，会产生一个影子。这就是说，影子是光线无法穿透的物体后面的区域。在医学领域中的无影灯，就是为了把手术台所有的暗影都照亮，所以，无影灯下是没有影子的。

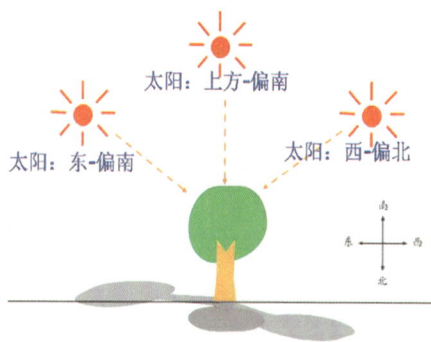

太阳：上方-偏南

太阳：东-偏南

太阳：西-偏北

南

东 西

北

太阳在不同方位照的树的影子方位也不同

海市蜃楼

　　夏季时节，在平静的海面或是沙漠上，空中常常会忽然出现亭台楼阁或是现代建筑物飘渺的幻影，这就是海市蜃楼现象。它的起因是夏季海面空气温度低于高空，而光线在冷空气中传播速度慢，从远处景物中反射的光线会发生折射现象，当光线的入射角超过某一角度时，就会出现海市蜃楼的现象。

海市蜃楼

如果人能和光赛跑，会看到什么呢？

奇思妙想

先不说光速有多快，总之它能够在人们打开灯的一瞬间内，到达屋子的每一个角落。如果能够追上光，那么就会看到光线最顶端的小亮点。更进一步，如果说我们具有了比光还快的速度，先于它到达了一个地方，那么这里应该是一团漆黑的吧！这其实只是人们从常理上的想象。科学家经过测算，光在真空中的速度可以达到 3×10^8 米／秒，就相当于一秒钟的时间，光可以跑 30 万千米。这样的速度，在目前的现实世界中还没有什么可以超越。1895 年，当爱因斯坦还是中学生时，他从科普读物中了解到光以每秒近 30 万千米的极高速度飞驰，突发奇想："假如一个人能以光速和光一起跑，会看到什么现象呢？"这是一个非常深刻的问题，三言两语不容易说清楚，但不妨这样想象：你在看露天电影时，银幕上的图像借助光线进入你的眼睛，你看到了电影变化着的图像，一切都很正常。现在想象你的座椅装上火箭带着你以光速推行，按照经典物理学理论，奇怪的事发生了！由于你和光跑得一样快，在你眼睛里老是那同一束光线，你看到的永远是同一帧画面，活动电影变成了固定的照片——时间停顿了！一切运动停止了！再进一步设想，你以超光速推行，你超过了光，不可思议的怪事发生了！这时光线不是进入眼睛而是从眼睛中出来了，假设你还看得到的话，看到的是倒放的电影——时间倒流了！年轻的爱因斯坦直觉地判断：这不可能！人永远不可能追上光。他经过十年的反复思考，终于悟出了光速不变原理：相对于任何运动的观察者，光速永远不变。

讨厌一切光亮的小呼噜

小呼噜是一只十足的小懒猪，它每天最喜欢干的事就是睡懒觉了。而它最讨厌的就是一切的光亮，包括太阳光、灯光、蜡烛的光——就连镜子反射出来的光也会受到它的诅咒呢！

太阳跳出来了，哎呀！天亮啦！"小呼噜，快起床吃饭，你要迟到了！"妈妈一边做饭一边大声地提醒小猪快起床。"哼！这讨厌的太阳，你不愿意睡觉还得逼我也起床，真是讨厌！"小呼噜又在抱怨中开始了新的一天。

到了晚上，太阳刚走，月亮就迫不及待地蹿出来，散发出一片皎洁的白光。家家户户都点亮了电灯。"哎，快点关掉灯吧，我早就想睡觉了！"小猪又抱怨起来。"可是，你的作业还没写完呢，要写完作业才能睡觉！"听到这话，小呼噜没办法，只好三下两下草草地写完了作业，然后赶忙跳上床睡大觉去了。

可日子每天都得这么过，小呼噜实在是烦透了。有一天，它在上学的路上，看着头顶的太阳，竟然不自觉地念叨起来："你们这些发光的东西，真是讨厌极了，把世界照得这么亮，完全不考虑我们的感受，你们什么时候才能离开我呀！"

它这话啊，还真的被太阳听到了。们这

太阳也感到委屈，"我为了让你们能种庄稼，的好日子。"想到这，太烛，一起离开小猪呼噜的家

无私地将自己的光和热洒下来，就是吃得饱呀！没有了我，你们哪有今天阳委屈极了，它带着所有的电灯和蜡乡。

镇子变成了黑暗的世界，连电然什么都看不见，但它可以光明

"嚯！天黑啦！"太阳一走，整个灯和蜡烛也都不见了。小猪可高兴啦！虽正大地睡大觉了——反正现在啥也看不见！

可是，没过几天，整个呼噜小镇都乱套了。大伙啥也看不见，一点儿光亮也没有，走个路都能撞到人，拿东西也总是拿错，再不就是进错房间闹出笑话……

不过这些都是小事，没了光亮，庄稼都不长了，农活也没法干了。这下大伙没吃的了，整天饿肚子。

这下，小猪呼噜害怕了，它到处找光亮，求太阳、电灯和蜡烛一起回来，费了好大的劲，才把太阳啊，电灯啊，蜡烛什么的都请了回来。这回，它可知道光的重要了。

进化论

进化论是当代生物学的经典理论，又称演化论。进化论的观点认为生物是由无生命到有生命、由低级进化到高级、由简单演化到复杂的一个不断演变和进步的过程。进化论的创建者是英国著名生物学家达尔文。而他的"进化论"被恩格斯推崇为 19 世纪自然科学的三大发现之一。

查尔斯·罗伯特·达尔文
（1809—1882），英国伟大的生物学家，进化论的奠基人

早期物种理论

在很久之前，人们就对物种的起源问题提出过种种假设，如中国的"阴阳八卦"学说、西方的"上帝创造万物"学说，甚至在文艺复兴时期，欧洲还曾流行过所谓的"不变论"，到 18 世纪后，又出现了带有唯心主义色彩的"活力论"和"拉马克主义"。

神创论

人类进化示意图

《物种起源》

1859 年出版的《物种起源》一书，系统地阐述了达尔文的进化论观点。该书主要论证了两个问题：1. 物种是可变的，生物是进化的；2. 自然选择是生物进化的驱动力。这两个学说的公布，击败了"神创论"，成为生物学研究的基石。

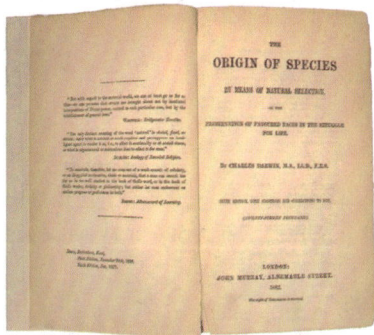

《物种起源》书影

理论缺陷

进化论的观点虽然得到了科学家的实验证实，如孟德尔的遗传定律，但在当时，依然面临挑战。比如，进化的过程方面缺少过渡型化石，这就不能有力地证明进化论；其次便是地球年龄的问题；另外，达尔文自己也无法说清自然选择的过程到底是怎样的。

三叶虫化石

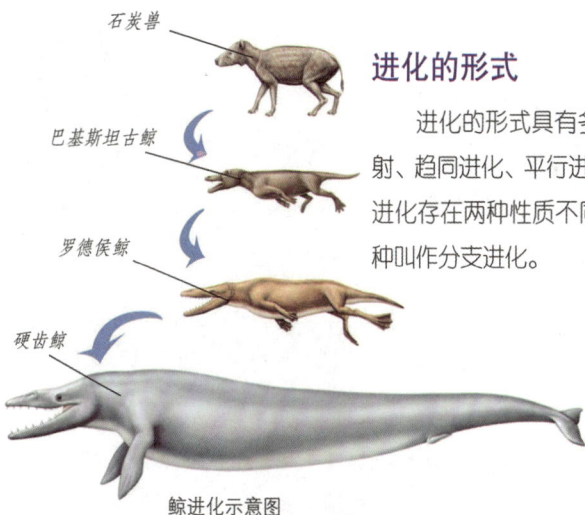

石炭兽

巴基斯坦古鲸

罗德侯鲸

硬齿鲸

鲸进化示意图

进化的形式

进化的形式具有多样性，并涉及诸多的概念，如适应辐射、趋同进化、平行进化以及进化速率和进化趋势等。此外，进化存在两种性质不同的进化改变，一种是前进进化，另一种叫作分支进化。

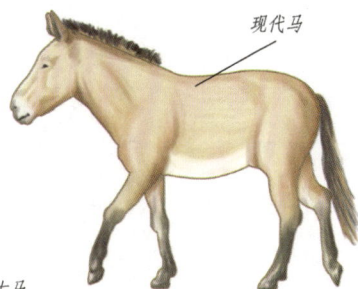

现代马

大象进化示意图

草原古马

进化的趋势

追溯生物进化的整个进程，我们可以发现其过程呈现出某种方向性的趋势，但这种趋势并不是自然界中既定的，这里的方向性属于统计学范畴内的趋向。而这种进化的趋势所产生的原因并没有固定的因素。

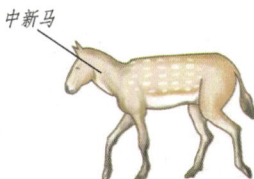

中新马

始新马

马进化示意图

奇思
妙想

人类从远古时期走来，从最初的用四肢爬行进化到今天的直立行走，经过了一个很长的历史时期。但随着人类生活环境、生活习惯等的改变，人类是否还在进一步的进化中呢？

科学家通过研究做出了以下预测：

未来人的外形很有可能和大脑袋的外星人很相似，除了脑袋很大之外，还有一双很大的眼睛。因为有了更多的代步工具，腿部缺少了锻炼，也失去了行走的必要性，于是会慢慢地萎缩，变得短小。手臂也是同样的道理，很多的工作都有机器人帮着完成了，人类只需要用手指完成几项简单的操作就行了。如此说来，人类的手臂也会变得短小，但是手指会变得细长以便于进行各种操作。从人类现在的生活来看，科学家对未来人类外形的预测并不是完全没有根据的。最初人类直立起来行走，解放出了双手是为了可以进行更多的劳动。然而现在，人类更多地趋向脑力劳动了，于是需要更多的脑容量。所以，未来人的颅腔会很大，也就是头会很大。

由这个进化趋势看来，未来的人类似乎看上去像是一个个短手短脚的大脑袋怪物，但这只是科学家的一些猜想，虽然存在一定的合理性，但是事实的发展谁也无法真正准确地加以预测。所以，人类日后到底会进化成什么样子，还是看自然怎么雕琢吧！

猿猴的梦想

一个天大的消息正迅速地流传于草原上的猿猴家族之中——它们的一个近亲家族居然进化成人了。

大伙都惊呆了，同时也羡慕极了。它们知道人类是当今地球上最为先进的物种了。那些变成了人的猿猴再也不用经受风吹日晒、寒风苦雨了。它们用双手建造出坚固的木房子，又在家门前点燃篝火，既能取暖，还能炙烤肉类——那烤肉的味道别提多香啦！最重要的是，它们的篝火还能吓跑黑夜里的狼群。

人类是最聪明、最高等的物种，并且有阅历的老猿猴都说："人类早晚会称霸整个地球，他们才是地球真正的主人呢！到时候，所有的动物都得供他们驱使，为他们做事。"

想到这些，猿猴家族做出了一个决定——要努力进化，变成人！

然而进化的历程可不是说说而已，需要付出极为艰辛的努力。首先，它们要培养直立行走的习惯。它们不得不使劲挺直自己的脊背，并且一整天都保持直挺挺的姿势。有些猿猴因为性子太急，竟然"嘎嘣"一声崩断了自己的腰，养了好多天才好呢！打那以后，这些受伤的猿猴再也不敢挺直腰板了，因为它们不想变残废啊！

不过还是有很大一部分猿猴适应了新姿态，它们逐渐养成了直立行走的步态。此后，它们竟然发现了另一个好处，它们的双手得到了解放，能够在走的同时进行一些"抓、取、握、拉"的动作了。它们觅食的效率也提高了，身体反而更好了。

而进化成人的最关键的一步，就是锻炼自己的大脑。这些猿猴早就习惯了本能，从来不喜欢思考。现在它们得强迫自己锻炼大脑，遇事不能硬碰硬，得想出一些点子来应付自然界的危险。有趣的是，这些猿猴在进行简单的思考时，总爱用自己的手抚摸自己的额头，渐渐地，它们额头上的毛都掉光了，露出了光滑的皮肤——它们看起来好看多了，也更像人了。

这些猿猴为了劈柴，发明了简易的石斧，后来，它们又将石斧磨得更加锋利，石斧还能帮它们切割猎物。最后，它们用了好久的时间，学会了点燃火苗。

这下，经历了千辛万苦的猿猴家族终于进化成人类了。而它们的后代则比它们更具优势，也更加聪明了。

蒸汽机

18 世纪发生了人类历史上最伟大的一次变革——第一次工业革命，而蒸汽机可谓是工业革命的引擎。蒸汽机是一种动力机械，它能将蒸汽能转换为机械能以此推动机器的运转。直到 20 世纪初期，蒸汽机依然是世界上最重要的动力设备。

第一部蒸汽机车是由英国人理查·特里维西克在 1804 年 2 月 21 日制造的

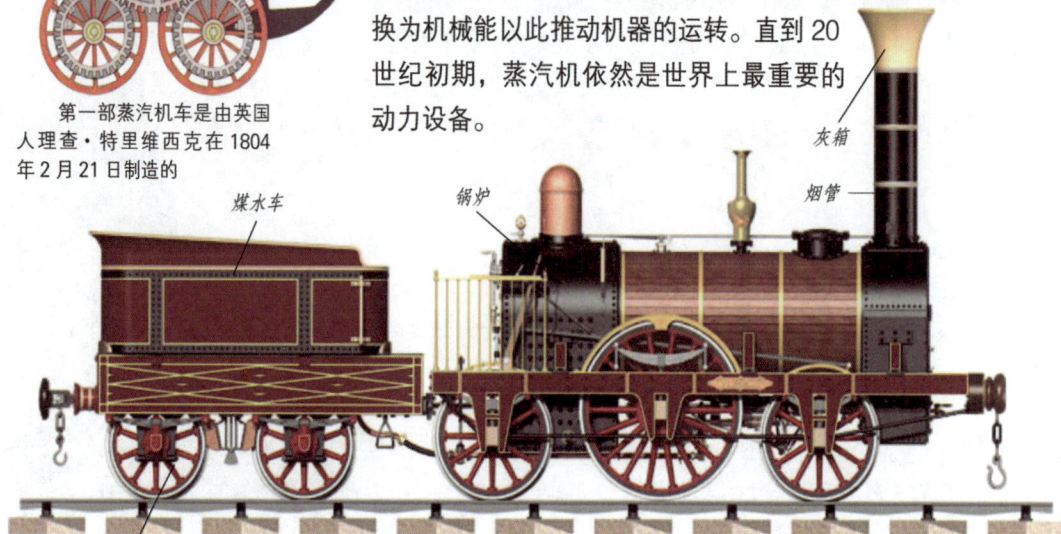

煤水车

锅炉

灰箱

烟管

车架走行部

早期蒸汽机车的构造

诞生史话

蒸汽机的诞生可以追溯到公元 1 世纪，古希腊数学家西罗发明的气转球可谓是蒸汽机的雏形。1679 年，法国物理学家丹尼斯·巴本制造出了第一台蒸汽机的工作模型。此后，托马斯·塞维利、托马斯·纽科门以及詹姆斯·瓦特都为蒸汽机的发展做出了不同的贡献。

瓦特对可门蒸汽机进行改造

创造性的改良

在蒸汽机的应用史上，瓦特是最不可忽视的一位天才改良者。他在实践中逐渐发现了蒸汽机的弊端所在。从 1765 年到 1790 年，他不断地进行创造性的改进，如分离式冷凝器、气缸外设置绝热层、用油润滑活塞等一系列发明，大大提高了蒸汽机的效率，最终形成了现代蒸汽机。

瓦特发明的蒸汽机

迅速推广

到 18 世纪晚期，蒸汽机的应用范围已从采矿业扩展到冶炼、纺织以及机器制造业等多个领域。在蒸汽机的推动下，英国的纺织业效率大大提升，投入到市场的纺织品的数量是原来的 5 倍，增加了市场的消费品，又加速了资本的积累。这反过来又促进了运输效率的提升。

"克莱蒙号"

1776 年，人们开始探索将蒸汽机应用于轮船上，使之成为新的驱动设备。到 1807 年，美国人富尔顿终于取得成功，研制成功了第一艘以蒸汽为动力的机船"克莱蒙"号。此后的百年间，轮船都以蒸汽作为动力。

1807 年，发明家罗伯特·富尔顿建造的"克莱蒙号"，首次在纽约的哈得孙河上行驶

1829 年，斯蒂芬孙研制的"火箭号"蒸汽机车

铁路时代的"开创者"

1803 年，英国人特里维西克以蒸汽机为动力推动一辆行驶于环形轨道上的机车前进，这是最早的机车雏形。1829 年，英国人斯蒂芬孙在机车的基础上研制出了新型"火箭号"蒸汽机车。这辆机车所拖带的一节车厢能够搭载 30 位乘客，时速可达 46 千米。这项发明一经公布，便引起了世界的瞩目，因为它将世界带入了一个全新的"铁路时代"。

更新换代

蒸汽机虽然极大地提高了工业效率，但有其固有的缺点，如笨重庞大，温度和压力较低，功率提高有限。因此，人们又发明了质量更轻、体积更小、热效率更高的内燃机。它成了运输业中更为抢手的驱动设备。

内燃机车

奇思妙想

火车头之所以能够带动后面一节节的车厢向前行进，是因为火车头车轮的滑动摩擦力克服了车厢的车轮的滚动摩擦力，也就是说火车头有足够的牵引力能带动沉重的车厢。而火车头的质量和它的滑动摩擦力是成正比的，因此火车头越重，产生的牵引力就越大，也就能够拉动几十节车厢。火车头要是太轻了，最直接的后果就是拉不动后面的车厢，动力就更不足了。

最初的蒸汽机火车有一个大锅炉装在车架的前端。在锅炉下面烧着煤火，用来将锅炉里面的水加热成蒸汽，再由锅炉上的一根管子将蒸汽引入车子前轮上方的汽缸里。蒸汽的力很大，可以推着汽缸里的活塞向前移动，而活塞通过连杆和曲轴与前轮连在一起，于是随着曲轴的转动，车轮就跟着转起来，从而使车子前进。此后不久，这种冒着黑烟、喘着粗气的车子先后在英国和德国出现了，如英国 1804 年制成的蒸汽机车。不过，它的模样和先前不大一样了：有的将锅炉移到车子的中间，并罩上罩子，两头还装上几排座位；有的把锅炉移到车后部，而在前面坐人的地方装了一个车厢，等等。蒸汽机车有点近代车的气派了。1825 年 9 月 27 日，从英国斯多克顿到达林顿的世界上第一条铁路正式通车了。

由蒸汽汽车改制成的蒸汽机车（我们平常所说的火车头）开始大显身手了，蒸汽机从此派上了大用场。这同时也宣告了世界上第一列火车正式问世。1866 年，德国工程师西门子与技师哈卢施卡联营创立电机公司，发明强力发电机，制成世界上第一列电力机车。到了 21 世纪，磁悬浮列车的速度可与一般的飞机速度相媲美。

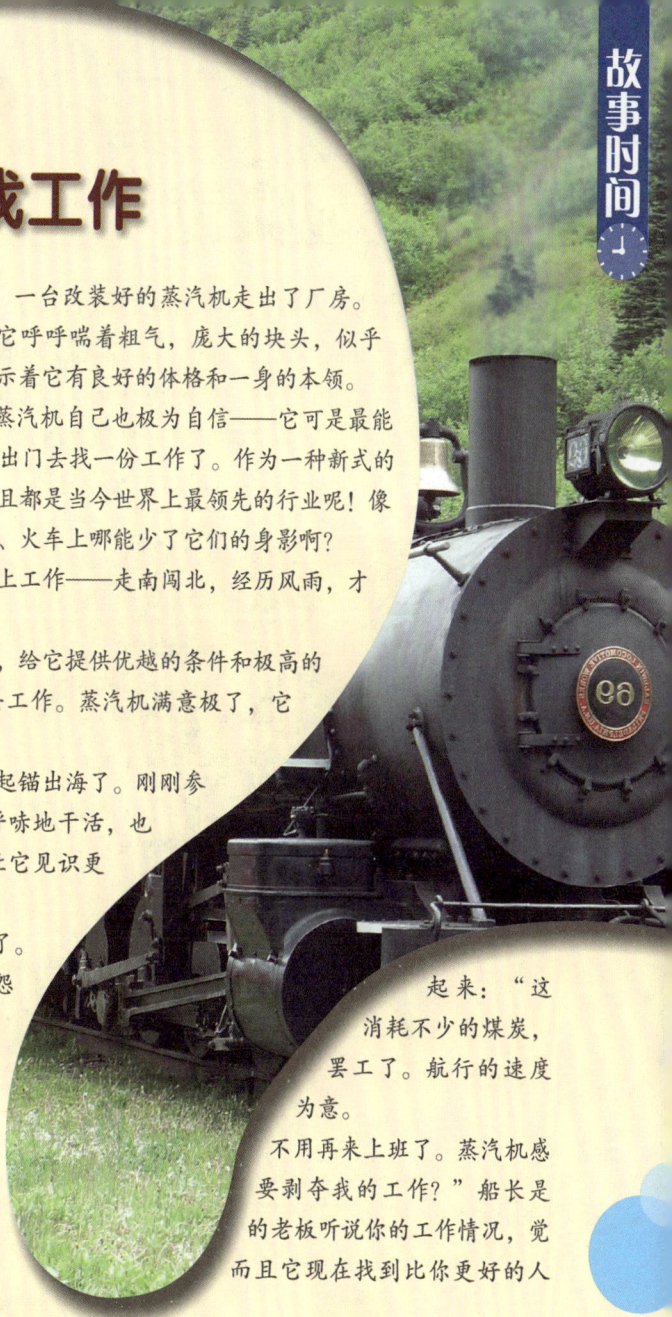

蒸汽机找工作

一台改装好的蒸汽机走出了厂房。看它呼呼喘着粗气，庞大的块头，似乎预示着它有良好的体格和一身的本领。

这台蒸汽机自己也极为自信——它可是最能干的，谁的本事也没它大。它现在就要出门去找一份工作了。作为一种新式的设备，它能去的地方实在是太多了，而且都是当今世界上最领先的行业呢！像什么冶金部门啦，纺织业啦，轮船运输、火车上哪能少了它们的身影啊？

这台蒸汽机早有志向，它要去轮船上工作——走南闯北，经历风雨，才能增长见识呢！

轮船公司对蒸汽机的到来欢迎至极，给它提供优越的条件和极高的报酬，还把它安排到最先进的轮船上去工作。蒸汽机满意极了，它一口答应下来，当天就上岗了。

新式轮船有了蒸汽机的辅助，立即起锚出海了。刚刚参加工作的蒸汽机干劲十足，每天呼哧呼哧地干活，也不觉得累，只希望轮船能跑得更远，让它见识更多的风景。

蒸汽机对自己的工作自然是满意极了。可不知从什么时候开始，船员们开始抱怨起来："这个大家伙一个人占那么大的地方，还要消耗不少的煤炭，有时候还挑三拣四的，稍有不满，就罢了。航行的速度都慢了不少。"但蒸汽机听了，不以为意。

可是有一天，船长却通知蒸汽机，不用再来上班。蒸汽机感到非常诧异："这是为什么？为什么要剥夺我的工作？"船长是个直来直去的人，便对它说："我们的老板听说你的工作情况，觉得你空有一副大个子，干活却不怎么样。而且它现在找到比你更好的人选了——叫内燃机。"

"内燃机是谁？它能比我更有本事吗？"

"内燃机没你个子大，但是干起活来可勤快了，又快又好，老板当然要选它了。"船长毫不隐瞒地说道。"不过，我也劝你一句，你也该改改了，你现在赶紧去找工作吧，兴许还能再找到一份不错的工作。"船长提醒了一句，便走了。

蒸汽机没办法，只好再次去找工作，可是这回，它却不像之前那么受欢迎了，因为人们都知道内燃机的好处了，大伙都争抢着聘请内燃机到自己的厂子来工作呢！

后来呀，蒸汽机实在没地可去，只好去博物馆里谋了一个闲职——当了一个讲解员。

显微镜

显微镜的出现将人类带入了微观的原子世界。它是由若干个透镜组合而成的光学仪器，能将微小的物体放大至人肉眼可见的倍数。显微镜有光学显微镜和电子显微镜两种。最早的显微镜属于光学显微镜，诞生于1590年，发明人是荷兰的眼镜商詹森父子。

目镜
双目镜筒
物镜转换器
弹簧夹
物镜
载物台
聚光镜升降手轮
光圈
下聚光镜
镜座
微调焦手轮
光学显微镜

列文虎克

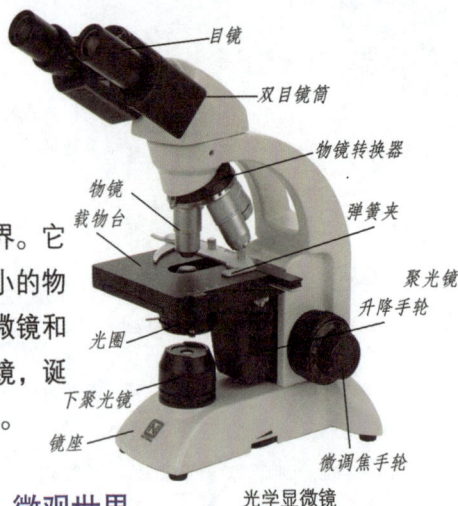

列文虎克的显微镜

微观世界

显微镜出现后，人类的视野便进入了微观世界，人们能观测到微生物和植物纤维的构造。而最早使用显微镜进行科学研究工作的便是意大利科学家伽利略，他在显微镜的帮助下，观察到一种昆虫，还向人们描述了它的复眼构造。随后，荷兰人列文虎克在显微镜的帮助下观测到更多的微生物，并成为世界上首位发现"细菌"存在的人。

数码显微镜

数码显微镜是在光学显微镜的基础上，将先进的光电转换技术、液晶屏幕技术结合而成的一款具有高新技术的产品。它解放了人的双眼，将放大后的物质用液晶显示器显现出来，提高了科研人员的工作效率。数码显微镜分为台式数码显微镜、手持式数码显微镜及无线数码显微镜。

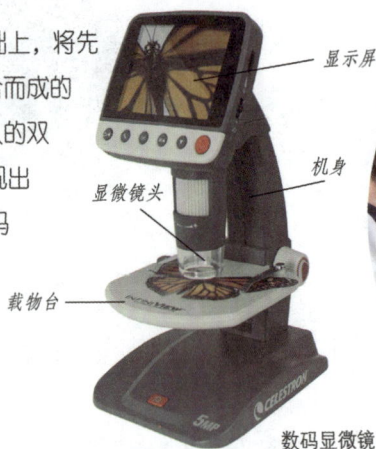

显示屏
机身
显微镜头
载物台
数码显微镜

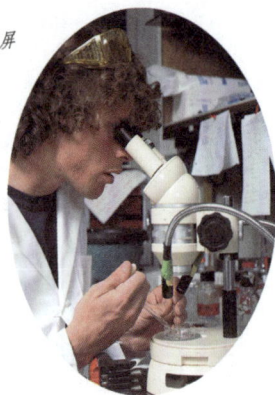

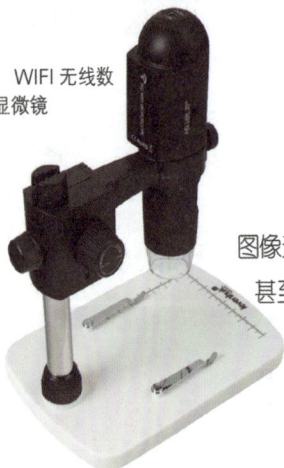

WIFI无线数码显微镜

WIFI 无线数码显微镜

WIFI无线数码显微镜，又叫视频显微镜；它能将显微镜镜头下的图像通过数模转换，显示于显微镜自带的屏幕上或是计算机、平板电脑甚至是智能手机上。其最大的技术改良是利用了无线WIFI传输技术，这填补了显微镜领域无线传输的技术空白，为特殊场合的工作提供了极大的便利。

电子显微镜

光学显微镜的最大放大倍率约为 2000 倍，而如今的电子显微镜则可以将物体放大 1500 万倍，这意味着，人们可以通过电子显微镜直接观测到某些金属的原子及原子点阵。但电子显微镜对工作环境要求极高，需在真空条件下工作，所以不利于观测活的微生物，且电子束会对生物产生辐射。

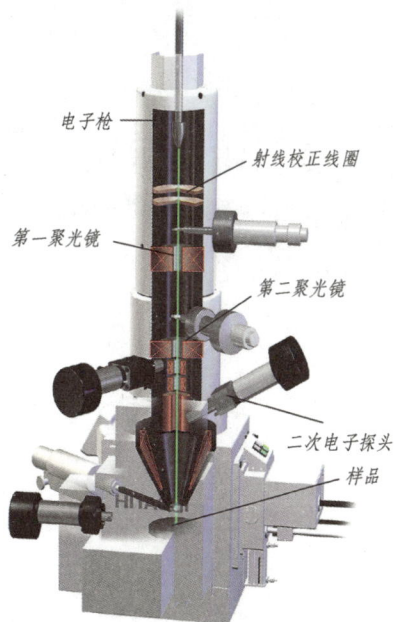

电子枪
射线校正线圈
第一聚光镜
第二聚光镜
二次电子探头
样品

电子显微镜

牛顿望远镜

伽利略望远镜

望远镜

在向微观世界探索的过程中，人们并未放弃对远方的探索。望远镜的诞生过程与显微镜有异曲同工之处，它也是利用透镜特性而发明的观测遥远物体的光学仪器。望远镜可将远处物体放大，也能将远处看不到的暗弱物体送入人的视觉中。最早将望远镜引入科研领域的是伽利略，他发明了 40 倍的双镜望远镜。

硬 X 射线调制望远镜

2015 年，我国科研工作者将中国人自己研制的新型天文望远镜——硬 X 射线调制望远镜送入太空，成为中国第一颗天文卫星，成为我国在天文卫星发射领域的新创举。而它升空后的主要作用是承担对黑洞以及与黑洞相关的中子星等宇宙物质的研究。

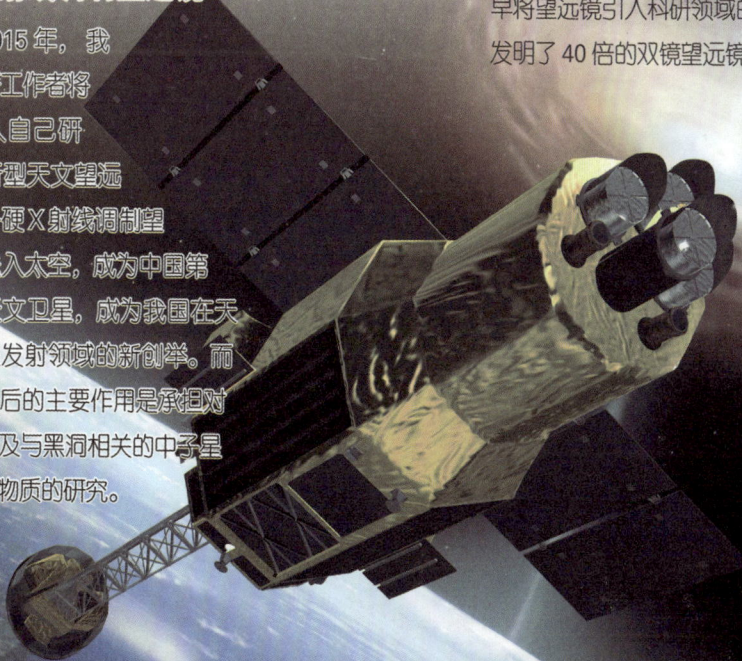

奇思妙想

目前，一个国际天文学家小组公布消息说，他们在哈勃太空望远镜的帮助下，已经观测到目前距离地球最遥远的星系，这是宇宙观测距离上的最新记录。

该小组在新一期《天体物理学杂志》上报告说，这个名为 GN－z11 的星系是一个异常明亮的"婴儿星系"，位于大熊星座方向，距地球约 134 亿光年。这意味着，我们现在看到的"婴儿星系"是它在宇宙大爆炸 4 亿年时的样子。

这也是哈勃太空望远镜观测能力的最新极限。几年之内，GN－z11 会一直被认为是距离地球最遥远的可见星系。若想打破这个记录的话，只能等到 2018 年詹姆斯·韦伯太空望远镜发射升空后才能实现了。

至于哈勃望远镜则是目前为止最为著名的太空望远镜。它以天文学家埃德温·哈勃的名字命名，位于地球外侧的轨道上。1990 年 4 月 24 日，哈勃太空望远镜被美国航天飞机送上太空轨道。哈勃太空望远镜长 13.3 米，直径 4.3 米，重 11.6 吨，造价近 30 亿美元。它以 2.8 万千米的时速沿太空轨道运行，清晰度是地面天文望远镜的 10 倍以上。

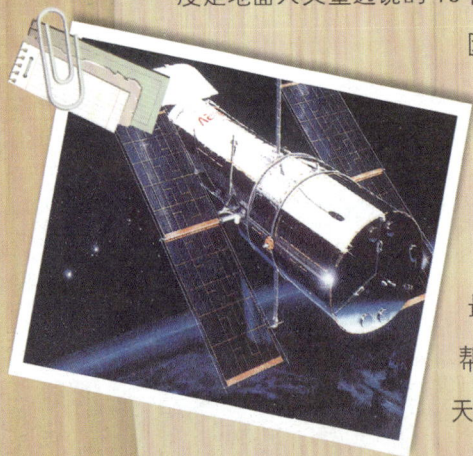

因为处于地球大气层之外，哈勃望远镜具备了极大的环境优势，它拍摄到的影像不会受到大气湍流的影响，视相度绝佳，又不会被大气散射所干扰，还能观测到被臭氧层吸收的紫外线。因此，哈勃望远镜自升空后，便成为天文领域最重要的仪器之一。它弥补了地面观测的不足，帮助天文学家解决了很多难题，扩展了人们对于天文学的认识。

显微镜捉凶

夏天到了，池塘边的蚊子也多了起来。它们整天"嗡嗡嗡"到处飞，专门趁人不注意的时候叮上一口。它们专干吸人血的勾当，更可恶的是，它们还会传播疟疾。

小朋友被蚊子"袭击"了，胳膊上痒死了，痒得他哇哇大哭。更不幸的是，这个小朋友的身子太弱了，又被传染了疟疾，一会儿热得满头大汗，一会儿冷得发抖。小孩子不会说话，哭得更狠了。

可是那作恶的蚊子呢？还像没事一样，得意扬扬地到处飞，"嗡嗡嗡"地唱着胜利的歌曲。小孩子的父母被气坏了，他们知道蚊子就是那个传播病毒的坏家伙，便想着捉它来治罪。

蚊子太狡猾了，总是"嗡嗡嗡"地飞，却不见它的身影。小孩子的父母费了好大劲，想了好多办法才捉住了它。为了防止它偷偷逃跑，他们将这只蚊子装进了一个玻璃瓶里——这下，它可是"插翅难逃"了。

小孩子的父母隔着玻璃瓶数落蚊子的恶行。可是蚊子呢？却是一副不以为意的表情。它嗡嗡地说道："我是吸了他的血，可你们凭什么说我传播了病毒？你们不要血口喷人，冤枉我。"

小孩子的父母被蚊子的这番话气得哑口无言，只好把它打算饿死它。

到了第二天，那只蚊子关在玻璃瓶里，居然还没死，但也飞不动了，只能老老实实地趴在瓶子壁上苟延残喘。

中午的时候，孩子的爸爸忽然拿了一个新式的设备回来。他敲了敲玻璃瓶，对蚊子说道："我今天要用显微镜找出你传播病毒的证据。我要让你心服口服。"不过蚊子已经没力气反驳了，只能任由孩子的爸爸取出了它的口水。

小孩子的爸爸将蚊子的口水放在显微镜的载物台上，调好焦距，便开始观察起来。蚊子的口水里果然藏着很多圆圆的小东西——疟原虫的孢子——它们就是使人得上疟疾的元凶。当蚊子吸血的时候，疟原虫的孢子就会溜进人的血液里，长成疟原虫，最后导致人们感染疟疾。

这下，事实摆在面前，蚊子也不得不认罪了。

电话

贝尔电话机

1876 年 3 月，美国人亚历山大·格拉汉姆·贝尔申请了电话的专利权。从此，人类进入了一个全新的通信时代。电话通信技术的主要特点是将声能转换为电能，并以"电"为媒介传输语言——打破空间上的界限。

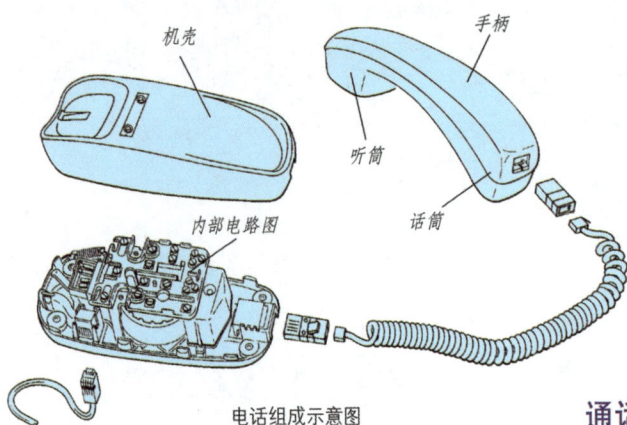
机壳
手柄
听筒
话筒
内部电路图
电话组成示意图

亚历山大·贝尔发明的电话分解图

通话原理

以电话为媒介进行通信的过程分为以下几个步骤：通话的一方拿起电话对着送话器讲话，声带的震动引发了空气的震动，形成声波；声波又刺激送话器，使之产生电流——这就是话音电流；话音电流通过线路传送到对方电话机的受话器内；受话器再将电流转化为声波，经过空气，最终传入人的耳朵中。

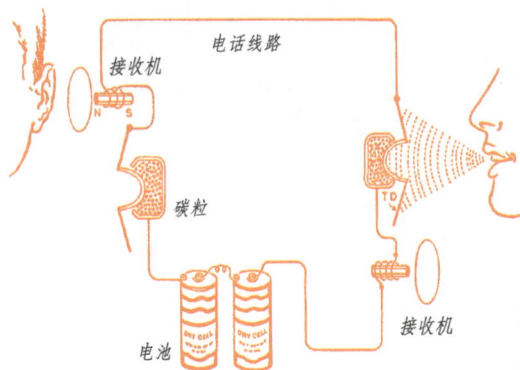
电话线路
接收机
N S
碳粒
电池
接收机
电话通话原理示意图

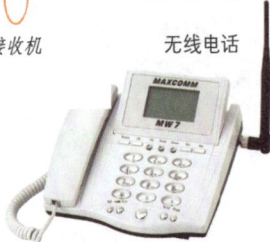
无线电话

早期发展

最早的电话机叫磁石式电话机，它由微型发电机和电池构成。通话之前，一方用手摇微型发电机发出电信号呼叫对方，对方启机后构成通话回路。1877 年，爱迪生发明了碳素送话器和诱导线路后，通话距离得以延长；1882 年，共电式电话机问世；1891 年，又诞生了自动式电话机。

爱迪生发明的电话

无线通信时代

手机的诞生开启了无线通信时代。1973 年 4 月，美国工程师马丁·库帕发明了世界上第一部民用手机。但当时的手机十分笨重，素有"大哥大"之称——但它进一步扩大了通信的范围。如今手机已有数十年的发展历史，通信技术已进入了4G 时代。

体形上，轻薄小巧，甚至与一枚鸡蛋的质量差不多

马丁·库帕与他发明的手机

手机附加功能越来越多，除了最基本的通话和短信功能外，还增加了收发邮件、上网、玩游戏、拍照等多项办公和娱乐功能

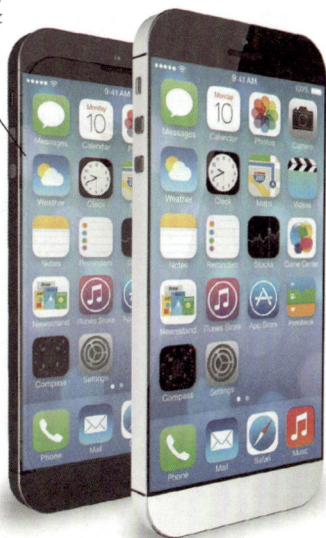

智能手机时代

智能手机在通话功能的基础上增加了PDA（掌上电脑）的功能，并能通过无线数据进行通信。智能手机的屏幕尺寸使其便于携带，带宽又为软件运行和内容服务提供了广阔的空间，可以开展多种增值业务。

4G

4G 意为"第四代移动通信及其技术"，其特点是能够传输高质量视频图像，并且图像传输质量可达到高清晰度电视的程度。4G 系统的下载速度可达100Mbps ，是从前拨号上网速度的 2000 倍，上传速度可达到 20Mbps，可轻松连接无线网络。2013 年 12 月4 日，工业和信息化部正式发放 4G 牌照，我国的通信行业由此迈入了 4G 时代。

通信行业进入了 4G 时代

如果没有手机会怎样？

More

奇思妙想

没有了手机，人们在外出时的联络就变得很不方便，不过在一些大中型城市可以使用 IC 电话。没有了手机，那些与手机相关的产业就不会出现，像中国移动和中国联通这种电信集团也没有了存在的必要。没有了手机，也就不会有与之相辅相成的移动通信技术的产生。

直到 1985 年，世界上才诞生出第一台现代意义上的、真正可以移动的电话。第一代手机是指模拟的移动电话。由于当时的电池容量限制和模拟调制技术需要硕大的天线和集成电路等制约，这种手机外表四四方方，只能称为可移动但算不上便携。第二代手机也是最常见的手机，通常这类手机使用 PHS、GSM 或者 CDMA 等这些十分成熟的标准，具有稳定的通话质量和合适的待机时间。在第二代中为了适应数据通信的需求，一些中间标准也在手机上得到支持，例如支持彩信业务的 GPRS 和上网业务的 WAP 服务，以及各式各样的 Java 程序等。相对第一代模拟制式手机和第二代 GSM、CDMA 等数字手机，第三代手机一般地讲，是指将无线通信与国际互联网等多媒体通信结合的新一代移动通信系统。它能够处理图像、音乐、视频流等多种媒体形式，提供包括网页浏览、电话会议、电子商务等在内的多种信息服务。为了提供这种服务，无线网络必须能够支持不同的数据传输速度，也就是说在室内、室外和行车的环境中能够分别支持至少每秒 2 兆比特（Mbps）、每秒 384 千比特（kbps）以及每秒 144 千比特（kbps）的传输速度。未来的手机将偏重于安全和数据通信。一方面加强个人隐私的保护，另一方面注重加强数据业务的研发，更多的多媒体功能将被引入，手机会具有更加强劲的运算能力，成为个人的信息终端，而不是仅仅具有通话和发送消息的功能。

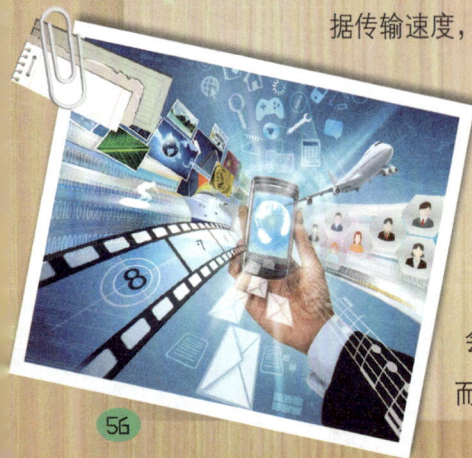

受到"冷落"的信鸽

在电话发明之前，人们要想传递消息就得拜托信鸽来帮忙。

信鸽善于飞行，又有信誉，心地也十分善良。每当有人求助它给远方的亲人带封书信的时候，它便将书信绑在小腿上，开始长途跋涉，总是不负重托。

因为要传递书信的人实在是太多了，所以信鸽总是不停地在天上飞来飞去，片刻也不得闲。

但是最近这阵子，信鸽明显地感觉到来拜托它捎带书信的人越来越少了，有时候好几个月都没有一个。它感到奇怪极了，它觉得自己办事稳妥，从没弄丢过一封信，怎么大伙就不来找它了呢？

信鸽的闲暇时间多了，便悄悄飞落在人家的房檐上，暗暗地观察。它发现街道上多了很多电线杆子，好多条黑线接入了人家的屋子里。它感到纳闷，这根黑线是干什么用的呢？

为了看得更清楚，它只好落在人家窗子外的窗台上。这次，它终于看清了：那根黑线进入屋子以后，又被插入一个塑料盒子里了。可是那个上面有数字的小盒子是干什么的呢？

"丁零零！丁零零！"信鸽被这突如其来的声音吓了一大跳。它好奇地瞅来瞅去。忽然，一个小朋友蹦蹦跳跳地跑过来，拿起那个小盒子，竟对着它"自言自语"起来……

信鸽实在是想不通，只好飞回到房檐上慢慢想。过了一会儿，一群从南方飞来的大雁经过此地。信鸽觉得它们见多识广，立即抬头喊道："大雁姐姐，可不可以停一下，我有大问题请教你。"

大雁低头看看，原来是信鸽妹妹。它立即呼扇着翅膀落在了房檐上。"大雁姐姐，我最近闲得无聊，都没人找我捎带书信了。你知道这是为什么吗？还有你知道那根黑线和屋子里的'盒子'是干什么的吗？"信鸽一口气问了好几个问题。

大雁低头看看，便明白了。它对信鸽说道："我说妹妹，你整天忙于工作，也不知道世界发生了变化。你说的那个'盒子'是电话，人类的新发明。有了它，人们无论距离多远，只要拨通号码，立刻就能通话了。人们当然不需要拜托你去送信了。"

"原来是这样！那个奇怪的盒子叫作电话。"信鸽这才明白自己受到"冷落"的原因。

电视机

电视机是"电视信号接收机"的简称，它是一种用电的方法即时传送活动的视觉图像的机器。电视机的原理与电影类似，利用人眼的视觉残留效应显现一帧一帧渐变的静止图像，在视觉上形成"活动"的影像。

约翰·洛吉·贝尔德和他的机械电视系统

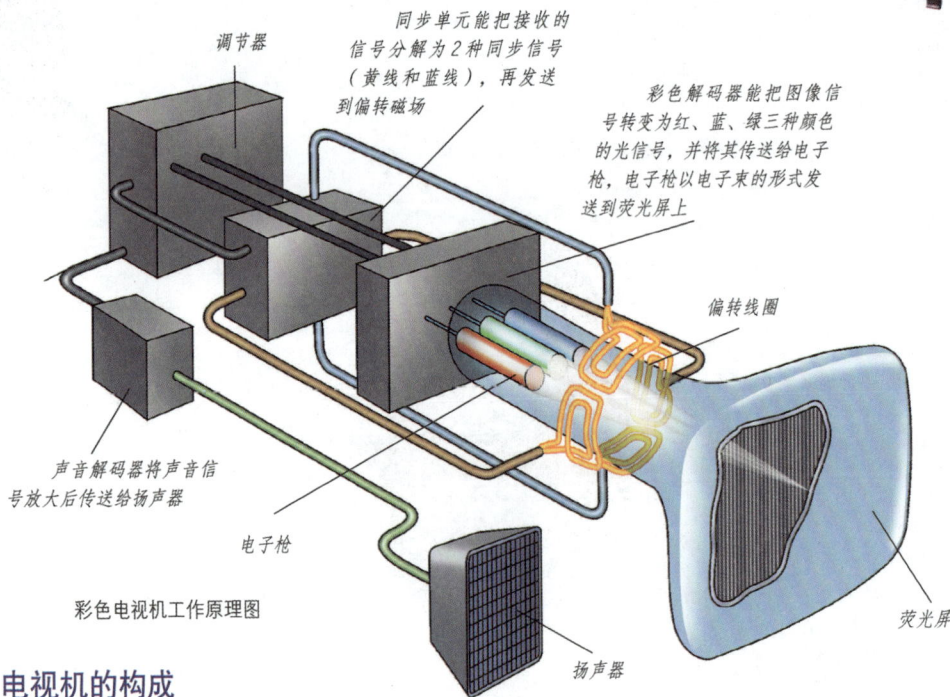

世界上第一台电视机

1925年，世界上第一台机械式电视机诞生了，他的发明者是英国的电子工程师约翰·贝尔德。他的电视机中最早展示的图像是一个"扫描"出的木偶的图像。他也因此被誉为"电视之父"。

约翰·洛吉·贝尔德的机械电视

调节器

同步单元能把接收的信号分解为2种同步信号（黄线和蓝线），再发送到偏转磁场

彩色解码器能把图像信号转变为红、蓝、绿三种颜色的光信号，并将其传送给电子枪，电子枪以电子束的形式发送到荧光屏上

偏转线圈

声音解码器将声音信号放大后传送给扬声器

电子枪

彩色电视机工作原理图

荧光屏

扬声器

电视机的构成

电视机由复杂的电子线路和喇叭、荧光屏等部件组成。其工作过程为，通过天线接收电视台发射出的全电视信号，再由电视机内部的电子线路将视频信号和音频信号分离开来，分别传输到荧光屏和喇叭中以向观众输送出图像和声音。

技术的飞跃

1928 年，美国的 RCA 电视台最早播出了第一套电视节目《Felix The Cat》。从此，人类的生活、信息传播和思维方式被改变了。时至今日，电视机也已经经历了从黑白到彩色、从模拟到数字、从球面到平面的巨大飞跃。

1958 年，中国诞生了第一台黑白电视机。第一台电视机是利用苏联的元器件生产出来的 14 寸黑白电视机，名为"北京"牌。中国的电视机制造技术在世界范围内可达到与日本比肩的水平

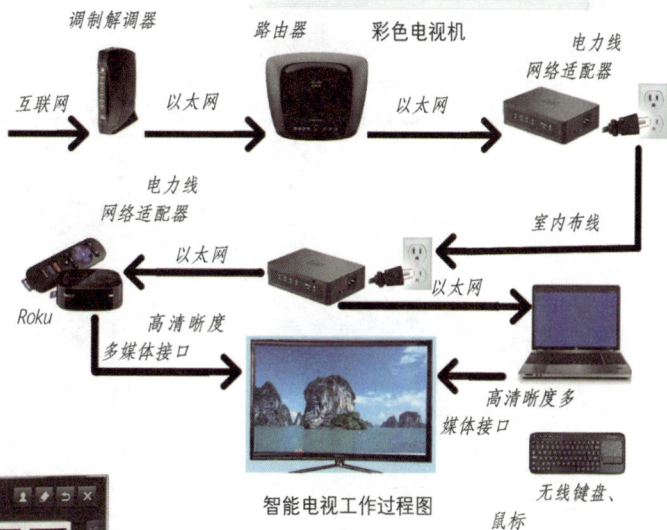

调制解调器

路由器

彩色电视机

电力线网络适配器

互联网

以太网

以太网

电力线网络适配器

室内布线

Roku

以太网

以太网

高清晰度多媒体接口

高清晰度多媒体接口

无线键盘、鼠标

智能电视工作过程图

智能电视

如今的电视机制造业的趋势体现为"高清化""网络化"以及"智能化"，这催生了一种新型电视机——智能电视。智能电视的出现，将网络、AV 设备以及 PC 设备融为一体，成为一个更具开放性的内容输出设备。

智能电视机

4K

4K 是近年来的一个流行词汇，它指 3840×2160 的物理分辨率。在过去，1080P 即为全高清标准，4K 的分辨率可达全高清的 4 倍。拥有 4K 分辨率的电视机具有画面更精细、更细腻的优势，更有利于 3D 资源的显示。对于观众的体验来说，可谓是质的飞跃。

电视机的 4K 分辨率是画面

如果没有电视会怎样？

如果没有电视，忙碌了一天的人们想找个轻松的休闲方式时，就没有办法惬意地待在家中收看各种影视节目。如果没有电视，人们接受各种新闻信息将变得不再及时和直观，他们只能从报纸和广播中去了解世界上发生了什么事情，但是却无法看见真实的情景。

追溯电视的历史，1883 年德国人尼普科夫根据视觉暂留原理发明了扫描盘，这是电视机不可缺少的扫描方式。1923~1932 年间，英国人贝尔德和金肯斯应用尼普科夫的扫描盘成功地完成了电视实验。与此同时，美国贝尔实验室的艾夫斯和德国人克拉温克尔也先后于 1927~1929 年间完成了电视系统的实验研究。1928 年，移居美国的俄国人兹窝里金发明了用于传送电视影像的使用光电管。这是一个划时代的发明，它的原理是，使光像存留在光电性马赛克面上，以电子扫描发射信号。接着，另一位发明家范斯沃斯发明了析像管。这样，现代电视的关键部件便基本齐备了。1935 年，美国纽约成立了电视台，向 70 千米的范围广播了电视节目。同年，希特勒掌权的德国柏林也播放了电视节目。

第二次世界大战后，电视系统中原先一些悬而未决的技术问题得到了解决。1953 年，美国国家电视委员会研制了彩色电视。20 世纪 60 年代以来，卫星转播站开始转播电视节目。70 年代以来，电子计算机技术也被应用到电视节目的特效制作方面。今天，电视已成为地球上最普及的一种声像传播媒介。可以毫不夸张地说，电视的出现是 20 世纪人类文化生活中的一个重大的事件。

到底是"看"还是"听"

电视机的荧屏和喇叭早就互相气不过，今天，它们之间的矛盾升级了，终于爆发了！

就说今天吧，它们的小主人还没起床的时候，荧屏和喇叭就开始了它们的争论——这争论都持续好久啦！争论的焦点是什么呢？当然是谁比较重要。

荧屏说："你想想，我们的小主人哪次看电视的时候，不是眼巴巴地盯着我看，只有我才能给他呈现出五彩缤纷的动画片呢！"

喇叭不以为然，立即反驳道："我说老兄，你也好好回忆回忆，哪次声音一小，小主人不是立马举着遥控器，赶紧把我放大了，生怕错过动画片里有趣的对话呢！"

荧屏冷笑着说："从来都是'看'电视，没听说谁要'听'电视！你说是不是？"

这话可刺激到喇叭了，它说不出话了，气得"呼呼"喘气。不过，它也不是好惹的，它要报复！

太阳晒屁股了！小主人也终于起床了。小家伙一骨碌跳下床，急忙用遥控器打开电视——动画片开演啦！

"咦？怎么只有画面，没有声音？"盯着电视看，"动画片的主题曲都放呢？"小家伙以为没开声音，便把遥控器晃了晃，对准了电视机上的信号接收孔，使劲地按了几下，"不对呀！这声音都调到50了，怎么就是没声音呢？"

这边小家伙急得够呛，连荧屏都着急了，便喊喇叭："喂，你倒是出声啊？你想让人看哑剧吗？"喇叭听了，得意扬扬的，却一声不吭。

小主人急坏了，眼看主题曲唱完了，就开演了。他大哭着叫爸爸。

爸爸过来，问清了缘由，便走到电视机跟前。他前后拍了拍，又拿遥控器试了试，还是不管用。小主人大哭着说道："爸爸，电视机坏了，扔掉它，我要买最新的。"爸爸听了急忙哄着自己的儿子说道："乖儿子，不要哭了好吗？爸爸今天就去给你买最新款的电视机。"

"呀！我们要被扔掉了！"荧屏立刻说道。喇叭也害怕了，它们害怕自己被扔到脏兮兮的垃圾堆里，那可太脏啦！

想到这，喇叭来不及闹别扭了，急忙大声地唱起来。"电视机又好了！"

这回，荧屏和喇叭再也不闹别扭了，因为它们谁也离不开谁。

小家伙满脸疑惑地出来了，怎么听不到……

照相机

照相机的主要作用是摄影，它是一种利用光学成像原理形成影像并以底片为记录媒体的设备。与照相机息息相关的技术是摄影术——当拍摄对象所发射出的光线通过照相机镜头和快门后，便在暗箱内的感光材料上形成了潜像，经过冲洗处理后，便形成了永久性的影像，这便是所谓的摄影术。

早期照相机

胶卷

达盖尔使用过的照相机

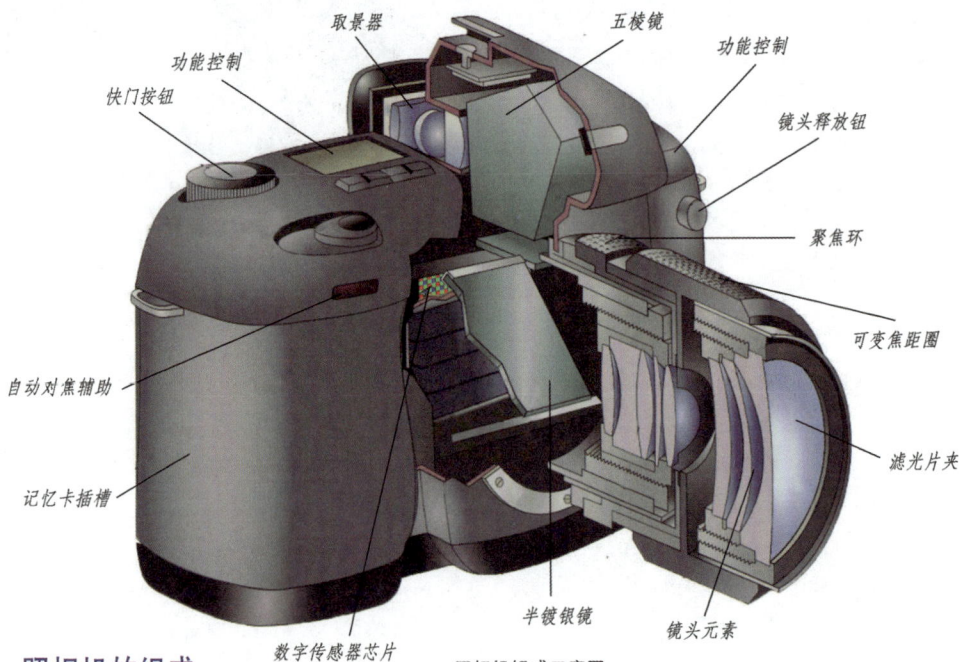

第一台实用照相机

1839 年，法国人达盖尔研制出了第一台实用照相机，它的构造十分简单：两个木箱组成的结构，一个木箱插入另一个木箱中进行调焦，以镜头盖为快门，曝光时间达到 30 分钟，拍出了一张清晰的图像。

取景器　功能控制　五棱镜　功能控制

快门按钮

镜头释放钮

聚焦环

可变焦距圈

自动对焦辅助

滤光片夹

记忆卡插槽

数字传感器芯片　半镀银镜　镜头元素

照相机组成示意图

照相机的组成

早期的照相机构造十分简单，仅由暗箱、镜头和感光材料几个部分组成。而现代照相机的构成则越发复杂，包括镜头、光圈、快门、测距、取景、测光、输片、计数、自拍、对焦、变焦等多个复杂系统。可以说，现代照相机是将光学、精密机械、电子和化学等技术合为一体的精细产品。

成像步骤

传统相机的工作过程可分为三步：首先，景物的影像通过镜头聚焦在胶片上并成像，而底片上的感光剂随之发生变化，随后，受光后发生变化的感光剂在显影液的作用下形成剪影和定影。此时形成的影像是与景物相反的，且色彩也为互补的关系。

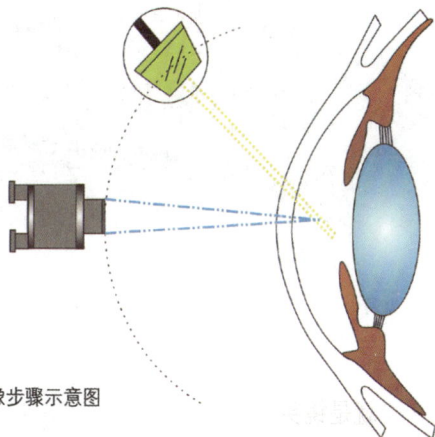

成像步骤示意图

现代照相机

闪光灯

反光镜

闪光传感器

感光元件（CCD）

数据接口

数码相机的结构原理图

数码相机

数码相机最早出现在美国，是科技发展的产物，它将光学、机械与电子技术合为一体，集成了影像信息的转换、存储和传输等部件，具有数字化的特点。它最初应用于航天领域，为地面传送天体照片，后来转向民用领域。

数码相机

单反相机

单反相机

单反相机是"单镜头反光式取景照相机"的简称。它采用单镜头形式，收集物体的光线并反射到反光镜上，以此实现取景的功能。它具有成像质量优、成像速度快、可根据实际情况调换镜头等多种优点，但也存在着笨重、噪声较大等多种不便之处。

如果照相机没有镜头会怎样？

奇思妙想

照相机是用于摄影的光学器械。照相机最关键的部分应当是镜头，一部好的照相机最有价值的部分就是镜头了。如果照相机没有镜头，会怎样呢？

最早的照相机结构十分简单，仅包括暗箱、镜头和感光材料。现代照相机是一种结合光学、精密机械、电子和化学等技术的复杂产品，包括镜头、光圈、快门、测距、取景、测光、自拍等系统。而照相机最关键的部分就是它的镜头，没有镜头，照相机就不能够进行拍照，也就不能产生出我们所见到的照片了。

1830 年，法国光学家谢瓦利埃研制出了早期照相机使用的风景镜头。这是一种"消色差弯月形透镜"，它由两块透镜组成，一面是凸镜，另一面是凹镜的弯月形透镜。这组透镜装在一个圆筒内。谢瓦利埃的镜头不能拍摄人物，因为镜头的光通量极小，需要曝光很长的时间才能在底片上留下影像，没有人能在镜头前纹丝不动地待十分钟，所以这种镜头只能拍摄风景，故被称为"风景镜头"。能拍摄人物的"肖像镜头"是维也纳数学家培茨瓦尔发明的。1840 年，培茨瓦尔在光学仪器制造商福克特连德的支持下，研制出了这种"肖像镜头"，这种镜头的光通量是风景镜头的 16 倍，使曝光时间缩短到一分钟左右。尽管这种镜头的视角只有 20°，只能拍摄直径约 9 厘米的圆形照片，但在 1900 年前它一直是深受摄影家们欢迎的"标准镜头"。

1902 年，德国的鲁道夫利用赛得尔于 1855 年建立的三级像差理论，和 1881 年阿贝研究成功的高折射率低色散光学玻璃，制成了著名的"天塞"镜头，由于各种像差的降低，使得成像质量大为提高。1975 年以后，照相机的操作开始实现自动化。

自大的摄影师

美术系的学生正在老师的带领下在郊外写生。这里的景色真是美极了！

群山环绕，绿树葱茏，溪水潺潺，雾气升腾的时候整个世界都被水汽氤氲着——真是一幅绝佳的山水画！师生们陶醉在山水美景之中，自然灵感勃发，每个人都交出了满意的作品。

一个月之后，美术系举行了一次盛大的画展。由于风景优美，学生们的画功也不错，画展办得有声有色的，吸引了不少艺术爱好者慕名前来观看。这其中就有一名小有名气的摄影师。

他背着他最熟悉的照相机来到画展厅，只听"咔嚓""咔嚓"几声之后，那些佳作便被照相机收入"囊"中了。摄影师将自己满意的照片冲洗出来，不禁为自己的"艺术品"感到自豪。

他带着相片再次拜访画展的组织者——美术系的教授。他多么希望美术系的教授能夸一夸他的摄影技术。

美术系的教授看了照片，连连点头称赞，说这位摄影师是"了不起的摄影天才"。

得到了美术系教授的赞扬，摄影师便有些飘飘然了，说起大话来了。"看看我！'咔嚓'几下，就'画'出了精美的艺术品。照这个速度，一年得贡献出多少佳作？你们这些画画的，全靠人力一笔一笔地画，真是太慢了！简直就是白白浪费时间！"

教授听了这狂妄无知的话，便觉得好笑。他点了点头微笑着看着摄影师，把头转向另一边，然后又指着旁边一块蒙着布的巨大画板说道："你看那里。正好我有一个计划，我打算用一个月的时间，在这块画板上完成一幅油画。既然你这么有天分，'画'得又快，就请你带着你的照相机，发挥你的艺术表现力，来为我代劳一次吧！"

摄影师乐不可支，这可是表现的好机会啊！他急忙拿出自己的照相机，挂在脖子上，然后又一把拽掉了画板上的蒙布，准备"创作"了！

可当他打开照相机的镜头盖，又找好了角度时，才发现镜头内空空如也，只是一张白板而已！

他终于明白了老教授的用意——是在羞辱他不劳而获呢！摄影师识趣地收起了照相机，灰溜溜地逃离了画展厅。

计算机

计算机俗称电脑，它是一种能够按照程序运行，自动、高速处理海量数据的现代化智能电子设备；电脑功能广泛，具备数值计算和逻辑计算的能力，还可以存储各种类型的文件。电脑的基本构成设备分为硬件系统和软件系统。

电 脑

20 世纪的天才发明

计算机堪称 20 世纪最为杰出的天才发明，它的发明者是美国科学家约翰·冯·诺依曼。计算机的出现极大地加速了人类文明的进程。它是一种具有强大生命力的发明创造，而它的应用领域也从最初的军事领域扩展到社会生活的方方面面，已成为当今社会中必不可少的工具。

约翰·冯·诺依曼

仿生计算机

世界上第一台计算机

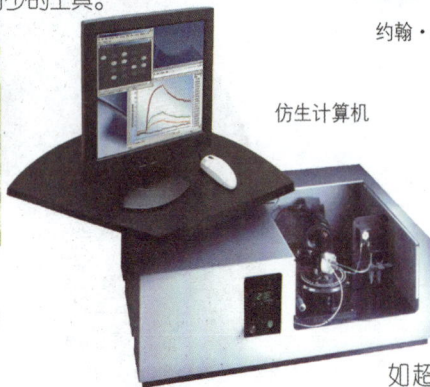

庞大的家族

按照用途的不同，计算机家族已经衍生出多种专业型计算机，如超级计算机、工业控制计算机、嵌入式计算机五类，较先进的计算机有生物计算机、光子计算机、量子计算机等。

算机、网络计算机、个人计

计算机的优势

计算机在生产生活中的优势是其他工具无法比拟的：首先，它具有超强的运算能力，并且计算精度极高；其次，计算机还可对各种多媒体信息展开逻辑运算，甚至可进行推理和证明的工作。此外，计算机具有自动控制能力，可根据人们设计好的运行步骤与程序，自动执行命令，并能达到预期的效果。

超级计算机

在计算机家族中功能最为强大的当数超级计算机，它由成百上千个处理器组成，因此，计算能力强，运算速度极快。超级计算机主要服务于科学、气象、军事、航天等领域，它是一个国家综合国力和发展水平的体现。超级计算机造价昂贵，且耗电量极高。

"海妖"超级计算机由美国田纳西大学国家计算科学研究院研制

云计算

云计算是计算机领域的一大巨变，被称为"革命性的计算模型"。进入新世纪以来，云计算的概念已经被越来越多的人所了解。有了云计算，普通用户也可以通过互联网享受到超级计算的便利，用户不必购买昂贵的设备，只需按自己的使用量和功能付一定的租赁费用即可。

云计算

计算机的明天

人类早已迈进了 21 世纪，而计算机的发展也进入了日新月异的时代。当今计算机属于第四代计算机，随着科技的发展，必将出现功能更为强大的新一代计算机操作系统。人们无法预测计算机会衍生出哪种新的功能和形式，但其趋势则是向着微型化、网络化、智能化和巨型化等几个方向发展。

笔记本电脑

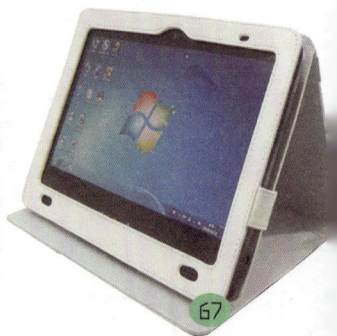

如果电脑能像人一样思考会怎样？

奇思妙想

如果电脑能够像人脑一样思考，人类不就可以更加省事儿了吗？那个时候，人们只需要将指令输入电脑，电脑就会自己想办法完成。如此下去，人类做事情都会万无一失。可是，再往长远想一点，人脑长时间不思考就迟钝了，变得更为懒惰。而电脑却越来越聪明，而且具有了不凡的创造力，一代比一代聪明。渐渐地，人类的智商就被电脑比下去了。终于有一天，电脑提出不愿再受人类的控制，它们要做世界的主人，因为世界上所有的一切都是它们做的。到时候人类有什么办法呢？自己还能为世界创造什么呢？

事实上，电脑并不会思考。它们需要人类先输入执行的程序，然后它们按部就班地完成各项工作。但它们所缺少的，正是最为重要的创造力。人脑就是因为有着不懈的创造力和想象力，才使得这个世界有着日新月异的变化。但让电脑像人脑一样思考，一直以来是人工智能发展的最终目标。人工智能的目的就是让计算机这台机器能够像人一样思考，胜任一些通常需要人类智能才能完成的复杂工作。

2016年3月，由谷歌公司开发的围棋人工智能程序——阿尔法围棋（AlphaGo）以4:1的战绩战胜围棋世界冠军、职业九段选手李世石。在世界职业围棋排名中，阿尔法围棋的等级分曾经超过排名人类第一的棋手柯洁。

这是否意味着电脑可以与人脑分庭抗礼，能像人一样思考？但以目前电脑的发展水平来看，还不可能。

电脑"生病"了

罗文家添置了一台新电脑。瞧那崭新的机箱和宽大的液晶屏幕，真是气派！电脑刚刚连接好，罗文就迫不及待地开机了——开机速度真快，十分流畅。罗文可得意了，还叫小伙伴一起来玩电脑游戏呢！

忽然有一天，新电脑居然闹起了脾气——开机好久才出现欢迎界面，运行速度就像被牛车拖着一样慢！更可怕的是，当罗文打开一篇文档的时候，屏幕上显示的不是他写好的作文，竟是一些奇怪的符号！罗文担心极了——这可是明天就要交的作业啊！他不知道这个新电脑是怎么了，只好按下了重启键，心里默默祈祷着电脑能恢复正常。

可这次，电脑开机时间更长了，甚至连文档都打不开了。罗文急得满头大汗，可他一点儿办法也没有。他急得这里拍拍显示器，又低头猫腰地敲了敲主机——电脑就是"纹丝不动"——一点反应也没有。

罗文忙活了半天，累得趴在电脑桌上睡着了。迷迷糊糊的时候，他做了一个奇怪的梦。电脑显示器居然开口对罗文说话了："喂，罗文，醒一醒，我是你的新电脑。我现在这个样子，一定是感染了电脑病毒——那些奇怪的字符弄得我头昏眼花的，一点儿精神都没有，怎么能运行得快呢？"罗文担心地问道："那我该怎么给你治'病'呢？""没关系，我的病很好治，只要下载一份杀毒软件给我杀杀毒就好了。"

听到这里，罗文忽然醒了过来，说了电脑的"症状"，希望他晚上回来给电脑杀杀毒。

晚上，爸爸回到家，便坐到电脑跟前。只见他拿出一个U盘，插在电脑上，又敲了几下键盘，便按下了"重启"按钮。

这一次，电脑开机速度快极了，罗文的作文文档也恢复了正常。他终于松了一口气，急忙对爸爸说"谢谢"。修好了电脑，爸爸告诉他说："电脑染了病毒并不可怕，用杀毒软件就能治好大部分的电脑'病症'！"

夜里，罗文又做了一个梦。梦里，电脑显示器对他说："谢谢你，你治好了我的病。以后可要小心对待我！可不能访问那些未知和不安全的网站呀。"

激　光

激光是 20 世纪人类的又一重大发明，激光的亮度远超太阳的光亮，可达太阳光的 100 亿倍。激光在人类生产和生活中有着极其重要的作用，被誉为"最快的刀""最准的尺""最亮的光"以及"奇异的激光"。

激光穿透苹果

发展简史

最早发现激光原理的人是美国著名物理学家爱因斯坦，他在 1916 年便发现了激光现象。但直到 1960 年，美国科学家梅曼才宣布获得了一段波长为 0.6943 微米的激光束，并制造出世界上第一个激光发射设备。此后，人们对激光展开了多方面的研究并对其大加利用。

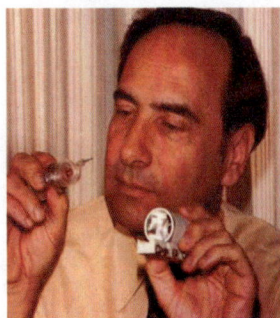
美国物理学家梅曼发明了世界上第一个激光器。激光和激光器的上问世，被称为 20 世纪最重大的科学发现之一

人工红宝石

细圈闪光管提供能量

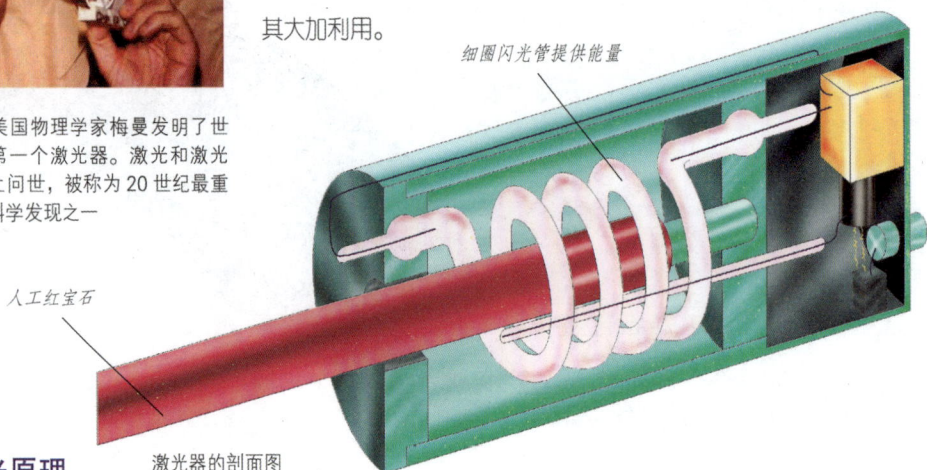
激光器的剖面图

发光原理

1916 年，爱因斯坦提出了一套全新的技术理论——光与物质相互作用。其内容为，物质的组成部分——原子中的电子会以不均匀的方式分布在不同的能量级上，当处于高能级上的电子受到某种光子的刺激时，会发生从高能级跳跃到低能级的现象，这时候，电子便会被激发出与那个光子性质相同的光波，甚至还会出现弱光辐射出强光的现象，这便是所谓的"受激辐射的光放大"——也是激光的全称。

自发吸收　　自发辐射　　受激辐射

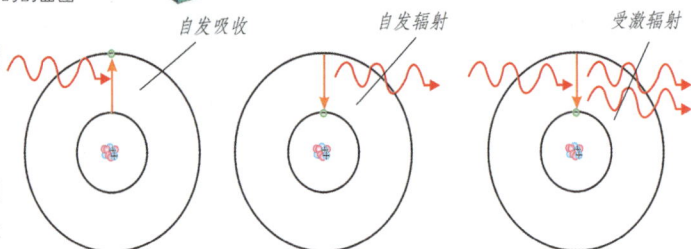
激光辐射示意图

激光的特性

　　激光具有定向发光、亮度强、颜色纯、能量大的优点。与普通光源向四面八方辐射不同，激光具有天然的定向性；而定向发光又使激光具有极强的亮度——大量光子集中在一个极小的空间范围内射出，亮度与能量级自然无可比拟。另外，激光的波长分布范围十分狭窄，因此颜色极纯。

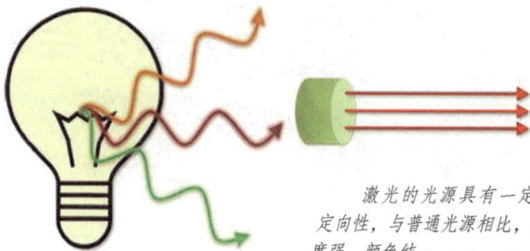

白炽灯的光源向四面八方发射，亮度弱

激光的光源具有一定的定向性，与普通光源相比，亮度强，颜色纯

激光的波长狭窄，颜色纯

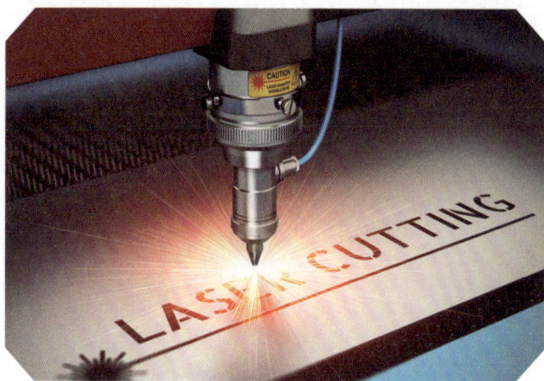

激光的应用

　　从激光诞生至今，它的应用已经广及社会生活和科研领域的方方面面。如工业领域、医学领域，以及军事航天等多个部门对激光技术有着极强的依赖性。对于普通人来说，激光治疗技术早已屡见不鲜。而当今时代的各种先进的军事设备以及通信技术的更新都与激光有着密不可分的联系。

激光用于科技产品

激光的危害

　　激光对人类的益处多多，但也存在着致命的伤害，尤其是对眼睛的伤害。强度高的可见光会灼伤人的视网膜，且这种损伤是不可逆的损伤，重者会造成眼睛的永久失明。在日常的使用中，我们要注意观察激光器上标示的带有安全等级编号的激光警示标签。

激光对眼睛的伤害很大，强度高的激光会灼伤人眼睛的视网膜，造成失明

如果没有激光会怎样？

奇思妙想

当今的生活中，很多地方都会用到激光。最常见的就是超市的收银处，激光被用来阅读物品包装上的特殊代码，这种刷价码的方式可以减少人力，提高正确度。如果没有激光，那当我们买好东西后，只能耐心地等待收银员一个一个地将物品的价格算出来了。而在通信方面，人们就只能一直使用原始的电缆，而不能使用光纤电缆，因此通信的质量和速度都会下降。在医院里，因为没有激光刀，医生就只有用手术刀来做一些精确度要求较高的手术，但会有很大的困难，对病人来说也非常不安全。

20世纪60年代初，第一批激光器先后获得成功运转，这也标志着一项崭新的科学技术——激光技术的诞生。它的原理早在1916年已被著名的物理学家爱因斯坦发现，但直到1958年激光才被首次成功制造。1917年爱因斯坦提出"受激辐射"的概念，奠定了激光的理论基础。1958年美国科学家肖洛和汤斯发现了一种奇怪的现象：当他们将闪光灯泡所发射的光照在一种稀土晶体上时，晶体的分子会发出鲜艳的、始终汇聚在一起的强光，由此他们提出了"激光原理"，即受激辐射可以得到一种单色性、亮度又很高的新型光源。1958年，贝尔实验室的汤斯和肖洛发表了关于激光器的经典论文，奠定了激光发展的基础。1960年，美国人梅曼发明了世界上第一台红宝石激光器。1965年，第一台可产生大功率激光的器件——二氧化碳激光器诞生。1967年，第一台X射线激光器研制成功。1997年，美国麻省理工学院的研究人员研制出第一台原子激光器。

改邪归正的激光

激光家的几个兄弟自出生以来就没干过什么好事。每当有人提起它们，真是恨得咬牙切齿。

小的时候，激光家的几个兄弟就是调皮捣蛋的家伙。有时候，它们会趁人不注意，用强光晃人的眼睛，把人晃得眼睛生疼，眼球红红的，要流几天的眼泪才能好呢！

后来，它们又偷偷溜进了照相馆的暗房中，破坏人家的照片，弄得摄影师总要赔人家的钱。

像这样的事情，简直是太多了。大伙对它们讨厌至极，总想捉住它们，教训一番，可是它们跑得实在太快，根本捉不住。

因为一直没人管教，激光兄弟们便越发坏起来。后来，它们竟投靠了一个战争狂人。那个人用激光制造了威力强大的激光弹。

激光们化身激光弹之后，兴奋极了，个个争先恐后，想要大显身手一番。因为它们知道自己的名声不好，想要借此炫耀一下自己的本事呢！

可是，那战争狂人却将激光弹对准了手无寸铁的老百姓。眼看着几个哥哥都被发射出去了，最小的激光弟弟有些害怕了。因为爆炸的一刻，它的耳边总是传来震天动不绝的哭声。原来，它们炸死了好多小孩子。活着的人伤心透顶，但除了反抗。

看着远处的老百姓家破人亡，呼有些不忍了。它忽然明白，自己正是比战争狂人还要可恨，因为是它们亲手

于是，在它就要被塞入炮筒之前，它

每当激光弹地的响声以及连绵无辜的人，有些还是流泪哭泣，他们根本无力天抢地地哀号，激光弟弟竟助纣为虐的帮凶。它们甚至要杀死了老百姓。

决心改邪归正。它偷偷地溜走了。

激光决心用自己的一点力量去弥补自己的兄弟给人类造成的伤害。于是，它到处找工作，希望帮助人类。最后，它来到了医院中，志愿为人们进行开刀手术，祛除病痛。

下班之后，它还跑去社区的超市充当条形码扫描仪，方便超市里的人识别货物，提高收款的速度。

渐渐地，大伙对激光的印象有所改变，他们觉得激光也能造福人类了。

塑　料

塑料属于合成树脂，人们从天然动植物分泌的脂质物得到启示，利用化学手段人工合成的高分子化合物，便是塑料。它是 20 世纪的伟大发明，改变了人类生活的方方面面。

塑料袋

塑料餐具

塑料的诞生

美籍比利时人列奥·亨德里克·贝克兰是人工合成的塑料专利所有人，他于 1907 年 7 月 14 日注册了酚醛塑料的专利。贝克兰具有敏锐的眼光，1904 年，他就发现天然的绝缘材料与突飞猛进的电力行业有莫大的关联，于是他萌生了研制绝缘材料的想法。3 年后，他便研制出了一种半透明的硬塑料——酚醛塑料。

列奥·亨德里克·贝克兰

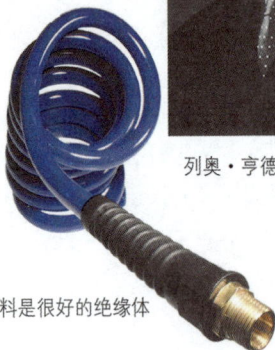

塑料是很好的绝缘体

构成成分

塑料属于化合物，其主要构成成分有合成树脂、填料、增塑剂、稳定剂、着色剂、抗氧剂、润滑剂、抗静电剂等多种添加物。其中合成树脂是构成塑料的最主要成分，含量高达 40% 以上，它能够决定塑料的性质。其他的填充物则各有作用，都是为提高塑料的实用性和稳定性而添加的物质。

塑料的主要成分是合成树脂

塑料具有透明性和耐磨损性，也容易变形

塑料的特性

塑料能成为生产和生活中重要的原材料，与它自身的特性是分不开的。一般来说，塑料具有轻巧不易被腐蚀的性质，且具有较好的透明性和耐磨损的特性；此外，塑料是天然的绝缘体，加工成本低廉是它的优势。但塑料也存在着容易变形、容易老化和易燃烧的劣势。

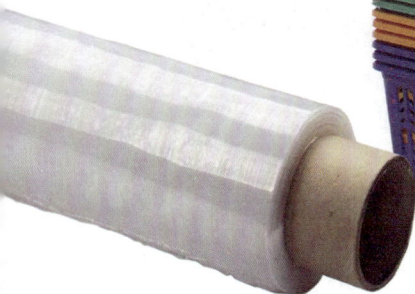

塑料薄膜

塑料篮子

通用塑料

从使用特性的角度划分，塑料可分为通用塑料、工程塑料和特种塑料三个类别。通用塑料最为常见，价格低廉，常见的有聚乙烯、聚丙烯、聚氯乙烯等等。由它们制成的塑料制品有薄膜和注射器、下水道管材以及塑钢门窗等。

白色污染

当今时代，塑料充斥于人类生产和生活的各个领域，早已成为不可或缺的原料，也因此引发了所谓的"白色污染"问题。因为塑料是一种难以降解的化学制品，所以，塑料垃圾难以回收，给人们带来了新的忧虑。

现在塑料对环境污染非常大

智能塑料

智能塑料具有神奇的可自动塑形的能力，它的成分是形状记忆聚氨酯，通电后，它能从一个很小的体积自动膨胀为与实物家具同样大小的体积。如果最终出现的椅子或是桌子不符合你的要求，你还可以通过软件将它"回炉重造"——重新塑形。

智能塑料制成的椅子

如果用塑料做电线会怎样？

More

奇思妙想

先拆开电线外层的塑料层就能发现，真正传输电能的是里面的金属线。如果只用外层的塑料做电线，它是不是还能像现在一样，让电流顺利地通过呢？我们来做个实验吧。在一个简单的电路中，用一截塑料线代替一段电线来连接回路，用一个小灯泡来显示电流是否通过。

一切准备工作就绪，接通开关来看看。小灯泡并没有亮起来，但是如果将塑料线换成普通的电线呢？小灯泡会在线路接通的瞬间亮起。

这里就要说导体和绝缘体的问题。金属之所以能够让电流通过，就是因为它是导体；而塑料是绝缘体，所以电流无法通过。导体内部都具有可以自由移动的电荷，在接通电源的时候，这些电荷会立刻排成整齐的队伍，向着同样的方向前进，这就是电流。在没有接通电源的时候，它们可是杂乱无章地四处运动着，相互冲撞着。而绝缘体中的电荷则都被紧紧地束缚在原子核的周围，一般的电场都无法使它们摆脱这种束缚，只有在超级强的电场作用下，它们才有可能自由活动。所以当接通电源的时候，绝缘体中并没有电荷可以"列队前进"，因此也就不具有导电性。

然而世界上还有一些物体，它们的导电性介于导体和绝缘体之间，被称作"半导体"。像是锗、硅、石墨，还有一些合金等，都具有半导体的性质。它们的导电性没有导体那么强大，但是在一些情况下，却可以允许电流通过。在一些电子元件方面，半导体就是以自己这种特殊的性质发挥着重要作用的。

塑料王国选"劳模"

塑料王国实在称得上一个超级庞大的国家，它们的子民分布在世界的每个角落，每个家庭里——大到航空航天，小到日常家用，人们对塑料的依赖可谓是无以复加的。

塑料王国的国王看到这种情况，感到骄傲极了，它决心效仿人类，举办一次塑料王国的"劳模"评选大会——评选方式为竞选投票。

最先走上演讲台的是电线绝缘塑料。它走路轻飘飘的，说话的声音也很微弱，以至于主持人不得不提醒它："再大点声！"

电线绝缘塑料清清嗓子，开始演讲了："大伙都知道，我们的工作的危险性多么高。电可是一种能引发火灾，又能伤人性命的危险品。要不是有我们绝缘塑料的保护，电根本就无法普及，人类也不能享受到电力的便捷——而我们呢，整天被烤得热烘烘的，时间长了，身子都软了。所以，为了表彰我们的辛勤，应该把'劳模'的称号赐予我们绝缘塑料家族。"

第二个走上演讲台的是刀柄塑料。它的嗓音清脆："我们刀柄塑料家族面临的危险性也不小，整天和刀剑打交道，我们宁可割伤自己，也要保护人类的皮肤。为了鼓励我们的工作，我建议'劳模'的荣誉归我们所有。"

接着上台的是管材塑料。管材塑料步伐稳重，声音浑厚："我们管材塑料……地工作，凡是最脏、最热、最危险的……料像一个老大哥那样，……料家族总是躲在背后默默……陷阵。哪个城市的下水道没有我们兄……地方都是我们的兄弟在冲锋……我们传递热量，每天被热水烫一遍的滋……弟的身影？城市的供暖也要靠……味你们体验过吗？所以，我认为'劳模'非我们莫属。"

最后走上台的是游戏机外壳塑料。它总是一副嘻嘻哈哈的样子，走路也是蹦蹦跳跳的。它嬉笑着对大伙说："我们的工作主要是帮助人们缓解压力，得到放松和休息。无论是大朋友还是小朋友都特别喜欢我们。虽然我们的工作看起来轻松，但我们也是人类生活的一分子。所以，我也想代表我的家族竞选'劳模'。"

大伙的发言都结束了。可是评委们却不知道把象征着荣誉的一票投给谁了，因为它们觉得谁都很重要。

小朋友们，你们觉得谁应该当选塑料王国的"劳模"呢？

汽 车

汽车是一种现代化的交通工具，一般指四轮行驶的车辆，它的准确定义为"本身具有动力得以驱动，不须依轨道或电力架设，得以机动行驶之车辆"。汽车的发明者是德国人卡尔·本茨。

制动手把　驾驶座　装有卧置单缸二冲程汽油发动机

采用钢管车架

发动机置于后桥上方

车前轮较小

以汽油为动力

后轮驱动

后车轮较大

卡尔·本茨发明的三轮汽车

汽车诞生

最早的汽车出现于 1769 年，它是一辆三轮汽车，靠蒸汽驱动。1885 年，德国工程师卡尔·本茨制成了第一辆三轮机动汽车。该车以汽油为燃料，具有花火点火、水冷循环、钢管车架、后轮驱动等设计，具备现代汽车的特点，因此，它被公认为世界上第一辆现代汽车。

汽车的构成

现代汽车一般由发动机、底盘、车身以及电气设备等四个主要部分组成。发动机属于汽车的动力装置，有着复杂的结构体系；汽车底盘则是支撑和架构一辆汽车的框架；车身安装在底盘之上，使汽车形成了箱式结构。电气设备则对汽车上的发动机等设备起到至关重要的作用。

后视镜　　驾驶座

车灯

减震器　轮胎

车载播放器

发动机

独立式悬挂

方向盘

仪表盘　　变速杆

汽车结构示意图

汽车的分类

根据现行国标分类，汽车被分为乘用车和商用车两大类。乘用车是指 9 座以下的车辆，又有普通乘用车、活顶乘用车以及高级乘用车、多用途乘用车等多种区别；商用车则包含客车、货车以及半挂牵引车等三个大的类别。

公共汽车

车身演化史

当汽车的内部构造日益成熟后，设计师们开始注重汽车车身的造型设计。这是工业与艺术结合的典范。汽车车身的造型在发展的过程中出现过多次重要改革，典型的代表有马车型汽车到箱型汽车、甲壳虫型汽车、船型汽车、鱼型汽车以及楔形汽车。

箱型汽车

马车型汽车

船型汽车

甲壳虫型汽车

鱼型汽车　　　　汽车车身演变示意图　　　　楔形汽车

大众车标

奥迪车标

奔驰车标

个性车标

汽车的类型十分有限，但车标却极具活力。车标代表着它的生产厂商，主要分为平面车标和立体车标两种。平面车标中的品牌代表如大众、福特、奥迪、别克等；立体车标的代表品牌则有奔驰、劳斯莱斯、捷豹等品牌。

宝马车标

别克车标

福特车标

汽车污染

汽车的出现为人类提供了极大的便利，但它也为人类带来了困扰，其中之一便是燃油废气对环境的污染。此外，噪声、燃油箱汽油的蒸发、车内甲醛物质都是破坏环境、加剧温室效应甚至引发人类呼吸道疾病的重要因素。

如果汽车不需要燃料会怎样？

More

奇思妙想

实际上，汽车不使用汽油或柴油等燃料，也能够很好地工作。如今的新能源汽车种类繁多，有的依靠电能，有的依靠太阳能，还有的依靠气体等各种非传统燃料的能源作为动力来源。这些汽车在速度、使用上并不比传统的汽车逊色。像最为人们熟知的太阳能汽车，它已经没有发动机、底盘、驱动、变速箱等构件，而是由电池板、储电器和电机组成，车的行驶只要控制流入电机的电流就可以解决。全车主要有 3 个技术环节，一是将太阳光转化为电能；二是将电能储存起来，三是将电能最大程度地发挥到动力上。太阳能汽车上装有密密麻麻像蜂窝一样的装置，即太阳能电池板。太阳能电池依据所用半导体材料不同，通常分为硅电池、硫化镉电池、砷化镓电池等，其中最常用的是硅太阳能电池。硅太阳能电池有圆形的、半圆形的和长方形的几种。电池上有像纸一样薄的小硅片。在硅片的一面均匀地掺进一些硼，另一面掺入一些磷，并在硅片的两面装上电极，它就能将光能变成电能。通常，硅太阳能电池能把 10% ~ 15% 的太阳能转变成电能。它既使用方便，经久耐用，又很干净，不污染环境，是比较理想的一种电源。

此外，还有电动汽车。电动汽车本身携带有蓄电池作为车的动力。电动汽车与传统的汽车相比，具有许多优点，如在行驶中没有废气排出，不会产生污染，并且噪声很小，有利于节约能源和减少二氧化碳的排量。

小汽车的苦恼

工厂的烟囱，最近可没少被人抱怨，因为它的身上总是拖着一根又粗又黑的大尾巴。尾巴所到之处就给人们带来了无尽的麻烦——污染了蓝天白云，又污染了人们的呼吸道。大伙咳嗽得厉害，为了躲避它，只好戴上了口罩。

于是，一批批不受欢迎的烟囱倒下了，脏尾巴没有了，蓝天白云又回来了！小朋友们也可以出来玩呢！大伙都夸工厂的烟囱呢！

小汽车听说了这件事，也暗暗地羡慕起来。因为它的情况比之前的大烟囱好不到哪里去！它只要一开动起来，车身后面的长尾巴也跟着它到处跑——味道难闻，还污染空气。好多人为了保护环境，都自觉地减少了开车的次数呢！"这样下去，我还有什么用呢？早晚要被人类给淘汰了！"小汽车越想越着急，它可不想变成博物馆里只能供人欣赏的"老爷车"呢！

小汽车多想像烟囱那样，斩断自己的脏尾巴啊！苦恼的小汽车于是向科学家求助。

见到了科学家，小汽车连连吐苦水，央求科学家一定要帮它的忙。

科学家佩服小汽车的勇气，急忙为它检查身体，对它说："你的问题在于燃油，你现在靠烧汽油提供动力，汽油燃烧自然会产生有害的尾气。所以，要想剪掉尾巴，你就得做个大手术！你真的不怕疼吗？"

"这么说，你有办法了？我才不怕疼呢！"小汽车急忙表态。

"我要换掉你的动力系统，改用蓄电池提供动力，只要充好电，你就可以上路了，而且不会排放有毒的尾气。那样，你就没有脏尾巴啦！"

"好，我现在就可以做手术！"小汽车迫不及待了。

说干就干，一场大手术开始了。经过一天的努力，小汽车总算被改造好了。可它的外表并没有什么变化啊？

不过，当它开出去的时候，就不一样了，难闻的"脏尾巴"没了！大伙见了，齐声夸赞，都要把自己的小汽车送来改造一下呢！

飞 机

飞机与电视和电脑一样同属于 20 世纪对人类影响最大的三大发明之一，是 20 世纪最重大的科学技术成就之一。在飞机的发展史上，美国的莱特兄弟做出了举世瞩目的重要贡献。

波音 747 货机载奋进号航天飞机返回佛罗里达

莱特兄弟的"飞行者 1 号"

莱特兄弟

飞上蓝天

1903 年，美国的莱特兄弟研制成功了一架依靠自身动力进行载人飞行的飞机——"飞行者 1 号"，并成功试飞。这实现了人类千百年的梦想，促进了人类出行方式的进步，并打开了人类征服蓝天的大门。

基本特征

对于一架飞机来说，起码要具备两个特征：首先，它自身的密度要大于空气的密度，并且它得在动力的驱动下前进；其次，飞机得有固定的机翼，且机翼能够提供升力使飞机上升到一定的高度。这两个特征加在一起才是判断一架飞行器是否为飞机的必备要件。

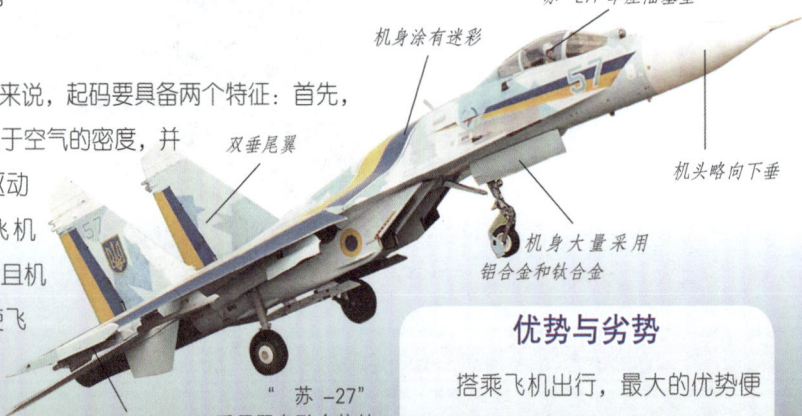

苏 -27P 单座陆基型

机身涂有迷彩

双垂尾翼

机头略向下垂

机身大量采用铝合金和钛合金

传统三桨式机翼

"苏 -27"采用翼身融合体技术，机翼边缘很薄，外表美观、大方

优势与劣势

搭乘飞机出行，最大的优势便是速度快，时速可达 900 千米，且不受地形的阻挡；另外，从安全舒适的角度来说，飞机是要远优于火车的。但飞机也存在着固有的弊端：如，价格高，还要受到天气条件和起降场地的限制，最重要的是，一旦出现事故，死亡率极高。

飞机的构成

机翼、机身、尾翼、起落装置和动力装置是组成一架飞机最基础的五个部分。机翼为飞机提供升力，且能保持机身的稳定；机身起到装载人员、武器、货物和各种设备的作用；尾翼主要用来操纵飞机的角度变换；起落装置用来支撑飞机并帮助它起落和停放；动力装置为飞机的前进提供拉力或推力。

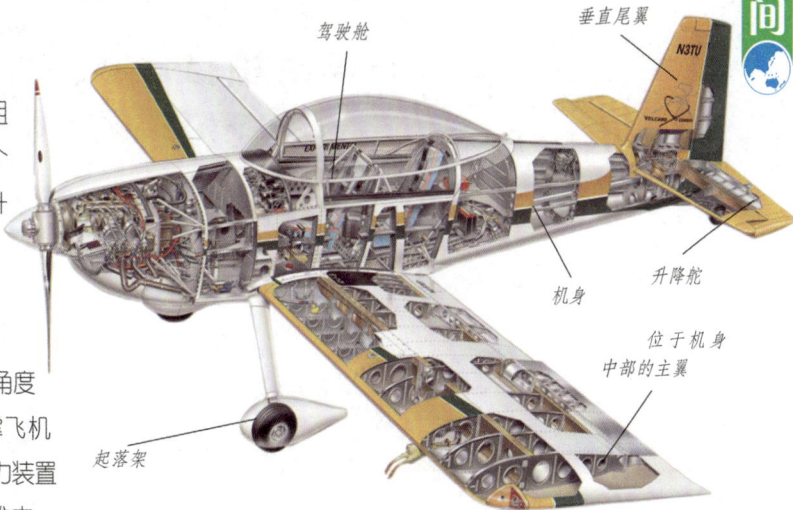

驾驶舱

垂直尾翼

升降舵

机身

位于机身中部的主翼

起落架

飞机结构示意图

飞机的分类

飞机的两个重要的类别便是民用飞机和军用飞机。民用飞机中包含客机、运输机、农业机、森林防护机、气象机以及特技表演机等小类；军用飞机则包括战斗机、轰炸机、侦察机、攻击机以及运输机和教练机等多个种类。

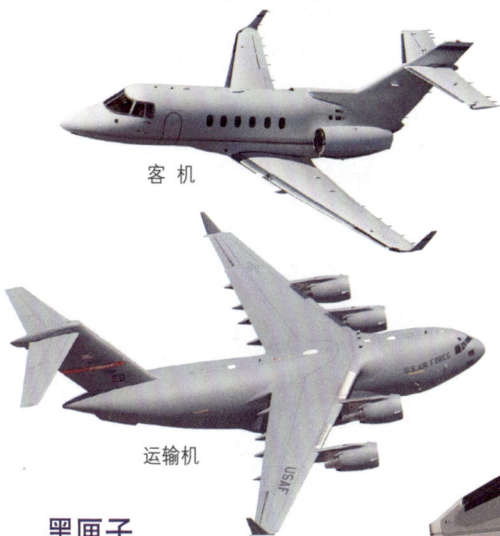

客 机

运输机

机身很平坦，武器都装在机身里面

灰色的隐身涂料

进气道

猛禽F-22战斗机

黑匣子

黑匣子的正式名称为"飞行信息记录系统"，这个系统由两套仪器设备组成：驾驶舱话音记录器（相当于一个磁带录音机，记录飞机上特定时间内的全部声音）；飞行数据记录器（将飞机上的各种数据即时地记录在磁带上）。不过"黑匣子"只是一个俗名，它真正的颜色是醒目的橙色。

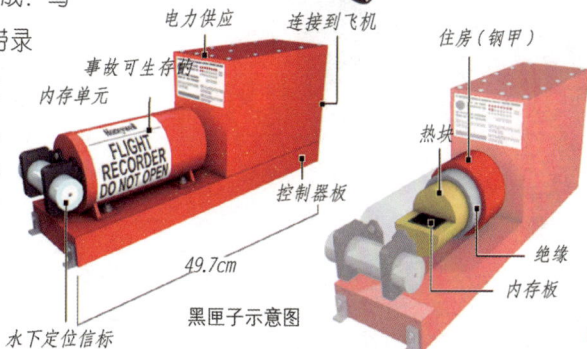

电力供应

连接到飞机

事故可生存的内存单元

住房（钢甲）

热块

控制器板

绝缘

内存板

49.7cm

水下定位信标

黑匣子示意图

如果飞机像鸟儿一样拍打翅膀会怎样？

奇思妙想

飞机好像是一只放大版的鸟，它甚至可以像鸟一样在空中滑翔，但却不能像鸟一样拍打翅膀。如果飞机也像鸟一样拍打翅膀会怎么样呢？估计用不了多长时间，飞机就会因机翼折断而坠毁。因为飞机的飞行方式和鸟类有着本质的不同。

飞机在飞行时需要消耗自身动力来获得升力，而升力的来源是飞行中空气对机翼的作用。机翼的上表面是弯曲的，下表面是平坦的，因此在机翼与空气相对运动时，流过上表面的空气在同一时间内走过的路程比流过下表面的空气走过的路程远，所以上表面的空气的相对速度比下表面的快。根据伯努利的"流体对周围的物质产生的压力与流体的相对速度成反比"的定律，则上表面的空气施加给机翼的压力小于下表面的。机翼上下表面的合力必然向上，从而产生了升力。这样我们就可以知道，老式飞机和直升飞机的螺旋桨就好像一个竖放的机翼，凸起面向前，平滑面向后。旋转时压力的合力向前，推动螺旋桨向前，从而带动飞机向前。现代高速飞机多数使用喷气式发动机，原理是将空气吸入，与燃油混合，点火，爆炸膨胀后的空气向后喷出，其反作用力则推动飞机向前。而鸟类的羽毛轻而暖，其外形呈流线型，可以减少空气的阻力；更重要的是鸟类的骨骼是空心的并充满空气，坚韧而轻巧；另外鸟类的消化、排泄、生殖等身体器官，都能够减轻体重，增强飞翔能力，使它们挣脱地球吸引力而展翅高飞。所以，我们人类发明的飞机不需要像鸟类那样扇动翅膀就可以飞得更快、更高、更远。

铁证如山

M 国的飞机失事了！——机毁人亡！消息传来，整个 M 国都陷入了悲痛之中，电视里不断地播发着关于失踪人员的消息。电视台请来了各路专家，给民众分析飞机失事的可能原因。

不过，这在 M 国安全局局长看来，不过是一个笑话而已——因为根据他所掌握的情报来看——这是一起恐怖组织策划的劫机事件。他甚至早已布置好人力潜伏在极端组织的老巢周围了。但他没有得到最关键的证据——记录飞行过程的"黑匣子"。要是有了这个关键证据，他就可以下令一举捣毁那个气焰嚣张的恐怖组织了。

然而，更令他感到忧心的是，恐怖组织也在寻找那个"黑匣子"——毕竟他们也不想公开和国家安全机构作对。

一场正义与邪恶的隐秘战争开始了，而获胜的关键便是速度——看谁先找到黑匣子。

安全局局长一边收集各路情报，一边协同公安、消防等多个部门。根据飞行专家和航空公司专家给出的飞机失事范围以及黑匣子有可能坠落的地点，M 国派出了各种公务飞机、大量的无人侦察机、直升机以及

而恐怖组织那边则以人力搜寻为主，他们挟持了不少熟悉山区地形的当地老百姓为他们寻找黑匣子。这其中恰好有一个目击者。他的家人都被恐怖分子挟持，他只有拿到黑匣子才能救回自己的家人。

为了加快搜寻进度，恐怖分子命令百姓不许连夜寻找。快天亮时，那个目击者真的找到了那个"橙色的宝贝"。恐怖组织的头目如获至宝，嚣张极了，甚至给安全局局长发了一封秘密邮件，嘲笑正规部队无能。

不过，安全局局长并没有回信，因为就在同一时刻，他也接到了一份可以下令摧毁恐怖组织基地的密报。

安全局局长当即下令，对恐怖组织基地进行轰炸。一时间，天上的飞机以及埋伏在远处的大炮，纷纷向恐怖组织基地发射炮弹。恐怖组织被摧毁了，连组织的头目也被捕获了。

恐怖组织的头目嚣张极了，他竟挑衅地说："抓了我又怎样？黑匣子早已被我毁掉了！你根本没有证据！想治我罪，没门！"

安全局局长淡定地打开电脑，播放了一段视频资料，又带来了一个证人——居然是恐怖组织头目的秘书。原来他是安全局的卧底！这下，铁证如山，恐怖组织的头目沮丧地低下了头。

机器人

机器人指的是那种能够自动控制的机器，它包含了所有模拟人类行为或思想与模拟其他生物的机械，如机器狗、机器猫等。在目前的工业领域中，机器人指能自动执行任务的人造机器装置，用以取代或协助人类工作。

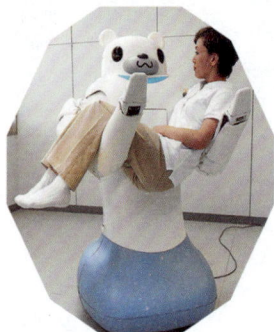

医用机器人

阿西莫夫

发展简史

1910 年，捷克斯洛伐克作家最先提出了关于机器人的幻想和词汇。一年后，美国的纽约世博会上便出现了最早的家用机器人——Elektro。1912 年，美国科幻巨匠阿西莫夫提出了经典的"机器人三定律"，成为学术界恪守的机器人研发原则；随后，人们对机器人的认识和研究不断深入，新型的机器人也不断诞生。

最早的家用机器人

机器人三定律

为了预防机器人过度发展而导致伤害人类的事件发生，科幻作家阿西莫夫于 1940 年制定了所谓的"机器人三原则"，即：（1）机器人不可以伤害人类；（2）机器人应遵循人类的命令，但与第一条相违背的命令除外；（3）机器人应能保护自己，与第一条相抵触的除外。

"龙虾"水下机器人

机器人的构成

一般来说，一个完整的机器人由执行机构、驱动装置、检测装置和控制系统以及复杂机械等诸多部分构成。执行机构便是机器人本体——由基座、腰部、臀部、手臂等部分组成；驱动装置则是促使机器人发出动作的机构。检测装置负责监控机器人的运行状态。

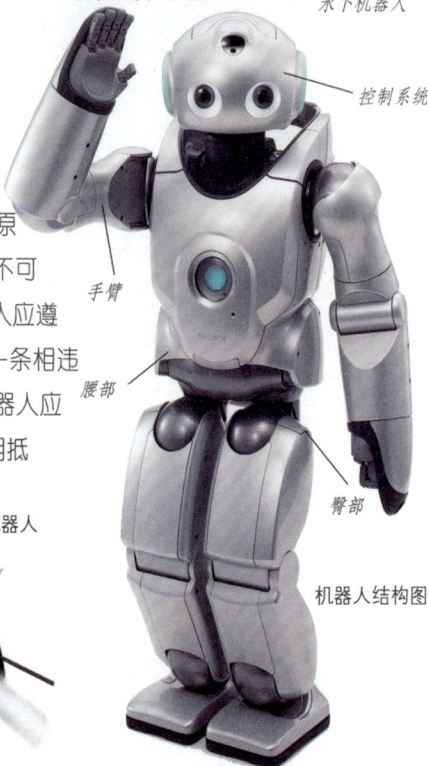

控制系统

手臂

腰部

臀部

机器人结构图

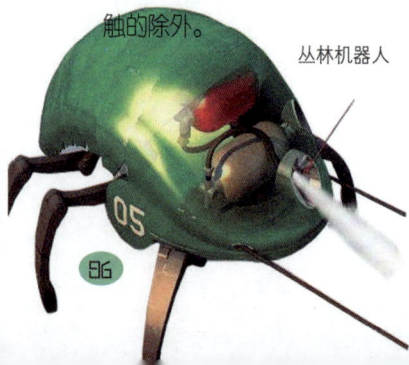

丛林机器人

机器人的分类

从不同的角度出发，便会出现不同的分类。如从应用环境的角度划分，机器人可分为工业机器人和特种机器人；工业机器人就是应用于工业领域的机器人的总称；而特种机器人则包括服务机器人、水下机器人、娱乐机器人、军用机器人和农业机器人等多个种类。

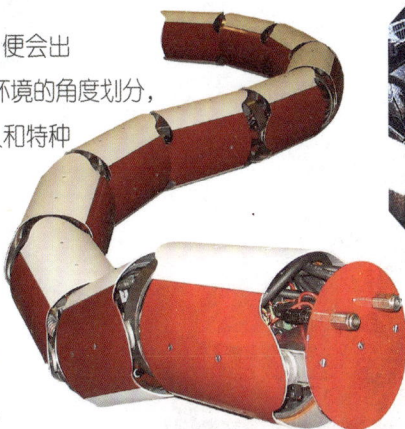

消防机器人

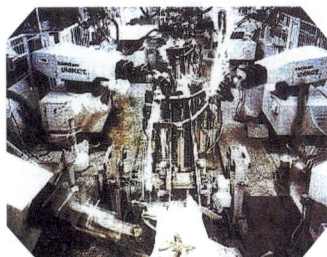

世界上第一台工业机器人"尤尼梅特"正在工作

性能评价

机器人的评价主要从其能力的角度出发，如智能，包括感觉和感知的能力，如记忆、计算和逻辑推理等多方面的能力；机能，指变通性和空间占有性等方面；物理能，指机器人的力量、速度、可靠性和寿命等几个方面。

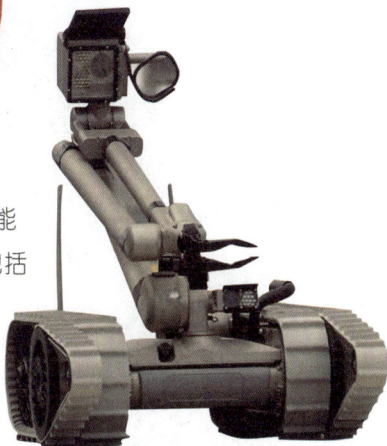

美军反狙击机器人

武装机器人

纳米机器人正在进行细胞手术

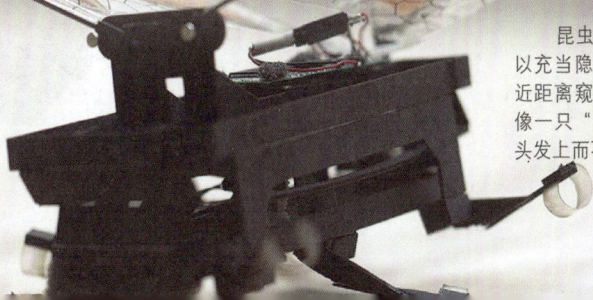

发展特点

目前机器人的发展特点为，应用领域越来越广，如医疗手术、农业采摘、修剪枝叶、巷道挖掘、侦察排雷等诸多方面。另外，机器人的种类逐渐增多，特别是微型机器人，已经是未来发展的新趋势，体型更微小，智能化更强。

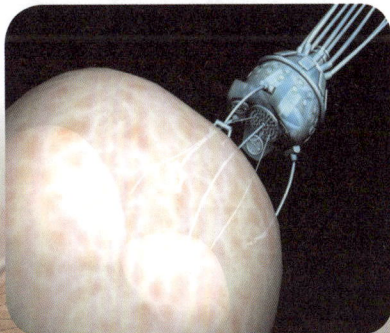

昆虫机器人在军事上可以充当隐形侦察机。它可以近距离窥探敌情，甚至可以像一只"苍蝇"落到敌人的头发上而不被觉察

机器人士兵

机器人士兵是未来战场的一大趋势，可用于应付核战争的威胁。很多国家都在进行机器人部队的组建计划。一些军队的机器人已经投入到侦察和监视任务中，它们能够替代人类士兵执行站岗放哨和排雷的工作，且投入的成本远比人类士兵低得多。

机器人士兵

"大狗"并不靠轮子行进，而是通过其身下的四条"铁腿"

大狗机器人

大狗机器人是一种机器狗，外形像狗，它擅长爬山涉水、善于奔跑，同时可以承载货物；大狗机器人的内部安装有一台计算机，控制着大狗的"步伐"；大狗机器人的四条腿模仿动物的四肢设计，行进速度可达 7 千米 / 时。

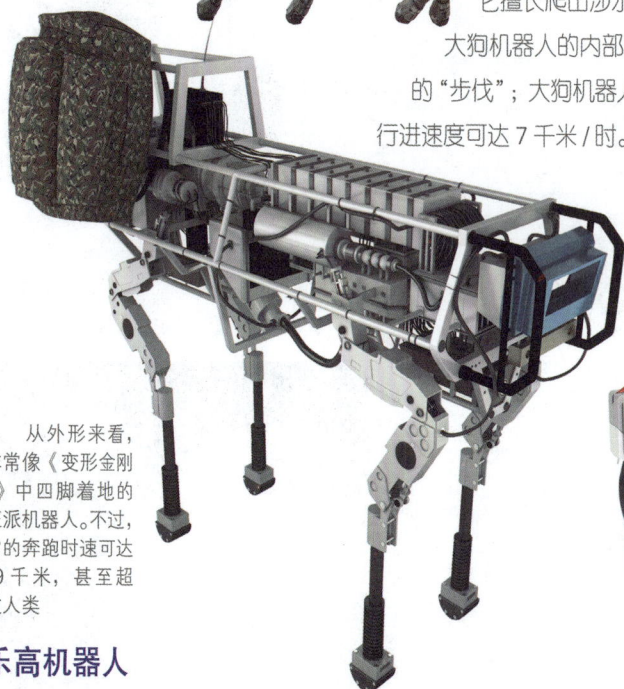

从外形来看，非常像《变形金刚2》中四脚着地的狂派机器人。不过，它的奔跑时速可达29 千米，甚至超过人类

乐高机器人

RCX 是一块积木，但它具有编程的能力，被称为"课堂机器人"。它是由乐高积木、马达、传感器等组件构成的机器人系统的中枢。这个中枢系统就像大脑一样，对机器人进行控制和指挥。

乐高机器人

聪明的阿西莫

　　阿西莫是日本本田公司于 2000 年研制成功的。它代表了人类机器人制造技术的最高水平。它身上安装有多种关节，行动自如。它能够做出多种动作，如走动、跳舞甚至是爬楼梯。几年前，阿西莫有了升级版，它具备人工智能，已经发展出了识别和记忆的功能。

阿西莫机器人

美少女机器人

　　"HRP-4"是日本推出的一款新型机器人，它身高 1.58 米，具有美少女一般的体形和身材，肤色与人类接近，若不细看的话，这款机器人几乎可以以假乱真。"HRP-4"有着动听的歌喉；歌唱时，还能模仿人类歌手的神情和动作。

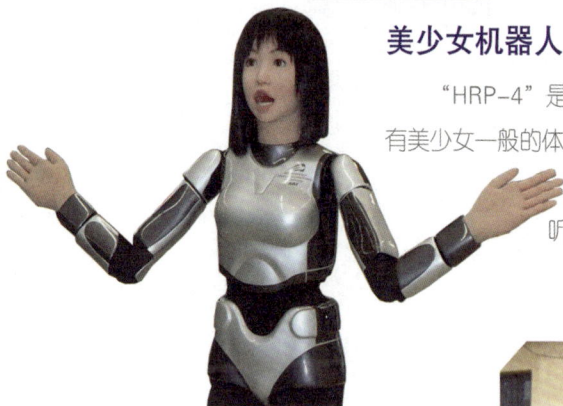

HRP-4 会说话，会行走，
表情非常丰富

爬行机器人

　　爬行机器人能够在地面、斜坡以及危险的高层建筑上展开作业。仿壁虎机器人便是其中的代表者。它们利用仿生学原理，模仿壁虎的样子，脚上布满了刚毛，以便使机器人能够牢牢地附着在墙壁上，奔跑自如。

美国斯坦福大学科学家研制的壁虎机器人

如果机器人和人类一样会怎样？

在科幻电影《E.T》和《人工智能》中，我们见到过和人类一样的机器人。它们在人群中真的可以以假乱真，除非它主动露出自己身体里复杂的电路，要不我们真的看不出它们和普通人有什么不一样。它们甚至拥有自己的思想、感情等主观情绪，并不完全依附于人类的控制。如果这一切在现实中也存在的话，那么是否有一天，机器人就会向人类发起攻击了呢？人类利用发达的科技，将越来越多的功能赋予机器人。倘若机器人真的与人类动起武来，人类或许还真的不是机器人的对手呢！

但目前的机器人，还完全不能脱离开人类的控制。它们还只是代替人类从事某些活动的机械，它们能够模仿人类的动作，应用在不同的领域中。而且，现代的机器人并不具备和人类一样的外形，它们有些可能只是一个手臂或者一个脚爪，也有仿人的机器人不断出现，但还不足以达到以假乱真的地步。

但在一些危险性大、操作困难的工作面前，机器人可以说是人类的得力助手。它们不会抱怨工作多难多累，也不会为了工作时间而斤斤计较，只要计算机的指令一发出，它就会很听话地完成各项工作。它们不会感到疲惫厌倦，更不会出现罢工的现象。所以现代工业中，有很多作业都是依靠机器人去完成的。即使现在有些机器人不仅在外形上和人类很相似，甚至出现了能够表达情绪的机器人，高兴、伤心、生气、惊讶等等；还有一些能够做出丰富的表情呢！可机器人终归是机器，它是人类高科技的杰作，永远也不会具备人类的丰富复杂的情感。

机器人交朋友

自从与人类签订了《永久和平协议》后，机器人家族变成了与人类享有平等生存权的地球公民。尼莫便是一个机器人家族的小成员。不过，与其他那些狭隘的家族成员相比，它并不仇视人类，甚至觉得人类挺可爱、挺善良的——特别是那些天真无邪的小朋友。

"要是我能和人类的小朋友成为好朋友，那该有多好啊！"尼莫总是暗自感叹着。

昨晚，它独自在公园散步的时候，遇到了几个人类的小孩正在玩捉迷藏。他们玩得可高兴了呢！可是当它靠近时，那些小朋友却不玩了，他们好奇地看着它，不知道它要干什么。

过了一会儿，一个个子大一些的小朋友忽然说道："我们快点回家吧！妈妈不让我和机器人玩，说它们不是人类，可能会伤害我们！"听了这些，所有的小孩子都害怕了，他们都回头向着家的方向快步跑去——只有一个小朋友留了下来，怔怔地看着尼莫。

尼莫见了，高兴极了，它立即加快速度，快步走上前去，它对小朋友说："我想和你们交朋友，我们可以一起玩吗？"

"可以，但是哥哥们都回家了，我也得回家，明天我们还会在这玩的，你能来吗？"小朋友天真地邀请它，一点都不害怕。

"没问题，不见不散！"尼莫兴奋极了，立即答应下来。

可是到了第二天，尼莫出现的时候，小孩子们又被吓了一跳。幸亏有那个小孩子帮它说话："它要和我们做朋友，我们和它拥抱一下，做朋友好吗？"小孩子建议道。

那些小朋友既担心又好奇，便轮流与尼莫拥抱了一下。尼莫别提多兴奋了，立即将自己的体温调高了一些，好让小伙伴们感受到它的"温情"。不过小伙伴们都觉得它还是跟人类不太一样。但没关系，这并不妨碍他们一起捉迷藏。

忽然，一个被蒙了眼的小朋友就要走到路边了——再往前走可就是深水湖了。其余的几个孩子都吓傻了，不知道怎么办。只有尼莫反应迅速，它立即调动自己的轮子，快速滑到马路边上，伸出了胳膊挡住了小朋友。小朋友摘下了蒙布，才发现自己的危险。他吓得哇哇大哭，一头钻进了尼莫的怀中。

机器人勇救人类小孩的消息传出去之后，人类对机器人的态度改变了，他们更加善待机器人。而机器人呢？也用善良回报人类——人类和机器人之间的隔阂渐渐地消失了。

潜 艇

潜艇是一种在水下运行的舰艇。潜艇有很多种类，连形制也多种多样，如大型军用潜艇、中小型潜水器以及水下自动机械装置等。大多数潜艇的外表呈圆柱形，能够下潜到很深的海底进行各种作业。

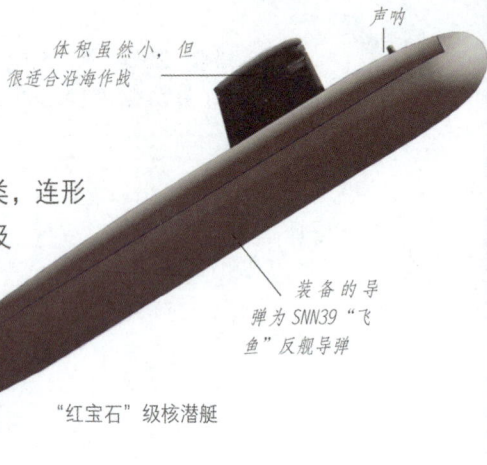

体积虽然小，但很适合沿海作战

声呐

装备的导弹为 SNN39 "飞鱼" 反舰导弹

船尾螺旋桨

"红宝石" 级核潜艇

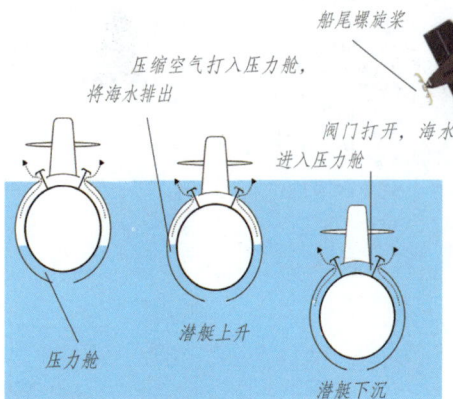

压缩空气打入压力舱，将海水排出

阀门打开，海水进入压力舱

压力舱

潜艇上升

潜艇下沉

潜艇原理示意图

潜艇的原理

潜艇能够上浮或是下沉最基本的原理便是改变潜艇的自身重量。潜艇中有很多蓄水舱，下潜时，船员向水舱中注水，增加潜艇的重量，直到超过它的排水量便可实现下潜；若要上浮，就把潜艇中的水排出去，减轻潜艇的重量，并小于它的排水量，便可实现上浮。

台风级共有 19 个舱室

指挥塔前部的导弹发射管

流线型指挥塔

潜艇的主要功用

潜艇的作用包括攻击敌方军舰或潜艇、实施近岸保护、突破敌方封锁、执行侦察和掩饰特种部队的行动。在非军事领域，潜艇也有着重要的功用，如海洋科学研究、海洋资源的勘探开采、科学侦测、设备维护、海底电缆抢修、学术调查等等。

"阿尔汗格尔斯克" 号

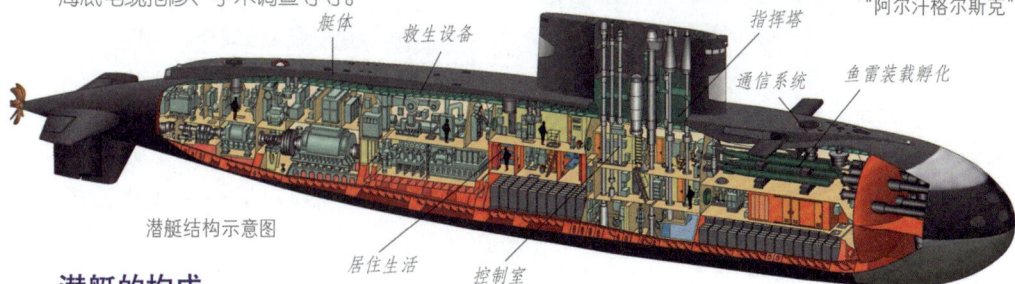

艇体

救生设备

指挥塔

通信系统

鱼雷装载孵化

潜艇结构示意图

居住生活

控制室

潜艇的构成

潜艇内部构造复杂，主要由艇体、操纵系统、动力装置、武器系统、导航系统、探测系统、通信设备、水声对抗设备、救生设备和居住生活设施等多个部分构成。

潜艇的特点

潜艇的特点在于以下几个方面：第一，它能够在水层的掩护下进行执行隐蔽或是突然袭击的任务；第二，潜艇续航力强、作战半径大，可执行远距离、长时间的作战任务；第三，潜艇可在水下发射导弹和鱼雷，攻击敌方的海上和陆上目标。

尾舵

艇壳扁平

指挥塔

单壳体采用了既抗震又抗海水压力的 HY—100 高强度钢

"海狼"级核潜艇

"海狼"级核动力攻击潜艇

核潜艇

指挥塔

水平舵

尾舵

潜艇的弊端

潜艇虽能潜入水下，但其自卫能力差，对空观测手段和对空防御武器较差；水下通信难度大，不利于及时、远距离地通信；观测范围有限，受环境限制较大，不易掌握敌方的情况；另外，常规动力潜艇水下航速不高，若要提高速度，续航能力便会受到影响。

潜艇的分类

从作战使命的角度划分，可将潜艇分为攻击潜艇和战略导弹潜艇两类；从动力角度划分，可将潜艇分为常规动力潜艇及核潜艇；从排水量的角度划分，可将潜艇分为大型潜艇、中型潜艇、小型潜艇和袖珍潜艇。

"洛杉矶"级在艏部装有 4 具 533 毫米的鱼雷发射管，可发射各型导弹和鱼雷

如果没有浮力会怎样？

没有浮力，那么就不会产生"船"这种交通工具。任何物体到了水中，都会被水淹没。如果我们需要渡河的话，似乎也只能采取搭桥的办法了。这些都是可以解决的问题，真正面临困境的是生活在水中的那些生物。因为没有浮力，所以它们都只能生活在水的最底层，永远都到达不了水面。

不光是水，任何一种流体都存在浮力。就连空气也有浮力。我们看到气球能够越飞越高，就是因为它充入的氢气要比空气轻，于是在空气浮力的作用下就会向上飞去。物体不管是处在流体的表面，或者是被流体淹没，都会受到浮力的作用。所受到浮力的大小等于被物体排开的流体的重力。可是在水中，为什么有些物体会浮在上面，而有些就会下沉呢？这是因为有些物体的重力和同体积的水的重力相比要大，它们就会沉入水底；有一些物体的重力小于同体积水的重力，它们就会浮在水面上。

那么，问题又出现了——同样都是铁质的，为什么小小的铁块会沉入水底，而万吨巨轮却能自由地航行呢？仔细想想看两者有什么不同。嗯，对了，铁块虽然小，但它是实心的；轮船虽然体积庞大、重量也大，可它是空心的。这样一来，被轮船排开的水的体积也很大，轮船所受的浮力就大于它自己的重力。而铁块所受的浮力却远远不及自身的重力，所以只能沉入水底了。

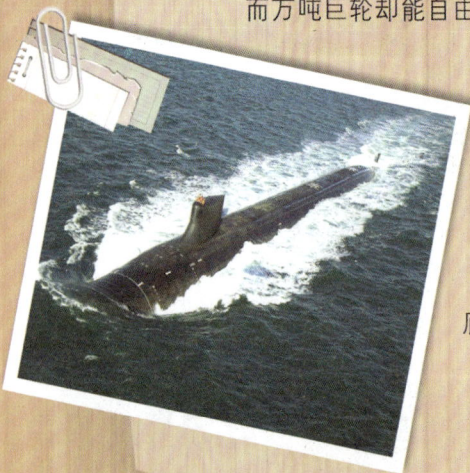

小潜艇本领大

海底来了一个"不速之客"——一艘核潜艇。

所有的鱼包括见多识广的大鲨鱼也感到好奇，它们不知道这个"黑黝黝的新来的家伙"是不是自己的同类。大伙就围着潜艇打转儿。可那潜艇也不说话，只是自顾自地下潜着。

大伙为了一探究竟，便陪着它下沉，这期间还有胆大的鲨鱼用尾巴蹭了一下那艘潜艇呢！不过潜艇也没啥反应。大伙以为它是个哑巴，不会说话，都乐了。

鲨鱼是个急脾气，它按捺不住了，便主动上前说话："我说新来的，你是个什么东西？"

潜艇看看它，慢悠悠地说道："我知道你是鲨鱼，但我不是鱼，我的名字叫核潜艇。"

"核潜艇？没听说过！你来海底干什么？你还上去吗？……"鲨鱼发出了一连串的疑问。

"我来这是为了执行任务的。我当然上去了。我想上去就能上去！"潜艇说完，就不再说话了。

"看你这笨笨的样子，肯定不是游泳的好手。怕是被人类扔下来的不要的废物吧？"鲨鱼一副见多识广的样子，嘲笑道。大伙听了也跟着起哄："肯定是人类的垃圾，被扔下来了。"

潜艇不说话了，连眼睛都闭上了。大伙感到很无趣。可鲨鱼还想逞威风，便对潜艇喊道："你要不是废物，就跟我比比游泳的本事！"

说到游泳，鲨鱼可是很自豪的，自诩游泳高手。潜艇只好答应它说："好啊，我们就比试一次，要是我赢了，你就别来烦我好吗？我有要务在身呢！"

鲨鱼兴奋极了，不等说开始，立即收紧了自己的肌肉，急速地向上用力，一下子就冲了上去。小潜艇呢，不慌不忙，打开了自己的排水舱，"哗！哗！哗！"几声过后，潜艇变得像羽毛一样轻，一下子就浮到海面了——那鲨鱼还在不停地用力呢！

到了海面，潜艇又迅速地将海水吸进蓄水舱——它又变得像巨石一样了，只是一眨眼的工夫，潜艇就回到了海底。围观的鱼都惊呆了，它们从没见过比鲨鱼速度还快的家伙，纷纷发出"啧啧"的惊叹。

过了一会儿，鲨鱼也满脸傲气地回来了。可那潜艇正闭目养神呢！鲨鱼一下子就泄气了，它不断地点头，表示自己输得心服口服。这下，它终于承认潜艇有真本事，不是废物。

为了不打扰潜艇的工作，它还告诉其他鱼赶紧离开，别打扰潜艇工作。

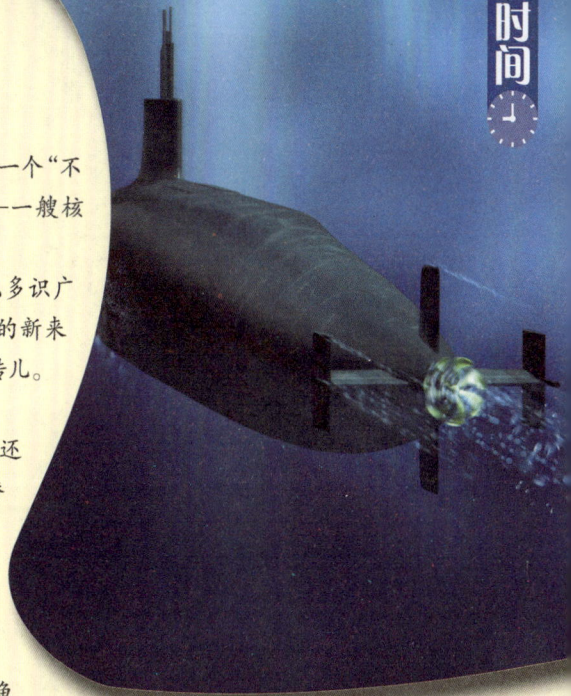

人造卫星

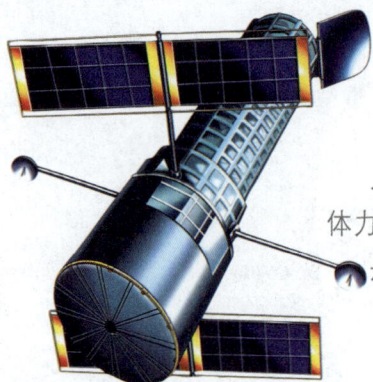

人造卫星

人造卫星是一种人工制造的无人航天器，它按照天体力学规律运行于地球之外的空间轨道上。人造卫星是发射数量最多、用途最广、发展最快的人造航天器。人造卫星的基本用途为观测或是通信。

世界首颗卫星

世界上第一颗人造卫星是在苏联发射成功的，时间是 1958 年 10 月 4 日。随后，世界各国竞相研制发射卫星，如美国、法国和日本等国相继发射成功了各自的卫星。中国于 1970 年 4 月 24 日发射了第一颗自主研制的人造卫星——"东方红" 1 号。

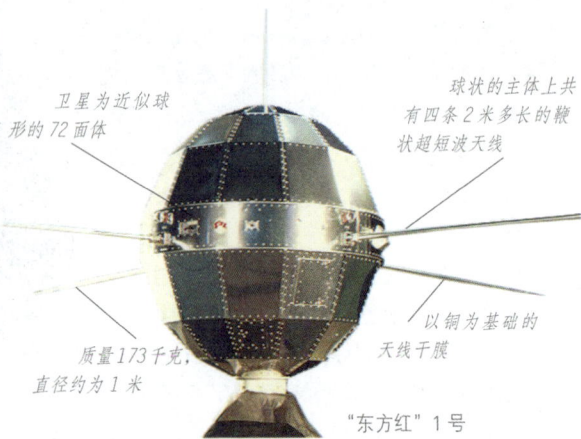

卫星为近似球形的 72 面体

球状的主体上共有四条 2 米多长的鞭状超短波天线

以铜为基础的天线干膜

质量 173 千克，直径约为 1 米

"东方红" 1 号

卫星的组成

一个卫星系统由有效载荷以及卫星平台两大部分组成。有效载荷的基本构成包含：对地相机、恒星相机以及搭载的有效载荷；而卫星平台的构成则更为复杂，分为服务系统、热控分系统、姿态和轨道控制分系统以及遥测系统和供配电分系统等 9 个部分。

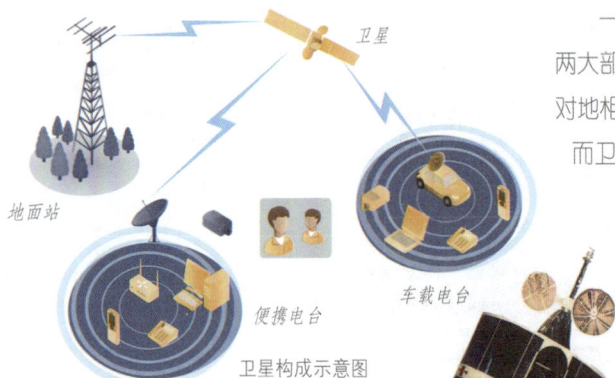

卫星

地面站

便携电台

车载电台

卫星构成示意图

静止卫星

卫星的种类

随着技术的进步，科研工作者已经研制出了多种多样、用途广泛的人造卫星。按照运行轨道的角度划分，人造卫星可分为地轨道卫星、中高轨道卫星、地球同步卫星；按照用途划分，人造卫星可以分为通信卫星、气象卫星、侦察卫星等多个类别。

"锁眼 KH – 12" 侦察卫星

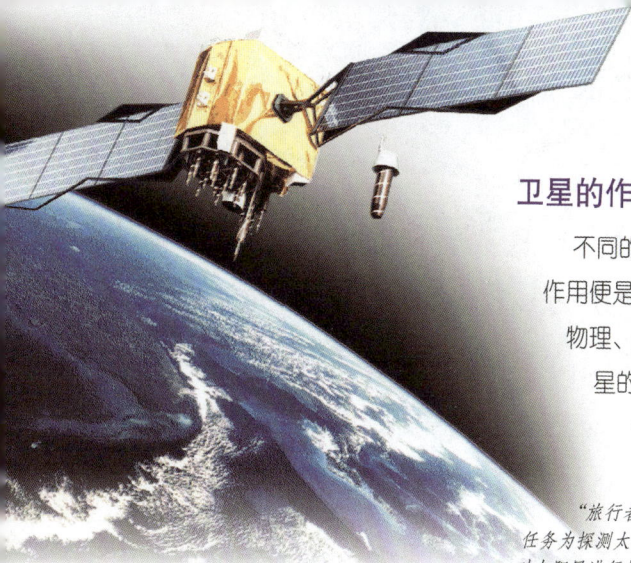

卫星的作用

不同的人造卫星发挥着不同的作用，如通信卫星的作用便是电讯中继站；科学卫星的作用则是开展大气物理、天文物理、地球物理等实验性任务；军事卫星的任务是军事照相和侦察。而星际卫星执行的便是对其他行星进行探测和拍照的任务。

"旅行者"1号现在的任务为探测太阳风顶，以及对太阳风进行粒子测量

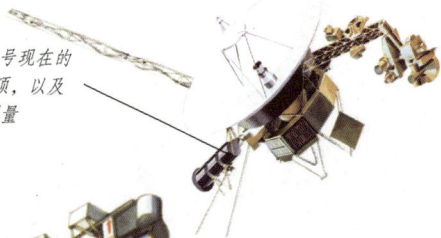

美国航天中心的人造通信卫星

宇宙射线

照相机和光谱仪

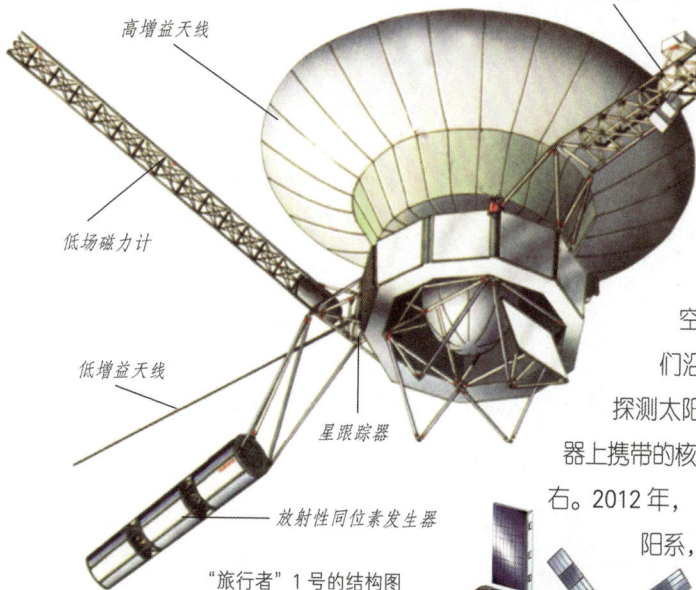

高增益天线

低场磁力计

旅行者号探测器

"旅行者"号探测器共有两颗，是美国于1977年发射升空的两颗外层星系空间探测器。它们沿着两条不同的轨道飞行，执行着探测太阳系外围行星的任务。这两颗探测器上携带的核动力电池可持续供电至2025年左右。2012年，"旅行者"1号探测器已经飞离太阳系，进入了恒星际空间。

低增益天线

星跟踪器

放射性同位素发生器

"旅行者"1号的结构图

"嫦娥"1号

"嫦娥"1号于2007年发射成功，是我国自主研制并发射成功的首个月球探测器。"嫦娥"1号的主要任务是获取月球表面三维影像、分析月球表面有关物质元素的分布特点，还包括探测月壤厚度、探测地月空间环境等诸多方面。

"嫦娥"1号月球探测卫星由卫星平台和有效载荷两大部分组成

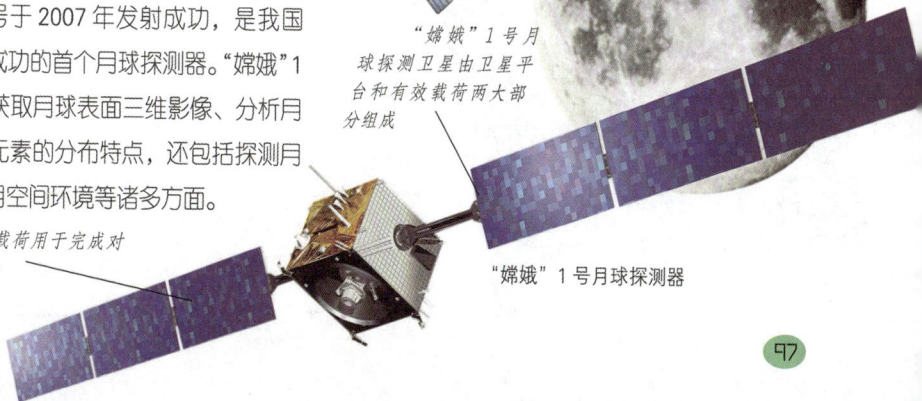

卫星上的有效载荷用于完成对月球的科学探测和试验

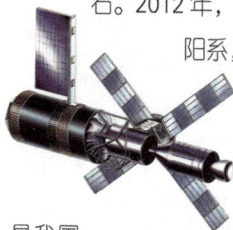

"嫦娥"1号月球探测器

如果人造卫星从天上掉下来会怎样？

奇思妙想

用牛顿的万有引力理论来计算就可以知道，如果把人造卫星放在离地球约800千米高的高度，它运行的速度大概等于每秒7千米多，以这个速度计算，绕地球一圈大约只要90分钟，每天可绕地球14圈左右。当然不同用途的人造卫星有不同的高度、不同的速度，但所有的人造卫星都要放在几百千米高，原因是如果放太低，人造卫星的速度容易受到地球大气层的空气摩擦阻力而减低，等到速度低到某个值时，人造卫星就会掉下来。幸运的是，大部分的人造卫星在还没掉到地面前就会因空气摩擦而燃烧殆尽，若没烧尽的还是会落到地面上，如以前美国的太空实验室就掉到澳大利亚海域，苏联的一个核子动力军事卫星也曾掉到加拿大的地面上，不过幸好是掉在了加拿大北部人迹罕至的冰原上。

地球对周围的物体有引力的作用，因而抛出的物体要落回地面。但是，抛出的初速度越大，物体就会飞得越远。牛顿在思考万有引力定律时就曾设想过，从高山上用不同的水平速度抛出物体，速度一次比一次大，落地点也就一次比一次离山脚远。如果没有空气阻力，当速度足够大时，物体就永远不会落到地面上来，它将围绕地球旋转，成为一颗绕地球运动的人造地球卫星。

人造卫星可依其绕行地球的方式大致分成两种：地球同步卫星与绕极轨道卫星。同步卫星都是发射到地球赤道上空约36000千米的高空上，然后绕着地球的赤道自西向东转。另一种绕极轨道卫星家族的卫星通常高度比较低，主要分布在1000千米以下，而大部分又分布在800多千米高左右。此类卫星不像同步卫星是绕着地球的赤道转，而是绕着地球南北极方向转，所以才叫绕极卫星。

"旅行者"号旅行记

一颗全新的卫星被制造出来了，科学家为它取了一个好听的名字——"旅行者"号——并且还要派它做地球的使者去拜访太阳系外的宇宙空间。

"旅行者"号激动极了，它觉得自己太幸运了——要知道它的其他兄弟们可都在地球附近执行任务呢！它们的家族中还没有哪一个能到那么远的地方去旅行呢！

"旅行者"号升空的时候，是由最先进的火箭送入太空的。到了地球上空的卫星轨道时，火箭便向"旅行者"号道别："再见了，旅行者！我只能送你到这里，不然我的燃料就不能支撑我返回地球了。""啊！这么快呀！谢谢你，火箭哥哥。""旅行者"号似乎还沉浸在初入宇宙的兴奋之中呢！它甚至忘记了自己马上要开始的"孤独之旅"了。不过火箭哥哥似乎有些恋恋不舍，它不断地嘱咐着："你呀，一定要小心，一会你要穿越卫星轨道，还要穿越小行星带，可要小心那些太空垃圾！千万别小看那些微小的陨石，它们都是致命的。"

不过此时的"旅行者"号哪有心思听这些啊，它正憧憬着美好的旅程呢！与火箭哥哥分别后，"旅行者"号便开始了新的旅程。

一路上，它见到了好多的前辈，它们欢快地互相问候，然后便继续工作：有的在为地球拍照，有的在监测大地转接着全世界各地的电话……气，还有的忙碌的工作，"旅行者"号飞得更远一些。

大伙都很美慕"旅行者"号也很兴奋，它不断地加速，想要飞得更远一些。

就在此时，"旅行者"号听到一阵巨大的呼啸声，它急忙回头——一颗废弃的卫星正向自己追来。"可不能被它撞到！"可"旅行者"号毕竟是第一次遇到这事，它吓坏了，只能不断加速，让自己远离那个"愣头青"。过了一会儿，声音好像没有了。"旅行者"号回头一看，那家伙已经转弯了！——"嚯！真是个没头脑的家伙！"原来那种废弃的卫星早已不受控制了，整天都是漫无目的地乱逛。

这下，"旅行者"号可见识到宇宙的危险性了，它想起了火箭哥哥的嘱咐，变得小心翼翼的。

什么？你问我"旅行者"号现在在哪？据我所知，它已经安全地通过了小行星带，早就冲出太阳系了，正向着茫茫的宇宙前进呢！

导　弹

导弹，是一种可以指定攻击目标，或是追踪目标动向的飞行武器。导弹的打击力量主要集中于战斗部（即弹头），弹头可分为核装药、常规装药、化学战剂、生物战剂以及使用电磁脉冲。装载普通炸药的称为常规导弹，装核弹的称为核导弹。

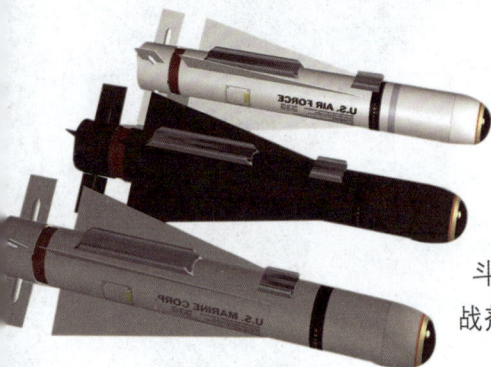

空对地导弹

导弹之父

导弹技术的贡献者是德国人冯·布劳恩。1936 年，冯·布劳恩作为主导者参与了德国的"复仇者"计划。1939 年，世界上第一枚导弹 A-1 在德国发射成功。这开辟了一个新的武器攻击时代。后期，在冯·布劳恩的主导下，德国又相继研制了多种型号的导弹。

世界上第一枚导弹
A-1 在德国发射成功

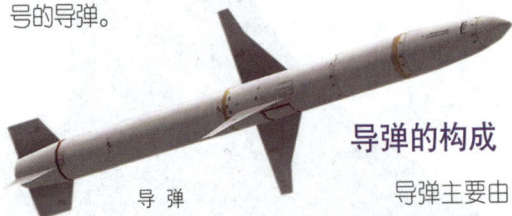

导弹

导弹的构成

导弹主要由 4 个基本部分组成，即战斗部（即弹头）、弹体结构系统、动力装置推进系统以及制导系统。其中导弹弹头是摧毁目标的专用装备，它由弹头壳体、战斗装药和引爆系统组成。其中若是装填核物质的话，则用梯恩梯当量区别核弹头的威力。

图像和红外目标探测器

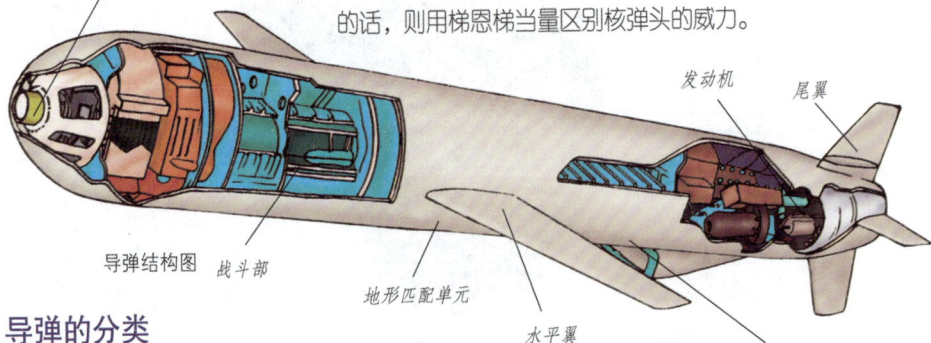

发动机　尾翼

导弹结构图　战斗部

地形匹配单元

水平翼

进气道

导弹的分类

根据制导方式的不同，导弹可以分为有线制导、雷达制导、红外线制导、惯性制导、乘波制导、主动雷达制导；从作用的角度划分，导弹可分为战略导弹和战术导弹；从发射的载具的角度划分，导弹可分为空射、面射和潜射等几种。

红外制导导弹

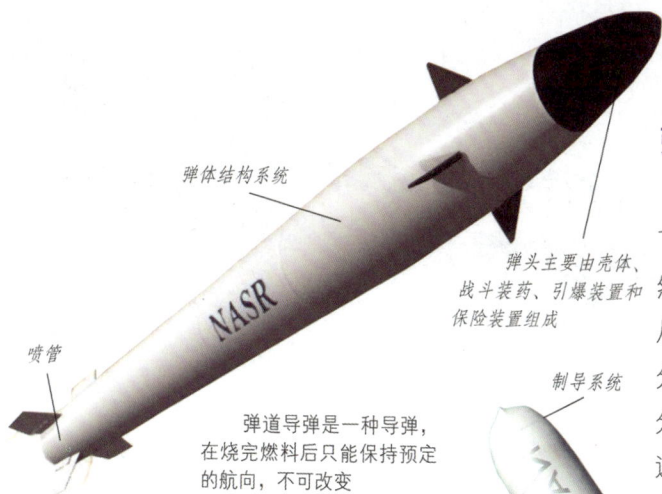

弹体结构系统

弹头主要由壳体、
战斗装药、引爆装置和
保险装置组成

NASR

喷管

制导系统

弹头

弹道导弹

　　弹道导弹在火箭发动机推动下按照既定轨道运行，关机后依然能够按自由抛物体轨迹飞行。从使用角度划分，弹道导弹可以分为战略型和战术型；按射程划分，可分为洲际、远程、中程和近程弹道导弹四种。

弹道导弹是一种导弹，
在烧完燃料后只能保持预定
的航向，不可改变

巡航导弹

　　巡航导弹又称飞航式导弹，这种导弹的大部分航迹处于巡航状态，具有突防能力强、机动性能耗、命中精度高、摧毁力强等优点。目前，世界上只有美国和俄罗斯装备有核燃料的战略巡航导弹以及远程常规巡航导弹。目前，我国也具备了制造巡航导弹的技术。

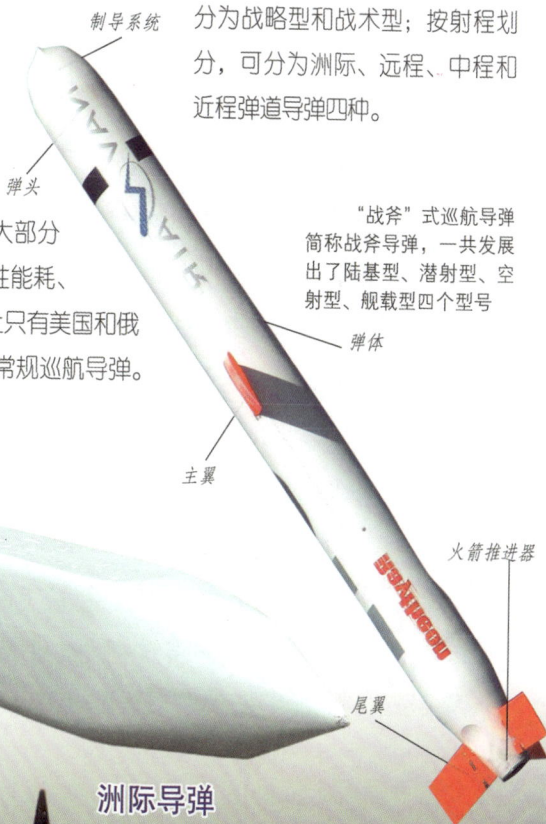

"战斧"式巡航导弹
简称战斧导弹，一共发展
出了陆基型、潜射型、空
射型、舰载型四个型号

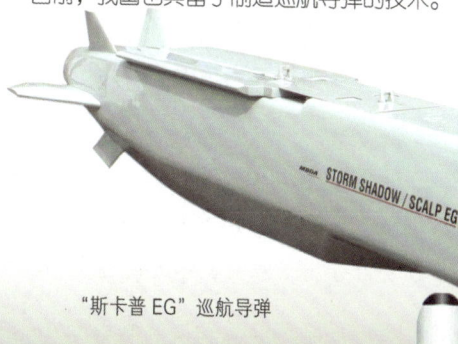

弹体

主翼

火箭推进器

STORM SHADOW / SCALP EG

尾翼

"斯卡普 EG"巡航导弹

洲际导弹

　　洲际导弹的射程通常大于 8000 千米，它是战略核力量的重要组成部分，主要攻击目标为敌国境内的重要军事、政治和经济目标。洲际导弹的射程和速度远超其他常规导弹。目前，拥有洲际导弹的国家包括美国、俄罗斯、中国、英国以及法国。

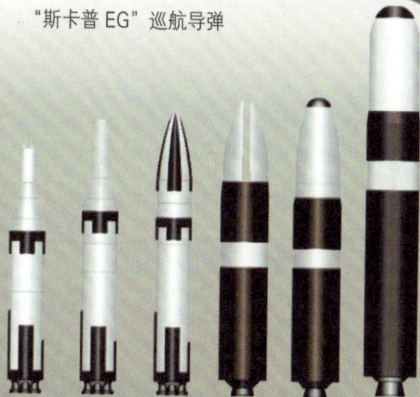

美国的"北极星"洲际导弹

奇思
妙想

导弹的弹头有的装有普通炸药，有的则装有破坏力最大的核武器。如果是一枚普通的常规导弹失控了，它造成的破坏要比一枚装有核弹头的导弹小许多。如果是核导弹失控，那么这将会是人类历史上一件极为恐怖的事情，也许它会摧毁一座城市，也许它会摧毁一片无人居住的小岛。

不过导弹并不会轻易地失控，因为导弹专家已经将最为精确和可靠的技术应用在导弹的构造之中。导弹制导系统是引导导弹克服各种干扰因素，按一定规律自动飞向目标的整套设备。导弹制导和控制系统包括导弹制导系统和导弹姿态控制系统两部分。导弹制导系统由测量装置和制导计算装置组成，其功用是测量导弹相对目标的位置或速度，按预定规律加以计算处理，形成制导指令，通过导弹姿态控制系统控制导弹，使它沿着适当的弹道飞行，直至命中目标。导弹姿态控制系统有时又称为自动驾驶仪，它由敏感装置、计算装置和执行机构组成，其功用是保证导弹能稳定地飞行。此外，它接受制导系统送来的制导指令，控制导弹的姿态，改变导弹的飞行弹道，使它命中目标。制导系统、姿态控制系统、导弹弹体和运动学环节一起形成一个闭环的控制回路。制导精度是导弹制导和控制系统最主要的性能指标，也是决定命中精度最主要的因素。攻击固定目标时导弹的命中精度一般用圆公算偏差表示，攻击活动目标则用脱靶量表示。

"小捣蛋" 不再捣蛋

自从人类发明了导弹以来，导弹的威力是越来越大。只要将导弹的弹头上装满了炸药，再安装一套精确制导系统，导弹的命中率就更高了——无论是上天还是入地，就没有导弹去不了的地方。

人们制造出了越来越多的导弹用来打仗，攻击他们的敌人。可是有一枚导弹却是名符其实的"小捣蛋"——从它被制造出来那一刻起，就不断地给科研人员制造麻烦。最夸张的是，它竟然跟科研人员谈起了条件："科学家叔叔，我是这一批导弹中最聪明的一个，我根本不用安装制导系统，因为我记忆力好，只要装上足够的炸药，我就能圆满地完成任务了。"

科学家当然知道它是有名的"小捣蛋"，自然不会相信它的话，便自顾自地将精确制导系统安装在"小捣蛋"的屁股后了。可到天黑的时候，这个小捣蛋总觉得自己的屁股后好痒，"这样会不会显得我很胖啊？会影响我的飞行速度的！"小捣蛋自言自语着。过了一会儿，它突发奇想："不如我把它偷偷摘掉，等明天一早就要被送到战场上了。"

想到这，小捣蛋竟然真的把自己的精确制导系统给摘了下来，然后才闭眼睡了。梦里，它还梦到自己飞得轻松极了，第一个完成了任务呢！

第二天一早，这一批导弹立即被运往战场，它们要去执行一个特殊的任务——摧毁敌国非法的核工业设施。

随着指挥官一声令下，这些导弹便被发射出去了。它们雀跃着，开足马力向遥远的目标飞去。可是过了一会儿，那个小捣蛋却落后了——原来它私自减轻了重量，降低了自己的惯性，速度自然跟不上了。

看着兄弟们一个个地呼啸而过，小捣蛋心里急死了。可偏偏这个时候，它又迷路了——在茫茫的大气层中，它根本看不清方向，本来记好的路线，一点也想不起来了。"我该怎么办啊？往哪飞？要一直向前吗？"小捣蛋没主意了！心里直打鼓。"要不就落下去？那可不行，人命关天啊！可不能误伤百姓。""可是一直飞下去也不是办法啊？早晚要落地的！"

就在这时候，小捣蛋仿佛看到了大海的浪涛。"不管了，扎下去吧！做个哑弹也比误伤性命好啊！"想到这，小捣蛋便一个猛子扎进了大海中。

后来，它幸运地被人们打捞上来。它羞愧极了，发誓以后再也不捣蛋了。

太阳能

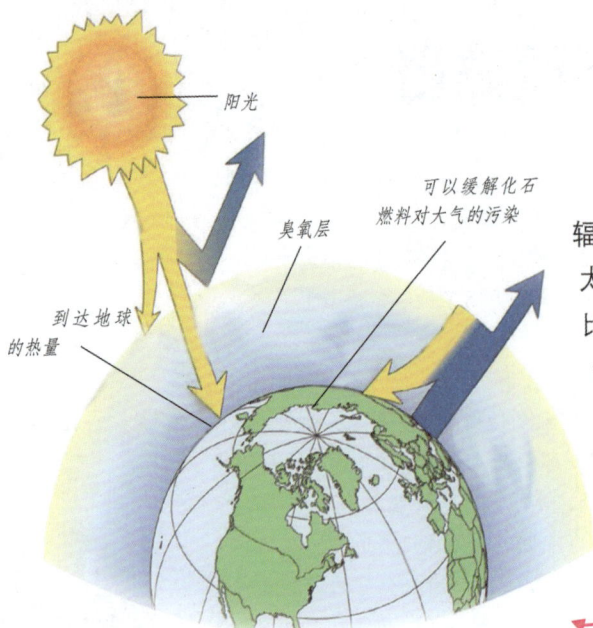

阳光

可以缓解化石
燃料对大气的污染

臭氧层

到达地球
的热量

太阳以太阳光线的形式向地球辐射热能，便是太阳能。人类对于太阳能的利用可以追溯到远古时期，比如利用阳光烘干衣物、盐或是制作咸鱼等。而如今，随着能源的枯竭，太阳能早已成为人类的重要能量来源。

能量来源

太阳内部的氢原子发生核聚变反应的同时能释放出巨大的能量，这也是太阳能的产生原理。太阳能是地球上一切能量的基本来源。植物的光合作用能将太阳能转化为化学能储存在植物体内；而煤炭、石油、天然气等化石燃料也是由远古生物的遗体演变而来。

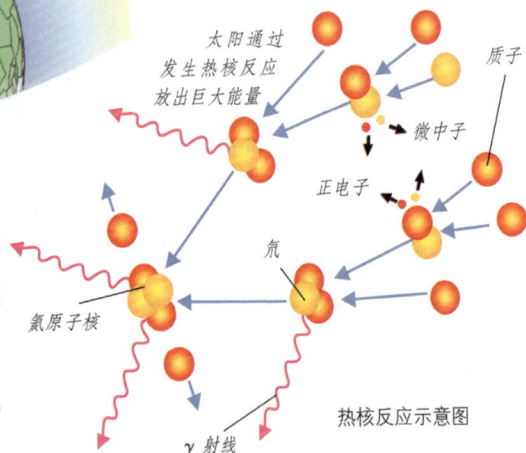

太阳通过
发生热核反应
放出巨大能量

质子

微中子

正电子

氦

氢原子核

γ 射线

热核反应示意图

太阳能的优势

太阳能属于一次能源，但具有可再生性。太阳能资源取之不尽用之不竭，可免费试用，又省去了运输的过程和成本，十分环保。太阳能的开发利用为人类带来一种新的生活方式，一个节约能源并减轻污染的新方式。

太阳能热电站

太阳能的劣势

对于太阳能的利用，也存在着诸多的局限性，如太阳能的分散性，使得它的能流密度很低，需要配备一套较大型的收集和转换设备，造价高昂；由于昼夜、季节以及天气的影响，太阳能是不稳定的；另外，对太阳能的利用还存在着效率低和成本的问题。

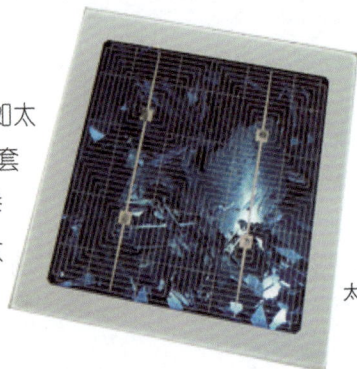

太阳能电池

太阳能光伏

太阳能光伏板在接收了阳光后便能产生直流电。简单的光伏电池可作为手表或是计算机的电力来源；较复杂的光伏系统可为房屋照明以及交通信号灯和监控系统提供电源，还能并入供电网之中。

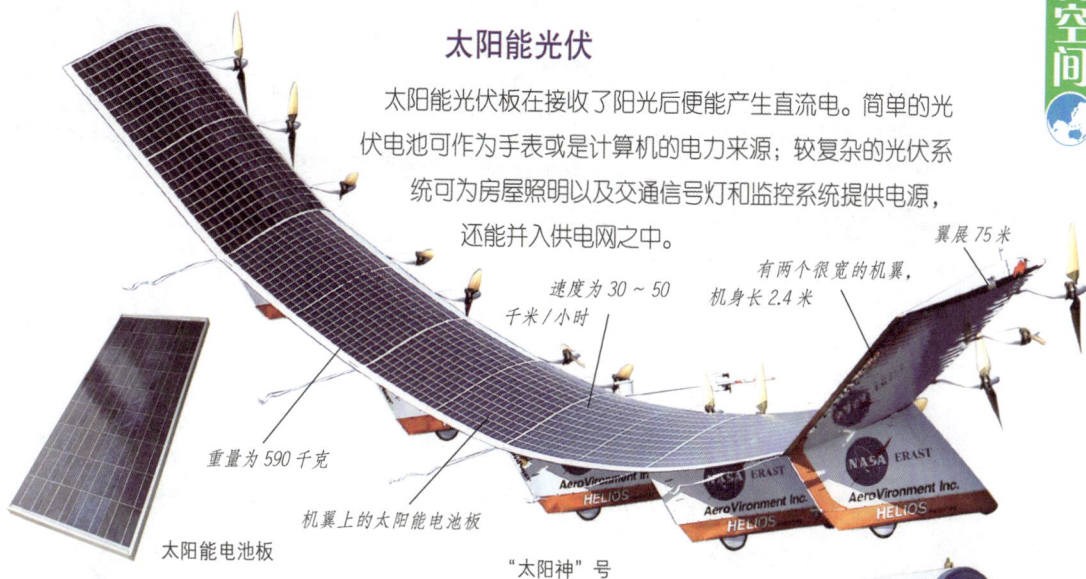

翼展 75 米

有两个很宽的机翼，机身长 2.4 米

速度为 30 ~ 50 千米 / 小时

重量为 590 千克

机翼上的太阳能电池板

太阳能电池板

"太阳神"号

太阳能光热

太阳能技术收集阳光，并将其转化为热水、蒸汽和电能。如今，人们在设计建筑物时，在其内部嵌入适当的设备来利用太阳的光和热，比如，人们设计出巨型的南向窗户以吸收更多的阳光；同时人们还可以使用适宜的建筑材料以起到保温或散热的作用。

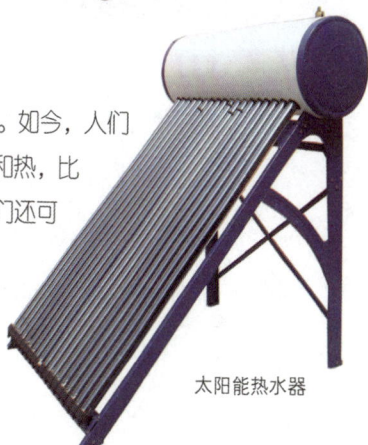

太阳能热水器

应用范围

太阳能发电应用范围广泛，如太阳能路灯、太阳能杀虫灯、太阳能便携式系统、太阳能移动电源，以及太阳能灯具、太阳能建筑等多个领域。由此可见，太阳能的应用前景很广阔。

太阳能路灯

太阳能房子

太阳能汽车

More

奇思妙想

太阳能是一种天然的可再生资源，这种能源不仅洁净，而且源源不断。那么，如果我们能够将这些能量全部收集起来，并且加以利用，是否就可以成为煤、石油和天然气等不可再生能源的永久性替代能源呢？是不是就能解决地球上的"能源危机"问题？可这只是一种理想化的状态，目前人们所能够想到的利用太阳能的方法主要有两种，分别是光热转换和光电转换。从字面意思我们就能够很好地理解，它们分别是将太阳能转化成热能和电能。人们日常使用的太阳能热水器采用的是第一种利用方式。太阳能热水器都有一个集热器，这个设备安装在高处向阳的地方。集热器能够将太阳能收集，将管道中的冷水加热到40~60℃，为我们提供天然干净的热水。至于光电转换，最直接的例子就是太阳能电池的发明。太阳能电池的原理就是光电效应，或者是光化学效应。当太阳光照射到电池表面，电池中特殊的结构就能够将这部分能量转化为电能，并且通过一定的线路释放。现在有很多地方都采用了非常环保的太阳能电池作为能源的供给。

可是我们为什么不能把太阳能全部利用起来呢？就目前的情况看，大部分的太阳能都被"浪费"掉了。这些都是由太阳能本身的性质所决定。首先，它受季节的影响非常大。如果我们在大多数地方都采用太阳能，那么到了阴雨天气，太阳光照不足的时候，会有很多地方因为能源供给不足而无法正常工作。其次，太阳能分布非常分散，而且无法储存，这个是显而易见的。

被冷落的煤

很久以来，煤一直是人类重要的能源材料。人们的生活与煤息息相关。取暖要烧煤，做饭也要烧煤，发电也要烧煤，就连机车的运行也离不开煤。

煤当然知道自己的重要性，渐渐地竟有了傲气。它瞧不起那些破旧的木头，说它们"烧一会儿就没了，根本没多少热量，哪里有我重要？我才是人们最可贵的资源！"木头老实巴交的，嘴也笨，根本不知道怎么反驳。

一旁的小草看不过去了，便对煤说道："别忘了，你的前身也是一块木头而已！"

"可是我进化了呀！你看看我浑身油光锃亮的，一看就是地球的精华。你懂什么呀？"煤不可一世地反击道。

煤不仅看不起身旁的草木，甚至也学会了耍弄人类。冬天快到了，人们要大量地烧煤取暖。可是煤呢？它们联合起来藏到深山老林里去了——人类的采矿车挖了很久都找不见它们。这下，煤更成了稀缺之物，价格飞涨。煤呢？更骄傲了！觉得人们一天也离不了它。

奇怪的事情发生了，人们不知道怎么了，关闭了好多煤矿，挖矿机的轰鸣声也停歇了。

眼看冬天就要到啦，煤还指望一把呢！可是人们不再追逐它们，便派出一个代表来到城市中打探着自己能再"火"了，煤觉得奇怪极了，情况。

这个机灵的小煤块走了好久，龙一般的运煤车不见了，连城市户的房顶上还多了一样奇怪的东西——一个三角形的东西，上面还有一根线连接到人家的房屋面有一面"黑镜子"冲着太阳，下里去了。

终于来到了城市。以往如长的天空都透亮了许多。家家户

小煤块想不明白，只好厚着脸皮向一位老伯伯打听："老伯伯，现在天这么冷了，你们都用什么取暖啊？"

老伯伯满脸笑容地对小煤块说："你看那个，那叫太阳能热水器，我们用它收集太阳的热量，既能烧水洗澡，还能给屋子取暖。这可是新能源啊！你看，不用烧煤取暖了，连空气都好了，城市里不需要那么多冒着黑烟的大烟囱了！这个发明可真是太好了，方便极了。"

小煤块明白了，它不好意思再问什么了。它回去后，把这些话转达给煤兄弟们，大伙才知道自己被冷落的原因了——因为有更环保、更便捷的新能源太阳能出现了。

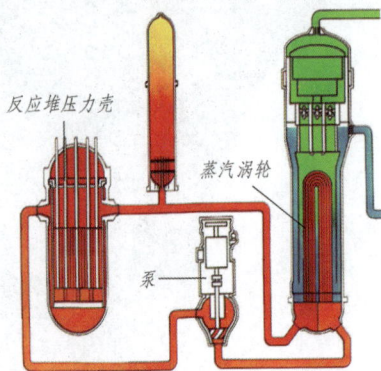

核反应堆的冷却水系统示意图

反应堆压力壳
蒸汽涡轮
泵

核　能

核能即原子能，它指原子核发生反应时所释放的能量，而原子的核裂变与核聚变所释放的能量是十分巨大的。核能的应用范围十分广泛，医疗卫生、食品保鲜等是最主要的领域。

核能时代

美国芝加哥大学的费米领导小组于1942年12月建造了人类的第一台（可控）核反应堆——芝加哥一号堆，这也是曼哈顿计划的一个组成部分。芝加哥一号堆采用铀裂变链式反应，打开了原子能时代的新篇章。

芝加哥一号堆

铀

铀是自然界中原子序数最大的元素，它的构成成分中有一种叫作铀–235的同位素。铀–235在发生核裂变反应时能放射出巨大的能量，是同等量的煤完全燃烧所释放出能量的2700000倍，能量蕴藏十分巨大。

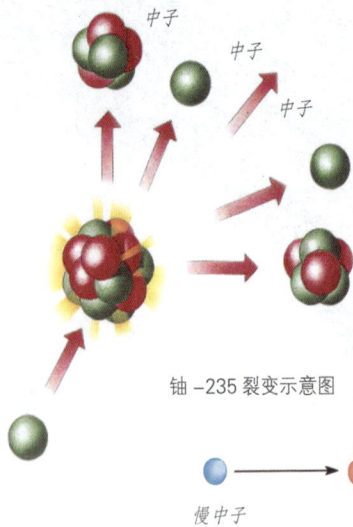

中子
中子
中子

铀–235裂变示意图

核能来源

20世纪中叶，科学家发现了核裂变的奥秘——铀–235原子核在吸收一个中子以后会发生分裂现象，并且释放出极大的能量，这便是核能的来源。核电反应堆便是利用这一原理来获取能量的。

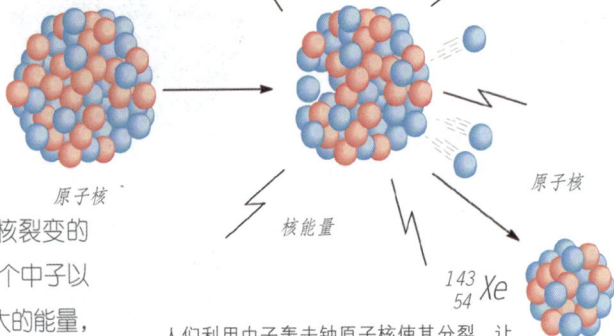

慢中子
原子核
核能量
原子核
$^{90}_{38}Sr$
$^{143}_{54}Xe$

人们利用中子轰击铀原子核使其分裂，让它的能量释放出来，于是中子不停地轰击另外的原子核，放出更多的中子……形成像滚雪球一样的连锁反应，即链式反应

核能的特点

相比煤炭等化石燃料发电的技术，核能发电的优势十分明显，它安全、经济、干净，十分利于环保。因为煤炭在燃烧的过程中会排放出各种有害气体和废物，但核电站并不排放有害物质，也不会加剧"温室效应"。然而核泄露事故也是人们必须警惕的潜在风险。

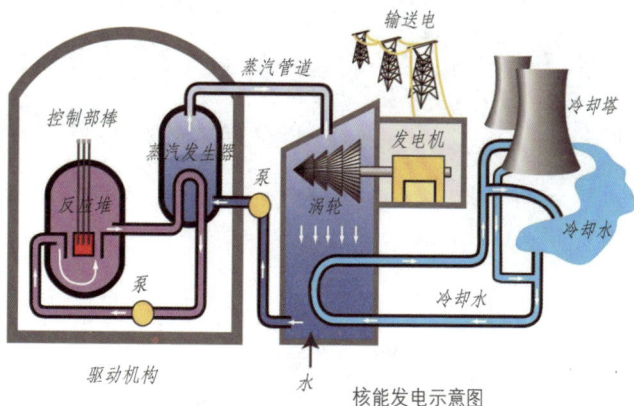

核能发电示意图

中国核能

中国人对核电的开发利用经历了起步阶段、适度发展阶段、积极发展阶段以及安全高效发展阶段。中国人自行设计建造的第一座核电站是秦山核电站，目前已建成大亚湾核电站和江苏田湾核电站，它们是中国三个核电基地。

秦山核电站

英国核能

世界上第一座商业运营核电站诞生在英国，如今，英国拥有世界领先的核电技术以及核电专业人才，建立起成熟的产业链及配套服务体系。英国是第四代核能国际论坛的成员之一，积极倡导第四代核电技术。

英国核电站

一座100万千瓦的火电厂，每年要烧掉约330万吨煤，而同样容量的核电站一年只用30吨燃料

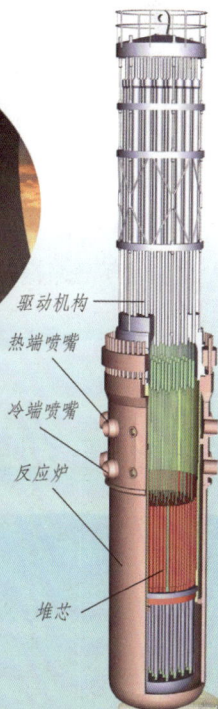

核电厂核反应示意图

如果核电站发生了核泄露会怎样？

奇思妙想

核能的能量巨大，那么，假如核电站发生了核泄露，会怎样呢？

1986 年 4 月 26 日，位于苏联乌克兰地区基辅以北 140 千米的普里皮亚特市的切尔诺贝利核电站 4 号反应堆突然爆炸，发生了自 1945 年日本遭受美国原子弹袭击以来全世界最严重的核灾难。8 吨灼热的核燃料从一个房间流到另一个房间，吞噬了混凝土建造的牢固的建筑物，熔化了用特殊钢材做成的钢管。接着炽热的高温气流将反应堆保护壳冲破，熊熊烈火和强大气流冲天而起，把大量的放射物质送入大气层之中，然后随风飘落到世界各地，遭受污染的还有乌克兰周边 20 多个国家和美国、加拿大等国。这就是震惊世界的切尔诺贝利核电站核泄露事故。

切尔诺贝利核泄露事故造成了严重的人员伤亡和环境污染。如今，二十多年虽然过去了，但核事故留下的阴影仍然挥之不去。核污染造成的后遗症，其代价更是难以估计。据一些西方专家估计，这一事故给数百万的俄罗斯人和乌克兰人埋下致命祸根。在核电站 50 千米范围内的癌症患者、儿童甲状腺患者及畸形家畜和植物，如体格硕大的老鼠、苞蕾异常肥大的花菜等数量急剧增加，"切尔诺贝利综合征"正在蔓延。据乌克兰卫生部 2003 年 7 月公布的数据，在乌克兰全国 4800 万人口中，目前共有包括 47.34 万儿童在内的 250 万核辐射受害者处于医疗监督之下。核辐射导致的甲状腺癌发病率增加了 10 多倍。更令人担忧的是，核辐射受害者中残疾病例上升：1991 年至今，核事故导致残疾的人数增加了一倍多，达 10 万人。

质检"小哨兵"

集装箱小乌最近有些气不顺，不是在与人抱怨，就是在寻找能听它抱怨的人。那它在抱怨些什么呢？——还不是被它运送的那些小货箱给气的！

本来呢，小乌只是一个运输工。它每天只要起个大早，等在工厂的流水线边上，等那些小货箱被装满后，自动滚入自己的集装箱中，然后再把这些货运到对岸的码头上就可以卸货了。它每天只要走这么一个来回就可以安稳地享受休闲时光了。

可是最近，它的货总被对岸的码头退回来，因为人家说它的小货箱装得不整齐，好多都没有装满——它只好再回去重新装一遍。因为每天都得多跑几趟，可把它给累够呛。

可老这样下去也不是办法，小乌只好亲自去流水线边上打探。它想知道为什么货箱装得有多有少呢？

观察了一会儿，小乌就发现门道了。有一些小货箱特别淘气，当货物落下时，它们总是躲来躲去的，好减轻自己的负担；还有一些小货箱一直嚷嚷着要"减肥"，也不会把自己装得太满……

小乌只得不停地跑来跑去，劝住这个，却看不住那个……小乌被溜得实在没法了，只得去找工厂的老板反映情况。

老板也为此感到头疼呢！因为只要一退货，他就得赔钱。他答应小乌，一定会想个好办法解决这个问题。

果然，几天之后，小乌送出的货再也没有收到投诉了，它也不用白费力气了。它纳闷极了，想知道老板用了什么办法收拾好了那些"小调皮"。

等它到了工厂的流水线时，发现了流水线旁边站着一个机器人，就像一个小哨兵一样。每个小货箱经过流水线时，都要经过它的检测，一旦有货箱装得不满，或是摆放凌乱的话，"小哨兵"就会发出警告，接着调动机器，将那些"小调皮"剔除出去。

小乌高兴极了，急忙去找老板请教。老板得意扬扬地告诉小乌："这是我花大价钱买来的放射性同位素检测仪！它利用放射性同位素能检测物质构成的特性来检测，什么东西都逃不过它的'法眼'呢！"

小乌听得连连赞叹，这真是一个双赢的办法：工厂老板不用赔钱了，它也不用来回退货了。

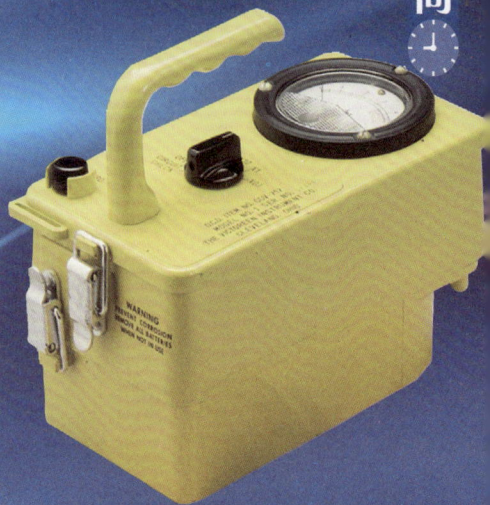

克隆技术

克隆是一个音译词汇，它的英文写作"clone"，那些利用人工遗传的方式操作动物繁殖的过程被称为"克隆"。这门技术就是克隆技术，被定义为"无性繁殖"，又被称为"生物放大技术"。

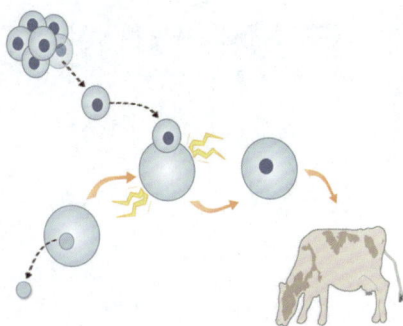

克隆技术，被定义为"无性繁殖"

从母体中分离出细胞　　把细胞放在试管中进行培植　　长成和母体一样的植物

一个细胞分裂成多个

克隆植物示意图

克隆与无性繁殖

克隆是一种繁殖方式，但它与无性生殖存在着区别：无性生殖是指未经两性生殖细胞结合的生殖方式或自然的无性生殖方式，但克隆则是人类有意识地复制另一个与"母本"一模一样的个体。

克隆技术的发展

时至今日，克隆技术已经历了三个历史阶端：微生物克隆（一个细菌复制出一个细菌群）、生物技术克隆（DNA 克隆）以及动物克隆（由一个细胞克隆出一个动物）。而克隆绵羊"多莉"则是动物克隆的知名"作品"。

"克隆之父"伊恩·维尔穆特博士和他克隆的世界上首只克隆羊"多莉"

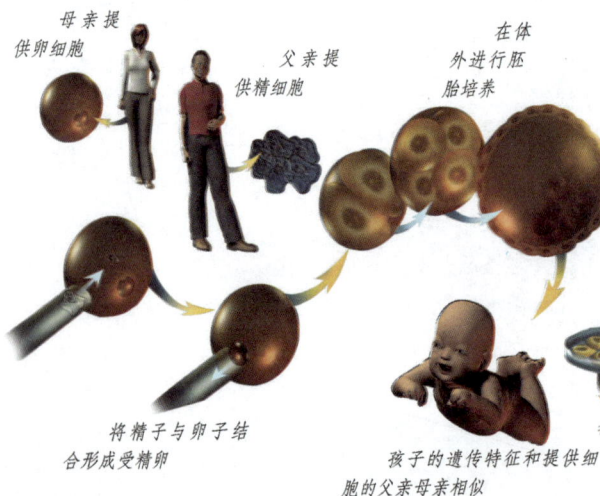

母亲提供卵细胞　　　父亲提供精细胞　　　在体外进行胚胎培养

将分裂到一定阶段的胚胎植入代理母亲体内发育

技术应用

在生物学领域，克隆技术一般有两种应用方式——克隆一个基因或是克隆一个物种。克隆基因的方法是从某个体中截取一段基因；而克隆一个物种的话，则要经过一个十分复杂的技术过程。

将精子与卵子结合形成受精卵

孩子的遗传特征和提供细胞的父亲母亲相似

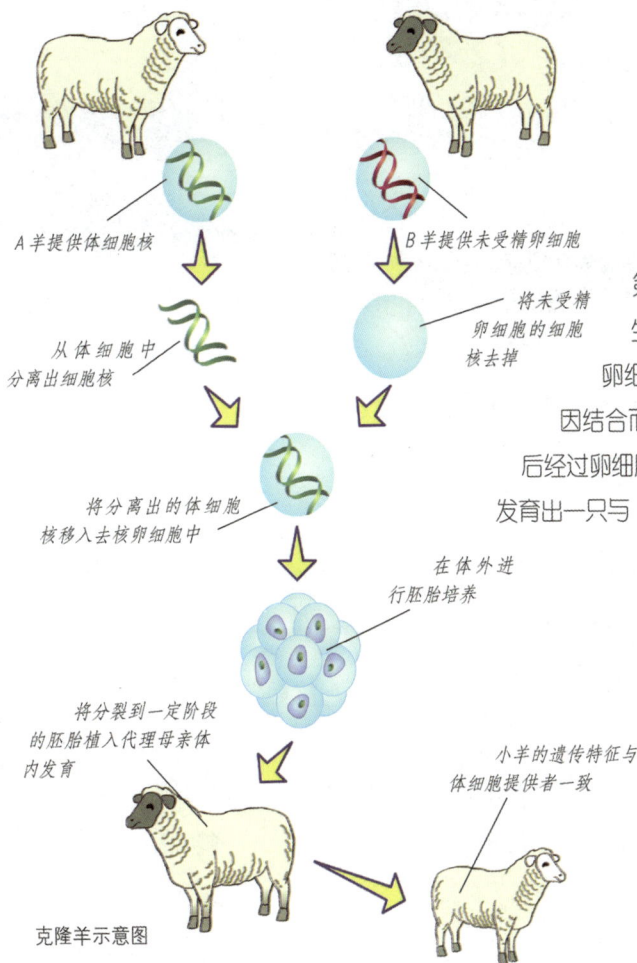

A羊提供体细胞核

B羊提供未受精卵细胞

将未受精卵细胞的细胞核去掉

从体细胞中分离出细胞核

将分离出的体细胞核移入去核卵细胞中

在体外进行胚胎培养

将分裂到一定阶段的胚胎植入代理母亲体内发育

小羊的遗传特征与体细胞提供者一致

克隆羊示意图

"多莉"诞生

1996年7月5日,世界上第一只克隆动物——绵羊多莉诞生了。它是一个没有遗传物质的卵细胞和另一只绵羊身上的遗传基因结合而成,完全没有精子的参与,随后经过卵细胞分裂、增殖并形成胚胎,最终发育出一只与"供体"完全相同的小绵羊。

世界上第一只克隆羊"多莉"

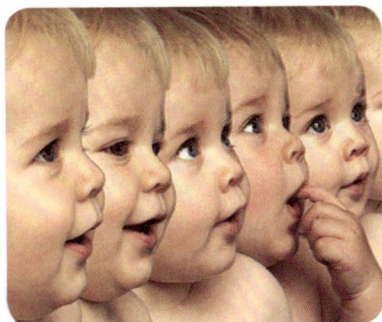

克隆的利与弊

克隆技术的益处在于对物种的遗传和繁衍方面的有利影响,如减少新生儿的遗传缺陷、治疗神经系统的损伤等等;但其弊端则体现在干扰自然进化,弱化了物种抵御变异病毒的能力,提高了传染病的传染风险,并引发一些伦理问题。

如果将克隆应用在人类自身的繁殖上,将产生巨大的伦理危机

应用前景

克隆技术具有广阔的应用前景,如培育优良畜种和生产实验动物;培育转基因动物;制造人胚胎干细胞以治疗细胞和组织方面的疾病;复制濒危物种,保护地球生物多样性。只要我们科学合理地利用这一技术,必将为人类的进步做出更大的贡献。

科学家培育优良畜种

113

如果没有病毒会怎样？

很多人认为没有了病毒，我们就不会再受疾病的折磨，寿命也会延长。但病毒对人类并不是百无一用，对世界还是有好处的。

首先，在生物进化的进程中，病毒帮助了哺乳动物和人类的生殖。为什么这样说？因为动物体本身就是具有排外性的，哺乳动物的母体能够不排斥体内的受精卵，直到胎儿的形成，就是源自一种内源性逆转录病毒。在胎盘形成的过程中，这种病毒的基因能够起到调节或控制的作用。在动物进化的过程中，内源性逆转录病毒通过调节胎盘的功能，从而阻止母体对胎儿的排斥。也就是说，如果没有这种病毒的存在，哺乳动物也不会进化到今天。

其次是在植物界，一些稀有花卉品种的诞生，也都离不开病毒的参与。荷兰是一个盛产郁金香的国家。16世纪的时候，一种长着斑纹的郁金香受到了人们的喜爱。这个品种的花纹就好像是随意喷溅上去的，五彩缤纷，当时的人们纷纷购来用作装饰。但殊不知，这种美丽的形成，正是植物病毒作用的结果。病毒的侵入，会使植物改变原有的颜色，使植物看上去更加美丽、与众不同。人们在掌握了这项技术之后，也都开始利用病毒感染来培育新的植物品种。

第三，从大环境来考虑，病毒在保持生态平衡方面也发挥着不可取代的作用。在生物不断进化的过程中，病毒不断地依附在不同的寄主身上生存。一些较强壮的，能够抵御病毒的侵害，病毒就转移目标，不在此处生活；而一些反抗能力较弱的，就会慢慢被病毒"消灭"掉。长此以往，自然界的各种生物之间就形成了相对稳定的关系，生态平衡也因此得到了很好的维持。

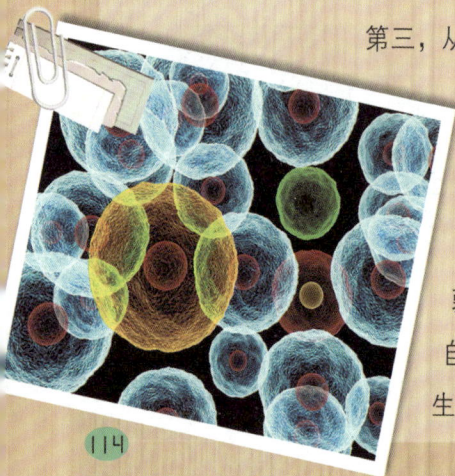

羊博士偿命

小羊是羊村里出了名的小捣蛋，它可没少给爸妈惹乱子。

这不，就在今天，大伙刚要午休，就听隔壁的羊奶奶慌慌张张地快步走着，边走边喊："不好啦！小羊又惹祸了！"羊爸爸问道："怎么啦？那小子又去你家闯祸了？""可不是我家，它惹上了隔壁的大魔王。这会儿大魔王一家正在村口管村长要人呢！"说完，羊奶奶又压低声音说道："嘘！小羊被我藏在家后院的草垛里了！"

羊爸爸一听，吓得一哆嗦，瞪着眼问道："它怎么敢到大魔王村去惹事呢？它到底怎么得罪人家了？"羊奶奶说："听它说，是不小心踩碎了大魔王老婆刚下的一个蛋。现在大魔王暴跳如雷，要小羊偿命呢！"羊爸爸吓得腿都软了，"这可怎么办啊？我们全家都得躲一躲啊！"

"现在躲也来不及了！人家魔王村的魔王们都把羊村围个水泄不通了，你往哪躲？还不如找羊博士想想办法呢！"羊奶奶提醒道。

"对啊！我真是吓得什么都想不起来了。"这话刚一落地，羊爸爸转身就飞〔奔向羊博士〕的家。它上气不接下气地说明了来意，〔请求羊博士无论如〕何也要帮忙。羊博士听了，竟也不着〔急，对羊爸爸说："你〕带我去见大魔王，我有办法解决。"〔羊爸爸只好带着羊博士来〕到村口。大魔王家族正气势汹汹地威〔吓村长呢！羊博士对大魔王〕说："你不要跟小孩子一般见识，你〔不就想偿命吗？我可以赔偿你！"

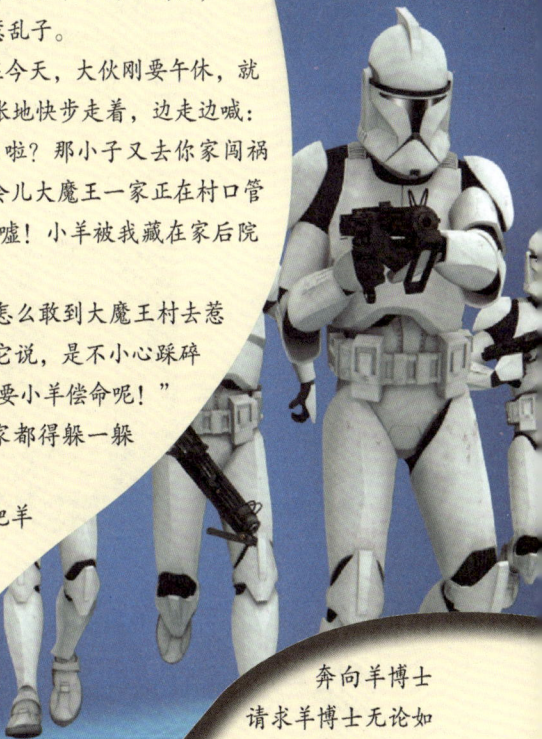

大魔王听了，觉得不可思议："你带我去魔王村，把那个碎蛋交给我，我就〔能偿命？我怎么相信你？""你〕蛋；要是我做不到，我情愿替小羊抵命。"羊博士信心满满地保证着。大魔王将信将疑，但也想让它试一试，毕竟它更想要自己的孩子。

羊博士到了魔王村，收集起那个碎蛋，立即开展了实验培育的工作。过了一阵子，它竟然真的培育出一只新生的小魔王。大魔王佩服极了，急忙向羊博士请教。羊博士笑呵呵地告诉它："这是我研究出的新技术——克隆，只要有你儿子的基因，我就能复制出一个一模一样的小魔王来！"

大魔王似懂非懂，但是十分佩服，连忙请客感谢羊博士。酒足饭饱后，大魔王亲自将羊博士送回了羊村。

转基因技术

转基因技术的理论根源是进化论。基因片段的来源可分为从生物体中提取出来的，以及人工合成的 DNA 片段。基因片段与特定生物体的基因进行重组，再经人工选育后，获得具有稳定特性的遗传个体。

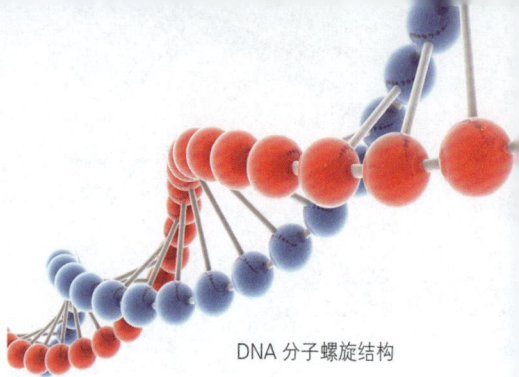

DNA 分子螺旋结构

基　因

1909 年，著名遗传学家约翰森提出了"基因"这一概念。基因是指携带遗传信息的DNA（全称是"脱氧核糖核酸"）片段。用通俗的话来解释的话，基因是所有生物本身所携带的天然"密码本"。

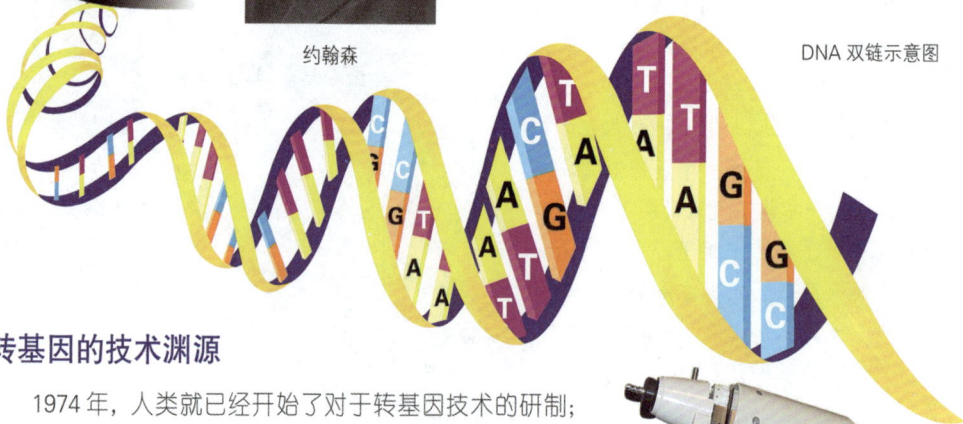

约翰森

DNA 双链示意图

转基因的技术渊源

1974 年，人类就已经开始了对于转基因技术的研制；1978 年，DNA 限制酶的发现使得科学家纳森斯等人获得了当年的诺贝尔医学奖；1982 年，美国的一家公司利用大肠杆菌生产重组胰岛素获得成功，这也是人类首个基因工程药物。10 年后，人类便实现自由改造生物的遗传特性的目标。

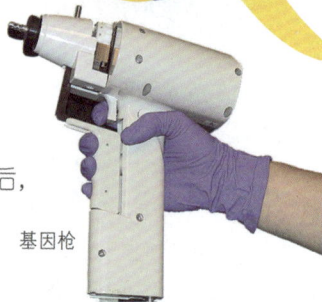

基因枪

科学家正在给苹果做转基因实验

技术原理

转基因技术的原理是将人为提取和修饰过的优质基因，注入到新的生物体基因中，从而实现改造生物的目的。人工转基因技术可利用的方法和工具包括显微注射、基因枪、电破法、脂质体等多种。

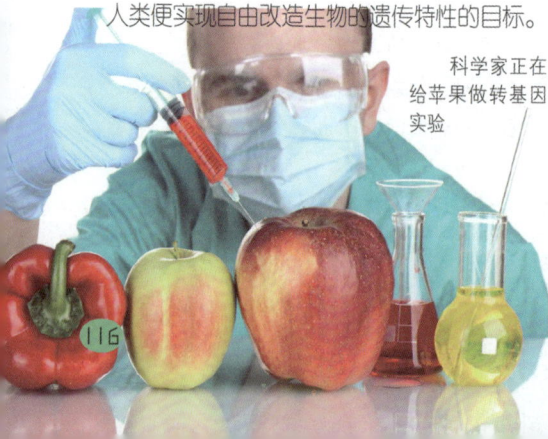

转基因的分类

从过程的角度划分，转基因可以分为人工转基因和自然转基因两类；从实验对象的角度划分，转基因可以分为植物转基因技术和动物转基因技术以及微生物转基因重组技术。而通常提到的"遗传工程""基因工程"，便是人工转基因的同义词。

转基因草莓

睾丸和转基因　酶　消化　生殖细胞　把生殖细胞放到老鼠的身体里　3~5个月　供体基因　传输　X 的伴侣　3~5个月　后代

转基因过程示意图

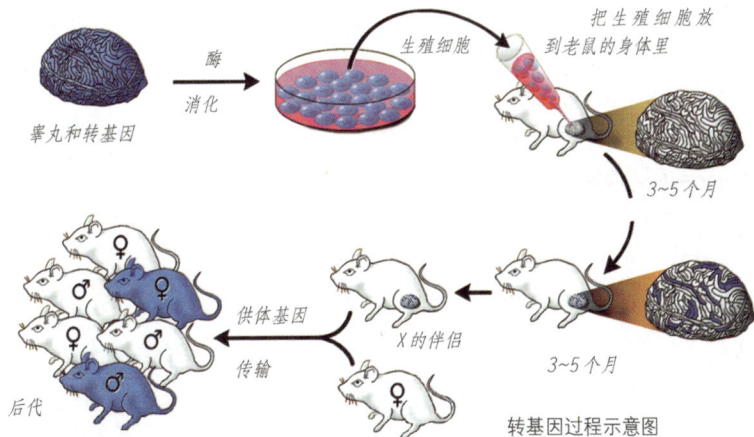

转基因大豆

转基因牛

转基因的过程

转基因的过程包括以下五个方面：（1）提取目的基因；（2）将目的基因与运载体融合；（3）将重组的 DNA 分子注入到受体细胞；（4）筛选目的基因；（5）将得到的重组细胞，不断增殖，得到人们想要的基因特性。

应用领域

转基因技术应用领域非常广泛，如医药、工业、农业、能源和新材料等诸多领域都有转基因技术的影子。目前，科学家已经研制出基因工程疫苗、基因工程胰岛素和基因工程干扰素等转基因药物，并投入临床治疗阶段。

农杆菌引起冠瘿病　细菌基因组　植物的染色体　冠瘿病　根癌土壤杆菌

如果每天都吃转基因食品会怎样？

奇思妙想

转基因食品安全吗？会不会对人体造成伤害呢？因为生物的性状存在不稳定性，很难预料在转移了基因之后，生物是否真的会按照人类预期的那样去生长，转基因食物对人体到底有没有坏处，在很多国家都存在争议。如果每天都吃转基因食品，人类的基因会不会也跟着受到影响呢？

不过也不用太担心，科学家对这种食物的安全性抱以了乐观的态度。他们的理由是，这些转基因生物和普通人工培育的生物一样，都是人类在生物体原有的基础上加入了新的性状。虽然科学界目前还不能准确地预测转基因生物的生长情况，但是投入到市场中的转基因食物都是经过很多道检测程序的，应该是非常安全的。转化的基因是经过筛选的，作用明确，而且转基因食品不会在人体内积累，因此不会对人类造成什么潜伏性、长期性的伤害。在美国，很多人都在食用转基因的水果，至今也没有发现谁食用之后身体出现了不适的症状。另外，人类之所以要改变食物的基因，就是为了尽可能去掉那些对人体不好的因素，增加对人体有益的因素。所以吃这些食物并没有什么坏处。

随着科技的发展，转基因食品会越来越完善。也许未来我们再也不用担心农药的危害，人们吃的食品都是新鲜的，我们的食品不会短缺……也许糖尿病患者只需每天喝一杯特殊的牛奶就可以补充胰岛素，也许我们会见到多种水果摆在药店里出售，补钙的、补铁的、治感冒的、抗病毒的……很有可能，转基因食品会让人类的明天更加灿烂。

转基因

无规矩不成方圆

自从转基因技术从人类社会流传到家禽王国以后，整个家禽王国都乐开花了。大伙纷纷来到家禽实验室报名，要求改良自己的基因。

最先进入家禽实验室的家禽是一只小母鸡。它听说了这个消息后，连夜排队，才占领了第一名的位置。它刚一进屋，就叽叽喳喳地诉说自己的苦恼："哎，我们鸡类最大的遗憾就是不敢下水，每次看到鸭子在清水面上欢快地戏水，我们别提多羡慕了。我偷偷地模仿过鸭子游泳，可是我这鸡脚刚一沾水，就吓得软了。打那以后，我再没下过水。所以，我要报名，改良基因，为我植入会游泳的鸭子的基因，这样我就可以带着我的后代下水游玩了。"实验室的科学家们觉得它说得很有道理，马上为它植入了鸭子的游泳基因。

真是天大的奇闻！母鸡带着它的小鸡崽们下水了！

过了几天，鸭子听说了此事。它也跑到家禽实验室要求改良基因。它嘎嘎地说道："嘎嘎！我们和大鹅一样，又会游泳，又能吃到水里的小鲜鱼，为啥我们的蛋就没有鹅蛋大呢？我要求植入大鹅的基因，我要下出鹅蛋那么大的鸭蛋来。"科学家们连连点头，马上为它植入了大鹅的基因。

嘿！现在的鸭蛋和鹅蛋一样大了，价钱都跟鹅蛋一样高了。

大鹅听说此事，也跑到家禽实验室要求改良基因。它左右摇摆着身子，脖子一伸一伸地高声叫道："我们的个头和天鹅差不多，长相也差不多，怎么我们就不能飞上天呢？非得困居在这条小河上？我们也有一飞冲天的志气。我要求植入天鹅飞翔的基因，飞上蓝天。"科学家同样满足了大鹅的要求。

这下子，大鹅也能展翅高飞了。地上的人根本分不清天上飞的是天鹅还是大鹅了！

大伙都听说转基因技术的厉害，纷纷提出自己的要求，都要求科学家帮助它们圆梦。不同的物种，甚至是相同的物种之间也会提出五花八门的要求呢！这可忙坏了家禽实验室的科学家们。并且，它们的改良，可给人类带来了麻烦了。

人类已经分不清谁是鸭，谁是鹅，谁是天鹅了！人类决定收回家禽王国的转基因技术，不许它们随意改变基因。这下家禽王国害怕了。家禽国王决定，除非是正常的物种改良，其他的无理性要求，一律免提。

总结起来，这个规矩就是——你生下来是什么就是什么，大鹅决不可以变成天鹅。

器官移植

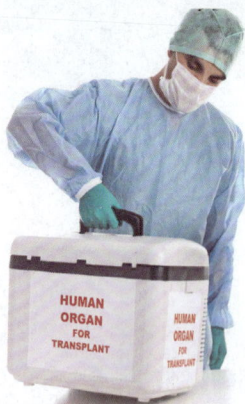

器官移植，就是将一个健康器官移植到另一个个体体内，并使之迅速恢复功能的手术。器官移植能把那些因病变而导致功能缺失的器官，用新的健康的器官所替代，并担负起相应的功能任务。

移植手术需要健康的器官

移植种类

一次手术中共移植两个器官叫作联合移植，如心肺联合移植。一次性移植三个以上器官的手术叫多器官移植。对多个腹部脏器同时移植，如肝、胃、胰、十二指肠、上段空肠，又被称为"一串性器官群移植"。

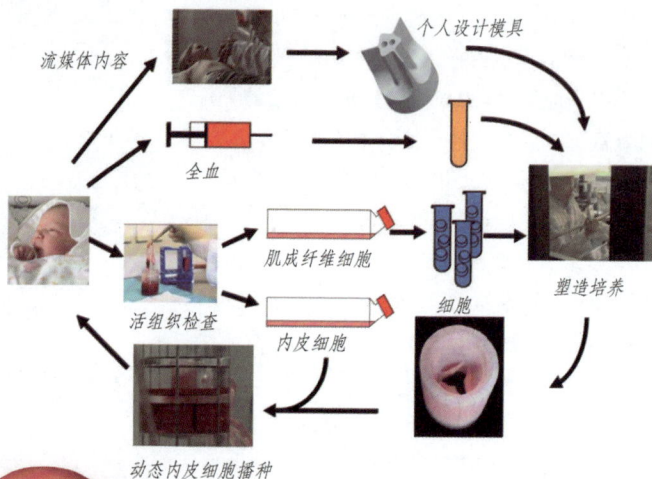

流媒体内容

个人设计模具

全血

肌成纤维细胞

内皮细胞

细胞

塑造培养

活组织检查

动态内皮细胞播种

器官移植过程示意图

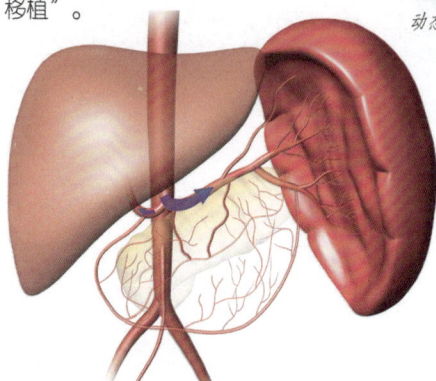

技术难题

器官移植要保持器官的活力。成功的器官移植手术，需要突破3项技术难题：（1）完善的血管吻合操作方法；（2）完善的器官保存技术；（3）克服自身的天赋——排斥反应。在满足以上三点的前提下，器官移植的成功率才能更高。

肝脏与心脏

世界首例

世界上第一例器官移植手术发生在美国，时间为1989年12月3日，手术属于多器官移植，移植的器官为肝、心、肾3项。整个手术过程持续时间超过21小时，手术十分成功，患者术后情况也很正常。

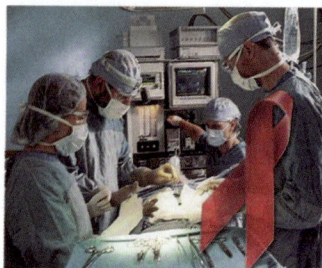

世界第一例肺移植手术

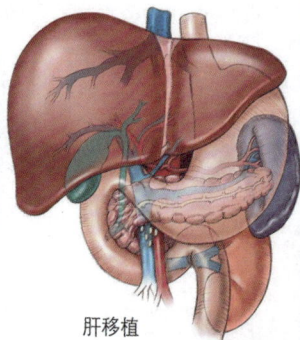

肝移植

病肝切除

把新肝脏缝合
到原来的位置

肝脏的一部分

分割肝脏移植

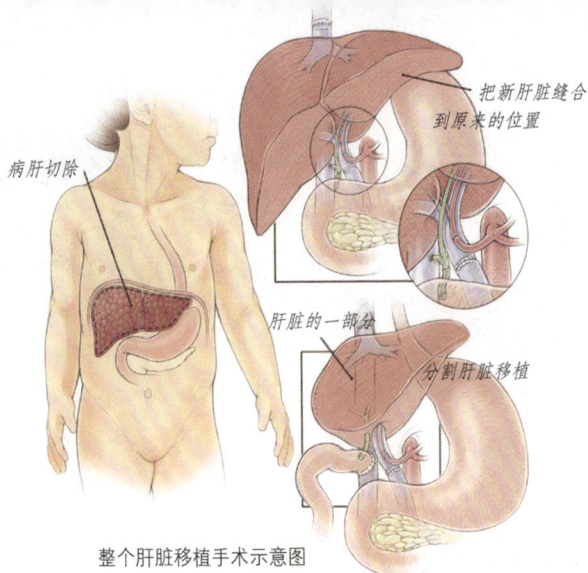

整个肝脏移植手术示意图

移植分类

　　器官移植可分为 4 类：（1）自体移植：指移植物来源于受者本身；（2）同系移植：指移植物的基因与受者相同或相似；（3）同种移植：指移植物属于另一个个体，但与受者的遗传基因有所差别；（4）异种移植，指移植物的来源是异种动物。

组织移植

　　组织是指人体的皮肤、脂肪、肌腱、血管和软骨等。除了同种皮肤移植属于活性移植外，其他各种组织的移植则被称为非活性移植或结构移植。组织移植成功后，它的功能并非由移植组织内的细胞的活性来决定。

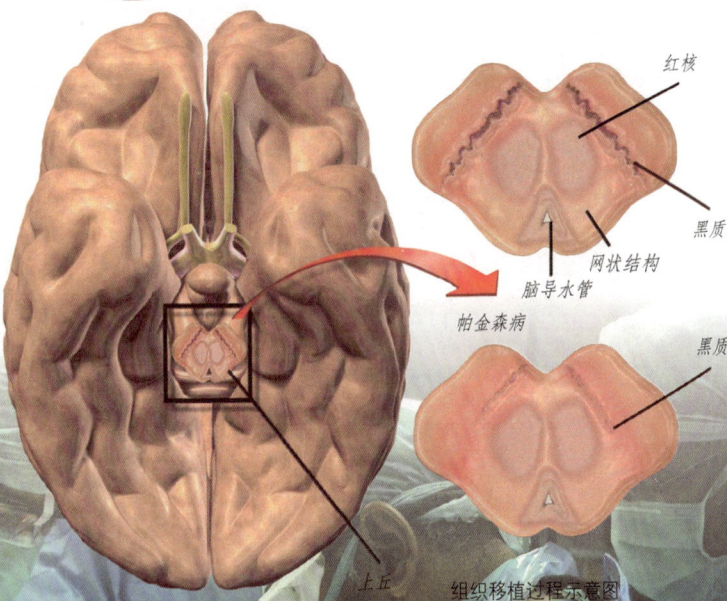

红核

黑质

网状结构

脑导水管

帕金森病

黑质

上丘

组织移植过程示意图

对人类的贡献

　　器官移植是 20 世纪的医学奇迹之一，对人类有重要的意义。半个世纪多的临床案例促进了各类器官移植技术的发展和不断的进步，加速了各种显微外科移植动物模型的建立和应用，增加了对各种新型疾病的认识和挑战等。

奇思
妙
想

这种人体内的导弹在医学上被称为生物导弹。它具有精确的导航系统，也具有高度的专一性、准确性。它只与人体中某些特点物质结合，以改变其特性，使它们失去活性。它这独特的性格，引起世界生物学者的高度重视。它有一个特别的名字——单克隆抗体。这种导弹由两部分组成，一是"瞄准装置"，由识别病变肿瘤的单克隆抗体构成；二是杀伤性"弹头"，由放射性同位素、化学药物和毒素等物质组成，它们都有很强的杀伤病变细胞的作用。

如今，生物导弹在医学上，特别在人体扫描图技术和肿瘤定位方面已获得很大进展。例如，向病人血液中注射用示踪量放射性物质标记的单克隆抗体，抗体将携带放射活性物质通过全身血液渗透到所有组织。由于肿瘤细胞表面有特异性抗原可与单克隆抗体结合，因而这种抗体 – 放射性同位素结合物就不断积累在肿瘤上。应用常规核医学显示微仪器扫描病人身体，就可以在摄影底片上得到放射活性图像，放射活性密集的区域即肿瘤所在部位。采用大剂量单抗体与同位素，可以获得一定的治疗效果。生物导弹除了能够诊断与治疗癌症和某些疾病外，最有希望的是在组织与器官移植过程中用以净化骨髓。因白血病病人有时需要进行全身照射治疗或化学治疗，以杀灭白血病细胞，但这种治疗也毁灭骨髓里有造血功能的多能干细胞，为此需要给病人移植骨髓以补充新的干细胞。这种移植可能引起病人的致死性反应，叫作移植物抗宿主疾病，因为移植骨髓里的 T 细胞把病人身体细胞视为异物并加以攻击和杀灭。为了避免这种致死性反应，必须在骨髓移植给病人之前清除其中的 T 细胞。应用抗 T 细胞的单克隆抗体就可以防止致死性反应。

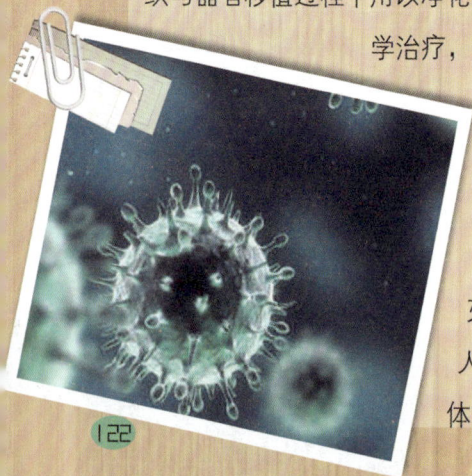

生命更可贵

心和肝本来是住得不远的一对好邻居，它们从小就住在一个主人的体内，一起长大，成了很好的朋友。可是不幸的是，它们的主人生了重病死了，他的心和肝也成了没人要的流浪儿。更可怕的是，没人为它们提供寄生的环境，也没人为它们提供营养，心和肝可能也活不长了。

幸运的是，它们的长辈大脑在临死前曾对它们说："你们要想活命，就得去拜托一名医生，让他把你俩移植到新的主人的体内。不过，你们可能就得分开了，并且再也不能相见了。"

心和肝听了这话，伤心极了，它们哭泣着说："要是我们不能待在一块，我宁可死去！"可大脑却劝道："傻孩子，你们还年轻呢！有很多病人等着你们去救活他们的命呢！你们得抓紧时间去找医生了。"说完，它又默默地念叨着："希望你们运气好，找到同一个主人吧！"

心和肝听了大脑的话，也觉得救人更重要，它们急忙去找医生。医生见了它们十分欢迎，连忙说道："现在好多病人都在日夜期盼着你们呢！你们真是勇敢的好家伙！可是移植内之前，你们会受很多苦的，你们能承

"没问题，什么苦我们都不怕，们的主人死前非常痛苦，我们知道生服它们的勇气，打算立即为它们安排

"可是，我们能不能提一个要求，内？"心小心翼翼地问道。

"哎呀，真是不巧，现在正好有两另一个需要移植肝脏。要是你们同意的话，在一起的话，就得等一阵子。这两个病人的希望就要落空了。"医生说得十分恳切，但他也要尊重心和肝的意愿。

到新主人体受吗？"

只要能救人就行。我命的可贵。"医生十分佩手术。

我们想进入同一个主人的体

个病人。一个需要移植心脏，你必须得分开了。要是你们非要

时间紧迫，它们要立即做出决定。心和肝都留下了眼泪，它们实在不舍得分别，谁也不愿意开口，只能沉默着哽咽。

片刻之后，心哽咽着说："弟弟，我们虽然分开了，但是我们的新主人可以成为朋友，我们还能相聚的！救人要紧。"肝听了哥哥的话，点头同意了，因为它相信它们肯定还会再见面的。

手术进行得十分顺利，两位接受了器官移植的病人，真的成了朋友，他们经常见面，他们体内的心和肝自然也能够时常见面了。

123

杂交水稻

在生物界，存在着杂种优势的现象。杂种优势可提高农作物的产量和品质——这也是现代农业科技的一项重要突破。杂交水稻是选用两个在遗传上有一定差异，同时又具有互补性的优良性状的水稻品种进行杂交，繁衍出具有杂交优势的品种，进而投入生产。

近交系1   近交系2

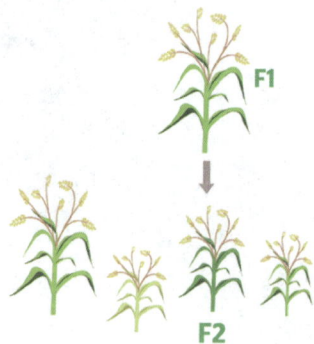

F1

F2

限制因素

水稻杂交之后会衍生出极大的优势，如生长旺盛、根系发达、穗大粒多等；但杂交水稻技术一直存在诸多限制，如水稻属于自花授粉植物，雌雄蕊生在同一朵颖花中，但颖花很小，结种数量极少，因此，长期以来，水稻的杂交优势未能得到充分发挥。

大 米

成熟的水稻

攻克难关

美国人很早就提出了关于杂交水稻的设想，并于1963年在印度尼西亚栽培成功。但这种方法依然存在缺陷，无法进行大规模推广。日本人也曾提出过种种设想，但仍未解决关键的问题。杂交水稻的难关最终由我国农业科学家袁隆平解决，他也获得了"杂交水稻之父"的称号。

产量暴增

中国研制出的杂交水稻技术，获得了巨大的成功，不仅在中国得到了大力推广，也被越南、印度、菲律宾以及美国等多个国家引进，同样取得了巨大的成功。以越南为例，引进杂交水稻之前，越南水稻的平均产量为300千克，其中杂交水稻比常规品种增产40%以上，越南也成为世界第二大大米出口国。

两系杂交水稻

两系杂交水稻又名光温敏不育系水稻。这种水稻的育性受日照时间长短和温度变化的影响：在长日照高温下，水稻体现为雄性不育的特性；在短日照平温条件下，水稻便恢复雄性可育的特性。因此，这种杂交水稻更具培养和繁育的优势。

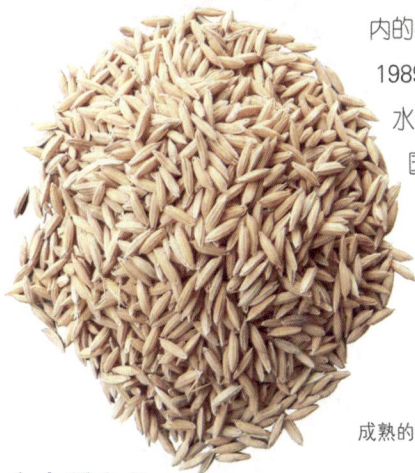

A

B

异核体

B 细胞损失
细胞核

A 与 B 细
胞的融合

胞质杂种

合核细胞

超级杂交水稻

超级杂交水稻属于水稻高产高育品种，包括日本在内的很多国家将其作为重点科研项目。国际水稻研究所于 1989 年启动了"超级稻"育种计划，并计划在 15 年内将水稻的产量提高一半，但计划并未如期实现。目前，中国的超级水稻计划早已获得成功，实现了预期目标。

成熟的水稻

杂交水稻之父

袁隆平，1930 年 9 月 7 日生于北京，江西德安县人，中国工程院院士。袁隆平是中国杂交水稻育种专家，被誉为中国的"杂交水稻之父""当代神农"。自 1964 年开始，袁隆平便开始研究杂交水稻技术，半个世纪以来，他始终耕耘在农业科研的最前线，为中国人培育出优质且亩产量更高的新型水稻，解决了中国人的吃饭问题。

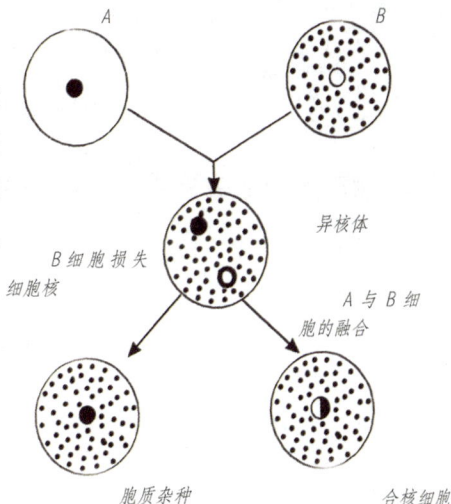

袁隆平研究杂交水稻技术

如果用蛋白质纤维做衣料会怎样？

More

现代科技对植物的利用已经发展到多个领域，有人提出用蛋白质纤维做衣料，会出现怎样的情况呢？

蛋白质纤维是利用天然蛋白质制成的类似于羊毛之类的纤维。羊毛、蚕丝等为天然蛋白质纤维，已经是人类现在最为常用的衣料。人们还开发出新型的蛋白质纤维衣料，比如大豆纤维衣料。大豆纤维是以榨掉油脂的大豆豆粕为原料，提取植物球蛋白经合成后制成的新型再生植物蛋白纤维。大豆纤维具有羊绒的手感和真丝的光泽，其吸湿性能、透气性能和保温性能可与真丝、棉、羊毛等天然纤维相媲美。

但可以用来制作衣服的，不仅仅只有大豆纤维，还有牛奶蛋白质纤维。牛奶蛋白质纤维以牛乳为基本原料，一般称这种蛋白质纤维为"牛奶丝"。牛奶丝具有蚕丝般的光泽和柔软手感，有较好的吸湿和导湿性，较好的强度和延伸性，是一种制作内衣的优良材料，但因其纤维耐热性差、色泽鲜艳度较差、价格较高，影响了牛奶纤维的大量推广使用。

最近，科学家们正加紧研制一种能呼吸的皮肤织物——皮肤型蛋白质衣料，这是一种由蛋白质加工制成的蛋白纤维衣料。因为人体蛋白质水解后可得到 20 余种氨基酸，利用氨基酸聚合体制成的衣料具有皮肤的呼吸功能，既能保温，又能透气，而且雨水不会透进衣服。人体蛋白质的来源很广，泪水、唾沫、汗液中都有。如果将人体蛋白质纤维做成呼吸型衣料，那将是很有前途的服装新材料。

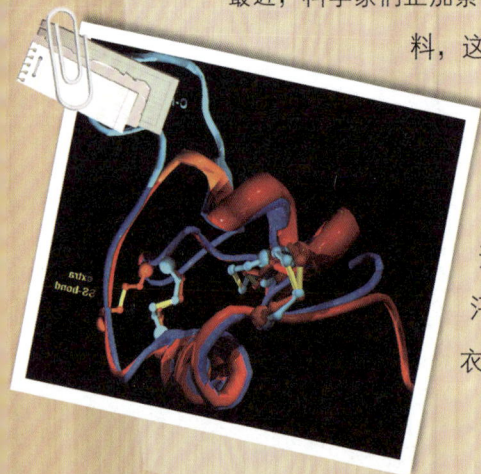

命名之争

科学家经过千挑万选后终于选出两株极具优势的水稻苗，其中一株水稻苗结出的果实颗粒大又饱满；另一株呢？结出的果实香甜可口，加工出的大米焖成米饭后满屋飘香。科学家将两株精选的水稻苗进行杂交育种后，收获了一株具有双重优势的水稻秧苗。

不过那两个优势基因虽说被融进了一株秧苗中，但它们却总觉得自己更重要，谁也不服谁。它们常常夸耀自己的优势，以便自己能成为新型水稻的代言者，用自己的优势为水稻命名。

果实大又饱满的基因常常说："你看看我的后代们，个顶个圆滚滚的，农民伯伯最喜欢我们了。所以，我们以后结出的果实必定是又大又圆，不如就叫'粒粒满'吧！别人一听就爱买我们的品种。"

可果实香甜可口的那个基因不干了，它立即反驳道："你真是老土！百姓把大米吃到嘴里，最看重的是口味。谁家的米好不好，闻一闻味道就知道了！所以，我们以后结出的果实必定又香又甜，名字一定得叫'颗颗香'！这样我们才会有好的销路。"

它们的对话被科学家听到了，科学家对它们说："你们的优势都是突出的，而我们现在要做的水稻杂交工作就是为了结合你们各自的优势的。所以，你们一样重要，谁也不差。"

这两种基因听了，觉得科学家说得有道理，可它们还是很关心新型水稻的名字是什么。

科学家乐呵呵地回答说："至于新型水稻的名字嘛，我们早都想好了，就叫'满粒香'。"

这下，两种基因就放心了，因为它们都被选上了，它们是同样优秀的。它们互相商量着，不再争吵了，以后要坦诚地拿出自己的优势，为人类贡献又饱满又好吃的米粒。

科学家听了，十分满意，对它们说："你们真是聪明，你们只要顺利地开花结果，再结出优良的果实就好了。以后我们会在你们的后代中选出更优质的种子，到各处去推广，让所有的人都吃上香喷喷的米饭。"

太空育种技术

太空育种，又称航天育种、空间诱变育种，是一种利用太空技术，将农作物的种子、组织、器官或生命个体等诱变材料，利用太空中的强辐射、微重力、高真空和弱磁场等环境使生物基因发生改变，再重返地面进行重新培育的育种技术。

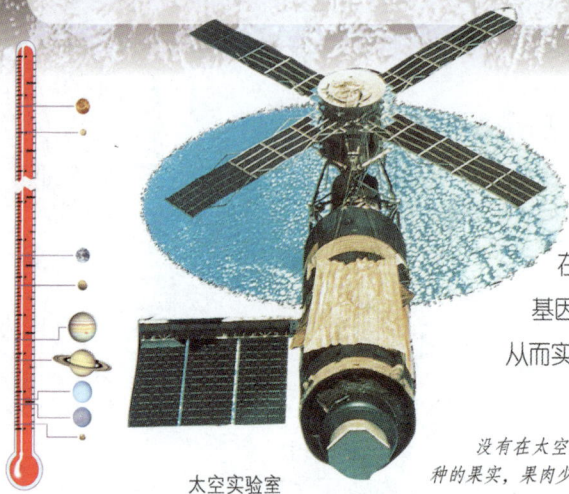

太空温度

太空实验室

技术核心

太空育种技术的核心内容是指利用太空环境对作物的遗传特性进行改变，在短时间内创造出地面条件下所不能实现的基因改变，并选出那些具有突破性的新的基因，从而实现植物育种的新方式。

没有在太空育种的果实，果肉少

在太空育种的果实，果肉多，口感爽滑

优势多多

通过太空育种的途径获取的新品农作物具有生长速度快、果实大而饱满、色泽鲜亮、口感爽滑的特点，并且营养丰富、品质优良，基本摆脱了对化肥和农药的依赖，适应性强，且不易受病虫侵害。

太空育种比较图

太空番茄

发展历程

最早利用太空育种技术的国家是苏联。苏联学者在20世纪60年代初期便对太空育种技术有所研究，随后，美国和德国等科学家也开展了对太空育种技术的研究和探索。1984年，美国将番茄种子送入太空，并证实这种变异的番茄种子培育出的番茄是安全可食用的。

口感香甜

经太空育种过的蔬菜比普通蔬菜味道更好，比如太空甜椒，不仅可以生吃，口感也更加甜脆，十分清爽。而"太空紫薯"更有水果一般的口味，生食爽口甘甜；熟食香甜软糯，可谓色香味俱全，具有很好的保健作用。

太空紫薯

太空土豆

太空土豆

"太空土豆"外皮呈黑色，但内瓤却是深紫色的，闻起来有萝卜的清香。营养丰富，富含花青素，既能美容又具有保健的功能。这种土豆亩产量高，虽然价格高，但依然有着很好的销路。

太空植物

太空农业城

太空医疗

太空医药

太空育种技术也可以与医药行业相结合，如今，我国科研人员已经成功研制出了治疗糖尿病、癌症等疾病的抗生素药品，如从太空菜葫芦里提炼出的苦瓜素便是治疗糖尿病的有效药物。如今，太空育种技术也被引入动物学中，取得了不小的成效。

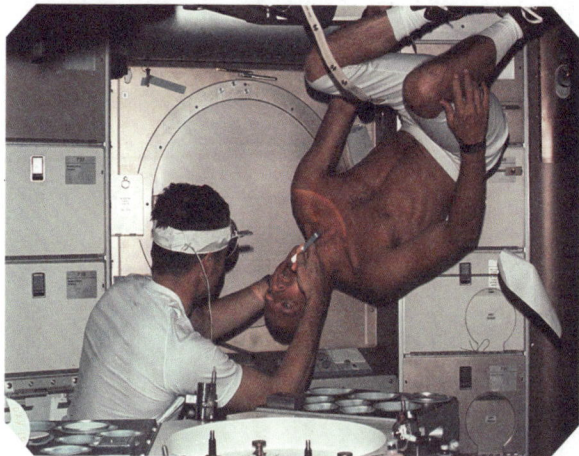

如果火箭要升上太空，是不是不能太重了？

奇思妙想

每一枚升入太空的火箭都肩负着重要的任务，也会携带很多的实验素材，如各种种子、小动物甚至是动物的细胞或是组织等等，那么火箭是否要控制它的重量呢？

单级火箭是不可能把物体送入太空轨道的，必须采用多级火箭接力的方式将航天器送入太空轨道。这也就表明火箭能够顺利升入太空，其自身的重量并没有多大的影响，而是要达到一定的速度。因此火箭都是多级火箭组成的，它肯定会十分沉重了。

火箭的运动服从于牛顿运动定律。火箭发动机工作时，喷出的高速气体给予火箭本体一个反作用力，即推力，使火箭的速度产生变化。在飞行过程中，随着推进剂的消耗，火箭的质量不断减小，速度不断增大。齐奥尔科夫斯基首先推导出单级火箭所能得到的理想速度公式，称为齐奥尔科夫斯基公式，这个公式假设火箭在真空中飞行，而且不受地球重力的作用。从地面起飞的火箭，要受到地球重力和空气阻力的作用，因此所得速度总比理想速度小。由于用单级火箭通常难以达到第一宇宙速度，因此远程火箭和运载火箭往往使用多级火箭。多级火箭由两级或多于两级的火箭组成。多级火箭工作时先点燃最下面一级，即第一级，第一级工作结束后随即点燃第二级，依此类推，直到带有有效载荷的末级将有效载荷送到预定轨道为止。火箭的级数增加，初始重量就会减小。但级数过多系统会变得复杂，反而没有好处，最经济的级数是 2 ~ 4 级。

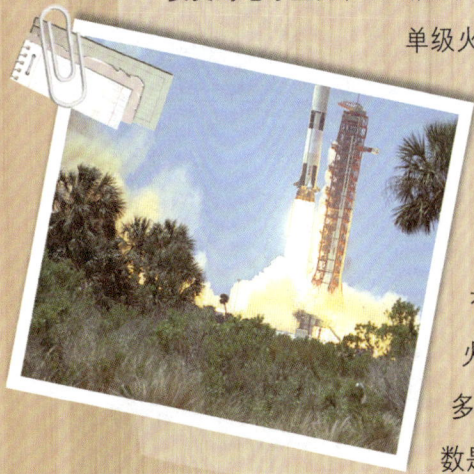

鹤立鸡群的太空椒

春天到了，科学家的试验田中又迎来新一轮的播种工作。种子们都兴奋极了，叽叽喳喳地跳进了土坑中。它们有一个共同的心愿——要长出最大最好的果实，贡献给科学家，也贡献给人们。

几场春雨过后，种子们喝饱了，有了力气，纷纷钻出地面。这时候，所有的种子都没什么太大的区别，无论是辣椒还是茄子，或是西红柿，都是一些小嫩芽——只不过有些长得粗张一点，有些细弱一点而已。变成了小嫩芽的种子们比从前更兴奋了，互相鼓励着："一定要快快生长啊！"

夏天到了，阳光更充足了，雨水也丰沛起来。这些小嫩芽长得更苗壮了，它们像比赛似的，憋着劲地比谁长得更高，更壮实。而现在它们似乎也有了明显的差别，有得尤其茂盛——个子不仅比同种的辣椒高，连茄子、西红柿的秧苗都长不过它——就像"鹤立鸡群"似的。

几棵辣椒秧苗长

周围的秧苗都感到好奇，互相谈论着那几个"怪家伙"——"那几个'傻大个'怎么长得那么着急？好像发疯了似的！""是呀！它们长得这么快，还以为是什么好事呢？等到结果的时候，它们可能就没有动力了呢！""是啊，那时候它们就会后悔的！"

大伙一边嘲笑着它们，一边也暗暗地较着劲儿地长个呢！——谁不想"鹤立鸡群"呀！

可是过了一阵子，试验田中流行起了可怕的"瘟疫"——好多秧苗都遭殃了。染了病的秧苗个个无精打采，身上挂满了伤痕，连站都站不直了。大伙一边打着"点滴"，一边"嗨哟！嗨哟"地叫着疼。可奇怪的是，那几棵"怪家伙"却成了这场瘟疫中的"幸运儿"——它们不仅没得病，还长得比从前更快了。想起自己生病所受的苦，大伙更嫉妒它们了，都在心里暗暗诅咒它们结不出好果子呢！

秋天也到了。大伙又恢复了精神，还结出了不少的果子。大家暗暗比较着，可是那几棵"怪家伙"又出彩了——它们的果子又大又饱满，还飘着诱人的香气！

大伙真是气坏了，觉得不公平，一定是科学家偷偷给它们加营养了。等科学家来的时候，它们果然抱怨起来。科学家听了，笑呵呵地说道："你们的生长过程都是一样的，只不过它们几个是上过太空的，是太空育种的试验品。当初我要选你们的时候，你们不都是害怕得后退吗？怎么能怪我呢？"

那些秧苗听了，都惭愧极了。这次，它们纷纷要求科学家把自己的种子也送到太空去培育一番呢！

巴氏灭菌法

　　巴氏灭菌法，又称巴氏消毒法，得名于其发明人法国生物学家路易斯·巴斯德。1862年，巴斯德发明了一种能杀灭牛奶里的病菌，但又不影响牛奶口感的消毒方法，即今日的巴氏消毒法。

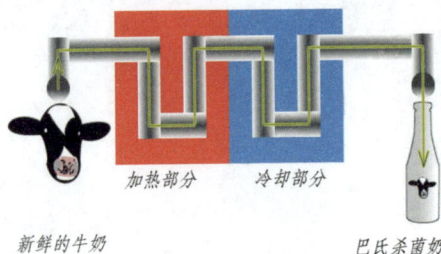

加热部分　　冷却部分

新鲜的牛奶　　　　　　　　巴氏杀菌奶

牛奶灭菌过程示意图

打开微生物大门之人

　　路易斯·巴斯德（1821—1895），法国微生物学家、化学家，近代微生物学的奠基人。巴斯德最大的贡献是为人类打开了微生物领域的大门，它创立了一整套独特的微生物学基本研究方法，提出"实践—理论—实践"的研究思路，具有极大的现实意义。

巴斯德做实验

67℃
加热区域
72~74℃
保温区
液体蛋进口
储蓄槽
水 CIP 的解决方案启动箱
均质器
57℃
72℃
再生部分
4℃
4℃
3℃ 液体蛋出口
冷却区

巴氏灭菌原理示意图

灭菌原理

　　巴氏灭菌法将混合原料的温度升高至68~70℃，并保持30分钟，随后急速降温至4~5℃，这样便可杀灭其中的致病性细菌和绝大多数非致病性细菌——因为急剧的热与冷变化可以导致细菌的死亡。

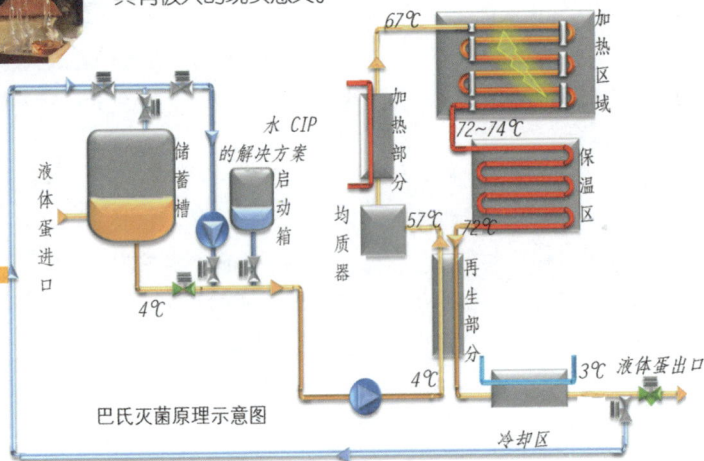

瓶装牛奶

主要应用

　　巴氏灭菌法主要应用于食品灭菌领域，但不同的食品有不同的目的，如牛奶、全蛋、蛋清和蛋黄等采用巴氏灭菌法主要是破坏潜在的病原菌，如结核杆菌和沙门氏菌；而啤酒等酒水饮料类产品，则是为延长品类的保质期。

难题破解

　　19世纪的法国酿酒业中存在一个难解的顽疾——葡萄酒在酿出后变酸，以致无法饮用。巴斯德研究发现，导致葡萄酒变质的便是乳酸杆菌。经过试验，巴斯德发现将葡萄酒在63.5℃的温度下加热30分钟，便可以杀死葡萄酒中的乳酸杆菌，同时又不影响葡萄酒的品质，这可以说是挽救了法国酿酒业。

乳酸杆菌

超高温灭菌法

　　这是一种新型的灭菌方法，过程是将牛奶加热至100℃以上，但加热时间极短，以便保留牛奶中的营养成分。采用超高温灭菌法加工过的牛奶具有更长的保质期，生活中常见的纸盒装牛奶多采用此种灭菌方法。

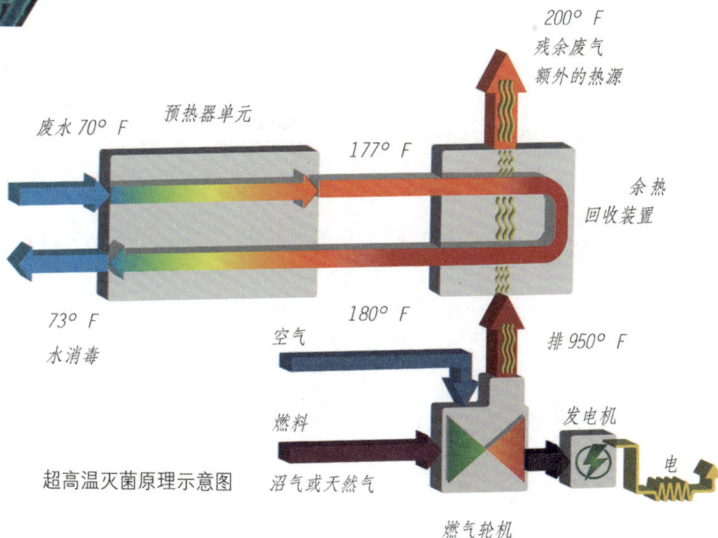

废水 70° F　预热器单元　177° F　200° F　残余废气 额外的热源

余热 回收装置

73° F 水消毒　180° F 空气　排 950° F

燃料　沼气或天然气

发电机 电

燃气轮机

超高温灭菌原理示意图

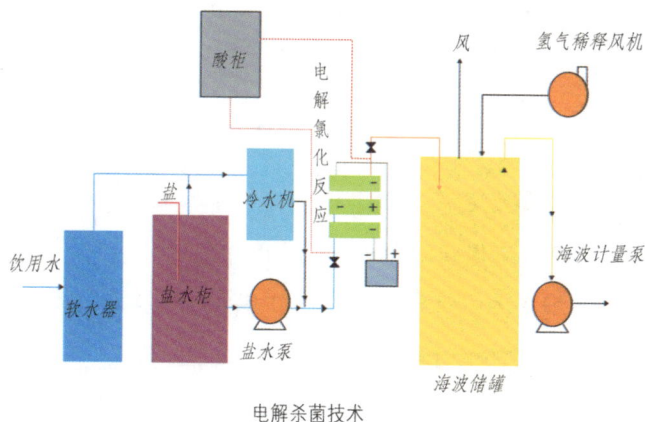

酸柜　电解氯化反应　风　氢气稀释风机

冷水机　盐

饮用水　盐水柜

软水器　盐水泵　海波计量泵

海波储罐

电解杀菌技术

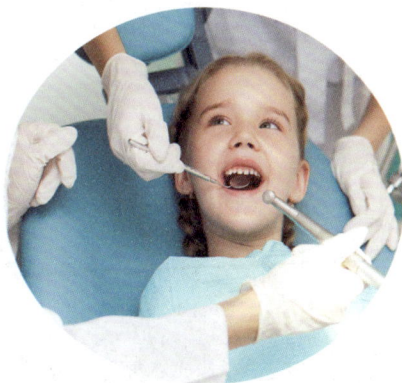

医生用激光杀菌

其他新型杀菌技术

　　除了超高温灭菌法外，科学家还研制出多种杀菌技术，如杀菌贮藏技术、电解杀菌技术、交流电杀菌技术、超声波杀菌技术、激光杀菌技术以及脉冲强光杀菌、磁场杀菌和微波杀菌技术。这些新型杀菌技术具有不同的杀菌原理和应用领域。

如果没有细菌会怎样？

奇思妙想

细菌会给人们的生活带来不健康的因素，可导致人生病。如果有一种强力的杀菌剂，将地球上的细菌都消灭掉，世界就真的干干净净了。其实不然，地球上如果没有细菌及微生物，那么生物死了就不能分解，重新被利用了。如树林里会堆满树叶，大树小草都因为缺乏营养而慢慢枯死。植物没长嘴巴，吃不了树叶，必须微生物降解树叶成为腐殖质，植物才能再利用其中的营养。植物都死了，吃草的动物会先被饿死，吃肉的动物也因为没肉吃而饿死，最终地球将成为一个没有生命的荒凉星球。所以还是希望有细菌的存在。

世界上存在很多种有益的细菌，给人类的生产生活带来了很多帮助。说说距离人们最近的地方——口腔。这里汇集了100多种细菌，数量要比地球上的人都多！这些细菌并非全部都对身体有害。当外界的病毒侵入到人们的口腔时，这些细菌能够帮助人类抵御外来侵害。

在人体的肠道中，也生活着很多细菌。它们对人的系统并没有什么伤害，反而会促进食物的消化。人们每天吃到肚子里的食物，肠胃并非全部都能消化掉，有一些不好消化的，身体会主动拒绝去处理它。这时，肠道里的细菌就开始了自己的分解工作，它们利用自身的酶和新陈代谢，分解食物中的糖类，促进肠道对食物的消化。

由此看来，如果世界上真的没有了细菌，人类也会生活得很辛苦。

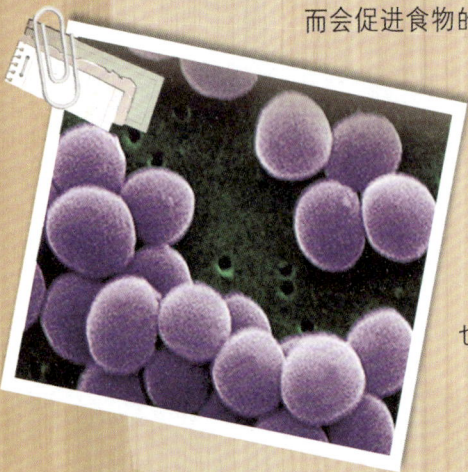

起死回生的牛奶厂

牛奶厂的牛老板最近的生活真是一团糟。他刚开张没多久的牛奶厂就要倒闭了——这可是他半生的积蓄呀！

本来他打算利用家族的优势开办一个牛奶厂，专为附近的镇子提供鲜奶。可是他的第一批牛奶刚上市，就惹出了麻烦——很多人喝过他厂生产的"优品"牛奶后竟然闹起了肚子！现在他的工厂都被人群包围了：供应商要求退货，退钱；而那些订奶的客户则要求赔偿——这可不是小数目。牛老板真是又急又冤枉：他的牛奶奶源优质，整个加工过程也有品质保证，怎么就会喝坏了肚子呢？

牛老板并不甘心自己的全部心血就这样付之东流。他四处聘请专家，希望能解答他的疑惑。在朋友的推荐下，他认识了一位著名的化学家。

化学家对此领域十分感兴趣，他亲自来到牛老板的工厂，并且让牛老板为自己演示牛奶的整个加工过程。化学家全程跟踪观看之后，又分别装走了几大罐牛奶——有刚从牛身上挤出来的鲜奶，也有经过加工的"优品"牛奶。

回到实验室，化学家立即开始了对两种牛奶的检测，他惊奇地发现——经过加工的"优品"牛奶中竟然检测出了更多的细菌，不是致人腹泻的罪魁祸首了。

化学家找到了问题所在，一大早他讲了症结所在。牛老板疑惑极了："我怎么可能会滋生细菌呢？"

"细菌的滋生是无孔不入的。只……用说，这就……奶厂还能起死回生。"化学家对牛老……就找来了牛老板，给……的加工车间是无菌操作，……要找到灭菌的办法，你的牛板分析道。

牛老板也没有别的办法，只能将所……有希望寄托在化学家身上。他拜托化学家一定要帮他找到解决办法。化学家满口答应，便回去研究了。牛老板每天都在焦急的等待中。

就在牛老板想要放弃的时候，化学家上门了。他兴奋地告诉牛老板，已经有人先他一步发明了"巴氏灭菌法"，并且他已经验证过了，十分有效。

牛老板立即引进了新式灭菌方法，这次，他的工厂生产的"优品"牛奶果然名符其实了，不仅保留了牛奶的营养和口味，还杀灭了细菌。

牛老板的牛奶厂终于起死回生了。

虚拟现实技术

虚拟现实技术（简称 VR）在本质上属于计算机仿真系统，它利用计算机生成一种模拟环境，这种模拟环境是一种多源信息融合的交互式的三维动态视景和实体行为的系统仿真，以便使用户"深入"到这种虚拟的环境中。

虚拟现实技术给用户提供真假难辨的环境

概念的提出

科学家很早就提出了虚拟现实技术的概念，1963 年之前，有声形动态的模拟便是蕴含着虚拟现实思想的最初阶段；1963~1972 年，又出现了虚拟现实技术的萌芽；1973~1989 年，科学家确切地提出了"虚拟现实"这一概念和初步的理论；1990~2004 年，则是虚拟现实理论进一步完善和初步投入运用的阶段。

真假难辨

虚拟现实技术的特征具有以下四个方面：多感知性、存在感、交互性以及自主性。科学家理想中的虚拟现实技术应该具有一切人所具有的感知功能，并能够为人提供一个使用户自身难辨真假的环境。

虚拟现实技术与图文技术的结合

融为一体

虚拟现实技术将多种技术融为一体，如实时三维计算机图形技术，广角立体显示技术，对观察者头、眼和手的跟踪技术，以及触觉／力觉反馈、立体声、网络传输、语音输入输出技术，等等。

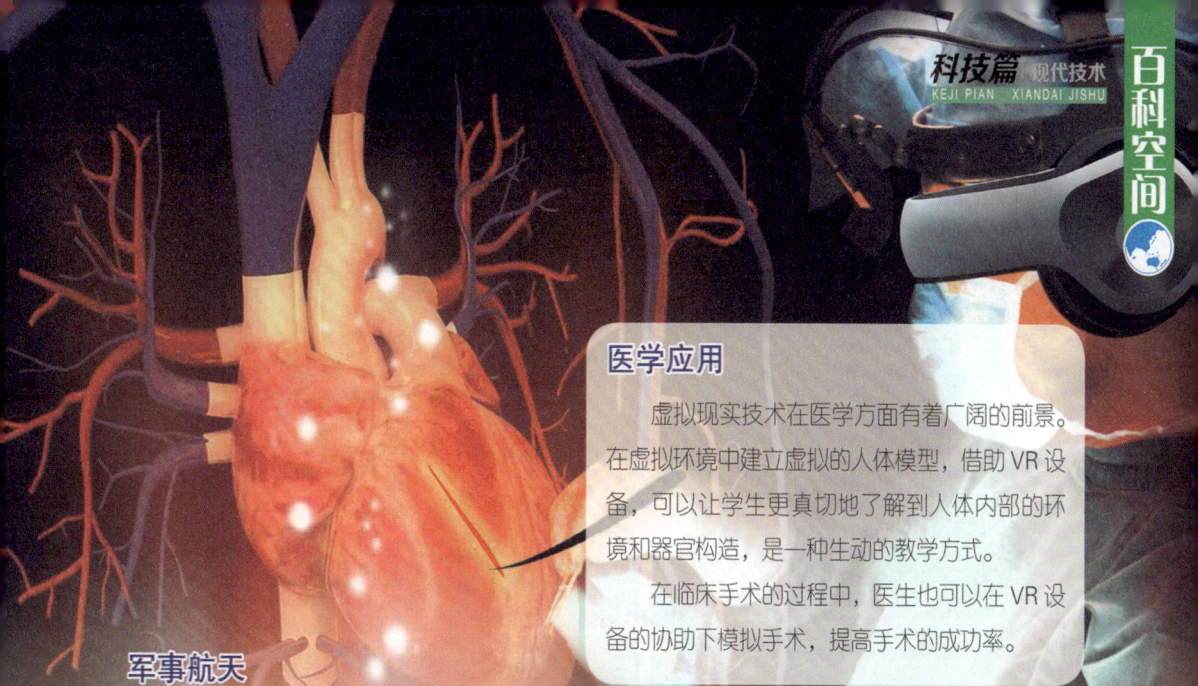

医学应用

　　虚拟现实技术在医学方面有着广阔的前景。在虚拟环境中建立虚拟的人体模型，借助 VR 设备，可以让学生更真切地了解到人体内部的环境和器官构造，是一种生动的教学方式。

　　在临床手术的过程中，医生也可以在 VR 设备的协助下模拟手术，提高手术的成功率。

军事航天

　　军事与航天工业领域一直十分重视模拟演练的问题，而 VR 设备的出现，大大增强了军演或是模拟航天训练的真实性。美国在 20 世纪 80 年代起便开展了虚拟战场系统的研制工作，将多台模拟设备协同演练。

VR 在军事上的应用

VR 设备

娱乐新宠

　　VR 设备凭借着真实又丰富的感知力和 3D 环境深受年轻人的喜爱，发展十分迅速。在英美等发达国家早已开发出多种 VR 游戏系统，极具趣味性；如今，VR 游戏设备已进军家庭娱乐市场，前景十分乐观。

如果建筑物和人一样有"感觉"会怎样？

奇思妙想

现代科技发展的趋势是人性化，如同虚拟现实技术一般，重视的是人的感觉以及人机交互的程度。那么我们采取逆向思维的话，假如建筑物和人一样也有"感觉"，会怎样呢？

这种和人一样有感觉的建筑物，被科学地称为生命建筑。生命建筑有神经系统，能感知和预报建筑物内部的隐患、局部变形及受损情况；有肌肉，能自动改变建筑构件的形状、强度、位置和振动频率；有大脑，能迅速处理突发事故，能自动调节和控制整个建筑系统，让其处于最佳工作状态；它还具有生存和康复的能力，在灾害发生时能自己保护自己，使自己能够继续生存下去。

加拿大的科学家则在交通负荷量很大的大桥上使用了中长期监测的衍射光纤传感器，它不但能感知整座大桥的应力变化，还可以感知一辆卡车过桥时产生的振动和桥形的变化，而振动是桥梁和高速公路损伤的主要原因。美国南加州大学的罗杰斯和他的研究小组在合成梁中埋植入记忆合金纤维作为建筑的肌肉。由电热控制的记忆合金纤维能像肌肉纤维一样产生形状和张力的变化，使桥梁连接处经受振动的能力增加 10 倍以上。日本也发展了智能化的主动质量阻尼技术，当地震发生时，生命建筑中的驱动器和控制系统会迅速改变建筑内的阻尼物（如流体箱）的质量，从而改变阻尼物的振动频率，以此来抵消建筑物的振动。

科学家预言，不久的将来，生命建筑将在公路、桥梁中首先出现，到那时，一座桥梁或一段高速公路也许会自动告诉人们："我老了，我不行了。"这时，人们就可以及时地采取必要的防范措施。

VR化时代

VR技术被发明出来之后，便得到大力推广。VR系统以其独特超前又富于趣味性和真实性的特点，普及率不断攀升，将世界引入了一个VR化的时代——那场景就如同很久之前的"电气化"一般。

你看！连一向古板的王教授一家都被VR系统"占领"了。此时，王教授正运用VR设备进行着自己的医学实验；他的老婆正用VR系统观赏最新的电影；而他的小儿子则在自己的房间偷偷地玩起了VR设备游戏。

看到自己的家族兄弟正"统治"着每一个家庭，VR系统别提多得意了，它甚至不自觉地笑出了声。可它的这一声笑可吓坏了正在专心实验的王教授。

王教授四下看了看，又侧耳倾听了一番，才确定家中没有外人的声音，准备重新投入到实验中。VR系统看到他那滑稽的样子，不禁在心里嘲笑他："哼！真是愚蠢的人类！只知道防范自己人，却不知道我们机器的智能早已进化到高级阶段了！我们就快要统治人类了。"

想到这儿，VR系统不禁想戏弄一下古板的王教授。它先是强制关掉了王教授眼前的屏幕，又在上面显示了一行字："停下你的工作，我们聊一会儿！"王教授看到这行字，吓了一跳，怔怔的不知道说什么。

VR系统便直接与他对话："是我，王教授，您是著名的教授，但您现在也离不开我们VR系统了。不是吗？我敢说，机器人的进化能力已经超出了你们人类的想象，恐怕地球就要被我们所占领了。"王教授听出了它口气中的狂妄，便问道："你说出这话，有什么依据吗？"

"我的依据太多了。您见多识广，肯定知道我们这个系统对于当今的世界来说有多的重要。就说您家吧，您看，哪一位离得了我们这个系统。而这个世界呢？就连航天领域都得依赖我们的帮助。更别提生活的方方面面了：医疗手术，得靠我们进行术前演练才能提高手术成功率；计算机系统，必须安装新式VR系统；各种新式的可穿戴设备，哪一个离得了我们？"VR系统越说越得意，似乎整个世界已然是它们的天下了。

忽然，VR系统的字幕关闭了，连声音也消失不见了。屋子里安静极了。这是怎么回事呢？原来是王教授将自己家中的电源关闭了。他看不惯VR系统那不可一世的样子，他要给它点教训。

当电源再次开启的时候，VR系统又恢复了正常，它沉默了。因为它忽然明白，没有了电，它就是虚无的，而那些实体设备不过是一堆塑料盒子而已。

可见光通信技术

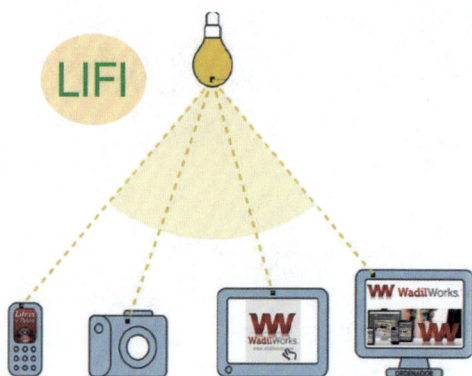
LIFI

可见光通信技术（简称"LIFI"），是一种利用荧光灯或发光二极管等照明设备发出的肉眼不可见的高速明暗闪烁信号来传输信息的技术。这种技术简单易行，只要将高速因特网的电线装置与照明设备相连，接通电源便可传输信号。

可见光通信技术

技术原理

LED 灯泡在点亮时，每秒会发生数百万次的闪烁，而这种闪烁是人眼无法察觉的；科学家将其明暗的变化编成二进制编码，通过光敏感器接收信号的变化，并传输出去；同时，在电脑上安装特殊的接收信号装置；灯光亮，电脑便可实现上网操作；灯光灭掉，网络信号便会消失。

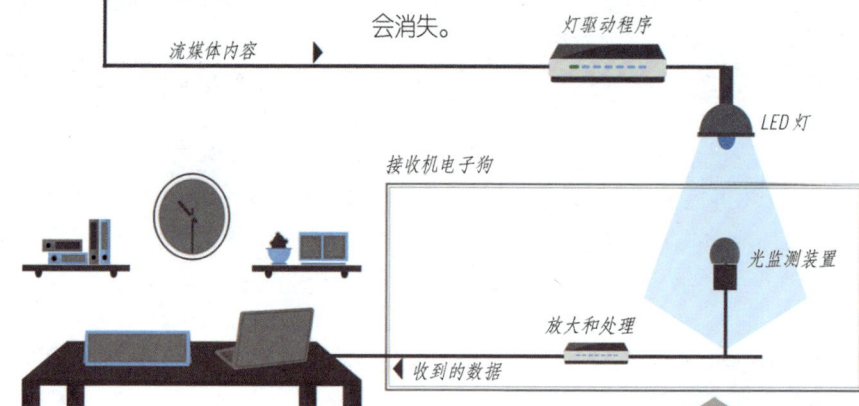

互联网

流媒体内容

灯驱动程序

LED 灯

接收机电子狗

光监测装置

放大和处理

收到的数据

LIFI 原理示意图

灯光上网

目前可见光通信技术已经得到了科学家的试验证实。研究人员将网络信号接入一盏功率为 1W 的 LED 灯珠上，灯亮起后，完全可以满足 4 台电脑同时上网，传输速率可达 3Gps/s 以上，平均传输速率超过 150Mps/s，称得上世界最快的"灯光上网"。

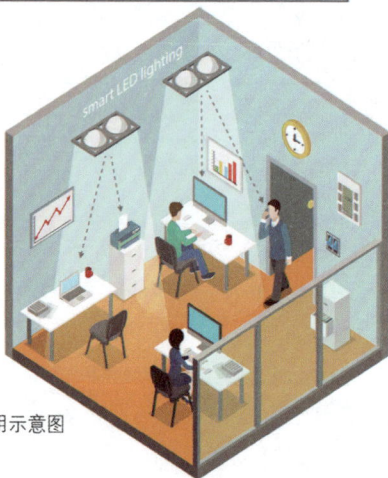

可见光通信技术的应用示意图

传输速度更快

与目前通用的信号传输系统无线局域网技术相比，可见光通信系统只需利用室内照明设备便可将信号发射出去，且速度可达每秒数十兆至数百兆；技术成熟时，速度可超过目前的光纤通信。

可见光通信技术具有传输速度快的优势

LED 灯亮起时，可以满足多台电脑上网

安全经济

可见光通信技术对环境要求低，只要有专业的信号传输设备以及灯光，便可以不间断地上传和下载高清视频；在安全性方面，只要将光线遮住，信息就不会传到室外，并且能容纳多台电脑同时上网。

衍生效应

目前，世界各国对于可见光通信技术都处于摸索阶段，我国也已加入了对该种技术的研究。在摸索的过程中，科研人员将可见光通信技术应用于城市车辆的移动导航和定位功能上，利用汽车的LED 照明装置，实现汽车与交通管控中心、信号灯之间的通信，推进智能交通系统的应用进程。

如果没有电灯会怎样？

奇思妙想

　　没有了电灯，每天当太阳落山，夜幕降临的时候，人们生活的城市将是一片漆黑。其实在电灯问世以前，人们普遍使用的照明工具是煤油灯或煤气灯。这种灯通过燃烧煤油或煤气来照明，因此，有浓烈的黑烟和刺鼻的臭味，并且要经常添加燃料、擦洗灯罩，因而很不方便。更严重的是，使用这种灯很容易引起火灾，酿成大祸。

　　人类最早发明的电光源是弧光灯和白炽灯。弧光灯是在电极两端产生电离弧光的电光源。弧光灯的商业应用是由居住在巴黎的俄国人亚布洛契可夫开创的。他发明了一种被称为亚布洛契可夫之"烛"的弧光灯，这种弧光灯曾在欧洲广泛应用，但其缺点是用来发光的碳棒消耗量太大。1878年，美国的布拉许发明了一种弧光灯，它的结构简单，用高压直流供电，在街道和广场照明中取得了成功。而白炽灯是利用电流使物体炽热、发光的原理而制成的。19世纪中叶，人们就开始研制白炽灯。制造白炽灯首先要找到一种材料，当电流通过它而处于炽热状态时不致烧毁；其次要求价格低廉，不能像弧光灯那样消耗太多的碳棒。

　　1879年，爱迪生完成了白炽灯的发明。这种白炽灯是把碳丝安装在抽去空气的玻璃泡内，寿命约45小时，每只的价格为1.25美元。他还设计了电灯的底座、室内的布线、街道的地下电缆系统，以及发电机等电力照明的成套设备。爱迪生之后，电灯不断改进。1903年，美国奇异公司用钨丝制作白炽灯，将灯泡的寿命延长了。到1939年管状日光灯问世，很快就被广泛采用，成为又一种重要的照明光源。

Wi-Fi 信号变身记

一段本来插在无线路由器上的电线忽然被人掐住脖颈，拔了下来，连光纤信号都中断了。这段电线诧异极了，大喊道："是谁呀？谁在捣蛋，打扰我工作呢？"

科学家听到了，便对它说："你不要着急，我们在替你做好事呢！一会儿你就要变身了，会有更强大的功能。""那你们要带我去哪？我的工作可重要了呢！你们看下面的电脑没了我，立马'与世隔绝'，看它们急成什么样了？"电线着急的程度一点儿也不比电脑们轻，它可是最尽忠职守的。

正在抱怨着，电线忽然感觉自己被插到了一个新的接口上。"啪！"的一声过后，电线的眼前忽然放光，自己的眼睛都要被刺瞎了。它适应了好一会儿，才睁开眼睛。"你们竟然把我插到日光灯上，我的眼睛好痛！你们快放我下来！好热啊！我要被烤焦了！"电线大声地抗议着。

"别急，你这是初期的不适应，马上就好了。待会儿我把你的触角重新连接到电脑上的时候，你就会发现奇迹了。"科学家耐心地解释道。

可是电线根本听不进去，它浑身都难受极了，甚至把怒气撒到了日光灯的身上。厌鬼，快把我放下去，我凭什么要挨到罪？"

"你这个讨 你身边来受这份

日光灯也感到委屈，但它懂事地 一下，我们都是为了更好地工作呢！的合作是非常神奇的。你一定会感谢

安慰电线道："你先忍耐 静下心来，你会发现，我们 我的。"

日光灯的态度温和，电线也说不出 它感觉自己另一端的触角被插到电脑的 现了神奇的感觉。它觉得自己身子变得轻 什么了，只能独自叹气。忽然，主机上了，而自己的身上也出 快了，信号流通得更快了。电脑又与外面的互联网相连了，而它传输信号的速度不知道要快多少倍呢！下面的电脑也感觉到了，它们都齐声夸赞，说自己的效率更高了——大伙再也不用为争抢信号而打闹了。

这段电线也觉得自豪极了，困扰它的信号分配问题终于得到了解决。它甚至为自己刚才的无知和鲁莽感到不好意思了。现在，它主动承担起了新技术的传播工作。它要让更多的同伴升级变身，才能更好地帮助电脑工作。

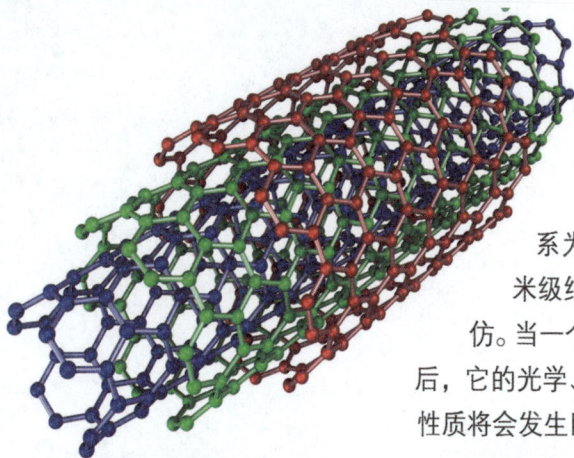

纳米材料

纳米是一个长度单位（它与毫米的换算关系为 1 毫米 =10^6 纳米）。而纳米材料则是"纳米级结构材料"的简称，这个长度与电子长度相仿。当一个大块固体物质被分解为超微颗粒（纳米级）后，它的光学、热学、电学、磁学、力学以及化学方面的性质将会发生巨大的变化。

碳纳米管是一种奇异分子，它是使用一种特殊的化学方法，使碳原子形成长链来生长出的超细管子，细到 5 万根并排起来才有一根头发丝宽

纳米金属

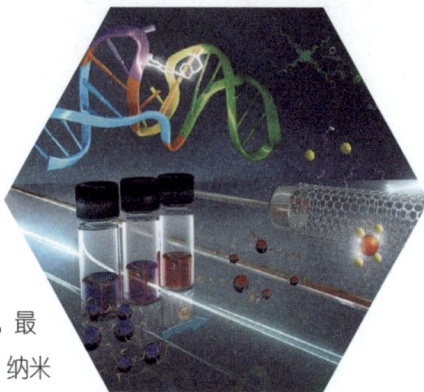

纳米材料

研究历史

人们对于纳米材料的研究可追溯到19世纪中期，但真正的纳米材料问世时，已经是 20 世纪 80 年代中期了。最早出现的纳米材料是纳米金属，后期又有纳米半导体薄膜、纳米陶瓷、纳米瓷性材料和纳米生物医学材料等多种产品相继问世。

纳米材料做成的鞋

提取方法

纳米材料的颗粒极其微小，是不可能用研磨的方法获取的。目前，比较流行的有物理方法和化学方法两种。物理方法指惰性气体下蒸发凝聚法；化学方法则包含水热法和水解法两种。还有一种便是将物理方法和化学方法合二为一的办法。

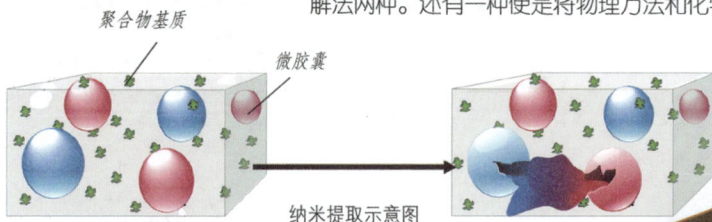

聚合物基质

微胶囊

纳米提取示意图

材料分类

纳米材料可分为以下四大类：纳米粉末、纳米纤维、纳米膜、纳米块体。其中纳米粉末技术最为成熟，其他三类产品都是纳米粉末的衍生物。纳米粉末可应用于高密度磁记录材料以及光电子材料或是太阳能电池材料等多个领域。

纳米芯片

天然纳米材料

科学家曾在鸽子、海豚、蜜蜂、蝴蝶以及海龟等常常进行长途跋涉的动物体内发现了用于导航的物质——天然纳米材料。以海龟为例,生于美国海岸的小海龟为了寻找食物,常常要跋涉到大洋另一端的英国附近海域,而它们不迷路的秘密就在于头脑内部的纳米磁性材料。

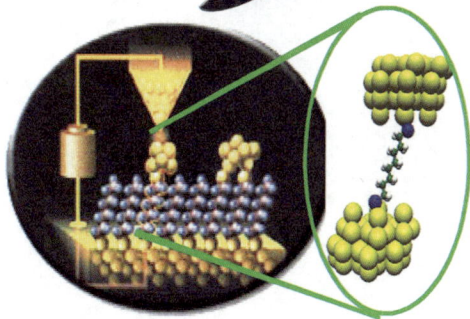

海龟的体内有纳米材料

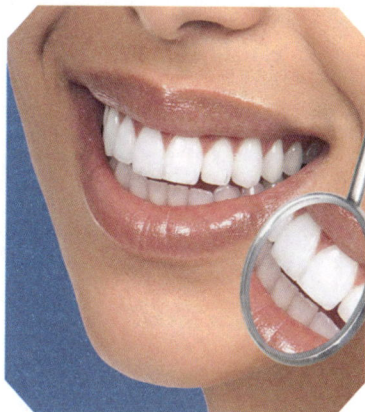

纳米陶瓷材料

传统工艺所采用的陶瓷材料中的晶粒不易滑动,易碎,且烧结所需的温度较高;但若以纳米为原料制作陶瓷的话,材料本身便具有强度高、韧性好以及延展性优良的特性,且在较低温度下便可进行。

纳米陶瓷材料用于治疗牙齿

纳米陶瓷

息息相关

纳米材料的应用范围十分广泛,以医疗领域为例,使用纳米技术生产药品的话,能使药物发挥更大的作用,且具有消灭癌细胞或是修复损伤组织的功能;另外,纳米材料制成的抗菌除味塑料可作为冰箱或空调的外壳,具有抗菌、除味以及防腐、防老化等多种功能。

纳米药物

145

如果用纳米做地球到月球的梯子会怎样？

奇思妙想

碳纳米管是纳米技术中一种奇异分子，它的硬度与金刚石相当，却拥有良好的柔韧性，可以拉伸。它的密度是钢的六分之一，而强度却是钢的 100 倍。用这样轻而柔软、又非常结实的材料做防弹背心是最好不过的了。如果用碳纳米管做绳索，那它将是唯一可以从月球挂到地球表面而不被自身重量所拉断的绳索。如果用它做成地球到月球乘人的电梯，人们在月球定居就很容易了。

实际上，俄罗斯科学院已经研制出碳纳米管生产新设备。有关专家指出，使用该设备生产的碳纳米管，可用于连接地球和月球之间的运输线。俄罗斯科学家设计的"太空梯"由人造卫星、宇宙飞船、有效载荷舱以及细长坚韧的特种索道组成。俄罗斯科学家称，他们将在地球赤道的海面上建造一个平台，用飞船放下一条长达 10 万千米的绳索，并把它固定在平台上。当"太空梯"随着地球一起旋转时，由于旋转所产生的离心力正好抵消了地球的吸引力，"太空梯"就可以从地球到太空竖立起来了。然后，再用一个由激光提供能量的爬升器在缆绳上移动，运送飞船、建筑材料甚至乘客。尽管俄罗斯的"太空梯"还未研制成功，但美国科学家此前公布的一项研究成果却显示，在地球外层、距离地面 1000~20000 千米的区域分布着一条强度很高的辐射带，而在穿越该区域的过程中，宇航员们可能会受到致命的辐射。如果缺乏有效的防护措施，那么乘坐"太空梯"的乘客将会受到高强度射线的照射。另外，"太空梯"还会受到雷暴、飓风以及暴雪等自然因素的影响和限制。可见，如何真正安全地运行这种太空电梯，将会是一个具有挑战性的科学难题。

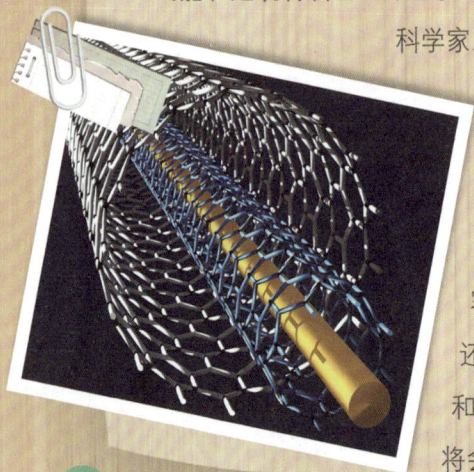

一诺千金

太阳跃上海面，将光和热洒在美国佛罗里达的海面和沙滩上，新的一天又开始了。一条小鲭鱼趁此机会钻出了海面，它要呼吸一下新鲜的空气，也要享受一下难得的安静。

不远处的沙滩上，一只海龟蛋裂开了，从里面钻出了一只小海龟。这是它们第一次见面。

鲭鱼看着小海龟费力地钻出蛋壳，又使劲甩甩头，摆摆四条孱弱的小腿，使劲地吸了几下海边的潮气，便笨拙地向着海面爬来。那副怯生生又呆头呆脑的样子在鲭鱼看来真是好笑极了。

它大声对小海龟喊道："嗨！小海龟，就要下水了，你可得做好心理准备啊！"小海龟听到这个声音，便轻轻地点点头，又回答说："谢谢你的提醒，你叫什么名字啊？"

"我叫鲭鱼，让我带着你慢慢游泳吧！"鲭鱼热情地说。经过一段时间的学习和适应，小海龟已经能自如地游泳。它们也成了很好的朋友。

可是过了几天，小海龟又来找鲭鱼了，它是来告别的："鲭鱼，我要和我的同伴们去英国附近的海域。"鲭鱼听了有些不舍。

"我们海龟家族的祖祖辈辈都是这样生活的，我必须跟上同伴们的步调。只是我也很舍不得你。但是你放心，我长大了还会回来找你的。"海龟安慰鲭鱼说。

"那怎么可能啊？听说一个来回要5～6年呢，你回来还能找到现在的地方吗？"鲭鱼觉得海龟是在骗自己。

"放心吧！我们海龟家族的脑袋中有一种特殊的器官，被人类叫作纳米磁性材料，可为我们准确无误地导航。有了它，走再远的距离，时间再长我们也不会迷路的！"小海龟自豪地回答道。

虽然两个小伙伴一副恋恋不舍的样子，可是小海龟还是跟着同伴们出发了。自打小海龟走后，鲭鱼的生活变得了无生趣，它相信小海龟会回来的，但偶尔也会担心小海龟大脑中的纳米导航材料会失效，找不到回家的路。

几年之后，鲭鱼每当想起它和小海龟的约定，总要嘲笑自己一番："也许人家小海龟早就忘了这件事呢！"

有一天，它忽然听到沙滩上传来一个熟悉的声音——"是小海龟回来了吗？"鲭鱼情不自禁地喊道。真的是小海龟，虽然它长大了许多，但它们的情谊却没变。

互联网

网络就是传媒，网络在人们生活中的作用异常大

对于生活在 21 世纪的我们来说，"互联网"是一个耳熟能详的词，也是我们日常生活少不了的重要工具。互联网是一个无形的国际网络，它由一个个的小网络串联而成。互联网有时可简称为"网"或"网络"。

局域网

将两台计算机或是其他的一些硬件连接起来，就构成了一个简单的局域网。这种局域网规模可大可小，常出现在某些学校或是单位的内部。为了方便某些工作的制定或执行，某一团体内部的电脑相互连接，组成一个封闭的局部网络系统。

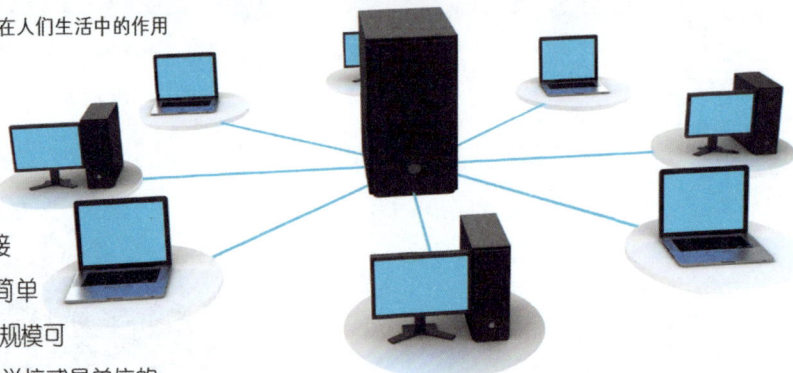

将各种计算机、外部设备和数据库等互相连接起来组成的计算机通信网就是局域网，简称"LAN"

局域网的变现形式

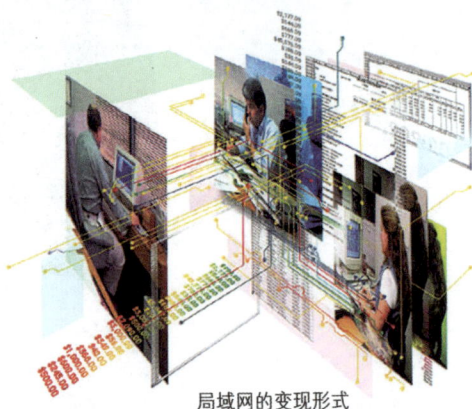

互联网让世界变成了地球村

互联网的概念

互联网是在一定的通信协议的规则下，将单机、局域网以及广域网相互连接，共同组成的一个国际计算机网络。在互联网的协助下，身处世界各地的人们可以互相发送邮件，协同完成各项任务。

埃尼阿克使计算机的发展史又掀开了新的一页

最早的互联网

　　互联网诞生于美国。1969 年，美军在阿帕网指定的协定下，将位于美国西南部的四所大学的四台主机连接起来，由此，建构出最早的互联网雏形。这个协定由剑桥大学的两个机构负责执行。1969 年 12 月，四台主机开始联机运行。

应用空间广阔

　　在不断的发展过程中，互联网的功用日益增多：以聊天为主的即时通信、游戏、查阅资料、浏览网页……不胜枚举。如今互联网又衍生出强大的营销、购物以及金融理财的功能，给我们的生活带来了便利。

第三代集成电路计算机——IBM 360 型系列计算机

智能手机

笔记本电脑

手机上网不断影响人们的生活

计算机硬件

手机上网

　　智能手机普及率的提高，加速了手机上网比例的提高。2014 年，中国的网民上网设备中，手机使用率开始超过传统的电脑使用率。手机成了第一大网络终端设备。而手机上网的目的主要以休闲娱乐、信息交流、电子商务等为主。

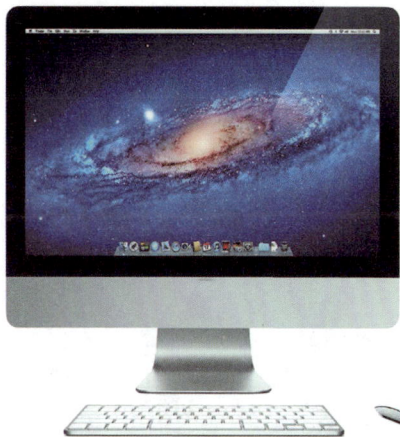

如果没有了互联网会怎样？

奇思妙想

电视机的出现使人们自觉不自觉地改变了许多习惯，阖家围炉夜话的温馨、童话中娓娓道来的亲情已经是难得的奢侈。互联网的出现不仅演绎着同样的故事，而且有过之而无不及。没有互联网，人们之间也许会多一些直接的交流，重新体验到久违的亲情和友情，而不是虚无的冷冰冰的"机器之爱"。可是互联网带给人们的便利，又使得一部分人对它产生了强烈的依赖，在没有互联网的日子，他们痛苦万分，可以说这种表现已经成为一种心理疾病。

1969 年，为了能在爆发核战争时保障通信联络，美国国防部高级研究计划署 ARPA 资助建立了世界上第一个分组交换试验网 ARPANET，连接美国四个大学。ARPANET 的建成和不断发展标志着计算机网络发展的新纪元。20 世纪 70 年代末到 80 年代初，计算机网络蓬勃发展，各种各样的计算机网络应运而生，如 MILNET、USENET、BITNET、CSNET 等，在网络的规模和数量上都得到了很大的发展。一系列网络的建设，产生了不同网络之间互联的需求，并最终导致了 TCP/IP 协议的诞生。1980 年，TCP/IP 协议研制成功。1982 年，ARPANET 开始采用 IP 协议。到了 1986 年，美国国家科学基金会 NSF 资助建成了基于 TCP/IP 技术的主干网 NSFNET，连接美国的若干超级计算中心、主要大学和研究机构，世界上第一个互联网产生，迅速连接到世界各地。90 年代，随着 Web 技术和相应的浏览器的出现，互联网的发展和应用出现了新的飞跃。1995 年，NSFNET 开始商业化运行。

互联网家族"不太平"

互联网家族是一个十分庞大的家族，它们的家族成员多得数不清，并且每时每刻都在增加之中。它们共同生活在一个虚拟的空间内。唯一能感觉到它们存在的便是一台台接入互联网世界的电脑。互联网家族的族长们为每一台接入它们的虚拟世界的电脑分配了一个独一无二的门牌号码——IP地址。有了唯一的IP地址，这些电脑便可以自由地访问互联网世界了。

不过互联网世界也不总是太平的，有时候，它们也会受到无端的恶意攻击。有一群自称"黑客"的人，它们会不时地制造出一些病毒，投放到互联网的虚拟世界中，以此获取利益或是单纯地向周围的人炫耀他们的本事。

黑客们制造出的病毒一旦流入互联网中，便会像"流感病毒"一样快速传播。最容易受到侵染的就是那些没有防范意识的电脑。它们立刻失去了功能，变成任人摆布的木偶，连藏在电脑内部的秘密也会被黑客们盗取，电脑的主人们束手无策，只能求助正义的红客们。

红客们一旦收到消息，立即会在互联网世界中发布消息，告诉那些没有被感染的电脑立即采取措施加以防范。通常的办法是暂时关闭网络，退出互联网的世界中。

随后，红客们就开始了与黑客们的博弈，它们要争分夺秒，查找大量的IP地址，找出病毒的发源地，又要推测出病毒的暴发机制和传播的途径。

每到这个时候，整个互联网家族都是十分紧张的，但也是空前团结的，因为病毒是它们共同的敌人。它们积极配合红客们的工作，提供大量的信息，同时也为他们收集黑客在互联网上留下的"蛛丝马迹"。

有的黑客技术高超，发明的病毒也很难对付，但红客与互联网毕竟是正义的联盟，他们总能"道高一丈"，找到合适的办法，杀死黑客的病毒。这样，互联网世界就会重新回到和平有序的氛围中。

3D 打印

3D 打印是基于数字模型文件、以粉末状金属或塑料等可黏合材料为主料，通过逐层打印的方式来构造物体的技术。3D 打印机的材料以数字技术材料制成，现在打印出来的产品已经可以直接用于生产领域。

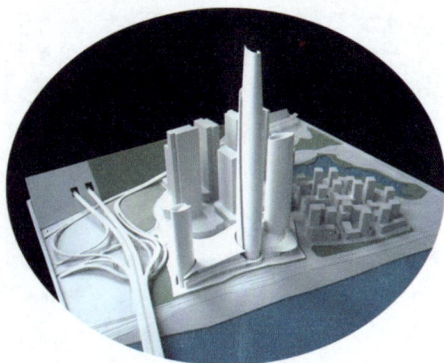

建筑设计院 3D 打印出的沙盘

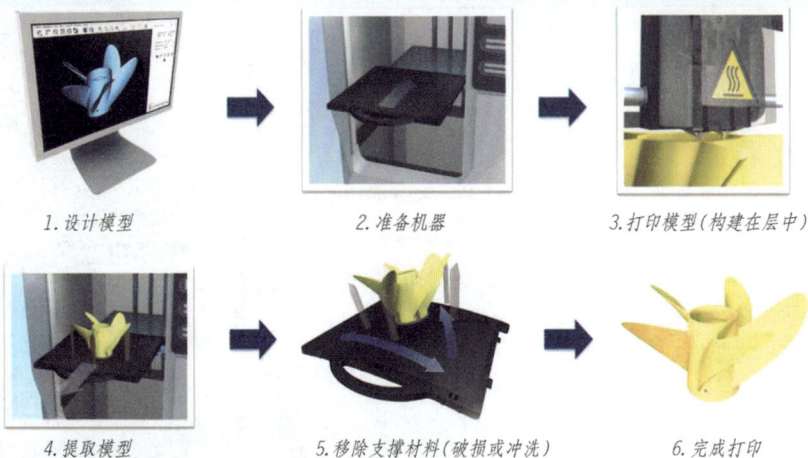

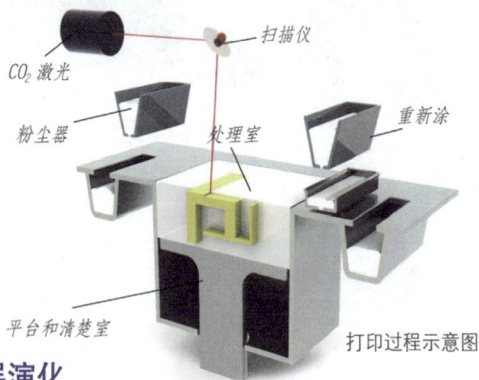

1.设计模型

2.准备机器

3.打印模型(构建在层中)

4.提取模型

5.移除支撑材料(破损或冲洗)

6.完成打印

CO_2 激光
扫描仪
粉尘器
处理室
重新涂
平台和清楚室
打印过程示意图

打印过程

3D 打印的过程可以分为三个步骤：三维设计、切片处理以及完成打印。在打印的过程中，可能会用到多种原材料。有些技术在打印的过程中可能还会用到支撑物，比如在打印那种有倒挂状的物体时。

发展演化

20 世纪 90 年代中期，3D 打印技术开始出现，3D 打印实际上是利用光固化和纸层叠等技术的快速成型装置。打印的原理与普通打印原理相似，只是配备的"打印材料"是液体或是粉末。如今，阿迪达斯公司已打印出定制型运动鞋，预计 2018 年进入量产阶段。

阿迪达斯公司打印出定制型运动鞋

3D 打印望远镜

2014 年，美国国家航天局利用 3D 打印技术打印出首台成像望远镜。这台太空望远镜功能齐全，且能放入微型卫星之中。据悉，该款太空望远镜的外管、外挡板以及光学镜架部分全部由 3D 打印而成——只是镜头和镜面尚不能实现 3D 打印。

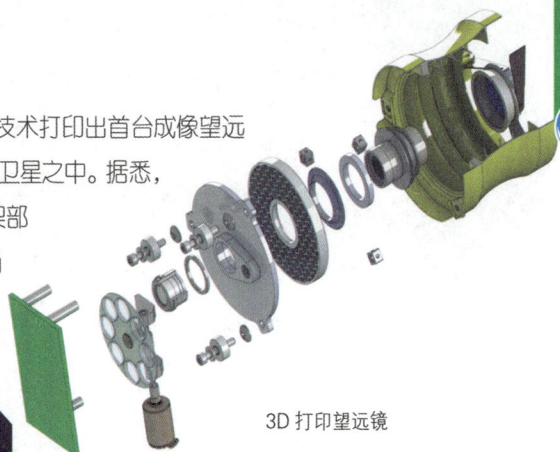

3D 打印望远镜

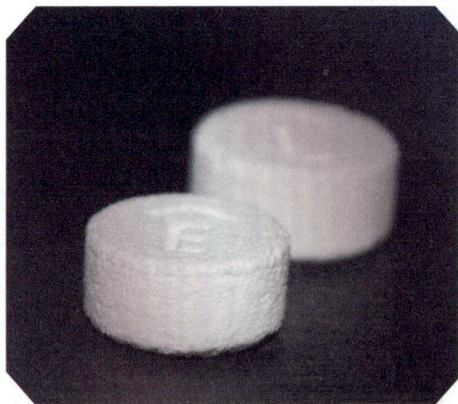

3D 打印技术打印药品

3D 打印制药

3D 打印在实现了打印人体器官后，又迈向了制药领域。2015 年，首款 3D 打印药物经过美国食品药品监督管理局批准上市。通过 3D 打印机打印出来的药片内部具有丰富的孔洞，内表面积极大，能迅速被水溶化，适合那些有吞咽障碍的患者。

固有弊端

3D 打印一经问世，便吸引了不少人的关注。但其本身存在固有的弊端，限制了它的发展。这主要体现在：（1）并不是所有材料都能打印出来；（2）动态的物体很难打印；（3）随意地复制有知识产权的物品会侵犯知识产权专利人的权益；（4）费用高昂以及一些道德问题也随之而来。

3D 打印机

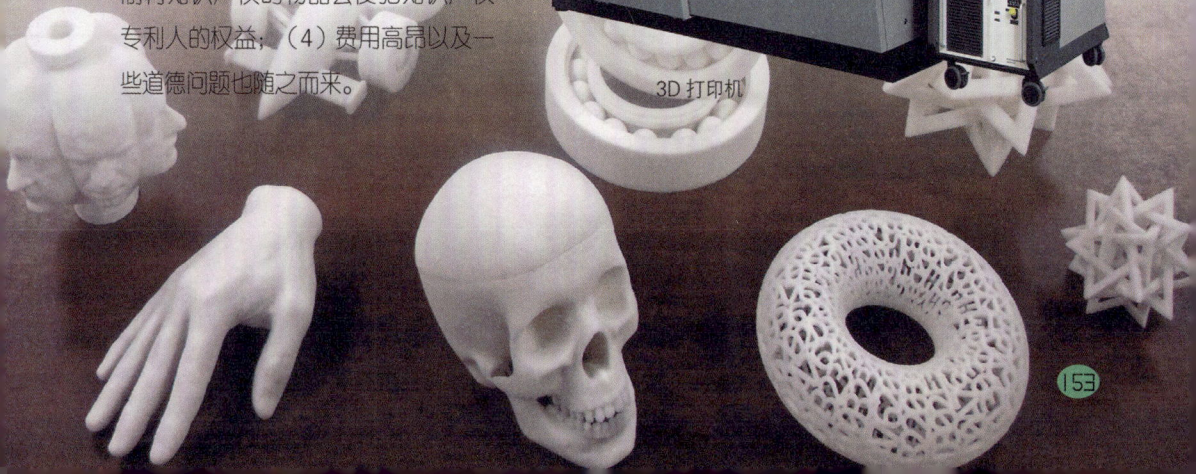

如果没有扫描仪会怎样？

现代的出版编辑产业都在使用扫描仪将出版物中所需要的图画扫到排好的电子版面中，如果没有扫描仪，电子排版就等于失去了一般的功用。还有现在比较流行的电子书籍，有很多都是将印刷文字扫描输入到文字处理软件中，避免了再重新打字，省去了不少劳力。如果没有扫描仪，很多电子书籍就不会出现在这个世界上了。

作为一种光机电一体化的电脑外设产品，扫描仪是继鼠标和键盘之后的第三大计算机输入设备，它可将影像转换为计算机可以显示、编辑、储存和输出的数字格式，是功能很强的一种输入设备。扫描仪的基本原理是通过传动装置驱动扫描组件，将各类文档、相片、幻灯片、底片等稿件经过一系列的光、电转换，最终形成计算机能识别的数字信号，再由控制扫描仪操作的扫描软件读出这些数据，并重新组成数字化的图像文件，供计算机存储、显示、修改、完善，以满足人们各种形式的需要。目前，扫描仪作为计算机的重要外部设备，已被广泛应用于报纸、书刊、出版印刷、广告设计、工程技术、金融业务等领域之中。它以独到的功能，不仅能迅速实现大量的文字录入、计算机辅助设计、文档制作、图文数据库管理，而且能逼真、实时地录入各种图像，特别是在网络和多媒体技术迅速发展的今天，扫描仪更能有效地应用于传真、复印、电子邮件等工作。通过扫描仪，计算机实现了"定量"分析与处理"五彩缤纷"世界的愿望，所以有人将扫描仪誉为计算机的"眼睛"也就是顺理成章的事了。

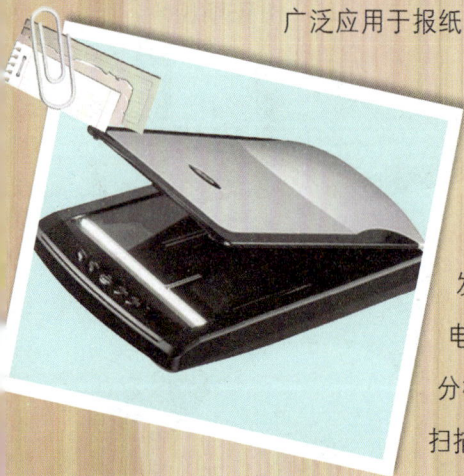

发明家的"法术"

砖头们的日子是越来越难过了。它们没什么本事，只能靠盖房子养家糊口，然而，新来的工头却苛刻至极，整天拼命地催促它们干活，要是干得慢了，连饭都吃不上，还要克扣它们的工钱——克扣的工钱自然都落入了工头的口袋。

过了几天，工头又把大伙召集起来，对它们说："国王要求我们在一个月之内建造出10座一模一样的房子，好赏赐给他的王子们。我们就要加班加点地干活，干不成的话，你们就要被杀头了！"

"这也太黑心了，这怎么可能完成呢？这不是要我们的命吗？"砖头们抱怨起来。"少废话了，谁敢反抗，现在就要杀头。"老实的砖头们只得把嘴边的话又憋了回去。它们得想办法快点干完。

回家的路上，大伙又谈论起这事，觉得根本不可能完成，神仙才能完成这个任务。巧的是，它们的话被一个路过的发明家听到了。发明家同情它们的遭遇，想帮助它们。

发明家回头对砖头们说道："你们不用担心，我有办法帮你们轻松地完成任务。""什么？你能在一个月之内盖出那么多房子？那怎么可能？除非你是神仙。"砖头们都诧以为它在说疯话呢！异极了，的"法术"多着呢！就再也不用受苦受累了，保证道。

"别担心，我是一个发明家，我年龄很大的砖头问道。而且，我教你们这个办法，你们以后行了，什么都不用担心，一还能轻松地赚钱。"发明家拍着胸脯就行了。"发明家嘱咐道。

"那我们应该怎么做呢？"一个只好拼命地干活，然后等待奇迹

"你们只需要像原来那样干活就个月之后，你们趁天黑来我家里取房子

大伙将信将疑，可目前也没别的办法，的出现。

一个月过去了，约定的时间也到了，砖头们趁夜来到了发明家的家里取房子。发明家带着它们走到一片空地上，果然那里矗立着10座一模一样的房子。大伙惊讶地张大了嘴巴，不知道说什么好。

发明家告诉它们，这房子根本不是"盖"出来的，是利用最新的3D打印技术复制出来的。你们只要把它搬走就行了。以后你们也不用那么辛苦了，只要拿走我的打印机，回去直接打印房子就可以交工了——不过你们要保密，不要让坏人得到了我们的技术。

可穿戴设备

2012 年，谷歌眼镜问世，它为人们开启了一个全新的纪元——智能可穿戴设备时代。可穿戴设备是一种能够直接穿在身上或是放在服饰配件上的智能便携设备。从外表看，它们是一种硬件设备，但它们又能够在软件的配合下实现数据交互等强大功能。

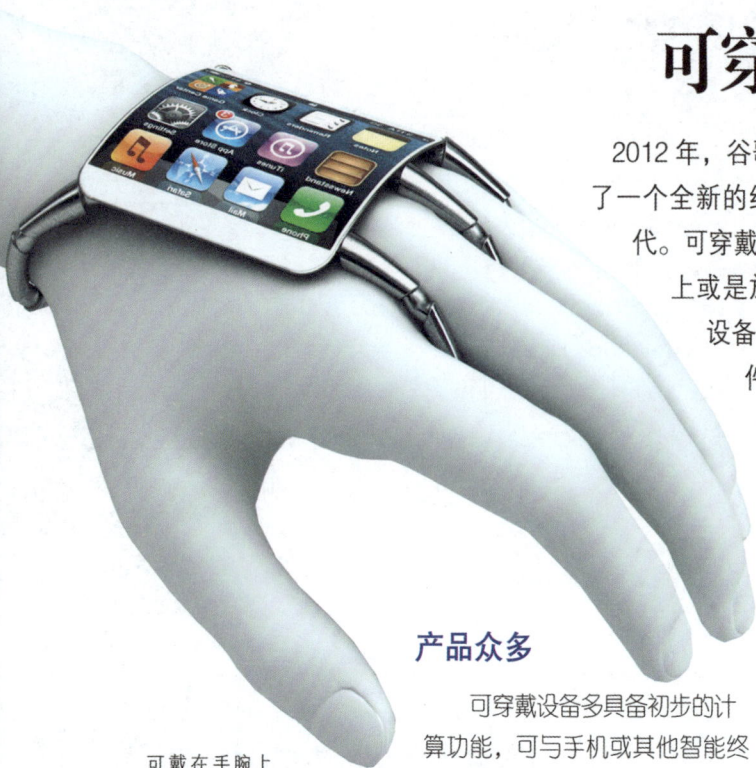

可戴在手腕上
的手机概念设计

产品众多

可穿戴设备多具备初步的计算功能，可与手机或其他智能终端设备相连，处于配件之类的从属地位。目前市场上最主要的三种形式为 watch 类，即手表和腕带等产品；shoes 类，包括智能鞋、袜或其他类型的腿上佩戴产品；glass 类，以眼镜、头盔或头带为主要产品形式。此外，市场上也存在着智能服装、书包、拐杖等多种形式的小众产品类别。

智能手表

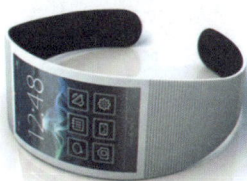

智能腕带

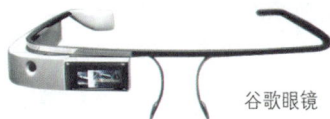

谷歌眼镜

固有弊端

智能可穿戴设备虽然极具创新性与便利性，但却存在着固有的弊端，如价格昂贵、电池续航时间短以及不能独立使用或功能不全的问题。此外，可穿戴设备又引发出隐私泄露及增加辐射等多方面的隐忧。

谷歌眼镜

谷歌眼镜是一款具有"拓展现实"功能的可穿戴智能设备，诞生于 2012 年 4 月，开发者是谷歌公司。谷歌眼镜具有智能手机的功能，即可实现声控拍照、视频通话以及辨别方向、上网、处理文字信息和电子邮件等多项功能。

谷歌眼镜具有智能手机的功能

谷歌眼镜的构成

谷歌眼镜由两个主要部分构成，即悬置于眼镜前方的微型摄像头和位于镜框右侧的宽条状的电脑处理器。谷歌眼镜的摄像头像素级别为 500 万，拍摄视频的分辨率可达 720P。在眼镜的镜片位置配备了一个微型显示屏，以便显示高清图像。

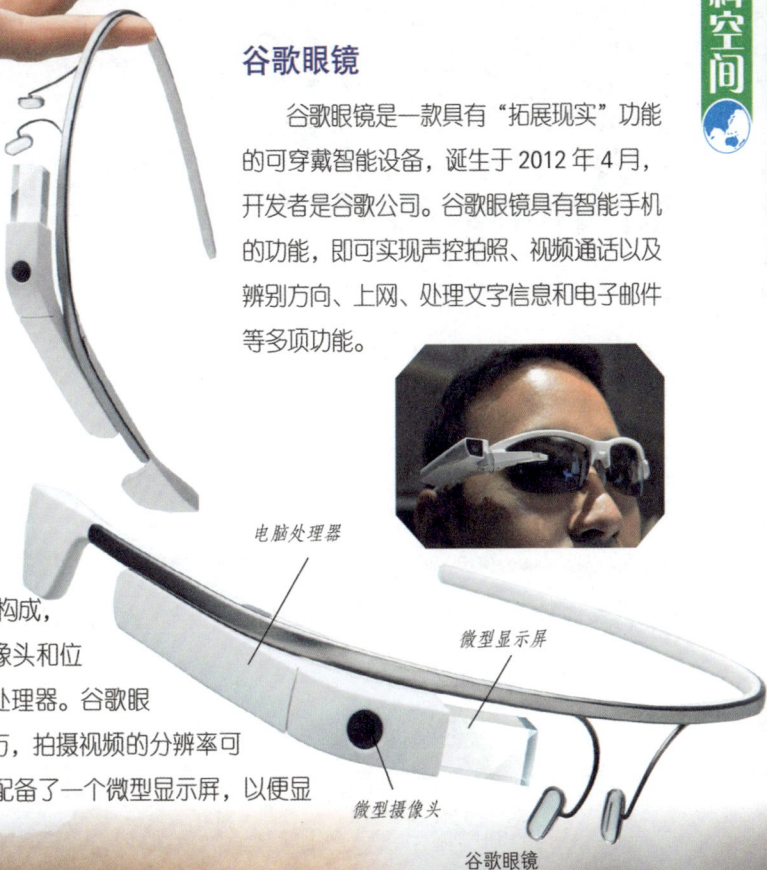

电脑处理器

微型显示屏

微型摄像头

谷歌眼镜

现实应用

谷歌眼镜具有极为广阔的应用空间，如教育、航空、以及医疗保健和执法等多个领域和部门。以教育领域为例，谷歌眼镜将学习的过程简单化，更具互动性。通过谷歌眼镜，教育过程将即时传输到受众的显示设备终端，高效且便捷。

157

如果衣服也变得"智能化"会怎样？

随着计算机的普及，为了满足个人使用计算机的方便，有些国家的计算机专家已经研发出来了各种计算机时装，将计算机安装在时装上，成为衣服上的一种装饰。法国巴黎曾举办过一场高科技时装展，场上的一幕幕令人惊叹：模特并没有动手，外套就自动解开了，长裙也慢慢收缩变成短裙。其实这些衣服都藏有机械滑轮和杠杆，是全自动拉锁及纽扣。

最为神奇的是比利时科学家曾经研制的一种会"思考"的衣服。这种智能衣服从外观上看像是一件衬衣，却是由多层物料缝制而成。衣服的每一层均装有不同功能的感应器和装置，例如，衣服的智慧记忆层内置电脑记忆系统；能源供应层备有电池，为各种装置提供动力；动作感应层的感应器能监察主人的动作和周围环境；储物层可辨认衣袋中的物件；声音层提供音频输入装置，并连接到内置无线电话；扬声器位于衣领，而麦克风则位于袖口。科学界解释，只要在钥匙中植入一枚电脑芯片，然后将有关数据输入衣服中的电脑芯片，以后忘记带钥匙时，衣服的电脑芯片马上就能感觉到，并发出提示。"会思考"的智能衣服内置的仪器，不但能够收集人们的数据和资料，而且懂得分析处理这些资料，加以适当的应用。所以它们不仅能够提醒人们别忘记带钥匙和钱包之类的随身物件，也可以准确探测穿衣人身在何处、正在做什么以及身边的各种声音、光线、动作和是否受到安全威胁等等。而科学家今后研究的目标是把各种装置的感应器安置在布料之中，研制出可以像人一样思考的衣服。它不仅可以接听电话，还可以监控人体的多种功能，如心跳、血压、体温等，给穿衣者检测身体。

智能设备卧谈会

夜深了，忙碌了一天的家人都结束各自的工作准备休息了。这时候，他们放下了属于他们自己的智能设备：爸爸摘下了他的智能眼镜，小心地摆放在桌子上；哥哥也早已脱下了他的智能跑鞋，摆在了客厅的门口；而奶奶呢，也摘下了她的智能手表，很快睡着了。

听着一家人沉沉的呼吸声，家里的智能设备便开始活跃起来。它们通过无线设备能够实现彼此对话，当然，它们的对话只限于在屏幕上打字而已。

最先打开话题的是智能设备的元老——智能眼镜。它急于分享自己一天的英勇事迹呢！原来它的主人是一名直播记者，在智能眼镜的帮助下，他的工作轻松又便捷，再也不用像过去那样忙忙碌碌争分夺秒地采访、写稿子了。他现在只要打开智能眼镜的摄像头，会议的全程都会被直播出去，而且能立即传播到世界各地。今天，它帮助主人完成了一场完美的会议直播。下班回家的路上，它们居然碰到了抢劫。当抢劫犯从他的主人身旁跑过的时候，主人不动声色地眨了眨眼，智能眼镜便收到了"暗号"，立即给犯罪分子拍下了高清照片。随后，它们将照片传给警察局。不一会儿，警察就查出了犯罪分子的身份，将他迅速抓获了。

其他的小伙伴听了，都对智能眼镜表示佩服，说它机智勇敢。

它的话音刚落，智能手表便接过了话题。"我今天也为主人做了好事呢！老奶奶血压高，戴上智能手表，随时监测血压，今天她的血压升高了，我急忙将信息传递到她女儿的手机上。她女儿得到信息，便带她去看医生。好在老奶奶并没什么大碍。"智能手表的话音落下，大伙又是一阵掌声。

接着，智能跑鞋也说话了："我今天的工作都是一些常规的训练。哥哥穿着我训练。我帮他记录训练时的各项数据，等到训练结束，这些数据就传送到电脑上。教练和哥哥共同分析，想出了好多办法提高哥哥的技能。"——"真希望他能在下个月的运动会上取得优异的成绩。"智能手表不禁感叹道。

每次的卧谈会，大伙都很兴奋，也很自豪——因为它们都在为人类提供优质的服务，帮助人类解决了不少的问题。

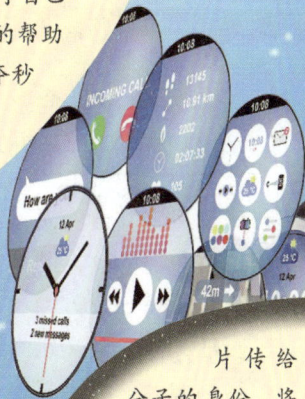

159

图书在版编目（ＣＩＰ）数据

科技解密 / 黄春凯编. —— 哈尔滨：黑龙江科学
技术出版社, 2019.4
　（探索发现百科全书）
　ISBN 978-7-5388-9911-5

　Ⅰ. ①科… Ⅱ. ①黄… Ⅲ. ①科学技术 – 少儿读物
Ⅳ. ①N49

　中国版本图书馆 CIP 数据核字(2018)第 281197 号

探索发现百科全书·科技解密
TANSUO FAXIAN BAIKE QUANSHU·KEJI JIEMI

作　　者	黄春凯	
项目总监	薛方闻	
策划编辑	薛方闻	
责任编辑	侯文妍　张云艳	
封面设计	萨木文化	
出　　版	黑龙江科学技术出版社	
	地址：哈尔滨市南岗区公安街 70-2 号　邮编：150001	
	电话：（0451）53642106　传真：（0451）53642143	
	网址：www.lkcbs.cn	
发　　行	全国新华书店	
印　　刷	北京天恒嘉业印刷有限公司	
开　　本	787 mm×1092 mm　1/16	
印　　张	10	
字　　数	200 千字	
版　　次	2019 年 4 月第 1 版	
印　　次	2019 年 4 月第 1 次印刷	
书　　号	ISBN 978-7-5388-9911-5	
定　　价	128.00 元（全 4 册）	

探索发现百科全书

神秘宇宙

DISCOVERY AND EXPLORATION

杨现军★编

黑龙江科学技术出版社
HEILONGJIANG SCIENCE AND TECHNOLOGY PRESS

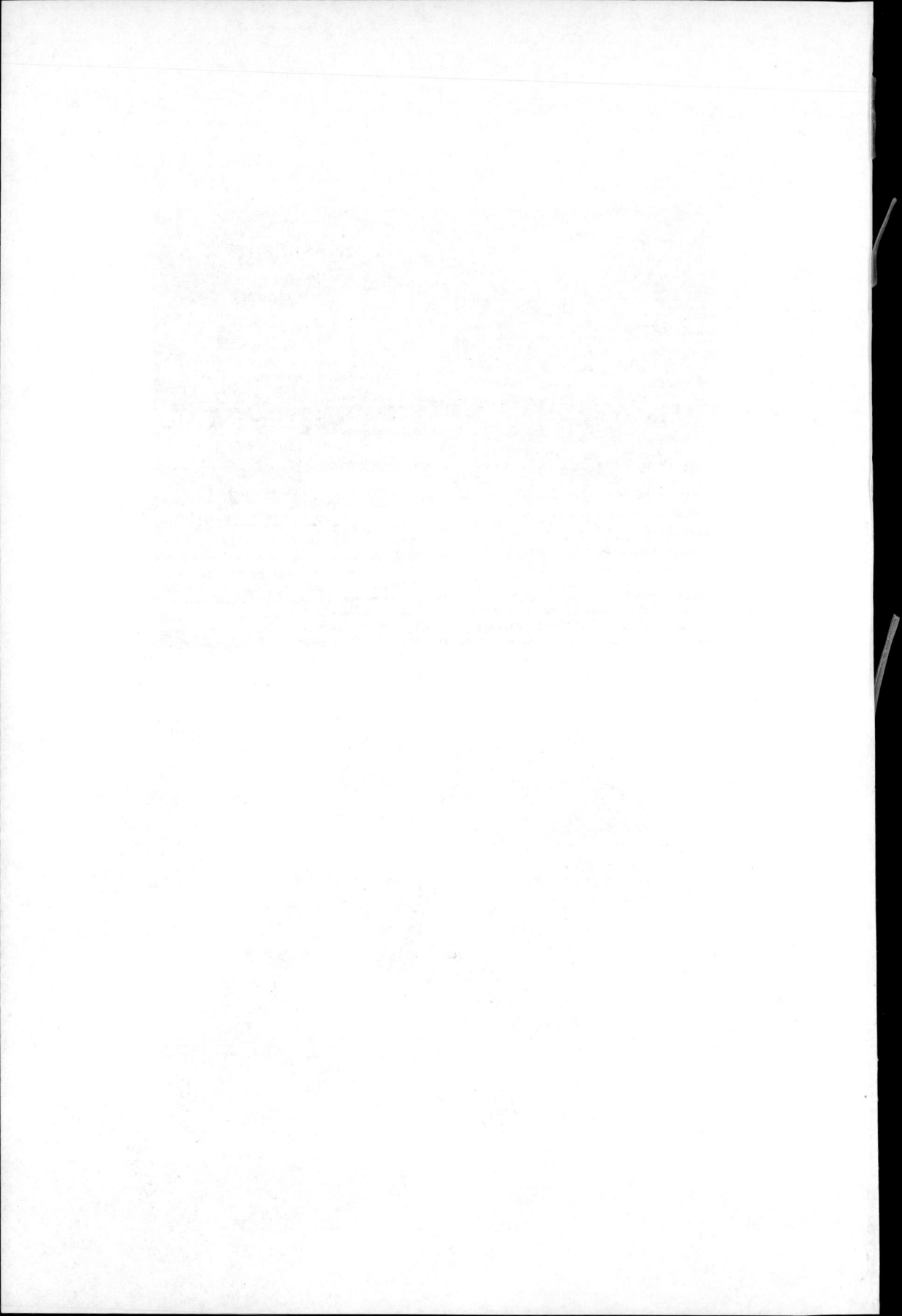

前言
Foreword

夜已经深了，万籁俱寂。

这是一个夏天的晚上，是我们地球家园上最为普通的一个晚上。你看，在不远的天边，有几颗星星在眨着眼睛，朦朦胧胧，好像在讲述着一个关于星空的故事。几乎与此同时，宇宙中一个角落正在上演一场璀璨的星光晚会，绚丽的面具，一双双冰冷的蓝眼睛，一个和另一个刚刚相遇，彼此喜欢上了对方，开始绕着对方热情地跳起探戈，好不热闹。

在我们的太阳系，也有很多的趣事儿。太阳公公是一家之主，它可以随意发脾气，只要一声令下，没有不乖乖听话的。家族中每天都有故事上演，今天是火星上的探险故事，明天是水星上的深度撞击，别有一番风味儿。金星这个家伙，不合群就不合群吧，自转还有点儿与众不同，它的早晨太阳非得从西边出来。更别说走路了，就像一位慢腾腾的老汉，转个身也要 200 多天，真够烦人呢。超大的木星之王，是太阳家族名副其实的超级大侠，无人匹敌！小不点天王星、海王星在寂寞无趣的太空，一边辛勤工作，一边找寻存在的乐趣："我天生就是这样，我要活得与众不同。"当然，最有趣的故事发生在地球，在这里的一切都是那么美好。

还有更有趣的飞天奇闻、神秘的黑洞……你一定会惊叹，宇宙的造物主……

这就是我们的宇宙，一个由空间和时间组成的说不清楚的庞大家伙，像一张张看不见的网，告诉我们光阴流转的故事。插一句话，有位科学家曾打过一个比方，他说"如果把星系比作葡萄干，那么，宇宙就是一个已经烤好了的正在膨胀着的葡萄干面包。"看来，我们是在葡萄干中活着，应该很幸福。

本册《探索发现百科全书·神秘宇宙》是满足你好奇心和求知欲的宝库：这里既有权威的百科知识，又有天马行空般的奇思妙想，还有妙趣横生的童话故事。

现在，就请开始你的浩瀚宇宙大冒险吧！

目录
Contents

宇宙探秘

宇宙起源 ……………………………………… 6

宇宙的演化 …………………………………… 10

宇宙的构成 …………………………………… 14

宇宙的未来 …………………………………… 18

奇异星系

星　系 ………………………………………… 22

星团和星系群 ………………………………… 28

银河系 ………………………………………… 32

星际物质 ……………………………………… 38

星　云 ………………………………………… 42

类星体 ………………………………………… 48

恒星世界

恒　星 ………………………………………… 52

新星与超新星 ………………………………… 58

黑　洞 ………………………………………… 62

太阳家族

太　阳 ………………………………………… 66

水　星 ………………………………………… 72

金　星 …………………………………………… 76

地　球 …………………………………………… 82

月　球 …………………………………………… 88

火　星 …………………………………………… 94

木　星 ………………………………………… 100

土　星 ………………………………………… 104

天王星 ………………………………………… 108

海王星 ………………………………………… 112

矮行星 ………………………………………… 116

小行星 ………………………………………… 120

彗　星 ………………………………………… 124

流　星 ………………………………………… 128

陨　石 ………………………………………… 132

星座及观星术 ………………………………… 136

飞向太空

太空辐射 ……………………………………… 140

火箭和人造卫星 ……………………………… 144

宇宙飞船和探测器 …………………………… 148

航天飞机和空间站 …………………………… 152

地外生命 ……………………………………… 156

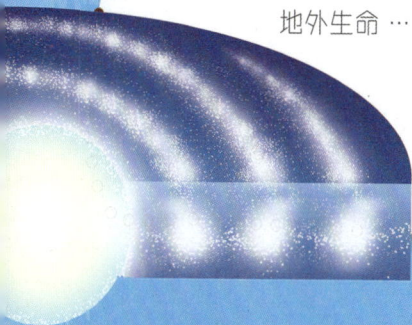

宇宙起源

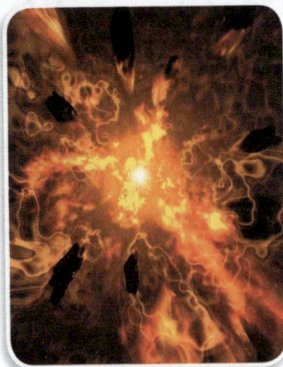

宇宙大爆炸

茫茫宇宙，无边无际，一眼望不到边。可它是怎么形成的呢？关于宇宙的形成，历来有多种说法，而最具影响力的就是宇宙大爆炸学说——大约在 137 亿年前，一个高温、高密度的"原始火球"（奇点）突然间发生了爆炸，组成火球的物质一下飞到四面八方……后来，经过很长时间的演化，形成了现在的恒星、行星等天体。

什么是宇宙？

"宇宙"一词，最早出自我国古代哲学家墨子。他说："天地四方曰宇，古往今来曰宙。"宇宙即天地万物。不管它是大是小，是远是近；是过去的，还是现在的、将来的；是认识到的，还是未认识到的。

无边无垠的宇宙

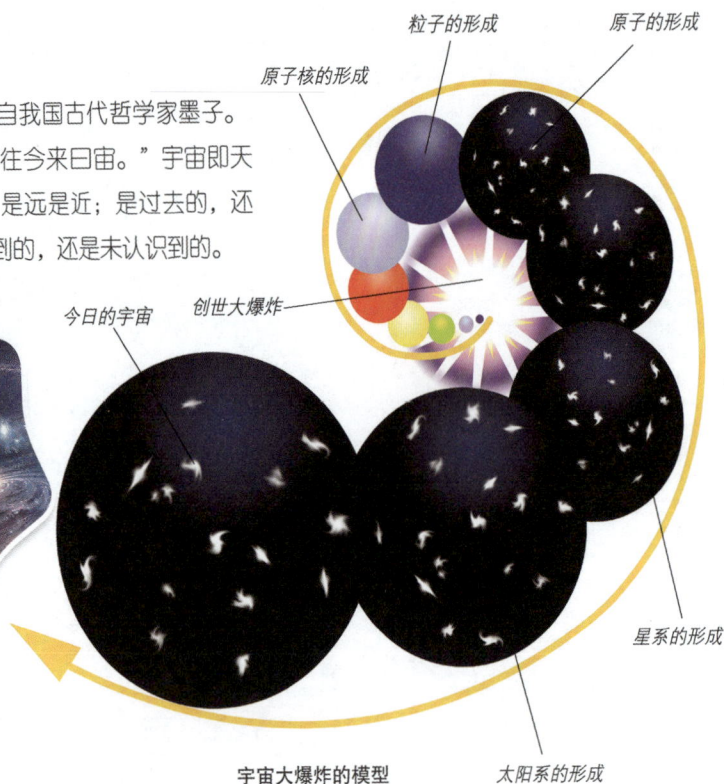

原子核的形成

粒子的形成

原子的形成

今日的宇宙

创世大爆炸

星系的形成

太阳系的形成

宇宙大爆炸的模型

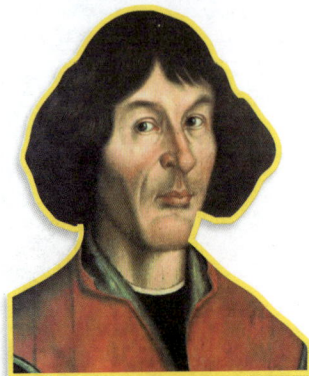

哥白尼

人类对宇宙的认识过程

随着科学的发展，人类对宇宙的认识也在发生变化。在哥白尼之前，人类一直信奉"地球中心说"，认为地球是宇宙的中心。时间到了 16 世纪，波兰天文学家哥白尼提出了"日心说"，即太阳是宇宙的中心，包括地球在内的行星都是围绕太阳旋转的。

空间的形成

自从宇宙大爆炸开始，就诞生了空间和时间，空间和时间也构成了我们所认识的宇宙世界。以银河系为例，它是我们太阳所在的星系。放眼宇宙深处，数以万亿计的河外星系遍布宇宙空间。爱因斯坦年轻的时候，就问过自己："如果我赶上一束光去看世界，世界会是怎样的呢？"

宇宙最开始的时候没有物质只有能量，大爆炸后物质才由能量转换而来

最初三分钟

美国物理学家和宇宙学家史蒂文·温伯格在 1977 年写了一本畅销书，书名为《最初三分钟》。此书被公认为科普读物的里程碑。作为一位知名的权威专家，温伯格在书中向世人描绘了一幅完全令人信服的宇宙起源图，包括在大爆炸之后仅仅数秒或几分钟内出现的详细过程。

史蒂文·温伯格

宇宙微波背景辐射

宇宙微波背景辐射也称为微波背景辐射，是来自宇宙空间背景上的各向同性的微波辐射。它是大爆炸理论一个有力的证据，与类星体、脉冲星、星际有机分子，并称为20世纪60年代天文学"四大发现"。正因为这一发现，美国科学家彭齐亚斯和威尔逊获得了1978年诺贝尔物理学奖。

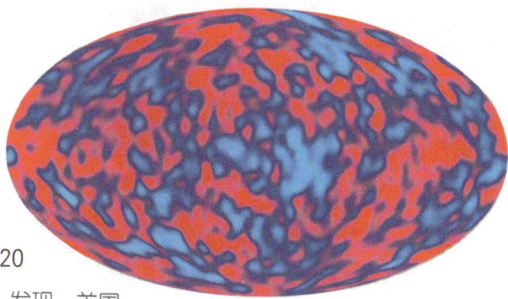

微波背景辐射示意图

如果宇宙再次爆炸会怎么样？

More

奇思妙想

根据研究，科学家普遍认为现在的宇宙是亿万年前的宇宙大爆炸后形成的，这种大爆炸理论正在广泛地为人们所接受。既然说宇宙是大爆炸后产生的，那它会不会再次爆炸？如果宇宙真的再次爆炸，那我们人类这一物种会不会在大爆炸中灭绝呢？宇宙会不会产生新的智慧物种？

其实，宇宙到底是如何产生的，科学家也没有定论，宇宙大爆炸只是一种根据天文观测研究后得到的设想，缺乏足够的证据，所以不存在宇宙再次爆炸一说。如果宇宙真的会爆炸，那也是几十亿年以后的事了，我们根本就没必要为这个不切实际的问题担心。下面我们就来了解一下宇宙大爆炸理论。

宇宙大爆炸理论诞生于20世纪20年代，但一直无人问津，直到30年后，才引起人们的广泛注意。大爆炸理论认为在宇宙初期，也就是大约137亿年前，宇宙间所有的物质都聚集在一点上，使得这一点的温度高达100亿℃以上，因而发生了巨大的爆炸。

大爆炸以后，整个宇宙体系的物质开始向外膨胀，宇宙的高温也就开始下降，于是就形成了我们今天所看到的宇宙。理论上说，在过去的137亿年间，宇宙诞生了星系团、星系、银河系、太阳系、恒星、行星、卫星等。当今的宇宙形态就是由这些天体和宇宙物质构成的，人类也是在这一宇宙演变中诞生的。

问题多多的小星星

一个夏天的夜晚，漆黑的天空里布满了点点生辉的星星，月亮高悬在空中，洒着清辉，朦朦胧胧……只有一些不安分的小动物在窸窣作响，进行着它们的夜间生活。

在不远的天边，有几颗星星在眨着眼睛，一闪一闪的。只听一个小一点儿的星星，对旁边稍微大一点儿的星星叫道："妈妈！妈妈！"大一点儿的星星回答道："乖孩子，怎么了？"小点儿的星星问道："妈妈，您说，我们的宇宙到底有多大呢？"

大一点儿的星星笑了笑，说："我们的宇宙可大可大了。"

"妈妈，妈妈。那宇宙小时候也有这么大吗？"

还没等大点儿的星星说话，小一点儿的星星又说："哦！妈妈，妈妈，我要听宇宙小时候的故事！"

"在妈妈比你还小的时候，也问过这个问题。当时，我的妈妈告诉我说，我们的宇宙非常大，非常久远。最开始呢，就是一个大的火球。突然有一天，轰的一声，火火球发生了大爆炸。就在那一瞬间，球，当然也包括我们的祖先。"大光四溅，这个大诞生了许许多多的星宇宙开始于大爆炸。"小一

"真是太神奇了！原来，我们的点儿的星星深情地望着妈妈说道。

"其实，谁也不知道宇宙开始发生了什么，为什么会发生。千百年来，人类，也包括我们的祖先都在找寻答案。"

"为什么呢？"

"因为没有人经历过。"说完，大一点儿的星星继续说："懂了吧，宝贝。我们只是一颗不起眼的恒星，宇宙中像我们一样的星星太多了，你瞧，那边，另外一边，都是我们恒星家族中的成员哦。"大一点儿的星星望着小一点儿的星星，还想说点儿什么，只见小一点儿的星星已沉沉睡去，它一定会做个好梦。

夜越来越深，安静极了。

宇宙的演化

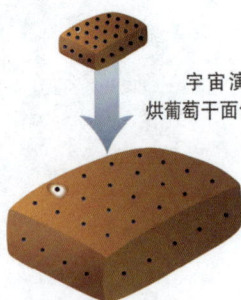

宇宙演化如同
烘葡萄干面包

从某种程度上来说，宇宙的演化犹如烘葡萄干面包，随着面包不断胀大，葡萄干的距离亦不断增加。假如你是其中一颗葡萄干上的蚂蚁，你会看见所有葡萄干都离你越来越远。同时，离你越远的葡萄干，离开你的速度也越快。

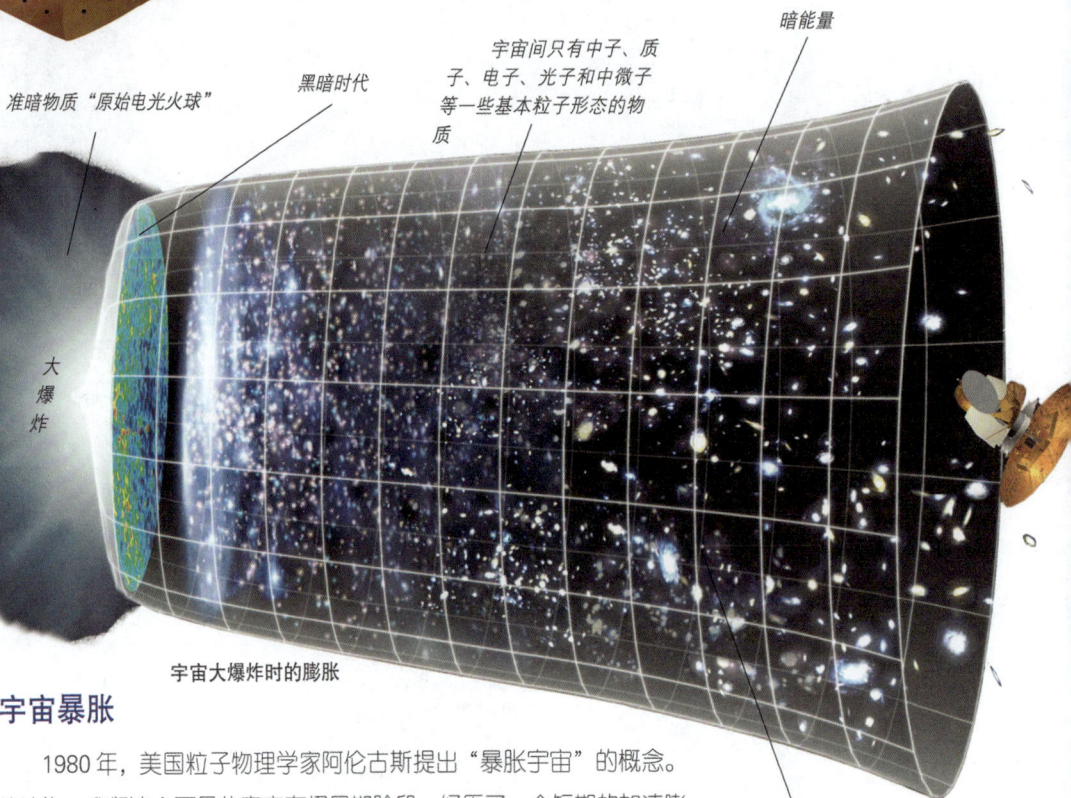

准暗物质"原始电光火球"

黑暗时代

宇宙间只有中子、质子、电子、光子和中微子等一些基本粒子形态的物质

暗能量

大爆炸

宇宙是一个超环面系统，众多星系都由宇宙磁场连接在一起

宇宙大爆炸时的膨胀

宇宙暴胀

1980 年，美国粒子物理学家阿伦古斯提出"暴胀宇宙"的概念。他认为，我们这个可见的宇宙在极早期阶段，经历了一个短期的加速膨胀阶段。在这个阶段结束后，膨胀速度开始放慢。

互相远离着

打个比方，在气球上点上数个小点。当我们吹气球的时候，气球上相邻的小点之间的距离会随着气球的膨胀而增大。天文学家们认为，和气球上的小点一样，宇宙中所有的星系都在互相远离着。并且，距离我们越远的星系，远去的速度就越快。所以说，宇宙是在不断地膨胀着的。

宇宙的样子就像一个不断膨胀的大气球

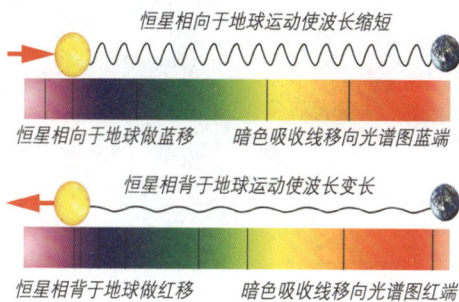

恒星相向于地球运动使波长缩短

恒星相向于地球做蓝移　暗色吸收线移向光谱图蓝端

恒星相背于地球运动使波长变长

恒星相背于地球做红移　暗色吸收线移向光谱图红端

红移示意图

宇宙膨胀速度

　　1929 年，美国天文学家哈勃根据观测发现星系距离的远近和星系谱线红移的大小成正比，即星系距离越远，它们四向退行的速度越大。宇宙膨胀的速率是多少呢？根据 2011 年修订的测定值是：每 300 万光年每秒 73.8 千米。就是说，在每 300 万光年辽阔的空间领域内，每秒的膨胀速率是 73.8 千米。

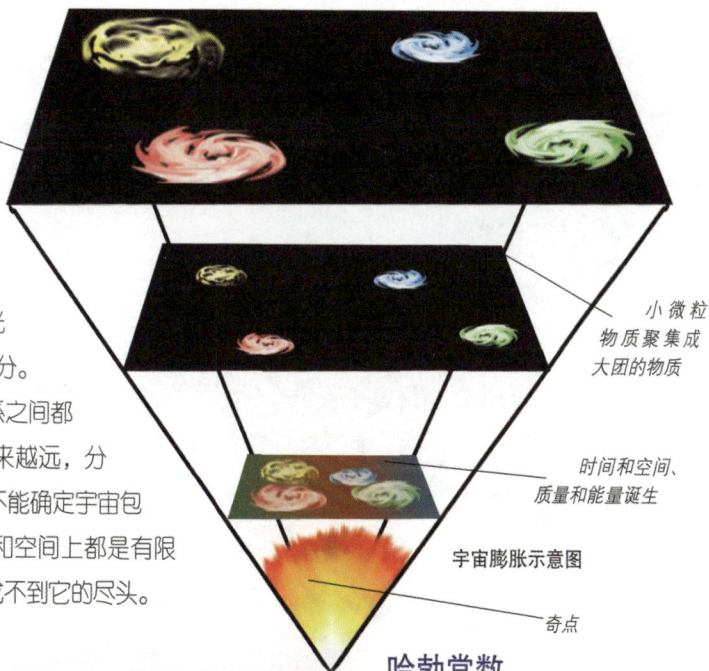

最终形成星系、恒星和行星

小微粒物质聚集成大团的物质

时间和空间、质量和能量诞生

宇宙膨胀示意图

奇点

漫无尽头

　　目前，我们所能观测到的宇宙达到 137 亿光年，然而这只是宇宙的一部分。天文观测表明，星系和星系之间都在彼此远离，而且距离越来越远，分离速度越来越快。虽然还不能确定宇宙包含多少物质，但它在时间和空间上都是有限的。这样一个宇宙，永远找不到它的尽头。

哈勃常数

　　宇宙扩展的速度叫作哈勃常数，相当于 100 万光年，1 秒就是 18.4 千米，因此，在 1 千万光年的星系附近，1 秒就是 184 千米。为了测定哈勃常数，天文学家找到了一些星系，这些星系包含着两类"量天尺"——造父变星和 Ia 型超新星，于是利用它们计算出了更为精确的哈勃常数。

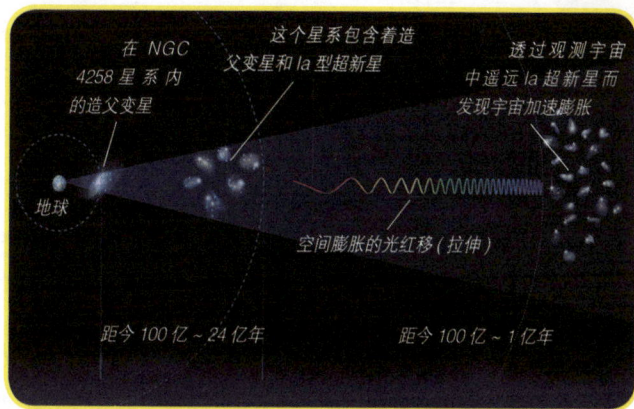

在 NGC 4258 星系内的造父变星

这个星系包含着造父变星和 Ia 型超新星

透过观测宇宙中遥远 Ia 超新星而发现宇宙加速膨胀

地球

空间膨胀的光红移（拉伸）

距今 100 亿～24 亿年

距今 100 亿～1 亿年

天文学家利用两类"量天尺"——造父变星和 Ia 型超新星来计算精确的哈勃常数

如果有宇宙地图，我们能看懂吗？

简单来说，地图就是按照一定的比例，用特定的符号和颜色把地球表面上的自然现象和社会现象缩绘在平面上（纸）的图形。地图是人们日常生活、工作、学习、旅行等常用到的工具，例如中国地图和世界地图。随着科学的发展，几乎各行各业都有自己专用的地图，那天文领域内是不是也有宇宙地图呢？

目前，科学家已经绘制了宇宙地图。它与简单的星图不同，上面对在宇宙中发现的所有天体的位置、定性和特点，都一一进行了详细的描述。

首先，我们可以知道，宇宙是如何一步步形成的，大约在137亿年前，宇宙发生了大爆炸。130亿年前，各种星系开始形成。100亿年前，银河系形成。46亿年前，地球家园诞生。

其次，遥远星系的分布。在宇宙中有着数以亿计的星系，如果把宇宙看作是一个半径1千米的大球，银河系则只有一粒普通药片那么大，位于球心附近。

最后，可以看出宇宙的组成，宇宙中仍然是暗物质和暗能量占大部分，而普通物质仅占百分之几。

美国科学家已经开始着手绘制一幅宇宙的3D地图。如果绘制成功，它将是迄今为止最大也是最为详细的宇宙地图。这将有助于人们了解宇宙的起源和组成，以及暗能量在宇宙的形成过程中到底扮演什么角色。

来自星星的小兔子

我有一个特别的朋友，他叫瑞克。

说他特别，是因为周围人都叫他"来自星星的孩子"。是的，他是一个自闭症儿童，他的伙伴特别少，我只是其中之一。

瑞克是一个十足的太空迷。他能讲出许多我不知道的太空知识，连一些最离谱的虫洞，讲起来都头头是道。

他有一只特别的小兔子，太可爱了。

"让我玩一下小兔子，好吗？"我说道。

"不好。"瑞克回答。

"这可不是一只普通的兔子，它是来自星星的小兔子。"每当有人要借他的小兔子玩，他总是这样回复着。没有人相信他的话。有的甚至取笑他，对此他懒得和我们争论，除了小兔子他倒是什么都愿意分享。时间长了，瑞克身边的小伙伴越来越少，我们都觉得他有点不可理喻。

"不就是一只小兔子嘛！"

"有什么大不了的，小气！"

瑞克还是固执己见，不把我们的冷嘲热讽当回事。我也慢慢习惯了，想要疏远他，不再和他玩了。

直到有一天，瑞克来家里找我。我忙问他怎么了。他哭丧着说道："小兔子，小兔子……"看着他难过的样子，

"小兔子怎么了？"我问。

在我的追问下，才知道瑞克住在乡下的外婆去世了。而瑞克他特别爱自己的外婆。

瑞克小时候在乡下待了好多年，开始的时候村里的孩子都不愿意和他玩。于是，外婆不知道从哪里弄了一只小兔子，说它是来自星星的小兔子。有了小兔子，瑞克一下子变了，也有许多小伙伴主动和他玩了，玩得很开心。

乡下的夜晚，星光点点，瑞克和小兔子就躺在外婆怀里，听外婆讲故事。有一次，瑞克对外婆说："外婆，我要你永远这样陪着我。"

"我的乖宝贝，外婆会永远陪着你的！"外婆笑了笑，说，"你看，外婆呢有一天也会像这天上的星星，会永远陪着你。"

"干吗变成星星呀？"

"人死了，就变成一个星星了。……"

现在，瑞克问我："外婆走了，她真的会变成星星吗？"我十分肯定地说："会的。"

宇宙的构成

宇宙中的星云

我们知道宇宙大得无法想象，令人惊叹。那它是由什么构成的呢？其实，宇宙是由空间、时间、物质和能量所构成的统一体。它包含了我们看到的一切（普通物质）和许多未知部分（暗物质），即一切天体在内的无限空间。

形形色色的物质

人类通过不断探索，知道宇宙是由无数各种各样的恒星、类星体、星云、弥漫星云和暗物质组成的，它们广布在宇宙空间里。这些恒星或分散或相聚在一起，组成了各种星系，例如银河系。当然，像银河系一样的星系还有很多，我们称为"河外星系"。

宇宙中的各种天体物质

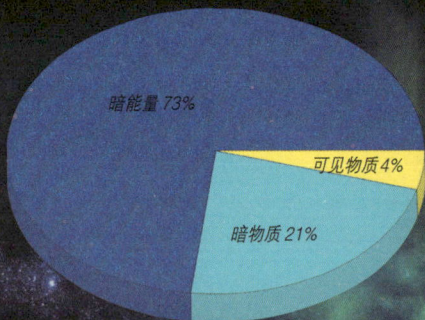
暗能量 73%
可见物质 4%
暗物质 21%
宇宙组成成分示意图

看得见的物质

在宇宙中，像太阳、地球这样看得见的天体，数不胜数。它们构成了庞大的恒星系统，由恒星构成了更大的星系。每个星系包含了数以十亿计的恒星，而构成这些恒星的物质就是粒子。除了看得见的天体，还有许多占宇宙大部分质量的暗物质，科学家正在对它们进行研究。

地下实验室

寻找暗物质

20 世纪 30 年代，瑞士天文学家茨威基首次发现了暗物质的存在。可如何抓住暗物质呢？科学家们想了很多办法。地下实验室被认为是进行暗物质研究的最理想场所，它能最大程度上免受宇宙射线对寻找暗物质存在证据的干扰。目前，全球地下实验室有 20 多个。

宇宙中的暗物质

在宇宙学中，暗物质是指那些不发射任何光及电磁辐射的物质。目前，通过引力产生的效应，人们得知宇宙中存在大量暗物质。根据研究，暗物质是宇宙的重要组成部分，总质量为普通物质的 6 倍，在宇宙中的比重不超过 99%。现代天文学正是通过引力透镜、宇宙中大尺度结构、微波背景辐射等手段来进行观测的。

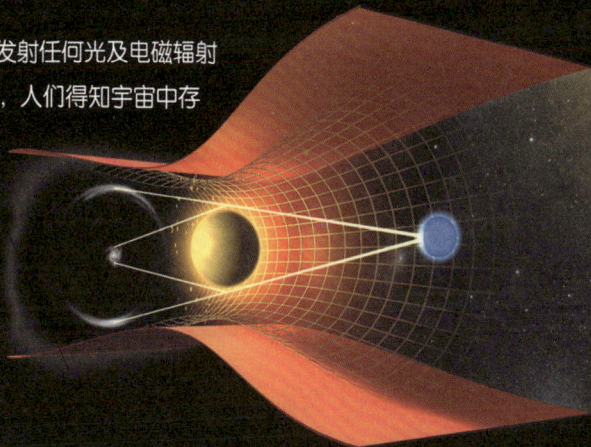

引力透镜示意图

宇宙间最小的连续存在的暗物质片段大小也有 1 000 光年

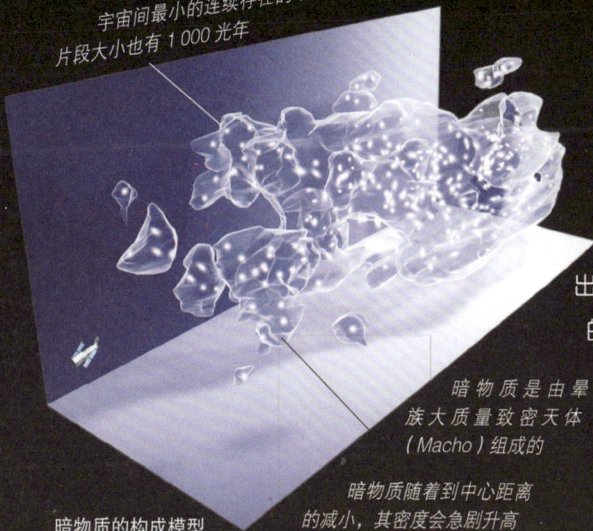

暗物质是由晕族大质量致密天体（Macho）组成的

暗物质随着到中心距离的减小，其密度会急剧升高

暗物质的构成模型

宇宙中的暗能量

在宇宙的组成中，4% 是普通物质，26.8% 是暗物质，剩下的是暗能量。暗能量到底是什么？似乎没有一个人能准确给出解释。不过呢，暗能量确实是真空中固有的一种能量，它均匀分布在所有空间中，密度不随时间变化。不过，这个概念提出以来，许多科学家都在竭力寻找这种被认为导致宇宙加速膨胀的能量，但是至今仍是一个未解之谜。

如果宇宙一直膨胀下去会怎么样？

奇思妙想

这是一个十分有趣而又极难回答的问题。根据宇宙大爆炸的假说，宇宙最初始于大爆炸，物质就散开了，宇宙也就由此开始膨胀，一直持续到现在。

对于宇宙膨胀的观点，有天文学家认为，宇宙中的物质密度很小，因而引力也很弱，宇宙将无限地膨胀下去。而持相反观点的人认为，宇宙中的引力比我们知道的要大得多，足以使宇宙停止膨胀，并开始收缩。

科学家发现，宇宙虽然一直在膨胀，但膨胀的速度却在逐渐减缓，原因在于宇宙间的万有引力，但是难以估计的是万有引力的大小。如果引力很强，那么宇宙膨胀的速度就会逐渐减小到零，到那时候，宇宙的膨胀就会停止，并且开始收缩，越缩越小。收缩过程中会逐渐加速，直到回复到无限密集的状态，然后又可能发生大爆炸，宇宙又开始一次膨胀循环，如此往复。

当然，如果引力不太强，那么膨胀速度虽然在减慢，但却永远不会变为零，这样宇宙就将无限地膨胀下去，最终宇宙中可能只有由光子、中微子、电子、正电子组成的稀薄等离子体了。不过，那将是非常遥远的事。

太空历险记

我从小的梦想是上太空，开宇宙飞船，像杨利伟叔叔那样。

"太空，我来啦。太空，好美啊！"

可一个连数学都算不好的人，能上太空，这不是天大的笑话吗？楼上楼下，所有的灯光都暗淡下去了，十分安静。我努力让自己保持一点儿清醒。

这时，诡异的一幕出现了，也不知从哪里来了一束光，还没等我明白怎么回事，只是感觉自己在急速地下坠，似乎坠入了无边的黑暗旋涡。我使尽浑身力气地呼喊，好像一点声音也没有发出来！

我发现，自己正坐在一辆急速列车上，朝未知的方向驶去。我看到窗外既熟悉又陌生的建筑物，都像电线杆一样瘦，前方的景色如同被塞进罐头瓶一样十分拥挤，扑面而来的东西像是染上了蓝色。难道是太空，怎么可能？我的心慢慢平静下来，却有了一丝小惊喜。

这是什么鬼地方？"救命呀！我要回家。"我大声喊着。

"禁止喧哗！"一个列车员模样的人走了过来，他长得似人非人，却并不像是坏人。"你们……

要带我去哪里？"列车员用手指了指车中的屏幕，只见那上面写着：目的地，太空；时速，光速。

我一下明白了，我已经离开地球很久了。这简直就是天方夜谭，搞什么鬼哦！我还是不相信这是真的。突然，车窗外一片漆黑，渐渐地，一个巨大的沙漏状东西出现了，并且漏斗连接的地方在急速扩张。

"知道那是什么吗？"列车员问。

"那应该是星体吧！"我说。

列车员认真地说："那是你们的太阳系，你们的地球也在里面。"令我感到不可思议的是，刚刚还明亮异常的一颗星，这会儿却像燃尽的蜡烛一样渐渐熄灭了，而且不止一颗哦。我是既激动又痛心，激动的是宇宙真是太大了，而我太渺小了；痛心的是，宇宙中下一颗熄灭的星是……是太阳吗？不敢想象。

我的脑袋嗡嗡作响，列车依旧在急速行进中，我看到了银河系、河外星系……一路上，真是太刺激了。

突然一束光在我眼前滑过，我猛地睁开眼睛，原来是早上的阳光照到了我的脸上，我庆幸刚才的一切只是一场梦。现在已是早上七点了，我从床上一骨碌爬起来，简单收拾了一下，就背着书包去上学了。

宇宙的未来

宇宙从诞生到现在，虽然已经是无与伦比的庞然大物，但它似乎对自己的身形很不满意，因而仍在以超乎想象的速度不断长大。或许很多人会问，宇宙的未来是怎样的？这是一个未知的答案。

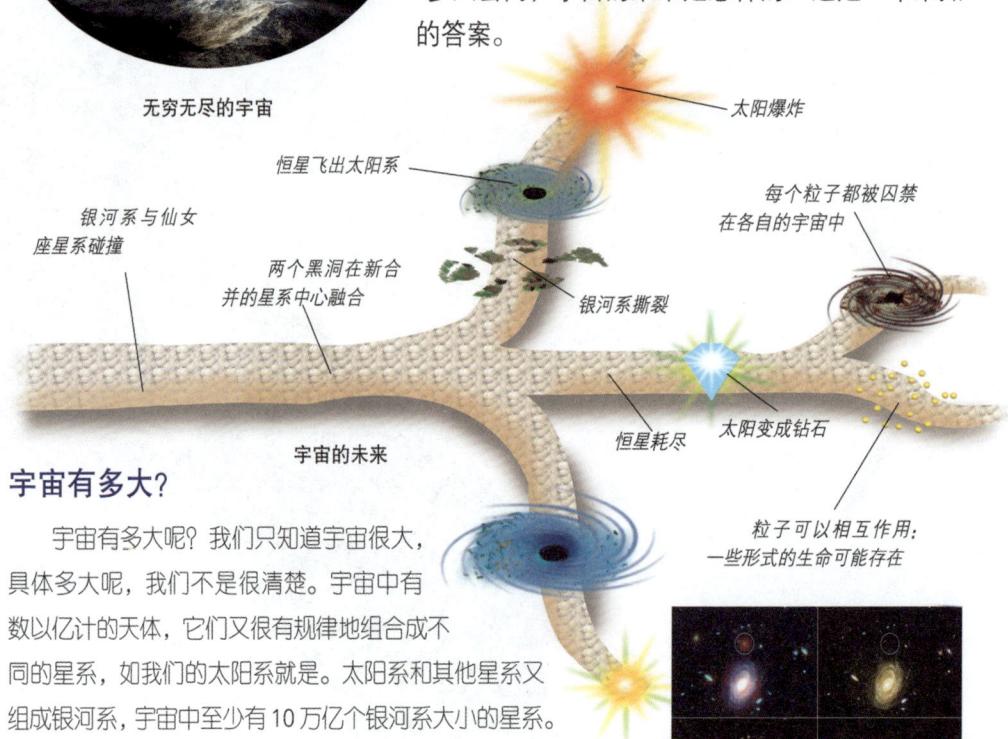

无穷无尽的宇宙

太阳爆炸

恒星飞出太阳系

银河系与仙女座星系碰撞

两个黑洞在新合并的星系中心融合

银河系撕裂

每个粒子都被囚禁在各自的宇宙中

恒星耗尽

太阳变成钻石

粒子可以相互作用；一些形式的生命可能存在

宇宙的未来

宇宙有多大?

宇宙有多大呢？我们只知道宇宙很大，具体多大呢，我们不是很清楚。宇宙中有数以亿计的天体，它们又很有规律地组合成不同的星系，如我们的太阳系就是。太阳系和其他星系又组成银河系，宇宙中至少有10万亿个银河系大小的星系。宇宙空间是十分广阔的，单是银河系的宽度就有10万光年。

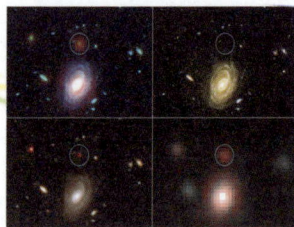

在宇宙10亿岁到60亿岁期间，宇宙中星系的演化可能经历一个"婴儿潮"阶段，其表现是星系规模持续扩张，恒星快速孕育诞生

封闭的宇宙　　开放宇宙　　平坦宇宙

宇宙的形状

关于宇宙的形状，历来众说纷纭。科学家们通过科学实验，再现了宇宙形成的初期景象，推断宇宙的形状很可能是扁平的，而且一直处于不断膨胀的状态。当然，也有科学家认为，宇宙很可能是球形的，还有人认为是轮胎形的。宇宙究竟是什么形状的，目前还没有一个明确的答案。

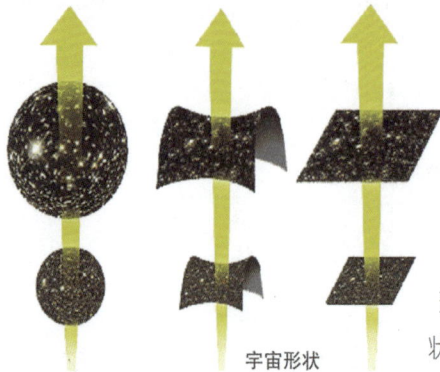

宇宙形状

末日猜想

如果宇宙无休止地继续膨胀下去，那么像太阳一样的恒星将耗尽它们的核燃料，变成白矮星，宇宙空间就会越来越寒冷和黑暗。可是假如万有引力足以使扩张最终停止，那么宇宙中的所有物质将重新开始聚集，星系也会碰撞并融为一体，宇宙将又回复到它最初的状态。

宇宙不断膨胀，星球之间存在着一种抵消引力的力量

撕裂宇宙

有一种说法：宇宙的命运很大程度取决于暗能量。而且有人认为这种神秘能量正在加速宇宙膨胀的速度，最终将可能撕裂我们的宇宙，并最终让宇宙在所谓"大撕裂"的惨烈命运中终结。

万有引力
暗能量
原子占 4%
5 亿年前

暗能量示意图

暗物质占 26.8%
约 137 亿年前

"大挤压"说

与"撕裂说"相对的是"大挤压"说，暗能量可能会衰变，从而导致宇宙膨胀最终开始减速并逆转，重新开始缩小，回到宇宙大爆炸的状态，并在同样惨烈的所谓"大挤压"中灭亡。

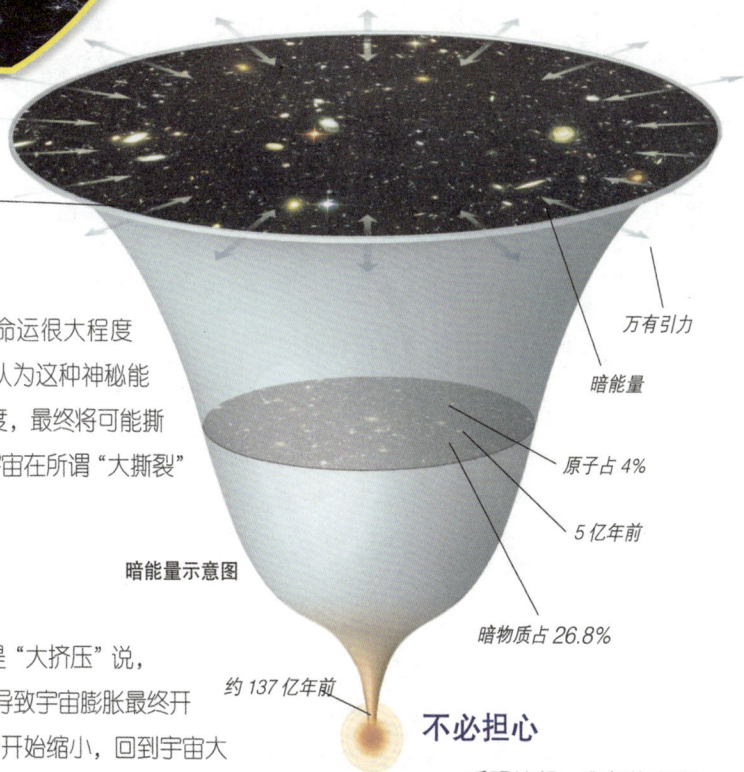

不必担心

乐观地想，我们的宇宙终止也是几十亿年，甚至几万亿年后才会发生。也就是说，我们之后的很多代子孙是不必要担心的。假使那个时候还有我们人类，想必他们也会找到解决问题的办法。

如果到了宇宙边缘会怎样？

奇思妙想

很早就听说过宇宙了，我们生活的地球，看到的太阳、月亮以及闪闪发亮的星星都在宇宙中，宇宙究竟有多大呢？宇宙外面的世界是什么样的呢？我们有一天会不会乘宇宙飞船来到宇宙的边缘呢？

宇宙到底有多大，它有没有边缘，没人能说得清。哲学家认为宇宙没有开始，也没有结束，更没有边际。哲学中的宇宙概念太深奥了，我们也许理解不了，那下面我们把眼光放在目前科学技术所能了解和观测到的宇宙。

从最新的天文观测资料看，目前人类观测到的最远的星系距地球大约有130亿光年。也就是说，人类如果要从地球出发到该星系，乘坐和光速一样快的宇宙飞船（光速约每秒30万千米），也要经过130亿年才能到达那里。而这远在130亿光年外的星系，还都是个未知数，所以从这个意义上，宇宙是无限大的，而乘坐宇宙飞船到宇宙边缘是永远也实现不了的。限于目前的科技水平，我们能观测到的宇宙范围只能到这一程度了，但在已知的宇宙空间里，人们已经发现和观测到大约1250亿个的星系了，而且每个星系又有上千亿颗像太阳一样的恒星，而我们的地球只是太阳系中的一颗普通行星。

在如此浩瀚的宇宙中，地球真是太渺小了，因此，人类认识宇宙不是一朝一夕的事，而是需要很长的时间。

太空城参观记

"欢迎各位来到我们太空城做客！我对大家的到来表示热烈欢迎。下面我将带领大家一览我们的空中楼阁哦！"说这话的是太空城的市长，他正在接待来自地球的我们，参观这座人间宫阙。

我一眼望过去，这不是一个巨大的车轮嘛。它周长约300千米，整个居住面积约有20000平方千米，可以住十几万人呢。从城市的这头走到另一头，得花六七个小时。它是全封闭的，生活环境和地球完全一样。

市长继续说道："整个太空城划分成行政区、住宅区、文化区、游览区和商业区，最大的是游览区。游览区里有蜿蜒起伏的青山，有潺潺不断的绿水，花草遍地，果树成林。没有灰土的公路上，奔驰着没有噪声、不排放废气的车，环境比地球强得太多了！而且，也不会感到很拥挤，因为20000平方千米的居住面积，相当于半个瑞士那么大。"想象得到吗？天空中白云朵朵，河面上白帆点点，树林里百鸟齐鸣，草原上鹿兔嬉戏。此外，这里个特别景致。透过天空中的浮云，你能头顶上的"地面"，那儿的山峰、树木、下倒立着的，真奇怪。

还有一隐隐约约地看到房屋和行人都是头朝

我继续追问："食物从哪里来呢？"有一大圈茶杯模样的结构，那就是农地。不过，农业完全是工厂化的。自动化碳、水和肥料，一年可以收获四五次，禽也长得比地球上的大。农产品自给自足完全

市长讲到，在圆筒的顶部，业区，有大约400平方千米耕化农场自动向农作物提供二氧产量比地球高好几倍。牲畜和家没有问题。

另外，太空城设有一批工厂，工厂可以生产出在地球无法生产的东西，比如冶炼难熔金属、提炼非常纯净的大块晶体、制造轻得能浮在水面的泡沫钢等。这些都是地球上无法实现的哦。

我对未来的太空生活充满了兴趣，这绝不是梦。

星　系

星系是宇宙中庞大的星星"岛屿"，也是宇宙中最大、最美丽的天体系统之一。所有星系都是由许许多多恒星组成的宇宙岛。这些"岛屿"星罗棋布地分布在广袤的太空，上面居住着无数颗恒星和其他各种天体。到目前为止，人们观测到了约1000亿个星系，它们有的离我们较近，有的却非常遥远……

仙女座星系 M31

星系的起源

在宇宙大爆炸后的膨胀过程中，分布不均匀的星系前物质收缩形成原星系，再演化成星系。关于星系前物质，有一种说法认为是弥漫物质，也有人主张是超密物质。关于原星系的诞生，也有两种见解，一种是引力不稳定假说，另一种是宇宙湍流假说。

科学家发现距地球约137亿光年的星系，这是迄今为止人类发现的最遥远的星系，并且是宇宙大爆炸之后不久形成的星系

宇宙长城

浩瀚无穷的宇宙星空在万有引力的作用下，巨大的星系会聚集在一起，构成星系群或星系团。而星系群又会聚集在一起，成为超星系团。根据观测，发现宇宙中的大量星系都集中在一些特定的区域中。这种大尺度结构，看上去就像长长的链条，被人们形象地称为"宇宙长城"。

形状各异的星系、星系团、超星系团

哈勃和星系分类

1990 年 4 月 24 日，美国"发现号"航天飞机把一架大型天文望远镜送入环地球轨道，这就是"哈勃空间望远镜"。哈勃是一个人的名字，他就是天文学家爱德温·鲍威尔·哈勃，他被誉为"星系天文学之父"，正是他开辟了河外星系和大宇宙的研究。1926 年，哈勃根据星系的形状等特征，系一直沿用至今。

爱德温·鲍威尔·哈勃

哈勃空间望远镜

河外星系有哪些

顾名思义，河外星系指的是银河外的星系。因为距离我们地球比较远，所以人们看到的河外星系只是一个个模糊的光点，因此它们也被称为"河外星云"。河外星系也是由大量的恒星组成的，现在观测到的大约有 10 亿个河外星系。按照它们的形状和结构，可以分为：旋涡星系、棒旋星系、椭圆星系和不规则星系。

棒旋星云 M109

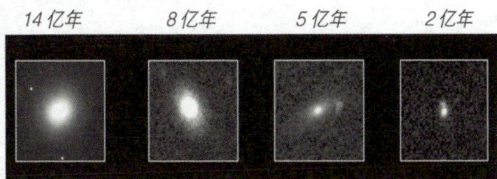
14 亿年　8 亿年　5 亿年　2 亿年
处于演化的不同时期的椭圆星系

旋涡星系——美丽的银河系

旋涡星系

在星系世界中，也是有大小区别的。银河系虽不是宇宙中最大的星系，但比其他很多星系大多了。宇宙中的许多星系与银河系一样，外观呈旋涡结构，核心是球形隆起的核球，核球外为薄薄的盘状，从星系盘的中央向外伸出数条长长的旋臂的大旋涡。

运动着的河外星系

同恒星一样，星系也是根据大小分类的。河外星系的质量一般在太阳质量的 10^9~10^{12} 倍之间。每个星系内的恒星都在运动；星系本身在自转的同时，整体也在运动。河外星系在宇宙空间的总体分布各个方向都一样，近于均匀。

数不清的星系

浩瀚的宇宙空间里有无数个星系。旋涡星系、椭圆星系外形呈圆形或椭圆形，中心亮，边缘渐暗。不规则星系的外形没有明显的核心和旋臂，看不出旋转的对称性结构，呈不规则的形状。

不规则星云 M82

宇宙引力

在茫茫宇宙空间里，是什么让这些如此庞大的天体连接在一起，各自在自己的轨道上运动着的呢？答案是万有引力。因为有了引力，才能够让物质之间相互牵引，从而形成众多星系、恒星，还有黑洞等其他特殊天体。

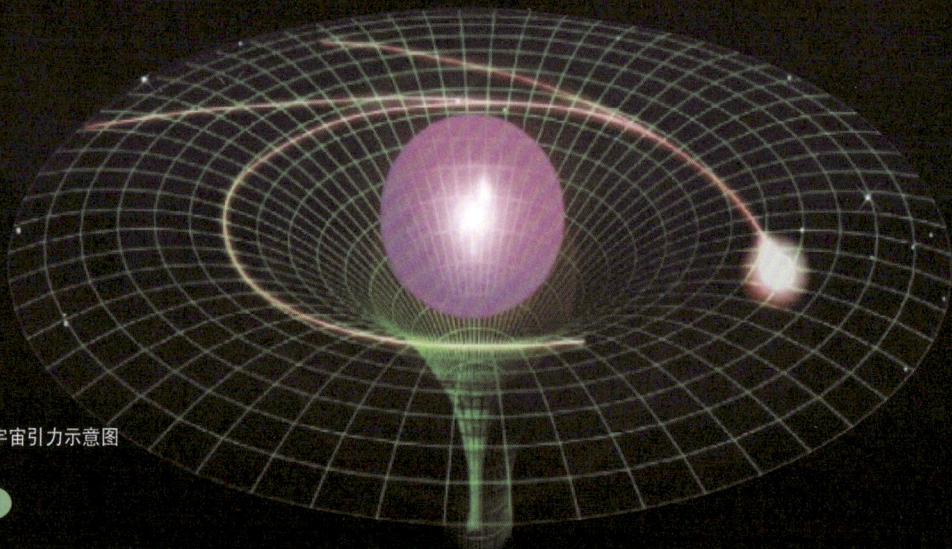

宇宙引力示意图

这个被称为 4C60.07 的系统，显示了两个星系的碰撞，其中左边这个星系已经将大部分气体变为恒星，它的黑洞正在喷出由带电粒子构成的射流。该星系正在从一个即将形成恒星的附近星系吸收气体和尘埃。

星系大碰撞

据说在 6500 万年前，一颗小行星撞击地球，最后导致整个恐龙家族遭到灭绝。相比小行星撞击地球，星系之间的碰撞要惊天动地得多。根据研究发现，我们宇宙中的星系之间的碰撞和合并事件十分普遍。这也是星系演化的重要环节，许多大型星系就是由许多较小的星系碰撞形成的。

死亡星系

通过哈勃望远镜，人们拍到了一些恒星发出的昏暗的"幽灵之光"。据研究，这些恒星来自于一些早已死亡的古老星系，后者早在几十亿年前，就在引力相互作用中被撕扯得支离破碎。这些"幽灵"出没的地方，距离地球 40 亿光年，位于一个由近 500 个星系构成的巨大星系团中。

泛着"幽灵之光"的死亡星系

麦哲伦星云

离银河系最近的星系，就是大麦哲伦星云和小麦哲伦星云，距离银河系有十几万光年。这两个星系都在南半天球，离南天极不远，在我国南沙群岛地区可以看到。16 世纪的时候，葡萄牙探险家麦哲伦乘船到了南美洲南端时看到了它们，他回到欧洲做了报道，所以它们被后人称为麦哲伦星云。

不规则星系——大麦哲伦星云

奇思妙想

如果宇宙中行星都静止不转了，那么原因可能有两种，一种是它们围绕着运行的恒星灭亡了，也就是说宇宙中没有像太阳一样的恒星了；一种是行星的引力大于它们所环绕的恒星，于是行星不转了，而是恒星围绕行星转，如太阳围绕地球转。

如果行星不转了，宇宙会发生翻天覆地的变化，我们根本想象不到那是一种什么样的情景，但现在我们不需要想象这些事情，原因就是行星一定会转的。以地球这颗行星为例，地球为什么会绕地轴自转？为什么会围绕太阳公转？天文学家认为地球的自转和公转与太阳系的形成有很大关系。

太阳系是由原始星云形成的。最初，原始星云是一团稀薄的气体云，大约在 50 亿年前，由于受某种扰动影响，从而在自身的引力作用下向中心收缩。经过漫长演化，原始星云中心部分物质的密度增大，温度升高，最后达到可以发生热核反应的程度，从而演变成了太阳。而太阳周围的残余气体则又会慢慢形成一个旋转的盘状气体层，它经过收缩、碰撞等一系列过程后，最终形成行星、小行星、彗星等太阳系天体，由于形成太阳系的原始星云所带的角动量在形成太阳系之后不会损失，但它会重新分布，所以行星等天体在漫长的积聚物质的过程中都会得到一定的角动量。依据角动量守恒定律，行星等天体在收缩过程中转速将越来越快。地球从中所获得的角动量主要来自地球围绕太阳的公转、地月之间的相互绕转以及地球的自转中。其他的行星运转的原因和地球类似，但要深入地分析行星运转的原因还需要科学家们做大量的研究工作。

恺萨之城

当夜幕降临时，一场星光璀璨、宏伟壮观的演出开始了。

每年都是在这几天，整个演出格外精彩。城市上空一会儿红蓝相间，一会儿绿黄相间，奇光异彩，绚烂夺目。住在地球上的人发出令人惊叹的叫喊："真是太美了！"他们以为是宇宙中的星系在碰撞呢。

当然，在恺萨之城里居住的人最清楚。恺萨之城在银河系的旁边，距离地球有15万光年。这是他们每年的盛大派对。先辈传下来的传统，每次都由星王来主持。星王是恺萨之城的统领，拥有至高无上的权力，每个人都要听命于他。他也确实是一位精明的领导者——慈祥仁厚、受人尊敬。

这里每个人脸上都洋溢着幸福的笑容，老人健康长寿，小孩个个机灵，人与人和睦相处，没有纷争，从来没有一次战争，也没有人因疾病而死。据说，这一切都得益于星王的庇佑和教化。

直到有一天，这里平静的生活被打破了。原来，有个地球人发现了一个秘密——地球上有一个地方留下的遗迹，和这个名叫恺萨之城上的物质十分相似。最令地球人感到激动的是，恺萨之城的人的身体组成和地球上一个地方突然失踪的人类有着惊人的相似。这一发现，立即震惊了世界。

很快，由地球人组成的探险队乘坐宇宙飞船飞往恺萨之城。探险队员们见到了星王，星王很友好地接待了他们，并告诉了他们一个秘密。星王说："我们确实是地球人的一种，以前就生活在地球上的一片丛林中，过着自由自在的生活。后来，由于外族入侵，我们的头领不甘心被奴役，就带我们来到了这里。"接着他又略带忧伤地说，"还有，我们的祖先说过，一旦秘密被揭开，我们的末日也就到了。"

探险队员们不以为然，以为是星王吓唬他们的。当天，他们接受了星王的款待，漫步在恺萨之城，仿佛来到了世外桃源一般。可第二天，当他们醒来后，却发现星王和他的臣民都消失得无影无踪了。

这让探险队员们懊悔不已。有人说，星王和他的臣民去了另外的星球，也有人说他们泄漏了天机，遭到了报应。此后再也没有关于恺萨之城的任何消息。

27

星团和星系群

星团是由十几颗至千万颗恒星组成的，有共同起源，相互间有较强星系联系的天体集团。可分为疏散星团和球状星团。而由十几个甚至数千个星系组成的集团，我们称之为星系团。成员数不足 100 者，有时又称为星系群。

HCG—87 星系群距离我们地球大约有 4 亿光年

第一次发现

自从 17 世纪，天文学家第一次发现了人马座中的一个球状星团 M22，人们就对星团产生了浓厚的兴趣。试想一下，在拥挤着无数恒星的夜晚，天上挂着好几颗"太阳"，那会是一番什么样的景象？

疏散星团

顾名思义，由十几颗到几千颗恒星组成的、结构松散、形状不规则的星团，就被称为疏散星团。在我们的银河系中，它们主要分布在银道面，主要由蓝巨星组成，例如昴宿星团。疏散星团的直径大多在 3 到 30 光年范围内。

球状星团 M22

球状星团 M67

1990 年通过红外望远镜发现了五合星团。这个星团中有着大质量的恒星，比如手枪星

球状星团

球状星团外形像球形，星团里的恒星平均密度比太阳周围的恒星密度高数十倍，而它的中心附近的密度则要高数万倍。因此，球状星团里的恒星都被彼此的引力紧紧束缚，高度集中在很小的区域内。

银河系中的星团

在我们的银河系中，大约有 160 个球状的星团。这些星团绕着银河中心转动，其中一部分球状星团处于比太阳系更靠近银心的地方；另一部分处于遥远的银晕甚至更远的银冕中，最远的球状星团已处于银河系外围。

疏散星团 NGC 3603

本星系群

什么是本星系群？它包括我们地球所在的银河系的一群星系，有四五十个星系，是一个典型的疏散星团。我们所处的银河系和仙女座星系，是本星系群中最大的两个，处于它的中心位置。

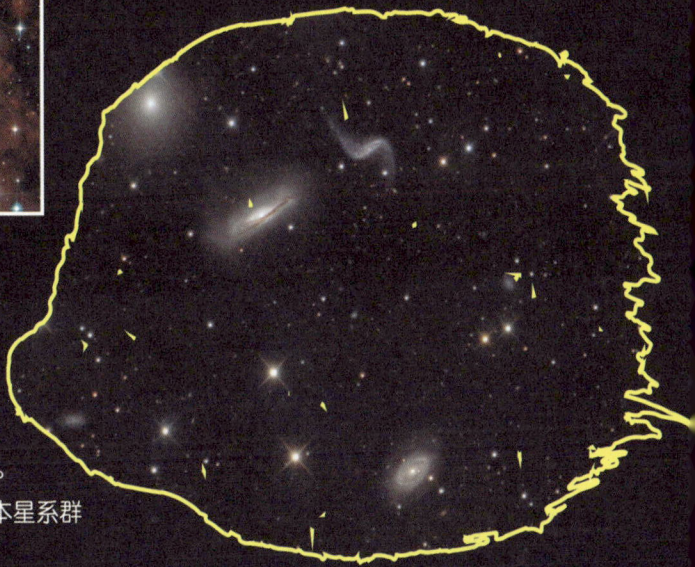

Hickson 44

处女座星系群

在本星系群附近有一个大的星系群，这就是"处女座星系群"。它的质量非常巨大，包含有类似银河系那么大的星系 2500 多个。这里温度很高，会发出 X 射线辐射的云气。每年春季太阳落山不久，你就能在东方的地平线上看到它。

处女座星系群

奇思妙想

1969 年 7 月 16 日，"土星 5 号"火箭载着"阿波罗 11 号"登月飞船进入太空，经过四天的航行，宇航员阿姆斯特朗和奥尔德林，成功地登上了月球。2001 年 4 月 30 日，美国人蒂托进入国际空间站，开始为期一周太空生活。从科学探险到私人旅游，太空离我们已不再那么遥远。太空旅游的开辟使得普通人也能像宇航员一样在宇宙中遨游。也许有人会问，我们也可以去最近的恒星旅游吗？

我们人类居住的地球是太阳系中一颗普通的行星，离地球最近的恒星是太阳，而它只是银河系中的一颗普通的恒星。银河系中的恒星约有 1000 亿颗，其中比邻星是离我们太阳系最近的一颗恒星。比邻星它位于半人马座，是一颗三合星，也就是三颗恒星聚在一起形成的三星系统，它们相互运转，轮流来佩戴"距太阳系最近的恒星"这项桂冠。比邻星离太阳约有 4.22 光年。

迄今为止，人类发射"宇宙飞船"速度最快的是"旅行者"太空探测器，它的时速为 54000 千米。照这样的速度，我们乘坐"旅行者"飞船去比邻星上旅行，来回大约需要 17 万年。打个比方，假如生活在 1.1 万年前的洞穴人发射"旅行者"太空探测器到比邻星，既使没有出现意外情况，目前它还正在茫茫太空中飞行，而且它完成的路程仅仅是全部旅程的 1/15。所以说按照目前的科学技术和我们相对短暂的生命，我们根本就实现不了去比邻星旅行的愿望。

小绿人现身记

在一个遥远的星球上，生活着一种人。

他们个子矮小，皮肤是绿色的，和树叶一样，所以能像植物那样，通过光合作用，吸收恒星的光作为能量。也就是说，这种人不需要吃东西就能生活。因为他们个子小、皮肤绿，所以我们给他们起了个名字，叫作小绿人。

有一天，女研究员贝尔正在工作，突然接收到了一种很奇怪的无线电信号。这种信号时起时伏，断断续续，是从太阳系以外的遥远空间发来的。而且，每天晚上信号都重复，还总是出现在天空同一个位置。

"这是怎么回事呢？"贝尔自言自语。

得知这一惊人消息，她的导师休伊什怀疑，这可能是外星小绿人发出的摩尔斯电码，他们可能在向地球问候。

为了谨慎起见，他们做了进一步测量分析，结果发现，这是一连串很有规则的脉冲。脉冲是什么呢？就是一种很短促的信号，一下一下地突然出现，又突然停止，就像人的脉搏跳动一样。这些脉冲信号每隔一秒

出现一次，两……定，真像是一架电台……这些"电台"叫作"小绿

次脉冲间隔的时间非常准确、非常稳……在发信号。于是，贝尔和她的老师把……人一号""小绿人二号"……

接收了许多信息，发现在奇……种，这就是小绿人。有一天，……了，一个个圆盘状的物质在空中……惊了，马上报告给导师。原来，真的

贝尔和她的导师吃惊不已，他们……异的另一个世界还居住着一种神秘的物……贝尔正在工作，突然她望向窗外。可不得……飞着，离她越来越近。这是怎么回事？她被震……是小绿人造访地球来了。

不一会儿，一个小绿人走了过来。他浑身通体绿绿的，一点儿也不可怕，并十分友好地对贝尔说道："你好！贝尔。"贝尔已经平静了很多，忙说："你好，小绿人。欢迎到我们的地球做客。"这以后的几天，贝尔带着他们去了地球上的许多地方。临别，小绿人邀请贝尔去他们的家园走一走。贝尔内心充满了期待，因为她想看看另外一个生命世界，这一天应该不会很远。

银河系

银河系的名字很多，比如星河、银汉等。在夏秋的夜晚，如果你举头望天，就会看见天顶茫茫白色一片，宛如瀑布下泻，这就是银河。虽然在古代，我们的老祖先很早就认识了银河，但对银河的真正认识还是从近代开始的。

银河系

牛郎织女的故事

自古以来，人们对银河充满了无限遐想。如在我国家喻户晓的牛郎织女的故事：传说每年的农历七月初七是牛郎织女在银河上相会的日子。因为织女是天上王母娘娘的女儿，是仙女，而牛郎是凡人。所以为了阻止他们相爱，王母娘娘就用发簪在天上划出一条天河，从此他们只能隔河相望，只有在初七才能相会。

银河系由大约 3000 亿颗恒星组成

数不清的星星

银河是什么，它真的是一条河吗？不是，它是千千万万个恒星的集团。在整个银河系中，有数不清的星星，当然大多数星星是我们无法用肉眼看到的。在天文望远镜里，你就能看到这些密密麻麻的星星。

银河系有多大

银河系究竟有多大？其实，我们这个银河系的确是够大的。它有1000多亿颗恒星，这些恒星聚集在一起，但每个恒星之间的距离却非常大，大多有几十到几百光年那么远。据说，银河系的最大直径将近10万光年。整个银河系的形状，并不像个圆球，应该像一个大铁饼。

从侧面可以观察到银河系像一个大铁饼

运动着的银河

地球、太阳，除了自转，还要做公转，它们一刻也不停地在自己的轨道运动着。银河系也不例外，它也不是静止不动的，时刻在转动着。据说，太阳附近的恒星，绕着银河系中心转动一周，大概需要两亿年。当然了，银河系的自转是无法用肉眼看到的，而是科学家通过精密仪器观测后才研究出来的。

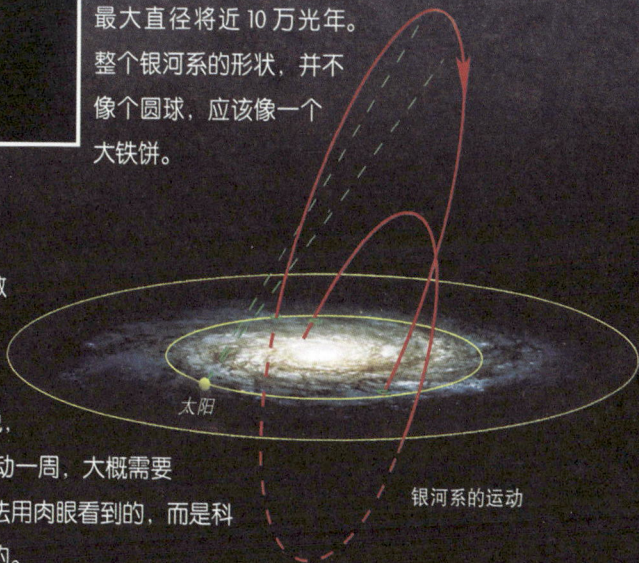

太阳

银河系的运动

太阳在银河系中心吗

对于地球来说，太阳足够庞大了。可对于太阳来说，银河系又足够庞大了。在银河系中，太阳就好比一箩筐芝麻中的一粒。1750年，英国天文学家赖特提出，银河系是一个呈扁平圆盘状结构的系统，太阳并不在圆盘的对称面上，而是在略微偏向于对称面北侧的位置，不在银河系的中心。

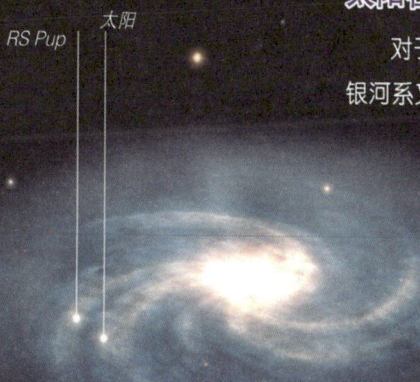

RS Pup   太阳

太阳位于银河系边缘，银河系第三旋臂——猎户旋臂上

远看银河系

从实际的观测来看，银河系的大部分恒星集中在一个扁圆的盘形空间里。假如我们能够从银河系外很远的地方看银河系，那么，整个银河系看起来和我们今天在望远镜里所看到的河外星系一样。仙女座星系是离银河系最近的河外星系之一，它和银河系差不多一样大，结构也相似。

银河系

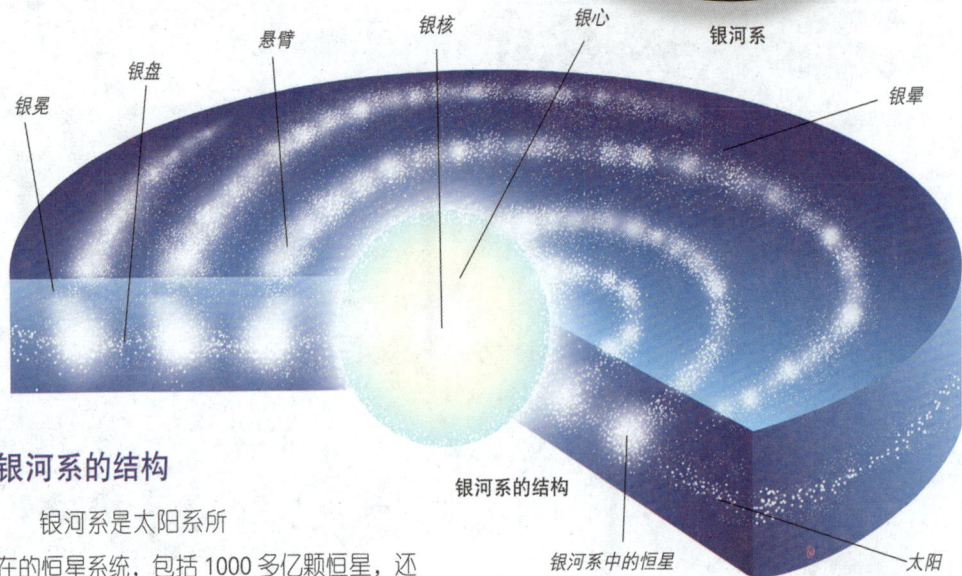

银冕　银盘　悬臂　银核　银心　银晕

银河系的结构

银河系中的恒星　太阳

银河系的结构

银河系是太阳系所在的恒星系统，包括 1000 多亿颗恒星，还有各种类型的星际气体和星际尘埃。像太阳这样的恒星是构成银河系的主要天体，从恒星的位置和距离，就可以大概看出银河系的结构。

银盘是星系的主体，主要是由 4 条巨大的旋臂环绕组成

银盘是什么

银河系中多数恒星集中在扁盘状的空间范围内，似铁饼状，称为银盘。银河系直径约 10 万光年，银河系圆盘中心致密区的能量很高，叫作"银核"，厚约 1.2 万光年。在圆盘系统外，还有一部分恒星稀疏地分布在一个圆球状的空间范围内，形成银晕。在银河系中，我们可探测到的物质，大都在银盘范围以内。从外形来看，它像一块凸透镜。

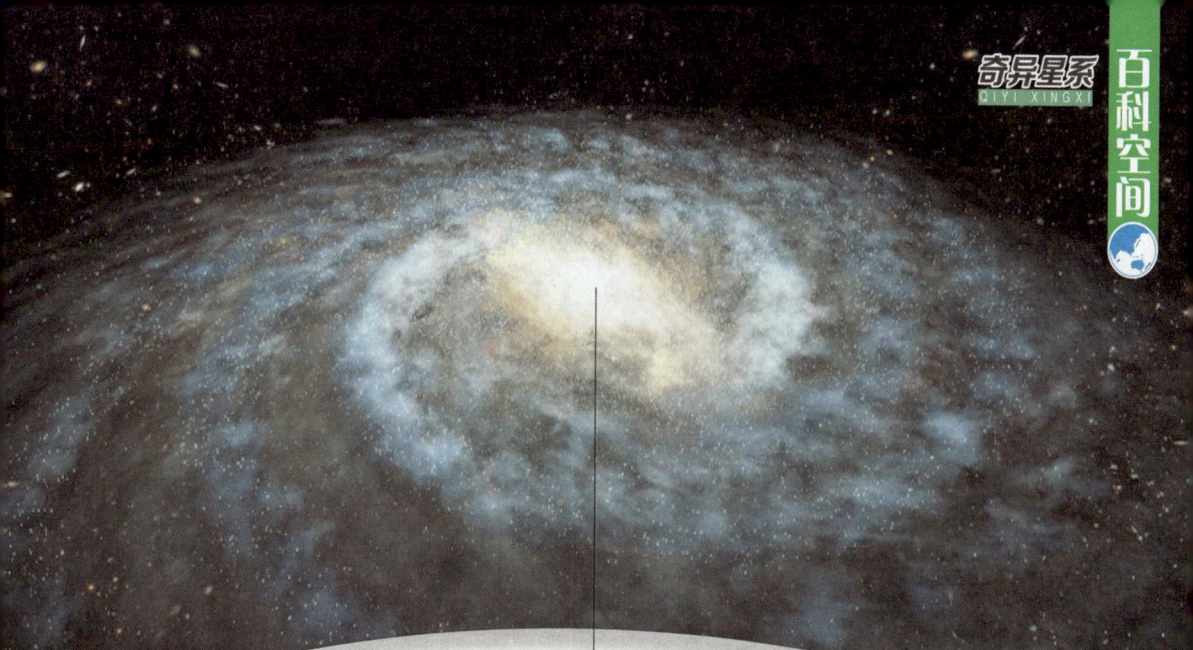

银河系的中心——银核

银河系的中心

　　银河系的中心是在人马座方向。在银河系中心，这里的恒星的空间密度最大，形成了一个大致球状的核球，银核就在核球的中心。银河系里聚集着数不清的恒星，这些恒星都被行星环绕着，其中还飘浮着尘埃、气体。而我们的太阳是在猎户臂靠近内侧边缘的位置上。

沙普利的银河系模型

沙普利的银河系模型

　　银河系是什么样的呢？美国天文学家沙普利利用威尔逊天文台的胡克望远镜，对球状星团进行了探寻，探寻了银河系的大小和形状。他花了两年时间，画出了当时已知的 93 个球状星团的三维分布图。当他正在为球状星团聚集感到迷惑时，突然产生了一个灵感，球状星团的分布揭示了太阳系在银河系的位置！银河系的模型诞生了。

"孪生妹妹"仙女座星系

　　秋天的夜晚，在东北方向的天空有一个椭圆小光斑，看起来像个纺锤，那就是仙女座星系。它和银河系长得很像，一般人是不容易分出来的，可以说是银河系的"孪生妹妹"。仙女座星系是一个盘状星系，为仙女座中一片星云，是肉眼可见的遥远天体，也是离我们银河系最近的巨大星系。

银河系和相邻的仙女座星系

如果去银河系的中心旅行会看到什么？ *More*

要去银河系旅行了，你有什么期待？准备好了吗？横着看，银河系像一只大铁饼，直径有10万光年，中间最厚的部分3000～6500光年。银河系虽不是宇宙中最大的星系，但比很多星系大多了。从上方看，它像是一个长着4条旋臂的大旋涡，因而它属于旋涡星系的一种。

驾驶着超光速飞船，离开我们的太阳系，向银河系的中心人马座方向挺进。银心是一个十分活跃的地方。那里居住着数千亿颗恒星，它们个个都是老寿星，都超过了上百亿年。明亮的星云到处都是。同时，空间弥漫着一种独特的山莓味。这是因为尘埃中含有化学物质甲酸乙酯的缘故。

越接近银心，温度也就越高，其中还有一个巨大的光柱，它大得惊人，长约2.7万光年。

雷达显示，很多星星和尘埃都不停地向银心人马座A那里靠拢，天哪，发生了什么事？原来，正如科学家们推测的，人马座A就是一个有250万个太阳质量重的巨型黑洞。幸好发现得早，不然，就要被这个怪兽吞掉就再也回不了地球了。

银河舰队在行动

"队长！有情况报告。"这是负责银河系安全的银河舰队在通话。银河舰队是银河系的守护神，它们有一流的装备，能监测到任何风吹草动。一旦有什么恶魔来破坏宇宙世界，它们就会火速出发，在最短的时间内解决战斗。

"什么情况？"银河舰队队长问道。他随即命令下去，指挥员各就各位，随时准备出发。经过进一步观测，发现在距离地球不远的仙女座上发生了流星雨，场面十分壮观，令队员们赞叹不已。

"一场虚惊，原来是流星雨啊。"队长对宇宙中的各种现象可谓了如指掌，大爆炸、流星雨、星系碰撞等。当然，有些自然现象他们是无法拯救的，就比如星系之间的大碰撞、小行星发生爆炸。他们的工作主要是保护地球生命以及地球的安全，也包括发现外星人。

接着，有侦查员继续报告队长。

"不好了，队长！"

"不要大惊小怪。发现什么情况？"

"有一颗小行星，也可能是彗星，目前还无法确定。不过，它正朝地球的轨道飞速飞来，未来有可能会撞上地球！"

一旦小行星撞上地球，如果撞到陆地上一定是一个大坑，会引起地球大火，殃及地球生命。同样，要是撞到了大海里，也是一件惊天动地的大事，就要引发海啸。队长随即召开紧急会议，部署下一步的行动计划。"我们还有一小时的时间准备，大家有什么好的计策。"舰长说道。

"我建议用太空飞船撞击它，改变其轨道或把它撞碎。不过呢，这如同使用核武器一样，也可能带来其他灾难。"其中一个队员站起来报告队长。他目光坚定，觉得这可能是唯一最有效的办法。

"一定要掌握好时机。这样就能减低灾害。现在，我宣布按照这个计划执行。"队长说，"它的任务可不轻哩，祝它好运！"很快一艘太空飞船发射升空。说时迟，那时快。就在小行星距离地球还有8万千米的空中，太空飞船成功地拦截了它，然后太空船发生了爆炸，这颗小行星也随即灰飞烟灭。

看着这一幕，队长悬着的心终于落下了，队员们发出阵阵掌声。

星际物质

星际气体是星际介质中的气体成分

星际物质又叫星际介质。用肉眼看去，宇宙里空洞洞的，星星之间是空无一物的吗？其实，在星际之间确实是存在尘埃和气体的，这些物质就叫星际物质，包括星际气体、星际尘埃和各种各样的星际云，还包括星际磁场和宇宙射线。

星际物质的概念

星际物质是指恒星之间存在的各种物质。星际物质在空中分布不均匀，有些地方特别稠。在大多数情况下，星际物质出现在云状聚集物中，比如银河系，这里的星际物质主要位于旋臂中，那里还有大量的年轻恒星和星云。

位于银河系旋臂中的星际物质

星际气体

星际气体包括气态的原子、分子、电子和离子等。其组成元素主要是氢，其次是氦。它们的元素丰度和太阳与其他恒星上的丰度一致。在宇宙中，当星际气体的密度增加到一定程度时，就会发生塌缩，最终形成恒星。

巨蛇座气体星云M16 的局部，三个巨大的气体尘埃柱内有一些正在形成的恒星

星际气体

宇宙尘埃落向地球

宇宙尘埃

在浩瀚的宇宙空间中，不只有恒星、行星、小行星等，还弥漫着大量的尘埃。这些尘埃主要是由无定形碳、碳酸盐和硅酸盐组成的固体小颗粒，尺寸只有1微米的几分之一，仅相当于抽烟时那袅袅上升的烟雾颗粒般大小。假如没有这些尘埃，人类的空间望远镜在太空中就能看见更多的星星。

尘埃何处来

生活中，只要一段时间不擦拭，桌上、地上就布满了灰尘。这些脏东西到底是从哪儿来的？像我们地球这样的岩石质行星，其前身就是一大团的尘埃云，岩石是尘埃凝聚熔化之后形成的。同样道理，宇宙尘埃是建造宇宙天体的起点。

由高能星光产生的赤热气体冲击着星际间的氢气发出绚丽的光彩。冷巨星喷发出的大气和超新星爆炸产生的碎屑组成了礁湖星云周围暗色的尘埃。由氢、硅和氧发出的彩色光恰当地分配在泻湖星云中，组成了这个壮丽的景象

大麦哲伦星云尘埃

尘埃聚起

在人类发明天文望远镜后，我们银河系的邻居星系，也就是大麦哲伦星云中爆发了一颗超新星。这是离我们最近的一颗超新星，名字叫SN1987A。根据天文学家的观测，发现这颗超新星爆发产生的宇宙尘埃实际质量是理论预言的4~7倍，这么多尘埃足够制造20多万个地球了。

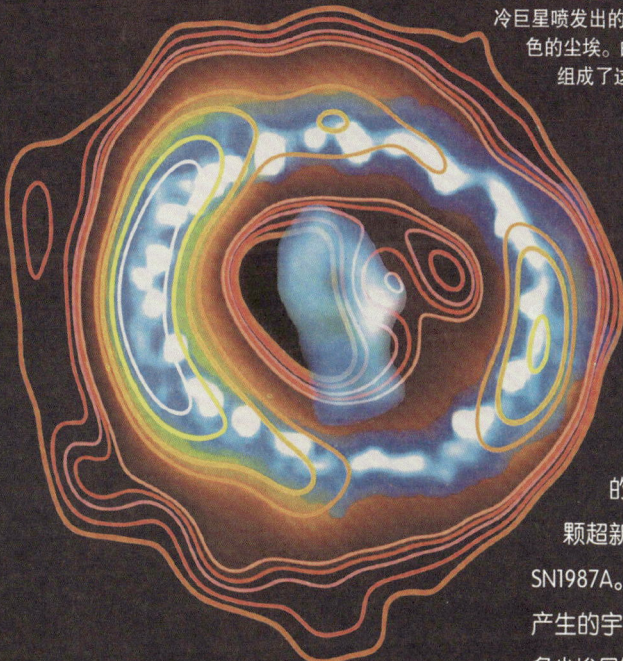

哈勃望远镜所观测到的超新星——SN1987A

如果让你在星际间穿行会怎样？

奇思妙想

人们对神秘的宇宙充满了浪漫遐想，如果有一天我们坐着宇宙飞船穿行在星际空间中，不仅宇宙中的无限美景尽收眼底，说不定还会碰上外星生命呢？我们的宇宙飞船能无拘无束地穿行在星际空间吗？答案就两个字"不能"。

虽说人类已经登天，但离我们的想象还有差距。至今为止，人类的载人航天只在地球附近的太空中活动过，而且还时常发生太空灾难，至于在星际间（星体与星体之间）穿行简直就是幻想中的事，至少在未来的 100 年中是不可能实现的。尽管宇宙中高真空、强辐射、超低温等因素使得人类不能在探索宇宙奥秘时随心所欲，但在科学家的努力下，我们还是对星际间的关系有了一定的认识。

比如，对星际间是否完全真空这一问题，以前人们都认为在广袤的星际空间中，除了恒星、行星、彗星、小行星等看得见的天体外，星际间是否是一无所有的真空，科学家们充满疑惑，因为他们在用望远镜观测星空时发现有一层薄雾挡住了他们的视野，而且星光在穿过这层薄雾后，亮度也相对减弱了，这是为什么呢？科学家们经过研究发现了其中的奥秘，那些薄雾状的物质，90% 是气体，而且绝大多数气体是氢，另有 10% 是极小的固体尘埃。

此外，科学家们还发现组成这些尘埃粒子的年代有的竟然比太阳和其行星形成的年代还要久远，所以人类的太空飞船在太空中执行任务时会用气凝胶捕捉一些太空尘埃来供科学家研究宇宙形成更深奥的问题。

银河系的化妆舞会

如果说银河系是一个巨大的恒星岛，那么宇宙中像这样的"岛屿"有无数个。真是天外有天。这些岛屿千姿百态，面貌各不相同，令人眼花缭乱。可是它的里面并不太平，弱肉强食时有发生，简直是个疯狂的世界。

"快来参加舞会哦！"一个声音说道。

"马上就要开始了！"宇宙里最热闹的化妆舞会就要开始了，小星系贝塔乐坏了，四处招呼，让大家做好舞会前的准备工作。

一个个绚丽的面具，一双双美丽的蓝眼睛，银河系热闹的化妆舞会已经开始啦！有意思的是，贝塔和另一个星系娜达刚刚相遇，彼此喜欢上了对方，开始绕着对方热情地跳起了探戈，好不热闹。贝塔可不是一个简单的星系，最爱跳舞，也是宇宙中最帅的星系。不信，你看他的面具上点缀着数不清的蓝色宝石，一身宝气，估计再也遇不到这么亮丽的身影了，其他星系凑过去，都争相和他跳舞。

可贝塔一点儿都不将就，他是一个王子。一直以来他都在耐心等待自己心上人的到来。忽然一个星系闯入了他的眼帘，这就是刚刚提到的娜达。娜达端庄秀丽，脸上带着一丝羞涩，一下子就俘获了贝塔的心，他立刻过去搭讪并想法接近她。没想到，娜达欣然应允。

音乐响起，化妆舞会快乐地进行着，灯光摇曳中，大家热情似火地欢跳着，宇宙中从来没有像今晚这么热闹过，他们都沉醉其中。同样，贝塔和娜达也是沉浸在爱情的甜蜜里，久久不愿分开，一曲完了又一曲，直到舞会结束。

时光荏苒，许多年过去后，我们知道他们已成为了一家人，彼此再也没有分开。当然，除了这样一种美好的爱情故事，也有许多头破血流的冲突事件。这不，有一天，两个邻居正好撞上了，谁也不想受到侵犯，怎么办？一场厮杀开始了，并与银河系中的星星们发生了摩擦。当然，这场罕见的连环撞击让我们大开眼界，想不到吧！其实，早期宇宙就是这样精彩纷呈。

星 云

除恒星外，宇宙中还有一些云雾状的天体，称为星云。它们一般比较暗淡，可是由于非常大，其长度是以光年来计算的，比上万个太阳系还要庞大。它们有的亮，有的暗，形状千变万化，十分古怪，比如马头星云、猫眼星云、蝴蝶星云等。

蝴蝶星云

星云是什么

星云是什么？它是一种由星际空间的气体和尘埃组成的云雾状天体。有的星云形状很不规则，呈弥漫状，没有明确的边界，叫弥漫星云；有的星云像一个圆盘，淡淡发光，很像一个大行星，所以称为行星状星云。

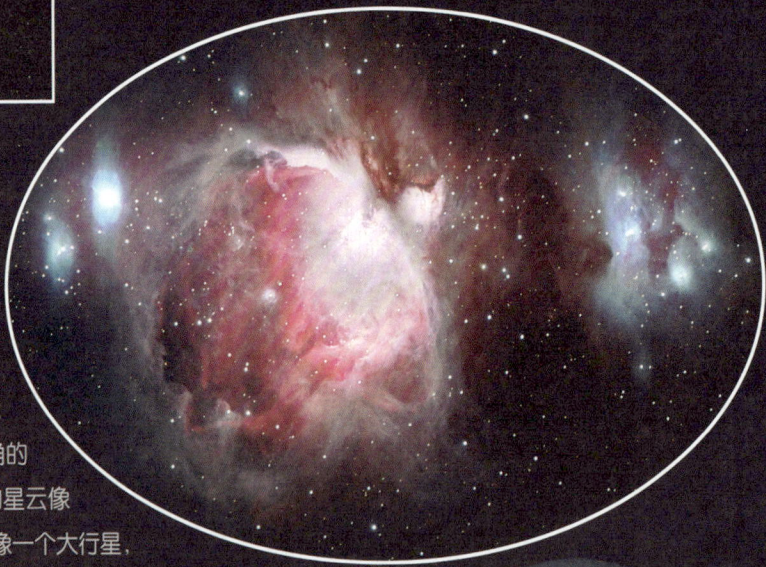

猎户座大星云

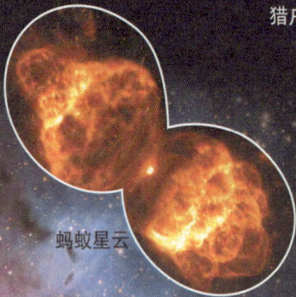

蚂蚁星云

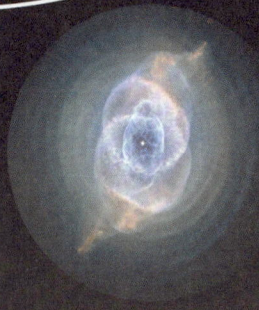

猫眼星云

星云是怎样形成的？

在浩瀚的宇宙空间里，遍布着众多的气体和微小的尘埃粒子，这些地方有的很宽很厚。当然，如果在它们周围恰好有恒星照射，就自然而然地形成了星云。星云是一种云雾状天体，由宇宙空间中极其稀薄的气体和尘埃组成。

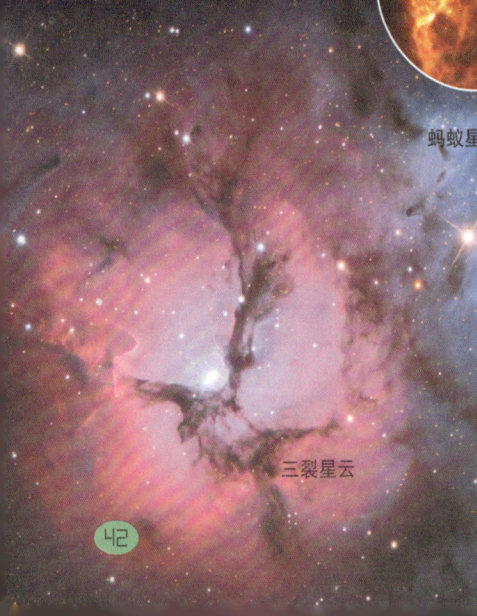

三裂星云

原始星云

在很久很久以前，银河系里有许多原始星云，其中有一块星云就孕育着太阳系。到距今约50亿年以前，这团炽热的星云不断收缩、旋转，其中心温度最高，形成太阳。而周围的物质就形成了围绕太阳运转的其他天体，地球就是其中之一。

原始星云

第一次大发现

1759年，一位法国天文爱好者在观察星空的时候，发现在金牛座的恒星之间有一个云雾状的斑块，样子很像彗星，但它的位置却不变化。后来，经过仔细辨认，这个云雾状的天体就是今天我们说的星云。当然，这也是人们第一次发现星云，它不是一团模糊的气体，而是有形状的。

金牛座

星云的组成

在宇宙城堡中，星云也会呈现出不同的模样。它就好比我们天上的云彩，也会时而呈现不同的模样，艳丽多姿。据介绍，对每一个新发现的星云，人们都会根据它的外部特征，联想到生活中的物体，给它一个天文编号，还会有一个外号，如天鹅星云、沙漏星云、爱斯基摩星云等。

天鹅星云

沙漏星云

恒星与星云

恒星和星云有着密切的"血缘"关系，为什么呢？这是因为，恒星是在一片含有氢分子和尘埃粒子的星云中诞生的。当星云塌缩，星云附近的物质就被收集起来，旋转进入吸积盘，在中心形成原恒星。与此同时，恒星还会向各个方向喷射出快速移动且持续不断的粒子流，这种粒子流叫恒星风。

恒星就是星云在运动过程中，在引力作用下，旋转进入吸积盘，收缩、聚集、演化而形成的

鸢尾花星云

这是一颗有 10 个太阳质量重的大恒星，就像是一朵盛开的蓝色鸢尾花。位于鸢尾花的花蕊深处，形似一个中心大洞。这个洞原来有很多气体和尘埃，后被恒星形成时的恒星风吹走了，因此变得空荡荡的。在鸢尾花的花蕊外，分布着无数的尘埃粒子，它们将恒星发出的蓝光散射出去，使之呈现出梦幻般的蓝色。

鸢尾花星云

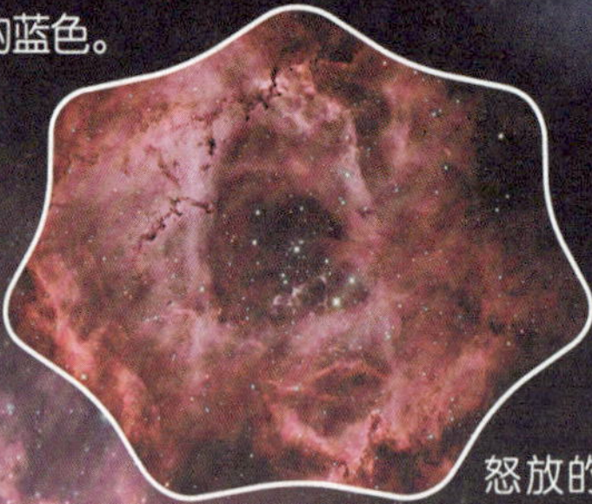

玫瑰星云

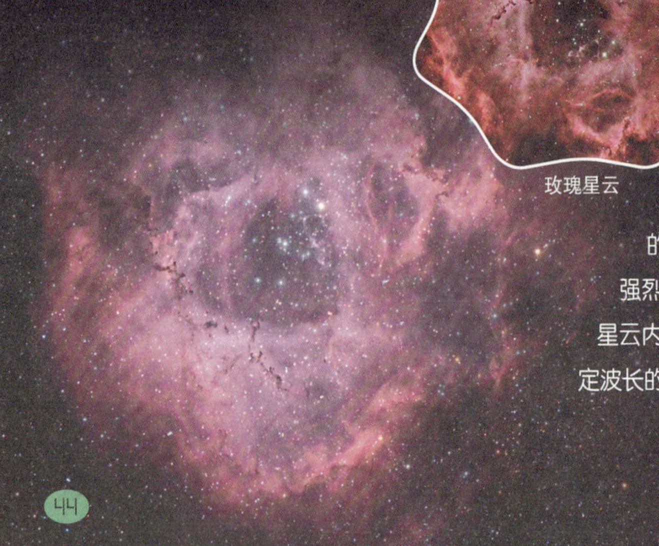

玫瑰星云

玫瑰星云看上去像一朵怒放的红玫瑰，呈对称的形状，是由居于中心的年轻炽热星团发出的恒星风和辐射雕刻而成。星团发出强烈、高能的紫外线辐射，足以电离玫瑰星云内的氢气。一旦发生电离，氢将发射一定波长的光。

大象的鼻子

这是一团冰冷的分子云，可是猛烈的恒星风将它吹散，只剩下一个圆圆的鼻头，鼻头后面跟着一条细长且卷曲的"鼻梁"，长长的鼻子长度超过 20 光年，整体上非常像大象的鼻子，它就是著名的象鼻星云。

象鼻星云

老鹰星云

奇形怪状的星云

宇宙中还有很多奇形怪状的星云，如吃豆人星云的外形看起来像是吃豆人游戏中那个张大嘴巴吃着豆子的小精灵，而猫眼星云有11个同心圆的尘埃环，加上星云中间的气体云朵，使这个星云看上去像是迷人的猫眼睛。此外，还有天鹅星云、老鹰星云、心脏星云、灵魂星云、北美洲星云、马头星云等。

吃豆人星云

星云与宇宙尘埃

宇宙中充满了无数尘埃，比如一些极其微小的岩石颗粒与金属颗粒。你知道吗？随着地球围绕着太阳公转，地球每年可以收集大约 40000 吨尘埃。连美丽的星云也是由尘埃组成的。这些尘埃看似不起眼，却能对我们的生活产生不容忽视的影响。如果宇宙中大量的尘埃飘到了地球上，则预示着自然灾害将要发生。

星云与宇宙尘埃

45

如果仙女座星系撞上银河系会怎样？

奇思妙想

仙女座大星系 M31 距离我们 220 万光年，是地球人类可以用肉眼看见的最遥远的天体。M31 的直径约 16 万光年，几乎比银河系大一倍，它所包含的恒星数目也比银河系多一倍，质量也比银河系大一倍以上。

在宇宙中，星系与星系间的"撞车事故"经常发生。如果我们的银河系与最近的邻居——仙女座星系撞上，到那时，地球的夜空中将再也没有繁星点点的银河了，银河将不复存在。而星空将剧烈变幻，一颗颗奇怪的星星像模特表演一样在你面前走过，而且你每天所看到的景象都不是重复的，这将是非常难得的奇观！到那时，万一太阳系被某一颗恒星不幸擦碰到了，那也是太阳系外围的海王星、天王星遭殃，地球是不会有问题的。不过，有些路过的恒星可能会干扰一些彗星的轨迹，让地球上出现美丽的流星雨。即使相撞，也是 20 亿年后的事情。那会儿，太阳比现在更大、更明亮，会烤干地球上的海洋。因此，地球上是否还有人能见证这件事，将很难预料。

宇宙中的选美大赛

星云是个庞大的家族，它们一个个像地球天空上的云朵一样，经常会呈现出各种各样的奇怪模样，也会因光线而呈现出美丽的颜色。它们分布在茫茫宇宙中，就像漫画书中一幅幅美丽的插画一样，绚烂和神奇。

这天，星云家族的布告栏贴出了一则通告：

一年一度的幸运选美比赛开始了，欢迎报名参加。
星云选美大赛组委会

一时间，该消息在星云家族里引起轩然大波，大家都跃跃欲试。天鹅星云、老鹰星云、心脏星云、灵魂星云、北美洲星云、马头星云等都前来报名了。

"我是宇宙中最美的星云，我肯定能被选上？"天鹅星云说道。

"你？我看应该是我。"玫瑰星云自信满满，不甘示弱地对天鹅星云说道。这玫瑰星云，确实非比寻常，虽然没有天鹅星云那么白。不过，它看上去像一朵怒放的红玫瑰，整个了厚厚一层红胭脂。其实，不仅这两个

儿像被涂上
家伙，其他像北美
自己的优点。

鸢尾花星云也收到了邀请。
她是一个比较低调的星云，
她的好伙伴草帽星云过来找
这可是我们最为盛大的比赛

洲星云、猎户星云等都在找理由，说着
其实，作为一个比较低调的星云，
她正在犹豫该不该去。说实在的，
不爱抛头露面，显得默默无闻。这时，
她，并说道："你一定要去参加哦，
哦！"说完，他们一块儿报了名。

时间过得很快，到了比赛日。在评委们的前面，挤满了前来参赛的各路高手，他们都穿着华丽的盛装，等待评委们的评审。远远看去，鸢尾花的确有些与众不同，真不知道是谁给她起了这么个有趣的名字。

首先是展示环节。从灵魂星云开始，大伙一一做了自我介绍后，评委们对大家在第一轮的表现做了打分。第二轮是陈述环节，由评委们提问题进行抢答，最后只剩下了草帽星云、天鹅星云、鸢尾花星云。

决胜环节，评委们让他们陈述什么是美？天鹅星云最先回答，说了许多漂亮的字眼，草帽星云紧随其后。最后，到了鸢尾花星云回答了，她十分害羞地说了几个字："美，就是做最好的自己。"

最终，鸢尾花获得了冠军。

类星体

类星体

宇宙浩瀚无边，人们总想看到更远的地方。目前世界上最先进的太空望远镜，已经能够观测到上百亿光年以外的空间了。在拥有无数星系的宇宙太空中，在人类所能观察到的星体中，类星体不能不被提及。

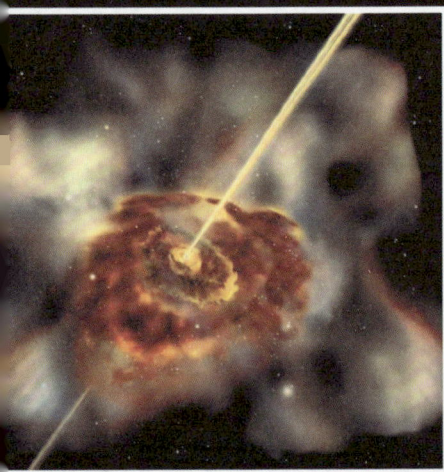

编号为 GB1508+5714 的类星体

什么是类星体？

顾名思义，类星体就是类似恒星的星体喽！它们看上去像恒星，但实际上却和恒星有很大的区别：其一，就是红移现象；其二，类星体的光度非常强，可以达到一个直径 10 万光年的星系发出来光的千倍以上。

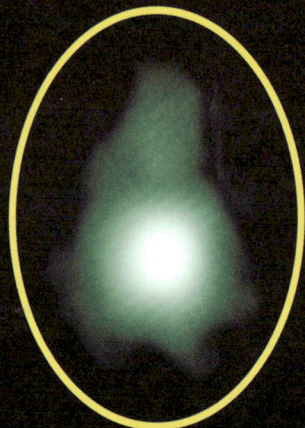

宇宙中的灯塔

要是用宇宙中最亮的恒星和类行星相比，简直没法比！你知道吗？类行星的能量十分惊人，它释放出来的能量相当于 20 万个太阳能量的总和。正因为如此，类星体被人们形象地称为"宇宙中的灯塔"。

体积很小

类星体和恒星比身材，只能甘拜下风喽。它的体积很小，直径仅有普通星系的十万分之一，甚至百万分之一，一般直径都不到 1 光年。它如果站在大星系边上的话，就像是巨人身边站了一个小矮人一样。

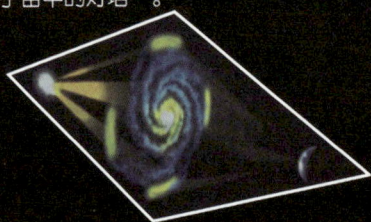

最早的发现

原始的类星体

在 1960 年的一天，美国天文学家马修斯和桑德奇用光学望远镜观察太空，突然，他们发现一些星体的紫外辐射很强。经过不断观察、追踪，他们终于发现了在银河系的外面，还有一些类似恒星但又不是恒星的天体存在着，并把它们取名为类星体。到现在为止，人类已发现有数千颗类星体。

类星体发出很强的紫外辐射，因此它发出的强光的颜色显得很蓝

最遥远的天体

类星体是银河系外的天体，距离地球可遥远了。它与脉冲星、宇宙微波背景辐射和星际有机分子，并称为 20 世纪 60 年代天文学"四大发现"。不过，它就算躲得再远，也逃不出我们人类的火眼金睛。

特殊的黑洞

有一种说法，类星体是一种特殊的黑洞，被宇宙尘埃、云层和大量放射光线包围着，质量比太阳大好几亿倍，而且它在不断吸收物质，并在周围喷射出粒子流，喷出大量的水晶石、红宝石，还有蓝宝石，五彩缤纷。

黑洞的类星体

如果想和外星人约会，该从哪里出发呢？

奇思妙想

乘火车得去火车站，坐飞机要到飞机场。可是，假如你想搭乘宇宙飞船或航天飞机去约见外星人，那该从哪里出发呢？目前，太空旅游主要是轨道飞行，目的地是国际空间站。交通工具主要是俄罗斯"联盟"飞船和美国航天飞机。但是，这种旅游的单价在 2000 万美元以上。

或许，在不久的将来，我们将从太空港起飞，奔向宇宙。未来的太空港当然不会设在闹市区，它位于美国新墨西哥州的沙漠地带，总占地面积为 9290 平方米。从整体设计图看，它的外形呈现为一个巨大的水滴形状，充满了科幻色彩，让人觉得这是外星人的基地。有意思的是，这颗水滴的中部凹陷下去，乍看上去就像一个超大型的马桶。

不过，你可不要小看了这个巨型马桶。其中的候机大厅有数层楼高，还有一个飞行控制中心。此外，在太空港的机库中，有完善的停放和维修设施。机库也出奇地大，可以容纳 2 架运载机和 5 架载人飞船。走廊是太空港与外界联系的通道，长达数百米，由混凝土制成。当游客们买到机票后，顺着走廊进入候机大厅，并在那里等候航班，和乘坐飞机一样方便。而整个太空港的设计也不会令人产生任何不安的感觉。太空港，将是未来人们进行太空旅游的第一出发地。

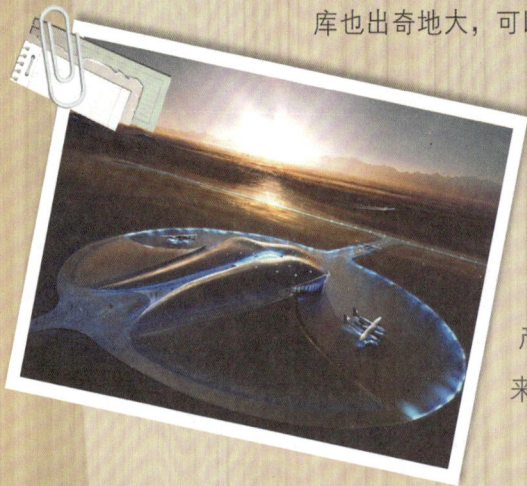

请叫我类星体

"你知道我的名字吗？"

"不知道？黑洞。"

"请叫我类星体。"

"类星体？怎么会有这个奇怪的名字。"

"很多人都知道黑洞，但对我比较陌生。"类星体继续讲述："我是离地球最遥远的天体。特别要说的是，一个普通类星体的直径不到银河系的万分之一，却能发出数倍于太阳光亮的光芒。由于我看起来很像恒星，又能发出强烈的射电波，因而被称为'类恒星射电源'，也就是类星体。

"我这么给你解释吧，我就是类似恒星的星体喽！因为看上去像恒星，但实际上却和恒星有着很大的区别。你有没有注意到，在观察离地球非常遥远的星星的时候，除了太阳之外，其余绝大多数星星就像一个发光的点，而且看上去还是静止不动的，你们人类的祖先就将这些星星称为恒星。但是，我们却不一样，虽然看上去也是一个发光的点，但却有两处和恒星完全不同，那就是亮度和身材。

"要是用最亮的恒星和我比一比，哈哈，那就好像电灯泡和太阳，没法比呀！我的能量也同样惊人，只一个我释放出来的能量就相当于20万个太阳能量的总和。因此，我们被你们人类形象地称为'宇宙中的灯塔'。

"当然喽，要是和星系比身材，那么我只能甘拜下风喽。我的身材呀，那是相当娇小，一般直径都不到1光年，你能想象得到吧。如果站在大星系边上的话，就像是巨人身边站了一个小矮人一样啦！

"你问我哪来如此巨大的能量？我给你推荐一本书吧，在《追逐类星体》这本书里，何教授像写个人回忆录一样，又如同写侦探小说一般，把发现和探索我的故事娓娓道来，让人爱不释手，特想一口气把书看完。如果你对我和我们类星体家族感兴趣的话，不妨去买一本读一读，我想你将会更了解我。"

恒　星

在银河系中，太阳就是一颗恒星。在宇宙空间里，像太阳这样的恒星很多，多得数不过来。为什么要叫恒星呢？这是因为，古代天文学家认为恒星在天空中的位置固定不变，所以起了这样一个名字。其实，现在我们都知道，恒星也是按照一定的轨迹，围绕着它所属的星系在旋转。

太阳

物质构成

恒星是由什么物质构成的？它不像我们脚下踩的大地那样结实，恒星是由和我们周围的空气一样的气体构成的。它主要由氢气和氦气构成，这两种气体是恒星的燃料。通过燃烧，恒星释放出光和热量。

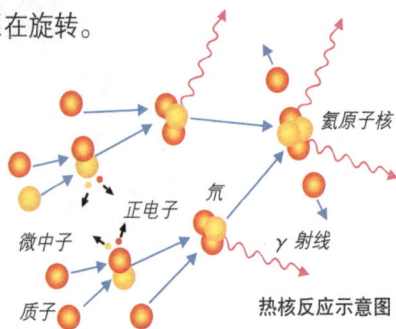

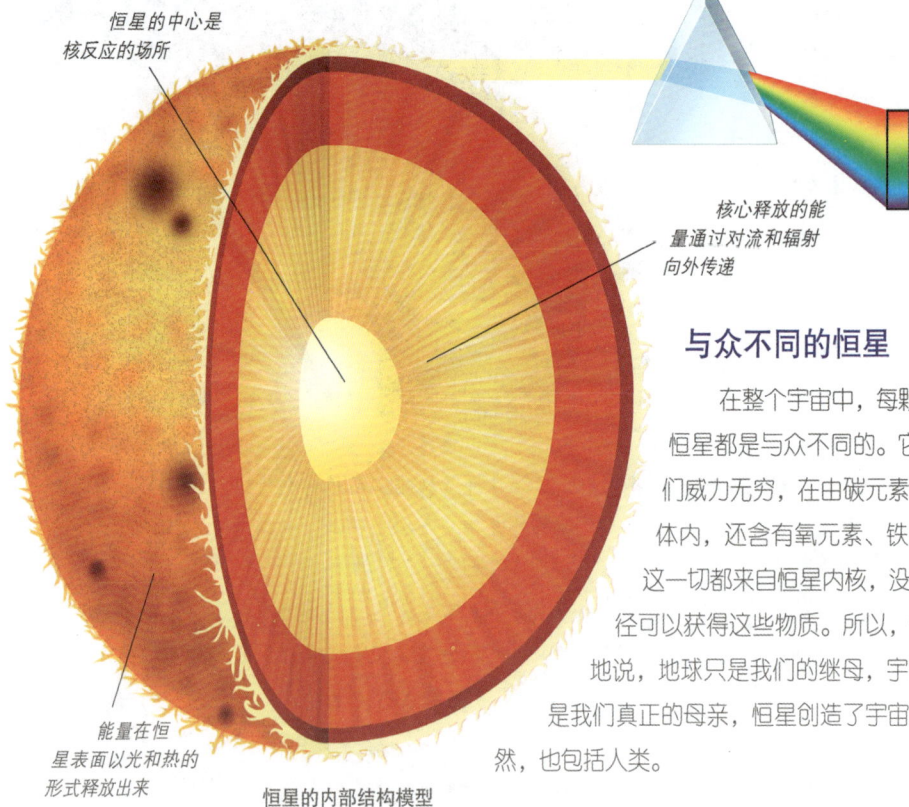

氦原子核

正电子

氘

γ 射线

微中子

质子

热核反应示意图

恒星的中心是核反应的场所

核心释放的能量通过对流和辐射向外传递

与众不同的恒星

在整个宇宙中，每颗恒星都是与众不同的。它们威力无穷，在由碳元素组成的星体内，还含有氧元素、铁元素等，这一切都来自恒星内核，没有其他途径可以获得这些物质。所以，有人形象地说，地球只是我们的继母，宇宙恒星才是我们真正的母亲，恒星创造了宇宙万物，当然，也包括人类。

能量在恒星表面以光和热的形式释放出来

恒星的内部结构模型

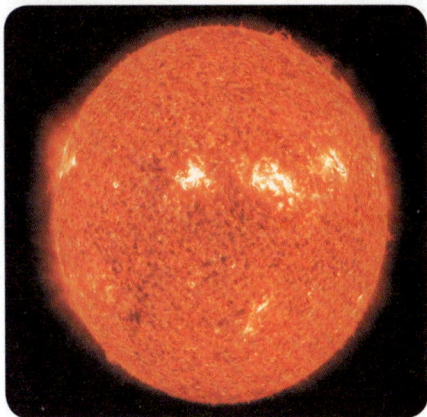

恒星的能量

在宇宙太空，太阳是一颗普通的恒星。我们以太阳为例，每秒钟从它的表面所发出的能量，相当于3700万亿亿千瓦。换句话说，就是在3700后面加上20个零，这真是一个无法想象的天文数字。只要想一想氢弹爆炸的巨大威力，就可以想象到太阳内部核聚变产生的能量有多大了。

太阳内部不但温度极高，压力也很大，所以就会发生由氢聚变为氦的热核反应，从而释放出极大的能量

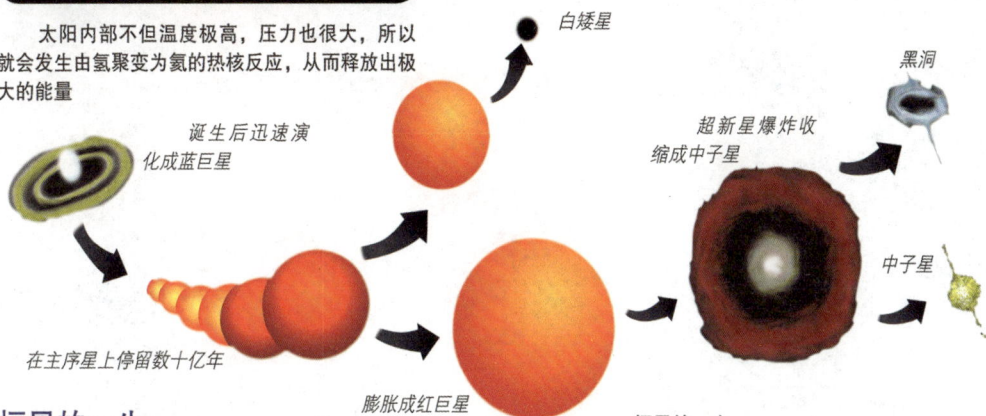

诞生后迅速演化成蓝巨星

白矮星

黑洞

超新星爆炸收缩成中子星

中子星

在主序星上停留数十亿年

膨胀成红巨星

恒星的一生

恒星的一生

根据恒星的演化理论，恒星最终也会爆炸，走向"死亡"。也就是说，当一颗恒星用尽引起内部热核反应的氢时，它也就没有了动力，它的生命历程也就走完了。

不过，现在的太阳还正值壮年，它至少还有50亿年的寿命。太阳如今并不老，只能算是一个中年人。

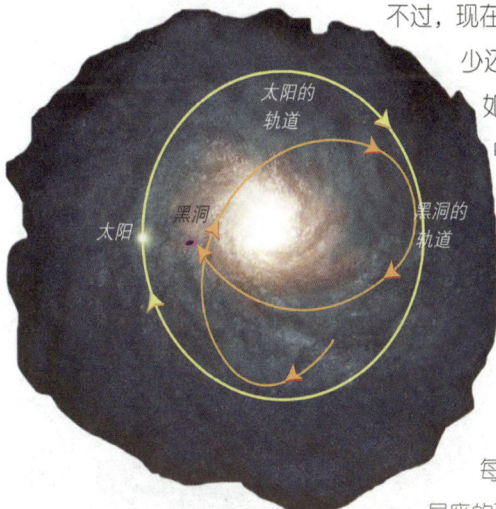

天空中的恒星

太阳的轨道

黑洞

太阳

黑洞的轨道

恒星运动示意图

运动的恒星

虽然恒星的名字，表示永恒不变。其实，它在宇宙中是运动的，不仅在动，而且动得非常快。例如，天狼星以每秒8千米的速度向地球奔来；织女星以每秒14千米的速度向地球奔来；而牛郎星更快，以每秒26千米的速度向地球奔来。由于恒星在不停地运动，星座的形状也在不停地变动。

为什么恒星会爆炸?

这么说吧，恒星之所以能发光，是因为恒星总是在进行激烈的核聚变，就像有很多氢弹在连续不断地爆炸一样。太阳就是一个例子。它本身就是一颗恒星，在它是星云团时，中心的压力过大，导致核聚变发生。核聚变导致了其内部温度的不断升高，并且在发生核聚变时，也同时向外播撒红外线以及光。

恒星的核聚变

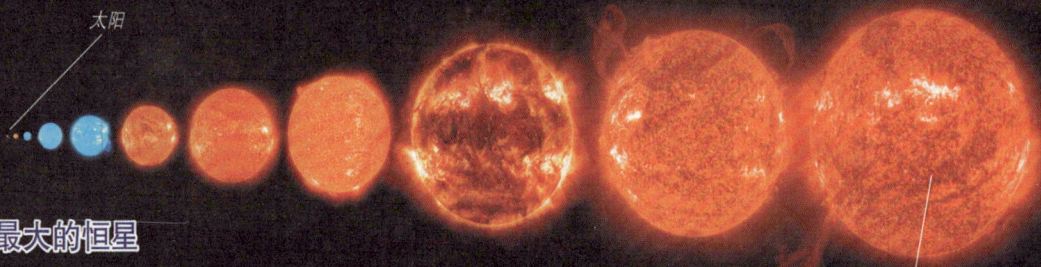

太阳

VY星

最大的恒星

大约在 46 亿年前，太阳这颗恒星诞生了。根据观测，太阳的直径约为 139 万千米，可容纳 100 万个地球。可是，在整个宇宙中，太阳只是一个比较小的恒星。宇宙中体积最大的恒星有很多很多。而迄今发现的最大恒星，是大犬座的 VY 星，它比太阳大 10 亿倍，可谓超级巨星。

中子星是一颗质量是太阳 8 倍的恒星在塌缩过程中产生了巨大压力，使得它的原子核的外壳被压破，其中的质子和中子被挤出来，而质子和电子又结合成中子，最后所有中子挤在一起形成了中子星

恒星中的小个子

在恒星世界当中，太阳的大小属中等，比太阳小的恒星也有很多。其中最突出的，当数白矮星和中子星。白矮星的直径只有几千千米，和地球差不多。而中子星就更小了，直径只有 20 千米。它们是恒星世界中的侏儒。

白矮星 BPM 37093

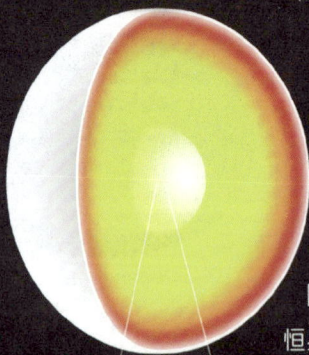

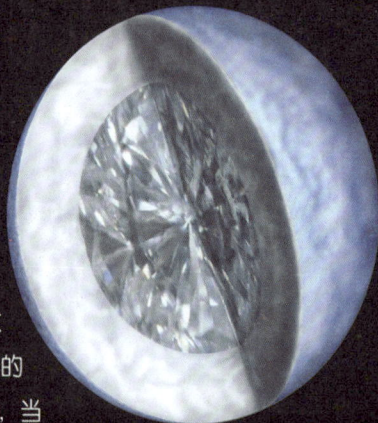

给恒星编"住址"

其实，恒星也有住址，这就是它在宇宙中的赤经、赤纬，知道一颗恒星的这两个坐标，就可以在繁星满天的夜空中找到它。为了便于观测，天文学家把恒星在天上的方位和亮度记录下来，编成了星表。如今，天文学家编出的星表精度越来越高，星数也越来越多。

耀斑一旦出现，就说明太阳上正在经历一次惊天动地的大爆发

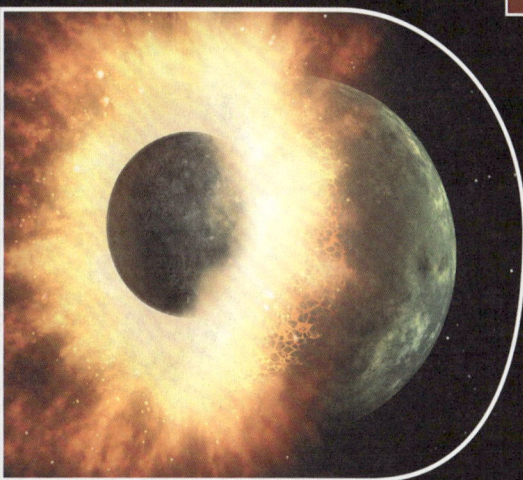

行星相撞

恒星如何毁掉行星？

在恒星死亡时，它会膨胀成为一颗红巨星，常常会使得围绕它的行星彼此相撞。比如，在我们的太阳系，彗星、小行星的撞击制造了气态巨行星木星上的"伤疤"，也可能导致了恐龙的灭绝。也就是说，一颗恒星在死亡时，周围的行星变得不稳定，它们出现碰撞，撞得只剩下行星核，想起来都可怕。

衰老的红巨星

恒星诞生之后，经过漫长的生命周期，最终会走向死亡。红巨星就是一颗已经进入晚年的恒星。大约再过 50 亿年，太阳到了晚年，身体也会渐渐膨胀，变成红色，体积比原来增大 100 倍，变成红巨星。

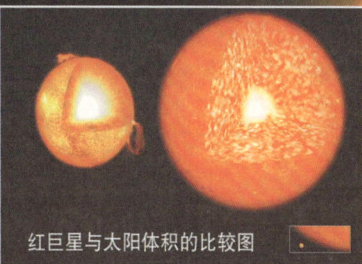

红巨星与太阳体积的比较图

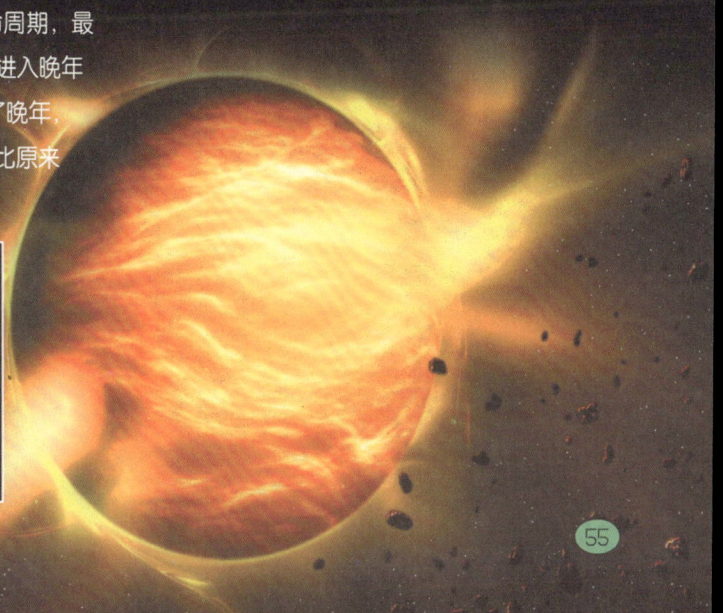

如果恒星也有尾巴会怎样？

在浩瀚的太空中，我们知道只有彗星有尾巴。彗星的大尾巴，不是生来就有的，而是在接近太阳时，受到太阳风的吹袭才形成的。所以，彗星的尾巴总是背着太阳延伸开来。彗星就是这么和太阳套个近乎，然后急匆匆地离开。恒星是个燃烧的气体球，一般是没有尾巴的，那么，如果它们有尾巴会怎么样呢？

据探测，在距地球350光年的鲸鱼座，就有一颗拖着长尾巴的恒星米拉。米拉是一颗红巨星，已走到生命的尽头。它的运动速度非常快，高达每秒130千米，比一颗飞行的子弹快得多。在运动的同时，米拉不断地脱落其表层的物质。由于飞得太快了，这些脱落的物质便旋回到它的身后，形成了一条超级大尾巴。

它的体积在不断膨胀，个头已有400多个太阳那么大。与彗尾不同，米拉的尾巴是一条淡蓝色的物质流，由氧、碳、氮等元素组成，长达13光年，相当于数千个太阳系的长度。如果宇宙中的每颗恒星都像米拉这样，长了尾巴，成为"超级彗星"，那指不定要吓倒多少地球人呢。

天狼星小传

在冬季晴朗的夜晚，位于天空中的猎户星座，一颗全天最亮的恒星在那里放射着光芒，这就是天狼星。在恒星大家族中，它可谓是最奇怪的一颗星了，有一连串的谜团等着我们去发现。

我们的探险小组首先来到了尼罗河。

"请问你知道天狼星吗？"探险队员小利问道。

"当然知道。它可是我们这里掌管尼罗河的神。每当天狼星在日出前升起，新的一年就开始了。"当地的祭师们说，"这时尼罗河水开始泛滥，河水可以灌溉两岸大片良田。这是天狼星发出了警告，提醒人们要抓紧时间种稻谷了。"

"为什么天狼星能按时出现，并能预报尼罗河的汛情呢？"

"这是古埃及人的疑惑。地球在绕着太阳公转，天空中的星斗也在有规律地斗转星移，每年四季的星空都不同。每当天狼星粉墨登场的时候，春天降临了。随着雨季到来，尼罗河迅速上涨，汛期也就跟着来了。"

"还有什么奇闻轶事？"

"现在的天狼星，是一颗青白色的星。可是在2000多年前，史书上却说它是红色的。这究竟是记载错了，还是另有原因？"

"从恒星的演化规律可知，天狼星正处于中年，在2000年内不可能从红变白。天狼星的颜色之谜，至今也没有结论。"

不过，地球上有个地方和天狼星却有一些渊源。这就是世代居住在西非的多贡人，他们居然说自己是天狼星人的后裔。据说，在多贡人的图画和舞蹈中，都保留着"诺母"的传说。"诺母"是一种天狼星人，外貌奇特，像鱼又像人，是一种两栖生物，必须在水中生活。他们乘坐飞行器盘旋下降，发出巨大的响声并掀起大风，降落后在地面上划出深痕，并把天文知识传授给了多贡人。

在古代，天狼星系的飞船是否降临过地球？不得而知。

新星与超新星

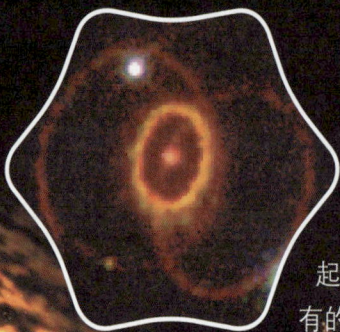

超新星 1987A
（简称 SN1987A）

晴朗的夜空中，到处都是闪烁的星星，多得数也数不清。

在宇宙中，有些星星原来很暗弱，但有时却突然亮起来，亮度一下增强了几千到几百万倍，这就是新星。而有的亮度一下子增强了一亿倍，甚至几亿倍，这就是超新星。之后，它们又渐渐暗淡下去。

古称"客星"

在古人的观星记录里，新星和超新星就像做客一样，因此送了一个"客星"的称号。如在《汉书·天文志》中记有："元光元年五月，客星见于房。"这是公元前 134 年出现的一颗新星，中外史书均有记载。

极其罕见

古往今来几千年，人类用肉眼看见的超新星屈指可数。实际上，这是一种由于老年的恒星发生爆发，从而使亮度一下子增加到原来的 1000 万倍以上，即恒星死亡时突然爆发变亮的天文现象，极其罕见。

恒久不变？

在古希腊时代，亚里士多德认为天上的世界是完美无瑕的，恒星都是恒久不变的，不但位置不变，连亮度也不会改变。直到丹麦天文学家第谷发现一颗星星后，才证实这个观点是错误的。

超新星遗迹

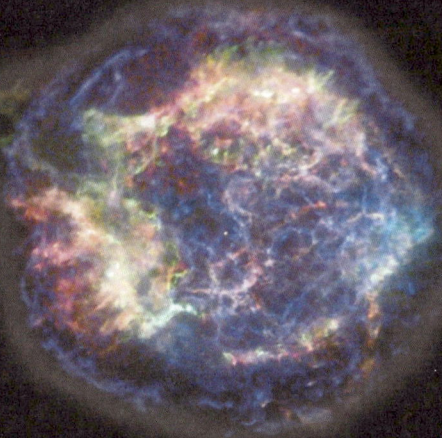
第谷超新星

第谷的发现

1572 年 11 月 11 日晚，第谷发现天顶附近的仙后座有一颗新星，实际上是超新星。直到 3 周后，这颗星才慢慢变暗。过去人们都以为这是空气中有东西燃烧发亮了，没有把它当作恒星考虑。

超新星爆炸

第谷超新星

第谷是谁?

1549 年 12 月 14 日，第谷出生在丹麦的一个贵族家庭，从小受到了良好的教育，后成为天文学家。第谷对新星、超新星的认识，打破了"天体不变"的信条，让当时的科学界大为震惊。后来，第谷就专门观测天象。而第谷发现的第一颗超新星，也被称为"第谷超新星"。

第谷

天文现象

新星和超新星，亮度变化程度与过程不同，光谱也不一样，显示出不同的物理特征。可现在我们已经知道，新星或者超新星都是恒星演化末期发生的天文现象。只是新星爆发的规模较小，而超新星则是恒星爆炸的产物。

新星

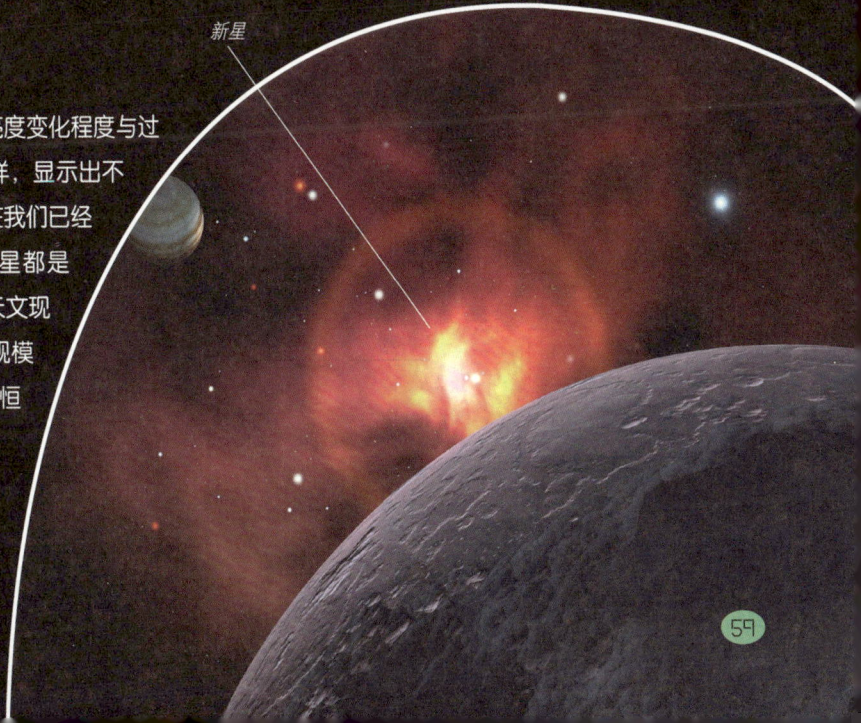

你能数得清天上的星星吗？

奇思妙想

如果要你去数天上的星星，你能数得清吗？准确地说，在无边无际的宇宙中，到底有多少天体呢？我们谁也不知道。那为什么有人说他能数清天上的星星有几颗呢？其实他所说的星星是指我们肉眼能看到的星星，并不是所有的星星。

原来，天上的星星虽然多，但我们能看见的却不多，大概只有 3000 多颗。要想数清楚这 3000 颗左右的星星并不困难，先把看得见的星星进行分区，再利用天文学上的星座来数星星，例如大熊座内的北斗星是由 7 颗星组成的。像这样慢慢数下去，3000 多颗星星便能数清楚了。如果这时你以为天上只有 3000 多颗星星，那你就错了。因为那时你最多只能看到全天空的一半星星，而处在接近地平线和地平线以下的星星是看不见的，天文学家认为人类用肉眼能看到的星星大约有 6000 多颗。

也就是说，在另一半天空中至少还有 3000 多颗未被看到的星星没有数。为了把星星数得更清楚一点儿，有人提议用望远镜来看。可是这样一来，麻烦就更多了，原来肉眼看不见的星星，在望远镜里面又显现出来了，而且随着望远镜倍数的增加，看到的星星会越来越多，结果我们永远都无法把星星数清楚的。

太空旅行

不怕你们笑话，我个子不高，却有着一个远大的梦想——遨游宇宙世界，实现我的飞天梦想。

虽然理想和现实总是格格不入，但我却实现了梦想。

谁让我有个聪明的大脑呢？我在17岁的时候，就已经取得了美国耶鲁大学的学士学位，后来进入哈佛大学攻读工商管理，到25岁的时候，我已经在全球500强公司做高管了。

26岁的时候，我定下了去太空的目标，因为我已经攒够了钱。而且，一家太空私人公司已经有了这方面的业务。作为第二十个进入太空的旅客，我是年龄最小的，却是对太空最懂的。

我们一行有三个人，每人都穿着厚厚的宇航服，我们在飞船里享受着太空美景，心里乐滋滋的。只听一个声音说道："快看！"他随即指向我们不远处，有一颗非常亮的星星，一瞬间光芒四射，比金星还要明亮。

我被吓坏了，可他们叽叽喳喳地让我给他们解释。一时间，我的脑子里却找不到一句可以解释的词语，那一刻我感到十分羞愧。我这样一个骨灰级的太空粉丝，竟然被他们问住了，真是太没面子了。

有一个人说道："那不是超新星嘛！"我的记忆仿佛一下子被激活了。"作为宇宙中爆炸案的主要制造者，超新星有着不一般的身手。它是老年恒星辉煌的葬礼，同时又是新生恒星的推动者。也可以说，它重塑了宇宙中的星系，创造了新的不可思议的天体……"我开始滔滔不绝地讲了起来，他们听得面面相觑。回到地球后，我深有感触：对于宇宙来说，我永远都是个孩子。要学的知识无穷无尽。

一天黎明时分，东方天空中的天关星附近突然出现了一颗非常亮的星，以我的判断，我确信是超新星爆炸了，它一连亮了23天后才渐渐变暗，但是肉眼仍然清晰可辨。一直过了将近两年，它才消失在夜空中。

现在，我对宇宙充满了敬畏。

黑　洞

说它"黑"，是指它就像宇宙中的无底洞，任何物质一旦掉进去，"似乎"就再不能逃出来。由于黑洞中的光无法逃逸，所以我们无法直接观测到黑洞。然而，可以通过测量它对周围天体的作用和影响，来间接观测或推测到它的存在。

发现黑洞

1916 年，德国天文学家卡尔·史瓦西通过计算得到了爱因斯坦引力场方程的一个真空解。也就是说，如果将大量物质集中于空间一点，其周围会产生奇异的现象，即在质点周围存在一个界面——"视界"。一旦进入这个界面，即使光也无法逃脱。这种"不可思议的天体"被美国物理学家惠勒命名为"黑洞"。

黑洞中隐匿着巨大的引力场，这种引力大到可使任何东西，甚至连光都难逃黑洞的手掌心。

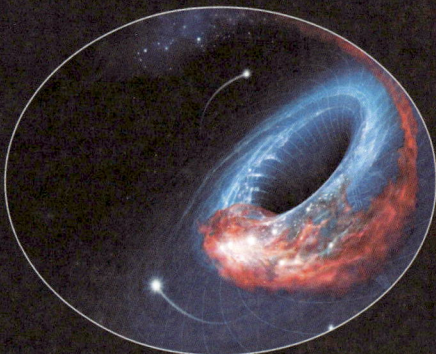

弯曲的空间

在我们的银河系中有上千亿颗恒星，每一颗恒星都要经历诞生、成长和死亡的过程。在死亡的恒星中，质量较大的将有可能变为黑洞。与别的天体相比，黑洞十分特殊。特殊到人们无法直接观察到它，物理学家也只能对它的内部结构提出各种猜想，而使得黑洞把自己隐藏起来的原因即是弯曲的空间。

黑洞不让任何其边界以内的事物被外界看见，我们无法通过光的反射来观察它，只能通过受其影响的周围物体来间接了解黑洞

吞食力惊人

目前，宇宙中已发现了上千万个黑洞。黑洞既不是星星，也不是黑黑的大窟窿，是有着巨大"吞食"力的天体。它有无比强大的引力，可以吞食任何东西，连光也不放过。可以说，黑洞就像是一个贪吃的超级"大嘴巴"。

可以说黑洞是宇宙超级无敌大胃王！它什么东西都"吃"，而且只要"吃"进肚子的坚决不会再吐出来，似乎永远都不会饱

黑洞的 "肚子" 有多大

既然黑洞这么贪吃,那么它的"肚子"到底有多大呢?这就要说到黑洞的质量了。在银河系中就有一个巨大的黑洞,它的质量比太阳要大十万倍。在黑洞"家族"中,还发现了一位"巨无霸",它的体积有一亿个太阳那么大。黑洞的个头一个比一个大,难怪这个"大嘴巴"要不停地吃东西吗。

独特的交响乐

黑洞周围有很多气体,这些气体常常会进行各种剧烈的运动,如互相挤压、被加热等,由此形成了多种类似音乐的声音。这些声音集合在一起,就合奏出一种人耳无法听到的、宇宙中独特的交响乐。

白洞

既然宇宙中有黑洞,那么一定存在"白洞"。科学家猜测,白洞和黑洞类似,但它不像黑洞那样把周围的物质吸进去,而是把它内部的物质和各种辐射向外"吐",它就像一个喷射物质和能量的源泉,为宇宙提供物质和能量。其实,到底有没有白洞,直到今天也没有确切的证据。白洞同黑洞一样,都是理论上推测出来的天体。

白洞可以说是时间呈现反转的黑洞,进入黑洞的物质,最后应会从白洞出来,出现在另外一个宇宙中

如果黑洞来临，地球将会怎么样？

奇思妙想

宇宙中的黑洞非常神秘，人们对黑洞的想象一直在继续。有人提出，宇宙本身就是一个黑洞。若真是这样，我们其实就生活在一个巨大的黑洞之中！这个黑洞的内部不但存在着结构，而且还很丰富多彩呢！

其实，黑洞善于隐身术，不让人直接看到它。但它会发出强大的吸引力，来影响附近的天体运行。这些天体在被吃掉的过程中，发出高温的同时还释放出大量的X射线。观测这些射线，便可发现与黑洞相关的一些蛛丝马迹。在恐怖科幻小说中，地球可能最终被黑洞所吞噬，一切生命瞬间化为灰烬。

这样的事情可能发生吗？如果黑洞来临，我们的地球会怎么样呢？这么说吧，如果一颗黑洞正在接近我们，首先的变化，就是我们的夜空会有所不同，行星和恒星的位置将会发生变化。随着黑洞的靠近，它对地球的干扰也就越大，最终就像科幻小说中所写的那样，要么地球飞出了轨道，脱离了太阳系；要么它向相反的方向运动，更加靠近太阳，导致地球的气温变得更热。无论出现哪种情况，黑洞都会撕裂地球，并将它吞噬下去……如果黑洞造访我们的太阳系，那将是一场大灾难，因为在黑洞与地球间的战斗中，地球将是输家。但我们不必担心，因为黑洞向我们飞来的可能性是微乎其微的。

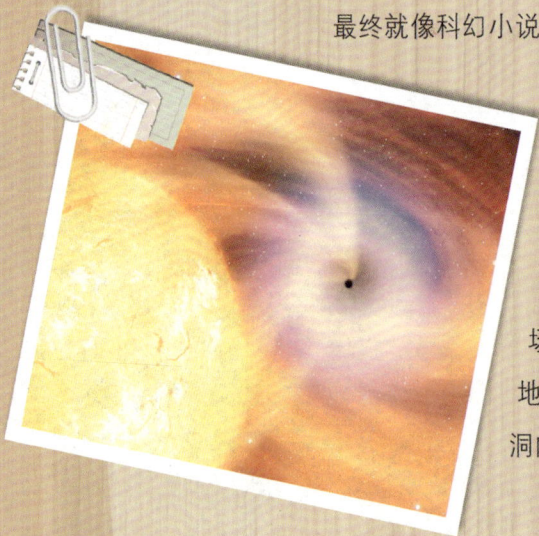

贪吃鬼

宇宙茫茫，漆黑一片，一艘宇宙飞船犹如一叶小舟正在航行着。

突然，飞船上警报四起，杯子、笔等所有东西都转了起来，越转越快，它与外界的联系也中断了！大家都手足无措，不知道发生了什么事情。然而，这仅仅是噩梦的开始。受到某种力量的驱使，飞船开始扭曲起来，从某些方向上将它压扁，又从另外一些方向上将它拉长……

"什么情况？"担任飞船指令长的威士忌问道。

"黑洞？"其他队员猜测，此时大家都万分惊恐。黑洞不把飞船变成拉面，是不会善罢甘休的。

"正如草地中的沼泽一样，黑洞可以不露痕迹地吃掉任何东西，就连光也不会放过，是一个地地道道的贪吃鬼。"威士忌说道。

"我们能看到它们吗？"

"当然不能！怎样才能找到这些披着隐身衣的家伙呢？"

"黑洞是一种引力十分强大的天体，总会把周围的物质疯狂地掠夺过来。任何东西一旦被黑洞瞄上了，就别幻想还有重见天日的时候。"

"黑洞有多厉害？"又一个声音问。

"这么说吧，一个普通的黑洞所含的能量，可以开动10个大型的发电站，它的效率比地球上的核电站高出整整20倍。如果用作动力，相当于一辆小轿车仅用20升汽油就能跑10亿千米！"指令长威士忌回答道。

接着，他继续说道："黑洞非常贪吃，它的体积大得惊人。据观测，我们银河系的中心就有一个巨大的黑洞，它的质量比太阳要大10万倍。在黑洞家族中，还发现一位巨无霸，它的肚子里能装得下1亿个太阳！谁面对这个数字时不会感到恐怖呢？黑洞的个头一个比一个大，难怪它总要狼吞虎咽、不停地吃东西呢！"可惜的是，黑洞从不考虑什么该吃，什么不能吃。

说着，他们看到一个大大的恒星被黑洞吸走了，所有人都屏住呼吸。也就是在那一秒钟，他们第一次见识了黑洞的威力。

"快离开这里！"指令长威士忌命令道。他们知道，自己不是黑洞的对手，一旦被黑洞发现，他们就会死无葬身之地了。

"好险！"好在他们侥幸逃过一劫，还活着。宇宙里每天都在上演黑洞的吸星大法，这并不奇怪，奇怪的是我们人类还没有感受到它的威胁。

太 阳

万物生长靠太阳。太阳是太阳系的中心，它每时每刻都在燃烧，其内部不断地发生着核反应，就像在不断爆发着数不清的原子弹一样，不断地释放出能量，产生光和热，可供给地球使用，使万物茂盛，人丁兴旺。

太阳

最大最亮的天体

太阳是太阳系中一颗非常普通的恒星。或许是因为它离我们较近，所以看上去是天空中最大最亮的天体。而其他恒星呢，离我们都非常遥远，即使是最近的恒星也比太阳远 27 万倍，看上去只是一个闪烁的光点。由于太阳很大且离我们很远，有 1.5 亿千米远，所以我们就不觉得那么热了。

日珥出现时，太阳大气中的色球层就会像燃烧的草原一样

太阳是主宰太阳系的中心天体，太阳质量占太阳系总质量的 99.8%，即便是比地球庞大得多的木星，跟它比起来也微不足道

太阳的温度

太阳表面如此高温，不要说飞船在那儿马上会被烧化，就是连灰也找不到。即使是不怕火的金子，到了太阳上只一眨眼的工夫就会被化为一团热乎乎的"金气"。科学家估计太阳的中心比表面还要热得多，可达 1500 万℃。看来，太阳这个耀眼的气体球真不敢让人恭维。

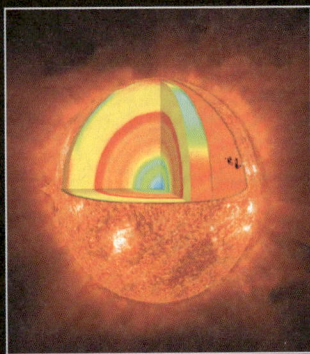

太阳光球层温度约是 6 000℃，核心的温度可达到 1 500 万℃

海王星　天王星　　土星　　木星　　火星　地球　金星　水星

太阳是如何运动的？

太阳是太阳系的中心，太阳系中所有的天体都围绕太阳运行。太阳本身也在自西向东地自转，周期约为 25~35 天。太阳作为一颗恒星，还会在恒星间有自己固定的运动，即"太阳"的本动。此外，太阳会和其他恒星一起围绕着银河系的中心旋转，它的转速大约为每秒 274 千米。

太阳不但会自转，它还带着它的星球臣民们以每秒 250 千米的速度绕着银河系的中心旋转

太阳的大气层

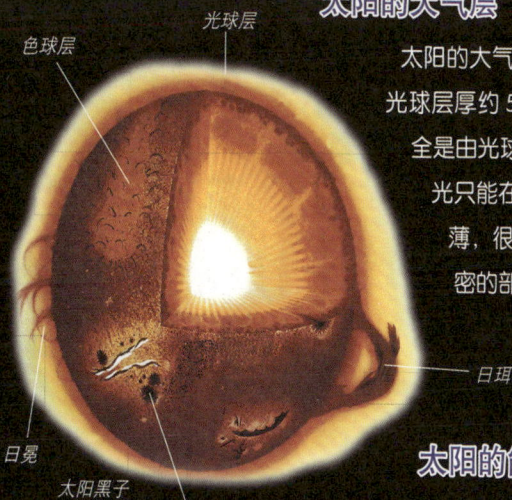

色球层　　光球层

太阳的大气层从内到外依次是光球、色球和日冕三层。光球层厚约 5000 千米，我们肉眼所见到的太阳光，几乎全是由光球发出的；色球的物质比光球薄很多，发出的光只能在日全食时才能被看到；日冕内的物质更加稀薄，很难看到它发出的光，有时候日冕内相对较稠密的部分，在日全食时也能被看到。

日珥

日冕

太阳黑子

太阳的能量有多大？

太阳内部的活动示意图

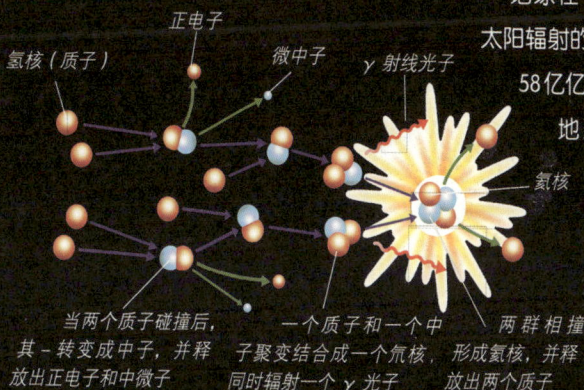

地球在一年内接受太阳辐射的能量相当于 58 亿亿千瓦的能量，地球上所有石油和煤的总能量也没有它的能量大。太阳的能量究竟有多大？有人做过这样的计算，如果将太阳发出的总能量都投射到地球上，那么地球获得的能量相当于在每平方千米的土地上每秒爆炸 180 颗百万吨级的氢弹。

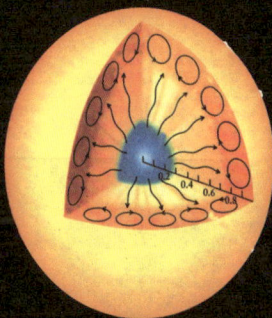

正电子

氢核（质子）　　微中子　　γ 射线光子

氦核

当两个质子碰撞后，其一转变成中子，并释放出正电子和中微子

一个质子和一个中子聚变结合成一个氘核，同时辐射一个 γ 光子

两群相撞形成氦核，并释放出两个质子

太阳的核心不停地发生着氢核聚变，这种热核反应每秒烧掉 6 亿多吨氢核燃料，而太阳核心热核反应的副产品就是中微子

太阳黑子

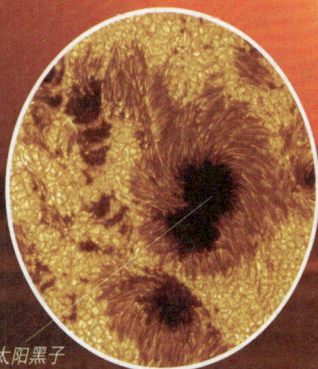

太阳黑子

太阳黑子是由中间较暗的核（本影）和围绕它的较亮部分（半影）构成的，形状就像一个浅碟

太阳黑子是太阳光球上一种炽热气体的巨大漩涡，由于发的光比较暗淡，远远看起来，它们像是一块块小黑斑。其实，黑子并不黑，黑子内的温度也有三四千摄氏度呢。如果把一个大黑子取出来，它发出的光比满月时要亮堂得多。别看是些小黑点，但它们也相当大，最大的黑子有 15 个地球那么大呢。

月亮

地球

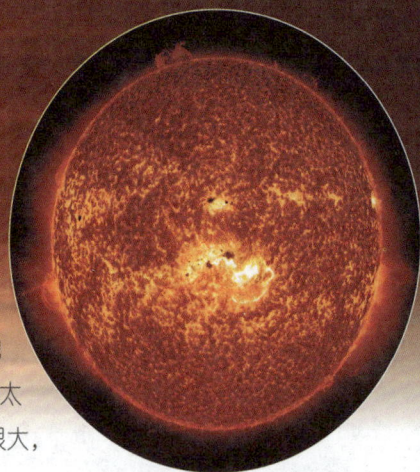

太阳

太阳看起来和月亮一样大？

太阳的质量和体积都比月球大，可它看起来却和月球一样大，为什么？这与它到地球间的距离有关。虽然太阳很大，可它到地球的距离是月亮到地球距离的 400 倍。所以，站在地球上看到的太阳和月亮几乎一般大。但是，和其他恒星比起来，太阳就显得很大，因为它是距离地球最近的恒星。

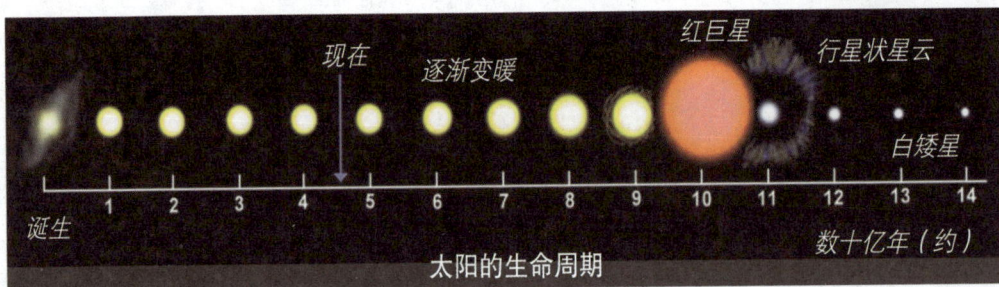

现在　　逐渐变暖　　　　　　　红巨星　　行星状星云

诞生　1　2　3　4　5　6　7　8　9　10　11　12　13　14

白矮星

数十亿年（约）

太阳的生命周期

太阳有 50 亿岁了

在浩瀚的宇宙中，太阳只是其中普通的一颗恒星。太阳作为太阳系的中心，地球上所有的生命物质都直接或间接地需要它提供光和热。如果没有太阳，地球上根本就不会有生命产生。

从诞生到现在，太阳已经有 50 亿年了，也就是说我们现在看到的太阳有 50 亿岁了，它正处在中年时期。

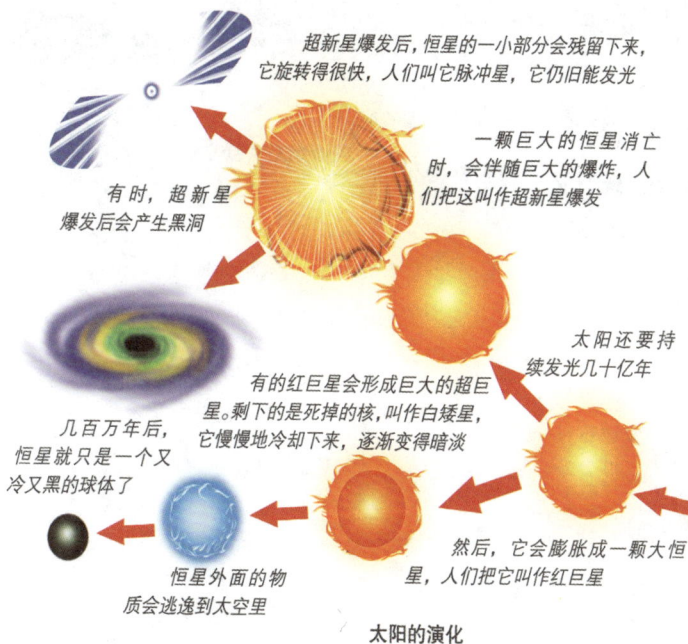

超新星爆发后，恒星的一小部分会残留下来，它旋转得很快，人们叫它脉冲星，它仍旧能发光

一颗巨大的恒星消亡时，会伴随巨大的爆炸，人们把这叫作超新星爆发

有时，超新星爆发后会产生黑洞

太阳还要持续发光几十亿年

有的红巨星会形成巨大的超巨星。剩下的是死掉的核，叫作白矮星，它慢慢地冷却下来，逐渐变得暗淡

几百万年后，恒星就只是一个又冷又黑的球体了

然后，它会膨胀成一颗大恒星，人们把它叫作红巨星

恒星外面的物质会逃逸到太空里

太阳的演化

太阳的晚年

就像人有生老病死的道理一样，我们的太阳也是这样。太阳刚刚形成时并不像现在这样稳定。当它进入稳定期后，发出的光和热可以持续100亿年之久，这期间占太阳一生的90%，天文学家称为"主序星"时期。再过50亿年，太阳度过这一生的黄金岁月以后，将会进入它的晚年。

太阳最后的归宿

太阳在晚年时已经耗尽了核心区的能源，开始慢慢膨胀，成为一个体积很大的火红的太阳，称为"红巨星"，这颗"红巨星"会放出更大的光和热，使其外层更加膨胀，连地球也会被吞没，成为一个体积超大的红色超巨星。红色超巨星继续变成白矮星，直至最后变成一颗不发光的死寂星球。

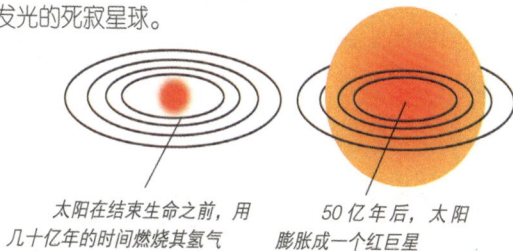

太阳在结束生命之前，用几十亿年的时间燃烧其氢气

50亿年后，太阳膨胀成一个红巨星

氦气耗尽后，太阳喷出其外层物质，形成一团行星状星云

行星状星云消散，太阳中心成为白矮星，再经过几十亿年，将冷却消失

太阳的一生

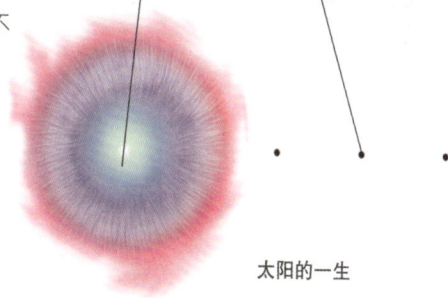

什么是白矮星？

白矮星是一种晚期的恒星，是在红巨星的中心形成的，体积小，但质量大。像太阳这般质量的星球，在其密度已变得非常高的中心部分只会收缩到一定程度，当温度升高到某种程度时，中心部分的火会渐渐消失。最后，太阳逐渐失去光芒，膨胀的外层部分将收缩，冷却成致密的白矮星。

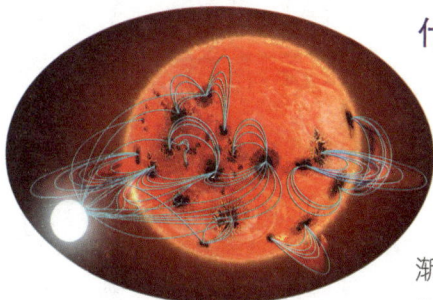

白矮星的磁场

如果太阳西升东落会怎样？

More

奇思妙想

太阳早晨从东方升起，傍晚从西边落下，昼夜更替，日复一日，年复一年，始终是这样，没有改变。如果有一天，太阳真的从西方升起，从东方落下会怎么样呢？这样，人类将面临重新调整生活规律以适应太阳西升东落所带来的一系列变化，自然界动植物也将面临着这一问题，其中可能会有一些简单的生命物质因不适应这一变化而濒临灭绝。

太阳难道真的会西升东落吗？我们的生活真的要发生巨大的变化吗？科学家会告诉你在地球上看到的太阳始终是东升西落，原因就是太阳的东升西落与地球的自转有关。由于地球的自转方向是自西向东的，所以我们看到太阳总是从东方升起逐渐向西方降落。地球自转是不会停的，因为它的角动量不会减到零。简单来说地球自转的方向不变，居住在地球上的人们看到的太阳就是东升西落。

难道太阳不能西升东落的吗？其实这本身与太阳没有关系，而是与天体的自转有关。一般的行星的自转方向都是自西向东的，而金星的自转方向却是由东向西的，它也是太阳系内唯一一颗逆向自转的大行星。所以，在金星上看到的太阳就是西升东落的。"太阳打西边出来"这个论点在地球上是不正确的，但在金星上却完全成立。

太阳公公的家庭会议

今天，太阳公公突发奇想，高调宣布要召开临时家庭会议，且所有成员都必须参加。这可难坏了有些大家伙，你想呀，他们都有自己的使命，既要绕太阳公转，吸取能量，还得自转。这可咋办啊？

"有了，我倒有个好主意。"最聪明的地球说道。

"你快说！快说！"火星火急火燎地说道。

当然了，火星旁边的木星、土星、天王星、海王星，都苦恼不已，一时间想不到好的办法。现在，地球兄弟说有好办法，这样他们既惊奇，又忧心忡忡，鬼知道是什么主意。

只听地球窃窃私语地说："我们可以来个传话版的会议。比如说，太阳老公公在最前面，他把要说的话告诉水星，水星告诉金星。金星呢，再告诉我。我呢，再告诉火星，以此类推。"接着，他又补充道："不过呢，还有一个重要的前提，就是我们必须排成一排。"大家听了，都很佩服地球。

"这真是个好办法！"天王星和海王星最高兴了，这可帮了他们大忙。要知道，天王星到太阳公公家要有28.69亿千米，海王星就更远了。来回一趟，不知道要何年何月啊！

"这真是个好办法。"即使离太阳公公最近的水星，也发出这样的感叹。因为他也有许许多多的工作要做，实在抽不开身。金星呢，是八大行星中行动最慢的，来回一遭也够呛。

大家商议后，一致通过了地球的提议。他们把这个想法告诉了太阳公公，太阳公公为他们的创意感到满意。

"眼看会议就要召开了，我们赶快分头行动，把自己调整到统一的轨道来。"地球说道，并加快了自己的速度。说完，大伙儿一个个或加快或减慢，一时间热闹极了，真够团结的。

"倒计时开始！"

"9、8、7、6、5、4……"还没有数到1，大伙儿已经整理好队列，等待着会议开始。连已经被开除出行星之列的冥王星，也按这个要求排好队。其实，这是太阳公公的安排。毕竟作为家族的一员，冥王星是那么荣耀地享受过整个家族的盛誉，今天算是列席会议。

一切很顺利。

71

水 星

太阳系八大行星的名字是人们起的，和其上面有些什么东西并没有关系。比如水星是八大行星之一，可水星上一滴水也没有。水星的外壳由多孔的土壤和岩石粉末组成，表面和月球表面极为相似，布满了大大小小的环形山。

水星

坑坑洼洼的表面

据探测资料表明，水星表面是坑坑洼洼的，布满了大小不一的环形山，饱经沧桑，样子有点像月球。其实，水星还真像月球呢，它们的个头差不多大。月球上没有水，水星上也滴水不存。在八大行星中，水星只比冥王星大一点儿，把18个水星糅合在一起，才抵得上一个地球的大小。

铁、镍和硅酸盐核

幔

硅酸盐的壳

水星的内部结构

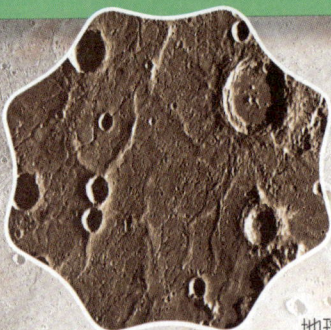

卡路里盆地

水星的内部

地球和水星同样都是太阳家族的成员，都是行星，级别上是平起平坐的，不会调皮地滑出自己轨道的。水星的内部很像地球，也分为壳、幔、核三层。它的中心有个铁质内核，比月球大得多。这个核球的主要成分是铁、镍和硅酸盐。按这样的结构看来，水星真是一座取之不尽、用之不竭的大铁矿。

水星上没有水？

水星，顾名思义是一个有水的星球，可事实上水星上却没有水，这是为什么？因为水星上质量很小，只有地球的5.5%，它的直径也只有4880千米，它是太阳系八大行星中最小的一颗。因为水星的质量小，所以引力也很小，使它不能吸引住周围的大气，因而也不会有水蒸气，因此就没有水。

水星南极附近的大陨石坑，这里的温度在 −220℃ 以下，所以有冰存在

水星上看日出

如果在水星上看日出，一年里能看到两次日出和两次日落。并且，太阳在天空中移动得慢极了，要耐着性子花上十几个小时。不过呢，要想到水星上去是不可能的，至少目前是不可能的。为什么这么说？是因为水星上的阳光很强烈，不要说人，就是一些熔点较低的金属也会被熔化。

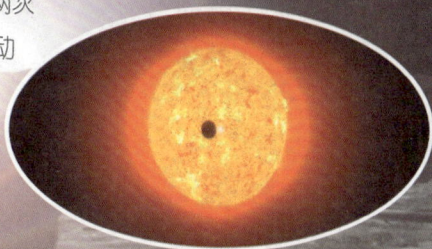

水星上一昼夜的时间，相当于地球上的 176 天

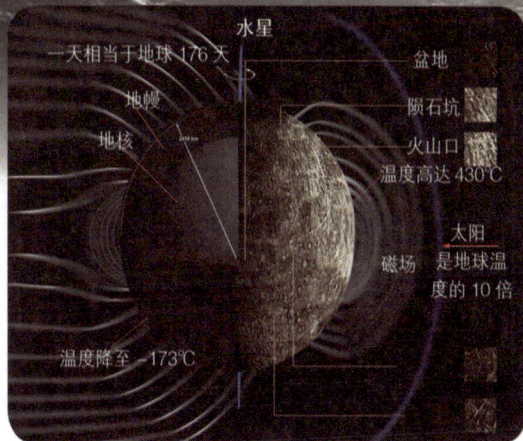

水星

一天相当于地球 176 天

地幔

地核

温度降至 −173℃

盆地

陨石坑

火山口
温度高达 430℃

太阳
磁场 是地球温度的 10 倍

水星磁场

水星上有生物吗?

很多人都在问一个问题，水星上有生物吗？水星表面温差很大，没有大气的调节，距离太阳又非常近，所以在太阳的烘烤下，向阳的一面晒得滚烫，温度高达 440℃，而背阳的一面却又冻得像没了知觉一样，温度可降到 −160℃，昼夜温差近 600℃。因此，水星上根本不可能有生物生存。

美国"信使"号探测器拍摄的水星表面特殊的"蜘蛛"地形

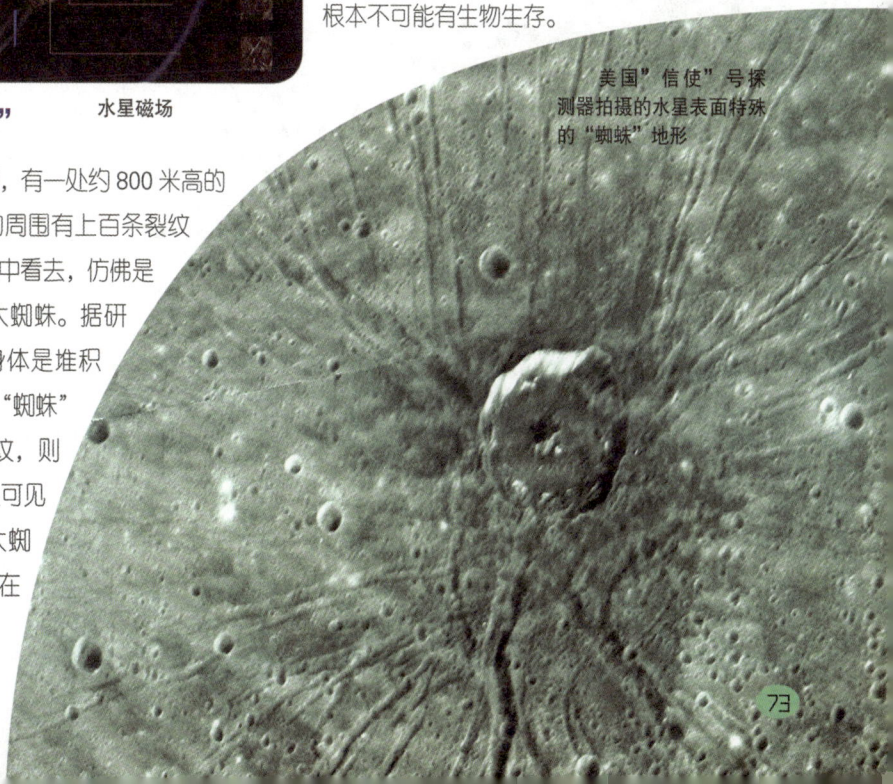

水星"大蜘蛛"

在水星的背面，有一处约 800 米高的高地，这个高地的周围有上百条裂纹向四面延伸。从空中看去，仿佛是一只张牙舞爪的大蜘蛛。据研究，"蜘蛛"的身体是堆积的火山喷发物，而"蜘蛛"的腿，也就是裂纹，则是水星上一些随处可见的山脉。其实，大蜘蛛这样的褶皱地貌在水星背面很常见。

如果让你在水星上过一年会怎样?

奇思妙想

水星是离太阳最近的行星，由于它与太阳的角度不超过 28°，所以水星几乎被太阳的光辉所淹没，要想观测到它是很困难的。以至于古时候的西方人以为黄昏和黎明时出现的水星是两颗行星，长期以来，人们一直对神秘的水星充满了好奇。如果人类可以去水星定居，你能想象出在这颗神秘的星球上生活一年会怎么样吗？

尽管美国的"水手 10 号"飞船在 1974 年、1975 年曾三次飞掠过水星，但是仅仅拍摄到水星 45% 的表面区域的照片，到现在为止，水星在人们心目中依旧是一个谜，而要想让人类在水星上居住一年就更不可能了。

既使人类有能力登上水星，也不会生存下来，因为水星是一个既没有水，也没有空气的星球，而且昼夜温差大得悬殊。

由于水星离太阳最近，而且它的上空没有大气层遮挡，所以水星上的阳光比地球上赤道的阳光还强 6 倍，最热时可达 440℃，这样的高温下不要说人，就是有些金属也会被熔化的，而夜晚最冷时，温度只有 –160℃。人类在这样的环境下根本不能生存，更何况，水星上的一昼夜时间特别长，相当于地球上的 176 天。也许在水星上最大的好处就是可以观察太阳的日冕和色球了，因为太阳在水星天空中移动得很慢，看日出要花上十几小时。了解了水星，你还会有去水星居住的想法吗？

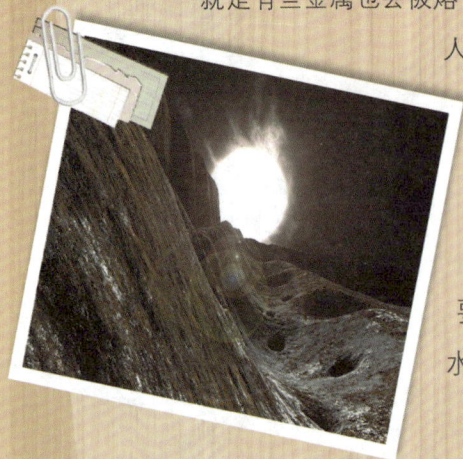

考察水星

俗话说：大人物有大人物的遗憾。这话一点儿不假。据说，天文学家哥白尼在临终前，有一大遗憾，就是没看过水星。原因很简单，水星距离太阳太近，两者几乎形影不离，它常常被猛烈的阳光淹没。

与哥白尼相比，我们要幸运得多。这不，即将开往水星的飞船马上就要起航了。"请各位队员做好准备。"队长说道。当然，这次水星之旅主要由飞船信信来完成。所有队员都是信信的保障成员。

"准备好了吗？"队长问道。

"准备好了。"信信回答道。

"出发！"队长一声令下。接着，火箭底部火光四射，在巨大的推力作用下，信信正式开启了它的水星之旅。

"看来，状态不错。"队长说道。

很快飞船就脱离了地球轨道，进入了茫茫宇宙。只见它张开了翅膀，正朝水星飞奔，离太阳越来越近。

"不好，前面有情况。"一个队员说道。

"请说得更具体一点儿。"队长说。

"前面的温度有点高，我怕信信扛不住。"那个队员回答。

"别急，按第二套方案进行。"队长指示。

"明白。"这第二套方案，是他们提前为信信打造了一套盔甲。这种盔甲由陶瓷和纤维复合材料制成，别看厚度只有6.4毫米，但作用可不小，能保证"信信"飞行期间中不了暑，可以说具有金刚不坏之身。同时，"信信"号还携带有一张矩形曲面屏，在整个飞行过程中将一直正对太阳，是名副其实的遮阳伞。两副行头双管齐下，相信炽热的太阳也奈"信信"不得。

经过漫长的三个月飞行，信信离水星越来越近。从空中俯瞰水星，荒凉的水星上赫然爬着一只"大蜘蛛"！"难道水星上真的存在生命？"在队长的帮助下，他们为飞船选择了一个合适的着陆地，安全降落。

"水星有着一张麻花脸。它的表面被流星撞得遍地是坑，布满了大大小小的环形山，那样子完全像个月球。"信信向总部报告。

接下来的几天，他们将详细考察水星，期待有大发现。

金　星

最初，人们设想在金星厚厚的大气层下，一定有个风光无限的热带世界，茂密的丛林遮天蔽日，湿漉漉的大地上水汽缭绕，奇花异草珍奇斗艳，巨蟒怪兽穿梭不绝，"金星人"则特别热情好客……这也难怪，因为金星总把真面目用厚厚的大气遮盖着，使得人们对它充满着各种美好的想象。

"伽利略"号木星探测器在经过金星时拍摄的金星图片

太阳西边出

金星是个不合群的行星，它的自转有点儿与众不同。别人都是自西向东转，而它却是稀里糊涂地从东向西转。金星上看太阳，是西升东落，与地球上的日出正好相反。有趣的是，金星自转却特别慢，就像一位慢腾腾走路的老汉，转一个身要243天。金星上过完了一年（225天），却还没有过完一天，真是度日如年哪！

金星的自转

绝妙的烤炉

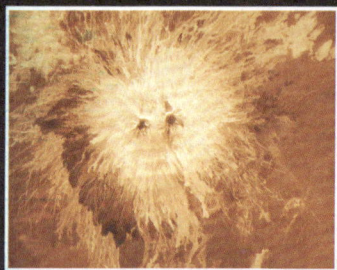

金星的大气含有大量的二氧化碳，所以温室效应严重，这就导致金星在八大行星中地表温度最高

金星是个绝妙的烤炉，它 480℃ 的大气表面温度能熔化很多物质。在金星上，一些低熔点的金属，如铅、锌等都耐不住高温而熔化为液体。如此恐怖的高温，正是二氧化碳的"功劳"。金星大气中绝大部分是二氧化碳，这使得金星吸收的热量远大于散发的热量。天长日久，金星表面的温度就变得很高了。

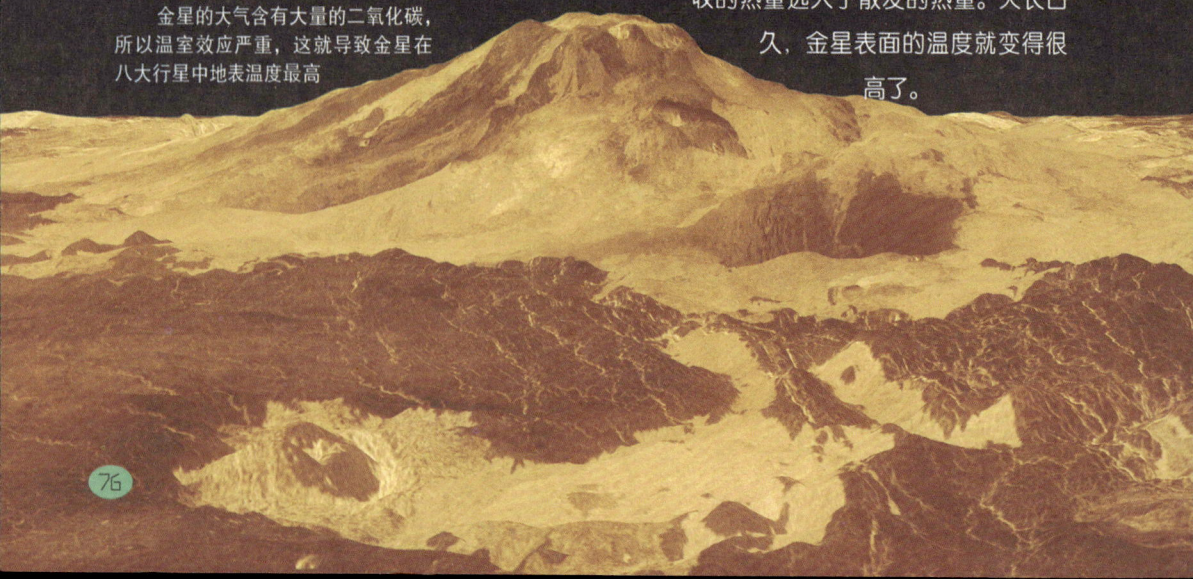

橙黄色的天空

　　金星上没有蓝天、白云，那里的天是金黄色的，云也是金黄色的，甚至连山岩、石头也是金黄色的，可谓金黄的世界。这是因为金星的大气和云层太厚，吸收了太阳光中的蓝色部分，而反射了黄光的缘故。

金星世界

　　科学家们推测，大约 40 亿年前，金星上也曾有广阔的大海，波涛汹涌。但由于温室效应，金星上的温度越来越高，把海水全部蒸干。大气中的水汽多了，进一步让金星表面升温，这样恶性循环下去，金星的气候就失控了。现在，地球上也有温室效应，只不过远不如金星那么恐怖。

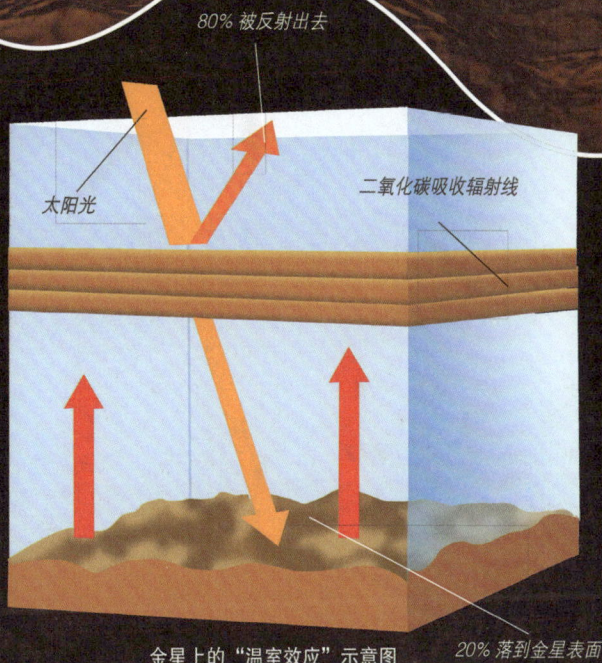

80% 被反射出去

太阳光

二氧化碳吸收辐射线

金星上的"温室效应"示意图

20% 落到金星表面

遍地火山

金星上火山喷发的情景（想象图）

　　金星是距离太阳第二近的行星，地球的近邻。金星，在中国被称为启明星、太白金星。金星上火山密布，除了几百个大型火山外，还有无数的小火山，没有人计算过它们的数量，估计总数超过 10 万个，甚至 100 万个。其中一些还是活火山，没准儿什么时候就爆发了！金星简直就是个"火山星"。

造访"太白金星"

在电视剧《西游记》中，太白金星是一位鹤发童颜的老神仙，他长着长长的白胡子，一副仁慈的模样。可是在天空中挂着的那个金星，却是个地狱般的星球，那里到处都有火山爆发、狂风不止、温度奇高、闪电频繁！为了进一步看清金星的"嘴脸"，2005 年 11 月 9 日，"金星快车"探测器搭乘着"联盟号"运载火箭升空。这也是近年来人类对金星为数不多的一次外交访问。

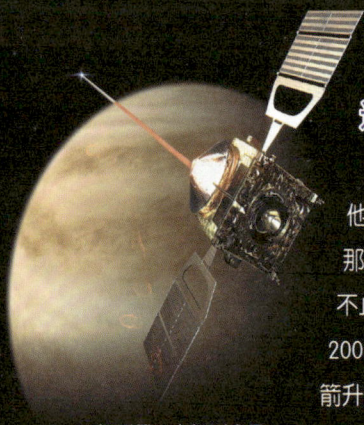

探测器正在探测金星

地球的姊妹星

在空间探测之前，人们认为，金星和地球很像是一对双胞胎姐妹，它们的大小、质量、密度相近，金星表面的丘陵高地、洼地、山区也很像地球大陆。富于幻想的人甚至认为，金星一定温暖潮湿，植物繁茂，比火星更适合于生命繁衍。根据探测，金星表面气温高达 475℃，生物根本无法存活。

金星是太阳系中火山数量最多的行星，就算说金星表面火山密布都不夸张，在这样恶劣的环境中，生物很难存活

打开地狱之窗

虽然金星是地球的邻居，相比于月球和火星，金星上的环境只能用"地狱"两字形容。但是，只要人类愿意，在金星上空建造适合人类居住的殖民地，并不是一个"不可能的任务"。人类很早就有了殖民太阳系其他星球的想法，近到月球，远到火星、土星，现在还有人对金星动起了念头。

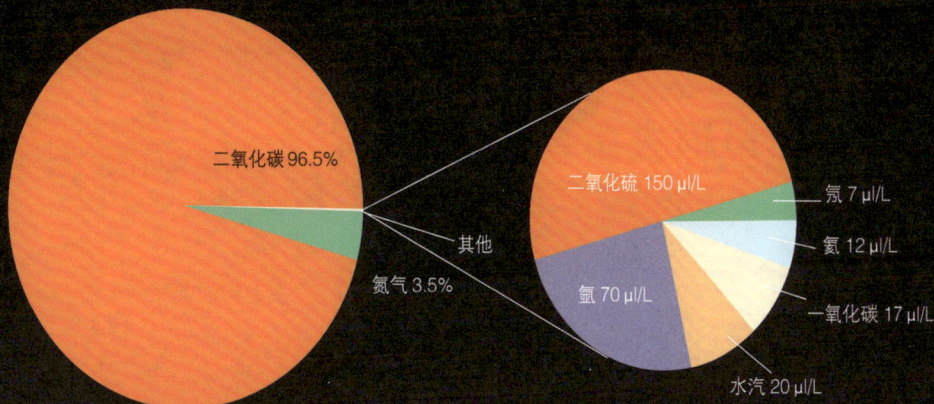

二氧化碳 96.5%

其他

氮气 3.5%

二氧化硫 150 µl/L

氖 7 µl/L

氩 70 µl/L

氦 12 µl/L

一氧化碳 17 µl/L

水汽 20 µl/L

金星表面气体成分含量示意图

未来的家园

虽然金星地表的环境不适宜人类生存，但它上空的温度和气压环境却与地球表面非常相似。未来，居住在金星太空城的人类殖民者，根本不需要穿戴太空增压服就可以像在地球上一样自在生活。金星大气层中还含有浓密的二氧化碳，只要人类在悬浮太空城中植树造林，种植蔬菜和植物，就可以利用它们的光合作用，为太空城提供足够的氧气。

"麦哲伦号" 探金星

1989 年，"麦哲伦号" 探测器探访金星。经过一年多的飞行，"麦哲伦号" 到达金星预定轨道，成为它的一颗人造卫星。在接下来的 4 年里，它绕金星转了几千圈，详细勘察了金星的全貌和地质构造，拍摄了大量清晰的照片和图像，首次绘制了完整的金星地图。后来，"麦哲伦号" 在金星大气中烧毁。

"金星快车"

麦哲伦雷达测绘到的金星表面

金星快车

"金星快车" 长相普通，是一个立方体，体重 1270 千克，比前辈 "麦哲伦号" 轻得多，只是人家体重的三分之一，不过造价却高达 3 亿欧元。别看它也被称为快车，并不是说它跑得快，而是研制速度快。2006 年 4 月，"金星快车" 开始环绕金星飞行，把金星各方面的情况都打听得清清楚楚。

79

奇
思
妙
想

金星是夜空中最亮的一颗星星，也是离地球最近的一颗行星。金星离地球最近时只有400万千米，按理说，我们应该对它很了解，但是这颗晶莹夺目的星球总是用它厚厚的面纱挡住我们的视线。所以，一直以来，人们对金星充满了好奇。如果有一天你去金星旅游，那层厚厚的云层会阻挡你的去路吗？

如果要到达金星，就一定会穿越它那厚厚的云层，所谓的云层其实就是一团蒸汽，它上面的温度高达480℃，这样的高温足可以将铅熔化，金星是公认的太阳系中最热的星球。还有金星上没有绿洲，气压是地球上的90倍，所以到金星的旅行者既使没有被活活烧死，也会被压破肚皮。看来金星之旅是去不成了，不过我们发射的金星探测器还是会带来很多关于金星的信息的。

目前已经知道，金星上的大气主要是二氧化碳，而它的大气层中还有一层厚达20~30千米的浓云，这就是那层阻挡我们视线的浓雾，由浓硫酸雾滴组成的。二氧化碳和浓硫酸云层像一床厚厚的棉被包裹着金星，使得它表面的热量不能散发出去，日积月累，金星表面的温度就达到了465~485℃。

在这样的高温下，生物根本不能存活，更何况金星的气压那么高，金属也会被压扁。金星并非人们想象得那样黑暗，拨开金星表面浓厚的大气，温度奇高、外表明亮的金星就出现了，它的表面布满了岩石，这些岩石跟地球上的玄武岩很相似。

金星人的荒诞生活

很多星球上都有智慧生命，他们一直在监视着地球。而且，地球上不同的种族也与不同星球的生命有着密不可分的关系。

"欢迎来到金星体验生活。"麦克礼貌地迎接我。

我叫葛小美，是地球人。这次，受金星人麦克的邀请，代表地球人来体验一下金星生活。而我的朋友麦克是金星上一座城的城主，负责整个城的管理工作。这次，因为我的特殊身份，麦克推掉了许多事务。当然，我带来了许多地球上的信息。我们互相交流，共谋发展。

晚上，我住在金星峡谷边上的星月酒店。酒店周边是风光无限的热带世界，茂密的丛林遮天蔽日，湿漉漉的大地上水汽缭绕，奇花异草争奇斗艳，巨蟒怪兽穿梭不绝。我打开了电视，正好是"金星电视台"天气预报："今日全球多座火山喷发，或有硫酸雨，建议最好别出门。"

啊，我原本打算好的出行计划只能暂时搁浅，那就睡觉吧！这个觉还真是漫长，比在地球上睡觉痛苦多了。原来是金星自球自转是自西向东转，而它却是稀里糊够奇葩的。在金星上看太阳，是西升正好相反。金星自转就像一位慢腾腾240多天，真是度日如年哪！

转搞的鬼。地涂地从东向西转，真东落，与地球上的日出走路的老汉，转一个身要

好在熬过了黑夜，白天可以好好收拾一番，准备来个极致体验。谁知没云也是橙黄色的，甚至连山岩、石头也是火山密布，除了几百个大型火山外，还有无数的小火山。我看着眼前的"金星人"，心里是说不出的滋味，平常都得忍受火山灰和硫酸雨的洗礼，日子过得并不安宁。

游览此地风光了。我早早起来，有蓝天、白云，天是橙黄色的，橙黄色的，可谓橙黄的世界。到处

我火速结束了这次金星之旅，回到了地球。作为地球公民的一分子，我真的为我们居住在这样一个美丽的地球上而感到骄傲和幸福。

当然，我也没有忘记让我的朋友麦克来地球做客。我想有那么一天，他会对我说："成为地球人真好！"

地 球

当置身茫茫宇宙，宇航员从太空回望地球，全新的视角切换，让他们能从一幅更广阔的图景中重新认知地球和人类所处的位置：太阳不再出现在蓝色的天空中，而呈现的是黑色天幕上的一颗耀眼的星球；地球"缩小"成一个蓝色圆球，悬挂在太空中。

人造地球卫星上
拍摄到的地球照片

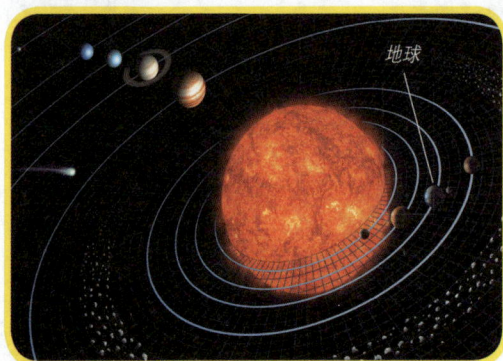

太阳系中的地球

太阳系中的地球

太阳是宇宙中的一个恒星。在整个太阳系中，地球是围绕太阳运行的一颗行星。数不清的像太阳一样燃烧的恒星，组成了浩瀚的宇宙。对于地球来说，太阳已经非常大了，但相对于宇宙来说，太阳只是极其微小的点，地球就更小了。太阳光从遥远的太阳输出，源源不断地供给地球。

生命之源

没有太阳，地球生命就无法存在。在地球形成早期，地球上还没有生命，它只是一个由云、气体和灰尘构成的大球。随着时间的推移，地球内部发生了变化，逐渐形成了包围地球的大气层，为生命产生创造了条件。

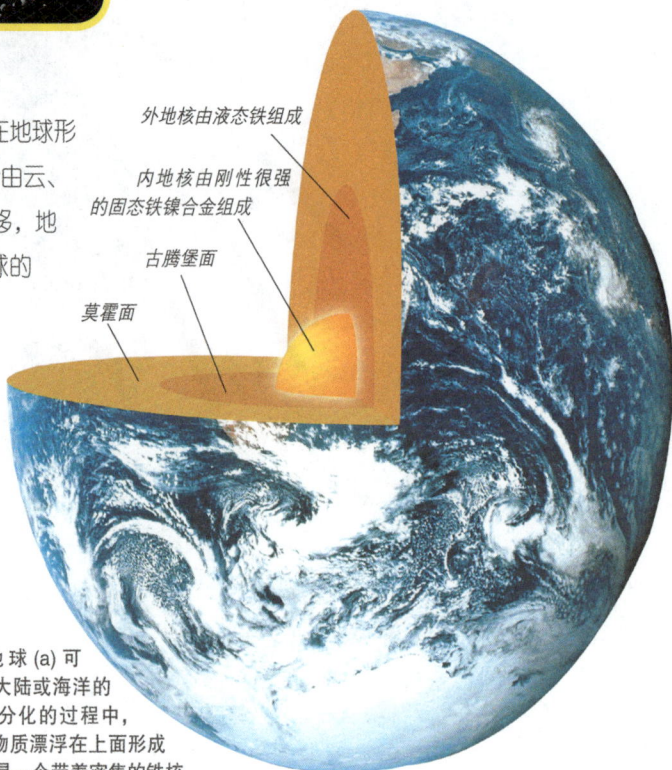

外地核由液态铁组成

内地核由刚性很强
的固态铁镍合金组成

古腾堡面

莫霍面

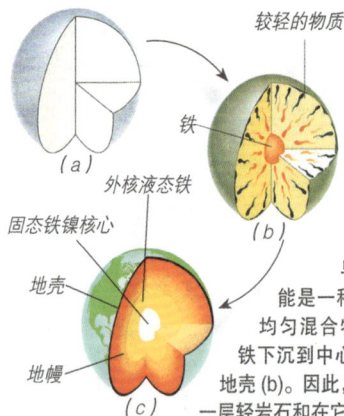

较轻的物质

铁

(a)

外核液态铁

固态铁镍核心

地壳

(b)

地幔

(c)

早期地球 (a) 可能是一种没有大陆或海洋的均匀混合物。在分化的过程中，铁下沉到中心，轻物质漂浮在上面形成地壳 (b)。因此，地球是一个带着密集的铁核、一层轻岩石和在它们之间的残余地幔的行星 (c)

地球的内部结构

略拉长的球形

地球由于自转，使得地球上每一部分都在做圆周运动，在惯性离心力的作用下，低纬度地区受到的惯性离心力大，高纬度地区受到的惯性离心力小。赤道部分受到的惯性离心力则最大，远远大于两极。这样，由于惯性离心力的差别，使得地球由两极向赤道逐渐膨胀，成为目前略向两极拉长的旋转椭球的形状。

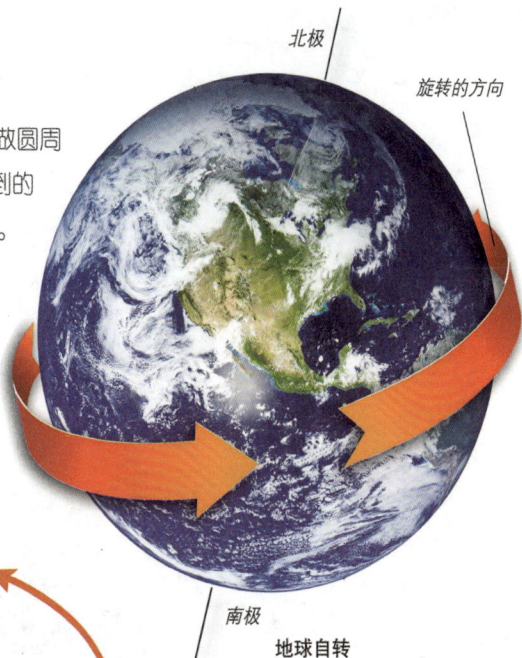

北极
旋转的方向
南极
地球自转

北极
秋季
南极

北极
冬季
南极

自转

北极
春季
南极

公转

北极
夏季
南极

变化的四季

地球除了要自我运动之外，还要围绕太阳做公转。由于公转的产生，也就产生了自然界的四季更替。地球公转的轨道是椭圆形的，太阳位于椭圆的中心焦点上。一年之内，太阳在南北回归线移动，每年的6月22日和12月22日，太阳有两次直射赤道。9月份，北半球是秋天，南半球是春天。

太阳
太阳发射的光和热量
被太阳照射的一面是白昼
太阳照射不到的一面是黑夜

昼夜长短

昼夜示意图

地球自转一周，白天与黑夜循环一次，形成一个昼夜，由于黄赤交角的存在，除了在赤道上的秋分、春分之外，各地的昼弧与夜弧都不等长，当夜弧大于昼弧时，则夜长昼短，反之亦然。随着地球的公转运动，晨昏圈一斜一正地变化，同纬度地区的昼弧和夜弧也跟着此消彼长，因此导致昼夜长短不断变化。

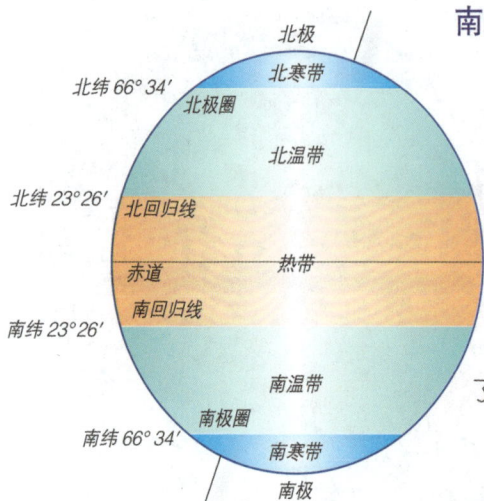

北极
北寒带
北纬 66°34′
北极圈
北温带
北纬 23°26′
北回归线
赤道 ————— 热带
南回归线
南纬 23°26′
南温带
南极圈
南纬 66°34′
南寒带
南极

南北回归线

由于太阳高度和昼夜长短跟纬度变化的关系，人们将地球表面有共同特点的地区，按纬度划分为五个热量带，也就是热带、南温带、北温带、南寒带、北寒带。以赤道为界，赤道以北为北半球，赤道以南为南半球。南、北回归线分别位于南纬 23°26′和北纬 23°26′，是热带和温带的分界线。太阳直射点在南、北回归线之间往返一次是一年，同时也产生了春夏秋冬的季节变化。

极昼和极夜

在南、北极圈内，每年都有极昼和极夜现象。当太阳直射北半球时，极昼出现在北极地区，极夜出现在南极地区；当太阳直射南半球时则反之。南北极点都有半年的极昼与极夜现象，所以科学家考察南极的时候，都会选择在极昼时间段内进行。

夏至（6 月 21 日）

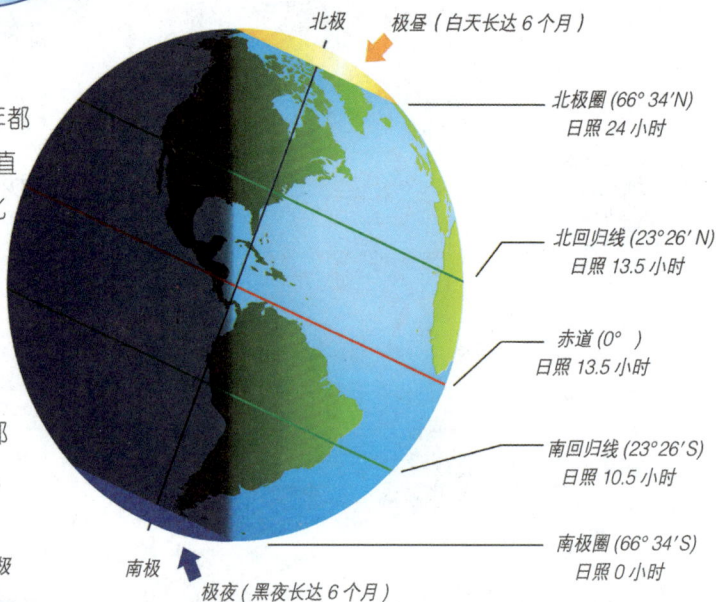

北极   极昼（白天长达 6 个月）

北极圈 (66°34′N)
日照 24 小时

北回归线 (23°26′N)
日照 13.5 小时

赤道 (0°)
日照 13.5 小时

南回归线 (23°26′S)
日照 10.5 小时

南极圈 (66°34′S)
日照 0 小时

南极
极夜（黑夜长达 6 个月）

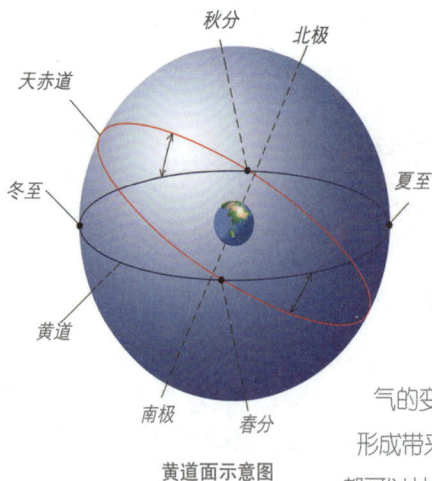

秋分   北极
天赤道
冬至   夏至
黄道
南极   春分

黄道面示意图

春   夏   秋   冬

农历的来源

我国的农历就是根据变化的四季，由古代劳动人民观察天气的变换规律总结出来的。历法应该属于早期的人类文明。它的形成带来了农业生产的便利，什么时候该种植，什么时候该收获，都可以从农业历法上找到对应的时节。

站在地球表面的人就像一只小蚂蚁

大地是平的?

地球实在太大了，16 世纪的葡萄牙航海家麦哲伦乘船绕地球一周，走了 3 年，我们人类站在地球的表面上，就像一只小蚂蚁站在一片田野中，能看到的范围很小。我们的肉眼只能看到 10 千米内，而这个范围只不过是地球一周（赤道）的四千分之一，当然感觉不到所看到的地面是圆弧状的了。

世界地图

潮汐是怎么回事?

潮汐

海水潮起潮落，永恒不止。地球上的潮汐主要是由月亮引起的，其次就是太阳。潮汐只是海水表面的变化，同海底几乎不发生摩擦，但在靠近大陆边缘的浅海区，潮汐却可以同浅海海底发生剧烈的摩擦，由此产生一定的摩擦力，这能够阻止地球的自转，久而久之就会使地球的自转速度变慢。

地球的归宿

未来总有一天，太阳会冷却下来，地球也会缓慢地冷却下来。越来越多的水将冻结起来，最后，就连赤道地区都会缺少足以维持生命的热量了。整个海洋将冻结成一块坚冰，空气也会液化，随后还会冻结成固体。不过，这时的地球并不会毁灭，还会绕着死去的太阳运转数不清的年头。

奇思妙想

茫茫宇宙中有数以千万计的星球，人类为何偏偏选择地球作为他们的栖息场所呢？这是一种机缘巧合还是人类在众多星球中选择的结果？不论怎样，现在，地球是人类唯一的家园，宇宙中再没有第二个地球。但是，你想过吗：如果没有地球，人类会不会在其他星球上诞生呢？在别的星球上生存下来的我们也许会成为另外的物种，比如说更耐高温和严寒。真是很难想象出这一物种长什么模样，也许和我们眼中的外星人很相似吧！

然而，地球是确确实实存在的，我们的假设根本不成立，所以我们要探讨的问题不是没有地球会怎么样，而是要弄清楚在茫茫宇宙中人类为什么会在地球上诞生。表面上看地球和其他星球没什么差别，实际上地球具备了生命生存所需的基本条件，如空气、水、适宜的温度等，这些在其他星球都没有。

现在以水为例，液态水是生命生存的主要物质，毫不夸张地说，没有水就没有生命。水在 0 ~ 100℃时是液态，高于或低于这一范围，就会相应变成气态或固态，由于地球与太阳的距离适中，地球的气温恰好是在这个范围之内，于是地球上的水就以我们经常见到的液态方式存在。而地球旁边的金星由于距太阳较近，表面平均温度高达 500℃，水在这样的高温下早化作气体分子跑掉了，而它另一边的火星因距离太阳较远，表面平均温度只有 –40℃，即使有水，也是以固态冰的形式存在。其他星球也是一样。

所以说，在太阳系乃至整个宇宙几乎找不到一颗能与地球相比较的星球，于是地球凭借自己得天独厚的优势造就了人类等生命体。

寻找第二个地球

有没有想过，地球要是突然遭到毁灭会怎样呢？到时候，我们周围的动物、植物、城市建筑，所有的一切都不在了，这样的情景真的会出现吗？其实，和所有事物一样，地球总有一天是要消亡的，只是还需要很长的时间。

人类何去何从？在这样漫长的时间里，人类总能找到一颗适于自己居住的行星，也能制造出星际间来往的交通工具，因为人类的智慧是无穷的。不是吗？这不，地球联盟就把这个新任务交给了库克，任命他为寻找第二个地球的探险小组组长。这是个伟大而艰险的任务，艰难且充满挑战。

"事不宜迟，即刻开始。"联盟总长命令道。

"保证完成任务。"虽然库克嘴上这么说，可他深知任务的难度。不过呢，既然总长选择了他，就说明没有谁更能胜任。

"在地球消失之前，我一定要找到生存的另一个天体。可是在地球之外，它在哪里呢？"库克思索着，要想找到第二个地球，就要考虑到它必须像现在的地球一样，能从恒星那里获得适当的热量，具备生命存活的自然条件。通过观测，他发现在太阳系外有100多颗行星，它们都在围绕着恒星运转。那么，这么多颗行星上有没有一颗适合人类呢？库克决定从这些行星开始。

根据库克最新报告，他和自己所在的小组发现了一颗与地球十分相似的"超级地球"，质量大约是地球的七倍，围绕着太阳附近的一颗恒星转动，距离太阳大概有39光年。它的组成成分很有可能是岩石，这种岩石行星比蓬松的气态行星更适合生命的存活。还有一个优点是，它表面的平均温度与地球很接近，也就是说有存在液态水的可能，而液态水正是地球形成生命的前提。

接下来，他们决定去造访这颗行星，希望它能成为第二个地球。他们登上光速飞船，看了一眼地球，按下了发射键……

月 球

月球

"人有悲欢离合，月有阴晴圆缺。"这里的月，说的就是月亮。月亮，是我们最熟悉不过的了。关于月亮，你能说出一些什么呢？月亮是我们地球唯一的卫星，也是距我们人类最近的天体，它绕着地球转，同时也绕着太阳转。从地球上看，月亮每天东升西落，有月缺月满的月相变化……

月亮的脸在变

月亮的脸不总是一样的，有时是圆的，有时是半圆，有时又像一把弯刀。其实，月亮变脸和月相有直接关系。简单地说，月相是月球不停地绕地球公转，它和地球、太阳的相对位置总在不断变化，这样，月球明亮的部分也在不断变化，形成了不同的月相。

月球的亮度随日、月间距离和地、月间距离的改变而变化，所以我们从地球上会看到不同的月相

十五的月亮十六圆

每月农历初一，月亮处在地球和太阳中间，叫作"新月"，也叫"朔"。这时，月亮对着太阳反射太阳光，而把暗半球朝向地球，我们就看不到月亮了。到了初七、初八看到的是半个月亮，凸边向西，叫作"上弦月"。上弦月过后，月球亮的一面全部向着地球，称为"满月"。

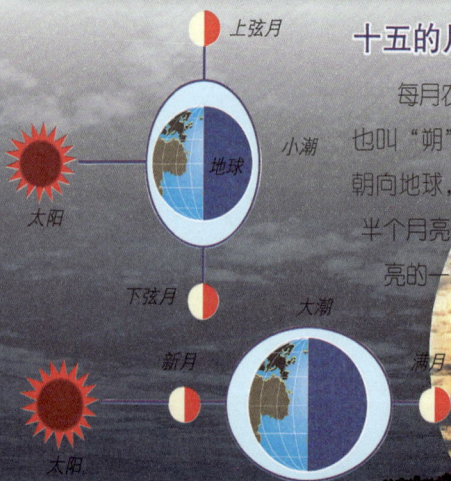

上弦月　小潮　地球　太阳　下弦月　大潮　新月　满月　太阳

诱人的月背

月亮的背面和正面一样，有平原、山地，也有环形山。不过，背面的山地比正面多，但大多没有正面的大，月海也比较少。月背地形凹凸不平，有许多巨大的同心圆地形构造，很有特色。最典型的月背地形当数东海，直径约 900 千米，由三大同心环壁包围，是月球上最年轻的大盆地之一。

北极

莫斯科海

东海

睿智海

南极

月球的背面

椭圆形轨道

月球的轨道并不是圆形的，而是椭圆形的，当它接近地球时，距离地球约 36 万千米，远离地球时，距离地球约 40 万千米。平常所说的 38 万千米，是地月间的平均距离。正因为是椭圆形的轨道，也才会有日全食和日环食的差别。

月球运动示意图：月球在自转的同时绕地球公转，而且还跟地球一起绕太阳转

地球

太阳

月球

日全食

日环食

你走月亮走

常言道：月亮走，我也走。走在月光下，远处的景物隐隐约约看不清，而挂在天上的月亮最为引人注目。我们往往走一段路，会抬头看看月亮，总感到月亮依然在头顶，所以认为月亮跟人走。其实，月亮是不会跟人走的，要不，你觉得月亮跟你走，他觉得月亮跟他走，那么月亮到底在跟谁走呢？

月海

迄今为止，已知的月海有 22 个，绝大多数分布在月球正面。最大的一个月海是"风暴洋"，面积约为 228 万平方千米。过去，人类并不了解月球真面目，凭推测认为月球表面和地球一样，就给它起了"月海"这样名不副实的名字。

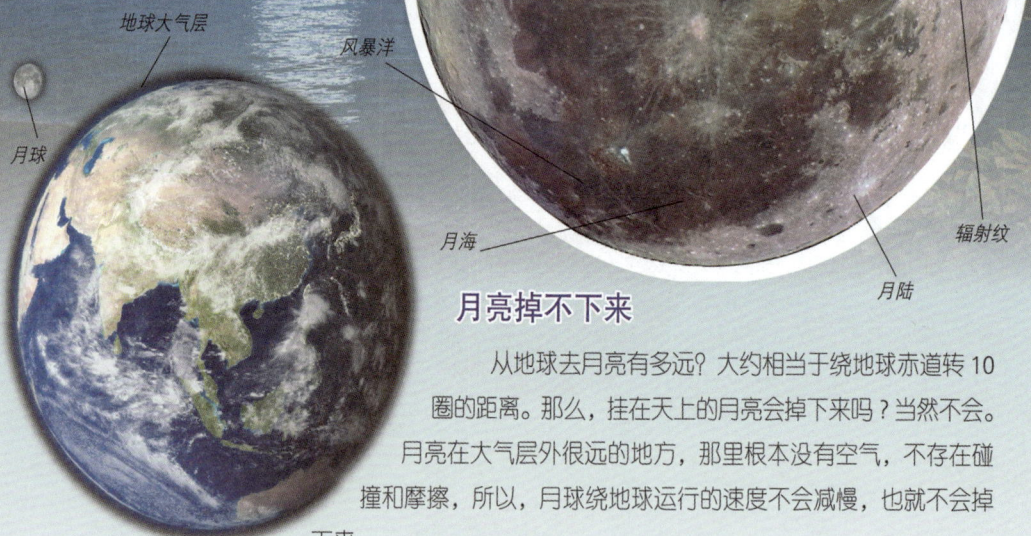

地球大气层

月球

风暴洋

月海

辐射纹

月陆

月亮掉不下来

从地球去月亮有多远？大约相当于绕地球赤道转 10 圈的距离。那么，挂在天上的月亮会掉下来吗？当然不会。月亮在大气层外很远的地方，那里根本没有空气，不存在碰撞和摩擦，所以，月球绕地球运行的速度不会减慢，也就不会掉下来。

月球尘埃

不简单的月尘

月球尘埃却是一种灰黑色的粉末。要是借助高倍显微镜，可以看到它的组成，有一半物质是二氧化硅，另外一半则由包括铝、镁和铁在内的 12 种金属的氧化物组成。当真是一粒尘埃一世界啊！

月球"住"着中国科学家

月球背面的环形山，是以著名科学家的名字命名的，其中有幸入选的我国科学家有石申、张衡、祖冲之、郭守敬和万户等，他们都"住"在月球赤道附近的环形山里。万户一直梦想着飞天，在实验中被炸得粉碎。

北极

张衡
祖冲之
门捷列夫
科罗廖夫
加加林
阿波罗

南极

月球的背面

贝利环形山

最大环形山

月球环形山大小不一，有的直径不足 10 千米，有的仅一个足球场大小。最大的环形山，是南极附近的贝利环形山，比我国海南岛还大一点。最深的环形山是牛顿环形山，深达 8788 米。

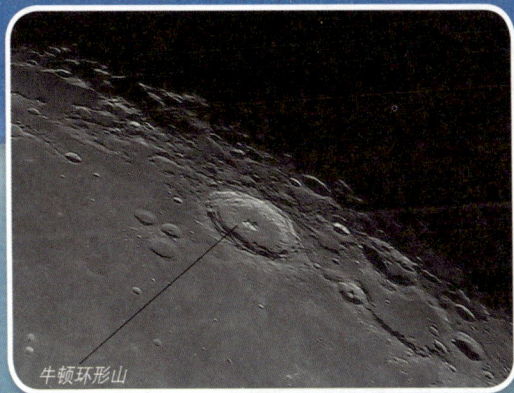

阿尔卑斯大月谷

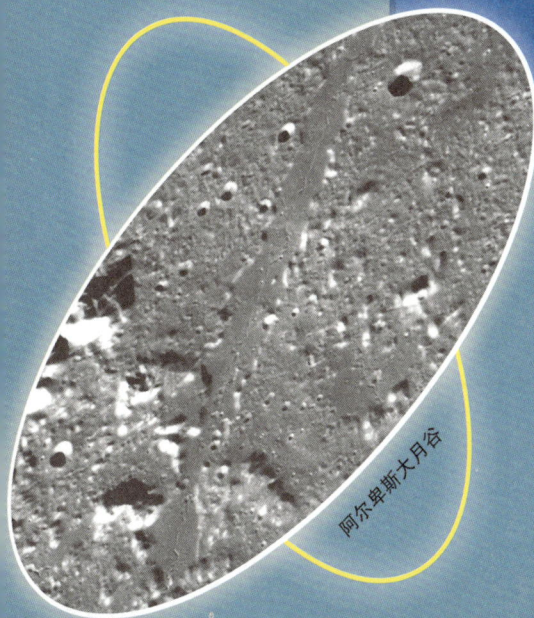

牛顿环形山

最著名的月谷

著名的阿尔卑斯大月谷在月球冷海的东南。它长 130 千米，宽 10 千米，从拍摄的月球照片上可以看出，它从柏拉图环形山东南一直穿过平坦的雨海和冷海，并把月面上的阿尔卑斯山脉给拦腰截断，很是壮观。

如果让你在月亮上跳高会怎样?

奇思妙想

我们都知道，在运动会田径赛场上，通常都有一个项目是跳高，运动员的一般跳高成绩是2米多。现在最高的纪录是2.45米，是古巴人索托马约尔1993年创造的。而普通人也就能跳1米多高。如果我们到月球上去跳高，我们能跳得更高吗?

答案是肯定的，在月球上我们会跳得更高。众所周知，月球比地球要小得多，体积是地球的1/49，质量约为地球的1/81，因此在月球上的重力要比地球上小得多。也就是说，同样一个物体在月球上比地球上轻得多，并且月球上的引力仅为地球的1/6。所以一个跳高运动员如果按照他在地球上跳高时那样的力量起跳的话，会跳起十几米高，可以超过世界纪录的5倍!

人们在地球上跳高的时候，跳起来往往很快就落下来。实际上，在月球上物体下落的速度是很慢的，好像电影中的慢镜头一样，比如从20米高的地方抛下来一块小石子，在地球上2秒会落到地面上，而落到月球表面却需要5秒。

如果在月亮上跳起来，落下来的时候就像是飘下来一样，是不会摔得很痛的。要是你有机会到月球上去的话，凭借你现在的力量到月球上起跳，你一定会过一次跳高瘾!

小老鼠比克

月儿如钩，淡淡的清辉一泻千里。

绕过丛林上空缠绕着的枝杈，一片乳白色的光影，正好照在了小老鼠比克的家门口。小老鼠比克可不是一只普通的老鼠，他一会儿想当船长，一会儿想当森林之王，一会儿又要登上月球。

总之，在他5岁前，比克已经把地球上最能畅想的事情都说了个遍。但第二天当爸爸再问他时，他总是说："我说过吗？"梦想在他这里只是一个逗号，只负责开始，不负责结果。

其实，在爸爸妈妈眼里，比克真的是一个聪明的小老鼠。于是，他们想了一个办法，就是给比克买书让他读。因为比克的梦想和月亮有关，爸爸妈妈就给他买了许许多多有关月亮的书，书里讲了许多月亮上的奇闻轶事。也是在这些书中，比克对月亮有了更深的了解。森林中最喜欢讲月球的是猫头鹰。

有一次，猫头鹰又开始他的讲演了，他一本正经地说："月球上的湖泊中有类似犀牛的巨兽，树林中有唱着优美歌曲的小鸟，还有长着大象牙的绵羊，海里有十分聪明的海獭，议。"

不料，这话被刚刚从旁边经过的凑过来，和大家说道："大家不要相信骗人的鬼话。其实啊，这月球跟我们荒凉。我告诉你们……"

他说起来没完没了，却让猫头鹰很嘲笑比克："听说，你要去月亮上当大王？比克忙解释道："这是我的梦想，你不要嘲

简直不可思

比克听见了，他马上信猫头鹰说的，这些都是的地球有点相似，但是无比

难堪。猫头鹰很生气，就开始真是白日做梦。"此刻，小老鼠笑我，我一定能实现的。"

过了不久，比克看到一则启事，宇宙学校正在招募下一任遮月亮的人。比克第一次得知，我们每天能看到月亮的大小变化，原来是有人在默默地做遮挡工作啊。他高兴坏了，不由得喊道："月亮，我来了。"他兴奋地报了名。

在宇宙学校，比克学习认真、耐心、还能吃苦。经过近一年的学习，比克终于成为新一任遮月亮的人。现在，你看到月亮的变化了吗？那是比克正在工作呢，他只有在十五月圆之夜才能休息一会儿。

虽然很辛苦，但比克乐此不疲。

火 星

火星

从地球上看去，火星是火红色的，看起来似乎有点儿怪吓人的。于是，古人将火星称为"荧惑"，意思是说火星忽明忽暗，且行踪不定，令人难以捉摸。当然，也有人称它为"惑星""灾难星"等，表示大凶之兆，不太受人欢迎。现在我们知道，这都是因为他们对火星了解较少的缘故。火星上没有火，那红色是从哪里来的呢？

忽明忽暗

为什么火星会忽明忽暗呢？要知道在太阳系中，火星的亮度仅次于木星和金星，因此在夜空中用肉眼看去，显得格外明亮。火星的平均直径为6794千米，相当于地球直径的一半，但比月球的直径要大一倍。

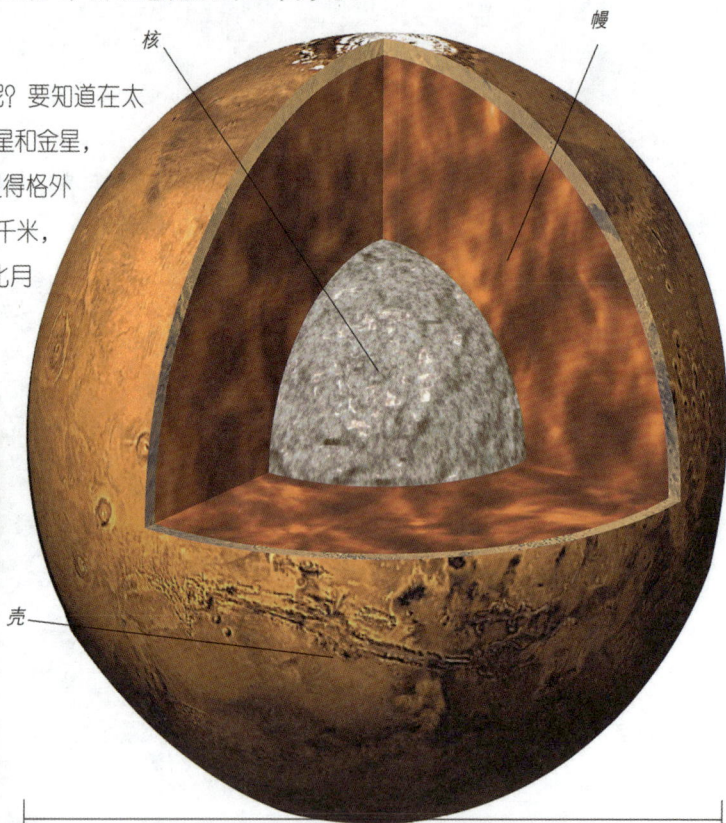

核

幔

壳

火星平均直径 6780 千米

夜空中的火星

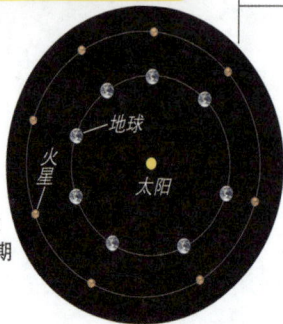

地球

火星

太阳

火星、地球绕太阳旋转周期示意图

火星自转

火星自转跟地球相似，它的一天比地球稍长一些，一年中也有四季变化。只是它比地球距离远，在地球外圈，沿着太阳运转一周要慢。也就是说，地球上已过了两年，火星才完成一次公转。这就是为什么有人说，在火星上过一年，地球上已经过了两年。

火星火山

虽说火星是个荒凉的星球，没有动物、植物，可它有鲜活的地貌，有大大小小的环形山、火山，还有沟谷、盆地、平原等。4座大火山被地球人分别命名为：奥林匹斯山、阿斯科拉山、帕沃尼斯山和阿西亚山。不过，火星上的火山与地球上的火山不同，火星上的火山口特别大。

火星上的火山口

太阳系第一峰

奥林匹斯火山高达25千米，基部宽600多千米，在火星北半球的平原上高高耸立，是地球上最高峰——珠穆朗玛峰的3倍，被称为太阳系内最高的山峰。据太空观测，奥林匹斯与夏威夷群岛上的火山类似，都是由几十亿年的巨大熔岩流形成的。根据观测，这座火山已经很久没有喷发了。

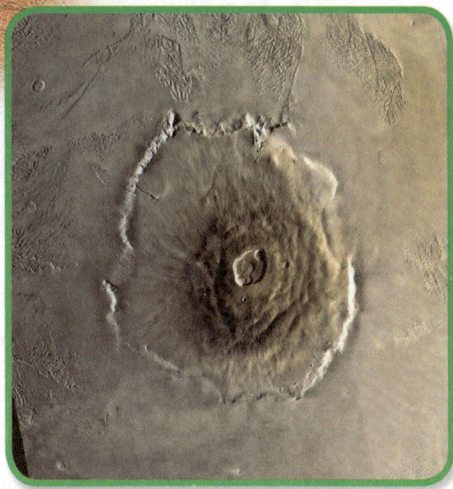

火星上的奥林帕斯山是太阳系中已知的最大火山

火星"运河"

在我们的地球上有不少运河，有人在火星上也发现了"运河"。其实，少数几条只是火星上的裂谷，从"海盗"号探测器发回的近距离火星照片上，可以清楚地看出来。另外，大多数暗色条纹，则是火星上的大气运动掀起的巨大沙尘暴所形成的。

1877年，一位名叫希亚帕莱里的意大利天文学家注意到了火星表面的痕迹。他将这些痕迹称作"运河"，相信这些"运河"要么是天然的沟渠，要么就是真有火星人，是他们挖掘的。

火星金字塔

据报道，科学家们发现，在火星上北半球有一种造型对称的石像，上面还刻有鼻子、嘴巴和眼睛，难道火星上也有金字塔吗？其实，火星上的石像不止一座，而是有许多座。当然，这里的金字塔也有许多座，并能看到类似城市废墟的遗迹。

火星上观测到的金字塔

人脸石像

火星雪花

值得一提的是，火星拥有太阳系中最大的山脉和雄伟的峡谷，景象神奇壮观。而且，要是你从火星上空俯视，会发现这个红色星球上竟然正在飘着雪花！当然，或许有人会问火星上怎么会有雪花呢？但，这的确是雪花。

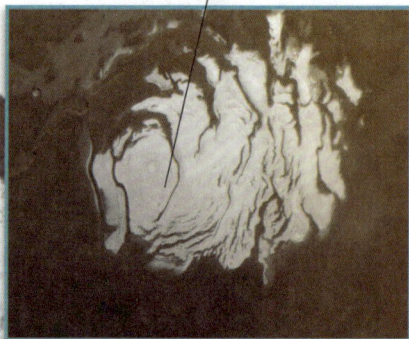

火星北极的冰冠

火星上下雨吗？

"凤凰"号火星探测器发现火星上有雪，并把照片传回地球，科学家们异常惊异。研究发现，火星大气中的冰晶颗粒很大，大到足以像降雪一样落到火星表面。可惜的是，火星云里还没有探测到有水的存在，也就无法证明火星上能形成降雨。

火星南极的冰冠

火星上的尘暴

    火星是一颗明亮的红色行星，大气的主要成分是二氧化碳，占95.3%；其次是氮气，约占2.7%。有所不同的是，火星的大气层很稀薄，但也有云、风暴等大气现象。当然，在火星上也有一种尘暴，类似地球上的龙卷风。这里的尘暴的旋转直径可达500米，但高度只有几千米。

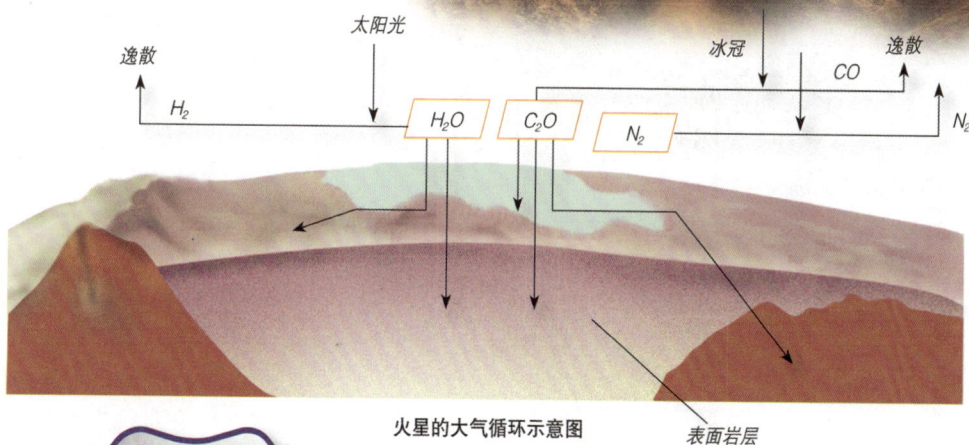

火星尘暴

火星的大气循环示意图

逸散　　太阳光　　冰冠　　逸散

H_2　　H_2O　　C_2O　　N_2　　CO　　N_2

表面岩层

火星尘暴

大气环流在作怪

    火星沙尘暴发生的频率要比地球多得多，有时还会发生全球性的尘暴。据介绍，在1970到1980年间就发生过5次大尘暴，在地球上用较大的望远镜就可以看到。为什么这里会经常发生尘暴呢？原来，这主要是火星大气环流造成的。

危害极大

    在火星大气中，对人体危害最大的就是尘暴。每个火星年，尘暴都会发生上百次，有时几个尘暴会联合起来，把大量尘粒卷到30千米的空中，形成全球性的大尘暴，而且会持续几个月。

空中到处弥漫着尘暴

如果火星上有水，会在哪里呢？

奇思妙想

为了找水，人类向火星派出了很多探测器，结果发现火星上有许多蜿蜒的河床。科学家推测，它们是由水的冲刷作用形成的。火星曾是一个温暖湿润、适合生命活动的星球，那里存在过干净的水，出现过大洪水，甚至可能有过大湖泊和海洋。

然而，现在火星表面上竟然一片干涸，那里的水究竟到哪里去了呢？由于火星的气温极低，大气非常稀薄，大部分水很快蒸发，逃逸到空中去了。据估计，如果逃掉的水重新回来的话，那么火星表面将覆盖着一圈50~100米厚的水层。剩下的水分，有的可能藏在地下了。火星的大气中也有少量的水分，不过极少。另外，火星两极的极冠中也含有不少水分，如果把这些水平均铺在火星表面上的话，水层可有10米厚。

据研究，在过去，火星上可能存在液态水。如果宇航员带回一瓶来自火星的水，那究竟能不能喝呢？其实，火星上的水与我们常喝的矿泉水并不相同，是不适合人类饮用的。

虽然现在我们还不确定，那些水里究竟含有什么矿物质及其浓度是多少，但根据各种探测器采集的样本显示，火星表层含有大量的硫酸盐、碳酸盐。这么说来，火星水里一定含有高酸性的、高盐度的可溶性矿物质。也就是说，火星上的水太酸太咸，根本不适合生命生存。关于火星上液态水的存在目前还只是一个推测，并没有得到科学的证实。

造访火星的地球人

火星是否和地球一样存在着四季变化呢？这是都教授将要接受的挑战。

这次，联盟总部派我和杰西作为都教授的特别助理，小萝卜头负责驾驶，和都教授一同乘坐联盟号飞船前往火星探险。此次造访火星，是为了终止天文界一直以来无休止的争论，充满期待啊！

当然，这也是我第一次去距离如此远的星球执行任务。不过呢，能作为都教授的特别助理，我是感到万分荣幸的。都教授是国际上权威的火星专家，他对火星的研究曾引起过天文界的巨大反响。

"教授，我们已经飞临火星上空了！"小萝卜头报告。

"哦，选择合适的地方降落。"都教授说道，"你们快看，这火星看着红红的，怪吓人的。其实呀，这就是古人为什么将火星称为'荧惑'，意思是说火星忽明忽暗，且行踪不定，令人难以捉摸。当然，也有人说它是灾难星，不太受人欢迎。归结起来，都是因为我们对火星了解较少。"

正说着，只见从天空飘下了雪花！我〔 〕忙插话：

"没想到火星也会下雪？这真的是雪花〔 〕吗？"

"没错，这的确是雪花。这种雪〔 〕花不能与地球上的雪相提并论，称为水冰晶或许更为贴切。"〔 〕都教授继续说道，"不过，令人遗憾的是，雪花还没有落在尘土〔 〕飞扬的火星表面，便蒸发到薄薄的火星大气层中去了。这清楚地〔 〕表明，火星大气层中的确有水蒸气存在，水蒸气能在寒冷时转化成雪〔 〕花。"

"原来如此！"我听得目瞪口呆。

接下来的几天里，我们做好了充分准备，跟随都教授一起走访了让地球人惊叹的火星人脸、运河地区，并没有发现传说中的火星人，地球上观测到的只是特殊的自然现象。

这次火星之行，彻底颠覆了我心中的火星形象。

木 星

我们的祖先很早就对木星进行了观测，并为其取了很多有趣的名字，比如岁星、太岁等。另外，因为木星巨大而又明亮，所以古代的天文学家用威望最高的罗马神的名字"朱庇特"来命名它。在罗马宗教中，"朱庇特"是掌管天界的神，他以雷电作为武器，拥有着在天地间呼风唤雨的力量。

木星

北极区

北温带纹

北赤道带纹绳状外观由风暴造成

金属核

赤道带

液态氢

大气层

白卵规模仅次于大红斑。

南极区

大红斑是长 2.5 万千米、跨度 1.2 万千米的椭圆，足以容纳两个地球

南赤道带纹

木星的结构

木星上的亮度很高，在夜空中仅次于金星。木星的内部与太阳相似。外层是气体，主要成分是氢和氦。由于离太阳非常远，所以木星表面平均温度是 -140℃。中心部分以固态和液态的形式存在。

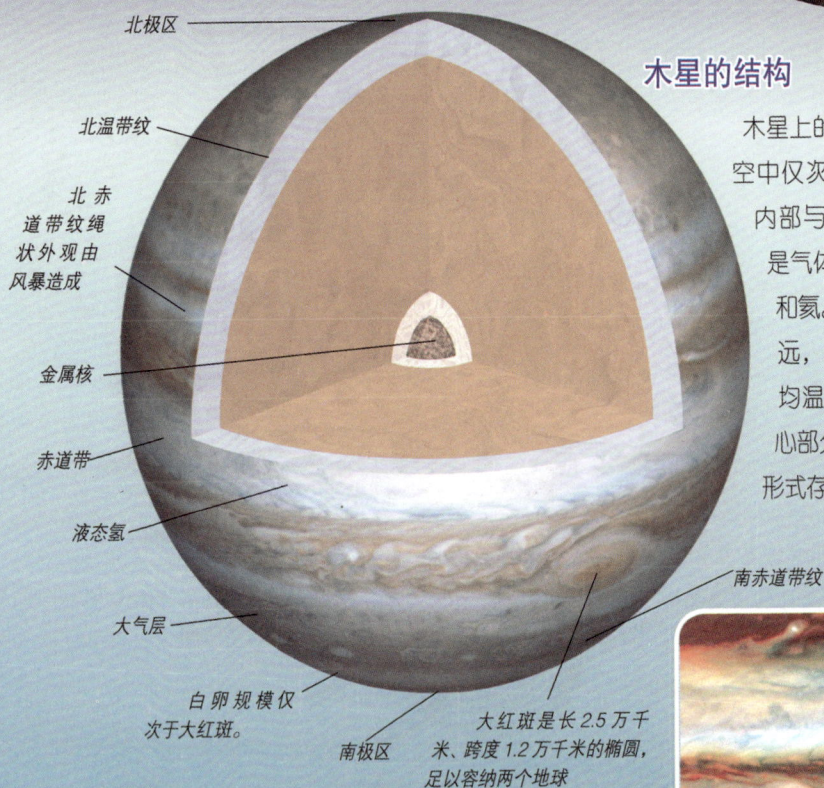

冰冷彻骨的"海洋"

木星表面没有高山和陆地，只有液态分子氢的"海洋"。这个"海洋"冰冷彻骨，上空漆黑一片，唯一可见的是划过天空的闪电。木星的大气像地球上的大气一样稠密，但不是由氧气和氮气构成的，而是由氢气、氦气、氨气构成的，时而飘过的一缕缕白云不是水蒸气而是氨晶体。

木卫一

木星的卫星

1610 年 1 月，天文学家伽利略从望远镜中发现木星附近有 3 个小光点，几乎在同一条直线上，2 个在木星左边，1 个在木星右边，后来又变成了 4 个。经过一连几夜细心的观察，终于发现这是 4 颗木星卫星。其中，木卫三是太阳系中最大的卫星。

木卫二

木星上的大红斑

大红斑的变化

从地球上看木星，其有一个醒目的标记，就是大红斑。红斑的形状有点像鸡蛋，由玫瑰色、棕色和白色的云层组成，镶嵌在明亮的木星大气当中，十分壮观！木星上风暴肆虐，有些风暴大得惊人，这都是因为大红斑。

木卫三

木卫四

在木星上看日出

其实，在木星上看到的太阳，只有地球上所见太阳大小的 1/5 左右。木星有 63 个卫星，它们大小各异、互不相同。它们在自己的轨道上忠实地陪伴着它们的宿主——木星一同前行。赏月令人心旷神怡，若到木星上坐一坐，一晚欣赏 63 个"月亮"，那该是何等的浪漫和惬意啊！

在木星上所看到的太阳只有地球上所看到的太阳 1/5 大

颜色的秘密

为什么大红斑是红色的呢？一般认为，大红斑是木星大气云层中的一股上升气流，其中飘浮着五颜六色的云，有棕红色的、棕黄色的、橙色的、白色的，主要由红磷化合物构成，并在不停地激烈运动。

木星表面有红、橙、白等五彩缤纷的条纹图案

如果木卫二上有外星人会怎样？

奇思妙想

继火星之后，科学家在太阳系中又发现了一颗可能存在生命的星体——木卫二，它上面存在有液态海洋的可能性，近年来已经通过观测木卫二的磁场证实了，这就意味着木卫二同样可能会孕育出生命，那就是说木卫二上也可能有外星人了。

木卫二是否有外星人存在不是很清楚，但可以肯定的是到目前为止人类的探测器没有发现任何的外星生命。然而，大多数科学家相信木卫二存在简单的生命物质。尽管木卫二的表面是冰冻荒原，但是在木星强大引力的作用下它的内部却已逐渐变热，于是在木卫二的冰层下制造了一个液态海洋。科学家认为这种环境和地球海底存在活火山口很相似，所以在木卫二的液态海洋中很可能存在不需要阳光和氧气的原始微生物。

但是，由于木卫二上的海洋隐藏在 20 多千米的冰面之下，所以人类的探测器要想在那里探测到生命是非常困难的，而木卫二的表面又因经常受到木星巨大能量的冲击，很可能不存在任何生命，因此，在木卫二上找到生命物质的概率不是很大，但科学家相信宇宙飞船总有一天会探测到正好处在冰面下的微生物。2002 年，美国科学家最新的研究认为，木卫二上基本具备了满足生命存在最低要求所需的各种元素，这一研究成果为木卫二的生命假说提供了有力的支持。随着探测器对木卫二的深入探测，木卫二上是否存在生命终有一天会有答案的。

木星奇遇记

今天，库克队长将带大家去领略木星风光。

"各位队员，准备好了吗？"

"准备好了。队长。"

"那我们即刻出发。"

"这次去的是木星，听说木星有 1300 个地球那么大。"大家议论着。

"木星不仅是太阳系的行星之王，还是当之无愧的卫星之王。"库克队长接着大家的话题继续说，"木星表面非常冷，大家做好防寒准备。"说完，他发出指令："出发！"宇宙飞船在火箭的推动下，冲向茫茫太空。连最胆大的杰克也安静下来了，只有心脏在咚咚乱跳。其他队员，如杰瑞、梅西也安静极了。

"大家别紧张，很快我们就告别地球了。"

"我将带你们一睹宇宙中最美丽的风景。"作为一个老的宇航员，库克显然已经习惯了这样的紧张状况，变得异常熟练。当第一次从舷窗俯瞰运动着的地球时，大伙儿睁大了眼睛："真是太美了！"这时一缕阳光从太空穿过来，他们第一次在地球外看日出，都为这次木星之旅叫好。

不及思考就到了火星。他们从火星上空呼啸而过，不远处就是木星了。

此时杰克早已进入了梦乡，杰瑞西在驾驶飞船，小心地在小行星带中呆呆地望着窗外，只有梅瑞叫醒了杰克，库克队长也从梦中醒穿梭。当快接近木星时，杰来，大家一起争先观看这个红色的巨大星球。

"天哪！木星看上去太奇特了，快拿我的望远镜来。"杰克喊道。

"木星是整个太阳系中最大的行星，几乎完全是由液态氢和液态氦包裹着，在我们地球上也有这两种物质。还有，你们看，从不同方向吹来的飓风，包围着木星，形成了漩涡形的云层。"库克队长说。

"既然木星这么大，那它为什么没有成为太阳呢？"杰瑞抛出一个有意思的问题，估计队长也难回答。库克队长笑着说："这的确是个好问题。应该说，它的运气还没有那么好，没有聚集起那么多的物质，所以并没有成为恒星。木星要是成为了太阳，我们的地球上得有多热呀。"

接下来，他们将会对木星进行深入探索，也许永远不知道明天会有什么新发现，那就让所有人为这次木星之旅加油吧！

土 星

土星

透过望远镜，你会被土星漂亮的光环深深吸引，那光环像是一枚散发着美丽光芒的戒指，使土星成为群星中最美丽的一颗。在太阳系里，土星一直为自己美丽的"项圈"而自豪。虽然后来人们发现了木星、天王星、海王星，尽管它们都有自己的光环，可它们的光环比起土星的，实在是差距太大了。

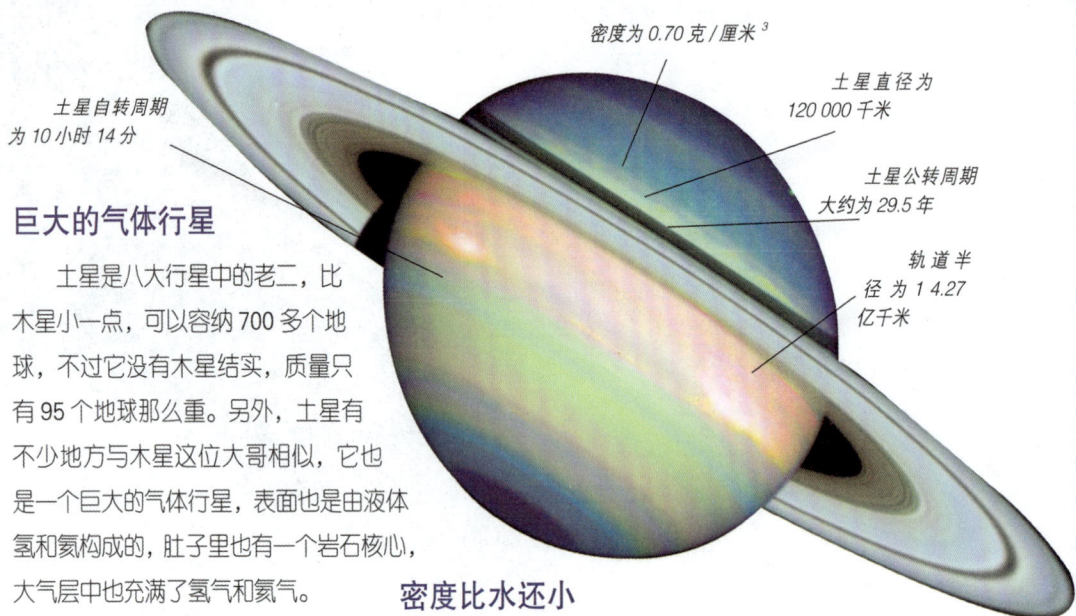

密度为 0.70 克 / 厘米³

土星直径为 120 000 千米

土星自转周期为 10 小时 14 分

土星公转周期大约为 29.5 年

轨道半径为 14.27 亿千米

巨大的气体行星

土星是八大行星中的老二，比木星小一点，可以容纳 700 多个地球，不过它没有木星结实，质量只有 95 个地球那么重。另外，土星有不少地方与木星这位大哥相似，它也是一个巨大的气体行星，表面也是由液体氢和氦构成的，肚子里也有一个岩石核心，大气层中也充满了氢气和氦气。

密度比水还小

别看土星的个头很大，实际上它的密度比水还小，平均密度是 0.70 克 / 厘米³，可以说是个浮肿的虚胖子。如果有一个巨大的水箱，把八大行星全都扔进去的话，只有土星会漂在上面，其他行星都要沉入水底。

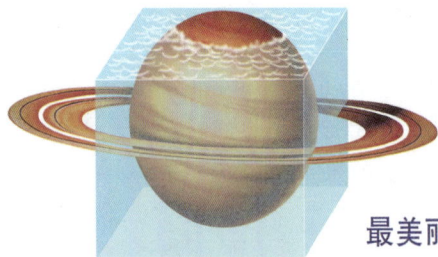

土星的密度示意图

最美丽的行星

土星是太阳系中最美丽的行星。如果乘坐宇宙飞船去旅行，在太空中远远地就能看到它。那橘黄色的球体，穿着一身花花绿绿的横条彩衣，还围着一道绚丽多彩的腰带，土星真够时尚动人的！

像一道彩虹

仰望夜空，漂亮的土星光环像一道彩虹，架在天际。这"彩虹"还不停地转动呢，众多的"月亮"七上八下地漂着，格外引人注目。土星不像地球，它有数十颗卫星呢，让你不再有"明月几时有"的感叹。

然而，要想到达土星绝非易事。首先，飞船要足够结实，不然会被土星光环中的小冰块给撞个粉碎。

漂亮的土星环

土星的光环

土星的光环，是由无数个小石块和小冰块组成的。这些小家伙们浩浩荡荡地围绕土星运转，10多个小时绕一圈，在阳光的照耀下闪闪发光。实际上，这圈光环很薄，厚度仅有上千米。据估算，把环中所有的小碎块揉成一团，几乎有一个月球那么大。看来，土星光环决非等闲之辈。

光环由许多石块和冰块组成

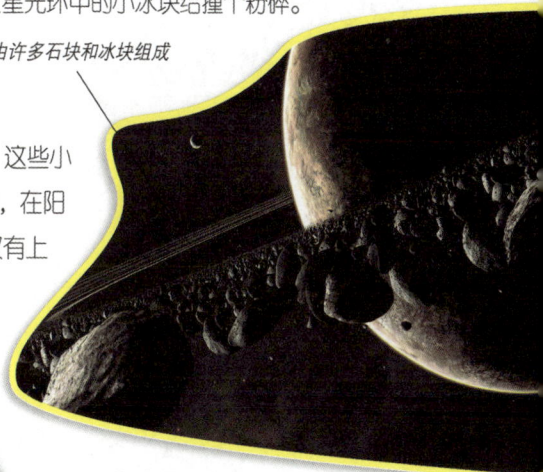

土星南极上空的极光

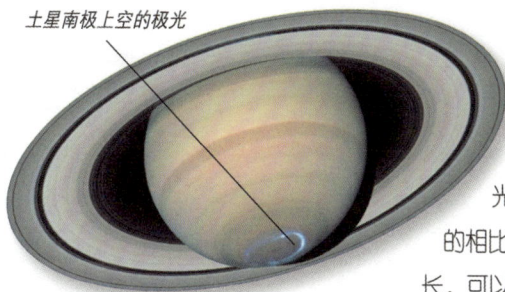

土星上也有极光

当飞过土星的南极时，一圈诱人的蓝光格外引人注意。土星上也有极光。与地球上的相比，土星上的极光不仅范围大，而且持续时间长，可以存在好几个月呢。土星的南极上空，有一只奇特的"大眼睛"，原来，那里正在刮一场超大型风暴。在土星的北极，有一片六边形的祥云，样子和蜜蜂的蜂巢很像，大得足够放下4个地球。

像个大礼帽

土星跟我们的地球一样，也是斜着身子绕太阳转的，并且倾斜得厉害。当土星绕太阳运转时，它的光环朝向地球的角度不同。光环斜对着我们时，可以看得清楚，这时它像个大礼帽；当光环平对着我们时，哪怕用最大的天文望远镜，也只能看到细细的一条线，这条细线将土星一分为二。

自转周期是10小时14分

绕太阳公转的平均速度约为每秒9.64千米

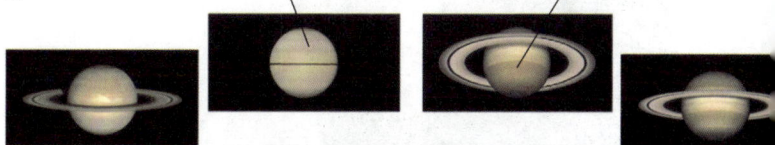

近日点

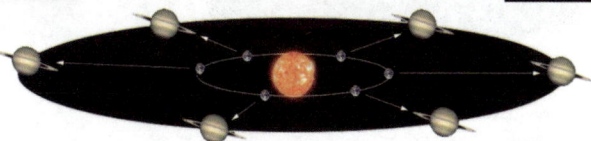

如果你去土星旅行会怎样？

凡是在望远镜里看过土星的人都会为土星美丽的光环惊叹不已。据科学家研究发现，土星的光环非常宽，据说地球在它上面滚动，就好比篮球在人行道上一样。据推断，土星的光环是由接近土星的一颗卫星破碎后形成的。

土星是太阳系中最美丽的一颗行星，从 1610 年伽利略第一次用望远镜观察到土星到现在，已经过了 400 多年了，在这几百年间，人类无时无刻不对这颗美丽的星球存有幻想，随着太空旅游的兴起，美丽的土星成为许多人向往的目的地。如果你有幸去土星旅行，会玩得高兴吗？

然而，希望总是和现实存在差距，迄今为止，只有先驱者 11 号、旅行者 1 号和 2 号三个探测器飞临土星探测过它的活动，也就是说现在人类根本不可能飞到土星，更谈不上旅行了。有人甚至估计 100 年之后，宇航员才有可能驾驶宇宙飞船在土星的上空翱翔，不过即使这样，也不可能在土星表面降落。因为土星是一颗气态巨行星，没有固体表面可供踏足，也不会有液态海洋供船只航行。

所以，100 年后宇航员的土星探索，也就是在土星的大气层内外飞来飞去，在土星美丽的光环之间钻进钻出。

因此，人类的土星之旅是遥遥无期的。

此外，土星和地球相比，完全是一颗奇异的"外星"。土星上狂风肆虐，寒冷刺骨，沿东西方向的风速达到每小时 1600 千米，北半球高纬度地带还有强大而稳定的风暴，这样恶劣的自然环境对人类的生存是一个挑战，所以我们到土星旅行的梦想根本就不会实现。

勇闯泰坦星

远远看去，土卫六（人们也称它为泰坦星）就像一个熟透了的大橘子，并没其他出彩的地方。不过，你不要失望，总有意外的发现在后面等着你呢。快到达土卫六的时候，飞船上的仪器显示，土卫六大气的下面有一片陆地：广阔的平原上，散布着大大小小的石头和冰状物体。

"开始降落吧！"

惠更斯走出着陆舱，抬头一看，却是橙色的天空，雾蒙蒙的。这时，土星正从地平线上升起，漂亮的光环闪闪发光，壮观极了。奇怪，天空为啥是橙色的？原来，大气中含有一种叫作甲烷的气体。当阳光照在甲烷上面的时候，会形成某些化学物质，导致天空变成橙色。

与地球上的蓝天比起来，土卫六上的天空很美。可是那里天气非常寒冷，温度降到-180℃，地面又湿又滑的，天上还下着"雨"，把人的好心情都破坏掉了！要知道，这天上下的不是雨水，而是甲烷。

在土卫六上，大气压大约是地球的1.5倍，-180℃的温度在这个压力和温度下，甲烷就变成液体了。在地球上，甲烷非常易燃。多亏了这里没有氧，要不然，一个小火星就可以把整个星球炸翻天！

哦，附近有一座山，为什么不去上面看看风景呢？可这地面上似乎结了一层油膜，脚下还发着嘎吱嘎吱的声音，一不小心，靴子就会被吸住。惠更斯终于爬到山顶。展现在眼前的，是一片星罗棋布的湖泊。在距地球约16亿千米的地方，还有湖泊，确实让人大感意外。

湖水是透明的，偶尔还会微泛波纹。土卫六的引力很小，只有地球的1/7。只要有一点风，湖面上就会出现惊涛骇浪。只是，巨浪的运动比较平缓，如果在这里玩冲浪，一定会很棒。湖上空的天空也非常暗，湖面不是蓝色的，而是橙红色的，这让人恍如置身梦境……

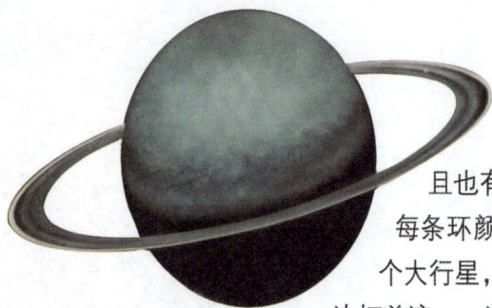

天王星

天王星

天王星和土星一样，也有美丽的光环，而且也有一个复杂的环系。它的光环由20条细环组成，每条环颜色各异，色彩斑斓，美丽异常。天王星也是一个大行星，躺着自转，就像一个耍赖的小孩，在轨道上一边打着滚，一边绕着太阳转圈圈。

错把它当恒星

历史上有许多有趣的天文故事。天文学家第一次看到天王星时，错把它当作恒星。直到1781年，英国天文学家赫歇尔发现，天王星看起来的大小是随着望远镜的放大率的增加而增大，但是恒星的大小是不会因望远镜的放大率的增加而增大的。经验告诉他，天王星不是恒星而是太阳系里一颗行星。

天王星
是太阳系中体积仅次
于木星和土星的行星，在夜空中可以直
接观测到，亮度暗，绕太阳运转的速度也比较慢

威廉·赫歇尔

威廉·赫歇尔

有个侨居英国的德国人，名叫威廉·赫歇尔，在英国皇宫里吹奏双簧管。这位乐师酷爱天文，并亲手制作了许多望远镜。一次，他偶然发现一颗新的行星，但他没有把握。这颗新星就是后来的天王星。这一发现，使人们第一次突破了太阳系以土星为界的范围，在天文史上产生了深远的意义。

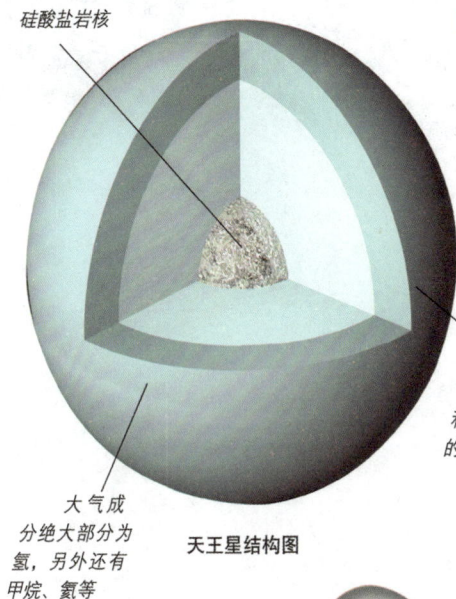

硅酸盐岩核

内部结构

天王星的体积是地球的 64 倍，而质量却只有地球的 14.6 倍。它表面是一片汪洋大海，深达 8000 千米。而内部有一个熔化岩心，但只有地球大小，所以就显得比重较小；和地球一样，它也有磁场，只是比较弱。

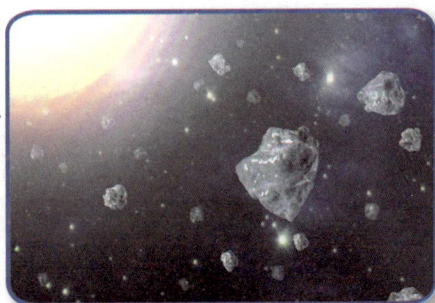

由水、冰、甲烷和氨组成的球幔

大气成分绝大部分为氢，另外还有甲烷、氦等

天王星结构图

天王星表面成分 10% 是碳元素，在高温高压的作用下，变成钻石落下，形成钻石雨现象

天上掉钻石

在地球上"天上会掉下馅饼"那简直是异想天开。而在天王星上，天上落下来的不是馅饼，而是钻石，这千真万确，信不信由你！如果你去那里旅行，就会发现，一粒粒钻石雨点般地落下来，有的竟有鹅卵石那么大。

蓝色之谜

作为海王星的姐妹星，天王星的大气也是由氢、氦和甲烷组成的。它之所以显蓝色，就是因为甲烷吸收了太阳光中红光的结果。那儿或许有像木星那样的彩带，但它们被覆盖着的甲烷层遮住了。

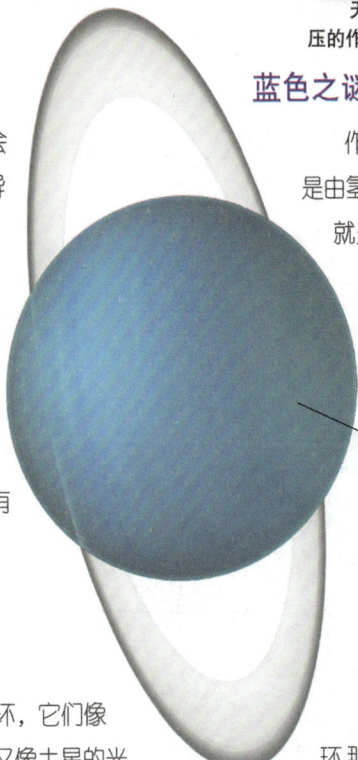

蓝色的大气层

已经发现的天王星光环已经有 20 条了，大多都是红蓝色的

自带美丽光环

天王星有美丽的光环，它们像木星的光环一样暗，但又像土星的光环那样，是由直径达到 10 米的粒子和细小的尘土组成。天王星有 13 层已知的光环，但都非常暗淡；最亮的那个被称为 Epsilon 光环。这么说吧，天王星的光环，是继土星的光环被发现后第二个被发现的。

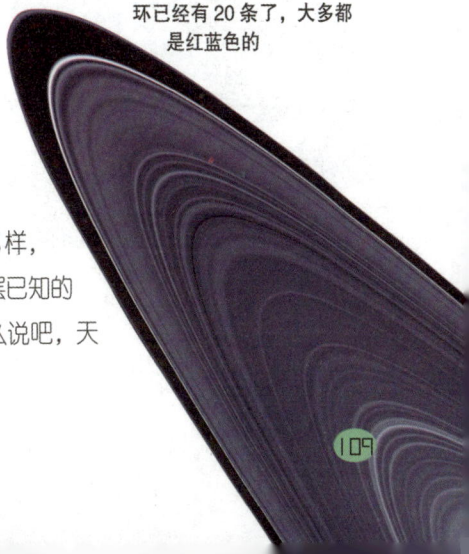

如果你去天王星，多久才能到？

奇思妙想

天王星是太阳系中的行星，离太阳比较远，它与太阳的距离是日地距离的 19.2 倍。由于天王星距离地球太远，两个多世纪以前，人们还没有发现它呢！这么远的距离，如果你要去天王星，需要多长时间呢？

是不是很想知道我们去那里到底需要多长时间？下面我们来看一组数据，"旅行者 2 号"是 1977 年 8 月 20 日发射升空的太空飞船，它经过 8 年的时间，航行了 48 亿千米后，在 1985 年 11 月 4 日接近天王星。看过这些数据后，你有什么感想呢？经过太空飞船的探测，加上天文学家的努力，我们对天王星已经有了一定的了解。

天王星是蓝色的星球，基本上由岩石和冰组成，它上面的昼夜交替和四季变化很特殊，需要 84 个地球年才能绕太阳公转一周。可以肯定的是，随着科学技术的进步，我们还会进一步了解天王星的。

太阳系中的小兄弟

在宇宙大家庭,里住着一对难兄难弟:天王星和海王星。

天王星是大哥哥,海王星是小弟弟。

在太阳系家族里,它们分别是太阳系的第七颗和第八颗行星。它们距离太阳最远,当然吸收的光也就少得可怜。同样道理,这兄弟俩像生活在地球的寒带一样,冰冷彻骨。从外面看,就像两个蓝色的气球一样。不过呢,天王星是天蓝色的,而海王星是海蓝色的。

还记得,兄弟俩第一次见面的场景吗。

"你怎么躺着运动啊?"小弟弟海王星问道。

"这你就不知道啦,我躺着既舒服还能运动,不像你一天天老是站着,也不休息会儿。"天王星说道,充满了自豪感。谁都知道躺着舒服,海王星也想尝试着像天王星那样,像一个耍赖的小孩,想尝试一下躺在地上打滚的感觉。有了这样的想法,那就说干就干。他稍微动了一下,一切都乱套了。

"我可没那本事,我还是老老实实地站着吧!"海王星对天王星说,我可做不了这种高难度运动。这件事,让小弟弟的海王星彻底明白了自己。,有些事情是自己干不了的,得认清自己。

可天王星就不是这样,他满脑子这样转,明天那样滚,总之花样越来越都是奇思妙想,今天越越多。有一天,他甚至提出,要和小弟弟海王星交换位置。

"这能行吗?我的天王星哥哥啊?"海王星谨小慎微。谁知,天王星却嘲笑他:"看你胆小的样子。"说完,他们各自离开自己的轨道,朝对方轨道驶去。远远的天空中两个大圆球开始了冒险之旅。

"你这里暖和多了,躺着真的很舒服哦!"海王星说道。

"你这也不错,虽然离太阳有点远,可风景美极了。"天王星回复说。两个家伙就这样玩得不亦乐乎。

在寂寞无趣的太空,这两个家伙总是能找到好玩的趣事儿。他们一边辛勤工作,一边找寻存在的乐趣。现在,作为小弟弟的海王星,也学会了天王星的口吻:"我天生就是这样,我要活得与众不同。"其实,我们每个人不也应该像两个小兄弟一样,活出自己的色彩,不是吗?

海王星

海王星

海王星离太阳约有 45 亿千米。它与天王星相像，简直像一对双胞胎；它穿着一件蓝外衣；它有磁场和暗淡的光环；和地球一样，也有美丽的极光……这就是"旅行者"2 号眼里的海王星。

海王星的大气成分主要是氢、氦和甲烷

平均温度约 –200℃

由水、冰、甲烷和氨组成的幔

硅酸盐核

蓝色是大气中甲烷吸收了日光中的红光造成的

笔尖上的发现

天王星发现后，人们开始研究它的运行轨道，发现它的运行轨道与根据太阳引力计算出的轨道有偏离，于是推测在天王星外还有一颗行星。1846 年 9 月，德国天文学家伽勒对准勒威计算出的位置，真的看到了一颗蓝色的星星，它就是被称为"笔尖上发现的行星"。

平均密度约 1.66 克/厘米³

孪生兄弟

在 1989 年 8 月，飞向太空的"旅行者 2 号"探测器近距离观测过海王星。

美丽的极光

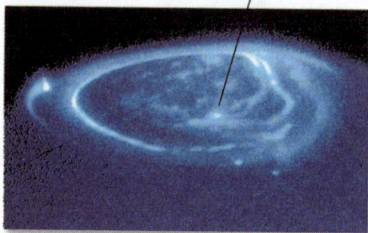

海王星的光环

发回的照片显示，海王星与天王星像一对孪生兄弟，个头大小、密度和成分都差不多。不过，海王星并不像天王星那样，悠闲地躺着打滚，而是跟地球一样，站着打转。它有磁场和暗淡的光环，也有美丽的极光。

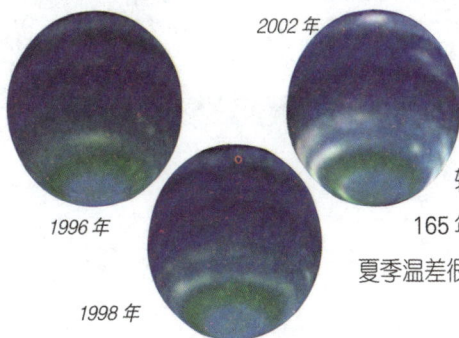

2002 年

1996 年

1998 年

海王星的季节变化

1 年相当于 165 个地球年

在太阳系内，海王星离太阳太远，大约 45 亿千米，照射到它上面的太阳光很稀少。由于公转轨道特别长，海王星上的一年相当于地球上的 165 年。尽管如此，它也有春夏秋冬四季。其中，冬季、夏季温差很小，不像在地球上那么显著。

每一季特别长

与地球不同的是，海王星的每一季都特别长，有 40 多个地球年！注意了，这里说的"年"不是以月份来计算的。海王星上的一次季节轮换是 165 个地球年，所以，用 165 除以 4，得出结果，它的每一季至少可以持续 40 年。

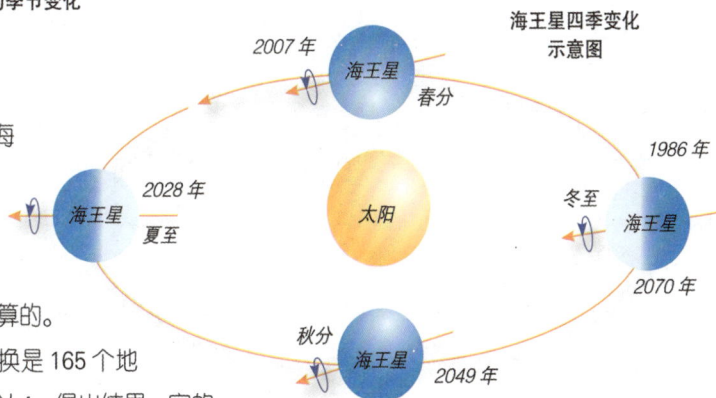

海王星四季变化示意图

2007 年　海王星　春分

1986 年

太阳

2028 年　海王星　夏至

冬至　海王星

2070 年

秋分　海王星

2049 年

发烧的南极

在海王星上，南极要"热"得多，比别的地方要高出约 10℃！按照地球的标准，这也许不算什么。但是，对于太阳系这颗最外围的行星来说，南极几乎是在发低热。因为，过去有数据显示，海王星的平均体温才 -200℃。而在太阳系的其他行星比方说地球和火星上，两极温度都是最低的。

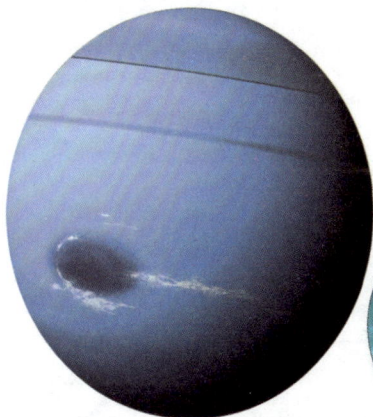

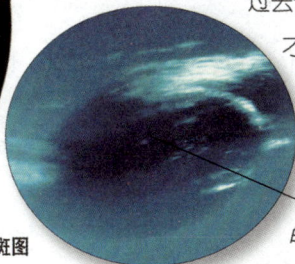

海王星的大黑斑图

海王星上的疾风以每秒 300 米的速度把大黑斑向西吹动

阴暗多风

海王星上充满着活力，是一个阴暗多风的星球。厚厚的大气中，甲烷冰晶形成的有毒云体狂飞乱舞。湍急的气流上下翻滚，好不热闹！它的南半球有一个醒目的大黑斑，形状、位置和大小同木星的大红斑如出一辙。海王星的天气一直以古怪和狂暴著称，刮起的狂风速度有时达到每小时 2000 千米。

如果去海卫一做客，能看到什么呢？

More

奇思妙想

海王星在"旅行者2号"探访之前，当时的人们认为海王星只有两颗卫星，也就是海卫一和海卫二。后来逐步观测多颗自然卫星，到目前共发现13颗卫星。

海卫一是一个备受关注的天体，最初是以希腊海神崔顿命名的。它的大小、密度和化学组成与矮行星冥王星差不多，由于冥王星的轨道与海王星相交的缘故，因此海卫一可能曾经是一颗类似冥王星的矮行星，被海王星捕获。

这些海王星的卫星中，海卫一个头最大，直径约2700千米。如果前往那里做客，首先映入眼帘的是一个耀眼的白色世界，感觉冷得出奇，表面温度低达 -235℃。远处，伴随着隆隆巨响，几座火山突然喷发了！只见喷发物直冲云霄，据测量，有30多千米高呢。不一会儿，天空中雪花纷飞，煞为壮观。在离地球这么远的星球上，竟然也下雪，让人格外激动。

这雪是怎么回事呢？原来，火山喷发的东西，不是滚烫的岩浆，而是白色的冰雪团块，还有黄色的冰氮颗粒。由于重力小，喷发物会慢慢地落下来，仿佛飞飞扬扬的鹅毛大雪，这不能不说是太阳系的一大奇观。有人推断，在海卫一内部可能有一个液态的水层，那里有可能存在原始的生命。

花开海王星

我是一朵小花。

我是一朵来自海王星的小花。今天，我要向你们说一下我和海王星的故事。我们海王星是很冷的，常常下大雪，有时还会刮很大的风。这里常年累月被雪覆盖着。不过，我却非常喜欢有积雪的日子，我看到小朋友们踩在上面，脚底下发出咯吱咯吱的声音，就高兴得手舞足蹈。

插一句话。在我们海王星上，住着的是海王星人，他们就像你们地球上的因纽特人，一年四季都穿着厚厚的衣服，住在冰块垒成的房子里。相比因纽特人，我们海王星人更能忍受寒冷、更耐冻。

冬天，冷冷的阳光洒下来，白茫茫一片。在用冰块垒成的小屋里，墙壁晶莹剔透。他们也常聚在一起，不是唱歌就是聊天。他们内心很明亮，因为他们身上有爱。他们极其热爱自然界的动植物，动物都是他们的朋友。

有一天，有一个地球人闯入了海王星，这就是宇航员欧文。当时，欧文是落到一处偏僻的丛林里，腿摔伤了，不能动弹。

"哦，这是一朵花。"欧文看看那我，用力踩踩脚，想让自己站起来，我就在他的身边，他知道我能治病，伤。为什么要带我走？他嘿嘿一声，"为想要找的东西。"他说这句话时相当朵已经干枯了的可是没有成功。当时，就用我身上的汁液治好了什么？因为你身上有我一直自信。

就这样，我来到地球。其实，我始终是一朵海王星上的小花。

欧文是一个有大自然情怀的人。原来，他一直向往的，想必就是海王星上的自然世界吧。他带我去了好多地方，见到了地球上最美的风景，也见识了许多不堪入目的事件，包括丛林中最为残酷的杀戮等。他问我："为什么我们地球人不能像海王星人一样，与自然和平相处呢？"

原来，这才是他带我到地球的原因。我无奈地摇了摇头，或许这就是选择吧！地球选择了人类，所以才有竞争，当然包括杀戮。而我们海王星呢，至今还是一个冰冷的星球，了无生气。我刚说完，欧文一下子眼睛亮了。我很庆幸，或许我已经帮他打开了心结，一切无需多说……

矮行星

冥王星

矮行星因为冥王星的加入而声名大噪。2006 年 8 月 24 日，在美丽的捷克首都布拉格，举行了国际天文学联合会（IAU）第 26 届大会。在会议期间，代表们投票表决了太阳系行星身份的草案。根据表决结果，冥王星因为实力不佳，被从行星家族中开除！理由是它的质量不够大，再加上轨道非常扁。

冥王星下岗

冥王星距离太阳很远，是地球到太阳距离的 40 倍；轨道很奇特，呈椭圆形，比其他各大行星的轨道都要扁长，也要倾斜得多，绕太阳跑一圈要 248 个地球年；个头太小，直径才 2300 多千米，而地球的卫星月球的直径可达 3400 多千米，它仅有月球的 2/3 大！这些不利因素，让它不得不从行星岗位上下岗。

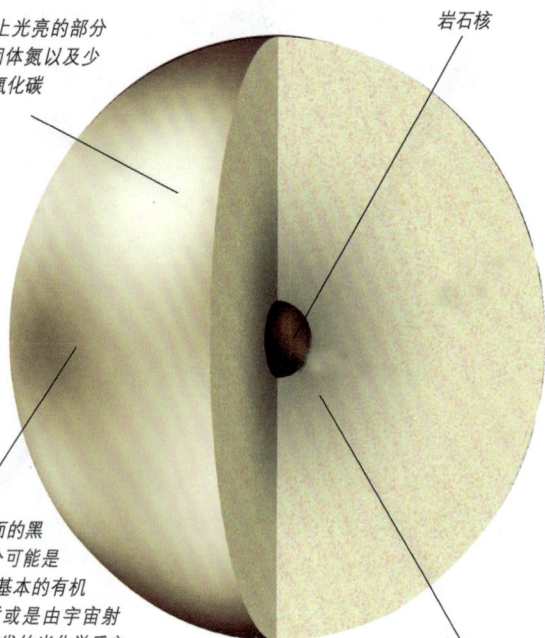

冥王星地表上光亮的部分可能覆盖着一些固体氮以及少量的固体甲烷和一氧化碳

岩石核

表面的黑暗部分可能是一些基本的有机物质或是由宇宙射线引发的光化学反应

冥王星的内部结构

幔有水和冰

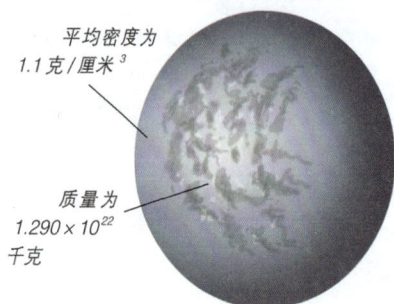

平均密度为 1.1 克 / 厘米³

质量为 1.290 × 10²² 千克

冥王星

谁忧谁愁？

冥王星下岗了，引起了世界上许多天文学家的反对，甚至有人认为："这是一个糟糕的决定。"有美国小学生强烈抗议道："它是最可爱、最具迪士尼风格的行星，你们为何要将它赶出行星之列？"

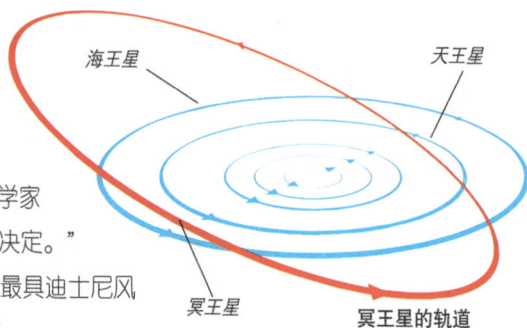

海王星

天王星

冥王星

冥王星的轨道

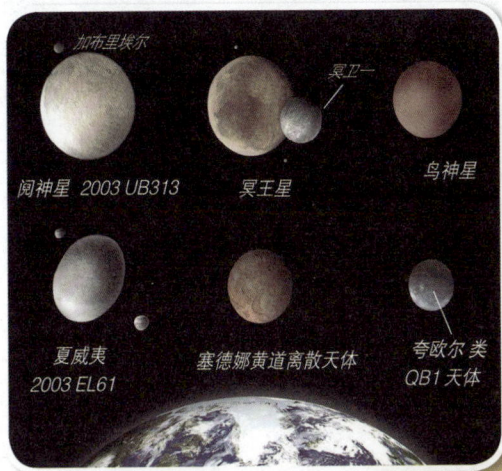

加布里埃尔
冥卫一
阋神星 2003 UB313
冥王星
鸟神星
夏威夷 2003 EL61
塞德娜黄道离散天体
夸欧尔 类 QB1 天体

目前矮行星成员有：冥王星、卡戎星（候选矮行星）、阋神星、谷神星、鸟神星等

不是行星的矮行星

根据新定义，太阳系成员包括：行星、矮行星和太阳系小天体等。其中，矮行星是指与行星同样具有足够质量、呈圆球形，但不能清除其轨道附近其他物体的天体。也就是说，矮行星并不是行星，而是与行星不同的另一类天体。

冥王星的发现

1930 年，美国天文学家汤博发现冥王星，他当时错估了冥王星的质量，以为冥王星比地球还大，所以命名为行星。后来，经过进一步观测，天文学家发现冥王星的直径只有 2200 多千米，比月球还要小。但是"冥王星是行星"早已被写入教科书，因此天文学界很长时间里对这一失误睁一只眼闭一只眼。

想象中的冥王星和它的卫星一

神秘的冥王星

在世界上最大的望远镜眼里，冥王星就像一粒闪着微光的小米粒。由于太小太暗淡了，它有许多地方不为人知，比如大气层结构、真实身份等，而这些也使我们的冥王星披上了一层神秘的面纱。

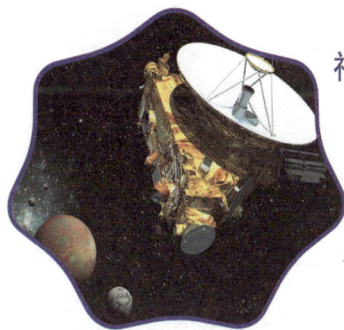

因为遥远的距离，冥王星一直很难被探测到。2006 年 1 月，美国向冥王星发射了无人探测器"新视野"号，这是人类对冥王星的首次探测

奇思妙想

冥王星曾是太阳系中行星家族一员，当然这是个错误的认知，所以在 2006 年的国际天文学联合会大会上，众多专家通过投票的方式，最终将冥王星降级为矮行星，尽管这样，人们对这个神秘的天体依然很感兴趣。

至今，冥王星发现已有 80 多年，但由于它又小又远，天文学家依然没有完全揭开它神秘的面纱。冥王星距离太阳的平均距离约为 59 亿千米，约为日地距离的 40 倍，它围绕太阳运行一圈需要花 248 个地球年。冥王星围绕太阳运行的轨道，和行星相比是一个更为扁长的椭圆形轨道，有时候它在比海王星还靠近太阳的位置上运动。此外冥王星的自转周期也很特别，按万有引力效应来看，水星和金星的自转速度最慢，其他行星的运转周期是 10 小时到 25 小时，冥王星的自转周期竟然达到 153 小时。

时至今日，从 2006 年升空，在茫茫太空中跋涉了整整 9 年半，飞越了 50 亿千米的路程的人类首个造访冥王星的探测器——新地平线号终于在 2015 年 7 月抵达冥王星上空，传回了首张冥王星近照，并发现心形暗斑。但它在人类眼中依然很模糊，神秘莫测。

总之，冥王星很特殊，人类也在积极探测这颗矮行星，希望揭开更多的秘密。

冥王星下岗记

一天，太阳系家族召开一次特别会议，所有的行星成员都前来参加。当然，也包括天王星、海王星和冥王星。

"现在，我宣布会议议题。"会议主席由太阳系主人太阳公公主持。

"今天，我们要讨论一下涉及每个成员的归属问题。按照宇宙最新出台的规定，我们要重新选出八大行星。"

"八大行星？"水星插话道。

"这么说要开除一个了？"地球补充道。

"是的。我刚才说过了，这是宇宙最新出台的规定。所以，今天就是要在你们九个里面排除一个来。"

"这的确不是一件好事。"火星说道。

"谁下也不合适啊？"木星也说。

"所以说嘛，我们大家共同来拿个主意。考虑一下是按大小合适呢，还是按辈分，或其他什么条件？"太阳补充道。各大行星议论纷纷，一时间，会议陷入了僵局。地球出来讲话了，他说："我愿意退出。"可太阳公公马上驳回了，拒绝了他的这一请求。

讨论结果，决定根据星球体积大小以及各自家庭成员确定行星身份，最后列出了两位排除名单，这就是海王星和冥王星。最后，冥王星表示愿意退出，他的理由只有一条："我最小，理应退出。"

最终，冥王星的提议通过大会表决。主持会议的太阳公公无奈地宣布："太阳系家族的九大兄弟必须竞争上岗。不幸的是，原来的老九——个子最小的冥王星，因为实力不佳，被逐出了我们太阳系行星家族。我想这对冥王星来说是一件悲哀的事情，但这就是答案。"不过，对于冥王星来说，该去哪里工作呢？经过研究，冥王星有了一个新称谓——矮行星。

小行星

行星袭击地球

小行星

与类似于地球的行星相比，小行星自然要小得多。实际上，小行星是指那些围绕太阳运行但由于体积太小而称不上行星的天体，它们是太阳系形成后的剩余物质。多数小行星集中在火星轨道和木星轨道之间，总数超过 100 万颗。

祸起小行星

距今 6500 万年前，称霸地球的恐龙神秘失踪了。据一些科学家说，是因为一颗直径只有几十千米的小行星撞击地球，导致地球上大范围的地震、海啸和火山爆发，温度急剧升高。而撞击后，尘埃环绕地球，致使太阳光照不到地球，温度下降，恐龙及 80% 以上的生物在这次撞击中灭绝。

"小行星撞地球导致恐龙灭绝"想象图

袭击地球

小行星撞击地球不是假设。科学家发现，大约在 5 万年前，一颗名叫亚利桑那的小行星袭击了地球，据说地球上的许多生命都遭到了灭顶之灾，而且它还在地球留下了一个直径为 1240 米，深 170 米的大坑。

陨石坑

命名规则

小行星最初发现后，大都是以希腊神话中的神命名的，如谷神星、爱神星等，可是后来人们发现的小行星越来越多，就也有用发现者的名字、地名，甚至用古代天文学家来命名，比如张衡、祖冲之等，多数小行星只编了一个号。2015 年，第 41981 号小行星已经被命名为"姚贝娜"。

被命名为伽利略的小行星

较大的小行星

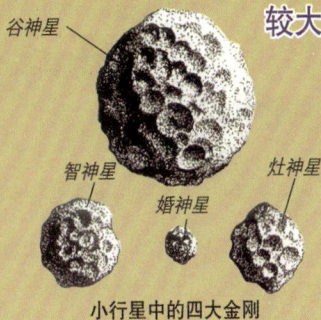

在宇宙中，最早发现的 4 颗较大的小行星分别是谷神星、智神星、灶神星、婚神星。到目前为止，已发现的小行星中，只有 13 颗直径达到 200 千米以上，其余的在 300 米到 200 千米之间不等。

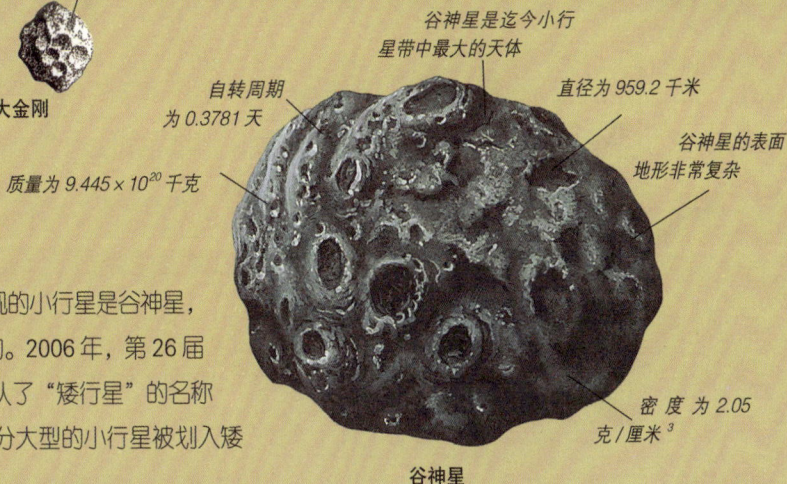

谷神星

智神星

婚神星

灶神星

小行星中的四大金刚

谷神星是迄今小行星带中最大的天体

自转周期为 0.3781 天

直径为 959.2 千米

谷神星的表面地形非常复杂

质量为 9.445×10^{20} 千克

最早的小行星

据介绍，最早发现的小行星是谷神星，是在 1801 年被发现的。2006 年，第 26 届国际天文学大会上确认了"矮行星"的名称和定义，于是有一部分大型的小行星被划入矮行星的范围。

密度为 2.05 克/厘米³

谷神星

天外来客

在 2013 年 2 月 15 日，地处俄罗斯车里雅宾斯克州。当地时间 9 时 20 分，天空中突然出现了一颗流星，它以飞快的速度坠落。不一会儿，流星在该地上空爆炸，燃烧解体，碎成许多块，爆炸引发的冲击波让许多建筑受损，甚至造成了人员受伤。事后据人们回忆，当时的场景确实很让人害怕。

流星滑行速度非常快，伴随一道白光闪过天际

由于陨石坠入俄罗斯车里雅宾斯克州地区，导致冰冻的切巴尔库尔湖面形成一个巨大的窟窿

如果小行星撞击地球会怎样？

奇思
妙想

小行星会撞击地球吗？2004 年的 1 月，美国新墨西哥州的天文学家发现一颗小行星正快速地向地球飞来。如果不加以制止，这颗直径约为 500 米的小行星可能会在 9 小时后落到地球的北部，到时候也许会造成数百万人的死亡，幸运的是就在千钧一发的时刻，小行星改变了一点方向，与地球擦肩而过。同年 3 月，又有一颗直径为 30 米的小行星从南太平洋上空掠过，它距地面只有 4.3 万千米，据说这是小行星与地球距离最近的记录。如果小行星真的撞击了地球，后果真是不敢设想。据科学家研究发现，恐龙的灭绝就与小行星撞击地球有关。人类难道也会上演这样的悲剧吗？

事实上，小行星撞击地球的概率不大，但是小行星对地球的危险是存在的，下面我们就来认识一下地球潜在的敌人——小行星。

现在人类已发现在小行星很多，但只有 10000 多颗被正式命名。小行星的体积一般较小，如最大的小行星直径也只有 1000 千米，而最小则只有鹅卵石一般大小。还有一些小行星受到行星引力等影响，它们的运行轨道会发生变化，如接近地球的小行星。因轨道与地球相交的又叫近地小行星，它们对地球的威胁最大。目前已知的近地小行星在 250 颗以上，而实际数量可能多达 1000 颗。

迎战小行星

公元 2036 年，地球。

"报告！"监测站发回警报。

"请讲！"负责宇宙安全的指挥中心命令道。

"有一小行星正朝地球飞来，去向不明。"

"察明情况。"

"好的，一切准备工作都在有序进行。"小行星向来被认为是潜在的地球杀手，要是一旦产生危害，那可不得了。

也就是说，一旦有碰撞发生，损失将是巨大的。还记得 6500 万年前那次恐龙灭绝吗，就是小行星搞的鬼。这颗小行星倘若击中海洋，将产生高达 200 米的巨浪，地球上的一少半人会看不到日出，将发生第六次物种大灭绝。

"可不能让它靠近地球哦，我们要在它飞临地球上空的一刹那，将它劫持，扔到其他地方去。"

"这是一个办法。不过也是危险重重。"

"现在，没有更多时间考虑了。"

"好，赶快行动。"

"一切准备就绪，只等出发！"

"点火，发射！"几分钟后，"猎户座"经过了漫长飞行，飞船到达小行星附打开发动机，利用气垫进行软着陆。

飞船指令员派出几名宇航员，在大孔，然后将足量的核弹塞了进去。接爆核弹，小行星被炸得四分五裂。危险

飞船被送进预定轨道。近，然后在合适的地点，随后飞船成功着陆。

小行星的核心位置钻了一个着，大伙紧急撤离了。随即引解除了，人类又一次拯救了自己。

彗星

彗 星

在宇宙中，彗星拖着一根如扫帚的尾巴，发着耀眼的白色光芒，被称作"扫把星"。每当有彗星划过天空时，人们就会认为是灾祸的前兆，甚至有人会把对自己不好的人比作"扫把星"。其实这是不科学的，但彗星的出现真的会带来气象变化。

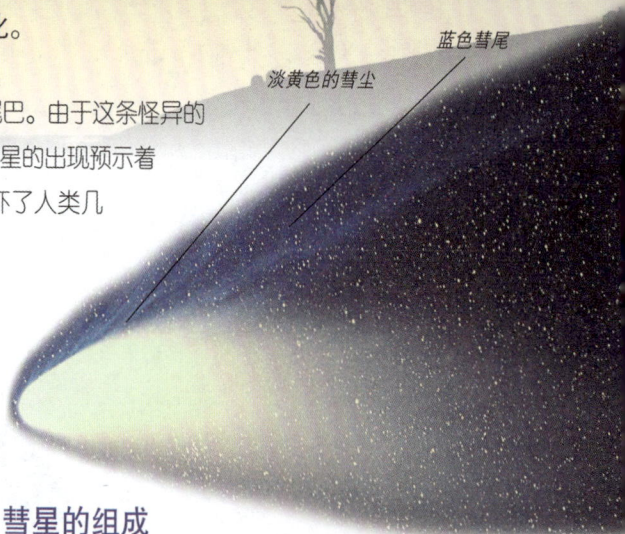

蓝色彗尾

淡黄色的彗尘

长长的尾巴

彗星，最大的特征就是拖着一条长长的尾巴。由于这条怪异的彗尾，彗星被人们赋予了很多神秘的色彩：彗星的出现预示着灾难即将来临。就这样，幽灵一样的彗星恐吓了人类几千年，一直到今天。

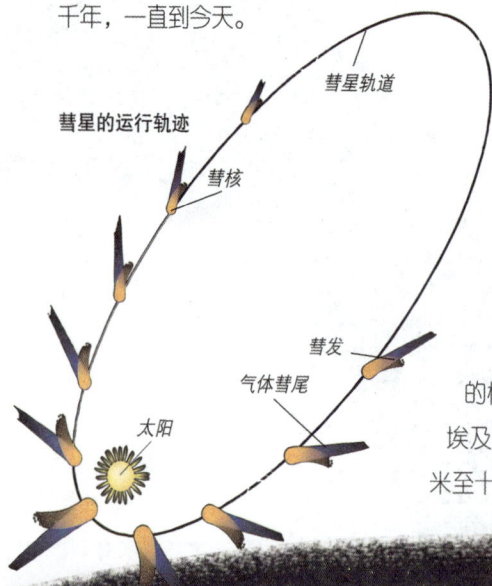

彗星轨道

彗星的运行轨迹

彗核

彗发

气体彗尾

太阳

彗星的组成

彗星是由彗核、彗发和彗尾组成，其中彗核是它的核心。它的质量大多集中于彗核。彗核是由石块、尘埃及氨、甲烷、冰块等组成的固体，它的直径很小，几千米至十几千米，而最小的只有几百米。

彗尾的变化特点

彗星长长的像扫帚一样的尾巴，是宇宙天体中最富个性的。彗星大约在距太阳3亿千米时开始出现彗尾，越接近太阳彗尾越长。在距离太阳最近的一点（近日点）后又会远离太阳，彗尾也会随之逐渐变小，直至没有。

彗星的寿命

从天文学的时间意义上来看，彗星是短寿的。为什么呢？原来，彗星每次"造访"太阳，都会有一部分挥发性的物质失去，大约50次之后，彗星就会变成一块"飘浮的岩石"。所以说彗星的寿命是很短的。

逐渐走向死亡的 C/2012 S1 彗星

哈雷彗星的主要成分是水、氢、氮、甲烷、一氧化碳、二氧化碳及不完备分子的自由基

哈雷彗星

哈雷彗星

1682年8月，一颗肉眼可见的彗星出现在天空上。年仅26岁的英国天文学家哈雷对这颗彗星特别感兴趣，他预言这颗彗星，会在1758年底或1759年初再次出现。正如哈雷所说，这颗彗星真的出现了，然而当时哈雷已经去世。为了纪念哈雷，这颗彗星被命名为"哈雷彗星"。

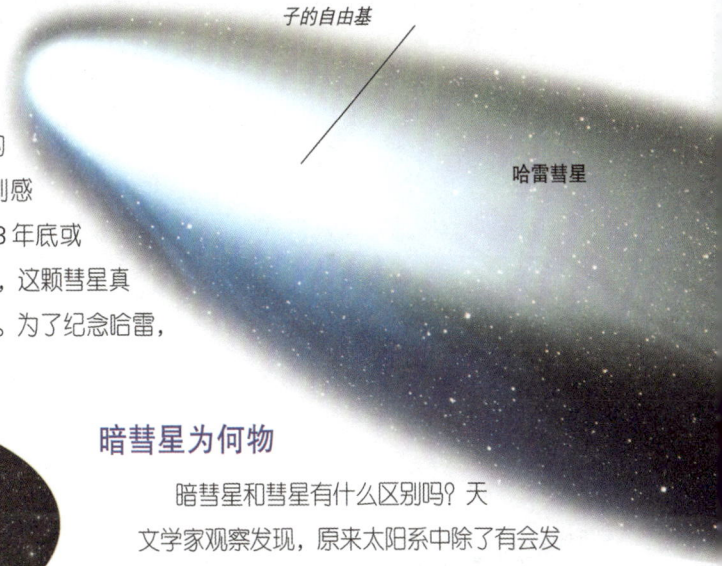

暗彗星是一种脱落其明亮冰晶物质，只保留着内核，从而反射很少的光线

暗彗星为何物

暗彗星和彗星有什么区别吗？天文学家观察发现，原来太阳系中除了有会发光的彗星，可能还存在由漆黑的碳化合物组成的暗彗星，它吸收可见光而不反射光，科学家们估算这种暗彗星的数量要比一般可见彗星的数量多400倍以上，也就是说它们可能对人类造成严重的威胁。

如果看到彗星真的会倒霉吗？

奇思妙想

生活中常常会听到有人把某人说成是"扫把星""灾星"。这是为什么呢？原来在中国古代有一种迷信的说法，认为彗星（扫把星）是灾难的象征。彗星真的是灾星吗？它会带来厄运吗？看到彗星真的会倒霉吗？事实上彗星的出现是一种很正常的天文现象，但是由于古代人的自然科学知识很贫乏，恰巧彗星出现时有自然灾害发生，古代人无法对这一现象做出合理的解释，所以他们对彗星的出现很恐惧。下面我们就用科学的眼光认识一下扫把星。

彗星是太阳系中奇特而较小的天体，它们的数量非常多，最常见的彗星的运行轨道是椭圆形的，由于它们每隔一定时间会绕太阳运行一圈，所以通常也把这种彗星称为周期性彗星。一般我们看到的彗星是运行周期小于200年的短周期性彗星，如恩克彗星、哈雷彗星、奥特麦彗星等，其中著名的哈雷彗星的运行周期为76年。

人类最近一次观察到哈雷彗星是在1986年。彗星小的时候看上去像一颗小行星，我们的肉眼很难见到；而彗星大的时候，拖着长长的尾巴，延伸大半个天空。彗星是由非挥发性微粒——尘埃、冰块、气体等组成的。此外，还有一些非周期性的彗星，它们的运行轨道是抛物线或双曲线形，它们一生只接近太阳一次，便消失了。当然彗星的秘密还有很多，还有待于我们人类更进一步探索研究。

追星人

一天，夜空中突然冒出一颗奇异的星星，它拖着长长的尾巴，披头散发，还闪闪发亮，连月亮也被它淹没了！"天啊，这是什么怪物！"有的人给吓病了，有的人跪在地上，虔诚祷告。教堂的神父们大声疾呼："妖星出现了，只有信仰上帝，才能得救。"一时间，仿佛世界末日来临。

"这是什么情况？"M教授第一时间获得了这一消息。他随即和自己的学生塔克联系，让他密切关注这个鬼东西。

"真的有怪物？一派胡言。"M教授的学生塔克不信这个邪。此刻，他正在外太空进行工作，也发现了这个家伙。不过，他现在还没有掌握足够的证据，不好妄下结论。

塔克和彼得船长，随即乘坐飞船去寻找刚才出现的大家伙。一阵急促的警报声从飞船太空扫描仪传出。每个人都放下了手中的活儿，凑过来看。

"扫描仪发现了什么东西！"塔克说。他紧紧盯着扫描仪屏幕，只见一个亮点正超速移动。在屏幕上教授很是疑惑。要知怪异的家伙。而塔克则在

"我很好奇这是什么东西？"M道，M教授正在地球上，监控着这个太空，可以更直观地看到它的模样。

"是一颗小行星吗？"有人插话，"一颗小行星的话，就是在太空里飘浮的一块石头。"

"我知道了！"塔克一拍脑门儿，"无论如何它也不像是小行星，瞧它多大的块头啊，还带着一个长长的尾巴。"

"那么，它一定是一颗彗星喽。"塔克肯定地说。

"它是从哪儿来的呢？"M教授挺纳闷儿，"为什么飞行速度这么快？"

于是，塔克等人乘飞船直奔这颗新发现的星球。这的确令人激动。"在这之前，我们还从来没有这样追星星呢，"塔克兴奋地说，"我们给它起个啥名字好呢？"

流 星

突然，一颗流星划过天空，紧接着又一颗。"啊，是流星雨！"真是太美了。许多人闭上眼睛许愿。在我国民间，人们给流星赋予了特殊的含义，有的人相信在流星划过的瞬间许下的愿望一定会实现。

流星

它们来自哪里

在太阳系中，除了我们熟悉的八大行星以及一些卫星之外，还有矮行星、彗星、小行星等天体。有些天体虽然比较小，但它们也在围绕太阳公转。当它们经过地球附近时，可能就会闯入地球大气层，在与地球大气发生剧烈摩擦中，会发出耀眼的光芒，这就是我们经常看到的流星。

流星以每秒 11 ~ 74 千米的速度进入大气层

历史上的流星雨

世界上最早发现和记载流星雨的，是中国。中国古代关于流星雨的记录，大约有 180 次之多，关于狮子座流星雨的有 7 次。如《左传》记载："鲁庄公七年夏四月辛卯夜，恒星不见，夜中星陨如雨。"这是在公元前 687 年，是世界上流星雨的最早记录。

流星与陨石

面对流星的时候，许下自己的心愿一定能实现吗？其实，再美好的愿望都是要靠自己去努力的，而流星只不过是承载了这一美好的愿望而已。多数流星是分解了的彗星。有个别的流星没有完全燃烧，不小心落到了地面上，那就是陨石了。

流星　陨石

流星雨

顾名思义，就是成群的流星，像是从夜空中的一点迸发出来并坠落下来的特殊天象，通常以流星雨辐射点所在天区的星座给流星雨命名。例如，每年11月17日前后出现的流星雨辐射点在狮子座中，就被称为狮子座流星雨。其他流行雨还有宝瓶座流星雨、猎户座流星雨、英仙座流星雨等。

狮子座流星雨

规模大不相同

流星雨有大有小。有一种流星雨，有时在一小时只出现几颗流星，但它们也是从同一辐射点出来的。还有一种，在短短的时间里，能在同一辐射点中迸发出成千上万颗流星，就像我们过节放的礼花一样美丽壮观。

观测者看见流星在天空中飞过，往回追溯流星的来向，似乎集中在一个点，这个点就称为辐射点

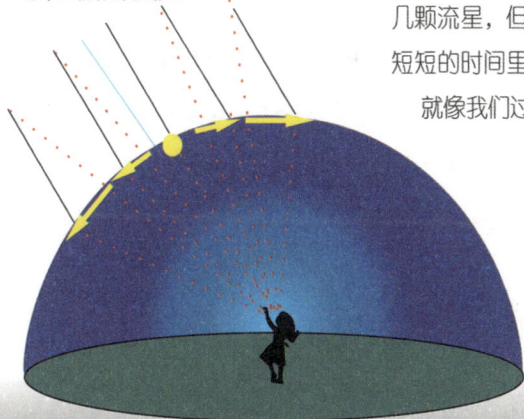
流星的辐射点示意图

猎户座流星雨

周期流星

流星雨会出现在固定的星座范围内，而且出现的日期也大致相同，因此它们又被称为"周期流星"。比如八月流星雨也称英仙座流星雨，总是在每年8月9日至13日之间出现。猎户座流星雨则会在每年的10月份出现。

如果流星落到你家里会怎样？

其实，你根本就不要考虑这样无聊的问题。为什么？

其实，流星是行星际空间流星体（固体块）和尘粒在地球大气圈同大气分子发生剧烈摩擦而产生的燃烧光迹。每天都有数十亿甚至上百亿的流星体进入地球大气，重量可达 20 吨。但是大部分流星在下落的过程中就会燃烧尽了，只有极小部分在大气中未燃烧尽的流星落到地面成为"陨石"。地球上陨石的数量很少，落到家里的概率可以忽略不计。

流星体原本是围绕着太阳运动的，但在经过地球时由于受到地球引力的作用，它会改变原来的运动轨迹，并进入地球的大气圈。流星可以分为单个流星、火流星、流星雨等几种类型。单个流星也叫偶发流星，为什么呢？原来它的出现时间和方向都不确定，很偶然，没什么规律。火流星也是一种偶发流星，它最大的特色就是很明亮，像一条飞舞在空中的火龙一样，有的火流星还伴有爆炸声，有的在白天也可以看见。流星雨是千万颗流星从星空中的某一点向外辐射散开，它的名字通常是以辐射点所在的星座命名的，如仙女座流星雨、狮子座流星雨等。比较著名的流星雨有天琴座流星雨、宝瓶座流星雨、狮子座流星雨、仙女座流星雨……

一起去看流星雨

我正走在回家的路上，突然有人喊了一句："快看，流星雨！"

我马上扭过头，朝天上看去。只见一颗颗流星迅速划过天空，留下一道道美丽的光线，流星的数量不断增多，像下雨一样。

"哇，真是太美了！"我激动地大叫，然后闭上眼睛开始许愿。

这时，听到一个古怪的说话声，我睁开眼睛一看，恰好一颗小流星从天际坠下来，不偏不倚地落在我身边。我被吓坏了，连忙要向前跑。几个模样古怪的人，拦住了我的去路。这不是外星人吗？我吓坏了，浑身冒汗。

"小朋友，不要怕，我们是不伤害人类的。"一个高个子外星人说。接着，他和一个矮个子的外星人用手势给我比画着，像是要我帮忙。

"可是，我能帮你们什么忙啊！"我轻轻地说。即使这么小的声音，他们也听得到，并且告诉我发生了什么事。原来，他们是要去别的星球旅游，走着走着燃料不多了，就只好光临地球，让我来帮他们想想办法。

"可哪里有他们的燃料啊？"他们继续给我做工作，让我帮他们找几种材料，说可以加工成自己的燃料。说完，他们非常友好地邀请我进入他们的太空船，我高兴地走了过去。"反正我一直有个太空梦，万一实现了呢？"我心里说。

他们没有撒谎，没有伤害我。

我和他们，乘坐在飞船里，一下子就到了空中，走了很远很远。我帮他们找到了水源，找到了森林。他们非常感谢我，并把我送回了我刚才的地方。这真是一次刺激的冒险，太让人激动了。临走时，矮个子外星人问我："你的愿望是什么？"我说："做一个勇敢善良的人。"他们笑了，说我已经实现了。

随即，飞船冲上天空，像一颗璀璨的流星划过天际，美极了。

陨 石

大家知道陨石是什么东西吧？它们原来是漂浮在太空中的石块，之所以会在天空中划出一道长长的光线，是因为它们在落到地球的过程中，和大气层发生了强烈的摩擦，进而燃烧产生的火光。很多小的石块，会在这个摩擦的过程中完全燃烧掉，而极少数没有完全燃烧掉的部分掉到了地球上，就成为陨石。

陨石

陨石的故乡

陨石来自哪里呢？在火星和木星轨道之间有一条小行星带，这里就是陨石的故乡。这些小行星在自己轨道上运行，不断相互碰撞，有时就会被撞出轨道奔向地球。

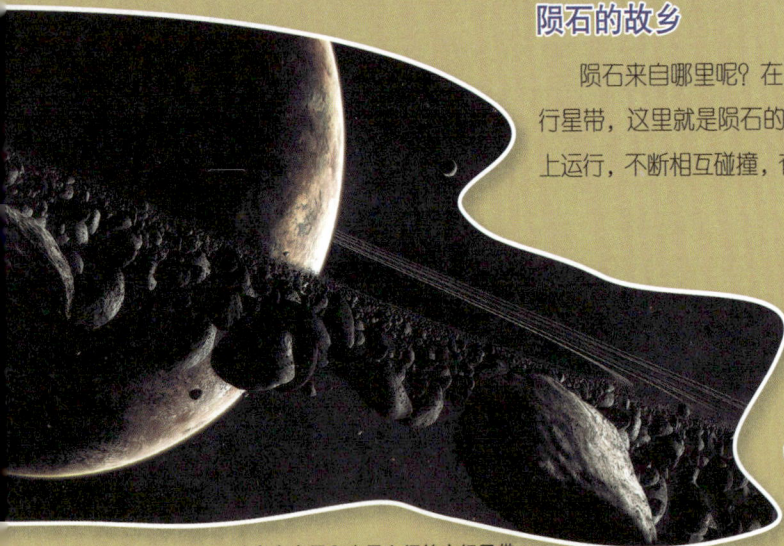

分布在火星和木星之间的小行星带

石铁陨石

铁陨石

石陨石

最大的石陨石

在南极，有一些很大的陨石坑。1976年3月8日，我国吉林省降落过一次世界罕见的陨石雨，完整的陨石有100余块，其中最大的一块重达1770千克，是世界上最大的石陨石。

吉林1号陨石

陨石的分类

依据陨石所含的化学成分的不同，它可以分为铁陨石（陨铁）、石铁陨石（陨铁石）、石陨石（陨石）三种，其中石陨石的数量最多。著名的陨石有中国新疆大陨铁、吉林陨石，美国巴林杰陨石等。

最古老的陨石

在澳大利亚，人们发现一块陨石。据估算，它可能是迄今为止在地球上发现的最古老的陨石，有45亿年的历史。也就是说，它能为研究45亿年前构成太阳系的物质能提供样本。

科学家们在二三十亿年前的陨石中大量发现原核细胞和真核细胞。因此科学家断定，在宇宙中甚至是太阳系在45亿年前就有生命存在。在含碳量高的陨石中还发现了大量的氢、核酸、脂肪酸、色素和11种氨基酸等有机物

陨石坠入百慕大（想象图）

百慕大的大陨石

在地球上，百慕大是一个神秘之地，飞机和轮船一到这里，就不明不白地失事。有人说，1500万年前，一块巨大的陨石掉落在这里，好像一个大黑洞，这块陨石具有极大的吸引力，可以把飞机和轮船吸引进去。

谁被陨石砸到过

"天外来客"总是冒冒失失地闯入地球，那么被陨石砸到的概率有多大呢？有意思的是，波黑男子拉迪沃杰·拉吉克堪称是世界上最倒霉的人，因为在3年时间里，他的家竟被从天而降的陨石砸中了6次。当拉吉克的家第6次被陨石砸中后，他开始戴着头盔出门，以免被陨石砸中送命。

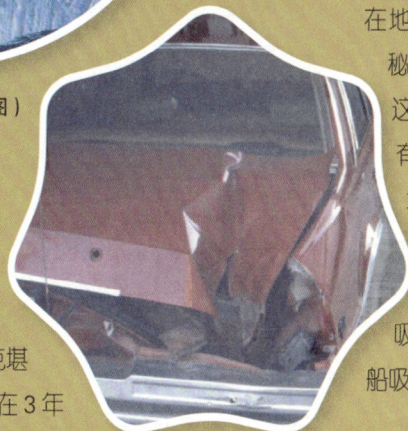

陨石对人类造成的危害

如果天上的星星都掉下来了会怎样？

奇思妙想

　　夜空中闪烁的星星真的很漂亮，它们光彩的外表到了地球上一定会跟钻石一样耀眼夺目。这么多的星星，像宝石一样。若是都落到地球上，到时候每个人都会有一块自己的宝石。如果我们能够搜集到很多颗星星，就可以把它们放在一个小瓶子里收藏，到了晚上还可以当作照明灯来使用呢！

　　偶尔，我们会看到天空中滑落的流星。这就是真正掉到地球上的星星，但实际上它们并不像在夜空中那样亮闪闪的，而是和普通的石块差不多。或大或小，着陆的地方还被砸出了一个大坑。它们被人们叫作陨石，这些坑洞就被人们叫作陨石坑。

　　说来也很奇怪，我们身边的东西在没有外物支撑的时候，都会掉到地上。可是天上的星星成年累月地挂在那里，根本就没有掉来的征兆。有一种什么特殊的线把它们挂在了更高的地方吗？其实，在地球之外的宇宙中，存在着很多和太阳一样的恒星。它们会像太阳一样发光发热，这些恒星就是我们看到的星星。之所以地球上的东西会掉到地上是因为受到了地球引力。而在遥远的宇宙中，那些恒星、行星，还有其他很多的天体，通过彼此之间的引力或是斥力，彼此形成了现在的位置关系。地球引力还不足以把那些星星都吸引过来。

小陨石萝莉

有一天晚上，夜已经很深了，周围静悄悄的。

突然，一道闪亮的弧形光线划破夜空，接着"砰"的一声，一块200多千克重的黄褐色的石头从天上掉下来，正好落在森林小木屋的旁边。这个小陨石叫萝莉，这是她第一次离开家，她本来就胆小，从来没有和父母分开过。现在，她一动不动地趴着，心咚咚地直跳……周围太陌生了，一丁点儿声音都能把她吓住。

小陨石萝莉不知道是什么时候飘到地球附近的。

如果没有记错的话，那应该是在夏夜的一天晚上吧！因为调皮，她和几个小伙伴出来玩儿，后来不知道从哪里刮来一阵宇宙风，让他们进入了大气圈，最后在地球引力的作用下，降临了地球。

萝莉恰好落在了森林里，要是落在大海里可就惨了。过了一会儿，什么怪事情也没发生，偶尔有落叶飘下来。

或许是晚上的缘故吧，大多数小动物都进入了沉沉的梦乡。萝莉在地球上的第一个夜晚就是这么过的。第二天早上，一声鸟鸣把她吵醒了。她睁大眼睛一瞧，前方有一只小鸟，正在她的上方扑扇着翅膀。

"你好啊！欢迎来到森林。"小鸟说。

"我要回家，我想回家。"萝莉说道。萝莉给小鸟讲述了自己的遭遇，心稍微平静了一些。风还在刮着，树叶继续往下飘。

"别难过，我会送你回家的。"说着，小鸟要把她驮到背上，可是萝莉太大了，小鸟根本无法背起她。小鸟一次次地试验，一次次地以失败告终。后来，小鸟找来了小松鼠、小猴子，他们都没法帮到萝莉。不过呢，他们却成为了最好的朋友。萝莉在森林里，给大伙讲述自己的故事，大伙增长了好多知识。

萝莉在森林里收获了友谊，可她还是想回家。

有一天，森林里来了一个小男孩，他是随爷爷来打猎的。当他从小陨石萝莉身边经过时，一眼就被她吸引了。他俯下身把小陨石捡了起来，然后把小陨石带走了。后来，男孩把小陨石萝莉送去了博物馆，小陨石就在博物馆住下了。只是没有人知道，是那只小鸟引来的小男孩，那只小鸟再也没有在森林里出现过。

星座及观星术

每个人都有属于自己的星座。仔细观察，天上的星星有的亮、有的暗，而且分布也不均匀，有的位置星数较多，有的位置较少。为了方便记忆与辨认，人们将天上的星星按照聚集分布的情况，串联在一起，就称它们为"星座"，并附会一些故事，使星座具有了神话与宗教色彩，如猎户座等。

猎户星座

牛郎星和织女星

命名规则

许多星座，都和神话传说有关吗？这么说吧，古人对自然的认识不像我们今天，他们望着天空明亮的星星和星星的排列形状，自然就会想到一些故事中的主人公，甚至动物和工具，就取了类似的名字。如我们熟悉的北斗星、牛郎星、织女星等，这样辨认和找寻起星星来就很方便了。

白羊座星座图

白羊座星象图

西方十二星座

古巴比伦人按照星座的名称，把太阳在群星间的运行路线分为12个区域，这就是"黄道12宫"。从春分起，依次为白羊、金牛、双子、巨蟹、狮子、处女、天秤、天蝎、人马、摩羯、宝瓶和双鱼。太阳每个月经过一个星座，循环不已。三、四月间，太阳在白羊座，六、七月间太阳在巨蟹座。

天空中的星座

古时候的星座是串联一群星而成的，彼此没有划分界限，有时一颗星可能分属两个不同的星座。后来，国际天文联合会在1930年进行决议，将天空分为88个星座，其中29个星座分布在赤道以北，46个星座分布在赤道以南，跨赤道的有13个。现在，这88个星座被各国采用。

星座划分图（局部）

北斗七星

北斗七星

北斗七星，由七颗亮星组成，呈一个明显的斗形。更为重要的是，它位于北极星附近，对我们北半球的居民来说，它经常出现于北方地平线以上的天空中，甚至永远也落不到地平线以下，整夜都可以看到。

如何观星

一些星座，像猎户座、北斗七星，在满天星中比较好认。在天空中很容易找到北极星，再找到北斗七星。一般来说，冬、夏两季的星空中，明亮的星星较多，初学者比较容易辨认星座。经过牛郎、织女之间的银河，在夏天的夜空中特别明显。

大熊座星座图

大熊座 M101 星系

斗为帝车

在《史记·天官书》上所说的"斗为帝车"，把北斗看作是帝王的车子。山东汉武梁祠有一幅石刻，只见斗魁四星构成一辆云车，一位帝王坐在车上，向一批前来迎接的臣民招手致意。周围龙腾凤舞，百鸟和鸣，一个长着翅膀的神人腾空献舞，他右手托着的那个小球，就是开阳的伴星——辅星。

如果星星不闪了会怎样?

奇思妙想

夜幕降临，满天星光点点，就像儿歌里唱的那样："一闪一闪亮晶晶，满天都是小星星，高高挂在天空中，好象宝石放光明……"有闪闪发光的星星点缀的夜空异常美丽。如果有一天，星星不闪了会怎样? 没有星光闪烁的星星是什么样子呢? 那大概和缩小了的月亮一样。

其实，星星一闪一闪地发光和星星本身没有关系，而是星光受大气层中的气流干扰而引起的。气流是如何影响星光的呢? 一直以来，人们都认为星星会闪光，直到人类进入太空后，才发现那里的星星不会闪烁。该现象引起了科学家的兴趣，他们经过研究发现星光闪烁主要是受气流的影响。原来大气层中的大气在不断地做着热空气上升、冷空气下沉的气流运动，这就使得大气层中各点的密度不均匀，并且伴随着气流运动一直在变化。

当星光透过大气层的时候，会经过不同温度的空气对它的不同散射，当散射的光线偏离我们的眼睛时，星星就好像暂时消失了，而当光线射进眼睛时，星星又会重新出现，所以，我们会觉得星星会一闪一闪的。如果星星频繁地闪烁，就说明大气层中的气体十分不稳定，据说星星每分钟闪烁 70 次以上，就预示着要刮风下雨了。有兴趣的朋友可以验证一下这是不是真的。

观星家迈克

迈克是一位骨灰级的天文迷。

在他很小的时候，爷爷就教给迈克许多天文知识，他能分清牛郎星、织女星，哪里是猎户座、小熊座等。

"星座有什么用呀？"小迈克问。

"浩瀚宇宙，繁星点点。凝视夜空，可以感受到宇宙的浩瀚和神秘；遥望星空，是如此震撼人心、引人入胜。"爷爷说得很含糊，似乎并没有回答迈克的问题。但从那以后，迈克更加勤奋了。

是的，在爷爷去世后，迈克立志要做一个观星星的人。事实是，迈克后来在大学学习了天文学专业，并成为一名职业观星人。在地球上的一个小镇，夜晚没那么热闹，路灯都非常暗。迈克在那里观测星空。

有一天，控制台突然发出嗡鸣，监视器上显示发现疑似拥有生命存在的星球。迈克赶紧来到控制台，启动数据分析系统，进行分析。看到分析结果，迈克大吃一惊，念念有词道："带有生命的小行星?！"是的，他已经注意这颗星很久了，这次有这样重大的发现，他能不高兴吗？此时控制台的嗡鸣再次响起，喇叭里传来运算结果：飞行目标：地球。"

此刻，他进一步观测到这颗星距离地球5光年。它轻盈地飘荡，同时忽暗忽明，身上发出红的、蓝的、绿的或紫的光芒，就好像在漆黑的天空舞台上，上演一场场"光"的舞会。之后，他将观测到所有数据及时上报给了国际天文组织，再后来小镇迎来了许多天文爱好者。

有朋友曾经问过他："这样的生活，有没有懈怠过？"

迈克的回答是："我的梦想就是成为一个观星星的人，看见星星我就会满足感爆棚。是爷爷引导我走上的这条道路，也让我看到了星空的美丽和壮观。"

太空辐射

太空环境中存在着各种各样的宇宙射线。进入太空可不像在地球行动那么简单。每一个宇航员在出发之前，都会做好充分准备，备上厚厚的太空服。航天员翟志刚，也是穿着厚厚的太空服进行太空漫步的。

身着航空服的宇航员

地球

太阳

直射光线

斜射光线

太阳对地球的辐射

太阳辐射

我们知道，太阳是宇宙中的一个中等恒星，会发射出强大的电磁辐射波。在我们人类的航天活动中，太阳的辐射能也是航天器的主要能量来源。

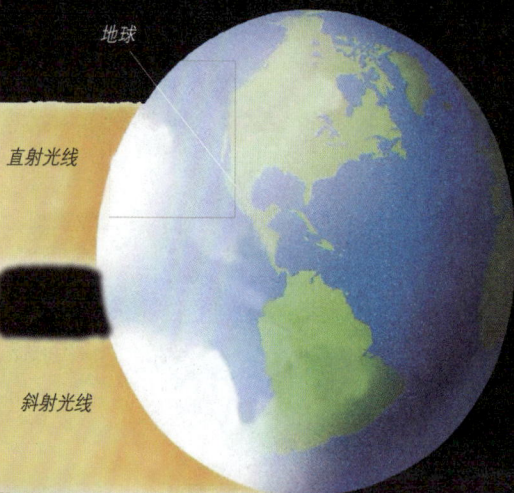

太阳

地球

太阳辐射

大气层

太阳辐射地球示意图

宇宙射线

宇宙射线又称宇宙线，它是来自宇宙空间的高能粒子流。在地球大气层外的宇宙射线称为初级宇宙射线，主要是质子，其次是 α 粒子和少数碳、氮、氧原子核及重原子，能量很高。宇宙射线进入大气层后会形成次级宇宙射线。

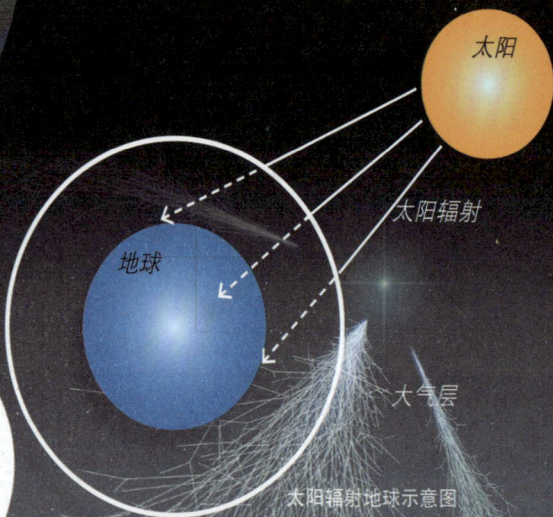

地球保护罩

其实，正是我们的地球周围环绕着一层厚厚的大气，才让我们人类免受宇宙射线的侵扰。因为大气中的各种粒子，能吸收和反射天体的辐射，从而阻挡了大部分波段的天体辐射到达地球表面。

航天头盔
背包
腕镜
手套
靴子
压力服

太空中潜伏的隐形杀手

宇宙辐射被称为"太空中潜伏的隐形杀手。"它们会像雨滴一样从四面八方长驱直入到太阳系。因此，科学家不得不花费巨资研究出人类登陆太空的昂贵设备，避免宇航员受到太空辐射的侵害。

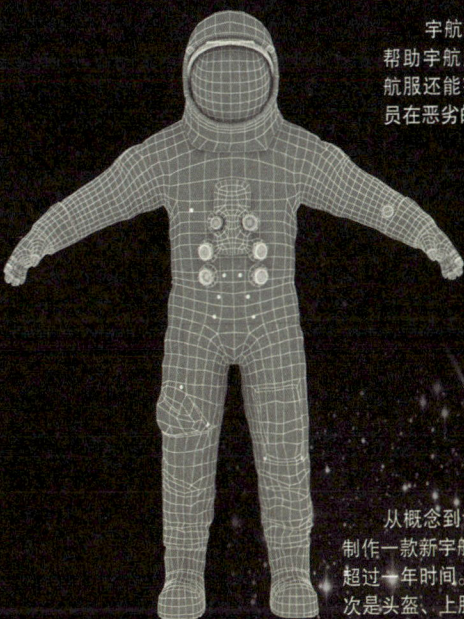

宇航服能提供呼吸所需的氧气，并帮助宇航员承受重力加速度的影响。宇航服还能有效地抵挡宇宙射线，使宇航员在恶劣的太空环境中安然生活

舱外宇航服

每个进入太空的宇航员，都必须身穿宇航服。这件衣服就像是一件穿在身上的"空调房"，里里外外有14层，既能保暖，又能自动降温，还具有供氧、供水、通信、照明等多种功能。此外，里面还安有"尿不湿"，万一尿急了也不怕。有意思的是，宇航服内还备有专门挠痒痒的工具呢。

从概念到设计再到生产出原型和测试，制作一款新宇航服需要很长时间，通常需要超过一年时间。用料软硬结合，从上到下依次是头盔、上肢、躯干、下肢、压力手套、靴子，造价约3000万元人民币

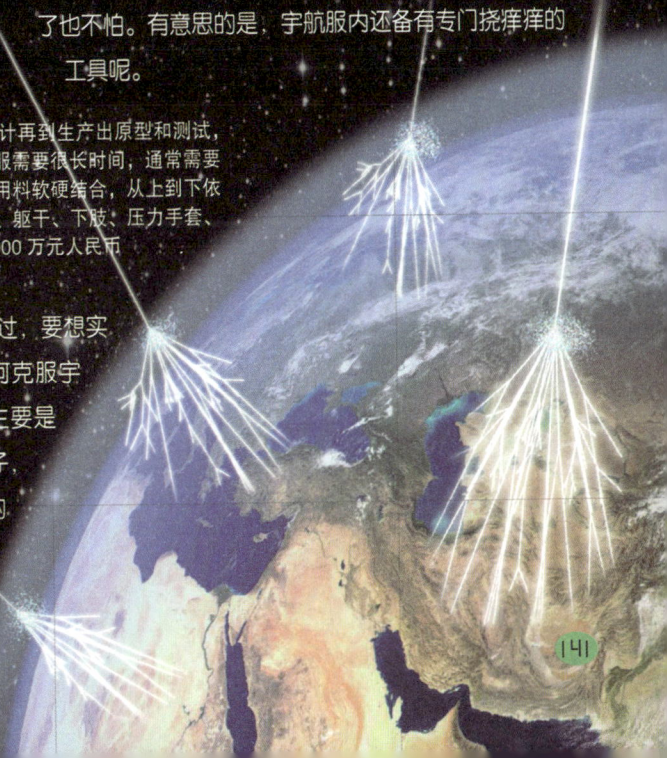

宇宙射线能致癌

移民去火星是人类的伟大梦想。不过，要想实现这个梦想，最大的一个障碍就是如何克服宇宙射线。太空旅行者最恐惧的事物，主要是最细微的东西——高速运动的带电粒子，也就是所谓的宇宙射线。因为在漫长的旅程中，宇宙射线会给宇航员带来严重的辐射，剂量足以致癌。

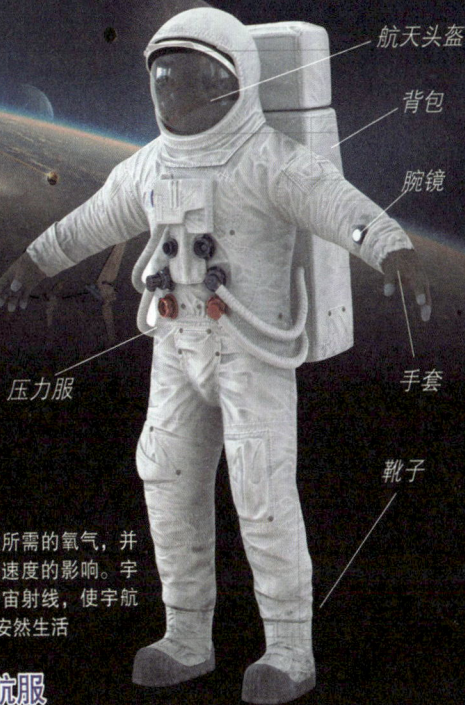

如果小鸟飞到了太空中会怎样？

奇思妙想

在人们眼中鸟是天空的主人，它们凭借着高超的飞行技术在天空自由自在地飞翔。我们经常会看到蓝蓝的空中有几个小黑点，这就是飞在高空中的小鸟。于是，有人就想小鸟会不会飞到太空？如果小鸟到了太空它还会不会飞？

与进入太空的宇宙飞船相比，鸟的飞行速度太慢了，它根本无法摆脱地球的引力，何况鸟类最高的飞行高度也只有 9000 米。至于，小鸟在太空中会不会飞我们就不得而知了，因为至今为止还没有宇航员把小鸟带到太空中去的。但是根据太空环境的特点以及小鸟的飞行技巧，我们可以简单地探讨一下它在太空中会不会飞？

在太空失重的太空舱中，小鸟由于不受重力的影响，所以它在飞行中，可以利用翅膀和尾巴在飞行中转弯、加速和减速。这些都是人所做不到的，但是重要的一点是人是高智商的动物，而鸟不是，它们可能会因不适应新的环境而不会飞。但若在太空舱外，即使鸟在太空中会飞，它也难逃死亡的命运。因为太空中高辐射、超低温、无氧气等恶劣环境，使得暴露在太空中的鸟根本不可能存活。

你好，宇宙射线

在距离宇宙探险总部约一光年的地方，分布着许多不规则的星系。地球人小落和齐齐正在太空旅行。弥漫在太空中的物质不时地飘来飘去，并伴有各色的光，宛若天女散花一般。

这时，他们收到了来自总部M教授的呼叫。

"一切都很顺利，教授！"小落说道。

"根据报告，一股宇宙射线即将穿过你们所在区域，我命令你们尽快返回总部。"这时，一阵太阳风从远处吹了过来，导致通话断断续续，最后竟然听不到一点儿声音，同时M教授也看不到小落他们的任何影像。

"奇怪？怎么回事？"M教授惊奇道。总部其他成员连忙询问M教授出了什么状况，M教授说小落他们与总部失联了。确实如此，小落他们也联系不上M教授了，这可是他们第一次外出作业，也是第一次挑战如此艰难的课题。最主要的是，M教授告诉他们一股宇宙射线即将从他们身边经过，据说危害还不小呢，怎么办？

"宇宙射线？"小落说道。

"宇宙射线在太空里很厉害，会对我们的身体造成伤害。"齐齐一本正经地提醒小落不要掉以轻心。

"我还从来没有遇到过宇宙射线，说心里话，我还满期待它的到来。"小落说道，他总是富有冒险精神。

但是，小落和齐齐还是按既定计划返回。由于太阳风干扰，没有信号导引，他们只好打开随身携带的宇宙地图，按照上面标注总部的地方驶去。他们走走停停，像在茫茫的大海上航行一样，孤立无助。

"你好啊，宇宙射线。"小落想象着遇见宇宙射线后的情景，"宇宙射线是从宇宙哪里降临的啊？真想全部都接住啊！"

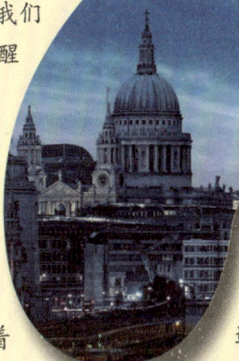

"听说宇宙射线是一种粒子流，可壮观了。"齐齐补充道。他们坐在小型飞船上，就这样在太空穿梭着。

"喂，能听到我的声音吗？"是M教授的声音，他们又联系上了。"刚才可能是太阳风的缘故，导致通话不畅。"M教授解释道，问他们现在在什么位置。两人如实相告，并且报告了想看看宇宙射线的样子。"宇宙射线是看不到的。"M教授说道。

根据最新报告，宇宙射线早已穿过既定区域，只是他们没有感觉到而已。其实，宇宙射线并没有想象的那么可怕。最后，小落和齐齐顺利地返回了总部。M教授也由衷地为他们的顺利返航感到高兴。

火箭和人造卫星

作为人类对宇宙的认识工具，火箭可谓历史上最伟大的发明了。火箭是人类探索太空、迈向太空的第一步。它使许多的飞行器飞离地球，开拓了人类的视野。1957年，它成功地将世界上第一颗卫星"斯普特尼克1号"送上太空。

欧洲的阿里安系列运载火箭

火箭的前身

"火箭"一词最早出现在三国时期，距今已有1700多年的历史了。那时的"火箭"指的是点燃后射向敌人的带火之箭，与我们现在所称的火箭相差甚远。火药出现之后，宋代的人们发明了一种向后喷火、利用反作用力助推的火箭，已具有现代火箭的雏形。

中国是火箭的故乡。根据历史记载，中国最早的喷气火箭距今已有800多年的历史，如"神火飞鸦"

运载火箭

"长征五号"运载火箭

今天的运载火箭是在导弹的基础上改进得来的。第一枚发射人造卫星的运载火箭是苏联用洲际导弹改装的"卫星"号运载火箭。目前，世界知名的运载火箭有"东方号""大力神""宇宙神""德尔塔""土星""长征""阿里安""H""极轨卫星"等系列运载火箭。其中，"长征"系列运载火箭是我国自行研制的航天运载工具。

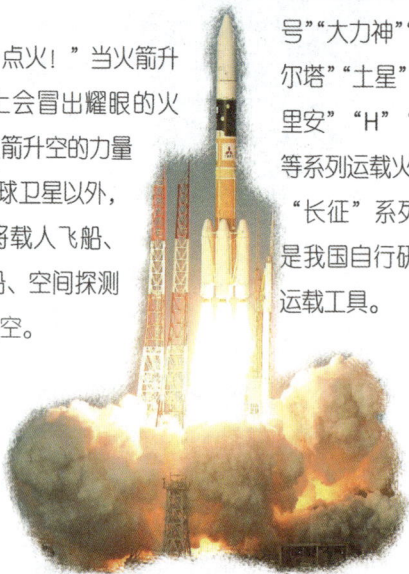

火箭的用途

"倒计时……点火！"当火箭升空时，"尾巴"上会冒出耀眼的火焰，那就是推动火箭升空的力量之源。除了人造地球卫星以外，运载火箭还用于将载人飞船、空间站、货运飞船、空间探测器等航天器送入太空。

火箭是以热气流高速向后喷出，利用产生的反作用力向前运动的喷气推进装置

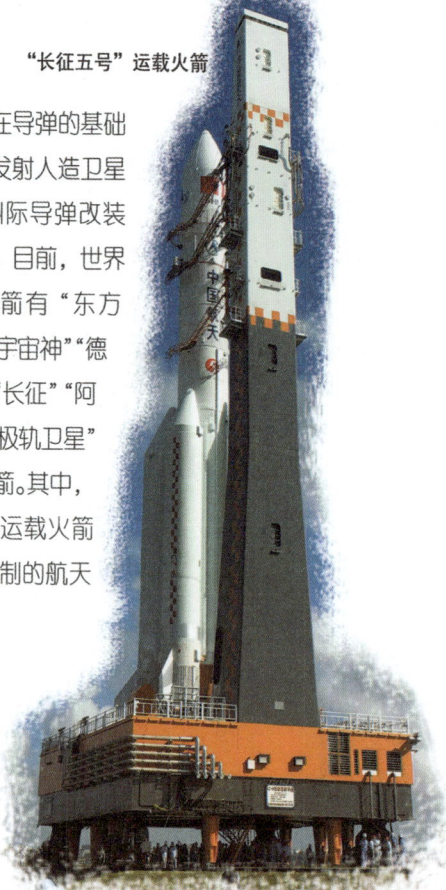

家族庞大

自 1957 年 10 月 4 日苏联成功发射了人类第一颗人造卫星之后，全球发射的航天器中 90% 以上是人造卫星。人造卫星是用途最广、发展最快的一种航天器，按其用途大致可分为科学卫星、技术实验卫星和应用卫星三种。

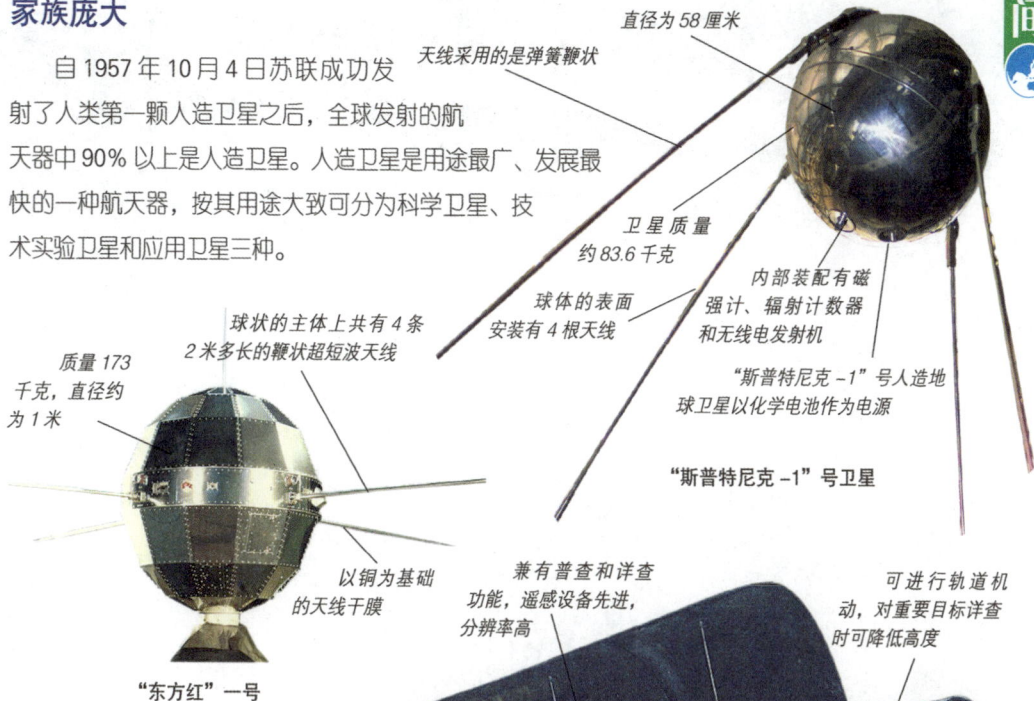

直径为 58 厘米

天线采用的是弹簧鞭状

卫星质量约 83.6 千克

球体的表面安装有 4 根天线

内部装配有磁强计、辐射计数器和无线电发射机

"斯普特尼克 –1"号人造地球卫星以化学电池作为电源

"斯普特尼克 –1"号卫星

质量 173 千克，直径约为 1 米

球状的主体上共有 4 条 2 米多长的鞭状超短波天线

以铜为基础的天线干膜

"东方红"一号

小卫星大成就

一颗人造卫星，看起来体积不大，质量最大也就只有几千千克，最小的只有 1 千克左右，但是内脏却非常复杂，零件数量要达到上万个，并且技术、质量要求都非常高。

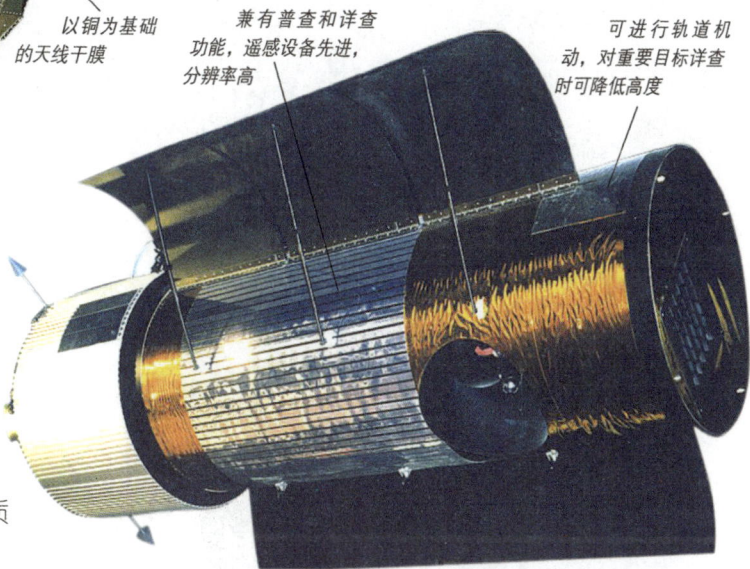

兼有普查和详查功能，遥感设备先进，分辨率高

可进行轨道机动，对重要目标详查时可降低高度

"锁眼 KH – 12"侦察卫星

人造卫星的轨道

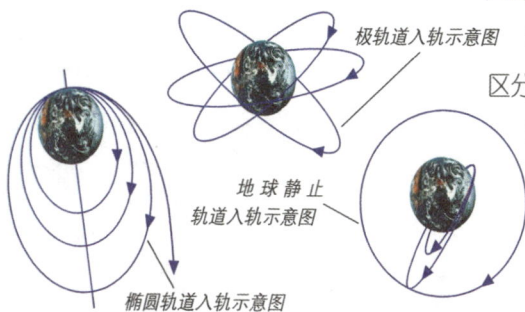

极轨道入轨示意图

地球静止轨道入轨示意图

椭圆轨道入轨示意图

在地球上空运行的人造卫星，按其轨道离地面高度来区分，可分为三种，即近地轨道（小于 600 千米）、中轨道（600~3000 千米）和高轨道（大于 3000 千米）。

不同用途的卫星，就在不同的高度运行。比如侦察卫星，就运行在近地轨道；而气象卫星需要对地球进行频繁地、周而复始地观察，通常运行在中轨道。

如果我们可以到太空里生活会怎样？

奇思妙想

我们已经习惯了这样的生活方式：吃饭、睡觉、工作、学习……但当你闲暇的时候，你是否想过这样的问题：太空里的生活和地球上的一样吗？如果有一天我们可以在太空里生活，你能想象出是什么样的情景吗？如果你不了解太空站里宇航员的生活情况，你就会对太空中的生活充满了遐想，认为那里就是我们人类所说的天堂。

以宇航员为例，了解一下真实的太空生活。在太空中生活，并不如我们想象的那样美好。由于失重，宇航员在宇宙空间站内的生活和地球上是完全不一样的，就以他们的衣、食、住、行来说吧：穿衣服不像我们平常穿衣服那样简单。吃饭时像我们挤牙膏一样往嘴巴里挤，知道为什么吗？这是因为人是处在失重的环境里。还有睡觉的时候，要把自己固定在休息舱的墙壁上，也就是说宇航员的睡姿是站立的，想想是不是很难。

当然啦，还有许多必须的工作要做。比如锻炼身体。如果不锻炼，他们的骨骼就会退化，等他们回到地球上的时候就会被自己的身体压骨折。在太空中生活还要注意很多，所以不是每一个人都可以生活在太空里的。

魔法星球奇遇记

2220年的一天，我躺在床上睡觉。忽然，一道耀眼的光芒向我射来，我的身体便不由自主地飞了起来。

我被闹铃的声音惊醒了。睁眼一看，我竟飘在空中，东西都飞起来了。不一会儿，我来到了一个奇异的世界，这里一片漆黑，漆黑中却有无数只眼睛在闪烁，由于害怕，我的汗毛都竖了起来。我定睛一看，哇！我来到了一个没有引力的世界，周围的一切都漂浮着。

"欢迎来到真空世界。"有人在说话。原来，我已经离开了地球家园，进入了一个没有引力的N星球，这里住着和人类相似的族群。可在这里，我却感受到活得很不舒服。

似乎当地人早已习以为常了。我看见，他们一个个一路上跌跌撞撞，挤到了学校。到了教室，教室内的桌椅都飘在空中，同学们去抓，想把桌椅固定住，可是，累得同学们满头大汗，还是无济于事。上课了，老师不时地跳跃着，还要用绳子把自己绑好；吃饭呢，吃着吃着不知啥时候飘到了几里地之外了。

曾经，我望着自由翔翔的小鸟，很羡慕它们，心想：我什么时候也能自由飞翔呢？没想到这一天真的到来了。但这里的一切却打碎了我所有的梦想，我好难过。我去找真空世界的族长。他告诉我，原本这里和地球一样有重力的，后来也不知道为什么，突然失去了重力。没有办法？他们只好适应这样的环境。

"我不习惯，而且我觉得这本不该如此的。"我极力说出自己的观点，想帮助他们摆脱这样的环境。

"希望你给我们带来好消息。"族长对我说道。而我呢，很快就在族长的帮助下，搭乘飞船返回了地球家园。通过各种探测研究之后，最后科学家们找到了答案。原来，在这个星球上有一种物质，后来被一个路过的小行星给吸收走了，导致了引力的消失。

好在，我们地球上这种物质储存丰富。只听"轰"的一声巨响，眼前一片漆黑。N星球又恢复了引力。这一经历让我明白了，地球不能没有引力。让我们珍爱地球吧，它是我们唯一的家园！

宇宙飞船和探测器

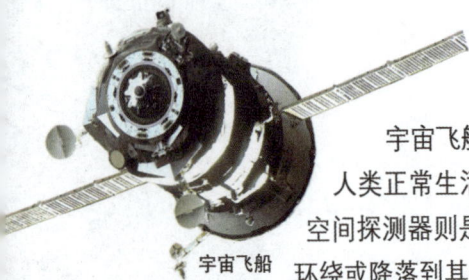
宇宙飞船

宇宙飞船是指用以载人进行宇宙飞行的工具,它应当具有保证人类正常生活的各种设备,使人在其中生活就和在地面上差不多。空间探测器则是人类发射到宇宙深处的无人驾驶航天器。它们飞越、环绕或降落到其他天体上收集相关信息。

世界上第一艘宇宙飞船

1961年4月12日6时零7分,苏联27岁的少校加加林驾驶"东方一号"宇宙飞船,经过1小时29分钟,绕地球一圈后返回地面。加加林由此成为世界上第一个"宇宙人"。

加加林

飞船返回舱

"神舟"号宇宙飞船返回舱,外形为钟形,直径为2.4米,重量约3吨,可以载3名航天员。返回舱是航天员的座舱和宇宙飞船的指挥中心,上端有舱门,供航天员进出轨道舱使用,返回舱是宇宙飞船中唯一再入大气层返回地面的着陆舱。

宇宙飞船的"避火衣"

科学家为宇宙飞船精心设计了一件奇妙的"避火衣",它是用瞬时耐高温材料制成的。这种材料由一种特殊纤维材料加上有机物组成,在宇宙飞船不同部位的厚度不同。这件"避火衣",遇到高温会自己先燃烧起来,其中的有机物会带走大量的热量。

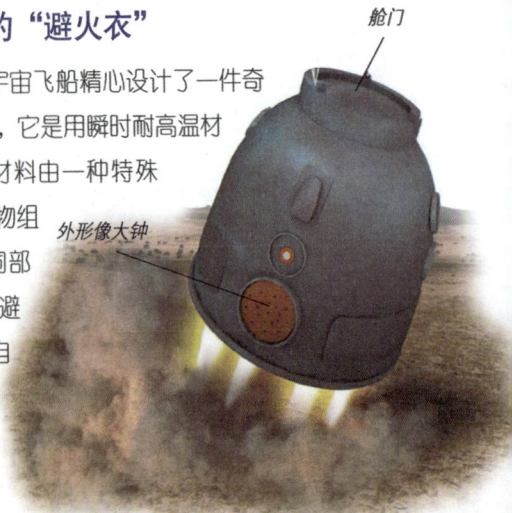
小型通信电子设备舱
18个球形高压氮气和氧气瓶
下端是仪器舱,它呈圆台圆锥结合体
"东方一号"宇宙飞船

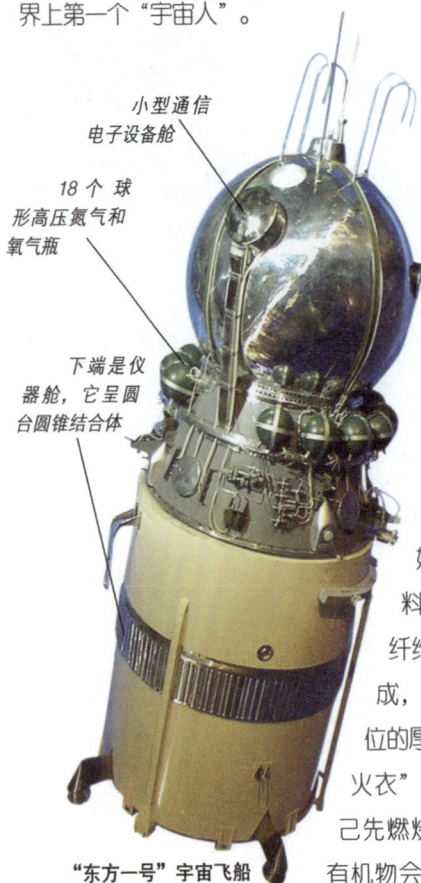
舱门
外形像大钟
"神州十号"返回舱示意图

148

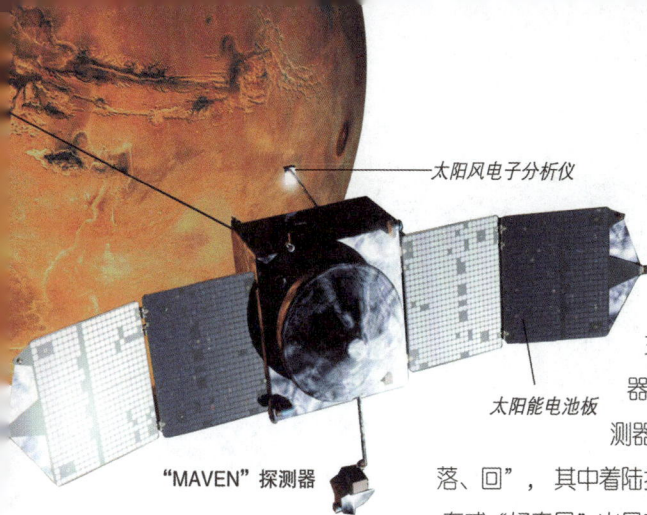
太阳风电子分析仪

太阳能电池板

"MAVEN" 探测器

空间探测器的类别

按探测目标，可分为月球探测器、行星探测器、行星际探测器等。其中行星探测器主要有火星探测器、木星探测器、小行星探测器等。按探测方式，空间探测器可分为轨道探测器、着陆探测器和取样返回探测器三种，即"绕、落、回"，其中着陆探测器还包括巡视探测器，如"玉兔号"月球车或"好奇号"火星车等。人类对月球的考察最详细，甚至派遣了航天员赴月球实地考察。

第一个空间探测器

1959 年，苏联发射的"月球 1 号"是世界上第一个空间探测器。1962 年，美国的"水手 2 号"探测器飞过金星，成为第一个成功接近其他行星的人造航天器。

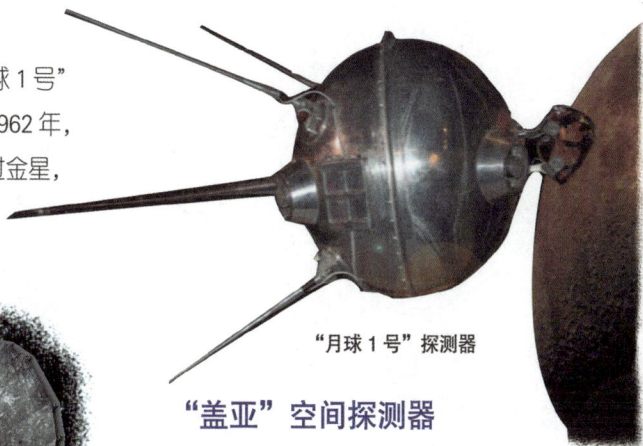
"月球 1 号" 探测器

"盖亚"空间探测器

2013 年，欧洲航天局发射的"盖亚"空间探测器是迄今欧洲最为先进的空间探测器。"盖亚"核心任务是对银河系约 1 000 亿颗恒星中的 10 亿颗进行观测，确定它们的位置、距离以及运动轨迹，并绘制银河系的精确三维图。

"盖亚" 空间探测器

"朱诺号"木星探测器

第一个木星探测器是"伽利略"号。2016 年7 月 4 日，"朱诺号"木星探测器在历经 5 年时间，飞行了 28 亿千米之后，终于到达了木星轨道。接下来，它要开始为期 20个月的辛苦工作，将越来越多的有关木星的数据传送回地球。它的主体像一个六边形的盒子，携带着 3 块太阳能板，每块宽 2.7 米，长 10 米，大小相当于拖拉机的拖车。

"朱诺号" 木星探测器

奇思妙想

星光闪烁的夜空，带给人们很多美丽的遐想。可是有多少人知道，其实星空也有它不美丽、不纯净的一面，它里面有着形形色色的太空垃圾。人类首次涉足太空至今，也不过六十多年，但却给太空带来了大量的垃圾。

太空中充满了太空垃圾会怎么样？美国科学家发布了一惊人的数据，环绕地球的太空垃圾大约有 5500 吨，其中直径超过 10 厘米的就有 26000 多块，小于 10 厘米的则多得无法计算，与地球上的垃圾不同的是：太空上的垃圾是"活"的，它们以每秒 11.2 千米的速度昼夜不停地运行在地球轨道上。而随着人类航天事业的发展，它们的数量会继续增加，据科学家说太空垃圾的数量正以每年 2%~5% 的速度增加。

照这样下去，太空中的事故和灾难会频频发生，从而会制造更多的宇宙垃圾。有的科学家预测，到 2300 年太空地球轨道再也无法容纳任何东西了。于是，科学家发出警告，不要再人为地制造太空垃圾了，说不定哪一天我们人类会自食其果。就目前来看，太空垃圾已经开始威胁到航天飞船、卫星等人造物体了。

太空手套

这是我第二次上太空。

我和我的好朋友米约，正在太空遨游呢。

"不好啦，不好啦。"米约通过传声器向我喊话。这是我的好朋友米约第一次登上太空，他心中充满了好奇。当然，我们俩是带着任务来的，就是帮助M教授完成一份有关太空垃圾的报告。

"怎么啦？什么情况？"我忙问。原来，米约看到了许许多多的太空垃圾，有人类发射的火箭推进器的残骸，还有一些是由意外爆炸形成的碎片，比如一些小的螺栓、弹簧等零部件。

看到这样的太空状况，米约显然担心宇宙飞船与太空垃圾相撞。"有没有什么好的办法来预防太空垃圾呢？"他问道。

"对付太空垃圾，首先是将其找到并定位。"我说。

正当我们在思考处理太空垃圾时，只听"啪"的一声。"什么情况？"我被突然传来的声音吓到了。

原来，从空中掉下来一只手套！我正纳闷呢，不由得吐了两个字："倒霉。"只听一个声音在说话："倒霉？你应当感到荣幸啊，你捡到了世界上最有名的手套！"是手套在说话。他继续说："我的主人是宇航员爱德华，他在太空行走的时候把我弄丢了。我就跟人造卫星一样，每天都在天上狂奔，我每天都在漂流，我想回家。"

在茫茫宇宙，看着小小的手套，我第一次感受到地球上的物体在太空中的孤独感。我被手套的话语感动了，原来在太空中手套也会有孤寂。"那我带你回地球吧！"说完，我把它收在身上，带着它在太空飘流了10天后，一起乘宇宙飞船返回地球。回来后，我向M教授汇报了我和米约在太空中的种种经历。

当然了，手套也是绕不开的一个话题。

M教授从我们带回的许多资料中，认识到了太空垃圾的危害，他向宇宙联盟做了汇报，并建议设立一个太空垃圾博物馆，让更多的人来关注太空环境卫生。不久，手套走进了太空垃圾博物馆，这里成了他的家。以后我会经常去那个博物馆，那里有我的太空小伙伴——手套。

航天飞机和空间站

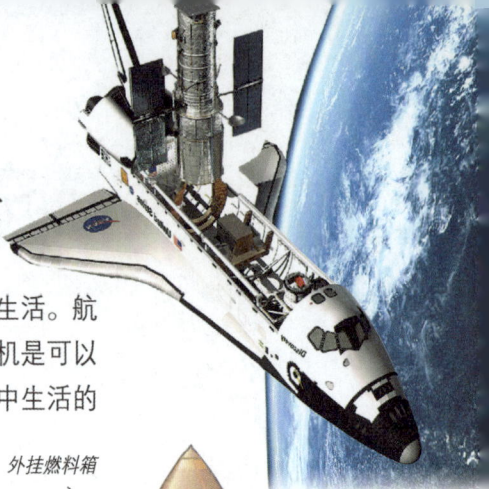

几个世纪前，人类梦想着进行太空旅行，去太空生活。航天飞机和空间站的出现解决了这些问题，因为航天飞机是可以重复使用的太空飞行器。而空间站，就是人类在宇宙中生活的一个堡垒，让我们像在地球上一样。

多用途

航天飞机由轨道飞行器、固体火箭助推器和外挂贮箱3大部分组成，中心外形像一架三角翼滑翔机。除可在天地间运载人员和货物之外，航天飞机还能在太空进行大量的科学实验和空间研究工作，比如它可以把人造卫星从地面带到太空去释放，或把在太空失效的或毁坏的无人航天器，如低轨道卫星等人造天体修好。

外挂燃料箱

轨道飞行器

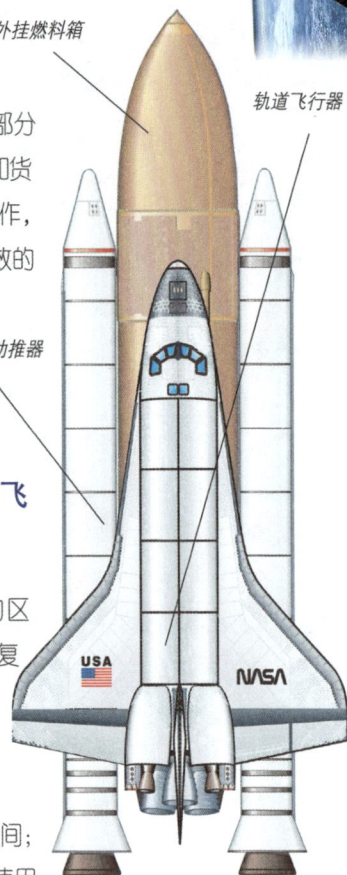

固体火箭助推器

有效载荷舱门在轨道飞行器进入近地轨道后，被打开，防止过热

飞行舱

向后伸的尾翼在太空中没作用，但能帮助机体着陆

轻微的轨道调整推进器

轨道机动发动机

三个主发动机

航天飞机与宇宙飞船的不同点

首先，最主要的区别是，航天飞机可以重复使用，而宇宙飞船只是一次性的。其次，航天飞机可以将地面物体送至地球轨道，往返于地面与地球轨道之间；而宇宙飞船是在外太空飞行使用的。最后，航天飞机有自己的动力系统和巨大的外挂燃料箱，宇宙飞船主要使用太阳能。

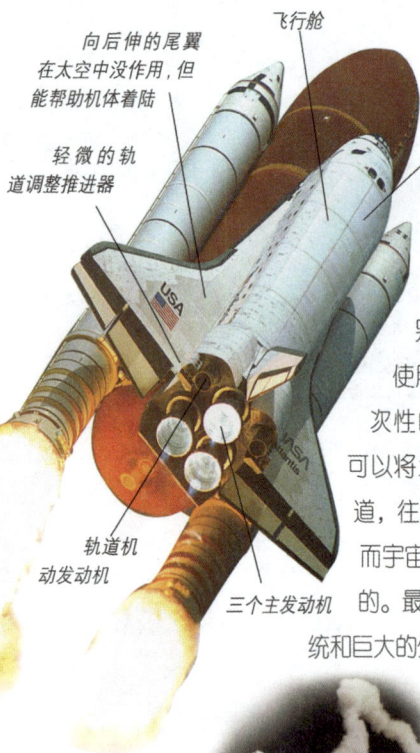

欧洲"哥伦布"号航天飞机

"挑战者号"爆炸事故

1986年1月28日，美国"挑战者号"航天飞机在第10次发射升空后，因助推火箭发生事故凌空爆炸，舱内7名宇航员（包括一名女教师）全部遇难。这成为人类航天史上最严重的一次载人航天事故。

"挑战者"号航天飞机在空中不幸发生爆炸

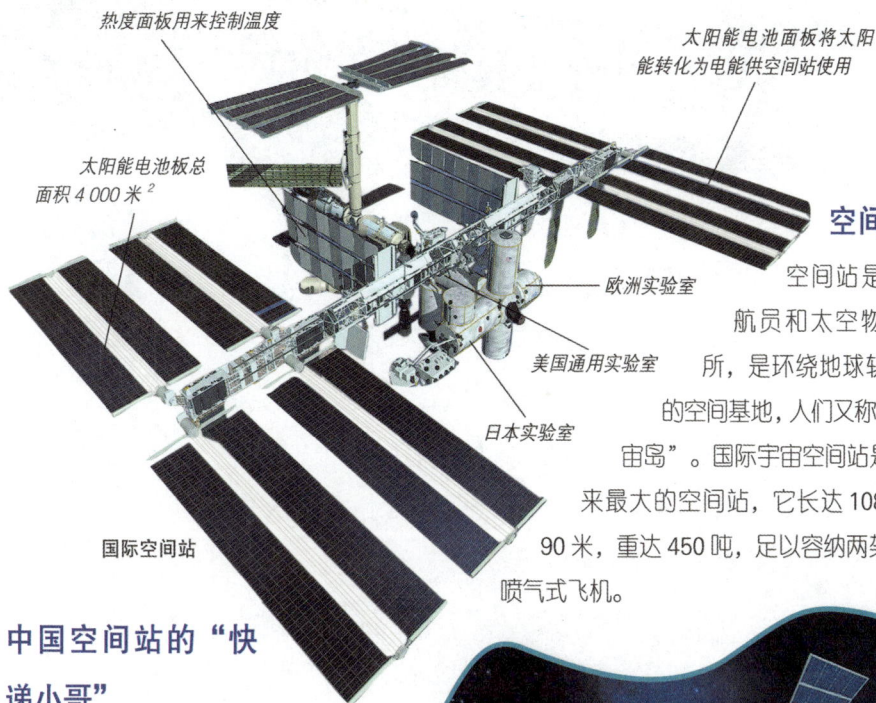

热度面板用来控制温度

太阳能电池面板将太阳能转化为电能供空间站使用

太阳能电池板总面积 4 000 米²

欧洲实验室

美国通用实验室

日本实验室

国际空间站

空间站

空间站是迎送宇航员和太空物资的场所，是环绕地球轨道运行的空间基地，人们又称它为"宇宙岛"。国际宇宙空间站是有史以来最大的空间站，它长达 108 米，宽 90 米，重达 450 吨，足以容纳两架巨大的喷气式飞机。

中国空间站的"快递小哥"

2017 年 4 月 20 日 19 时 41 分，搭载着"天舟一号"货运飞船的"长征"七号遥二运载火箭，在中国海南文昌航天发射场点火发射，约 596 秒后，飞船与火箭成功分离，进入预定轨道。"天舟一号"是我国自主研制的首艘货运飞船，由于它只运货，不送人，也被称为太空中的"快递小哥"。

天舟一号示意图

太空生活最长的人

有了空间站，宇航员们可以在空间站居住一段时间。值得一提的是，在和平号空间站里，俄罗斯宇航员瓦勒利·波利亚科夫创纪录地在太空中连续度过了 437 天。

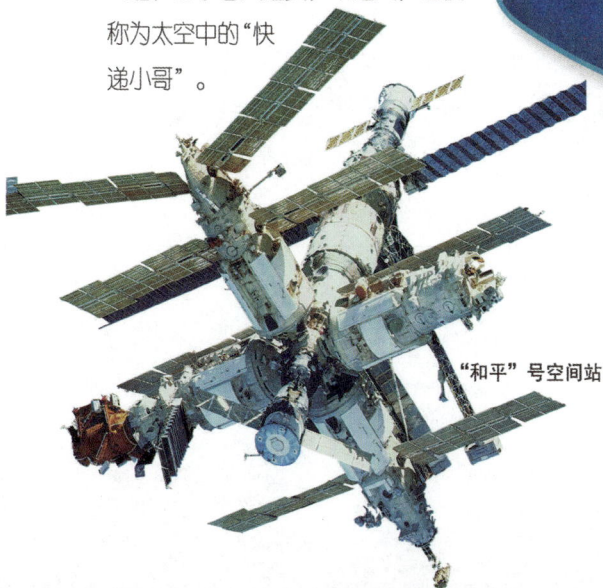

"和平"号空间站

153

奇思妙想

每个人都有自己的梦想，大家的梦想是什么呢？遨游太空吗？如果你不是宇航员，你的愿望还能实现吗？从苏联加加林的太空首航到普通人的自费太空游，你的梦想似乎很有可能实现。事实上，尽管普通人也可以在太空中遨游，但是这并不意味着成为一名宇航员会很容易。

来看看航天员的选拔标准就知道这些了。以我们国家为例，宇航员选拔十分严格。第一阶段是选出预备宇航员，这一阶段又分三个步骤：第一步，首先是挑选出飞行经验丰富、生理和心理素质良好，具有处理紧急事务能力的飞行员。第二步，临床医学选拔，检查候选飞行员的病史，并将有遗传性疾病或容易复发疾病的候选人排除。第三步，航天适应性选拔，航天医学家设计了很多专门的检测方法，如对失重、超重、缺氧的适应能力的检测，适应能力差的候选人将被淘汰。

不过，这还不能成为真正的宇航员，候选人还要通过第二阶段的选拔。第二阶段，候选宇航员经过3～5年严格训练，会出现各种各样的问题，因此整个训练过程也是不断选拔的过程，预备宇航员随时都有可能被淘汰。而终选合格的宇航员也不一定能够上天，他们还需要严格的选拔。

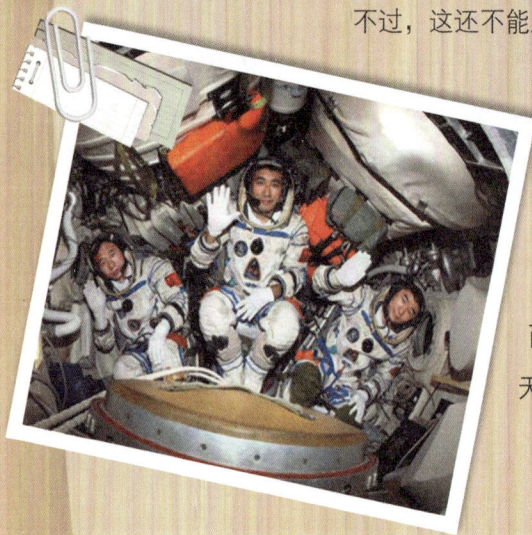

154

我与未来的宇航员

我，名叫小美。

我的梦想是当个女宇航员。

可现在我还是一个学生，我一直在憧憬着有一天能登上茫茫太空。所以，我现在必须好好学习，学习好天文知识。

有一天在学校门口，遇见一拨人，他们正在做未来职业梦想调查。原来，他们是中科院未来研究所的，他们可以让人与未来的自己对话。我一下子被吸引了，忍不住那颗好奇心，扑通扑通乱跳。

"这是真的吗？"我问。

"当然是真的，不信你可以来体验一下哦！我们能让你和自己遇见，当然是未来的你哟。"说完，工作人员让我来到时间电话机前，我一按键，就接通了未来时间的光缆。时间电话机里响起了待机的声音。

两秒后通了，我连忙喊了声："喂，你好，你是谁呀？"电话里传出不满的声音："我是你呀。"我顿时明白了，我在未来的时光里找到了未来的我。我连忙问："你现在多少岁啦？""我是20年后的你。因为你在拨号时最后按了个20，你看看屏幕。"我仔细一看，果然，在号码末尾有个"20"。

20年后的我是做什么的呢？

想到这里，我连忙急切地问："你现在做什么工作呢？"她说："我现在是一位宇航员，正在太空进行研究呢。"

"那你能跟我描述一下，你见到的太空模样吗？"我继续追问。

"当然。这太空又大又美。一天可以有好几次日出。对了，我在这里吃的、喝的，都来自太空农场，生活优哉游哉。"

"我真是太想去太空了。"我继续说道。

"那就好好学习吧，我在这里等你。"

我还想问许多问题，可时间已经到了，工作人员说："小美，你现在相信了吧！不过呢，未来还在你手中。"

我沉浸在刚才的对话中，好像真的穿越到20年后了。许多次，我都在问自己，这是真的吗？我想会是的。

地外生命

在好莱坞影片《星球大战》中，外星人长着三角形大脑袋，细长的脖子，大嘴巴，小鼻子，满脸皱纹，浑身上下光滑无毛，脚趾有蹼。难道说，外星人真的丑陋得像魔鬼吗？外星人的形状是不是同一类型呢？

《星球大战》中的外星人

人类所想象的 UFO 残骸

最早的飞碟记载

有学者指出，其实 UFO 很早就访问过中国。最早记载飞碟的是《晋阳秋》这本古书，书中记载："有星赤而芒角，由东北西南投于亮营。三投，再还，往大，还小，俄而亮卒。"

一份神秘报告

UFO 事件遍布世界各地，英国也是 UFO 经常光顾的地方。据说，它也曾让英国前首相丘吉尔大感兴趣。丘吉尔曾在一封信中要求空军展开调查：这些关于飞碟的玩意到底是什么东西？真相到底是什么？

布鲁诺

谁提出的外星人

地球之外可能有生命的说法由来已久。16 世纪末，意大利学者布鲁诺明确提出："宇宙中有着无数的太阳，无数的地球，它们环绕着自己的太阳旋转……在这些星体上，居住着各种生物。"之后，又有许多著名学者，比如开普勒、惠更斯、康德等，也都提出过有外星人的主张。

外星人的主要分类

目前，根据各国的不明飞行物专家掌握的资料，人们把外星人主要分成四类：矮人型类人生命体、蒙古人型类人生命体、巨爪型类人生命体和飞翼型类人生命体。当然，除此之外还有许多其他类人生命体。

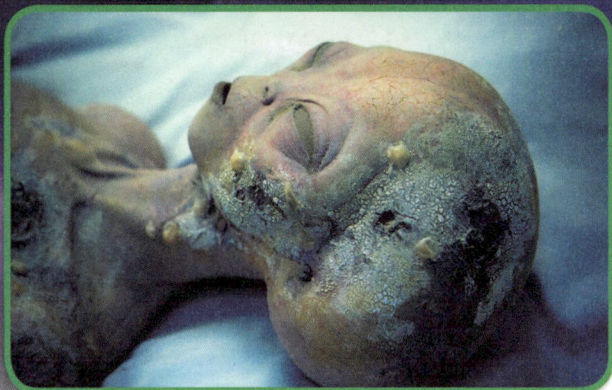

据专家猜测可能为外星人骨骼

外星人的形象

外星人的形象究竟是什么样的？因为没有更多的"实物"，只能根据目击者的描述进行大致归类，从身材大小、相貌特征、思维行动等与人类加以区别。当然，要是没有不明飞行物的话，外星人很可能会被认为是"怪兽"。

据猜测，矮小型智能生物的身材通常矮小，头部和眼睛很大，其他器官不发达，但十分灵活，而且有特殊的能力。研究者说，它们可能是外星球上的一种比外星人落后的种类，但智力比地球人高得多。也有人认为，它们是外星人用遗传因子人工合成的生物种类

唱片包括用 55 种人类语言录制的问候语和各类音乐，旨在向"外星人"表达人类的问候

"旅行者 1 号"上的铜质磁盘唱片

旅行者 1 号

寻找外星人

1977年，美国发射了"旅行者1号"和"旅行者2号"探测器。它们的任务除了要考察太阳系的其他行星，更为特殊的使命就是直奔银河系，寻找外星生命。据介绍，这艘飞船携带有一架特殊的电唱机和"地球之音"。

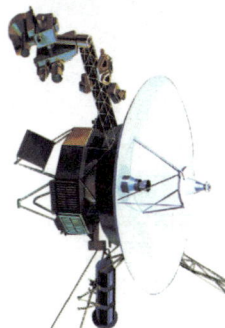

奇思妙想

外星人到底存在不存在呢？这是一个全球都在讨论的问题，有人称自己被外星人绑架过，也有人称自己曾亲眼见过UFO，等等。且不说这些传闻的真假，单从人类目前掌握的天文知识，我们就可以做一个简单推算。

银河系里有上千亿颗像太阳一样的恒星，如果10个恒星中就有一个有行星环绕，那么在银河系中就有可能会有上百亿个行星；若按太阳系中8大行星中只有地球有人类存在的比例来算，那也应该有十几万颗行星适合生命发展，所以说宇宙的某个角落里很可能存在像人类一样的高智商动物。

随着宇宙空间技术的发展，人类与外星人在太空中相遇成为很可能发生的事了。如果有一天你在太空中碰到了外星人，你会和他打招呼吗？就外星人而言，他们是否存在还是一个疑问？但可以肯定的是，太阳系中的其他天体上是没有外星人的，就算距离我们最近的相邻恒星上有外星人，我们乘坐时速为54000千米的"旅行者"飞船，来回大约需要17万年的时间。这还是离我们最近的恒星，离我们远的就更难以想象了。

换句话说，即使在茫茫宇宙中有外星人存在，我们人类也不可能见到他们。何况，据科学家掌握的资料来看，宇宙中除地球以外还没有那个星球有生命物质活动的迹象，所谓的外星人只是人类的一个猜测而已。

外星人老师

那天，我正走在去上学的路上。突然，一个声音从身后传来。循着声音，看到一个长得怪模怪样的人，正跟在我身后。

他身子矮胖，长着硕大无比的脑袋，两只眼睛闪烁着智慧的光芒。该不会遇见外星人了吧？还真是。他向我转达了来自外星的问候，并表示愿意和我做朋友。"太奇怪了！为什么他的语言我都能听懂？"哦，原来他的脑门上有一个闪闪发光的语言交换器。我故作镇定，慢慢放松，让他再讲一遍。

他叫卡特，迷失了方向。我就要迟到了，怎么办？我把卡特带到了学校，将他藏在我和小伙伴经常玩捉迷藏的地方。一再告诉他："不要随意走动，等我放学再帮他想办法。"

谁知在课间十分钟，我那调皮的同桌发现了这个秘密，一条爆炸性的新闻一下子传遍了整个校园。我看有的老师直摇头，同学们也被吓坏了："这下完了，真不知道会出什么乱子哦！"

正在我不知道该咋办时，卡特说话了："我是来自 Z 星球的语文老师，今天早上，我与我的队友失去了联系。我并不是坏人，我们虽然生活在外星球，但是我们对你们地球人充满敬意。"他滔滔不绝地讲着，所有的老师、同学都在听他讲，他真不愧是一个优秀的语文老师。

我被卡特老师渊博的知识所折服，连地球上的俗语方言他都懂，真了不起。接着，他还让我们知道语言交流的乐趣，并告诉我们："爱是人类交往的润滑剂，也是宇宙保持和谐的基础。"他希望我们大家学好多种语言，不仅要做地球家园的友善大使，还要做宇宙的友善大使。说完，围拢的人群响起了雷鸣般的掌声。

正在这时，有一个声音从远处传来，几个圆盘状的飞行物盘旋在我们学校的上空，原来是卡特的队友找他来了。

"再见，欢迎你常来地球旅行。"卡特要走了，我结结巴巴地说道。他看着我，说道："你是一个善良的孩子，我会常来的。"说完，就登上了飞碟，瞬间消失得无影无踪了。

图书在版编目（ＣＩＰ）数据

神秘宇宙 / 杨现军编. —— 哈尔滨 ： 黑龙江科学技术出版社, 2019.4

（探索发现百科全书）

ISBN 978-7-5388-9911-5

Ⅰ. ①神… Ⅱ. ①杨… Ⅲ. ①宇宙 – 少儿读物 Ⅳ.

① 　　　 P159-49

中国版本图书馆 CIP 数据核字(2018)第 281198 号

探索发现百科全书·神秘宇宙
TANSUO FAXIAN BAIKE QUANSHU·SHENMI YUZHOU

作　　者	杨现军	
项目总监	薛方闻	
策划编辑	薛方闻	
责任编辑	侯文妍　张云艳	
封面设计	萨木文化	
出　　版	黑龙江科学技术出版社	

地址：哈尔滨市南岗区公安街 70-2 号　邮编：150001

电话：（0451）53642106　传真：（0451）53642143

网址：www.lkcbs.cn

发　　行	全国新华书店	
印　　刷	北京天恒嘉业印刷有限公司	
开　　本	787 mm × 1092 mm　1/16	
印　　张	10	
字　　数	200 千字	
版　　次	2019 年 4 月第 1 版	
印　　次	2019 年 4 月第 1 次印刷	
书　　号	ISBN 978-7-5388-9911-5	
定　　价	128.00 元（全 4 册）	